珍藏本
纪念版

汉译世界学术名著丛书

中世纪经济社会史

（300—1300年）

下册

〔美〕汤普逊 著

耿淡如 译

2017年·北京

James Westfall Thompson
ECONOMIC AND SOCIAL HISTORY OF THE MIDDLE AGES(300－1300)
D. Appleton-Century Company
printed in U. S. A. 1928
本书根据阿普尔顿世纪公司 1928 年版译出

汉译世界学术名著丛书
（120年纪念版·珍藏本）
出 版 说 明

2017年2月11日，商务印书馆迎来120岁的生日。120年前，商务印书馆前贤怀揣文化救国的理想，抱持“昌明教育，开启民智”的使命，立足本土，放眼寰宇，以出版为津梁，沟通中西，为中国、为世界提供最富智慧的思想文化成果。无论世事白云苍狗，潮流左右激荡，甚至战火硝烟弥漫，始终践行学术报国之志，无改初心。

迻译世界各国学术名著，即其一端。早在20世纪初年便出版《原富》《天演论》等影响至今的代表性著作，1950年代后更致力于外国哲学和社会科学经典的译介，及至1980年代，辑为“汉译世界学术名著丛书”，汇涓为流，蔚为大观。丛书自1981年开始出版，历时三十余年，迄今已推出七百种，是我国现代出版史上规模最大、最为重要的学术翻译工程。

丛书所选之书，立场观点不囿于一派，学科领域不限于一门，皆为文明开启以来，各时代、各国家、各民族的思想与文化精粹，代表着人类已经到达过的精神境界。丛书系统译介世界学术经典，引领时代思想，为本土原创学术的发展提供丰富的文化滋养，为推动中国现代学术和现代化进程做出了突出的贡献。

为纪念商务印书馆成立120周年，我们整体推出“汉译世界学术名著丛书”120年纪念版的珍藏本，寄望既利于文化积累，又便于研读查考，同时向长期支持丛书出版的译者、编者和读者致以敬意。

两甲子后的今天，商务印书馆又站在了一个新的历史时间节点上。我们不仅要铭记先辈的身影和足迹，更须让我们的步伐充满新的时代精神。这是商务人代代相传的事业，更是与国家和民族的命运始终紧密相连的事业。我们责无旁贷，必须做好我们这代人的传承与创造，让我们的努力和成果不仅凝聚成民族文化的记忆，还能成为后来人可以接续的事业。唯此，才能不负前贤，无愧来者。

商务印书馆编辑部

2017年10月

目　　录

地图目次

第十七章　十字军时期的意大利（1100—1300 年）*

意大利在西欧、拜占庭和穆斯林世界之间的中心地位决定了它在十字军时期占着中世纪商业史上的优先和卓越地位。沿亚得里亚海的威尼斯和巴利逐渐增加了它们和君士坦丁堡、埃及、叙利亚、巴巴利海岸的贸易。阿马斐、热那亚和比萨同科西嘉、撒地尼亚、巴巴利海岸和南法进行着贸易。正是意大利人，首先组织了在河流上用船舶、在阿尔卑斯山路上用大篷车的运输方法。他们是香宾市集上的主要商人集团；他们也首先改进了商业上的重要营业方法，就是使用汇划票的办法。尽管有通行税和关税的阻碍，尽管有沿途的不安全和时常碰到战事的危险，意大利的商业还是非常繁荣的。

在上面一章里，我们已提过：政治统治的不同和文明与传统文化的多样性是中世纪意大利历史上的显著特征。在十字军东征时期，这些特质还加剧并扩大起来。意大利比往昔更加成为“一个地理名词”了。所以，叙述意大利的历史时，我们不可能把它作为一个统一体来讲。相反地，我们必须追叙几个个别地区的历史，尤其是那里的几个城市的历史，因为意大利本质上是有众多城市的和

* 地图：锡倍德：《历史地图册》，第 72 页。

城市国家的地方。意大利的半岛形状决定了那些伟大商业共和国:威尼斯、热那亚、比萨的海运性质,也决定了诺曼人意大利和西西里在地中海区同利凡得的广大贸易。意大利内地也先后发展了两个重要的商业和工业地区,就是,伦巴平原和多斯加纳;人口稠密的伦巴城市,尤其是米兰城,在商业上的重要地位早已表现出来,而多斯加纳,后来在十三世纪由于有着两个竞争的城市,佛罗伦萨和塞亚那,也得享盛名。罗马城从来不曾有过商业上的重要地位,但另一方面,由于教会高度发展的财政政策,在十二世纪,它已成为一个重要的金融中心。由此看来,意大利可分成为五个分隔的商业地区:(1)伦巴第,(2)威尼斯以及沿亚得里亚海东岸的扎拉和拉古萨城市,(3)利古里亚沿海共和国:热那亚和比萨,(4)下意大利和西西里,(5)多斯加纳。当贸易的重要性提高的时候,这些竞争地区之间的竞争越来越激烈;甚至早在十二世纪,它们之间已时常发生战争。所以,对于各地区的历史,约在1200年之前,还可分别叙述;但在此之后,全意大利都已卷入一个政治经济斗争的漩涡里了。

关于意大利的这些个别的商业地区,应指出一个重要点:即地理环境对它们的影响。威尼斯、热那亚和比萨由于它们地位的关系,没有可控制的腹地,所以,是海洋性的,而它们的商业是依靠它们的海权的。下意大利和西西里经营半陆运、半海运的商业,而伦巴第和多斯加纳城市,因为在内地,则完全从事于陆运贸易。

在伦巴第和多斯加纳,基本人口是手艺人、勤劳而又守法的人民;在他们之上有一个繁荣的中等阶层;他们大多从事于

> 商业，他们的商业公会系统，是一个又牢固又有伸缩性的组织。对外贸易使热那亚、威尼斯和比萨变为强大，正像从制造工业所获得的财富使米兰和佛罗伦萨能够征服并兼并在它们周围的贵族领地那样。对这两种富源，罗马城一种也没有。它的位置是不适合于贸易的；因为没有市场，它不出产什么可以出售的东西，又由于长期的疏忽，它的沿海区坎帕纳的不健全状态，使那里的肥沃土地遂无法利用……因为没有工业，所以那里没有什么值得称做一个市民阶层的人口。居民仅仅是乌合之众……他们住得太近圣物，因而对它们没有多大尊敬的感觉；他们凌辱教皇并敲诈云集在那里神殿的香客们；他们也许是在欧洲没有运送过新兵去参加十字军队伍的唯一社会。教士、僧侣和一切形形色色的教廷食客，构成了人口中的大部分；而在其余的部分中，很多人在半行乞的状态下，依靠无数的宗教团体来维持生活；这些团体本身也是由于接受赠与或由于掠夺拉丁基督教国家而发财的。那里的贵族家庭众多，既强横又残暴；他们有一群目无法纪的扈从队伍跟随着，经常地互相进行战斗，或在附近乡村的堡垒中，或在城内的街道上。[1]

至于罗马城商人，只是些店员。全部真正兴旺的工业，仅仅是云石匠、金银匠和镶木细工的行业；他们都是依靠教廷来维持生活的。

在十字军里获益的意大利国家中，威尼斯是最早的，也是最大

[1] 布赖斯：《神圣罗马帝国》。

的国家。上文已说过，早在那个运动发生之前，威尼斯在亚历山大城已享有贸易的垄断权，并在君士坦丁堡已获得一个重要的基地。当波希蒙德在1105年像他父亲在1081年所想做的那样，企图占领都拉索的时候，威尼斯再一次阻挠了这一计划，并向拜占庭皇帝索取报酬，要求增加威尼斯人在君士坦丁堡的商业利益。他们所获得的让与权，非常巨大，所以亚历修的继承人不愿继续履行条约；威尼斯为了报复这一行动，占夺了萨摩斯和开奥斯两岛。后来，拜占庭帝国由于害怕诺曼人的侵犯，仍然不得不越来越多地接受威尼斯的要求。在援助了皇帝麦纽尔在科孚抵抗诺曼人(1149年)之后，威尼斯的前景似乎比以前更加灿烂了。它被给予在君士坦丁堡的一个新的居住区和另一个码头；而它的贸易自由权还扩展到克里特岛和塞浦路斯岛。此后，威尼斯人开始同希腊人互通婚姻，也总是完全局限于他们的居住区内。1172年，他们和麦纽尔的误会，使商业停止，但不久威尼斯人又获得了和希腊人平等的地位。单单在1192年这一年里，伊撒克·安极乐斯赐给威尼斯四张单独的特权状，而在1200年，他的弟兄还以东罗马帝国全境内的贸易自由权给予威尼斯人。当时，西欧人对帝国竟以保护人自居，而称之为“小罗马”。威尼斯殖民帝国，就是这样地建立起来的。在君士坦丁堡，威尼斯商站位于佩拉的郊外，人口很多，以致希腊政府为此常感到焦虑。从伊撒克·安极乐斯的一项条约里，我们可判断威尼斯人在“小罗马”各地侨居的人数多么多；条约规定：威尼斯人，如遇帝国需要他们的援助，应配备一百只船；每只船应有一百四十个桡夫，总共应有一万四千人。从这一项规定的数字看来就可想见一个包括妇女、儿童、商人、代理人、手艺人在内的巨大人口了。在意大利,威廉二世于 1175 年也以他国家内的自由贸易权赐给威尼斯人,并把他们应付的关税,减少了一半。

从十字军初次出现时起,希腊皇帝就害怕它们来到东方,而事件的进展果然证明了:他们的畏惧心理是具有充分理由的。为了尽量利用这项局势,东方皇帝曾竭力联络意大利的商业城市,以期它们成为有用的同盟。1111 年时,比萨获得了那位在黄金角的南岸、对着威尼斯居住区并毗连过港渡口的一个码头,那就是今天的加拉达桥所在地。威尼斯的权利扩大了。麦纽尔一世昆尼诺斯(1143—1180 年)开始认识到:一个足以成为有助的同盟的城市也可成为一个危险的敌人,他对在首都里的这些团结的外人团体,有些害怕,因而他要求每个人应举行封建式的忠诚宣誓,使意大利人对他负有付租、献金、服军役等等的义务;而他所要索的又往往是苛重的捐税。据估计,1180 年时,在君士坦丁堡约有六万个意大利人。然而,那正在和诺曼人作战的并梦想对意大利重建东方帝国权力的麦纽尔,为了实现他的目的,对意大利人还赐给了更多的让与权。威尼斯人所得的部分,上文已讲过。比萨人在过去一个不知道的时期,曾被逐出于城内,现在,在他们的领事向皇帝宣誓效忠的条件下,准予回来了(1171 年)。在早些时候,热那亚在加拉达已有一个居住区,但直到麦纽尔时代,它的市民才被放在和比萨人平等的地位上。热那亚人的居住区有着一段困难的历史;它曾被威尼斯人或希腊人破坏过,并约在 1200 年时由于居住区主人的海盗行为被没收过,但在 1201 年热那亚人的特权得告恢复,那是在第四次十字军之前给予商业城市的最后一次让与权。在这时期,在加拉达有一块居住区的拉古萨,也可算作一个意大利城市。

这些居住区，都是位于黄金角的水滨上。每个居住区不可缺少的部分，是那连接码头和船舶的扶梯(scala)。有趣的是：今天土耳其人还沿用“scala”一词来指一切船坞和码头。

伦巴城市的诞生固然不是由于十字军运动，但它们却大大地刺激了这些城市的发展。它们运输贸易的数额和种类变为这样巨大，以致威尼斯、热那亚、比萨的沿海城市和布罗温塞尔城市像马赛那样，都不能完全承担下来。波河的巨流以及它通至阿尔卑斯山脚下的北方支流、那些辐辏于伦巴平原的阿尔卑斯山路、这些山路所提供的到德意志和法国去的捷径——所有这些因素，结合在一起，使米兰、巴费亚、格里摩拿以及几乎每个其他北意城市都增加了它们的财富和人口。

伦巴城市兴起的直接因素，是商业的复兴。我们可把格里摩拿的历史作为例证。起初，威尼斯和科马奇奥的商人来到这个城里经商，后来，当地商人开始把商业掌握在自己手里。但在格里摩拿，主教和附近贵族反对市民阶层势力的日益成长，因而他们和市民阶层之间时常发生冲突，如在924、970、978、992、998、1031、1048、1058、1066年。从这种冲突次数的增加，可见那里的贸易日益变为重要，而那里的市民的政治自觉性也逐渐发展起来了。1066年以后，关于这些冲突，没有记载。但显然，到了1114年，主教和贵族早已放弃这项挣扎，因为在那一年，当皇帝亨利五世给格里摩拿城以城市宪章时，他表示：他似乎是在使一个长久存在的情势变为合法化而已。

米兰，由于它接近大部重要山路的幸运，由于它的市民的努力，占有这项贸易的最大部分。在西端，巴费亚占着第二位，因为巴费亚为热那亚充当了中间商角色。格里摩拿可能占着第三位。在所有的伦巴城市之间,为了贸易的优厚利润而进行了激烈的竞争。格里摩拿,在 1098、1116 和 1130 年,曾进攻格里马;在 1110 年,曾进攻布里西亚和托东那;在 1120 年,曾进攻帕马。但是米兰的贪欲比起任何其他城市还要大。罗塞耳二世在 1136 年曾看出:伦巴第是"一个城市公社的战场;各城市之间存在着深刻的仇恨,使它们分成敌对的同盟体系"。十二世纪早期,在伦巴第成立了两个敌对的城市同盟;它们的首领,米兰和巴费亚,互相争霸。帕马、摩德拿、格里马、托东那和布里西亚站在米兰方面;罗地、格里摩拿、皮阿森扎、勒佐、诺瓦拉和阿斯提站在巴费亚方面。1111 年,米兰人把罗地城削为平地,逐出了那里的居民,使他们居住于它周围的小村里。巴费亚同盟被迫接受了屈辱的条件,那标志着米兰的商业霸权。于是托东那城重行建造,亚达和提斯诺两河上的桥梁也告恢复;这样,米兰可直达诺瓦拉领土和蒙斐拉侯爵的庄园。

据说,在十一世纪末期,米兰已有三十万人,住在米兰城内和在隶属它的周围村庄地带内。它曾拟订一项宏伟计划,就是,要集中所有波河流域的商业于自己手里或强制它的竞争者向它纳贡。米兰陆上部队在公路上巡逻,拦阻商队,强制他们把商品运到米兰去,不管他们要到哪里去。它的武装船舶在河流上和运河上对格里摩拿及其他城市的船舶进行检查。当这些强制办法不生效力时,它就采用战争了。1127 年,在长期围攻之后,它使科摩变成废墟;在这次围攻里,它的很多臣服城市的民兵也参加作战。在这次战争里,米兰还雇用了比萨造船匠来建造一支湖上舰队。为了自卫起见,北意城市在巴费亚领导之下,组成了同盟;1130年当皇

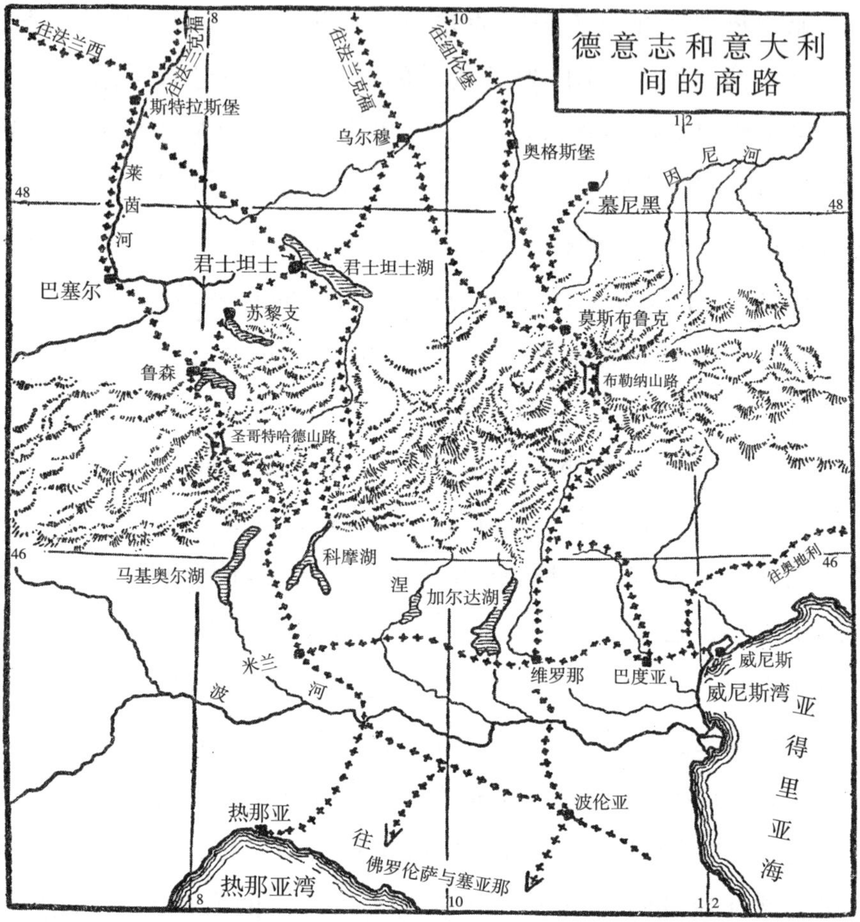

德意志和意大利间的商路

帝罗塞耳二世来到意大利时，它们请求他的支持。然而，皇帝因事远至南意，然后遄返德意志去；因而没有什么结果。但是，1158年，当米兰第二次破坏罗地时，它发觉自己已做得过火了。当时，罗地乞援于皇帝。

皇帝腓特烈红胡子的政治和社会哲学，是封建传统和复兴的罗马法的混合物；里面不容什么自由城市制度的，更谈不上这样大胆的城市公社制，像米兰城的那样。在他领兵越过阿尔卑斯山之

后,他一定曾认为:伦巴意大利是一个奇特的景象。弗赖辛·鄂图,皇帝的叔父,也是十二世纪中杰出的历史作家,流传下来一篇关于这个地区的描写:

> 几乎整个地区分属于各城市,每个城市强制它的领土上居民服从自己的权力。在一个广大区域内,人们几乎找不到有一个有地位的或重要的人是不承认他城市的政权的……论财富和权力,它们胜过了世界上一切其他城市;它们的统治者〔皇帝〕继续驻在阿尔卑斯山彼侧因而长期不在的情况,也进一步促进了它们的独立地位……它们虽以生活在法律下来自豪,但并不服从法律……在所有的这些城市中,米兰已成为领导者……在意大利王公中,差不多只有阿斯提的主教和蒙斐拉的侯爵威廉(一个高贵的伟人),能够使自己脱离了城市的控制。

按社会经济的意义来讲,这些城市居民通过从工商业积聚起来的财富的增加,已摆脱农奴状态而成了自由人与市民了。按政治的意义来讲,伦巴城市已成为自由的自治共和国。米兰所实行的原则和腓特烈一世在伦巴第所看到的城市独立的巨大程度,两者都是使他震惊的。"伦卡里亚会议是对由于捣毁市民巢穴而重建了秩序所举行的一次庆祝合唱。"当时,所流行的可怕混乱状态,也同样使得他感到震惊。米兰对平原上的大部分城市正在进行战争;威尼斯对拉温那,维罗那与维晋萨对巴土亚与特累维索,比萨与佛罗伦萨对卢加与塞亚那,也都在战斗。一个德国历史家写道,

"残酷的作战派别，使意大利浸沉于血泊、火焰和抢劫的氛围中……城堡、村庄、田野都被破坏无遗。"对于他的说法，如果没有一个伦巴作家予以证实，我们可能有所怀疑；有位伦巴作家写道："荒野和狼比农业增加得还要多。"伦巴城市还需要长久的时间和痛苦的教训来学习这一道理：自由和自治只有通过经验，才可获得；如果滥用的话，它们就会失掉。

经由西阿尔卑斯山通法国的四条山路，对皮德蒙特和西部伦巴第的关系，正像德意志阿尔卑斯山路对中部与东部伦巴第以及南部德意志的关系一样。现在，我们必须谈一谈这些山路。它们是：大圣伯尔拿山路（这是唯一向西北的山路，对莱茵河流域和塞纳河盆地都同样有利）、小圣伯尔拿山路、塞尼山路、日内佛尔山路。由于这些山路地势高、险阻以及气候的危险性，旅行本来是困难的，而况古代罗马的建设已被破坏。查理曼传的作者爱因哈德，伤感地论述了跨越阿尔卑斯山路的"困难"。当然，他对这些山路是很熟悉的，因为他有一篇生动的记载留传下来：他描述了把两个东方圣徒的尸体运过阿尔卑斯山到德意志路途上所遭遇的艰苦情况。在中世纪的中期，这四条山路都在勃艮第王国境内，但当封建分化过程逐步进展的时候，那个"王国"几乎成为一个政治的空壳，而这些山路的控制则落入阿尔卑斯山两侧的各个领主手里。于是，这些山路的西端大部归属萨伏衣公爵所有。

然而，在长时期内，位于意大利那边的这些山路的起点，是在皮德蒙特的公爵手里：例如，伊甫累阿的侯爵控制了大圣伯尔拿山路的意大利方面的入口处；亚俄斯塔的伯爵同样地控制了通往里昂和格勒诺布尔的塞尼山路以及小圣伯尔拿山路；苏萨的领主扼守了通往布罗温斯和格勒诺布尔两城的日内佛尔山路的入口处。从伦巴第各城市来的商人,都须取道于其中这一条或那一条山路的;巴费亚、阿勒散德里亚和摩德拿,实际上是他们的票据清算所。1027 年,当皇帝康拉德二世同英国和丹麦的国王卡纽特大帝,在罗马城会晤的时候,他们协议暂时合理地豁免了香客与商人在这些山路上的通行税;伊甫累阿·阿多英曾封锁意大利那边的山路起点,而这种情况直到皇帝康拉德二世在 1032 年获得了勃艮第横跨阿尔卑斯山领土时,才得改善。到了十二世纪,有三条山路和日内佛尔山路的意大利一端,已完全归萨伏衣所有。同萨伏衣公爵分享通行税收入的,只有某些被照顾的寺院,然而,后者对于往来旅客给予救济,作为还报。亚马厄斯三世在 1124、1125、1137 年,对大圣伯尔拿山路上著名的庵堂[1],曾多次赠与,他同时也关心于改进那些塞尼山路上旅客的安适条件。在他的开明统治下,苏萨山峡曾有过繁荣景象。虽然他在萨伏衣的利益,在于征收封建捐税,但他很聪明,能看到:在皮德蒙特,他赞助公益的事情,是对他自己有好处的。苏萨成了他的一处喜欢的地方,因而是被免除通行税的。同时,他还保护他在萨伏衣的农业利益并“禁止他的伦巴臣民到他的勃艮第领土上去购买绵羊或羊毛,大概因为畜牧和出产羊毛业是那里的主要实业,因而伦巴中间商人,不准去参加这种贸易”。在阿尔卑斯山路上的通行税中,塞尼山路上通行税的收入,最为丰富。公爵精明地豁免了来自意大利的意大利人的通行税,而在回来时,他们也只缴付半通行税;这一规定一方面增加了

① 阿尔卑斯山中往来旅客寄宿之所。——译者

交通运输,另一方面也鼓励了在阿尔卑斯山南侧臣民的贸易。

在皮德蒙特意大利,阿斯提是最重要的城市;它的位置有利于横跨阿尔卑斯山的贸易。它的银公司:沙拉利、巴得利、巴拉尔利和比卡同香宾市集,有着密切联系。它们也处理萨伏衣伯爵们的很多政治业务。巴费亚是热那亚和南德意志之间的中间商。

尽管有战争、虐政和舞弊,伦巴城市的事业进展仍是与日俱增。正是这种强暴状态,象征着在社会经济上方兴未艾的新欧洲之希望和力量所在。这是为帝王不得不承认的自治市民的一个欧洲,这是自由手艺者和商人的而非束缚于庄园领主领地上农奴的一个欧洲,这是新经济状况、新社会结构、新社会观念、新政治形式的一个欧洲。

经过几年的破坏战争之后(战争的过程,这里我们无须详述),伦巴城市赢得了胜利。在君士坦士和约里(1183 年),这些农奴和贱农的后裔被承认为帝国的公民,就是市民;他们的城市变为自由、自治的社会;制定法律、执行司法和课征赋税之权,掌握在他们手里;自由商人和自由手艺人的地位也获得承认;那些久已被城市所废止了的旧封建法律,让位给各个城市的近代习惯法,就是,符合于时代精神的习惯法,而非过时陈腐的封建习惯法;几乎所有从贸易和商业所产生出来的私人动产,也是和不动产处于平等地位上。在伦巴意大利,封建制度只是一个空壳而已;只是一些存留下来的枯萎而古旧的中世纪遗迹而已;像山顶上的颓废古宫一样,它们是静寂的东西,也是奇怪的东西。

米兰在被腓特烈一世化为灰烬之后,复兴起来,比以前还要伟大。米兰和其他伦巴城市,除了自己所造的商品之外,还直接采购利凡得进口货，并站在中间商的地位上把这些商品分配给阿尔卑斯山外的地区。伦巴人以木材、生铁、熟铁、谷物、羊毛布、咸肉、食盐和玉蜀黍来交换肉桂、胡椒、蕃红花、生姜、靛青、檀香木、硫黄、丝绒、毛毯、白矾、樟脑、苏木、糖、制香材料、没药、绸缎、银鼠皮、染料、金线锦、香粉、珠宝和首饰品。到了十二世纪末期，阿尔卑斯山路已完全成了通商大道；在春夏两季，路上商人队伍往来不绝。

在 1183 年君士坦士和约签订之后，伦巴第的重要经济发展，是在建筑桥梁和开通运河方面。但是，波河下游不容易以固定桥梁来横跨两岸的，因而那里只有浮桥。这些新兴的土木工程，对于商业和农业的影响，都是很大的，对商业来说，在于使交通便利和运费减低，而对农业来说，在于使大面积的土地获得了经常灌溉。在十三世纪中，伦巴第的繁荣景象，既表现在农业生产品、牲口和羊毛方面，也表现在它所经营的贸易方面。

在十二和十三世纪，伦巴第开通运河和建造灌溉系统不是新的事情，而是古代罗马惯例的复兴。在这些近代运河中，很多名字甚至和原来的罗马名字，也没有多大变更。第五世纪后，在物质文明普遍崩溃的状态下，由于堤坝和排水工程的荒废，或由于引水管的毁损，罗马的坎帕纳、彭廷沼地、多斯加纳的濒海区都已变为瘴气疟疾的地带了。伦巴第虽然从来没曾有过像这种传染疾病的地区，可是连伦巴平原的大量土地也逐渐变为沼泽地了。一个意大利历史家写道，“在这时期，伦巴省的大部分已遍布森林。现在，茂密耕耘的地带，原来是一片积水的低地，或干燥荒地。稻子或桑树的种植，当时还没有知道；而土地上的产物都是充作食料的普通谷物以及为制衣服用的亚麻。”另一历史家也说，“然而，往昔较好时期的某些痕迹,依然留存着。水草地的存在还被提到。它们的产品通常按青草或干草作为普通量度来计算的方法(这个方法还在使用),可远溯于第九世纪的初期。然而,对那使平原有着陆沉危险的洪水的斗争,后来约有二百年之久未曾进行……在1100年以前,但正确的日子还没有知道,那些原来在罗马人时代所建筑起来的古代工程,已经恢复并扩展……1162年,米兰城先由皇帝腓特烈红胡子的破坏以及它后来约在1176年更大规模的重建,导致这些水利工程的扩充。"①

罗马法律对河流和公共利益之间关系的看法,是健全而现实的。可航行的河流,是属于公共性质的。私人权利只适用于两岸和河流中的岛屿;在河流改道的情况下,那遗弃的旧航道认为是属于毗连土地所有人的。但是,封建法已把这一切倒置了,中世纪贵族把他们的私人所有权扩展到可航行河流的水道方面;他们横吊链子,或放置木桩来拦阻交通,以便对往来河流上的一切交通运输,征收通行税。换句话说,封建制度把那些作为浮动道路的河流,看作陆路本身一样。但在1183年的君士坦士和约里(第3条),那在意大利从未消逝的罗马法,获得重申,而伦巴城市恢复了所有过去被封建主所僭窃的权利。② 从那个时候起,河流被看作公产了。这些权利归于伦巴平原的城市。至于有关伦巴第道路系

① 布鲁希提:《米兰内河航运计划与工程史》。

② 在伦巴城市,对罗马法进行精深的研究,这不是一个偶然事件。拉希达尔说:"在意大利城市的商业和政治社会里,需要实用的知识,需要管理社会生活的科学——需要按最严格意义的文明。而这一需要是以恢复研究久被忽略而尚未完全忘了的古罗马法律来适应的。"

统和桥梁的封建权利,封建主也同样地缴出;这样,城市遂恢复了管理它们的权利。

提斯诺运河的开始日期,是在 1177 年;孟都亚周围的人造湖的形成是从 1188 年建造明韶河上的著名工程开始的,而该河发源于加尔达湖。1191 年,在巴土亚附近,建造了巴塔格里亚运河,这一命名,是用以纪念战胜皇帝腓特烈红胡子的楞雅诺战役(1176 年)的。在同一时期,波伦亚以从累诺河建造运河的执照,发给当地一个团体。1257 年,“大运河”可以通航到米兰的城垣下,但它的通航是从 1177 或 1179 年开始的。(在 1272 年,它通航到城内。)1220 年,开通了罗基亚·摩萨运河,即亚达河的最重要的人工支流。新亚达运河,像巴塔格里亚运河那样,是用以纪念 1239 年皇帝腓特烈二世的失败的。这条运河通过亚第达河,在喀西诺·斯卡那西奥,使摩萨河和北蓝布罗间取得了衔接。阜姆·波瓦也是伦巴第的最老运河之一,在 1298 和 1308 年间,由布里西亚的领主、后任主教的贝拉度·马基开凿出来的。为了争夺这些运河的控制权,城市之间往往发生激烈竞争,甚至实际战争。例如,摩德拿和罗基奥之间在 1183 年曾发动战争,而为了争取塞歧河水路的控制权,它们争执了二十年之久。

近代的灌溉系统,是从伦巴城市的这些水利工程里获得了直接起源的;而在伦巴第今天所存在的灌溉系统和十二世纪所开始的,还是一脉相传的。息斯脱西安派僧侣特别是由于提倡灌溉的缘故,而获盛誉。据伦巴历史家兰杜尔福的记载,在圣伯尔拿离开米兰(1135 年)后不久,一群僧侣来到了那里,在米兰附近,建造了基阿拉瓦尔寺院,并利用了那些和微塔比亚河连接的灌溉运河,来开垦以前荒芜的大部分土地。关于中世纪很多大礼拜堂的建筑师的姓名，我们无从知道；同样，关于这批内地巨大建设的工程师的姓名，也没有记载留下来。

在意大利半岛西海岸上，利古里亚湾畔的城市，如热那亚和比萨，跟着十字军东征而冲进了东地中海。热那亚是乌尔班二世在1096年所向呼吁的第一个海洋国家。1097年11月，在十字军围攻安提阿的时期，由十二只船组成的热那亚舰队到达了圣西缅港口。在占领安提阿的战役里，热那亚人一定曾出过很大部分力量，因为他们得以统治圣西缅港，直到该港归并给安提阿为止；而且，在安提阿，它的统治者波希蒙德还赐给他们一所商站、圣约翰教堂、三十幢房屋、一处泉源和一所市场。关于耶路撒冷的战争，如果没有热那亚人曾及时来到扎发，以供应品接济围攻兵士，他们也许不能占领耶路撒冷。1101年4月25日，耶路撒冷王鲍尔文同热那亚人签订了一项条约，允许他们在他们帮助下所攻下的每个城市里有一处居留地和三分之一的战利品。于是，他们对其他沿海城市就开始了进攻。到了同一年底，热那亚人已立脚在托托萨、阿苏夫和凯撒利亚；1104年，他们在亚克获得了一块居留地，1106年在阿帕米亚，1109年在劳狄栖亚，1110年在贝鲁特，也都获得了一块居留地；最后1124年他们还在太尔建立了一所商站，因而使威尼斯人愤恨不平。为了保证这些有价值的让与权的保持，乖巧的热那亚人把所有赐给他们的商业权利，列成一表，刻在一块铜牌上，并把它安放在"圣墓"教堂内高祭坛的背后。这项预防办法，是做得对的，因为在国王阿摩里(1162—1173年)使上述条约毁灭以后，热那亚就难于获得其他特权了。

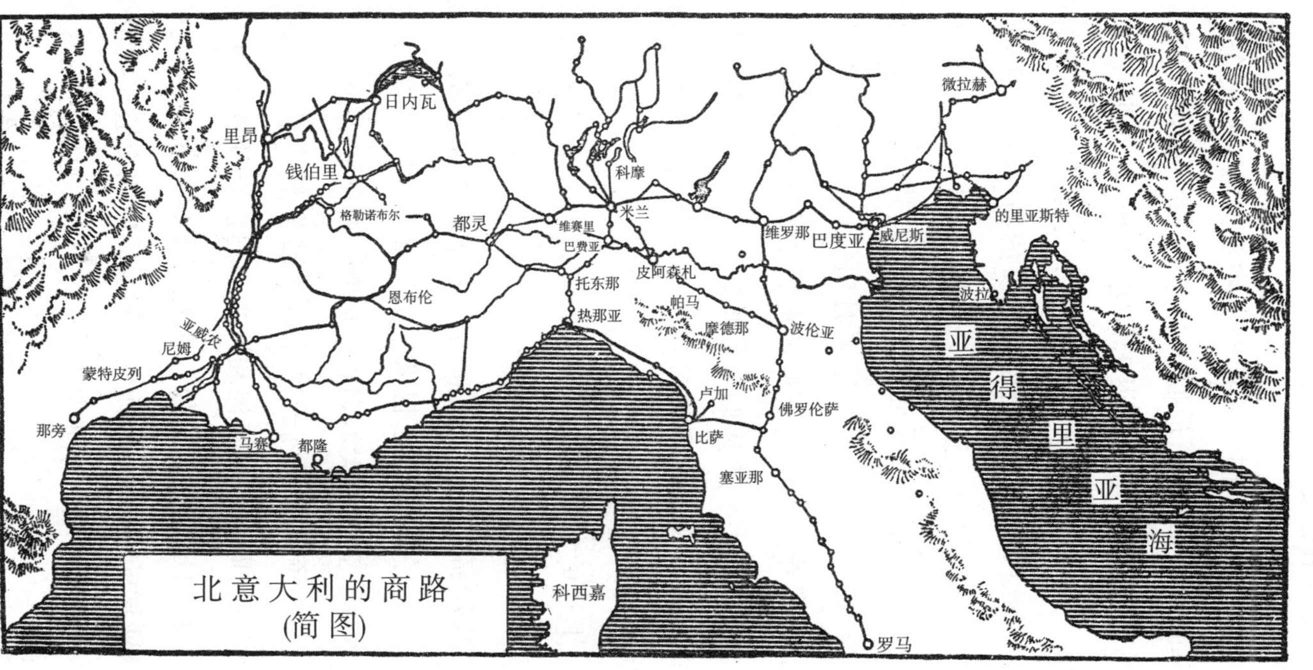

日内瓦
里昂
钱伯里
格勒诺布尔
都灵
维赛里
巴费亚
米兰
科摩
皮阿森札
托东那
热那亚
恩布伦
亚威农
尼姆
蒙特皮列
那旁
马赛
都隆
帕马
摩德那
波伦亚
维罗那
巴度亚
威尼斯
微拉赫
的里亚斯特
波拉
卢加
比萨
佛罗伦萨
塞亚那
罗马
科西嘉
亚得里亚海

北意大利的商路
(简图)

在热那亚人同耶路撒冷王鲍尔文所签订的条约里，曾规定：如果基督徒征服埃及，他们将获得三分之一的开罗城。然而，由于国王的柔弱，这项出征迟迟未曾进行；所以，热那亚在1177年单独地同埃及苏丹谈判了一项条约，从而它获得了埃及的商业权利和特权。因此威尼斯人垄断埃及贸易的局面，第一次被冲破；而他们的劲敌也进入埃及。这一年，就是热那亚和威尼斯之间长期冲突之开始日期。尽管有威尼斯人的反对，热那亚商船已推进到希腊领水内；显然，在第二次十字军时期(1147—1149年)，热那亚在君士坦丁堡城外一块尚未查明的叫做奥尔康的地方上，已经获得立脚点，因为在1154年我们看到他们扩大了旧特权。但在1170年，热那亚人的商站迁移到加拉达半岛上的科柏利奥去，那是在距比萨人居留地不远的地方。

上述的热那亚的发展激怒了现在正在权力高峰的米兰，后者企图垄断北意大利的贸易经营。上文已谈过，1130年，米兰因为巴费亚为热那亚充当中间商人把热那亚的东方进口货转运到阿尔卑斯山外去，怎样进攻了巴费亚。但在1168年，以米兰为首的伦巴同盟，建造了亚历山大城(这是为尊敬教皇亚历山大三世而这样命名的)，来一箭双雕地打击热那亚和巴费亚。该城位在塔那洛河畔的皮德蒙特，即在塔那洛河和波米达河汇合处的上面。这一设防的前哨站，真的是盘踞在热那亚和巴费亚之间的道路上；结果使巴费亚的商业城的地位破产，而使热那亚的向北交通路线也被堵塞住。

可是，这项影响迫使热那亚和南法的贸易关系更加密切起来。虽然在起初几年中，它为此深感混乱，但热那亚最后从伦巴第斗争所造成的形势改变中，可能获得了利益。因为早在十二世纪起初几十年中,我们已可看到有关热那亚商人在下列地点的记载:布罗温斯、翁提布、佛利犹、马赛、阿尔兹、贝稷亚、卡卡逊、那旁、帕皮尼安、尼姆、圣齐尔兹、塔拉斯空、蒙特皮列和土鲁斯。到了十二世纪末期,热那亚商人再向北推进,远至法国的勃艮第和香宾。他们第一次在香宾市集出现,是在 1193 年。从那里,只要再前进一步,就可达到法兰德斯了。

在这里,我们可看到威尼斯和热那亚之间的显著差别。在威尼斯方面,由于它的地位关系,它摆脱了那震荡意大利大陆上的内讧。而且,在威尼斯,国家是至高无上的,政府对全部商业,予以严格而精密的管理。在热那亚,则相反;城市公社是和第一次十字军同时出现的,政府掌握在时常冲突的大商人家族手里。例如,在 1183 年,温提族和卡斯提里族之间发生了内战。萨拉丁在"圣地"的胜利,是对热那亚的一个严重的打击,在第三次十字军里它才恢复了部分损失。但在 1193—1194 年间,内战重新发生,终于大家族丧失了政治控制权而它们的商业垄断权也被推翻。于是,叙利亚贸易开放给热那亚人民和那些在"共和国"直接控制下的殖民地;现在,热那亚和威尼斯不同,是一个民主的而非一个贵族的政府了。

在十字军时代热那亚在和叙利亚与巴勒斯坦建立有利贸易的同时,还和西西里进行贸易,和对岸的穆罕默德教非洲沿海岸维持它旧的贸易,尤其是和布吉亚和修达两地的贸易,并大大地扩充了它和南法和西班牙的商业。1147 年,热那亚帮助了卡斯提尔国王反对哥尔多华的哈里发,因而被给予半岛上贸易特权的报酬,可是,在 1262 年卡斯提尔国王占领加的斯之前,它从这些特权所得的利益很少。1157 年,它从科西嘉、撒地尼亚、巴利阿利群岛逐出了最后一批穆斯林人。

在热那亚和比萨之间，存在着尖锐的竞争；这两个邻邦激烈地互相敌对；海上冲突不时发生。从 1119 到 1132 年间，和在 1195 年，在它们之间有着实际战争。在 1199 年，热那亚和芬替里亚进行过战争。

最有趣而又最重要的，是热那亚对组织商业公司来经营商业企业方面的贡献，就是，组织真正的商业公司，这种公司是发售股票、分配利润并分担风险的。每只商船上带着一个管货员或代理人来代表投资人的利益。这种公司被称为“海上协会”以区别于那种经营内地城市贸易的类似商行。它是一个真正的股份公司。它的组织形式，是热那亚在商业史上的一个重要贡献；在中世纪后期，它流传到别处而被采用了；热那亚人在叙利亚的殖民试验，对后来历史上的影响，也不见得比此少些重要性；这项试验使他们能够于十三世纪，就是于 1261 年希腊帝国恢复以后，在黑海沿岸建立了一个巨大殖民帝国。

当比萨在东地中海大量扩充它的商业活动范围的时候，它像热那亚一样，还紧握不放它同北非和西班牙沿岸的旧贸易。1113 年，比萨征服了玛约喀；于是它成为在穆罕默德教非洲港口、在突尼斯和布吉亚建立常设贸易站的第一个意大利城市。1134 年，它的商人和摩洛哥苏丹，谈判了一项通商条约。六年之后，他们在塔巴卡岛上还建立了一个珊瑚站。突尼斯总督在 1157 年的一项文献里，把比萨人说成是“在基督徒中他的最真诚的朋友”[①]。明矾是比萨和

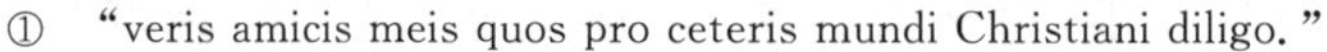

① “veris amicis meis quos pro ceteris mundi Christiani diligo.”

突尼斯间贸易上的主要目的物，因为它的收敛性，在染色工业上，是很有价值的；它能使纺织品上所染的颜色耐久而不致褪色。

无可避免的是：卢加将被卷入热那亚和比萨之间的冲突漩涡。因为比萨和卢加之间也有着它们的商业争执。比萨控制阿诺河口，那是多斯加纳内地货物和由海道运入商品的一个天然吞吐港。比萨对港口上一切进出口货物，尽量征收捐税。卢加位于法兰西琴路上，那是从阿尔卑斯山路延伸到罗马城的一条进香和通商大路。卢加为了报复比萨，对凡是离开通行大道而要往比萨去的旅客，都课以通行税。结果，在 1126—1128 年间和 1143—1147 年间，比萨和卢加发生了战争；又在 1165—1171 年间的战争里，热那亚帮助了卢加。在这最后一次冲突里，战争除了在海上进行外，还蔓延到南法，在那里每个城市都各有所偏袒。那旁站在比萨方面，土鲁斯·雷门站在热那亚方面。有一次，圣齐尔兹的大市集，因为战斗在它的中间进行而遭受了破坏。热那亚从这冲突里获得了主要利益，因为这战争驱使利维耶拉河两岸上它的弱小邻邦——萨窝那、诺里、芬替里亚、圣摩里佐和圣勒穆——站到热那亚方面以求保护，从而造成了一个“大热那亚”。我们将在下文看到，另一个受益者是佛罗伦萨；它名义上站在比萨方面来进行灵活的干涉，为的要获得阿诺河口的港口让与权。

现在，我们必须转到南意大利和西西里方面，并在那里寻找诺曼人国家的历史线索。

罗伯特·基斯卡的征服南意大利以及他的兄弟罗哲尔一世的征服西西里曾造成两个分立的诺曼国家。但在 1127 年，可畏的罗伯特·基斯卡的世系中断，而由罗哲尔二世(死于 1154 年)所代表的诺曼族的西西里系把诺曼人的大陆和岛屿领土并成为一个王国，或像后来所常称的那样，“两西西里王国”；这一名称是重要的，因为在这联合王国里，西西里是一个较大的成员，而巴勒摩便是它的首都。

在整个地中海世界中，再也没有一块地方比西西里的地位更有利于贸易的。这一个大岛像一只抛锚的战舰停泊在东西地中海之间的窄狭水道上，扼守着每一条通路，向每一只通过的船舶课征通行税。在南方，埃及和非洲，尤其是开温，纳贡于它；在北方，它几乎在意大利以西全部欧洲海岸上征收捐税。巴勒摩位在正中点，成了所有经过它的纵横贸易路线的轴心。巴勒摩的繁盛带动了王国的其他港口的兴旺——阿马斐、墨西拿、那不勒斯和撒列诺。在上述的各港口内，常常并排地停泊着西自比萨、热那亚、马赛、那旁、加的斯、修达、布吉亚、米第亚和波那来的船只和东自威尼斯、君士坦丁堡、叙利亚与巴勒斯坦的港口和亚历山大港来的船只。西西里成了各种不同血统、语言、商品、宗教和文明的总汇。这里是东方和西方的接触点，这里也是北方和南方的会合处。在它的市场上，西欧人、希腊人、东方基督徒和利凡得犹太人中间混合着阿拉伯人和各种教派不同的穆斯林黑人。在西西里的货栈里，来自远东的奢侈品，如珍珠和宝石、印度铁器、稀有染料、香粉、中国丝绸、胡椒和香料、埃及棉织品、波斯和土耳其地毯、红皮和从阿特拉斯山脉来的彩色云石、从非洲来的象牙、鸵鸟羽毛、狮子皮和豹皮，并排地堆储着。

西西里国王充分利用了

它所具有的贸易上无比的便利；这些便利是由于它的很

多港口和它与大海路连接的位置所产生的……王国南部的商业，是被动的而非主动的；就是说，贸易经营主要不是在像巴利和阿马斐那样的自己城市手里(这些城市在拜占庭时代曾是很繁荣的，而在诺曼人统治之下，已失掉它们的地方性独立地位)，而是在王国以外的商业城市——比萨、热那亚和威尼斯——手里。其中每一个城市的相对重要性，跟着意大利政局的变动而有所不同，但在这中间它们是分享王国的对外贸易的。我们看到：在它的东海岸上有威尼斯人，在撒列诺有热那亚人和比萨人，在主要港口上，他们有特殊的货栈以及常常有相当大的居留地；热那亚和比萨的最早商业纪录，尤其是一个热那亚公证人，约翰"抄写员"的簿册，使我们能够找出它们的商人对商人的、港口对港口的营业情况。西西里不仅是作为以出口货交换外地产品(如北意和法国的布匹和东方的香料)的地点；而且也作为国际贸易的舞台：通过墨西拿海峡的大道，同东方进行贸易，通过巴勒摩与东方南方沿海各港口，同非洲与西班牙进行贸易。从这一切贸易，国王征取了通行税。罗哲尔和他的后继者，既不放弃他们封建领地进款中或广大专利事业中的任何一项，而又对欣欣向荣的商业，征收了各种港口捐费以及进出口货物税，这样，他们从那个西欧的商人阶层取得了他们的现款；这一阶层就是后来西欧君主国家所赖以建立起来的。据说，单从巴勒摩所得的进款，比起英王从全王国所得的还要多。[①]

① 哈斯金斯:《诺曼人在欧洲》，第 232 页。

王国内部资源的开发，是和对外贸易的繁盛并驾齐驱的。在墨西拿周围和在喀拉布里亚，出产铁矿；在厄特纳山周围，开采硫黄；在特拉巴尼煮盐；显出有趣的阿拉伯的影响的巴勒摩陶器，是很出名的；它的金银制品是精致的艺术品，在制造玻璃方面，巴勒摩的手艺人在技术上优越于西欧任何工人，连威尼斯人也不例外。总之，诺曼西西里的文明，无论物质的或精神的，都是地中海世界各种文化的混合物。所有这灿烂文化，好久以前已经消逝，现在只有一种关于它过去宏伟美丽的纪念物流传下来，就是它的建筑物。蒙利尔教堂，是在诺曼西西里文明中所有最伟大而又最好的东西的结晶。

伟大伯爵罗哲尔二世，是在西方基督教国家中的一个拒绝被卷入十字军热狂里的国君。他和穆罕默德教，没有什么冲突。不仅如此，他非但容忍它，而且还羡慕并模仿了发源于伊斯兰文明的很多东西。他很幸运，得从十字军所产生的商业复兴里取得渔人之利，但迟迟不参加它们的无意识行动。这本来是他父亲的贤明政策，而他对这政策确是信守不渝的。当耶路撒冷王鲍尔文在1100年因占领了耶路撒冷而感到兴高采烈的时候，他还梦想基督徒征服开温，以图分裂东方和西方的穆罕默德教的势力，而他茫然不知道东方和西方伊斯兰教徒本来是死敌；在那个时候，这个又精明又现实的罗哲尔，写给国王的一封信里说：

> 如果其他的法兰克人会来到这里，我就得供给他们以军队和渡海用的船只。又如果他们征服那地方并留居在那里，他们会把西西里人所经营的生活必需品的贸易夺去；而我就

会失掉从他们那里得到的谷物贸易的收入。又万一他们的冒险事业失败了,他们一定会回到这里。于是,我所可期待的,必然是敌对的反击,而我们与非洲之间的贸易和友谊关系将化为乌有了。

如果情势顺利的话,罗哲尔期望扩展自己的统治到非洲大陆上去;但他很谨慎,不愿以什么不容忍宗教的战争来触怒那里的穆罕默德教徒。事情的发展证明了他的智慧和他的耐心是正确的。因为当沿海城市因反叛开温的苏丹而乞援于诺曼国王时,罗哲尔二世竟没有经过一次战役而合并了从波那到的黎波里一带的全部非洲海岸,在那里,他的公平而又仁厚的统治使本地居民很快地归顺新政府。一个阿拉伯历史家谈到他时说:"他复兴了扎威拉和玛第亚两个城市,他贷给商人以资本,救济穷人,以司法行政委托给民众所欢迎的法官,并安排好这两个城市的行政制度。"

诺曼国王对于诺曼人在叙利亚和"圣地"的扩张势力,是冷淡的,但对于非洲,在有利的情况下,他是乐于兼并它的。但是,罗哲尔二世野心的最终目标,是要征服拜占庭帝国,这一梦想,是他从罗伯特·基斯卡和从他以前的波希蒙德所承袭而来的。如果这一计划能够成功的话,西西里可控制东西地中海的全部贸易,可迫使威尼斯纳贡,而且从黄金角上,可同时对欧亚两洲发号施令了。另一方面,正是这项恐惧心理,使得君士坦丁堡赐给威尼斯和比萨以大量贸易特权,使得热那亚和威尼斯甚至消除了它们之间的仇怨,使得德意志皇帝罗塞耳和第一位霍亨斯陶芬的皇帝对诺曼西西里势力的增加有所担心。1147 年,罗哲尔二世趁着第二次十字军的机会，动手了，但他不是直接进攻君士坦丁堡，而是进攻拜占庭帝国中两个最重要的工业城市：科林斯和底比斯。从科林斯所得的大量战利品，够支付这次出征的经费，而从底比斯，即拜占庭丝织业的中心，这位伟大伯爵带回了两千以上的手艺人，其中很多是犹太人，并把他们定居在巴勒摩城的一个永久居留地上。这是一项杰作。因为在这以后，西欧在丝绸方面不复依靠拜占庭了；后者自从查士丁尼时代——第六世纪——以来，能够严密地保持着这项有利工业的垄断权。在下一世纪里，蚕蛾和桑树的种植从西西里传入意大利和布罗温斯的大陆城市。那个住在罗哲尔宫廷里的阿拉伯历史家和传记家爱德立塞，关于他说得很好："他睡觉时所做的事情，比起别的人醒着时所做的，还要多。"在十二世纪上半期，没有一个君主，在才干和精力方面，能够比得上他的，连亨利·金雀花或腓特烈红胡子也望尘莫及。

罗哲尔二世在司法和行政方面，也和他在战争和外交方面同样出色。毫无疑问，诺曼西西里君主国，在基督教欧洲，是最有理智、又最有效能的一个国家。它在财政行政和征税制度方面，特别卓越。它的财富超过了一切国家。在它各种不同的社会组成分子中，它的政府的整个体系恰好足以建立他们之间的团结和满意的统一；这些分子包括诺曼意大利人、拜占庭希腊人、阿拉伯人、犹太人，就是，四种不同信仰和四种不同文化的民族。"伯爵所面临着的一个事实是：西西里是一个不同种族、不同文明和不同语言的汇合处。由于这个事实，他建立了一种政府体系，把政权建筑在各种分子的宗教容忍和自由杂处的基础之上，因为这些分子，是不能用武力来强制联合起来的。"绝对的宗教容忍，盛行一时。犹太教教堂和穆罕默德教寺院,希腊基督教会和拉丁基督教会,在巴勒摩及王国的其他各城市里,同时存在着。穆斯林人保存着自己的法律,有着自己的法官;对希腊人和犹太人,也给予很大程度的宽容。各个民族享有着完全的贸易自由。一切人们同样须缴纳人头税,没有什么种族或宗教的歧视。这是一切人们的平等权利的象征。

凡是封建世界所熟知的社会阶级——僧侣、贵族、市民和农奴——在西西里都保持下来;这些阶级的混居杂处,使王室经常能够利用一个阶级来抗衡另一个阶级;所以,僧侣或贵族阶级在王国内都是从来没有获得过优势,或者迫使人们有所害怕的。政府虽然在形式上是封建的,但在精神上却是非封建的。国王的大臣是俗人,而不是教士,像在中世纪欧洲的别处那样。在宫廷内,经常使用着希腊语、阿拉伯语和拉丁语,虽然"整个说来,那异于地方习惯法和政治组织的王国法律体系,基本上是诺曼人的,而罗马的、伦巴的和教会的法理学的影响在性质上总是次要的"。那从市民阶层选拔出来的并经过高度训练的一个官僚集团和一个贵族阶层的有势力的行政团体相对抗,因而遏阻住封建主的嚣张跋扈。陆军和海军人员,是从诺曼人、希腊人和萨拉森人中招募来的。罗哲尔二世的一个海军大将(英文"海军大将"〔admiral〕这一个词,是起源于阿拉伯文的),是叙利亚希腊人,另一个,是阿拉伯人。

然而关于这两位罗哲尔的行政天才,再也没有什么比他们在赋税与财政制度方面,表现得更为显著;那就是把拜占庭和阿拉伯的先例和习惯巧妙地加以吸收并和诺曼人惯例结合起来。阿拉伯人所建立的土地分配制和土地丈量制,都被保留下来而成了课税的基础。"这类纪录,像纪录本身明白地告诉我们的那样,是以那些保藏在国库内的土地簿册为根据的。这些簿册，和国库本身一样，是从阿拉伯人得来的遗产；其中至少一部分，是用阿拉伯文写的；国库（即‘doana’）的官职，像‘doana’这个词一样，也是用阿拉伯文写的。”这些土地簿册，是一个有价值的而大部分尚未经探查的财政和统计资料的泉源。对伟大伯爵来说，关于取得完备而又正确的统计资料，是一项迫切的需要。所以，在他占领那不勒斯以后，他所发出的第一道命令，就是关于测量全城，以求确定它的面积范围和它的人口数量。

诺曼西西里政府的财政部，无疑地，在欧洲同类的行政部门中，是最有效能而又是最进步的组织。这行政部门的两个最高级官员，是英国人——塞尔比·罗伯特和托马斯·布朗——后者后来任职于英王亨利二世的财政部内。在诺曼文献里，奇怪的，他们的名字是用希腊文和阿拉伯文写的。在十二世纪后半期，英国的财政和赋税行政制度和同一世纪前半期的诺曼西西里的制度之间，存在着很多类似的地方。而且，英王和法王的政策，在某些方面，是从西西里得来的。当法国腓力·奥古斯都 1180 年登极时，有一个大臣劝告他应该学习诺曼西西里的政府制度。至于西西里和英国与诺曼底间的商业关系，我们所可得的证据很少。可是，像哈斯金斯所指出的那样，“具有重要意义的是：我们听到在撒列诺有一个伦敦商人；在柏刻特墓市集上有一个布林的西商人；在阿味萨地区内，至少直到 1135 年时，卢昂的货币还在通用。”

罗哲尔二世的求知兴趣，对经济社会史，也具有影响的。他酷爱历史和地理；为了满足自己的好奇心，他把当代最著名的阿拉伯地理家爱德立塞召唤到他的朝廷上来。爱德立塞用了十五年的工夫于研究工作;直到伟大伯爵逝世之前六周(1154 年),才完成了一本著作(用阿拉伯文写的)。

> 这一本书,叫做《罗哲尔的著作,或爱好周游世界的人们的快览》,是根据十二个地理学家的旧著作写成的,包括古典的和穆斯林人的著作。但是,他不满足于仅仅依靠文字作品的编纂,为了达到更正确的目的,罗哲尔邀请了香客、旅行家和各国商人集合在他面前来讨论和审核他对他们的报告,详加拣选并核对。当罗哲尔发问时,爱德立塞执笔记录。他仔细地比较了尺度和距离之后,制成了一只银盘,上面刻画着所有已知世界的海洋、岛屿、大陆、平原、河流、山脉、城市、道路和海港。这幅地图还附有释文和各种关于产品、风俗、种族、宗教、物质与精神特点的表格以及关于一切气候的表格。这一只绘上地图的银盘,已经破碎,而这"地理书"还保留在阿拉伯学者的藏书室里。可是,这是关于实际探险和有系统的统计的一篇最早的论文,里面,诺曼人和阿拉伯人的天才各贡献了一部分。①

关于诺曼西西里王国对经济史的影响这一讨论,再说几句话,就可结束了。上面关于十字军一章里已经讲过,海洋和商业法,即国际公法的开端,是从地中海世界在十字军时期的冲突和融合里产生出来的。对于这项混合法典,有一个在诺曼人统治下的下意

① 昔蒙:《意大利(巴勒摩)杂记》。

大利的城市曾作出重要的贡献。这就是亚浦利亚的特拉尼城，位于海岸上巴利城的上面。该城的商业繁荣在十字军时期大大地增长起来，因为它的港口便于船只的进出和货物的装卸。在这一方面，它堪与布林的西和巴利两港口相媲美。这里，寺院骑士团在早期已为香客们建造好一所医院；这里，比萨、热那亚和佛罗伦萨有着它们的商店和银行；这里，威尼斯维持着一个常驻领事；阿马斐人有着一个特殊居留地；这里，圣尼古拉每年一度的市集吸引着成千上万人。由于所有上述的商业关系，特拉尼的海洋法，在地中海地区获得了承认，因而它有助于从希腊、阿拉伯、意大利、布罗温斯和卡塔伦起源的法律的汇集，而这些法律的总汇成为十三世纪中所可看到的成文的国际法规。关于这特拉尼法典的形成日期，迄无定论。过去，有人认为这个日期是在 1063 年，但这一年代似乎是太早些；现在，学者们把这法典的形成日期放到 1183 年。法典的拉丁文原本已经失传；所保留下来的，只是意大利文的译本，也许于 1363 年，在那不勒斯安吉文朝时代译出的。

热那亚、比萨和威尼斯，对西西里都抱着又害怕又妒忌的心理。对于所有这三个国家来说，政治、贸易和宗教，是互相交错而分不开的。1135 年，当教廷发生分裂而西西里·罗哲尔二世支持反教皇派的时候，比萨就抓着这一借口，劫掠了阿马斐。次年，当教皇英诺森二世赢得胜利的时候，他着手组织同盟来破坏诺曼政权，并邀请了热那亚、比萨和威尼斯参加。热那亚不愿参加有比萨和威尼斯参与的任何组织，而罗哲尔对威尼斯人给予西西里的商业利益来使他们脱离同盟；这些利益，还在 1175 年予以重申。这样一来，同盟破裂；它的成员遂一无所得。

在本世纪的后期,意大利局势跟着腓特烈一世红胡子的参加意大利事件而变得更加严重起来。腓特烈雄心勃勃,不满足于破坏伦巴城市的计划,他还梦想扩展帝国权力到南意大利和西西里去。为了这项目的,1162 年在征服米兰以后,他竟然同君士坦丁堡皇帝麦纽尔·昆尼诺斯签订了同盟条约,允许希腊人占领安科纳和巴利来割断威尼斯从诺曼人方面取得接济的路线(这一政策,对麦纽尔来说,不胜欢迎之至,因为他正在愤恨威尼斯在君士坦丁堡的高压手段);腓特烈还慷慨地约许比萨占有从维奇亚城到热那亚边境的几乎全部海岸以及在下列地点的贸易自由:西西里、喀拉布里亚、亚浦利亚、那不勒斯的一半地区、撒列诺、墨西拿、巴勒摩、加厄大的全部地区、马萨拉和伊拉伯尼。同时,腓特烈还以类似的允诺来引诱热那亚:约许它可占有叙拉古,西西里岛中央的二百五十个封邑,“并在每个城市里一条街道和一个商站,得完全豁免捐税。布罗温斯商人将被禁止进入西西里和喀拉布里亚;威尼斯人亦然……最后,承认了热那亚人对从摩纳哥到维涅尔港一带的沿海岸统治权”。

即使腓特烈一世真的会有力量来完成西西里的征服,对于热那亚和比萨的易受欺骗,就是,它们竟然认真地相信这些允诺的诚意,我们也难于忍得住好笑。这些利古里亚城市,如果不被贪婪心理所蒙蔽的话,不应该如此糊涂。因为腓特烈一世在要求撒地尼亚和科西嘉作为帝国封邑这一点上,已够使它们发生惶恐;在这两岛上,比萨和热那亚好多年来已经从事开发工作。从这些夸张的允诺里,原是得不到什么结果的。腓特烈一世被召回到阿尔卑斯山外去了;同时,热那亚和比萨在君士坦丁堡的居留地也开始了战斗。

到了十二世纪后半期，意大利三个强大海洋共和国的政策已清楚地确定了：比萨是属于强烈的帝国派或基伯林派[①]；热那亚和威尼斯是属于反帝国而亲教皇派，即卫尔夫派[②]。可是，局势并不是这样简单的。因为热那亚和威尼斯虽然都反对皇帝，但相互之间，仇恨很深；这一情况促使比萨和威尼斯逐渐接近而缔结了同盟，尽管其中一个国家和皇帝友好而另一个国家和皇帝是敌对的。最后，热那亚向诺曼人献媚求宠而威尼斯对诺曼人的嫉妒也不少于对拜占庭人的嫉妒。在腓特烈一世逝世（1190 年）和他的儿子亨利六世登极之后，政治和商业的局势迅即走上了高峰。亨利由于获得南意大利和西西里王国而终于实现了霍亨斯陶芬的梦想。他坐在罗伯特·基斯卡所建立的王朝的宝座上，因而复活了基斯卡的计划——那个基斯卡曾两次企图攻占君士坦丁堡，合并巴尔干、希腊、亚得里亚海诸岛屿、南意大利和西西里为一个强大的政治和商业帝国，但两次都告失败。比萨由于希望而傲然自得，热那亚则垂头丧气而有忧虑；至于威尼斯，它瞻念前途，极为愤慨。1197 年，皇帝在横越大陆向君士坦丁堡进军的时候，突然死去。于是霍亨斯陶芬那个宏伟计划就烟消云散般地消逝——这一计划是要统治从波罗的海到西西里全部中欧，合并神圣罗马帝国和拜占庭帝国为一个“超帝国”，使地中海和黑海成为日耳曼-诺曼人的内湖。这样一来，威尼斯得以成为未来的主人翁。关于那一段历

① 中世纪意大利的反对教皇而拥护皇帝派。——译者

② 拥护教皇而反对皇帝派。——译者

史,在叙述第四次十字军过程里,已经谈过。

罗哲尔二世所努力建立起来的西西里灿烂文化,在他的孙儿腓特烈二世时代(死于 1250 年)继续存在,甚至更加灿烂。巴勒摩成为欧洲最有文化而又最多样化的首都。

> 腓特烈二世的宫廷不能认为是一个孤立的或单纯的个人现象。它站在中世纪时代和文艺复兴时期之间,所以,我们必须从诺曼西西里的世界性背景里予以观察;它是希腊、阿拉伯和拉丁文化的汇合点,在历史上果然站在中间地位,而在地中海区的地理上也是如此……在腓特烈二世的宫廷上,希腊因素的意义是很小的。他的法律的希腊文译本曾印行过,而意大利诗人也以希腊文的诗歌来赞扬他;但拜占庭的影响跟着希腊帝国的衰落而下降;在这时期,我们很少听到在南意有希腊学者或希腊文译本出现。另一方面,在腓特烈时代,尤其是在他访问东方之后,阿拉伯的影响,如果有不同之处,只是变为更强,而这项影响,由于和穆罕默德教国家的政治和商业关系,得以持续;他的帝国利益也促进了和北意、德意志和布罗温斯的交往……他所领导的十字军导致和埃及苏丹发生了政治和商业关系;这一关系在他的整个时代继续维持;同时,在和突尼斯统治者签订 1231 年通商条约之后,即在突尼斯建立了一所西西里领事馆。[①]

① 哈斯金斯:《中世纪科学的研究》,第 244、253 页。

但是，皇帝和教皇之间所进行的长久而又可怕的战争，使全意大利和西西里陷入了毁灭的纷乱里。正在这个时期，有一个法兰西斯派教士，法拉·萨冷本，漫游意大利好多地方；他描绘了一幅可怕图景：

> 在帕马、勒佐、摩德拿和格里摩拿的附近地方，人们既不能耕耘撒种，又不能收获，既不能翻耕葡萄园又不能收集葡萄，更不能住在村庄里。然而，在紧靠城垣的地方，人们在城市民兵保卫之下耕种田地；这些民兵按照城门的数目，一区一区地集合起来。武装兵士整日这样地保卫农民进行农作；由于流氓、土匪和盗贼的无限度增加，这样的做法，是属必要的。因为他们常把人们绑架到他们的盗窠里去，要求支付赎款；他们还赶走老牛去吃掉或出售。

下面列举令人痛心的惨事：

> 于是，大地上各种各样的灾祸倍增；野兽和野禽：野鸡、鹧鸪、鹌鹑、野兔、牡鹿、小鹿、水牛、野猪和贪食的狼，无限度地增多。因为它们不能按照它们的习惯，在村庄里找到牲畜来吞噬；既无绵羊又无羔羊，因为村庄已被烧光。所以，狼结成了大队，由于极度饥饿的痛苦，绕着城市，凄厉地咆哮着；它们夜里爬入城内，吞噬睡在回廊下或马车里的男人、女人和孩子们……当我住在罗马纳省的时候，全省都蒙受着这种战争的

祸害。[①]

在腓特烈二世失败以后,那曾盛极一时的那不勒斯和西西里王国,转移到一个法国亲王,安如·查理手里(1268 年)。安如·查理野心勃勃,企图征服君士坦丁堡,来在巴尔干半岛上为了自己的利益重建那个倾覆了的拉丁帝国;虽然他的这一计划没有成功,但他在爱奥尼亚和爱琴海岛屿中,获得了一个立脚点。在突尼斯,尽管他兄弟所领导的十字军在那里遭受了惨败,他还能谈判了一项有利的通商条约;他的代理人还在多瑙河区边境上、在鞑靼[②]、乔吉亚忙于活动。由于他的努力和王国有利的位置,那不勒斯还能维持东西方贸易大都会的地位。

与此同时,安吉文王朝在意大利获得了一个卓越的地位。它成为教会党和卫尔夫派的首领,所以南意大利得摆脱那由霍亨斯陶芬朝政策所强加于半岛上其他部分的隔离与敌对的状态。安吉文朝诸王的对内政策和他们的对外政策同样地切合实际。他们急切需要增加王国的资源和建立一个有效能的征税机构。他们的财政利益决定了他们对农业、工业、商业的政策,也驱使他们建立专卖事业、海上企业以及那些他们所沉迷的广泛投机冒险事业。可是这后几项的活动证明是失败的,甚至是损失重大的;它们驱使政府征收重税,操纵货币以及改变度量衡。像这一类的祸害,不能因为道路上的和平安全、盗匪的肃清、港口工程和桥梁的建筑而获得

① 引自库尔顿:《从圣法兰西斯到但丁》。

② 指一个无限定的地区,包括亚洲和东欧。——译者

弥补。王国的又长又弯曲的海岸以及许多港口,促进了沿海贸易和海上商业;因而定期航运往来于南意大利和埃及、叙利亚、小亚细亚、君士坦丁堡、南法、西班牙、突尼斯、波那、布吉亚、扎拉、拉古萨、法马古斯塔、亚克、亚历山大港、罗得岛之间。他林敦、巴利、特拉尼的市集,也是出名的。

欧洲几乎每一个商业民族,除了德意志人和英国人外,都有代表驻在那不勒斯王国的各港口上。其中有的占着一个卓越的地位,像外来人中的布罗温斯人和卡塔伦人;像意大利人中的塞亚那人、卢启塞人、比萨人、佛罗伦萨人、热那亚人、威尼斯人,而以威尼斯人最重要。佛罗伦萨人享有财政上的优势,尤其是巴尔第、佩鲁齐和阿细乔利三大银行。那不勒斯王国,在1282年虽然惨遭西西里失于阿拉贡的不幸,但还能苟延残喘,可是到了1345年,当巴尔第银行以及几乎所有其他佛罗伦萨银行,因英国撤消了爱德华三世在1337年为和法国进行战争所借的大借款而陷于破产时,那不勒斯王国也和它们一起崩溃了。

威尼斯,在1261年后,由于努力不懈,在爱琴海和黑海贸易上所受的损失,获得了补偿;尽管热那亚竭力损害它,威尼斯还是继续繁盛。但它的利古里亚海岸同盟,即热那亚的竞争者比萨所处的境地,没有这样的幸运。在1242年,又在1251年,比萨和热那亚之间,发生了战争。在1261年后,威尼斯因为太忙于捍卫自己的商业以防止热那亚的侵犯,无暇再来保护它的同盟国比萨了。如上文所述,热那亚因接近布罗温斯,已在罗尼河流域并和香宾市集,发展了重要的商业关系。所以,1268年,当安如和布罗温斯亲王查理,即法国路易九世的弟兄,接任那不勒斯和西西里国王的时候,热那亚人在他的港口内,得到宽厚的待遇。因此比萨以支持阿拉贡人对西西里的野心来进行反击。

地中海国家所制造的几乎所有的阴谋线索,终于引起"西西里晚祷"事件[①]的爆发(1282年),那是堪与1204年和1261年事件相比拟的另一次革命事件。1268年,当野心家安如·查理征服了那不勒斯和西西里王国的时候,他梦想要做他的前任者霍亨斯陶芬皇帝亨利六世在过去诺曼王位上时所曾想做的事情,就是,征服拜占庭帝国。当然,那个失败的皇帝鲍尔文二世和所有的被逐出的法国贵族都是归向查理的。在威尼斯看来,这项计划的前途,对它的危险性,和过去的同一计划是相同的。因为威尼斯不可能容忍亚得里亚海入口海峡之两侧受着同一国王的统治。但甚至在它的恐惧中,威尼斯还巧妙地利用了皇帝比它更大的惊惶来恢复它在爱琴海上的若干旧贸易特权,因而再建立了一个商站于萨罗尼卡。这是1277年的事。但拜占庭皇帝迈克尔八世不愿冒险。当他认为:由安如·查理的弟兄路易九世所代表的法国权力,有可能起来反对他的时候,他完全不相信威尼斯有所作为。所以,他默许阿拉贡的彼得三世即安如·查理的死敌的阴谋,来为自己另作未雨绸缪之计。"西西里晚祷"事件(1282年)是在巴塞罗纳和君士坦丁堡设计出来的。那个警钟响起了法国对希腊野心的丧钟。阿拉贡因为占得了西西里而获得酬报。但热那亚从这事件里也取得了得来容易而又丰富的利益。安如·查理因为需要热那亚舰队在所计

① 西西里人因反对法国封建主的掠夺,于1282年耶稣复活节星期一晚祷时间在巴勒摩发动起义,杀死了所有在西西里的法国人。因为起义者以晚祷的钟声为信号,所以在历史上叫做"西西里晚祷"事件。——译者

拟的进攻君士坦丁堡的计划里的帮助，愿意扩大它在希腊帝国中所已有的很大商业特权作为酬报。但相反，热那亚宁愿利用希腊人对安吉文王朝的恐怖心理。热那亚的“商人-亲王”弟兄，麦纽尔和贝尼得多·扎卡利亚，久已垂涎小亚细亚佛开亚的大明矾矿，而皇帝就赐给了他们以这项让与权。迈克尔八世，因为他实现了推翻安吉文王朝的政权，也许会觉得已充分地获得了补偿。对皇帝来说，这是一项良好的政治手法。对扎卡利亚弟兄来说，这也是一项优越的商业活动。因为

> 从这矿产所得的利润，比那付给皇帝的年租要多到好几倍。明矾对染色，是必不可少的东西，所以西欧的回程船只，常常在佛开亚装运这种有用产品。对这项商业的唯一严重竞争，是来自黑海沿岸的明矾贸易，而这项明矾是由热那亚船只装运到欧洲去的。麦纽尔起初是商人，而后来是爱国者，劝说皇帝以禁止攸克辛海〔黑海〕这一部门的贸易来保证他得以垄断明矾市场，就是，一种保护措施，这事情导致皇帝和热那亚之间发生争执。[①]

1282 年当法国人在西西里被屠杀以后，比萨由于支援阿拉贡而取得了报酬，就是，在巴勒摩和岛上其他地方上的有利贸易权利。竞争者间的斗争，现在达到了最后阶段。热那亚人，由于安如·查理和法国（它仇恨阿拉贡）在精神上的支援，完成了他们毁

① 威·密勒:《拉丁人在利凡得》。

灭比萨的阴谋。1284年,比萨城被占领,城内一切可移动的东西都被抢劫一空,而它的港口也被一种魔术般的工程技巧破坏了。原来,阿诺河水流湍急到这样程度,以致水流一向把那些从多斯加纳山上冲激下来的碎石子,从港口内清除得干干净净。但现在,热那亚人建造了一条斜跨港口的大石堤,使水流舒松,因而它所带下的泥滓停积在河道中。由于这一缘故,比萨的港口徐徐淤塞起来而成为不可航行。因此,商人和银行家迁移到卢加或佛罗伦萨去,而比萨的黄金时代就一去不复返了。

热那亚因遭受威尼斯死仇的敌对越来越多地从东方港口被排挤出来,就在西欧,特别是在法国与法兰德斯,也越来越多地发展了它的商业。在一个时期,不是在十三世纪的晚期,便是在十四世纪的初期,它大胆地开始了热那亚港与布鲁日(和伦敦)之间的航运业务;那是注定在中世纪贸易史上和贸易路线上要发生革命性的影响的。尽管有海盗、风暴、浅滩和暗礁的危险,这项新事业却能欣欣向荣,因为运费削减而通行税也可避免。这新航路的效果,还可从下列事实看得出来:(1)香宾市集的相应的衰落(虽然它们的衰落还有其他原因),(2)莱茵河上经由阿尔卑斯山路来的贸易总额与通行税收入的缩减。

威尼斯也马上急起直追;它一向注意贸易的机会,并监视它的竞争者的行动。1317年,威尼斯第一次船队出发,经过直布罗陀海峡而达到了布鲁日和伦敦。在这以后,直到近代时期,威尼斯船队在西欧贸易中成为一个经常的组织,并且不久它的重要性远远超过了热那亚的船队。

到了1300年,热那亚不复是威尼斯的一个凶狠的对手。关于热那亚最后失败以及威尼斯巨大成功之原因，是政治性的。而这些原因又大部分是由地理位置所规定的。

> 热那亚内部不断发生的革命运动，在十四年中爆发了三次严重的革命，以及革命之前的一切骚动，一定曾使它在和较稳定的竞争者的冲突里，处于不利地位。热那亚也不可能避免了这项不利情况；它不是一个由难攻的礁湖环绕着的岛上城市；它位在大陆上，它拥有沿海岸上东西面的领土。山岭本来可提供很可防守的边疆，但热那亚城所在地却是那个边疆上最弱的一环。塞尔维亚、斯塔勒、奥尔巴和波米达各河流到它的边境附近……热那亚也无可避免要卷入卫尔夫和基伯林两派政治斗争的漩涡里；这项斗争已把它的邻邦撕得破碎。而且，它所占有的这块领土，对热那亚人口的性质也起着一种显著的影响。它的大贵族，不仅是巨商，而且也是大地主；他们占有广大土地，并建造了城堡来保护它们；他们之间相互竞争；他们也同样是贪得无厌的。意大利的政治局势影响了热那亚的生活，而它的大贵族之间的仇怨，还使城市内部分成了派系。可是，威尼斯的情况则截然不同了。它由于环礁而与大陆隔离开来，的确，它几乎不能算作意大利的一部分；它的利益是转向东方的，卫尔夫派和基伯林派斗争的歪风，不会吹动它宁静河湾上的波纹的；那里没有封建制度及其武断划分的社会等级来破坏居民中间牢固的团结精神；也没有有势力的大地主贵族阶层作为群众嫉妒的标的。威尼斯是非常统一的。商人贵族、会计员、船主以及造船匠，都是属于一个股份

公司的合作者和股东。威尼斯成功的秘诀,即在于此。对热那亚的斗争,在长期消耗交战国双方的资源方面,是可怕的,但结局如何,一向是在意料之中的。[①]

当威尼斯和热那亚在海上耀武扬威并进行你死我活的战斗来争取海外市场和产品的时候,很相似的猛烈商业竞争,在意大利内部,在伦巴第和在多斯加纳也在进行着。米兰和佛罗伦萨是这些冲突的中心。两城各争取在它的自然疆域内的霸权,来反对当地封建贵族和竞争的城市。小城市同它们附近邻人的冲突,比佛罗伦萨同比萨与塞亚那的战争,其猛烈程度并不轻些。而且,这些城市也常常由于派别斗争而内部分裂。

上述情况之所以发生的原因,在于上层富裕的中产阶级和下层平民阶层之间的日益扩大的分裂;前者控制行会(现在变为商人的或工业团体),也控制当地政府,而后者中间包括工人阶级以及居民中的临时工部分。这就是富与贫的斗争、雇主对被雇佣者的斗争、资本对劳动的斗争。最后,教皇和皇帝政权之间的巨大斗争,也渗入并缠扰着这一切的混乱和无政府局面,而那项历史性斗争在十三世纪已达到了拼死的决斗阶段。在意大利的每个城市中,有一个拥护腓特烈二世的立场的基伯林派或皇帝党,同时也有一个卫尔夫派或教皇党。从表面看来,这种党派的冲突,只是一个地方性的或一般性的政治问题。但如果我们深入这些派系的内层来看,我们就可发现它们之间存在着一个又深刻又有重大意义的

① 《英国历史评论》,第12卷,第348页(卡罗的一篇书评)。

经济社会的分裂。这是城市和它们周围的农村地区之间的冲突，市民和封建贵族之间的冲突，封建制度所依靠的土地财产和由工商业所产生出来的新财富形式之间的冲突，墨守陈规的封建保守主义和富有朝气并体现完全现代观点与感应的城市新物质生活之间的冲突。保守的封建利益站在皇帝方面；而新的利益站在教皇方面。教廷，世界上最古老的机构，把它的权力和它的利益同欧洲最新的经济社会势力结合在一起；这一点使它的胜利可有把握。因为城市对封建制度的胜利，必然会产生教廷对代表封建主阶级权益的皇帝的胜利的。

依据经济社会史观，十二世纪欧洲所发展的新的经济社会变更，是腓特烈二世和教皇之间的斗争之根源。意大利学者，陆力亚和维拉利，已清楚地看出了这一重要的历史事实。现在，我引述前者的一段话：

> 在罗马帝国的毁灭使制造工业的各种痕迹抹去以后，在经济舞台上，土地财产扮演着一个重要角色，而领主是唯一的演员……但在自由城市出现后……独立手艺人的收入……和局限于城堡内的土地收入，遂分庭抗礼了。这样，产生了土地收入的持有者和工业收入的持有者之间的斗争……在楞雅诺，在康判尔第诺、在蒙特柏提，武装派系双方各相信他们是为一个理想而斗争，为教皇的或为皇帝的胜利而斗争……但不管他们为了什么理想而投入了战斗，那激起斗争的未知而又看不见的精神，不是从理想主义的高峰下降，而是从经济功利主义的下层地区产生出来……当意大利城市达到一个稳定

状态而建立了自治政府的时候,那现已占着优势的工业收入,就组织了一个对封建收入的猛烈反抗运动。于是,由于工业家和封建主之间的这项新斗争,反对城堡的残酷战争爆发起来了;在这冲突里,工业家组成了卫尔夫党而封建主也组成了基伯林党……当城市和封邑之间的冲突爆发的时候,农奴立即从他们领主的庄园里逃亡出来,而在城垣的庇护之下找到了自由。而且,在封建主已转化为市民之后,卫尔夫党和基伯林党之间的斗争还在城垣之内继续着;在卫尔夫党每次胜利时,手艺〔行会〕的特权扩展到居民中的新阶层去;但在任何时候基伯林党赢得了胜利,他们重建最微贱的雇佣关系,而对他们所用作爪牙来反对资产阶级的普通人,则提高待遇。最后,当封建主变为毫无势力而从城市政府里完全被挤出以后,当中产阶级的优势已达到无可争辩的地位以后,城市又分成为两个敌对的党派,一个包括富裕工业家,另一个包括普通人,即小手艺者和学徒们。①

关于刚在上面所述的经济社会发展,可以多斯加纳的佛罗伦萨城作为例子,它是十三世纪内地意大利典型的而又是最有特点的城市,正像米兰城是十二世纪内地意大利典型的城市那样。在十一世纪,佛罗伦萨在经济上是落后的,在物质文明上也是粗野的;当德意志皇帝把多斯加纳作为一个被没收的封邑(1115年)夺取过来后,德意志在那里所建立的稳固统治以及在十字军时期意

① 陆力亚:《社会的经济基础》,第192—194页。

大利本身对新兴商业和工业力量的觉醒，给这个城市以新的推进力并给它开放了新机会的大门。德意志政权原来可固定在圣米内阿多(“德意志城市”)并可从多斯加纳封建主，像阿尔杜布兰得奇家族那样，找到同情的支持，据说，这个家族所拥有的城堡，比一年的天数还要多。但城市资本的稳步侵入农村，使封建主的占有制慢慢地破坏了。当皇帝和教皇为了争取女伯爵马替尔达大量遗产的继承权而作战时，佛罗伦萨置身于两派之外，而严格注意营业方面。它所推行的政策，很像在前一世纪里米兰的政策那样，就是压服它的竞争者。因此，佛罗伦萨和塞亚那之间时常发生战争。

塞亚那，位在南多斯加纳，孤立无助，没有附近的同盟国。当时，卢加为了实现它争取出海口的野心和比萨进行战争；佛罗伦萨人巧妙地借手于卢加来为自己获得港口而让它负担这项侵略经费。那个港口，就是比萨本城；它好几年来已享有多斯加纳沿海贸易的实际垄断权。卢加人在热那亚的支持之下，侵略性地力求贯彻他们对这港口的要求。皇帝因为需要做的事情多得不得了，无暇来支援比萨。塞亚那又在内地离得太远。由于一阵惊惶，就是，害怕热那亚和卢加的联合进攻，比萨乃向佛罗伦萨乞援，那是大错特错的，因而它的命运遂决定于 1171 年 7 月 4 日的条约了。

> 为了答谢佛罗伦萨的援助，比萨人允诺：在陆地上和海洋上“救助并护卫”佛罗伦萨国家的人；无论何时佛罗伦萨人从事于战争，提供由四百人组成的一个骑士队……没有佛罗伦萨领事的同意，决不和卢加媾和或停战；按照运输比萨人自己货物的同样条件，在海上运输佛罗伦萨的货物和人；赠给在比

萨领土之内关于沿河捐税的特殊豁免权;“在福利斯巴达”,拨给一所住宅供佛罗伦萨商人寄宿并在阿诺河桥畔供给两爿店铺。[①]

佛罗伦萨没有丧失一兵一卒,没有花费分文,而达到了海口,并使比萨成为它的附庸。

在这以后,佛罗伦萨在多斯加纳的扩展势力,从缓慢而变为迅速了。1197 年,当亨利六世的计划震惊了全意大利时,它组织卫尔夫同盟;这一同盟类似 1167 年的伦巴同盟,使它便于进行“和平渗入”的步骤。在 1209—1214 年的时期,我们可看到多斯加纳的德意志皇党组织的完全崩溃。教廷和腓特烈二世之间的冲突,把佛罗伦萨赶入卫尔夫阵营,并使之投入教皇的怀抱里;因为腓特烈对城市的发展是敌视的。教皇乌尔班四世,为了报答佛罗伦萨的援助,使它成为教廷财政政策的金融总汇,因而为佛罗伦萨充当一个有力量的银行业中心开辟了道路。在 1215 年后几年中,佛罗伦萨的控制权落在由富商、大行会和放款者所组成的卫尔夫党手里。皇帝的代理人和他的女婿安提阿·腓特烈在多斯加纳的横征暴敛,加上教廷的阴谋与法兰西斯托钵僧的鼓励,使卫尔夫同盟更有力量。这是一个工商业大繁荣的时期,但也是一个以“非法牟利”、行政贿赂、假公济私、财政混乱和土地霸占为特征的时期。在佛罗伦萨,百合花金币的铸造[②](1252 年)和所得税的创立,是关于这个

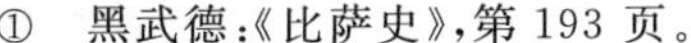

① 黑武德:《比萨史》,第 193 页。

② 1252 年,佛罗伦萨开始铸造这种金币,因上面刻着百合花而得名,重五十五喱。——译者

时期财政建设方面的两个实例。

佛罗伦萨经济的声势，起初是依靠它的工业，后来才依靠它的商业和银行业。它的主要活动，是工业而非商业的。它不能参加东方商业和运输贸易，因为它不是位在海岸上。十字军对它是没有直接帮助的，虽然佛罗伦萨也从一般的商业复兴里获得了利益。佛罗伦萨不是个中间商，而是个生产者。所以，它的问题是要发现某种一般或普通需要的货品而把它制造出来。它抓住了呢绒制造业，并把它发展到精密的程度。多斯加纳山区，虽对农业是不宜而又不利的，但对养羊业却是非常适合的。撒地尼亚提供丰富的羊毛，其他供给则来自卡斯提尔最南的一省亚尔加尔威，来自法国的郎基多克以及来自英国[①]，佛罗伦萨周围的村庄和寺院成为羊栏和牧场。

在养羊的机构中，赫米里提的教堂是最出名的；赫米里提是在伦巴第和多斯加纳的一个寺院团，单在伦巴第一处，它就拥有一百五十所教堂——它的教堂房屋，全部用作出产羊毛的场所。据传说，这寺院团的创立人，是若干曾被亨利三世放逐到德意志去并受到长期禁锢屈辱的米兰贵族。他们被释放以后，回到老家而建立了一所寺院。据另一说法，赫米里提寺院团是起源于1135年圣伯

① 英国的纪录指出：1273年，意大利商人取去羊毛产品的百分之三十七；北法商人，百分之二十四；不拉奔商人，百分之十七；南法商人，百分之八；德国商人，百分之六；佛来铭商人，百分之三；西班牙商人，百分之一。但据说，英国和法兰德斯之间的贸易关系在1273年曾中止过。在意大利人投入英国羊毛贸易的资本中，皮阿森扎的苏格提公司有二万一千四百马克；卢加的利西阿第公司有一万零八百马克；佛罗伦萨的夫勒斯科巴第公司有八千八百马克；那可说明佛罗伦萨在这项营业中还是年轻的。见《英国历史评论》，第24卷，第399页及以下。

尔拿在米兰的热烈布教。这两种说法,都是不正确的。赫米里提寺院团的起源可从宗教观念和经济困难的结合方面来找出。早在十一世纪后期,"纯洁教派"异端以及在伦巴第与它相似的异端"改造僧侣派"都表达了宗教狂热和经济社会的不满;那些伦巴城市无产者,即穷苦手艺工人特别是羊毛工人,数以千计地接受了这些异端教派。后来,这些异端的旧名称虽已经消逝,但情况与集团还是存在着;到了十二世纪中期,从这块愁苦与宗教狂热的土壤上跃起了赫米里提寺院团,旨在为城市中这些穷苦工人提供经常而稳定的职业。这寺院团的成员,生活又严肃又简朴,专心于手工劳动,特别是纺织羊毛布。这组织是半世俗性、半宗教性的,开始时,即被教会侧目而视的。的确,在赫米里提教派和发尔多教派[①]、约阿喜谟教派与法兰西斯教派间,存在着某种相似的理想和实践。可是,教皇英诺森三世在1201年对这新的寺院团,给予正式承认,强制它接受寺院规程,并命令它执行一种特殊义务,就是,要它对改造僧侣派和发尔多派异端运动进行斗争。

但是,赫米里提寺院团对实际的救济事业,比对传教事业,更多注意;它宁愿多做些养羊事业,多照顾些城市下层劳动人民的福利。所以,它曾被确当地称为"寺院团和工业行会之间的中间物"。

在很多地方,有人把儿童付托给赫米里提寺院团去照管,使他们受到职业教育,很像学徒在行会中所受到的训练那样。但伦巴城市当局从赫米里提寺院团的日益增加的财富里,看出了一种城

① 发尔多教派(Waldensians 或 Vaudois)在1170年由里昂人彼得·发尔多所创立。——译者

市收入的泉源；因为它们是属于一个半世俗性的组织，所以，当局迫使它们缴纳赋税并强制它们贷款给政府。因此，它们逐渐出售了在伦巴第的教堂，而迁到比较友好的多斯加纳去了。佛罗伦萨，即兴旺的工业城市，向来是注意好生意的；因而在1239年邀请这寺院团定居于它的领土内并要它们在城内建立一所学校，即我们所称的职业训练所，来教育羊毛工人。

甚至在这时期之前，佛罗伦萨的羊毛业中，已组成了七个工业行会；它们代表着从单一工业中分化出来的行业，例如，刷毛工、漂布工和染工。但是其中有两个行会，站在最高地位，就是，毛织业行会和呢绒加工业行会。前一行会用本地产的和进口的原羊毛来织造呢绒；后一行会在外国市场上，主要是在法兰德斯，采购粗坯和次等羊毛织物来加工，使之成为精细的高级货品。这一项有利的经营，不仅显出佛罗伦萨人的聪明，而且也证明了佛罗伦萨工人是具有高度的技术水平的。的确，在刷毛、梳毛、修剪，尤其是在染色方面，佛罗伦萨迅即领导了全欧。当时所知道的最不褪色而又最美丽的颜色，是佛罗伦萨染工所染的。为了这项目的，他们在世界上到处搜觅稀有的植物和矿物。许多洗染程序是保密的；染坊中只一两个人员是知道染色公式的。据那个一生专门研究中世纪佛罗伦萨历史的德卫孙的记载，佛罗伦萨城在1281年时已有人口四万五千人。由此可见它的繁荣已达到了怎样盛大的程度。我们知道：在1331年它有人口九万人；它本城历史家微拉尼说，在1308年它有三万人在羊毛工业各部门中做工作；有两百个工场，每年出产布匹八万卷，价值在二十万百合花金币。可是，奇怪得很，在十三世纪，佛罗伦萨对生丝的生产，却是漠不关心，而让那项

工业给卢加去干。如上文所说,卢加丝业的开端是从巴勒摩得来的。再从卢加,桑树和蚕蛾沿着里维耶拉区传布而入布罗温斯。直到十四世纪,在 1314 年,由于暴动的缘故,佛罗伦萨才把丝织业加入了它的工业里。在那一年,它对卢加发动了战争,毁坏了它的贸易,还把卢加的大部分工人带回到佛罗伦萨城。

佛罗伦萨在教皇和皇帝腓特烈二世的激烈冲突里所舒展的手腕,灵敏到和教皇本人特别是英诺森四世和乌尔班四世同样灵敏的程度。上文已提过,教皇是拥护意大利的城市公社运动的并从城市的财富里汲取了他们的经费,而皇帝是依靠旧封建贵族的。大部分意大利城市,虽非全部,支持着教皇,而教皇方面也很关心,使它们因此而获得好处。

英诺森三世使罗马纳和多斯加纳脱离了德意志统治,并恢复了教会在法王丕平旧赠与范围内的世袭领地。教皇格列高里九世继续推行他前任者的政策。在教皇和腓特烈二世之间的长期战争里,全意大利都被卷入了漩涡,因而很多城市破产,很多贵族遭受灾殃。教皇为了取得城市和贵族的归顺,乃迅即利用了自己的巨额进款中的一部分,来代他们偿付债款,并归还他们的土地作为教皇座的封邑。

可是,如果认为教廷在这绵延冲突里的行动完全出于自私自利的心理,那会是一个错误的历史结论。有人说得对:“未来时代的萌芽,在于城市公社;所以,城市公社而非帝国,孕育着文明的原则……教会,像在十二世纪一样,立即挺身而出,站在保护市民阶层和市民自由的地位;反过来,从这些城市——这个时代的权力泉源——汲取了力量来重振自己。”因为尽管教廷抱有建造帝国的野心和傲慢的态度，但就这一项政策而言，它是站在扩展民主运动那一方面的。不幸，这种新形成的市民精神，还不能抵抗那从激烈战争里所产生出来的残暴和放肆状态；当城市自由问题获得了胜利解决以后，城市又互相斗争，又和教皇与贵族斗争，因而陷于无政府状态，最后它们就转到世袭的地方专制魔王权力之下了。

这里，关于教廷庞大财政活动之兴起和发展的历史，无须予以详论。我们只说下列一点就够了：在十三世纪中，教廷财政权力，不论是为了和平或为了战争，在欧洲已成为和今天国际大银行的权力同样的伟大。从教皇格列高里九世(1227 1241 年)即位以后，意大利城市的重要银行各有代理机关设在罗马城和外国，像在法国、法兰德斯和英国那样。它们的主要业务，是收集“彼得便士”及其他教会的进款，并把它们汇到罗马城去。但这些教皇的顾客把教皇权力和自己的金融力量搞在一起来促进并保护他们的营业活动。如果有一个来自佛罗伦萨或米兰的意大利商人在法国或在英国被抢劫，或者被某个贵族强暴地勒索，或者不能收回一笔外国债款，教皇就为他进行干涉，而这项压力一般是有成效的。这样一个密切而有利的互相利用，把意大利商人阶层和教廷吸引在一起了。

在对教廷的关系中，再也没有别的意大利城市像佛罗伦萨那样成功的。正是在十三世纪中，所有佛罗伦萨的大银行奠定了它们的基础，它们是阿贝第尼、阿尔比西、阿的西奥尼、巴尔第、贝列科西、伊尔杜布兰的尼、波哥、斐力匹、瓜尔夫勒第、斯卡拉、塞尔奇、第奥米狄提、林伯的尼、夫勒斯科巴第、阿奎勒里、里奥尼、摩那尔第、露西、苏格提、马科尔第、德达尔第、斯匹格里提。

在教皇对腓特烈二世进行斗争的过程里，这些银行坚定地支持了教皇，获得了他们的报酬。同样，在 1268 年，当安如·查理出征那不勒斯和西西里王国时，它们把它看作一个有利的投机机会，并给予大量的财政支援。1282 年阿拉贡在赞助“西西里晚祷”事件的成功，使安吉文王朝失掉丰富的西西里岛；那对佛罗伦萨银行家来说，是一个严重的打击，但那对那不勒斯的查理二世来说，则更糟糕，因为他的整个王国实际上已抵押给它们，而他自己已变为佛罗伦萨的领受年金之人。因为通行税、矿场、盐场、森林，等等，作为对他和对他父亲贷款的保证，已落在他们手里。他们还控制了南意大利的谷物和丝绸贸易。

所有这物质繁荣促进了卫尔夫派财阀政治在佛罗伦萨的建立。这个财阀曾操纵政府，课征赋税并指导外交政策。结果，在 1280 年，有一次激烈的政治和阶级斗争在城内爆发；在这斗争里，老的党派名称，如卫尔夫和基伯林，还在出现，但已丧失了它们原来的意义而获得了一个新的意义。“在手艺人看来，一个发财的银行家和一个封建贵族同样是可恶的家伙。”在 1282 年 6 月，当“西西里晚祷”事件的消息传到佛罗伦萨的时候，手艺人和无产者就发动了革命；那本质上是佛罗伦萨民主派和手艺工人对卫尔夫派的财阀政治的反抗。

> 这项斗争，按它的本质看，是经济的；所以，反对财政巨头的斗争，在行会本身以内，最为激烈；行会的头子们曾被看作敌人，而非同僚。在后来的年代里……所有一个接一个的办法，都是针对着富人的。农奴的释放和“百人会议”(一种确定

的中等阶级会议)的建立,便是这项过程中的实例。可是,平民方面的不满情绪还在蔓延着。许多官员实际上还是卫尔夫巨头们的工具,行政腐败,贿赂公行。最后,在1292年12月,屠夫、鞋匠、金属匠和石匠四个行会取得了领导地位,并提出了正式的改革要求。[①]

1293年的运动,是

征服财阀和封建贵族的一个决定性的步骤,这已成为十余年来内部冲突所追求的标的;这运动是导致设立"长老院"的情势所产生的自然后果;它解决了这一问题:应由旧望族和"新富"的寡头来统治阿诺河区呢,还是应由人民来决定他们本城的命运呢?

在佛罗伦萨,银行家在大行会和小行会之间的冲突里,在贵族与民主派之间的党派斗争里,再一次起着重要作用。他们在俾安岐和美里两派[②]的起源里,有着经济的影响或可以说有着货币的影响。大雇主狡猾地以贬值的银币来支付工资而保存了黄金。1296年当银币跌到它原价的六分之一时,这项办法遂激起了

① 《英国历史评论》,第26卷,第372—373页(评德卫孙:《佛罗伦萨史》)。

② 俾安岐(Bianchi)和美里(Meri)是多斯加纳的政治派系;两者都是属于卫尔夫派。在1300年不久之前,两派发生冲突;这冲突在佛罗伦萨和附近城市是很激烈的;俾安岐终于加入了卫尔夫的仇人基伯林派。1301年俾安岐从佛罗伦萨被放逐出去。——译者

暴动。

在佛罗伦萨奋力争取多斯加纳的经济霸权里,塞亚那是它的最大竞争者。但塞亚那,尽管为了争取伟大地位而作奋勇战斗,却是在开始时已预先注定要失败的。像佛罗伦萨那样,它没有一个出海口,而受到位于内地的不便利。但不像佛罗伦萨那样,它从来没有能够达到过海洋。而且,也不像佛罗伦萨位于富饶的盆地那样,它是一个山区城市;它周围的土地远不及佛罗伦萨周围土地的肥沃。最后,塞亚那连饮水的供应,也感缺少。在它境内的两条小河,即爱尔萨和翁布隆,只是溪流,在夏季里容易干涸。所以,塞亚那从来没有能够发展像织布和硝皮这一类的主要工业。它的一个重要经济优点是:它位在法兰西琴路上,这是一条从布罗温斯到罗马城的沿海大路,是一条从贸易复兴最早时期起香客商人往来频繁的道路。这一条公路指出了塞亚那走向繁荣的道路——香宾市集第一次记载塞亚那人的出现,是在 1216 年。塞亚那不久也发展成为一个银行业中心,从这一事实,可见塞亚那商人在这贸易里获得了巨大利润。这项发展也把它引入了教廷财政的有利轨道内。在塞亚那,今天还存在着一所中世纪的房屋,那是在 1234 年由塞亚那的一个最早的资本家安吉利列·索拉斐卡所建造的。在那房屋的前面,可看到下列铭文:“教皇格列高里九世的别墅。”那里的最大银公司,是波塞诺立银行,叫做“大表”银行,那是从货币兑换表而得名的。1289 年,它的资本达到了按那时标准一个巨大的数额,三万五千百合花金币。它放款给皇帝、教皇、王侯、城市。

塞亚那所有这种繁荣景象,不久激起了佛罗伦萨的不可和解

的敌对。十三世纪中，在这两个争夺多斯加纳霸权者间，战争和边境冲突几乎是经常的事情。但尽管塞亚那在蒙特柏提战役(1260年)里赢得了佛罗伦萨大胜，但它的资源和它的政治机谋，却不能和佛罗伦萨的财富与外交相比。在皇帝和教皇的连绵的斗争里，它可能由于忠心和情感，始终站在基伯林党方面，但这是一个致命的政治决定。顽固的教皇们曾想尽方法，以求挫败他们的敌人。1260 年 11 月，在蒙特柏提战后尚不满六个月的时间内，教皇就以停止宗教仪式来打击塞亚那了。这对塞亚那产生了悲惨的效果。许多塞亚那银行倒闭了。在法国圣齐尔兹、波揆耳和香宾市集上的塞亚那商人，因为他们不能收到欠他们的账款而宣告破产了。然而塞亚那人还顽强地继续挣扎，于是，教皇以最后的而又最有力的毁灭性武器来威胁他们——加以"纯洁派"异端罪名和发动一次十字军。这项诬陷虽然是骇人听闻的，但在本世纪早期对南法的亚尔比教派十字军所表现过的狂热和贪婪，已够使人们担心于这种事件的重演。原来以"正宗教"和天主教热忱自豪的佛罗伦萨，对它竞争者的失败，当然是幸灾乐祸的。如果腓特烈二世的两个浪漫继承人，曼夫勒德和孔拉丁，能够在意大利恢复帝国的权力，塞亚那将可能渡过难关。但霍亨斯陶芬在全意大利地位的丧失以及接踵而来的安如·查理的胜利(他是由教皇选为那不勒斯和西西里国王的)，使塞亚那的希望毁灭了。"大表"银行的倒闭，使全城破产——教皇尼古拉四世也因此损失了八万百合花金币，但他还是满意的，因为这个坚强的基伯林派基地终于被打破。在其他受这破产牵累的多斯加纳城市，有许多破落的家族漂流到佛罗伦萨去；那倒是一个有趣味的后果。但丁曾嫌恶这种迁移，而在这渗人的行动里,也看出了一个衰败的象征。俾阿特立斯[①]的家族,是从飞厄索勒来的一个逃难家族。她和巴尔第大银行的老板西门·得·巴尔第结婚。然而,教皇也很聪明;在他们胜利之后,应用了宽大政策。他们不愿完全落入佛罗伦萨银行家的财政魔掌里,所以,他们和塞亚那残余的银行,重新建立了金融关系。但是塞亚那的大批银行已经倒闭,别的已经迁到布罗温斯去,还有另外一些也已移入佛罗伦萨;在那里它们依靠着那些大银行家所愿意给它们的面包屑来过活。塞亚那虽继续存在,但它的大批领土、它的很多银行事业已转到阿诺河畔的城市〔佛罗伦萨〕手里了。它在苦难的状态下,意志尚高,力图从精神事物里找得补偿,因而在十四世纪中塞亚那的艺术攀登了它成就的高峰。

在结束本章所讨论的意大利在十字军时期的经济社会史之前,我们还应略谈一些作为这一时期特征的一般文化状况。

意大利文艺复兴对人们心理所产生的魔力,使我们对于这个运动的阴暗面,有所忽视了;而这些阴暗面是和意大利文学和艺术的诞生同时并存的。那些由于突如其来的大量横财所产生的大部弊病和放纵状态,像在后来世界里我们不幸而看到的那样,在十三世纪意大利社会中早已出现。资本主义制度的兴起,造成了一种特殊可憎的"暴富"阶层:他们喜欢炫耀夸张,沉迷于庸俗奢侈、粗鲁作风、残忍行动、毫无慈悲心肠。他们就是但丁所讥笑的"新贵"。关于他们,可以引用像约翰逊博士就十八世纪与此相似的英

---

① 她就是但丁所热爱的女子;在《神曲》里备受表扬。她生于 1266 年,1287 年嫁给西门,1290 年死去,时年二十四岁。——译者

国豪富阶层所说的话来描写:“他们失掉了商人的客气,而没有获得了绅士的风度。”他们的营业作风正像他们的恶劣态度一样,既唯利是图,又非常酷辣,押款经营和放高利贷已成为普遍现象。基安斐格利西家族的财富,是从抵押放款和取消赎回抵押品权的无情的诡计而得来的。福尔沙·坡提纳里,即但丁的理想化的美女俾阿特立斯之父亲,是以重利盘剥而成为巨富的。据说,法兰西斯科·达库沙,一位大学教授(他所得的工资一定比今天的大学教授的工资要高)“在他的学生中间,找到了他的最有利的牺牲对象”。

竞争城市之间连绵不息的陆上战争、海上的掠夺行为,就强暴和破坏程度而言,一定是远过旧时封建战争的破坏性的。那些要指斥封建时代是“残忍刻薄之世”的人们,应该在发表论断之前,稍为想一想。但在十三世纪,欧洲能够忍受得住这种可怕的损失,因为它的财富比以前大得多,而贸易利润又这样大,以致在抵消那么重大的损失后,还可剩有利润的余额。

意大利在十三世纪中铲除了封建制度的缺点,同时也破坏了封建制度的优点:它的深刻的个人义务观念和荣誉心,它的守法精神、它的高贵和廉洁自豪心理、它的重视等级、它对服务的崇高理想、它对神圣教会的崇拜。封建领主往往对于实际的残暴行为不闻不问,而对于受苦受难更是漠不关心。但到了十三世纪,人们,特别是在废弃封建制度的和具有虚伪作风的意大利的人们,常常是故意并恶意地干出残暴勾当。现在,他们不是像过去那样为了实现“权利”(“权利”归根到底是观念,而基本上不是出于物质扩张欲的)而进行微小的家族冲突或斗争,而是为了争夺领土或为了争夺市场或为了毁灭一个竞争者,总之,为了单纯自私自利的物质扩张而进行战争了。新兴资产阶级,态度粗鲁,道德堕落,大吃大喝,贪得无厌,完全没有那些由旧封建贵族社会几百年来所培养出的风雅、文明和爱好礼貌的风度。我们只要把像英国威廉·马歇尔、法国乔伊维尔、圣路易这一流的绅士,把像法国布罗温斯的马葛利特、卡斯提尔的布浪希这一流贵妇,同意大利城市中粗野的风云儿与暴富户来对照一下,就可觉得这中间的不同了。所谓封建时代的私战——甚至强盗封建领主的掠夺——在和意大利城市之间的战争或流行于每个意大利城市中的党派冲突比较之下,就黯然失色了。法拉·萨冷本是一个意大利法兰西斯派僧侣,生存于十三世纪;在漫游中他看到意大利的很多情况;很少人阅读他的《自传》内的记载,而不会觉得毛骨悚然的。厄士里诺·达·罗马诺的残酷行为,如果发生在十二世纪里,一定会震动全欧的。在法国路易六世时期,托马斯·得·玛恩也许是在封建时代所产生的最残暴的一个人;但他所干的事情在和厄士里诺所挖空心思的、骇人听闻的酷刑相比之下,只可认作野蛮而已。可是,厄士里诺不是一个孤立的例子。他是一个典型,后来在十四和十五世纪,意大利产生了很多属于这一类型的人。这是在十三世纪意大利里的一个特殊奇迹:它既集贪婪、荒淫、野蛮、伤风败俗的大全,但同时还能产生这么多美丽、真实而值得传颂的东西。

但丁于1265年出生于佛罗伦萨;他是个道德家、爱国者和诗人;他对自己国家内道德的如此堕落和社会标准的如此腐败深感痛心;他知道这种情况的根源,在于它迅速获得了的无限财富,而这项财富没有那在封建制度黄金时代的传统精神,就是,与封建财产俱来的责任感和服务心。但丁在回顾"淳朴的古代"时,看到佛罗伦萨城“没有项圈或冠冕，也没有穿用华丽鞋子或腰带的贵妇人，而这些饰品会比她的容貌更引人注意”。在那个时候，结婚不是像现在这样为了财产和丰厚的嫁奁。奢侈风气尚未出现。房屋的建筑是为了居住的舒适，而不是为了财富的炫耀。贵妇脸上并不涂脂抹粉的。人们从乡村移入城市而使城市受损害的情况，也尚未发生。“人品的混杂，从来是城市祸害的开端。”那个时候的生活，是简朴的。“价值昂贵的丁香”——暗指那些奢侈浪费的贵重香料——尚未起着腐蚀作用。“新贵和横财，产生了骄傲自满与纵欲无度。”

当然，我们对于但丁控诉的过火部分，也必须打个折扣来听。这是由一个被放逐者和痛心于幻想破灭的梦想家[①]所发出的不平之鸣。可是，这控诉的基本论点，是正确的：意大利在十三世纪和以后的世纪里，是在追求财富、物质享受和肉欲。

① 但丁曾参加多斯加纳的俾安岐政治派系。该派在政治斗争中失败。1031 年俾安岐派包括但丁在内，从佛罗伦萨被放逐。——译者

第十八章　十字军时期的法国（1095—1270年）*

“法兰西”像十二和十三世纪的意大利一样，是一个地理的名称，而不是一个统一的政治实体。这个国家的历史，必须按各个封建省份来研究，因为其中每一个省保持着它的强烈的地方情感和地方传统。法国省份，按照它们是否内陆的或临海的（或滨英吉利海峡或滨大西洋或地中海），按照是否属于河流流经之地或属于靠近阿尔卑斯山路的地方，按照土壤性质和农业状况，按照居民血统与语言的差别，彼此之间极为不同。

甚至法兰西君主国在腓力二世奥古斯都（1180—1223年）和圣路易九世（1226—1270年）时代的政治扩张之前，大封建领主在他们的省份内已相当成功地建立了安定的政府形式。到了1150年，由于大贵族（其中还须包括主教和住持）的有力统治，封建制度最混乱时期已一去不复返了。那些历史性的大省份，已经完整形成并且以新形式固定下来。这些省份是：法兰德斯、香宾、勃艮第、诺曼底、安如、波亚图、基恩、加斯科尼、土鲁斯、布罗温斯。这种改进的和平状况和秩序便利了贸易并保护了工业；而这两种经济活

* 地图：锡倍德：《历史地图册》，第69页，并参看第76页。

动，在十二世纪都在向前进展。农民在他们的命运中也感受到物质生活的改善。农业、商业和工业上的发展，反映出法国欣欣向荣的生活。路易七世，在某一天和窝尔特·马普谈话里，以法国他自己的资源和英国亨利二世的资源相对比，他说，“英王不缺少什么东西：人力、马匹、黄金、丝绸、珠宝、水果、谷物、野禽和野兽。我们在法国，除了面包、葡萄酒和快乐之外，就没有什么别的东西了”。我认为，一言以蔽之，这一段话总结了法国人的经济社会生活——不是属于整个王国的广义的法兰西的生活，而是属于法兰西岛的生活，即塞纳河盆地法王自己领地的生活。

在十二世纪，所有法兰西岛周围各省的广大地带，都是属于封建领主的；其中很多领主比法王本人要强。除了巴黎和奥尔良城以外，法王的小城市在和他附庸的首府相比之下，还成什么样子呢？

> 在十二世纪后半期，巴黎只不过是法国大城市之一。甚至在那个时期的法兰西有限的范围之内，巴黎、厄坦普和奥尔良也是可相提并论的，而在它的疆界以外，卢昂、都尔、波尔多、土鲁斯都是地方的中心，在社会经济的意义上，也在政治的意义上，都是独立的。[①]

对于法兰西岛，法王给予深切的注意。它尽管是小的，但它是一个良好的遗产。塞纳河从王国的中央穿过那里直接流入海峡。罗亚尔河靠近它的南部。在塞纳河两条向东的支流中，瓦兹河流

---

① 鲍威克：《诺曼底的失去》，第 10 页。

向法兰德斯新兴的城市,玛恩河流入莱茵兰。法兰西岛的土壤,以肥沃出名,小麦和葡萄长得很茂密。在十一世纪,有一个诗人,盛赞布里田野的肥沃,并把摩城的所在地同伊力稷安乐土[①]相比拟。他吹嘘该地区所产的梅子、生梨、蔬菜;他赞扬那里的畜群、干酪和谷物。他狂喜地喊道,“如果你爱女谷神的话,你会在摩城看到最丰富的收获。在那里,你也会看到地窖接受了酒神的赠品。这是一块又富饶又肥沃的地方。”

巴黎的发展和改进,当然是法王最密切关心的一件事。巴黎的日益增长的物质进步,反映在十二和十三世纪的大量河流运输贸易方面。十二世纪,是行会的起源和传布的时代,而这些组织中的最早的,是若干船夫协会;当时的船夫是兼做运输和商品贸易的。巴黎商人公会出现于 1121 年,它是最早见于史乘的。它曾控制中塞纳河的航运。下塞纳河是在卢昂的一个类似的组织的垄断之下;上塞纳河和约内河由第三个商人公会,即勃艮第商人公会所垄断,它的总部设在奥舍耳。关于这些公会和其他船夫行会的起源不详。在罗马高卢,几乎每一条河流上有着许多船夫协会,是否可能它们就从这些古罗马的船夫协会传下来的呢?这些沿河公会,还是由寺院“职业农奴”所组织起来的呢?在查理曼的和平时期,寺院农奴使用了寺院的船舶往来于河流上,并在第九和十世纪他们摆脱了封建控制。尽管我们多么愿意把十二世纪巴黎的这批塞纳河船夫和古罗马的巴黎船夫相联系,但我们必须坦白承认:这两种组织之间的历史的连续性,是无法证明的。在前面一章里,我

① 指任何想象的乐土或福地。——译者

们已经说过:在861年巴黎有着一块船夫的居留地,而别的作家已推测:这个集团在早期封建时代苟延残喘而后又公开活动;并从法王路易六世,获得了王家的承认。但这项假设,也认为是“证据太不足”。另有第三种推论,即获得了最广泛承认的推论是:巴黎商人公会是由那批往来于塞纳河上的巴黎商人在诺曼底人征服英国之后为了防止卢昂的竞争而组织起来的;当时,卢昂的商业由于诺曼底和英国的联合而获得了有力的刺激。不管怎样回答这一问题,无疑的,在十二世纪塞纳河上船夫和商人行会的出现,都是一种商业觉醒的预报。

在腓力·奥古斯都时代,巴黎商人公会成为城市的法团,是贸易公司,也是巴黎市府。巴黎从来不是一个城市公社,像法国其他若干城市那样。巴黎城在法团的地位上,是由巴黎商人公会来代表的;它是以“商会长”为首的一个商人集团。商会长的属员被称为“商务吏”。1170年路易七世批准了他们的旧惯例。公会控制葡萄酒和食盐贸易,对商人小贩发给执照,准许“叫喊”权,即在街头上叫卖商品之权,管理度量衡,规定入市税及其他捐税。商人公会有一个码头在巴黎,另一码头在约内河和塞纳河的汇合处,第三个码头在蒙特。法王白费心机地企图把在塞纳河上营业的三个公司并成为一个公司。那个时代的精神是不容许这样做的。甚至在1204年从英国夺回了诺曼底以后,那还是不行,虽然关于葡萄酒方面法王拒绝了卢昂商人把西葡两国的葡萄酒和吉伦特的葡萄酒经由卢昂港口转运到巴黎的权利;然而,勃艮第和法兰西岛的葡萄酒则可顺流而下运到卢昂去。卢昂商人按旧例,从比斯开湾输入食盐,但他们没有从巴黎水上商人公会获得特许状,不得在巴黎、在法兰西岛的任何一块地方,出售食盐。

在 987 年卡佩政变之前,巴黎城的范围严格地说,只限于"首都的小岛"(Ile-de-le-Cité)上。在塞纳河两岸上的近郊,特别是在左岸,是没有城垣的。早期卡佩朝诸王开始了巴黎城扩展的过程。路易六世,是第一位法王给近郊居民和两岸周围的散住人口伸出了保护的手。在塞纳河湾上,他建造了圣泽门城堡,作为保卫巴黎西北方面的前沿堡垒;而在南北两方,建造了大城寨和小城寨来保卫本城,并把近郊圈入城垣之内。那环城堡垒防线的遗迹,今天按城内的街道,还可在许多地方寻找出来。后来,这些环形防线对于不断发展的首都,变得太窄狭了。在 1188 年,刚在他为第三次十字军出国之前,腓力·奥古斯都认识到必须扩展城界,命令建筑一个新城垣,这城垣的遗址也可按街道寻找出来。它的建造费了二十一年的时间。在塞纳河的左岸,距城垣若干步外,法王又建造了那著名的卢佛尔主塔,因为在第九世纪诺曼人的进攻已证明那里是一个弱点。

腓力二世在 1180 年登极时,铺设了两条横穿巴黎城的街道:一条自北至南,另一条自东至西,在图耳·圣扎克地点交叉着。但首都全城街道的铺设,在百年时期内,还未曾完成。腓力二世,也是给巴黎建造一条引水管和两处水池的第一位法王,一处在市场内,另一处在英诺森墓旁。这两块地方都位于那块叫做"牧场"的低湿地带。在那里路易六世已进行了部分排水工程并在那里建造了一所市场。腓力再以墙垣来圈围这块墓地,而在市场的广场上建造了陈设商品用的回廊。这些"回廊"的建筑式样,起源于古罗马公所周围的走廊,底下是作为货栈。在法国,另有一个这样拱廊形式的著名市场,就是在索睦耳的市场。它是由亨利二世所建造的,乔伊维尔曾把它说成是像息斯脱西安派的寺院那样。他所作的这项比较确是合式的,因为修道寺院,按建筑式讲,是古罗马建筑物的前院,两侧附有走廊。这种式样,在后来中世纪许多城市里,像布鲁日那样,成了一个普通的市场形式。关于这方面的例证,甚至今天还有存留。这一形式一直继续到十六世纪为止。这些“回廊”,有时是属于一个世俗或宗教贵族的财产;有时是属于城市的市场。在路易九世时代,巴黎有着两所经营布匹的“回廊”。后来这两个市场组织各有自己的街区。佛来铭城市曾建造壮丽的建筑物作为市场,例如,布鲁日、阿拉斯、伊泊尔、根特各城市的布市场;又如,根特、伊泊尔及后来的安特卫普各城市的粮食市场。最好的例子,是伊泊尔的布市场(在 1201 年开始建造,在 1304 年完成)以及布鲁日的布市场。亚丰斯·得·波亚叠,即路易九世的弟兄,在拉·罗瑟尔和尼奥尔曾建造类似的建筑物,像路易八世在奥德牟桥畔所建造的那样。法国诸王,在那些从英人方面收复的省份内,曾不惜工本建造市场大厦。那是含有安抚性质的政策。

有一个法国历史家,在腓力二世统治的早期,曾作出豪语说:巴黎是“王国的首都也是王室的驻所”;这是正确的。英国巴塞洛缪曾称颂巴黎周围的造屋石头和水泥,也曾赞扬城市的建筑式样。腓力二世是第一位能够洞察贸易的价值并力求促进贸易的法王。据说,路易七世曾准许卢昂船夫得上溯塞纳河远至蒙特为止,来促进运输贸易;对于这一回事,虽然还有可疑,但对于腓力二世要在海峡沿岸获得自由港权利的决心,则是毫无问题的。

腓力·奥古斯都在 1204—1205 年间,从英国曾收复下列封邑:诺曼底、安如、缅因、图棱、波亚图;那是具有重要的经济动机和经济后果的。无疑地,在十二世纪中,诺曼底是北法的最繁盛区域;除了法兰德斯以外,也许是人口最密的地方。在诺曼底,农奴制度很早就消失,无疑地,一部分是由于诺曼人工商业的增加,因为在中世纪欧洲,随处可看到:在贸易活跃的地方,就有自由农的存在。诺曼底的这种高度繁荣景象,也许一部分是从早期"外侵团"的商业早熟状态承袭而来的,但大部分一定是由于英王在诺曼底公爵的地位上所实施的贤明而又有效能的统治。鲍威克教授曾声称:在十二世纪诺曼底是"欧洲的最先进的而又自给自足的国家"。卢昂商人行会,"在伦敦及在英国其他一切港口上,享有和英国商人所享有的同等特权;他们只须缴付王家捐税"。在海峡两岸的商业,多么繁盛,"商人的账册,每页都是写得满满,而卢昂商人声势煊赫,和诺曼底领主一样"。在 1150 年(城市特许状发给的那一年)和 1204 年之间,"卢昂的权力达到了最高峰;而它的港口已成为南方和北方商人的大商埠"。它的硝皮业,是出名的,它的商船和商人一定会熟悉欧洲的主要市场,而它进出口货一定是名目繁多的。喀因的渔业,是有利的事业。第厄普和巴佛勒所经营的海峡的运输贸易是活跃的。但卡雷继续是一个小渔村,直到 1190 年卢芳·亨利,即不拉奔公爵,在那里建造了一个港口以及防止海水泛滥的堤岸为止。在这以后的十年之内,卡雷的商业重要性日益增长,所以理查一世给它的商人以特殊的王家保护状并使他们免缴市场税。在 1196 年,又有一所行会大厅建造起来。在海峡和北海里,有着很多卡雷渔船,从事捕鱼,而它所经营的鳕鱼和青鱼贸易,是巨大的。西班牙和葡萄牙的运酒船只也驶入卡雷港内。

和诺曼底在政治上与商业上相交织着的，还有其他金雀花朝的封邑。

> 西诺曼底和罗亚尔河各伯爵领有着特殊的密切关系……波亚叠和都尔的旧城市扼守着罗亚尔河的下游流域以及从波亚叠通北方的道路；的确，那条从都尔到波亚叠通过山峡的道路，在整个中世纪时代，控制着西北法全部；它是南北交通的要道……都尔扼守着从北到南的通路。交通路线从这个大城市向布腊和奥尔良、德勒和卢昂、里曼和喀因、翁热和南特、波亚叠和波尔多辐射出去……那些在南方大道上来来往往的法兰德斯和那瓦的商人们或那些拥挤在壮丽圣马丁寺院旁街道上要往昆波斯特拉去的香客们，给都尔市民带来了利益；而对这些利益，金雀花朝也分润了一部分。[①]

安吉文葡萄酒同诺曼底的美多克和哥德多尔葡萄酒相竞争。从南特和拉·罗瑟尔的海港，船舶开往英国、爱尔兰、葡萄牙和西班牙去。图棱是法国各省中的一颗珍珠，而它的首府都尔(位于自北方到法国西南部的直线大道上)也许是王国内最热闹的内地城市。在十三世纪初，波亚图也是繁荣的。在内地，尼奥尔、圣冉·敦格里是富庶的城市，尤其是富产葡萄酒，在那里有着大量出口贸易。尼奥尔位于色佛尔河畔(当时这条河还是可航行的)，它不仅运出葡萄酒而且运出当地所产的谷物和羊毛到法兰德斯和西班牙

---

① 鲍威克:《诺曼底的失去》，第11—13页。

去。圣冉·敦格里的白葡萄酒也是出名的。

在法国西部各省——伟恩、克雷因、舍尔、罗特、多尔顿——以河流交叉为特色,完全和东北法一样,它们灌溉平原上的葡萄园和牧场,并提供便利的交通线。没有人能够了解法国的经济,如果没有看到这些河流在形成下列城市上的有价值的影响:波亚叠、盎古伦、里摩日、佩里革、亚仁,尤其是波尔多,即西南法格罗内河支流上的王后城。贝云局处于西南法的角落,在那里庇里尼斯山脉向西伸出它们的海角;盛产马和牛羊出名的加斯科尼是它的腹地,而它的各地通过阿杜耳河及其支流,都可以到达。至于基恩和加斯科尼,即英国的封邑,它们同诺曼底、法兰德斯与英国都有水陆两路的商业联系。理查一世和那瓦·贝棱加里阿的结婚,还刺激了金雀花朝的加斯科尼与卡斯提尔之间的贸易。

法国迅速而完全地收复了英国在法境内的大封邑;一般认为这是由于法王的力量与手腕以及由于他的竞争者英王约翰的愚蠢。但是,我们忽视了其中一个经济原因,除非我们找出其主要原因在于金雀花朝竭泽而渔的税收政策。诺曼底公共收入的历史,像中世纪诺曼底的伟大历史家利欧波尔得·得利尔所揭露的那样,可说明这一事实。狮心王理查一朝的光荣事迹,使他的臣民负担沉重。新堡的威廉说,当理查进行第三次十字军出征时,他出让了他所有的领地。但这项初步的毁灭性的行动在和这次出征结果对比之下,就算不得什么了。

为赎回英王理查所付的赎金,使他国家的财源陷于枯竭。赎金总额达到十五万马克,约等于今天的五十万美元,而这负担还最沉重地压在法境内英属省份身上,特别是在诺曼底身上;后者单独所付的数额，比英王国所付的，约多三分之一。当理查获释而返诺曼底后，他在那里又另征重税，为的要建造卢昂上面塞纳河畔的加雅城堡以防止法国侵入这块公爵领。这个著名城堡的建造曾花费十五万多美元，而这笔巨款又是在一年之内搜括起来的。这项灾难，还在英王约翰的不良统治之下，继续增长。为此，诺曼底财政近于破产；喀因国库已告空虚，因而英王抽调英国国内大量资金来弥补诺曼底的亏空。英王约翰在位第五年的国库案卷内指出：英国大批现款经过海峡运到诺曼底去。这些情况已够说明腓力·奥古斯都之所以容易收复领土的原因了。在理查时代，英国光荣的威信，还足以支持住诺曼底人的热忱；而在失地王约翰时代，连这种心理慰藉也没有了。所以，诺曼底人对于法国的征服，没有什么反对情绪，而"诺曼底人乐于摆脱曾使他们陷入苦境的统治。只有那些为此而在英国丧失了领地的主教和贵族们，才对这项变动感到遗憾"。1204 年，约翰对诺曼底的所有法国商人征收了十五分之一的财产税；这是约翰自取毁灭的措施也是腓力二世的胜利机会。

腓力二世相当精明，他以宽大态度来安抚他新征服地上的臣民。他批准了卢昂的城市特权并赐给它以对爱尔兰贸易的专利权；这一项贸易历时已有几百年之久，因为它开始于都柏林的"外侵团"王国时代，开始于商业交往在所有由"北欧人"建立的殖民地之间流行无阻的时期。他撤消了那些由约翰曾经采用的虐政并以市民特权赐给了喀因、奥德牟桥以及其他小城市。他解除了市场和市集上那种由于理查的野心和约翰的贪婪所课征的苛捐杂税。在罗亚尔河之南，他采取了同样灵活的安抚方法。波亚叠、尼奥尔、圣冉·敦格里和里摩日也被赐予市民特权。凡是来到波亚叠市集上的外国商人,都被豁免捐税。上面所引的历史家继续说,“正是在国王的行动里,我们可研究他在收复省内所采取的措施。他没收了那些拒绝放弃他们过去的臣服关系的贵族财产,他把新的家族移入那里;他对城市和寺院给予新特权或批准旧特权。”

然而,海峡沿岸的无数小港口,由于法国征服诺曼底而受到了沉重的打击,而它们对法人的憎恨本来久已存在着。当时,海峡充斥着英国的掳掠船甚至海盗;在恢复“失地”的希望断绝以后,英人进行了多年的报复战争。英国高等法院的文献里表明:英国政府抱有一种恢复诺曼底的很真实的希望(亨利三世对诺曼底商人和水手的宽大方针,就是一种标志)。可是这项希望在路易九世发表下列声明之后,应该已经消失:1244 年,路易九世曾宣布:凡是在法国有领地的英国贵族,必须放弃他们在这里或那里的财产。法国王室当然要阻止在诺曼底亲英情绪的增长,所以,它捕拿在法国港口内所有的英国商人和他们的商品。亨利三世对于法人很少采取报复手段,至少关于诺曼底船运方面如此。而且,法国渔船被给予特殊优待。法英两国之间的紧张关系,到 1259 年和约为止,在多年时期扰害了海峡与比斯开湾贸易,而边境战争有时还毁坏了西法的英属省份和法国本部之间的边境地区。马太·巴黎写道,“当英王听到法王的胜利以后,就下令‘五港’守兵,要尽一切可能来损害所有经过海上的属于法王国的商人及其他人们。”

1224—1227 年的战争,部分是属于商战的性质。当战争初起的时候,英法国王都随便地准许商人往来于他们各自的国境内,直到 1224 年 7 月 9 日止。从那个日子起,亨利三世对卢昂、第厄普及诺曼底的其他地方的某些商人，发给个别通行证。在拉·罗瑟尔落入法人手里以后，这一港口遂对英国船舶封闭；有若干葡萄酒载货(从奥尼斯运来而属于里伊的一个船主所有)也被没收了。为了报复，在英国港内和在英国市集上的法国商人都被逮捕；在海峡上的法国船只，都被带入英国港，要不然的话，也被带到革因稷岛去。于是横过海峡的商业，完全中断。这样一来，拉·罗瑟尔失去了它过去所享有的有利的英国市场而使波尔多获得了利益，因为今后波尔多在对英贸易中，一个竞争者也没有。那些遭受损失的法英港口城市为了互相报复，大家采用了捕掠和海盗方法。所以，每个港口用巨大铁链，拦断入口，以资防御。夜里，在城门关闭以后，放出大型爱尔兰猛犬在街道上徘徊。在布勒塔尼，圣马洛的猛犬，是很出名的；也在那里，“狗看夜”制度最早出现，它成立于1155年——奇怪得很，直到1770年才取消！

1226年，亨利三世曾下令逮捕在伦敦、散得维齿、扫桑普敦各港口上法国商人，并扣押他们的货物。这项办法，在同年12月推行到哈特普尔，在1227年1月还推行到斯坦福、圣伊维斯和圣波托尔夫各市集上的法国商人。然而，就在这一年内，为了照顾装运谷物、葡萄酒和食品的船只，解除了禁令。然而，这些处理办法原来是专横的，因为连亨利三世的臣民，即从波尔多到贝云港的船舶所有人也受累不浅；因为它们毫无理由地不是被迫停泊在港内，便是被迫开出。我们不知道：法国政府曾否同样严峻地对待英国商人。但有一记载说，1227年由巴佛勒驶出的一只商人捕掠船曾捕获一只波尔多的商船。然而，英国政府的严峻办法，由于考虑到商业利益，在某种情况下，予以放松了。英王对于诺曼底人特别宽大,也许因为他还希望重得他们的效忠。1224 年,当法国船只与法国商品在英国全境被扣押时,一只曾在纽喀斯尔被扣留的从第厄普来的诺曼底船被释放并准予回老家去。一只卢昂来的船在金斯林被放回;还有一只第厄普船在勺蓝也被放回。1227 年,有八只巴佛勒来的船也被释放。

法国在北法所获得的英国封邑,虽是最大的,但却不是在腓力·奥古斯都时代法王政府所获得的唯一领土。因为法王由于获得了亚眠、圣垦廷、佩伦和维蒙答,几乎已插足于法国人的法兰德斯,并使索谟河成为法国的一条河流。在腓力二世扩展他的权力于亚多亚和维蒙答(毕伽第)时,他已显出:他的尖锐目光已注意到贸易以及从商业往来上所可获得的进款。因为在从喀姆布莱到亚眠的古罗马公路和从阿拉斯到理姆斯的公路的交叉点上,是巴坡谟。在这交叉点上,远在第九或第十世纪,已有一个城堡防守,因为它附近的阿尔艮森林,是一个危险的盗贼出没之所。在这个城堡的周围,后来建造了一批房屋来作旅行者、香客和往来商人的寄宿之所。这块地方原来属于法兰德斯的伯爵,在十一世纪他们在巴坡谟四条公路的汇合地点上建立了一所税关。当法王获得亚多亚以后,巴坡谟遂落入他的手里。实际上,所有法兰德斯和香宾市集之间的运来运去的商品,都须通过巴坡谟,它是从法兰德斯到布罗温斯,从北海到地中海,穿过中欧洲的公路之要道。1202 年,法王曾下令:"凡是来自法兰德斯的任何货物,不论运往法国(意指法兰西岛)或运往勃艮第或香宾或布罗温斯或庇里尼斯山地区的,须一律在巴坡谟缴付通行税。"在康边、佩伦和克雷普·恩·瓦罗亚,法王设立了辅助的税局来截拦较小的贸易路。在这些税局里,法

国官员稽查一切货物，检验一切文件。关于巴坡谟的通行税，我们可看到它从1202到1442年之间的几乎完备的纪录；那告诉我们它所课征的税率、商人所从来的国家以及他们所携带的商品。除了周围省份的自然产品之外，还有来自北海的无数干鱼或熏鱼特别是青鱼以及佛来铭的布匹通过那里；在路上还可看到从东方进口的奢侈品：像丝绸和胡椒、托利多的钢、意大利的制成品、阿拉伯的皮革、象牙、染料、羽毛、来自突尼斯的明矾这一类。至于经营这种形形色色贸易的人们，都是从各地来的杂色人等——利凡得犹太人、意大利人、布罗温斯人、西班牙人、法国人、佛来铭人、英国人、德意志人。

腓力·奥古斯都的政策，标志着中世纪政府对商业和商人的一种新态度。在这以前，封建惯例承认：在战争时期从外国商人夺取货物来归偿他们同国人所欠的债款之行为是合法的。但1185年，当腓力二世和法兰德斯伯爵进行战争的时候，他曾公布：凡来自法兰德斯、维蒙答和彭替安，即敌人的领土上的商人们，在四十天期限内，可毫无恐惧地来到香宾市集上。1193年，为了佛来铭商人，他再次宣布了这种类似的豁免权。1199年，他曾准许他们只在缴付惯例的通行税条件之下，得在索谟河上从事航行，从科比到出海为止。1209年，对于那些来到香宾市集的外国商人，还给予王家保护。腓力二世也大力保护了出国的法国商人。我们在伦敦档案中所保存下来的他的信件里，还可看到他写给英国首席法官的一封信；里面，他以坚决语气要求英国清理若干亚眠商人在英国出售小麦而未能收集的账款。

在论述各省的经济史以后，现在我们可来谈一谈南法的经济史了。下列事实,是突出的:虽然由于约翰的懦弱和亨利三世的无能,英国对它在北法的各省放松了控制,但它对加斯科尼和基恩的领土,还能保持。关于这一点,我们可以经济理由来作部分的说明。约翰和后来亨利三世之所以能够保持这些地方,是因为他们和加斯科尼城市的葡萄酒商人联盟来反对贵族和法王的缘故。波尔多、贝云、达克士及其他城市——其中许多城市被赐给特许状——在混乱和战争时期,还是效忠于英国的统治。波尔多和英国的葡萄酒贸易,是很大的,而且这个城市享有许多特权。

在南法,绵亘着郎基多克广阔平原,包括土鲁斯大伯爵领和它的卫星封邑。它在地中海沿岸的港口——马赛、亚格得、蒙特皮列、那旁——在十字军运动的起初百年时期中繁荣起来,并成了它们背后平原所出产的大量农业供应品之出口港。在法国省份中,除了法兰德斯以外,工业再也没有像在南法诸城市中的那样先进的——特别是织布业。塞芬的半干燥和崎岖的山区上,养着几百万头绵羊;庇里尼斯斜坡上也养着几乎同样多的绵羊;这两地区所产的羊毛送到下列各城市的织机上去:亚尔比(那时和现在一样它是南法的最重要的羊毛织造业中心)、蒙托班、尼姆、土鲁斯、加奥尔——然而,最后一城更加以织造帆布出名;这种帆布叫做"加奥尔布",是地中海海员所争求的东西。在十字军时期,运输香客、兵士和商品到圣地去这一项营业,对法国沿海城市所给予的巨大刺激,在程度上仅次于威尼斯、比萨和热那亚所感受到的刺激。到了十二世纪末期,马赛和蒙特皮列,在亚克城、君士坦丁堡、太尔、贝鲁特和亚历山大城,各有自己的商站。那旁同埃及已经建立贸易关系。在圣齐尔兹市集上,常有佛来铭人、德意志人、英国人、诺曼

底人、法国人、加斯科尼人、西班牙人、热那亚人、比萨人、西西里人和西班牙南部及非洲总督区（突尼斯和开温）的穆罕默德教商人来临。法兰德斯伯爵查理好人（死于 1127 年），在圣齐尔兹市集上，曾买进一只黄金嵌珠宝的艺术性酒杯；那是他在宝库中所引以自豪的东西。

在南法，农业和工业到处是从属于商业的。这个地区面临地中海，仿佛构成了北欧、西欧和地中海地区市场之间的一条桥梁；这一幸运的位置，是在商业和贸易里的一个有力的鼓励因素。它是北方和西方的商业、南方和东方的商业所经过的自然公路。所有东方和西方贸易表册上的东西，都出现于郎基多克各城市的商业纪录簿上。其中主要的商品是：葡萄酒、食油、香料、丝绸、麻布、毛皮、鞋子、兽皮、木材、钢铁、黄铜、青铜、柏油、甘草、糖、米、水果以及各式各类的肉。

有一个西班牙犹太人，杜德拉·本雅明写道：蒙特皮列的位置，对商业来说，是合适不过的，各国商人，基督教的和穆罕默德教的，都来到这里。根据他的记载，那里有从埃及、希腊、意大利、非洲、西班牙和英国来的商人。蒙特皮列在十三世纪属于阿拉贡，它是南法最大的商业港，胜过马赛。它是法国大量贸易进入地中海的大门。这个城市所表现的商业精神非常锐敏；所以，当克吕尼寺院僧侣申请入境的时候，它首先要求他们建立一所公共市场来准许商人和商品进入；而后准许了他们建造他们所需的住所和堡垒。这个城市的商业是遍及世界的。它和语言与风俗上有自然亲缘的西班牙、意大利与西西里，和北法与北欧进行贸易；而贸易路线网还把它和附近的南法城市像亚尔比、尼姆、卡卡孙、贝稷亚、亚格得及其他城市自然地相连接起来。那旁也是一个闻名的商业城市。它的市场比起蒙特皮列的要少,但它所接触的国家同样多。

1236 年,雷门·得·康奇斯随同马赛驻亚克的领事吉拉尔德·奥利维来到塞浦路斯;他是被派到塞浦路斯国王亨利一世朝廷上去的蒙特皮列大使;在那里,他谈判了一项条约,给马赛、蒙特皮列及其他南法城市商人在法马古斯达的通商特权。在亚克和贝鲁特,布罗温斯各城市有着自己的居住区、教会和领事。从蒙特皮列来的商人在入境和出境时,不受什么捐税的限制,而那些永久留居的人是在他们母国权力的管辖之下。1243 年,的黎波里的波希蒙德五世赐给蒙特皮列商人居留地以一块城内居住区以及一所领事住的房屋。他没有豁免他们的买卖税和货物过境税,但只向他们征收一般税额的三分之一。他是在下列条件下赐给这些特权的:蒙特皮列每年应派一只配备四十个水手和至少装载八百吨货物的船来到的黎波里。彼得拉斯·得·提力科,在 1250 年曾由阿拉贡王詹姆士一世派遣到安提阿来为他的人民实现更有利的条件;下一年,彼得拉斯访问了的黎波里,为阿拉贡商人取得了新的特权。在十三世纪中期以前,蒙特皮列在亚历山大城还有着一个商人殖民地,上面所提的雷门·得·康奇斯这个人,也带着使命到过那里。阿拉贡驻在亚历山大城的领事,以阿拉贡国王的名义来管理商务。

马赛和蒙特皮列一样,是十字军的一个重要受惠者。在 1200 年时,亚田·麦纽尔在那里开始营业;他的大批营业文件,曾被保存下来。在十三世纪的早期年代里,他主要和西西里进行贸易;但他和下列各地,也有着银行业务的联系:叙利亚、埃及和巴巴利沿岸的几个城市，其中包括有修达、布吉亚、突尼斯、奥伦和特伦肯。1230 年，亚田不再从事营业，而由其子伯尔纳继承其事。伯尔纳继续经营银行事业；他派遣他的代理人到巴巴利和叙利亚去；他还扩大业务，以经营各种不同商品：自然产品和制造品的贸易。有些交换的商品是：葡萄酒、珊瑚、谷物、面粉、麻布、棉花、丝绸、羊皮和亚麻。我们从他的两大卷账册里，可看到关于这项贸易的性质和数量之大批详细的文献资料。特别耐人寻味的，是在这贸易中东方产品占着这样大的比重；由此可知，马赛在经营这些贵重商品的贸易里所享有的部分，也是相当大的。

到了十三世纪中期，马赛的贸易已经增加到这样的程度，以至出现了关于管理委派本城领事到海外各国去的条例。1270 年，在突尼斯国王和法国腓力三世、西西里国王安如·查理与那瓦国王提波特之间，签订了一项以十五年为期的和平与通商条约。这项条约规定：萨拉森商人，来到基督教国家境内时，得享受特别保护，而上述国家的基督教商人在穆罕默德教统治者的王国境内，也应享有特别保护。如果有萨拉森船只在一个基督教国家的沿海岸遭到了船难，如属可能，应把船货保存并归还原主。对基督教僧侣和教士，将在总督的各区内给予一处居住的地方；对住在那里的基督徒，还将准予设立教堂和墓地。

那旁同布吉亚也有着有利的贸易关系。它把麦子、皮革和羊毛运到布吉亚来交换布匹和染料；它在突尼斯以马匹和家禽来交换杏仁、无花果、香橼、其他水果以及花瓶；这些花瓶的“纯白和精致令人惊叹；世界上再也没有别的国家能够出产同样精美的东西的”。1271 年，教王曾发出一项通告，劝告这个城市说，它应迫使每一个那旁人放弃这项和异教徒所进行的可憎贸易。这个威胁是白费心机的。那里的商人们依然进行他们的贸易,肯定地认为:在积聚了大量财产以后,他们懂得怎样来解脱自己的罪孽的。

这样大规模的商业活动,当然对那从事于此项贸易的国家,起着反射作用的。就南法来说,它的主要影响,除了它自然地带来了繁荣景象之外,还在于加速了外国人口的流入。由于商业利益的吸引力,不仅有大批犹太人,也有热那亚人、伦巴人、佛罗伦萨人、比萨人及其他意大利城市的居民,纷纷涌入了郎基多克;他们在像蒙特皮列、那旁、尼姆、贝稷亚这一类的大城市里还建立了他们的常设营业所。南法在贸易上的伟大前途特别吸引犹太人来到那里。但当他们来到以后,他们就遭受突如其来的侮辱和迫害。那时他们所可享受的,只是生存的权利而已。在尼姆、蒙特皮列、贝稷亚、那旁和土鲁斯,犹太人只准住在特殊地区。然而,后来对他们的憎恨情绪,逐步降低;在侮辱犹太人的浪潮过后,出现了一个他们得享有无数权利的时期。他们初被准许从事商业和职业,继而被准予担任公职。他们获得了领主的保护;在少数场合下还获得了教会主教的亲自保护。

热那亚和比萨对南法城市的嫉妒和憎恨的心理,是显著的。我们很早就可看到,热那亚人曾特别提出要使布罗温斯各城市在贸易和航运方面完全依附于己。1109 年,热那亚商人向土鲁斯的伯爵柏特蓝强求:他应只准热那亚船只进入圣齐尔兹港口。在 1121 年之前,他们已经在蒙特皮列建立他们的货栈。为了促进自己的利益,他们曾赞助土鲁斯伯爵关于递夺蒙特皮列和马赛的自由权之计划。1143 年,他们还帮助了蒙特皮列伯爵威廉六世平息城市内的一次暴动；为此，他们强索了商业特权方面的一项重大报酬。依照条约，热那亚人被准许在港口内卸下船货而可不付惯例的通行税。但是，只有那些属于蒙特皮列人并和西班牙各港口有往来的船只，或转运十字军战士和供应品的船只，才得出入港口。除了十字军战士船只以外，向东航运限于到热那亚去的沿海航行。后来在1155年签订的协定里，热那亚人还坚持：蒙特皮列的海军应限于沿海航行，向西到西班牙，向东到热那亚。

又在1174年，热那亚人和土鲁斯伯爵雷门联合制订了进攻马赛和蒙特皮列的计划，尤其是要对付前一个城市，以期破坏它的港口。幸而，这些计划未曾实现。依照协定，在伯爵领土内所有的港口将只开放给热那亚人以及他们所同意的国家的人民，而伯爵的人民，非得热那亚的领事和元老院大多数的准许，不得开出商船到大海上去。

热那亚不仅阴谋阻挠布罗温斯各城市和东方之间的一切商业关系，而且也企图阻止它们同西西里方面的这类联系，因为西西里是当时对利凡得贸易的一个重要站。1157年，当热那亚使节访问西西里诺曼王威廉一世要解决他们的法律案件的时候，他们迫使他同意其中一项要求：他将不准许布罗温斯人商船进入他王国的港口，也将不为商业的目的而派遣船只到南法去。腓特烈红胡子，在他力图使西西里岛脱离诺曼人的时候，曾获得热那亚舰队的帮助，因而他赐给热那亚的领事和城市以拦截所有布罗温斯人和西西里与下意大利之间的商业往来之全权。皇帝亨利六世在1191年的文书里，重申这项特权。然而，热那亚人渐渐认识到：他们不能永远束缚住布罗温斯的贸易。在十三世纪，热那亚人和比萨人在蒙特皮列及其他布罗温斯的城市里,都维持常设贸易站。它们的货品常年陈列在货栈内;从那里,当时多么有名的市集和展览会获得了它们的主要供应品的来源。

在十三世纪初期,郎基多克所享有的经济繁荣状态,在当时其余欧洲国家里,是闻所未闻的,胜过伦巴第和法兰德斯的。然而,它从农业方面的收获,是很有限的,因为在南法,约有三分之二的土地,属于山区性质。另一方面,在罗尼河流域和在地中海沿岸的平原上,土壤肥沃,尽人皆知。土鲁斯周围的泥炭岩地,在几百年的耕种时期中,从来没有过一次不取得丰硕收获的。

至于农产品的种类,实际上,那时的和今天的种类,完全相同。葡萄和五谷的种植,规模很大。葡萄酒工业,在十三世纪后半期,逐渐取得了地方上的垄断地位。在葡萄收获时期,所有其他的工作,都暂时停止。《葡萄歌谣》里,提到

西班牙的葡萄、布罗温斯的葡萄,
蒙特皮列的和那旁的,
贝稷亚的和郭刻桑的,
摩萨克的〔葡萄〕……

此外,关于橄榄的种植是带着某种神圣性的。有一条保护这种种植的法律,规定“基督徒不得毁坏或损伤那在洪水时期曾作为和平回到地面上的象征的并提供圣油来点亮圣灯的树木;违者作为犯罪论”。

南法居民,很自然地也从事于饲养兽类的事业;那是温带农业

生活中的普通事件。饲养猪羊牛马，是一种重要的营生；很多兽肉是出口的，部分因为人口中的亚尔比教派实行素食，认为所有的肉类和走兽的产品都受恶魔控制。屠宰场在数字上和磨坊或榨酒厂同样多，星罗棋布于境内；其中很多属于教会的财产；教会也认识到从这肉品工业里可获得大利。

南法的工业因为受到商业活动的刺激，达到了那种发展水平，即相等于并在若干方面超过于法国其他部分的发展水平。在若干城市，像在那旁那样，各种行业组成为团体，各有一个选举出来的领袖。这批领袖构成一个仲裁部，对这些行业，实行一般的监督；他们总是尽量促进它们的利益。组成团体的有：屠夫、裁缝、粮食商、烘面包工、染工、理发师、铁匠、鞋匠、织造呢绒者、织工和石匠。这一张各行各业的工匠名单指出了工业的各种类型。在十三世纪，制造呢绒业和印染业的经营范围比今天更加广泛，而所产的呢绒种类，还要多。蒙特皮列是郎基多克的主要纺织业中心。大量呢绒布出口到东方去，在那里的需要量很大。蒙特皮列是封建世界的巴黎城，它决定了服装的式样。

南法的文化比北法的文化受有较多的拉丁的影响而较少德意志的或封建的影响；而其中所包含的希腊和阿拉伯影响的气质几乎使它具有一种外来的色彩。南方是文雅而不柔弱，强壮而不粗暴。在北方，封建制度是强暴、苛刻而又野蛮的；知识的修养，限于寺院。南方各省，几百年来对罗亚尔以北各省，是陌生的，甚至是敌对的。这不仅仅是由于种族反感的影响，而也是从它们不同的历史发展而来的结果。

南法有着一个更深更广而又更旧的文化，它的根深埋于古代罗马的文化。商业和贸易是一个更积极的力量。由于经商而致富的城市中产阶级,几乎完全摆脱了那些北法还在流行着的封建束缚。他们中最大富翁住在壮丽的宅邸内,这种宅邸的两侧常常附有塔楼,像封建主的城堡那样。他们自认和贵族站在平等地位,而土鲁斯的资产者居然自称为"男爵"。在罗亚尔河以北,以严刑峻法来禁止那些出身微贱的人们进入骑士阶层。而在南方,则一个手艺人的儿子,通过发财或通过像一个浪漫诗人一样的风雅修养,就可达到这个荣誉地位。所以,在南方,社会生活更活泼而又更流动,知识修养更丰富,态度更温和,而嗜好也更高尚。

不幸,对这个富饶而又条件优越的地区和对这些繁荣的城市,反对亚尔比教派的十字军竟加以焚烧和屠杀。那在十二世纪曾鼓动十字军反对穆斯林的狂热、褊狭、贪婪和政治野心,到了十三世纪掉过头来反对南法了;其动机和借口,是"纯洁教派"异端在这些省内流行。在路易九世时代,最重要而又给人印象最深的事件,是法国君主政府向南方诸省扩展权力;由于对亚尔比教派的十字军征讨的结果,郎基多克的领土,包括土鲁斯大伯爵领和它的附庸封邑在内,归并于王室领内。腓力·奥古斯都曾以王家军队征服了王国的北方诸省并达到了海峡上的蔚蓝水面。圣路易趁着征服南方富饶省份的机会,一个接一个地逐渐合并了南法的大批省份。

对亚尔比教派的十字军运动,是一个日积月累的运动。在初期(1208—1209 年),宗教狂热,势如旭日初升。但对西门·得·蒙特福及其党徒来说,在 1209 年,物质上的掠夺,是主要动机。如果说西门是教廷的拥护者,他同时也是一个自私自利的野心家,主要注意于扩大自己的势力。从他在南法的行为看来,再也没有别的说法可解释他的性格。例如，他迫使蒙特皮列的阿格涅和雷门·特伦卡维尔让给他贝稷亚、卡卡逊、亚尔比、累士兹和亚格得的领地；那是为了宗教的利益，还是为了扩张自己的领地呢？英诺森三世曾宣称："蒙特福伯爵，只为了占取贝稷亚的年轻子爵的土地，无缘无故地把他逼死。"西门对于异端的和善良教徒的财产，毫不加以区别；只要力所能及，他对于任何有价值的东西都要掠取。有人说过：他是为信仰而作战，但为自己而征服。1215 年他曾拒绝焚毁土鲁斯城，那不是由于什么人道主义的理由，而是由于"为自己的利益打算，他想要囊括该城的全部黄金和战利品为己有"。无疑地，他的野心，是要在南法为自己创立一个大公国；但这一野心终被腓力·奥古斯都的坚强意志所打破。如果说他是"一个信仰的保护人"，那么，这头衔，只在有利于他个人的野心的时候，对他才有意义。自私自利和经济利益对他来说，是主要的；宗教上的企求，只是为实现他的目的而使用的方便工具。贝稷亚、土鲁斯和卡卡逊的肥沃土地和盈利的商业的诱饵，积聚大量金银财物的欲望，对他来说比起感化异端或毁灭异端的野心，具有更大的鼓舞力量。

对亚尔比教派的十字军征讨，像在东方的十字军那样，迅速蜕化为一系列大规模的劫掠出征了。"集结于西门·得·蒙特福旗帜下的大批冒险家伙中间有一类有地位的人，他们以战争为职业，切望在南方的风景地区夺取从异端所没收的土地作为安居之所。"据传说，英诺森三世"在闻悉这种赤裸裸的掠夺和盗劫详情时，大为震惊……他显出不愉快的神色……他说，他们竟抢夺了那些从未遭受过异端污辱的领土了"。在这些基督教强盗帮中，还夹杂着路劫者、流氓和杀人犯的匪徒;他们靠战争、掳掠来发财。不拉奔人、佛来铭人、洛林人和卡塔尔人在地方上成群结队地进行抢劫。疾病跟着抢劫而来。路易八世死在亚威农(1226 年)。在围攻该城时,死尸横陈,臭气冲天,几乎因此解围。当突击占领贝稷亚的时候,被屠杀的居民估计为从一万五千到六万人不等。当战事和疫病过了以后,西欧最灿烂的文明,最有文化的勤劳人民,消亡殆尽。郎基多克成为一片荒芜黑土而它的城市也化为废墟。1209 年,卡卡逊的四郊被毁灭,后来在 1240 年城市本身也遭受了同样命运。在七年的时期中,城址完全荒废,城市周围的田野,也无人播种。在往日花园和葡萄园密布的地方上,现在荆棘丛生。有些患难余生的人们向意大利、西班牙,甚至向北方各国逃亡,但居民的大部分已被毁灭。那里凄惨荒凉的情景,几乎令人难于想象——葡萄园、果园、田野或被砍除,或被烧光;磨坊、仓库、酿酒坊、橄榄油和葡萄酒的压榨机已被破坏;水井已被下毒。当然,马赛还是安然无恙;那旁和蒙特皮列也很少受殃。但是郎基多克的几乎所有其他城市,都被劫掠一空。地方性和国际性商业已经消逝,行会已经解散。西面的加斯科尼城市原来从亚尔比采购羊毛的,而现在和郎基多克城市割断了通商关系而转向英国去购买羊毛了。强壮的意大利人闯入这些荒废了的城市并定居在那里,所以后来当贸易开始复兴的时候,他们就占得大量贸易。

在法国王室所兼并的全部领土中,再也没有像郎基多克的兼并那样重要的。由于这个缘故,法国政治和领土的统一获得了保证。如果没有获得了这块领土,南方会发展成为一个独立民族,一个分立的国家。对亚尔比教派的十字军运动对于法国所发生的影响,像美国对南方邦联的战争那样,使它组成更加完善的统一国家。这个比拟,是恰当的。在法国南方像在美国南方一样,在战争的仇恨和热潮已成为历史的陈迹以后,一个恢复和重建时期就跟着征服而来,注定要使南方比以前更加伟大。所有消灭了的或逃亡了的人口,由来自王国北方各省的移民来补充。于是法兰西岛、诺曼底、亚多亚的有些优秀血液得灌注于南方的血液里。来自北法的家族代替了破落了的贵族。从北方各省来的商人和手艺者流入南方,把资本带入了财源枯竭的地区。国王政府到处显出了对地方的控制权,并又贤明又有力地办理了行政。破坏了的城市,重新建造起来。那些古老、拥挤、不合卫生条件的城市,街衢又弯曲又窄狭的城市的毁灭,倒是一种不幸中的大幸。因为那些新的所谓"矮屋"(bastides)是按几何形式来设计的:一般是四方形或长方形的,但有时也有六角形或八角形的;城中直线街道互相交叉,形成直角,而在城的中心辟有宽阔的广场。在旧城址外新建造的卡卡逊城是一个显著的例证。引用卢察尔的话,"南方和法国打成一片了"。在完成统一的过程里,实行过骇人听闻的残暴;尽管如此,但公平的判断一定会赞成这个最后的结果的。

在巩固法王在南法的最高统治权方面,也许再也没有比郎基多克的这笔大财产所有权转移给新手里这一变更,贡献得更多。在王室领中,那些没收来的土地分给宠臣,或以一般价格售给那些对因土鲁斯家族倾覆所产生的新秩序而感到兴趣的人们。王室官吏攫取了一切可能攫取的东西,或借口处理叛逆,或借口处理异端;虽然由于路易九世的公平正直,在

1262 年曾进行过审查而使大量非法夺取的财产归还原主,但这仅仅是全部中的一个小部分而已。[1]

北法各省所有关于如何达到地中海并和东方建立直接贸易联系这一问题,由于南法的征服而获得了解决。马赛,即南法的最大港口,属于布罗温斯,而布罗温斯伯爵领尚未成为法王国的一部分。蒙特皮列(不在沿海而靠近海岸)及其他最便利港口属于西班牙岛王国——玛约喀,它直到 1349 年才被法国王重获得。玛基伦,位于一个由咸水礁湖环绕着的小岛上,像小威尼斯那样,属于一个主教所有;而他紧握不放他在那里的商业利益。

在这些情况下,路易九世在他的十字军开往埃及的时期,在亚格·摩特(意即"死水")建造了一个人造港。这港口位于海滩中央,在那长长的王室港湾可达海岸的唯一地点上。它以穿过沼泽的一条堤道,和大陆相接,而通过水流缓慢的运河网,和外海相通。这一地点,是荒凉而又有泥沼气的。为了使亚格·摩特生利,曾作出拼死的努力。法王的水师在沿海巡逻,企图阻止船只驶入玛基伦港或马赛港。为了避免这样的强迫,沿海航行甚至在夜里进行;这是一件违反地中海上所有航海惯例的事情。但是,尽管有着王室的保护和政府的鼓励,亚格·摩特终于失败。当法王国在 1257 年获得了马赛和在 1349 年获得了蒙特皮列以后,亚格·摩特所曾有过的什么小作用,完全丧失。今天,它的巨型城垣,还耸峙在礁湖的粘土上面——那是一个海边死城的骨架。

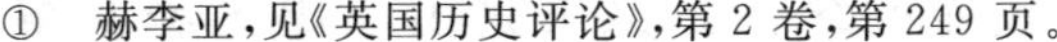

① 赫李亚,见《英国历史评论》,第 2 卷,第 249 页。

因为法王的势力已达到地中海,他使法国的北方各省分享十字军与东方的商业。在十三世纪,马赛在北非从修达和布吉亚到亚历山大城一带沿海岸上,都有它的商站。在南法城市里,又云集着意大利商人,尤其是热那亚人和佛罗伦萨人;他们常到波揆耳市集,再从那里前往香宾市集。在尼姆,有一个永久的意大利居留地,自称为"伦巴和多斯加纳商人的大学"(这里"大学"〔Universitas〕一词的意义相等于公会或行会)。它是在1270年由腓力三世按照大致和巴黎商人公会相同的条件,给予特许状的。这公会充任比萨、热那亚、威尼斯、佛罗伦萨、皮阿森扎、卢加、波伦亚、皮斯托雅、米兰各地商人的代理机关。在南法,这些商人对法国商业的扩张之帮助,是很大的。这种关系也和法国在以后两世纪对意大利的政治兴趣的增长,有着密切联系。下面从一个当时的历史家的著作中所引的例子,足够说明布罗温斯人在十三世纪中对贸易如何渴望:

> 当康华尔·理查1240年往东方去的时候,他在伟恩购了几只船,意欲下行罗尼河到阿尔兹去。伟恩及其他邻近城市的居民请求他把搭客船售给他们;并愿意付出船的三倍价值给他。当伯爵拒绝这样做并说他不是一个商人的时候,他们用武力扣留了这些船。

路易九世的时期,构成了巴黎行会和工业组织历史上的一个界碑。为了有价值的《行业志》或《巴黎行业志》一书,我们应感谢这位国王的仁厚而又有效能的统治。该书是由亚田·霸罗编辑;

他是商会会长,这一职位,像上文已说过,也包括管理首都的警察、司法和财政的事务。亚田·霸罗在 1248 年路易九世对埃及的十字军的不幸出征时,伴随法王前往埃及,在那里他被俘,后来以两千金币赎出。在 1254 和 1258 年之间的某一时期,他曾担任巴黎商会会长。在他任职之后,这职位不复是一个可以买卖的职位,而是一个公众所委托的任务。他在执行职务上的成绩使他永垂不朽。在《工业志》这本书里,记载着巴黎的一百零一个行会的章程。这些章程使我们能够直接而确实地了解当时的日常生活情况。这些工业内部组织的进步性和高度复杂化是惊人的。所有前一世纪旧式的手艺工人和技工的简单团体已分化而成为首要的和次要的行会,或大型的和小型的行会;后一种是辅助主要工业的类似行业的行会。当时,劳动的分工,已发展得很细。例如,在皮革业里,可看到剥皮工、硝皮工、漂皮工、皮鞋匠、马具匠、马鞍匠和细皮工;在石匠中,有砍石匠、泥水匠、胶泥匠。从属织布工行会的,有梳毛工、漂布者、染工行会。木匠行会包括箱子和门窗匠、桌椅匠、船匠、车轮匠、镟铲匠、箍桶匠,等等。布业行会的类别,几乎像布匹的种类一样多。连估旧衣者也有一个行会。各种行会章程详密规定:一个匠师所可雇用的学徒人数、劳动的时间、所付的工资、学徒服务的条件;但这类规定在各行业中颇不相同。这些章程的订立一般是由于双重动机,就是,利他主义和经济的动机,前者使一个匠师不应接受多于他所能够教得好的学徒人数;后者是要防止同行间的竞争而使价格下降。当时,一切工业都是家庭手工业性质——就是说,匠师的住宅即是他的工场,而他的学徒也作为他家庭的成员而在那里生活。但是,匠师为了出售他的手工制品,可携

带他的货物到周六市场上去，在那里每个行会有它的摊子，在那里他和顾客讨价还价，还和那些来自附近城市如波瓦锡、彭他兹、波未、亚眠的商人们磋商价目。每年六月，是巴黎的伟大商人月，因为圣泽门、圣雷德尔（雷扎尔）尤其是隆第特的三个市集都是在这个月内举行的。届时法兰德斯、莱茵兰、意大利、布罗温斯的外地顾客和商人可能联翩而来。

为了严密阻止欺骗行为或出售赃物或次货起见，政府对度量衡进行管理，并由警察予以监视。从下面一项关于管理制酒者和旧衣商的章程里，可看出法国当时的社会和经济的情况：

> 造酒者除了用水和谷物，就是说，用大麦、用大麦和小麦的混合物或用麦芽造啤酒外，不得也不应使用其他东西制造啤酒；如果他为了加强啤酒浓度而放入了任何东西，如杜松、蒲桃或葡萄豆，他就必须对一次犯罪，向国王缴付二十个巴黎苏的罚金，而用这些东西所制成的全部啤酒，须充作慈善事业之用。本业的仲裁员宣布：不是所有放入啤酒的东西都是好的、适当的，因为它们对于身心，对于强壮者和病人，既不卫生而又有损害。
>
> 除了在酿酒坊内出售啤酒外，任何人不得也不应出售啤酒，因为贩子所出售的啤酒没有像在酿酒坊内所出售的那样良好纯洁，而是又酸又变味，因为他们不懂得怎样把啤酒保持得新鲜。而且那些自己不造酒而贩运啤酒到巴黎两三处地方去的人们，并不亲自去，也不是由他们的妻子去出售，而是派遣他们的小女儿甚至到外人的居住区，即粗野和堕落的歹徒

所集结的地方去出售。由于这些缘故,本业的仲裁员,在国王准许之下同意了上述规则;任何违反这些规则的人一次犯罪应向国王缴付二十个巴黎苏;而在酒坊外其他地方出售的啤酒,须充作慈善事业之用。

任何人若欲在巴黎郊区充当估衣商,必须在本行业的首长和两个仲裁员面前,凭保护神宣誓说:他愿意按照本行业的惯例,老老实实,规规矩矩地做生意;就是说,他将不明知故犯地从一个小偷买进东西,如果他不知道这些东西的来历的话,也不买进什么潮湿或有血渍的东西,除非他知道这潮湿或血渍所从来;也不从巴黎郊区的麻风患者买进东西;也不买进什么宗教法服,除非这法服由于正当的使用已经破旧;任何人如违反上项规则之一,一次犯罪就将丧失他的买卖;他不应也不得再做这项生意,不论出售或购买任何东西,除非他已重新领取本行业的执照并按上面的规定,再举行过宣誓。

任何估衣商不得浆洗布料,也不买卖浆洗过的衣服或假染色的布料。

上述禁售的各物,不论在什么地方,若被以国王侍从长名义管理本行业的人看到,可予以没收;经过本业仲裁员的同意,并当着他们的面,在市场全部开市的日子予以焚毁。

特权渗透了工业世界,正像渗透了封建世界那样。“王家”行业的产品,大部是由宫廷购买的;对于这些行业的监督权,由国王赐给王宫高级臣仆作为犒赏。国王的司酒官分发执照给酒商、酿酒者和酒馆主;厨司控制烘面包工,军务司控制金属行业,唯金银首饰业除外，因为这个行业属于侍从官的管辖范围；侍从官也分发执照给布商、绸缎商、皮货商及细布织造者。

显然，在1150和1250年之间，在法国出现了商业和工业的巨大发展以及相应的社会结构的变更。贵族还保存他们的社会威望，但已丧失他们的政治权力于国王，他们的经济权力于资产阶级了。商业和工业所创造出来的新财富不仅使城市居民变得富裕，而也使地主阶级陷于贫困，因为土地已失掉它作为唯一重要的财富形式之旧资本主义性质。在十三世纪时期中，有一个有力的平衡过程正在徐徐进行，这就是，使贵族地位下降而使市民阶级通过经济的变动和社会的转化而上升起来。旧式社会慢慢地走向瓦解。旧贵族在国家机关中开始被“新富”所代替，而这批“新富”甚至还购买小贵族的特许状。当财富跟着交通的改进和良好警察制度的传播而获得增加的时候，城市富商的住宅，在宏伟和华丽方面，赛过封建主的别墅了。

的确，在圣路易时代，法国是很繁荣的。公平的税率、良好的货币以及建造港口和开辟市场这一类为鼓励商业所采取的措施，可合并说明这个繁荣状态之原因。而同时代历史家的一致论断，也证明了这点。资产阶级已显出那种夸张的、闻所未闻的奢侈风气，这种风气在十四世纪达到了铺张扬厉的地步。那个时候的禁止奢侈的法律，指斥资产阶级的奢侈作风。“法律规定：资产者，至少须有一千‘都尔镑’的财产，才能穿着毛皮或栗鼠毛皮；使用马缰或穿踢马刺。”法律还规定：他们的妻子所可拥有的衣服件数，应以他们的财产数量为比例。但是，不管它的外表如何，这项命令的制定与其说是由于要以服装的差别来维持社会等级，不如说是由于要贯彻一项虚伪的经济理论，就是，实施私人节约可使国库变为富裕。

总之，十三世纪的法国比十二世纪的法国，更进步、更有秩序。一个有学问的佛罗伦萨人，布伦尼都·拉提尼，在游历法国时，赞赏法兰西岛地方上没有围墙的领主花园宅邸，两侧附有花园而周围绕着和平农民的田庄。在那个时候，所有巨大城堡，几乎都是王家堡垒，即王家权力的卫城，不复是强盗男爵的住所了。在有些场合，城堡虽然还是留在封建主手里，但它们已像拔去了牙齿的巨龙那样。后来几世纪的法律家，把路易九世美化为封建主的仇敌，绝对专制王国的缔造者；专制王国在他们的目光中，是法律和秩序的同义语。这项见解是完全非历史性的。法王本身是一个封建贵族，而且在王国中是最高的封建贵族。他从来没有攻击过封建制度，但他从来没有容许过封建制度的过度地方。他认为：政府是一个严格管理的封建行政的组织形式。为了实现这种观念，他把当时的两个最严重的社会祸害连根拔除——私战和司法决斗。他使王室权力战胜了封建权力。

圣路易的一项最贤明命令，是关于规定谷物、葡萄酒和食品的自由贸易；这项命令妨碍了封建制度的排他性的狭隘利益。法王作出很多措施来保持食品的便宜价格。法王增加了市场和市集，并用警察来保护道路。为了保护小葡萄园主，他命令：农夫到市场去出售自己的葡萄酒得免除通行税。1247 年，国王又命令执行吏去调查那些因遭受非法剥夺金钱或产品而喊冤的人们，并允许当场给予赔偿。另有一项命令，使地方上土地所有者负责维持道路和保护旅行者。1254 年，他命令执行吏，不得扣留役畜，除非是为了公共用途。他还制定了一个贤明的森林管理制度。国王还有一项有意义的规定,就是,指令王家调查员去调查各省内的老人和穷人,并以公费来赡养他们。

城市也感受到王室的压力。到了1250年,城市的英雄时代已经过去。在中产阶级中,富裕家庭已获得对市政府官职的世袭控制权,并成了政治寡头和社会贵族。由于经验不足、各据一方的野心和腐化,在一世纪中,许多过去"良好"的城市陷于破产。城市财政,到处都受到破坏。对于它们,法王使用他的管理权和征税权来进行干涉,引用当时的一个法学家的话,"像法院为一个未成年嗣子指派一个监护人那样"。所有这种对封邑和城市的王权的加强,是有利于贸易的,因为贸易由于和平、国王货币和度量衡的管理而获益。1256年的"伟大法令"迫使各城的市长同四个仲裁员(长老)在圣马丁节(11月11日)前一日来到巴黎,并随身携带城市的收支账目,以备王室稽核。

1254年,鉴于巴黎警察力量的不足——它包括二十个乘马警察官和四十个巡逻警——法王使用了"行业守夜人"来补充;这种守夜人,是从行会得来的城市警察队,每个行会,各服务三周。两支警察队,都是受巴黎商会会长的管理的。

的确,正是在十二和十三世纪的整个时期中,有大批关于法国的战事证据,可是法国商业的增长抵消了像有些作家所描写的混乱景象。所有这些冲突,是亲属间为了争夺遗产而引起,带着单纯的家族纷争的性质,其中受苦最深的,是参加的当事人。按照长子继承法,幼子是无权享受遗产的,至多从长子获得一些恩赐;这项法律的传布产生了异乎寻常的家庭冲突。一个儿子或几个儿子往往起来反对父亲,为的要迫使他在死前把他的财产分给他们。封建争讼时常达到极度而成为战争,因为按封建制度的逻辑,在极端情况下,附庸对领主的反叛或领主对附庸的镇压,都是正当的。

但是,如果我们不低估这些争斗的后果,也必须予以适当的评价。在领主和附庸之间,果然有着激战,但混乱状态会跟着战事解决,即告终止。要不然的话,当参加者在一系列小战役中弄到筋疲力竭的时候,混乱也会结束的。这些冲突,是个人间的矛盾或集团间的决斗。在战争的日子里,属于斗争双方农民的田宅、牲口和谷物,都被尽情地破坏,而这些农民的生命也有遭受屠杀的危险。但大封建主和国王的高压手段限制了这类破坏行动的范围。愤怒的交战者必定要在彼此之间打到底;但他们不能牺牲一般社会,并且不能在战斗中破坏不隶属他们的其他农民的财产。有一个博学的法国历史家,谈到腓力·奥古斯都统治时写道:"在那个时候,战火弥漫全国,这几乎成了一种永世不断的灾难。"①当他说这句话时,他忘了当时的冲突是具有个人性质的。腓力二世时代的史料可以证明:在法国,大体上说来,当时不仅国王直接统治下的各省,而且许多其他封邑是享有和平与繁荣的,而这些封建争执未曾严重地扰乱过公众的日常生活。

另一方面,也有资料,可说明私战的减退。在十二世纪后半期以及在整个十三世纪里,我们看到马上比武成为风行一时的时尚。这种尚武的游戏,对好战的贵族来说,是一种慰藉,因为他们觉得

① "la guerre était alors, sur presque tous les points du territoire, un fléau à peu près permanent."

和平力量已重重地压住了他们的手，所以企图使用模拟真正战争的激烈行为来消磨沉闷的时间。《基云壮士歌》长篇纪事诗的作者，以几千行诗句来刻画了他诗中主角在马上比武方面的成绩，并补充说："我不能开始列举所有这些比武情况，因为几乎每隔两周在这块或那块地方，总是有着一次比武的。"教会之所以谴责这种激烈性的娱乐，与其说是因为其中表现出野蛮性和渎神性，不如说是因为其中有着不可分离的豪赌行为。但是，国王和大封建主把它们看作一种军事训练，而予以赞成。也许他们很锐敏地看到：如果封建制度的战斗精神不给予这种形式的发泄，它将表现在更坏的战斗形式上。所以，马上比武是真正有利于和平的维持。而且，在这封建盛世的两百年中，我们看到许多贵族发展了爱好和平事业的品性。他们成为绅士式的农民，或者重视书本知识；他们搜集图书，并爱护浪漫诗人和历史家。

在十三世纪，法国农村的物质进步和繁荣状态，并不比城市情况有所逊色。农奴制度在徐徐衰落。在诺曼底，如上文所述，这制度甚至在十一世纪已经消逝。到了十三世纪中期，在波亚图和郎基多克的大部分地区，农奴制度已经过了时。教会大多顽固地墨守农奴剥削制度——而它也因此付出了代价，就是，结果它遭受了民众的反抗——但自由地和租种地制在很多地区内已在流行着。清除森林、开垦沼地、建立新村庄和寺院田庄、使用泥灰岩作为肥料、改进围篱、挖沟和排水的方法、推广三圃制（如果我们可把阿柏塔·马格那的一段难懂的话作为三圃制解释），这一切都可证明法国农业和乡村农民状况的进步。蒙斐拉侯爵曾从东方带回来一种叫做"萨拉晋"的小麦。风车磨坊也是从东方输入的。最早提及它的时期，是在 1105 年。因为有一时期，农民曾热烈欢迎这一新机械，认为从此可摆脱了领主的磨坊禁令。但是，当农奴在教会土地上建立风车磨坊以图避免磨坊税的时候，塞勒斯泰因三世在 1195 年下令风车磨坊也须课以什一税。

第十九章　霍亨斯陶芬德意志（1125—1273 年）法兰德斯和低原国家

霍亨斯陶芬朝（1125—1250 年）统治下的德意志，和其余的国家相同，在十字军时代，就物质文明说，获得了巨大进步。其中一部分，是由于向东方移动而产生的贸易刺激，但大部分则是由于德意志本身内在的有机性的和有力的因素，而和十字军的影响无关的。

关于德意志进步的主要证明是：(1)人口的增加；(2)莱茵河和多瑙河地区的德意志旧城市的复兴和新城市的倍增；(3)市场、市集和通行税的增加；(4)货币经济的空前发展；(5)工业的发展和行会组织的传布；(6)德意志和意大利贸易关系的大增；(7)在国外和香宾市集，和法兰德斯、英国、斯干的那维亚与里窝尼亚的经常贸易联系的建立；(8)在德意志较老的省份内土地价格的提高；(9)森林和沼泽地面积的渐次缩减；(10)东方边境上侵略性的扩张并通过征服或驱逐原住在那里的斯拉夫人而占领"新东方"以及殖民。

所有这些事情都指出了日耳曼人的大规模的物质上的活动和不懈的努力。

关于人口增加的主要证明，在于城市生活的日益活跃以及西德老区的剩余人口不断流向东方新地去，同时对于老省的生产力也没有明显的损害。德意志的人口可能从十一世纪的五百万至六百万人增加到十二世纪的七百万至八百万人。

科伦在十二世纪赶过马因斯,而成为德意志的最大城市。在南德,累根斯堡是最大城市,虽然奥格斯堡与纽伦堡同它还在竞争。在老德意志区各地,萨克森或萨利安时代所建造的古老城垣,对人口来说,变得太狭窄了,因而被拆除,并另造了扩大范围的新城垣。在莱茵—多瑙河地区诸省内,差不多每个城市经过两次这样地扩大,一次在十二世纪,又一次在十三世纪。1281年,科伦的城垣有六十五座城堡和十三座城门。这种扩展,是一种城市聚合的扩展,就是说,城市起初合并了那些环绕老城垣兴起的郊区,然后再合并四野的村庄。在德意志许多城市里,甚至街道的名字和地方的名称还显示出中世纪这种扩展的痕迹:如有些"环"形结构内街的名称(例如,在维也纳和慕尼黑城内),这些街道是建造在旧城垣遗址上面的,还有像保留"城垣街"、"城塔街"、"老市场街"这一类的旧名称。有时,甚至有一座古老的中世纪城塔的遗迹,尚未被破坏,而依然屹立,作为对古老情景的沉默证人。关于城市成长的另一个证明,是在这两世纪中存在着改组教区的一般趋势。由于城市扩展和扩大城墙的过程,不仅有新教区并入了城内,而且城内的老教区以人口的增长,常常需要重新划分并建立新教堂。的确,在城市内那些创建于十二和十三世纪的教堂的数目,本身就是关于这个时期德意志城市发展的一个显著的历史证明。

十三世纪之前,在德意志城市内未曾有过市民法团的出现。诚然,"市民"(Cives)和"堡民"(Burgenses)这两个词汇,只在十二世纪才得通用。其中区别是:前者是"城市"的居民;后者是"城堡"

的居民。所有商人、手艺者或牧师等居民不是包括在“市民”，便是包括在“堡民”的名称之内。但在城垣扩大以后，“市民”和“堡民”之间就没有什么差别了。

城内市场捐税的激增和水陆两路上通行税的增加，当然是跟着这种经济发展而来的。前一项课税的合法性比后一项要大。按理论，皇帝是河流的宗主；他被认作商人和旅客的最高保护人。但在实践上，皇帝的特权已被封建化的大主教与高级贵族所篡夺而全部失掉。结果，在城市和各级的封建公侯之间，发生了广泛的争夺斗争；这种争斗损害了贸易，并常常酿成地方战争。皇帝罗塞耳二世是在德意志统治者中认真企图制止这种篡夺行为的最后一人。1132 年，他曾恢复下莱茵河上的旧税则，以利乌得勒支城；1136 年他又曾降低易北河上的通行税。但是，他不是经常能够防止封建勒索来保护商业的。莱茵区主教的收入，大多是从河流上和曳船路上所课的通行税得来的。特累甫城大主教也是这样：在科不林士所征收的通行税归入了他们腰包；马德堡的大主教在易北河上拥有三个通行税站。其次，货币使用的增加，也证明了这种繁荣状态。我们看到：越来越多地使用货币以代实物或劳役来缴付地方税和地租；更大更多地常用现金来进行贸易上的交割。城市档案里，充满着关于货币经济成长的资料。连编年史里也反映了这种变动，特别是圣布雷兴·鄂图的编年史，里面常常谈到金银与货币的。

在工业史上，行会组织的形成和迅速传布指出了一个类似的变更。最早的例子，是科伦的织工行会；它出现于 1112 年而到了 1149 年它成了一个组织严密的会社。1157 年，在哈勒出现了一个鞋匠行会。到了十三世纪,实际上,德意志城市的整个工业世界,已在行会的基础上组织起来了。这项发展指出了:庄园工业的崩溃、劳动人口从乡村到城市的移动、新工业制度的力量。值得注意的是,德意志行会从它们最早出现时起,就和国外城市里所流行的市民自由之新观念相密切地结合着。科伦城的行会,在 1112 年被编年史家说成是“为自由而组织的”。织麻布业,是奥格斯堡和乌尔穆的最重要工业;织呢绒业,是纽伦堡的最主要行业。凡是属于同一的或有关联的工业工人,都住在城市中专营那个行业的某些地段内。德意志工业的分化出现于十二世纪中,于是,织工行会再分成为羊毛梳工、布匹修剪工、漂布工、捆布工、浆布工、染色工等等行会。

现在,如果我们从霍亨斯陶芬朝统治下的德意志的内部经济发展转到它的对外经济史方面,那么,我们也可看到同样活跃情况。德意志在国境外所进行的商业扩展,是很大的。这种扩展除了和香宾市集的接触以外,开始于萨利安朝甚至开始于萨克森朝时代;但在霍亨斯陶芬朝时代,这项商业在伦巴第、法兰德斯、英国、波罗的海地区和斯拉夫边境上获得了空前的巨大规模。

在十字军开始后不久,威尼斯人从德意志皇帝,尤其是从罗塞耳二世(1125—1137 年),获得了商业特权。但这些特权,是适用于意大利王国内,而不是适用于德意志境内的。直到十字军的商业影响显然可见的时候,意大利城市才开始积极地向阿尔卑斯山外活动。在这以后,德意志城市,如奥格斯堡和纽伦堡,就欣欣向荣。

虽然腓特烈一世对米兰和伦巴同盟城市的长期战争一定曾使

跨越阿尔卑斯山商业受到扰乱和损害，但有资料，可说明德意志和意大利之间的商业关系还在继续。到了1127年，意大利商人确曾出现于法兰德斯；他们一定曾越过阿尔卑斯山，下行莱茵河；他们的活动范围可能已伸入下德意志的城市，除非所传述的常到哥斯拉尔、喜尔得珊、布伦斯威克等城市之“外国商人”，是佛来铭人而不是意大利人。至于南德城市，意大利商人在十二世纪中期以后，一定是常在那里出现的。1153年，罗地商人在君士坦士向腓特烈一世请求他的保护来防止米兰的商业虐政；他们已使用德语来陈述他们的理由。累根斯堡似乎在十三世纪之前，已经有一块意大利商人的永久居留地。

甚至具有更大意义的，至少更为新奇的，是关于德意志商人在十二世纪进入意大利之资料。在1128年的热那亚通行税簿册上，登记着那些携带成包的羊毛和麻布的跨越阿尔卑斯山商人。这批人也许是从莱茵兰或法兰德斯来的，因为那里纺织工业正在发展。1168年科摩和米兰所签订的一项条约里，双方允诺彼此不得阻止德意志商人到对方的市场去。在那些和米兰敌对的各城市之间所签订的1193年一项协定里，提及了跨越阿尔卑斯山商人；而这些商人无疑是从德意志来的。1209年的一项城市法规指出：科摩市民常常为了跨越阿尔卑斯山商人做保人。1220年，有一个德意志商人在克里摩那和斐拉腊之间被劫掠；两年以后，又有两个里尔城商人的商品被劫，其中包括里尔、布鲁日、波未出产的布匹和里尔出产的短裤。后一项事件是在科摩附近发生的，因而科摩城付给了受害商人九十七镑赔偿费。1228年通行税簿册上把德意志商人和法国及许多意大利城市商人写在一起。值得指出：在十二世纪德意志和威尼斯之间建立了商业联系。但是我们不能断言,这项发展的原因究竟是什么:是因为在伦巴第战争的时期,伦巴第和德意志的贸易部分地转移到威尼斯呢,还是因为威尼斯是到“圣地”途中的一个便利的上岸港口和输入利凡得商品的一个重要地点呢？虽然没有记录可资证明,但无疑的,德意志商人早已到过威尼斯。第一次确切提到那个著名的“德意志商站”,是在 1228 年,但德意志商人早在十三世纪之前在威尼斯已和德意志香客们分享了这类的居住区。勃伦纳山路,是奥格斯堡人和南德其他商人所共同使用的通路。

在整个中世纪时期里,虽然北意大利始终站在西欧商业上的至高无上的地位,但北欧国家的经济发展的增长,也是一个值得注意的事实。北海和波罗的海对北欧的关系正像地中海对南欧的希腊和罗马语系地区那样。也像南欧有伦巴第和威尼西亚作为它的贸易中心点,北欧以法兰德斯及其他附近封邑,即大约今天的比利时,作为它的商业的集散中心点。这些“低原国家”成为一个封建省份的集合体而插入德意志、法国和北海之间。法兰德斯伯爵领的佛来铭部分以及不拉奔和黑诺特,是隶属德意志和“帝国”的。但这些地区早已想望取得大量的独立地位,而文化上也是一个很特殊的实体。大概说来,莱茵河极下游处的河南各省,是属于瓦伦人的(法国人的)或佛来铭人的地区,而河北的各省是属于荷兰人的地区。前一类地区,包括法兰德斯(它占有帝国的一部分领土和法王国的一部分领土)、黑诺特和不拉奔。后一类地区包括佛里斯兰、西兰和荷兰三个伯爵领。在瓦伦各省里,文化主要是法国形式的,在其他各个省里,是德意志形式的。在这些地方的公侯中,法

兰德斯的伯爵是最有势力;他的势力与其说是由于他的领土的广大,不如说是由于他的财富的雄厚。早在1150年,一个历史家已把法兰德斯描写为一个"人口稠密的地方"。欧洲这一部分的肥沃冲积地很早就已吸引人来占据了。这一块地方是由莱茵河、谬司河、谢尔德河、索谟河形成的;而这些河流就在这里汇合,几乎并行地注入北海里。如上文所述,这些省份有一时期曾是喀罗林朝王室领的中心。这里,寺院从早期起已经非常兴旺;在寺院墙垣的周围兴起了密集的人口,从而在十一世纪就已出现热闹的城市生活;又在十字军时期,由于商业和工业受到了刺激,城市人口增加起来;加之,在欧洲这一部分的领土上,河流纵横交叉,沿海港口又多,四面八方都可达到;这种非常便利的交通,更使得它欣欣向荣。1128年布鲁日居民在反对伯爵威廉·克力都的控诉书里,清楚地指出:在那个时期法兰德斯的商业,主要是对外商业。他们说:"我们被关闭在我们的地方范围之内,我们没有通货,没有外国商人来到我们这里,所以,不能以我们的所有以易我们的所无。"

我们可把生产的两个部门——工业和商业——分开来讲。根特是工业中心。1300年时,那里有五十种不同的行业。布鲁日,以立士运河通海,是主要的商埠。

佛来铭的主要工业,是纺织业。根特专门织造呢绒。伊泊尔是麻布生产的中心。几乎每个城市有着自己的一种特殊的织品、一种特殊的式样、一种特殊的染色,而且有许多中世纪织品的名称,是从这些地方的名称得来的。"阿拉斯"挂帐是从阿拉斯城得名;"喀姆布里"白葛布是从喀姆布莱城得名;筏仑西恩织造"筏仑西"丝毛缎。菱形花样是来自伊泊尔的;有一种叫做"琅"的细麻布是从琅城得名的——琅城虽是一个法国城市,但近于法兰德斯;圣奥德立市集曾创造出“俗艳”(Tawdry)这一个词;在昔用以指示一种呢绒品质的,但当旧毛绒和长羊毛相掺杂以后,这个名词就失掉它的原意了。在低原国家中,有些城市对制造金属器具有特长,特别是列日长于制造铁器,第南特长于制造铜器,法文“制铜业”(dinanderie)这一个词就是从第南特(Dinant)城的名字得来的。

莱茵河是进入法兰德斯的极自然的通道,但是在那里,地势平坦,陆路交通几乎也同样便利;这条陆路,从科伦经亚琛、马斯特立喜(在那里穿过谬司河)、卢芬(位于带尔河的横渡处)达根特和布鲁日。科不林士 1104 年的通行税表,表明了在下德意志和法兰德斯之间的商业来往情况。1173 年,皇帝腓特烈一世,由于法兰德斯伯爵的申请,在亚琛和杜易斯堡建立了市场。

布鲁日完全是一个商业城市,并成为北欧的大中间商。我们可看到 1200 年左右关于列举布鲁日进口货物的一段出色文字:

> 如果我们仔细研究来自各地而汇集于布鲁日的每一条商业路线,我们就可熟悉十三世纪国际贸易的主要特征了;这些路线是:不来梅的啤酒和汉撒城市的波罗的海产品,迂回绕过岛屿,渡须德海,并为了避去莱茵通行税站,再穿越错综交叉的荷兰水路;来自英国的羊毛、毕伽第的布匹、洛瑟尔的葡萄酒和食盐、巴巴利或西班牙的马皮和羊皮,是由布罗温斯商人运到香宾市集来的;威尼斯和热那亚运输东方货物的大商船,终于冒着海上的风险而来,这就会变成了与十三世纪国际贸易的主要特征分不开的标志,……英国在国王约翰时代和根

> 特与伊泊尔贸易的中断，使布鲁日能够建立它羊毛贸易的中心地位；同样，后来法国和法兰德斯陆路上的混乱情况，帮助它接替了香宾市集的地位，作为北欧和地中海之间的主要联系环节。但直到十四世纪，布鲁日才基本上成为一个国际商埠，而它的市民才成为在外国交易中的纯粹中间商：而这批外国人的恒久居留地的名称，就成了城市内所有的街道和地区的名称……布鲁日繁荣的黄金时代的形成，是产生于它的市民积极参与商业的活动；主要为佛来铭织工输入大宗羊毛，即佛来铭-英国的和西班牙的羊毛，并输出大宗法兰德斯的呢绒布。[①]

在黑诺特和不拉奔，几乎只有农业人口；它们的主要生产是：牛乳制品、谷物和牲畜。安特卫普位于不拉奔境内谢尔德河口，直到后来十五和十六世纪，才在商业上占得重要地位；它是在布鲁日衰落之后兴起来的城市。

上文已提过，“低原国家”人口的稠密，对于向外移民有重大的影响。在十二和十三世纪，佛来铭人和荷兰人殖民于“低地”和东德意志的土地上。很多佛来铭人还迁移到英国去；在产羊毛的英国，他们的织布技巧受到重视。洪水和海水的泛滥，也是促使这种外移的原因。几乎在每个春季里，莱茵河、谬司河、谢尔德河以及许多小河，由于上游洪水泻入而泛滥成灾。但海水的泛滥是最大的威胁。的确，在最易受灾的地方，建造了堤坝，以补充沙冈的天

① 《英国历史评论》，第 24 卷，第 774 页(一篇书评)。

然屏障。可是,在大风暴里,这些堤坝常被冲破。在编年史里有很多关于洪水的悲惨记载,如 1135、1156、1164、1170、1173 年的各次水灾。在十三世纪中,计有三十一次。须德海和帖克塞耳岛是由洪水形成的。值得注意:大水灾和荷兰人与佛来铭人的向外移殖,是在同一时期出现的。此中联系,是显然可见的。

佛里斯兰和荷兰的商业的重要性比莱茵河三角洲南部诸省的商业,要小得多。大部沿海居民从事于青鱼和鳕鱼的渔业。在十二世纪,莱茵河三角洲上的水道,实际上和它今天的水道一模一样,但它由于同海上贸易与内地贸易的联系,而获得了重要地位。只有在一幅大地图上,才可标出三角洲上的无数支流的名称。在左边,瓦耳河和勒克河从主流向西延伸而注入北海。在右边,伊塞尔河和维支特河向北流入须德海。不可能从海洋进入北面的海湾;如果要达到那里的话,必须先进入勒克河,而后由此向北行。

安亨是一个重要点,位于伊塞尔河从莱茵河主流分出的地点上。在它下面的很近地方,是乌斯特比克和罗比特,属于格尔德伯爵的领地。这两地是通行税站。所有交通运输被迫经过那里,因而对于这些勒索当然有人要反对的。在 1220 年的法兰克福议会上,曾特别提出抗议。杜易斯堡、多柴姆、安亨和苴特芬的重要性早已超出它们的地方范围,并从十二世纪末期起,外国商人惯常来到那里。1190 年的一项文献里,谈到苴特芬;它位于伊塞尔河畔,安亨的北面。到十二世纪末期,苴特芬被认作贸易和商业的中心。从 1200 年格尔德伯爵和乌得勒支主教之间所签订的一项通商条约里,可看出这个地方的重要性和它贸易联系的范围;条约规定:在苴特芬所铸造的货币,不得和乌得勒支所铸造的相同。乌得勒支位于维支特河畔；它在莱茵河北部支流中是最东的一条河。这里有一个通行税站，早在十世纪已经有人提及过。它是沿海的鱼类和食盐，内地的葡萄酒和谷物的转运通路。在乌得勒支和科伦之间，有着经常的贸易，葡萄酒是最重要的商品。只有一部分葡萄酒是在当地消费的，因为乌得勒支已成为运往英国和北方去的葡萄酒之中心市场。除了葡萄酒外，谷物是河流运输中的一项最重要的东西。三角洲地区是以养牲畜业出名的，但因为这里不能出产谷物，它必须从南方运入谷物。像关于葡萄酒贸易那样，乌得勒支成了谷物贸易的中心，这些谷物是从杜易斯堡的上面和下面运来的。食盐贸易特别是由佛里斯兰商人经营；他们经过须德海运来食盐。他们的最重要城市，是斯达伏伦，靠近须德海的最狭的尖端上。虽然没有文献可证明在这个城市和乌得勒支之间存在着什么贸易关系；但似乎有理由可设想：它们之间是有贸易关系的，因为这是佛里斯兰的最大城市；而它的商人还常常远至莱茵河上游经商的。而且，早在十二世纪起初二十五年中，亨利五世对这些在德意志境内经商的商人，已经给予保护。

现在，我们来谈三角洲的左边港湾。这里，瓦耳河在商业重要性上超过勒克河，正像北面的维支特河超过伊泊尔河那样。找不到什么资料可证明：在勒克河上存在着什么商业生活。另一方面，瓦耳河畔分布着一系列贸易站。在瓦耳河左岸上，距它从莱茵河分出的地点下面不远处，是尼谟威根。这是一所关税站，对所有从三角洲这一海湾运入的货物征收捐税；但关于它在这一时期的重要性，我们还未能相当确切地知道。提尔是瓦耳河畔的另一个城市；从第九世纪起，它同北德意志最重要城市并列为一个征收通行税的地点。然而，在十二世纪，那里的海关迁到河流上面的很远地方，即莱茵河畔的凯撒威茨城；那曾使科伦城大不高兴。关于提尔商业地位的资料，我们所能搜集到的很少。可能在十一世纪初期，提尔是尼德兰的一个主要贸易城市，但在 1134 和 1174 年间，它的商业重要性已经下降。由于这个缘故，通行税站移到凯撒威茨城去。

瓦耳河是左边三角洲地区内的主要水道。从十二世纪中期起，甚至在这以前，商人们曾利用这一条路，来到中德意志和上德意志。木材运输是一个主要项目。木筏从上莱茵河顺流浮下，远达科不林士，但木筏究竟在何处拆散，则未能知道。鱼类贸易，在重要性上也许仅次于谷物贸易。三角洲是鱼类运入欧洲的大门。那些载着葡萄酒下行莱茵河而来的船只，在回程上满载咸鱼回到科伦城去。

所有德意志和英国之间的贸易，自然而然地要通过法兰德斯或荷兰的。在前面一章里，我们已谈过：早在埃塞尔勒德时代(978—1016 年)，德意志商人在英国已被给予王家贸易特权。他们被称为“皇帝的商人”，以示差别。“这种巨大特权似乎是：他们除了某种例外情况得在他们的船上做买卖交易；那无疑地就是使他们免缴其他商人所应负担的某种捐税”。因为“诺曼征服”促进了英法贸易，所以它也同样加速了这项英德贸易。曼兹柏立的威廉，十二世纪的一个英国历史家，谈到过在他的时代德意志商人在伦敦所占的贸易上重要地位。罕亭顿·亨利 1155 年著书时也说：英国和下德意志的贸易，是“广泛”的，并指出：英国的出口货包括有铅、锡、鱼、牲口、黑玉，尤其是羊毛。反过来，德意志对英国所输出的，主要是铜、白银和铁。

1157 年，英王亨利二世曾给侨居伦敦的德意志商人的行会或商会以广泛特权。文献里清楚地谈到科伦人的“住所”。对于这些特权，后来还由理查一世（1194 年）、约翰（1213 年）、亨利三世（1232 年）和爱德华一世，加以批准或扩大。伦敦的德意志人“住所”或“钢场”，是一个重要地点，就是，一块用墙垣圈围着的地区，内有几所货栈、一所秤量所、几幢宿舍和一所教堂；在本质上，它是和在十字军时期意大利商人殖民地在君士坦丁堡、亚历山大城、叙利亚港口以及“圣地”所建立的商站，颇相类似。伦敦和科伦之间的贸易，是这项过海贸易的核心；但也有记载，说到有来自其他莱茵城市的德意志商人；他们来自律伯克和不来梅，不仅在伦敦，还在约克、赫尔、波斯顿、纽喀斯尔和林尼经商。

在腓特烈红胡子写给亨利二世的一封信里，他祝望英国和德意志间商业上的安全和自由。1176 年，律伯克商人被免除了“船难法”的约束。理查一世，在他被俘而获释后，经过科伦返国时，曾赐给那里的商人以补充权利。他们得免缴通行税；他们在每年为他们在伦敦行会会所缴付两先令费用的条件下，得在英国所有的市集上进行买卖交易。曼兹柏立的威廉以下面一段话来总结十二世纪英国的商业关系：“在高贵的伦敦城里，市民的财富很充足；各地商人特别是德意志商人所运来的货品，充斥市面；因此，当英国遇到歉收而发生饥馑的时候，在那里所采购的粮食反而比在任何别处要便宜；外国商品是经过著名的泰晤士河而运入伦敦城的。”新堡的威廉写道：曾有一个德意志贵族说过这一句话：如果皇帝亨利六世曾知道英国那么富饶，他将迫使它为理查一世付出大得多的赎身金。约翰在 1203 年写给科伦市民的一封信里，允许他们：只要缴付他们祖先所付的惯例捐税之后，他们得携带他们的商品自由进入他的领地内。这似乎表明：在理查一世被俘以后，科伦和英国的贸易曾一度停止过。1220 年，科伦商人在“钢场”重新开始营业。1230 年，亨利三世还准许布伦斯威克的鄂图的臣民在他的王国内经商。1257 年，当康华尔·理查被选为皇帝以后——也许是由于他的神话般的财富而当选——他为律伯克市民从亨利三世获得另一张特许状。在同一年里，由于教皇贪婪所产生的苦难，康华尔子爵的财物向德意志的输出以及由于饥荒所产生的更大灾祸，这一切造成了伦敦的一次粮食危机；而这危机因为从德意志来了五十只运谷大船，而得告解除。这样看来，在早期金雀花朝时代，英国和德国间的贸易关系，已经建立得很好——不是通过英国商人的而是通过德意志商人的主动。当时，汉撒同盟处在萌芽时期。

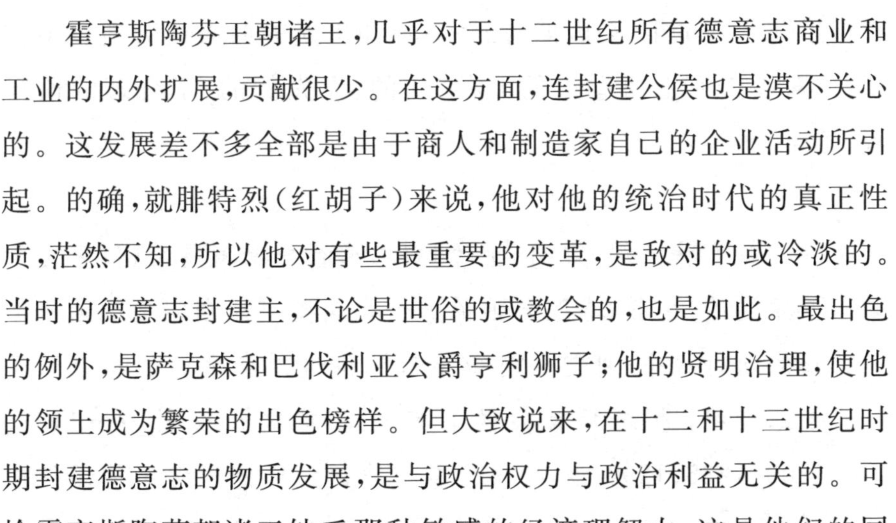

霍亨斯陶芬王朝诸王，几乎对于十二世纪所有德意志商业和工业的内外扩展，贡献很少。在这方面，连封建公侯也是漠不关心的。这发展差不多全部是由于商人和制造家自己的企业活动所引起。的确，就腓特烈(红胡子)来说，他对他的统治时代的真正性质，茫然不知，所以他对有些最重要的变革，是敌对的或冷淡的。当时的德意志封建主，不论是世俗的或教会的，也是如此。最出色的例外，是萨克森和巴伐利亚公爵亨利狮子；他的贤明治理，使他的领土成为繁荣的出色榜样。但大致说来，在十二和十三世纪时期封建德意志的物质发展，是与政治权力与政治利益无关的。可怜霍亨斯陶芬朝诸王缺乏那种敏感的经济理解力，这是他们的同时代人：法国的、安吉文的和诺曼西西里的统治者的特色。在他们中间，竟然没有一个人曾维持过一种建设性的经济政策。

德意志的经济状况，很可阐明霍亨斯陶芬时代的两个敌对政治派系之间的大冲突。卫尔夫党是赞助市民以及由市民所提倡的商业和工业革命的。另一方面，霍亨斯陶芬或基伯林派，即帝国派，对老封建社会秩序的改变，是敌对的。腓特烈一世对德意志城市的市民政策，和他对伦巴城市的政策，同样地顽固而无远见，幸而终于同样地毫无效果。1163 年，他对马因斯城垣的破坏，使人回想到他对待米兰城市的残暴行为。对德意志工业来说，幸而那里的行会尚未达到这样强大的地步，足以惹起皇帝的愤怒，因而它们未曾遭受过骚扰。

霍亨斯陶芬诸帝，特别是腓特烈一世，对市民阶层抱有显著的偏见，这些偏见，鼓励了德意志封建主几乎到处占夺现行的通行税并课征新的通行税，尽管有腓特烈一世的豪语：莱茵河是一条"王家街道"。1155 年，马因斯、法兰克福和班堡的商人徒劳地提出抗议，反对美因河上所勒索的那种"新的、无先例的、不合理的通行税"。

> 特许状汇编，说明〔皇帝〕曾以通行税慷慨赐给(似乎近于任意发给)主教、寺院与伯爵……在这整个时期在全帝国所征集的通行税中，可能只有微小部分得进入皇帝的钱柜。到了十二世纪，也许所有公侯们都已占有这些权利……1157、1209、1235、1290 年，公侯们宣布非得他们的同意不得课征任何新的通行税……为了保障他们大量进款的利益，公侯们和

> 皇帝联合反对曳船路上抢劫的小股匪徒。接着公侯们又进一步互相联合来掠夺皇帝本人了。①

然而,尽管有这些阻碍的因素,但毫无疑问,在霍亨斯陶芬朝时代,德意志的商业和工业是稳步前进的。后来,如在下文将谈到,城市联合在一起设法遏阻上述的弊病。

在这时期,只有一个德意志公侯,在自己的领地以内是庸中佼佼,贤明地奖励了商业和工业。这就是亨利狮子(死于1197年),即萨克森和巴伐利亚的公爵。作为公爵,他仿效了他父亲亨利傲人在巴伐利亚所树立的榜样。因为累根斯堡与巴苏的市民,在他父亲和康拉德三世斗争的时期中,曾坚定地支持前者,而这些市民所希望的,莫过于和平秩序和工商业的繁荣。当亨利狮子继承他父亲的领地以后,他在巴伐利亚继续施行他父亲的政策,而把这同一宽大的经济奖励政策也施行到萨克森去;这一块领地是从他母亲方面承袭而来的。他在伊萨河畔建造了慕尼黑城;并在河上建造了一条桥;这一个新城吸收了一部分经勃伦纳山路而来的意大利和东方贸易;后来它作为西南德意志的市场,和奥格斯堡、累根斯堡和巴苏这类的旧城市相竞争。亨利狮子还看到那为其他公侯未曾看到的德意志境内这项市民运动的重要性,而且他也投身于运动内。卫尔夫派建立了布伦斯威克、格丁根、闵登、诺德豪森、爱因柏克,并大大地发展了瑙谟堡和律伯克。甚至科伦,虽然从来不是一个卫尔夫或萨克森的城市,但在卫尔夫和霍亨斯陶芬的党派

① 斐雪:《中世纪帝国》,第1卷,第278—279页。

冲突里也是同情于卫尔夫派的。它和哈次山地区的哥斯拉尔和蓝美尔斯堡的金属工业，有着非常紧密的联系，而萨克森的腹地就不是这样了。

在亨利狮子的统治下，萨克森城市的工业发展和它们的商业繁荣，携手并进。不仅粗工业而且精细艺术都受到刺激。他的首都布伦斯威克，由于它建筑师、艺术家、金匠、银匠、木刻匠、石刻匠和象牙雕工的劳作，成为一个德意志的佛罗伦萨城。亨利狮子在他的办事方面，不一定是公平的，但对抓取经济机会他从来是又聪明又锐敏的。

关于波罗的海的商业，丹麦人几乎垄断了约两百年之久。丹麦商人在斯德丁、服林、但泽，在皮恩河、奥得河和维斯杜拉河的河口，在斯拉夫人居民中间，建立了居留地。亨利狮子雄心勃勃，想取丹麦人的地位而代之，以图在波罗的海地区内建立德意志的商业霸权。我们可以恰当地说，德意志在波罗的海地区内有成效的商业活动，是从1158年亨利狮子占夺律伯克开始的，律伯克位于伏赫尼茨小河内的一个岛上。这块地方一度曾是斯拉夫人的一个坚固的炮台，但在1143年霍尔斯顿的阿多夫伯爵已在那里建立一个霍尔斯顿人的乡镇。这个新城市就马上同巴多威克，即查理曼的老贸易站，开始竞争；除了那些不在亨利统治下的汉堡和不来梅以外，它是德意志在极北地区的一个主要商埠。因此，亨利在律伯克附近，建造了一个新城市，以期和它相竞争，并以自己的名字称之为“狮子城”。但是这座新城市也像巴多威克一样，衰落下去。亨利贪得无厌，盛气凌人，于是又向霍尔斯顿的阿多夫要求把律伯克一半归己；当这一要求被拒绝以后，他就强制关闭了那里的市场。敌对行动接踵而来；1157年律伯克被萨克森公爵化为灰烬。当霍尔斯顿伯爵拒绝把它重建起来，亨利就占夺了它(1158年)；他重造了这个城市和它的城垣，建立了一个市场和一所造币厂；并宣布它为所有从丹麦、瑞典、挪威、维斯比来的商品的一个自由港；维斯比位于哥德兰岛上，在那个时候是和俄国诺夫哥罗得进行贸易的基地，再通过诺夫哥罗得与基辅和黑海、拜占庭与东方贸易相联系。亨利狮子在取得丹麦的窝得马尔的勉强帮助之后，对波罗的海上的海盗，着手剿灭；因而那个海上各岛屿在历史上第一次成为可以安居的地方了。

关于亨利狮子行政上的若干其他特点，应略为提一提。他是一个伟大的公路和桥梁的建造者；他在河流上筑造了堤坝；他排干了大片沼泽地，移入佛来铭人和荷兰人居住，因为他们惯于在那种土壤上劳动。

1181年，公爵和皇帝冲突发展到最尖锐时使萨克森遭到破坏；1190年霍亨斯陶芬的权力和政治利益的中心迁到西西里和南意大利去；1198—1214年间德意志卷入内战和自相残杀的战争里；这一切，未曾使全国的商业和工业遭受到严重的损害，像所可设想的那样。因为在那个时候，德意志城市——这是些比乡村有更大物质繁荣的所在，——已是由城垣围绕的自由城市，并已有力量来捍卫自己。很少城市遭受严重的灾难，除了哥斯拉尔以外；该城在1206年被鄂图四世洗劫，因为在他和斯瓦比亚的腓力争夺皇位的冲突里，它站在后者方面。在律伯克的亚诺尔关于这项灾难的记载里，我们可看到德意志城市在十三世纪的商业发展上所已达到的高度水平。他写道："在八天之间，那非常富饶的城市遭受了破坏；街道和房屋都被抢劫一空；最富的市民成为俘虏。胡椒和香料数量之多，以致可车载斗量，分积成堆。”

在这多事之秋，中世纪德意志开始了那个政治不统一和封建分裂的漫长时期。皇室的权力，中央政府的权威，已化成幻影。国家的统治权分裂于有势力的封建公侯和自由城市的市民团体之间，前者中间还有不少主教公侯。德意志由于它贸易的扩展，在国内有着大量现款；但皇室已经失掉对国内财富的征税权。鄂图四世曾梦想课征一种“统税”，但封建主和城市所享有的独立与财政的自治权力，实在太大，以致他未能把它付诸实行。他赞助市民来反对公侯的政策，提出得太晚而未能奏效，这两个阶级都逃避了皇帝的控制。皇室已经容许商业、工业甚至土地上的进款滑脱了他的掌握。“只是一种要征收帝国统税的谣言，已使鄂图四世的有些最有势力的拥护人掉头而去。”霍亨斯陶芬朝曾如此长久地仰仗意大利以取得他们的现款；所以，他们在失掉伦巴城市的统治权之后，就不能对德意志实行征税，因而力图在西西里搜括，以图挹注亏空。结果，他们既失去了德意志，而又使西西里王国分化为一束互相倾轧的封建小邦和剧烈竞争的城市集团。

在十三世纪，德意志的商业和工业历史，大部分是德意志受封建统治的农村和城市之间的冲突史。这冲突的最严重的根源，是关于征收水陆两路上的通行税特别是莱茵河上的通行税。城市为争取城市之间的贸易自由而进行斗争。封建主从他们地产上的收入，由于十二世纪的经济变革，而日益削减；因而商业和工业上所获得的财富开始接替了农业上所获得的财富，这一情况，还因为农村劳动力向城市流入，而更加严重化。这样一来，封建主就尽量课征运输贸易上所能负担的通行税和关税,以求弥补他们地产上所遭受的损失。

“强盗堡垒,急剧地在增加……通行税站的不断增加,本身就已充分表明无政府状态的增长;虽然小贵族也乐于参加减少商人财富的工作,但由此所得的最大部分,则是归于教会公侯的腰包的。莱茵河通行税的盛筵是款待马因斯和科伦的殷富大主教的。”莱茵河在公众间被说成是“教士的胡同”。原来,在萨克森朝和萨利安朝时代的又贤明又有建设性的经济政策是:把从这些通行税所得的进款用在改进并保护航运方面的;而现在,继之以一种自私自利的地方性的财政政策。在霍亨斯陶芬朝后期,通行税站几乎已全部落入莱茵河两岸的主教和贵族手里。税站的数目,是令人惊异地增加着,从十九所增加到六十二所,而贵族和主教还是贪心不足,以致把税率继续提高,有时竟提高到百分之六十。这是一种剥削和勒索的政策,超过了运输贸易所能负担的程度,因而把商业破坏了。

这一情况是早期封建时代情况的重演,就是,每个贵族征收贸易上的通行税,并把自己的封邑疆界变为一种关税疆界。但有一个不同点:现在的情况,由于商业和工业的大发展和市民阶层的权力与独立观念的成长,大大地严重起来了。在十三世纪,强盗贵族所抢劫的,不是穷苦的负贩和流动的小商人,而是一个又富裕又统一的商人阶级;他们掌握着大量财富,还能以武力行动来捍卫自己的利益。

在城市和封建主间的这项政治和经济的斗争里注定要产生十三世纪中期的一个伟大而又有建设性的运动;它对中世纪德意志

的商业和贸易史上将具有深远的影响。这就是组织城市同盟的运动。

早在1220年时,在莱茵河中游地区,似乎已有组织城市同盟的企图。但直到1226年,当马因斯、窝姆斯、丙根、斯拜尔、奥本海、法兰克福、吉尔恩霍逊和佛利德堡联合抵抗强盗贵族的压迫时,这运动才产生了效果。马因斯的西格夫里大主教为此曾向腓特烈二世申诉。代父亲摄政的亨利亲王回复说:同盟必须解散。城市拒绝服从。它们所占的地位,和前一世纪伦巴城市所占的,大致相同。而腓特烈一世的孙子既没有学到什么,也没有忘掉什么。1231年,窝姆斯帝国会议正式宣布禁止莱茵同盟;而在这会议上市民是不得参加的。然而,由于皇帝和教廷的激烈冲突,皇帝对同盟,未能作出任何取缔行动。

其他在斯瓦比亚、威斯特发里亚,连在瑞士的城市,不久都参加了同盟;1255年6月25日,组成了一个声势壮大的同盟;这同盟最后包括有七十个城市,扩展到整个莱茵河上下游,包括中德和西德的大部分领土。在取得荷兰的威廉的承认之后,这些"联盟的城市"(在"和平公约"上它们是这样称呼的)组织了陆上的警察队和水上的水师队。在巴塞尔和科不林士(摩塞耳河与莱茵河的汇合处)之间,这条河上水师队计有一百只武装船舶。只有经商的船只,得进出于那些属于同盟的河上港口;它们并设立一种"同盟关税"即正式通行税,来维持公共开支。

在这样建立了沿莱茵河上的安全之后,同盟对贵族所加的专横通行税进行了攻击。1268年,城市从帝国会议,争得了一项法案:规定取消所有的通行税,除了根据旧权利所征的以外,并指令拆毁在斯特拉斯堡和科伦之间的一切征税局。有很多城堡因此被破坏了。但其中最坚固的城堡，即著名的莱茵斐尔城堡，抗拒一切要占领它的企图；它是在1216年建造，属于卡次尼伦波根的第特立喜伯爵的。

1253年，威斯特发里亚城市仿效了莱茵城市的榜样。闵斯德、多特蒙德、索斯特、利普斯大特联合起来了。有时，只有两个城市为了相互保护，也组成同盟，像巴塞尔和莫尔豪森在1246年，布伦斯威克和斯塔得在1248年的联合那样。1278年，上莱茵河和亚尔萨斯的城市，1285年，斯特拉斯堡、巴塞尔和弗赖堡也都联合了。

无疑地，在霍亨斯陶芬时代，这些自由城市反映了德意志的最健康和最进步的生活。自由城市的数目，是很大的，至少达一百五十个。以今天的城市标准来作估计，它们似乎是小城市。但它们对当代的影响，和对近代城市的社会影响，是不相上下的。它们不仅是商业和工业的集中点，而且它们跟着它们财富的增加，在提倡高级艺术和文学方面，也起着重要的作用。在中世纪后期，德意志的建筑，主要是城市的和行会的，而不像过去那样是宗教的建筑。在历史编纂学方面，现在城市编年史开始接替了中世纪古老形式的寺院编年史。

研究德意志的商路和研究意大利与法国的商路一样是具有启发性的；然后观察它们之间的异同点，而这些异同点是由自然资源，首先是由地形特点所注定的。意大利是个狭长的靴形半岛，它的轴心是亚平宁山脉，三面临海，境内只有一条重要的河流即波河。法国是个大六角形的地区，南、西、北三面濒海；它的全部东疆和中欧相毗连,容易从伦巴第、德意志和法兰德斯进入。除了格罗内河以外,法国所有的重要河流都是从中央流向外圈的,换句话说,像辐条从车轴射出来的那样。法国的重心,自然在塞纳河盆地内。政治的法国和自然的、地文学的法国,是完全吻合的。

另一方面,中世纪德意志,是个长方形的地区;可以说,它是由两个长方形部分拼成的,即上德意志或南德意志和下德意志或北德意志。这两个半部由美因河与厄革河彼此分隔着,前一条河向西流入莱茵河,而后一条河通过由平行山脉所构成的自然大水槽向东流入易北河。除了易北河(沿着自然的德意志的长对角线流的)以外,所有德意志重要的河流都是沿着横线和直线流的。这使德意志的道路地图有些像铁格子那样;在它铁条的交叉点上,有城市。仔细检视地图,就可看出:德意志境内,有五条横线的商路,有五条直线的商路。横线道路是:(1)多瑙河流域的路线,从巴塞尔或斯特拉斯堡经乌尔穆、奥格斯堡、累根斯堡、巴苏、达维也纳和布达佩斯;(2)美因—厄革路线,从莱茵河中游到易北河上游,从马因斯经过法兰克福、班堡、纽伦堡、厄革、布拉格;(3)科伦、加塞尔、爱尔福特、来比锡、宝承、布勒斯劳的路线;(4)科伦、多特蒙德、索斯特、哥斯拉尔、马德堡、柏林、奥得河畔法兰克福的路线;(5)科伦、闵斯德、不来梅、汉堡、律伯克、斯特拉尔松得、斯德丁、但泽的路线。直线道路是:(1)谬司河路线,从凡尔登到法兰德斯的根特;(2)莱茵河路线,从巴塞尔到乌得勒支,实际上是一条三线并行的路,因为两岸各有一条路,而河流在其中间;(3)从勃勒纳山路到波罗的海的路线,经奥格斯堡、纽伦堡、班堡、爱尔福特、哥斯拉尔、布伦斯威克、汉堡到不来梅或律伯克;(4)从勃伦纳山路经慕尼黑、累

根斯堡、厄革、来比锡、哈勒、马德堡到汉堡或律伯克的路线;(5)从威尼斯经微拉赫、萨尔斯堡、巴苏、布拉格、布勒斯劳到奥得河畔法兰克福或到但泽的路线。

在十二世纪,德意志社会结构已和十一世纪的社会结构大不相同了。"授爵权战争",从皇帝方面来说,是大封建主的叛乱;在这长期的战争里,一大群小封建主乘机树立了势力;他们在自己的城堡里巩固了防御力,并在他们周围的地区,施行了权力;他们想要使皇帝的权力和大公爵的权力同归于尽。这样一来,在政治上,德意志大规模地陷于地方主义和封建分裂主义的状态里——这一情况,正和法国所流行的情况相反。

在有城垣的城市里,市民阶层有力量来保卫自己,反对小封建主的强暴作风。但乡村农民则没有这种保卫的力量。长期的内战、贫困、饥荒已使德意志大部分自由农民阶层降到农奴的地位,甚至在萨利安时代结束之前,已经如此;而在十二世纪兴起的小封建主统治更确认并继续保持这种状态。可是,按一般趋势说,虽然小自由农陷入农奴地位,而农奴的境遇就更恶化,但也有遏阻这种趋势的抗衡力量。在土地价格上涨的时候,业主之间剧烈地争取劳动力来清除森林和排干沼地;从而业主阶级中的很多人被迫以宽大条件来吸引移民。而且,德意志城市的迅速增长和易北河外的德意志殖民运动,也促使了农奴状况的改善。劳动力在城市里和边境的新地上,有着那么大的需要;所以,如果农奴担负过重的工作,或遭受了虐待;他会逃亡到这里或那里去的。为了避免丧失他的佃人起见,业主虽不是出于仁慈心理,也须从利害方面谨慎考虑的。所以,农民为领主的服役,逐渐变成有限度的,而且属于半契约的性质；农夫在合理的条件下，得保有他的份地。所以，德意志农民的“艰难时代”倒不是在于十二和十三世纪，而是在于中世纪的末期，就是，在罗马法的“接受”使他们的状况大大地恶化的时候。

第二十章　日耳曼人向东扩展和殖民*

有人正确地说过："日耳曼人在中世纪的大事业，是日耳曼族征服斯拉夫族而向东扩展，从而增添了的近代德意志的五分之三的领土。"

在中世纪，存在着两个德意志；应该了解两者之间的差别。它们是：西方的老的封建德意志和东方的新的殖民地的德意志。前者是由属于古老日耳曼部族血统的人居住；保存了罗马和旧法兰克统治和文化的传统；教会在那里，已是个久已建立的制度，而封建制度和文明在那里也已通行无阻。相反，新的东方的德意志按地理、种族和文化来说，是另一个世界。这是位在易北河下游、萨勒河、腊伯河和莱塔河之外，原来由斯拉夫人和马扎儿人居住的一片广大地区。

图纳教授在美国史上所说的"边境上的一般后果"①，也可适用于中世纪德意志。在第九世纪，莱茵商人从荒野边界上的佛耳达和赫斯斐尔德的黑森人寺院庄园，曾把谷物和牲口运入莱茵城市。在这些寺院牧场之外，情况更是不发达的：人烟稀少的地区渐次退为零零碎碎的小块土地和森林中的垦地，由日耳曼农民草率地

---

* 地图：锡倍德：《历史地图册》，第80页。

① 指美国早期的"西进运动"即向太平洋岸之移殖运动。——译者

耕种着;直到萨勒河和易北河下游河畔的真正边界为止。日耳曼人向东扩展的各个阶段,是可以划分出来的,虽然不能像在美国的同一现象划分得那么清楚(因为缺少文献)。在查理曼时代,殖民边界——这里,我们必须区分军事边界和文明边缘——仅仅达到莱茵河彼岸的一些地区。在易北河下游、萨勒河、那布河沿岸之一连串的设防贸易站,从巴多威克到累根斯堡止,是一条远离文明的地带。

美国的向西扩展和中世纪德意志的向东扩展之间的这项比拟,不是异想天开的。易北河、奥得河和维斯杜拉河的各界线,清楚地标出了德意志向东扩展的阶段,像大西洋沿岸的"退潮线"、阿利根尼山和密士失必河标出美国向西扩展的各个接续阶段那样。在美国扩展运动里,"在不断推进边界线上回到原始状态,而即在那个地区上进行新的开发",这种情况是如此明显,而德意志的边界史,也正是这样的。所有过渡的阶段,是完全相同的——从饲养牲口业过渡到农业、到商业、到制造业。在鄂图诸帝的时代,萨克森农民,在易北河下游和萨勒河的平原上,饲养牲口,条麟吉亚人在哈次山的松林斜坡上,牧放猪群。牛棚距老弗兰哥尼亚(马因斯、窝姆斯、斯拜尔)的城市生活并不很远,像它们在潮头所及的城市如巴尔的摩、里士满和查理斯敦已成为固定社会以后,接近美洲殖民地的"退潮线"那样。在德意志,爱尔福特、哈尔斯塔、福赫海谟、普利谟堡、斯塞尔、马德堡,是同汶德族贸易的设防商站,像在美国,宾夕法尼亚的格棱维尔、瑟力、斐德福各炮台,维吉尼亚的昆布兰,大卡那华河畔的契斯威尔以及萨卢达上面的普麟斯·乔治那样。上述的德意志设防城市,常常是建造在过去斯拉夫人村庄的遗址上,像美国移民占据印第安人的村庄那样。那些以毛皮作为重

要商品的德意志负贩，穿入这些地点以外的斯拉夫人荒野里，像后来美国的负贩翻越阿利根尼分水岭而入垦塔启和俄亥俄平原那样。

历史上再也没有像日耳曼人向东扩展与移殖的历史和美国人向西扩展的历史之间如此相似的事情了：美国殖民从大西洋岸，初到潮头所及的地区，继上溯摩和克河或越过阿利根尼山而进入了俄亥俄与密士失必平原。归根到底这两个移民运动，是农民寻找自由与廉价土地的行为。因为据估计德意志土地的价格，在十世纪到十四世纪之间，上涨了百分之四十，特别是在摩塞耳河和莱茵河的肥沃地区内。

查理曼的征服，是在这日耳曼人扩展的又长又血腥的历史上之第一阶段。在查理曼时代，法兰克人的扩展已经达到萨勒河和易北河下游；到了第九世纪中期，日耳曼人的势力范围，在多瑙河流域已延伸到恩斯河外（那是在阿佛尔人时代以前的日耳曼人扩展之极东界线）并已达到腊伯河。在这以后，近代的奥地利包括克伦地亚和士的里亚在内，不仅在政治上，也在文化上，已和德意志有着联系。

但是，查理曼帝国的分裂、内战的灾祸以及北欧人与马扎儿人的侵犯，使这项向东扩展运动受到了阻塞。直到 919 年萨克森王朝创立时，这项运动才得恢复。在亨利捕鸟者和鄂图大帝时代，德意志贸易和商业增加了，人口增长了；跟着这项发展而来的，是需要更多的土地。而且，由于教会和萨克森王朝的密切联盟，王朝对教会的重整旗鼓的传教活动，负有支持的义务。结果，对汶德族重新发动了进攻。

萨勒河和易北河上游之间的索本兰，是从斯拉夫人夺来的第一块领土，也是第一块受到日耳曼化的地方。928 年，亨利越过哈斐尔河地区结冰的沼泽地，进行了冬季进攻；据编年史家的话，“用饥饿、宝剑和寒冷”占夺了赫微力安人的主要城市。这个城市叫做布鲁那波尔。它由亨利改成为一个炮台，即一个城堡。这个城市建造在一个低山上（这是在这沼泽地上的一件稀奇的事情）；在山顶上，有着一所汶德族的著名神庙，即力格拉特庙；这所庙宇改为一所圣母院。这个汶德族的小城市，无疑的是由满布河岸上渔夫粗陋的茅舍组成的。汶德人，自然是一个打渔民族，住于河流和沼泽中间。可是，他们也是爱好饲养蜜蜂的。

勃兰登堡的历史，就是这样地开始的。这征服和殖民的过程，在残暴侯爵吉洛，即鄂图大帝的“北方总督”的时期，继续进行。马德堡改成为一个大主教区，赋予控制整个东北地区的权利，并建立了七个新主教区——鄂尔敦堡、哈斐尔堡、勃兰登堡、麦则堡（注意这重复的尾词“堡”，因为每一个主教区半是教会，半是防御汶德人的炮台）、才茨、迈仙和布拉格。到了萨克森朝的末期，日耳曼教会的势力已笼罩在波兰全境；布勒斯劳、格尼苏和波森的主教区已经建立。日耳曼人已经达到奥得河。

与此同时，其他萨克森人也渡过易北河下游而进入了比伦革地区（梅喀棱堡）[①]并在那里定居下来。然而，他们的居住区的界

① 梅喀棱堡省的名称，是从同一名称的设防城市得来的。斯拉夫人原来称之为“威利格勒”或“伟大城市”。当萨克森人占领这个城并把它改为一个“堡”后，他们在“堡”这一个词上冠以老德文形容词“梅喀尔”（mekel）即“大”或“巨”的意义。试比较中世纪英文“mickle”和盎格鲁-萨克森文“micel”，它们有着同一的含义。所以，梅喀棱堡是威利格勒的一个德文译名。它是在边防线上的主要炮台；该线从波罗的海延伸到许威林湖，包括有威斯马、鄂尔敦堡、伊罗、布柯、在许威林湖一个岛上的许威林以及在该湖北端的多宾。

线和军事边界是不一致的。在条麟吉亚，文明的边界延伸到萨勒河，但在萨克森本部，这界线停止在亚勒河及奥克尔河。在美因河中游沿岸文明界线徐徐伸展，远至符次堡，像鄂图三世的一项特许状所指出的那样；这特许状把特权赐给那些愿来清除森林、排干沼地的移民。亨利二世在1007年所建造的班堡，接替了符次堡的地位，作为美因河流域的边境前哨站。萨克森朝时期的资料表明：在向东扩展方面，有着很大的进步。德意志殖民沿王国的东方边境上，从易北河口到士的里亚山止，兼并了广阔无限的地带。

这些殖民先锋主要从事饲养牲畜。在鄂图一世时代，这地区的法院所判决的罚金是以牲口计算的，而当时的法律也表明，所有罪行多属于边境上所特有的强暴行为这一类。这地区，如美国的“新西方”，开始由萨克森殖民、牧人和农民稀疏地居住着；他们准备使用宝剑来对付汶德人，像美国的边境居民准备使用来福枪来对付印第安人那样。

据编年史家赫尔摩德的话，边境上的萨克森居民（称作“马克人”或“边民”）需有坚强的毅力，并须准备冒着流血的危险。这些中世纪日耳曼边境居民，既果断又刻苦勤劳；如果陌生的日耳曼人像他们那样“遵守萨克森法律”，他们愿给予简朴的款待；但是，他们痛恨汶德人，并讨厌像荷兰人和佛来铭人这一类的外来者。

可是，这项征服不是持久的。983年，斯拉夫人狂风暴雨般起来反抗，捣毁了日耳曼人居住区。但边境战事的再起，使殖民运动重新进行。1000年，诺达尔宾吉亚第二次被斯拉夫人蹂躏。殖民运动再次恢复，而在1018年，斯拉夫人也再次起事，逐出了日耳曼人。所有日耳曼人的村庄和边境站，都被破坏；连汉堡也遭受威胁。这是一个压制不住的冲突。第三次，日耳曼殖民先锋渡过了易北河，而斯拉夫人在1066年第三次逐出了他们；当时，斯拉夫人获得了一个骁勇的首领克鲁多，并在后来律伯克的地址上，建立了他们的根据地。于是勃兰登堡陷落，直到下一世纪的起初二十五年中，萨克森人由于顽强的斗争决心，才能再度把它永久克服过来。1066年，霍尔斯顿有六百多个家庭离开家乡，而移居于哈次山地区。

这些冲突造成一片荒芜凄凉景象。十二世纪，当下德意志在霍尔斯顿的阿多夫、亨利狮子和亚尔培熊领导下再次恢复了"失地"之后，霍尔斯顿的赫尔摩德(他的锐敏观察力使他应享考古学家的盛誉)，在观察什列斯威和梅格棱堡地方上的教会和寺院的遗迹里，看到了一种凄凉惨淡的景色，就是，日耳曼人在鄂图诸帝时代的权威所遗留下来的残破纪念物。

> 迄今(他写道)还遗留着关于过去的占领的许多证据，特别是在森林里，从吕贞堡城起穿过什列斯威的广阔地带上，在那广阔无垠而又几乎不可穿透的荒野里，还可隐约看出那些一度曾作耕地的标志的犁沟。连旧时城市的和村庄的痕迹，在废墟里也可探索出来。在沿河流的许多地点上，那些由支流所冲积而成的淤泥土墩，还可证明：每一个这样的所在一度曾由萨克森人居住过——当萨克森人的勇气还强大的时候。

甚至易北河左岸上，在大河套地区和亚勒河上游之间(即今天环绕哈伯斯塔特、萨尔斯威德尔和斯腾达尔领土)，情况也是相同的，“在那里，还可看到那些筑在易北河沿岸低地上的旧码头遗迹。当斯拉夫人蹂躏了这块地方后，萨克森人被消除，因而斯拉夫人得继续占有它，直到我们的时代为止。”

总结起来，萨利安时代，就易北河外殖民来说，是以小得可怜的结果而结束的。1125 年，东北欧语言的界线，还是留在查理曼时代的那条界线上。

在多瑙河的河套地区，日耳曼人移殖东南欧的历史，和他们移殖东北边境上的历史，是具有相同的特征的，就是说，他们进进退退起伏不定。正像斯拉夫人在 983、1018 和 1066 年的三次反击捣毁了易北河外的殖民事业，并三次逐回了萨克森殖民先锋队到易北河以内那样，马扎儿人在东南欧，破坏了巴伐利亚的殖民工作；他们在 896 年已定居于台斯河两岸上。900 年，侯爵琉特波德用巴苏的旧罗马城垣的石头来建造了恩斯堡。在 955 年，鄂图一世在奥格斯堡附近把马扎儿人打得惨败之前，对他们的侵犯，未曾作出什么有效的拦挡。在这以后，德意志殖民才源源不绝地流入了“东方马克”的荒地上去。这些殖民先锋的基本队伍，可能是来自巴伐利亚的，但有理由可相信：跟他们一起的，还有大批来自更西地方的法兰克和斯瓦比亚的移民。

在 955 年以后，尽管碰到障碍和挫折，日耳曼人向东南欧的殖民运动，即使缓慢，还是稳步前进的。殖民工作，是由大“掮客”——高级僧侣和大封建主——来进行的。不幸，关于这方面，我们没有当时的作家关于这一运动的概述，像赫尔摩德所遗留下来的梅格棱堡殖民史那样。在东南欧边境上的主教区里，竟没有一个人来记述它们的历史，像不来梅的亚丹为汉堡所做的那样。

在任何奥地利编年史里找不出这项历史，因为巴本堡族没有编年史。

维也纳森林，似乎在好多年内曾阻滞住移民运动。但比起大森林的阻碍更为重要的，是那些住在森林东边的人口稀少但具有决心的居民之敌对（主要是马扎儿人，但也有若干斯拉夫血统的移民）。这块领土，是类似一种“无人地带”，在那里每个人可以起来反对任何别人，肯定也反对任何侵入境内的日耳曼垦荒者。在1002年，可以找到关于维也纳森林东边的日耳曼殖民地之最早的可靠资料。

在奥地利的阿达尔柏公爵（1018—1055年）的事业中，在某一个未详的时期，他曾占领维也纳的地方，可能要用作为一个前哨站，来掩护那时已经穿入维也纳森林而建立的日耳曼殖民地。这些殖民地在这地区内的出现成了边境冲突激烈化的信号；在这种冲突里，日耳曼移民显然是侵略者。不久，马扎儿人国王斯梯芬进行了干涉。不久以前，在斐沙河与莱塔河之间的狭隘地带，像苏格兰边界那样，成为了这场冲突的战场。这一冲突，在中世纪德意志文学上最伟大的德意志叙事诗上，留下了一个不可磨灭的而又生动的印记。日耳曼殖民连有些冒险商人在内，仍然坚持向这地区推进。谁首先到奥地利做贸易旅行，我们固然无从稽考，但我们有资料可清楚地证明：从十世纪起已有商人来临。累根斯堡人是第一批有相当人数的同来的人。在那个时候，奥地利几乎还没有自己的一个特殊的商人阶层。在这时期，德意志文化向东南欧的进展和它的政治发展，在重要性上，无所轩轾。到了亨利四世时代在主教巴苏的阿尔特曼（1065—1091年）的有力管理之下，这一部分的多瑙河地区，已开始摆脱一个边境教区所表现的粗糙作风，而获得了一些老德意志所可享有的物质文明的风雅态度。

授职权战争刺激了这种日耳曼移民运动进一步沿多瑙河而下的扩展，像在易北河以东它所进行的那样。德意志境内的混乱促使人口流入东方地区去。在下一世纪，我们可看到：在这些殖民地上存在着数字惊人的日耳曼人乡镇。我们可从寺院的特许状，特别是在奥地利，找出关于日耳曼人扩展的更明确证据。主教和住持在十一世纪后期和整个十二世纪，在马克、在斯坦尔马克、在克伦地亚，进行了大规模的殖民活动。关于这一点有德意志地方名称的激增为证。这就是在麦尔克、克洛斯脱纽堡、亥力根克垒次、利林斐尔德、圣马利亚·泽尔、次维特尔、宰登斯得敦、泽拉斯及其他寺院开始靠着土地的赠与而发财致富的时候。与此同时，大贵族家庭，如亚柏斯堡族、沙拉堡旅、波涅族、普雷恩-普来斯坦族、萨尔斯巴赫族、法克斯坦族，也开始得势起来。当然，他们带来了一批移民，其中有自由人和农奴。其中有些家庭，可能在十字军早期已漂流到多瑙河地区内的。在多瑙河之北，日耳曼人殖民运动的进展也不算小。日耳曼人和波希米亚边疆垦荒者，在广阔的波默森林里，发生了冲突，因为那里是“居住者主权”[①]范围相接触的地点。

日耳曼人向东北的殖民运动跟着1125年萨克森的罗塞耳接任德意志王位之后进行了一次新的而又猛烈的推进。在下一世代的时期内，整个斯拉夫人的独立的社会组织垮台了。诺达尔宾吉

① 指居住新地或未被占据的地方的人们所要求的主权。——译者

亚、梅格棱堡、勃兰登堡和波美拉尼亚由日耳曼人来居住了。这项迅快而又有效的变动，一部分是因为汶德人中间抵抗力量的崩溃，也许更大部分是因为在德意志经济和社会情势下所积累的压力能够扫除一切阻碍。

“时势艰难”和封建压迫大大地迫使小农民阶层移入新地区去。然而，在十二世纪，封建贵族也开始表现出开明的态度。他们看出奖励农民移到他们所占有的广大森林地和沼泽地去的经济价值，还急切希望从斯拉夫人手里夺取他们所垂涎的土地；所以他们开始以宽大条件来引诱移民。在1106年，不来梅大主教移入了几百个荷兰人和佛来铭人，并使他们定居于不来梅周围的威塞尔河畔大沼泽地上；这批人在比利时和荷兰的低地上，已习于深耕、挖沟和排水工作。勃兰登堡的亚尔培熊，在中世纪柏林周围的沼泽地区内，做过与此相同的事情。霍尔斯顿的阿多夫伯爵是十二世纪中一个最贤明而又有清晰见解的贵族；他“派人到周围各地去，甚至到法兰德斯和荷兰去，宣告说：任何缺少土地的人可随带家属来领取最好的土地——一个丰产谷物、富于鱼肉的空旷乡村，牧场也非常优良”。

由于1143年征服瓦格列族的结果，大批移民涌入了那些开放给移民的易北河外的地区。在1147年对汶德族的十字军之后，人口流向边境去，几乎像“潮涌”那样。移民涌入，“带着牛马、带着耕犁与货车以及适合的工作人手，”[①]使汶德人走投无路，束手无策，只有沮丧地屈服而已。再也没有别的事情，像在1812年战争后美

① cum equis et bubus, cum aratris et plaustris et personis ad opus idoneis.

国人"涌入""西方空地"和俄亥俄流域那样和它如此相似。在德意志的老区，人口已迁出得那么多，以致庄园领主被迫改善了对他们的农民的待遇，为的是害怕他们会逃到易北河外的新地上去。

这个边境社会，是粗野的，主要是汶德族的，但也散布着不少勇敢而蛮横的垦荒者成分，据赫尔摩德的话，它是一个"野蛮族"。然而，在这批移民里，像在其他一切由于不满要求用改变现状来寻求出路的粗鲁的边疆社会里那样，虽然混有消极成分，但也夹杂着大批日耳曼族最优秀血统的成分在内。十二世纪移民的一部分，品质高雅，意志坚决，要改进他们的命运，并雄心勃勃，要攫取新地区内所提供的机会。

在新地区内，农田的分配方法，截然不同于老办法。旧式庄园农村原来有着"分条"耕地和公共的牧场和森林；这种情况已不常见。新的办法是：每个人领取一块长椭圆形的田地，从二十到六十亩不等，像近代的一处农场那样。他的房屋，建造在这块地上的一端，面向大路，绕以花园和果园。在那房屋的后面，如果土地的"地形"许可的话，设有农场，在农场的后面有牧场，最后有森林地。这种新的土地安排布局，在中世纪后期传布到德意志的其他部分去——上巴伐利亚、黑森林省、奥登森林省；约有四分之一的西利西亚的土地，是这样殖民的，像后来在奥得河、发特河和涅策河之间的沼地那样。这整个制度，可追溯到荷兰移民，他们初在1106年定居于北海沿岸和法兰哥尼亚森林中的开垦地上，继而在勃兰登堡外围的土地上。亚尔培熊所赐给的一张特许状里，曾提及过这些荷兰尺寸的庄园的。

今天，在东德意志我们还可看到景色多样化的村庄；它们是起源于这早期扩展和殖民运动的时期的。在那些管理得较松的居住区内，老式的“有核心”的村庄，可能建造在距新式村庄不远的地方。而且，我们到处还可看到典型的斯拉夫人“圆形村庄”。因为在斯拉夫人中间，房屋的建筑，不像日耳曼人村庄的建筑那样聚集在一块儿的，而是排列成为一个圆圈形或椭圆形，绕着一块草地的边缘，包围着草地的，只腾出一个大门；这样，许多房屋构成了一个围墙，里面可安全地关闭着村民的牲口。在一个日耳曼人村庄里，道路是穿过村庄的中间的。在斯拉夫人中间，道路是经过村庄入口处的外面的。这种差别说明了一个事实：古代斯拉夫人还是在游牧阶段，而当时的日耳曼人已发展了农业，并已把牲畜饲养和耕田工作结合在一起。当日耳曼人开始向东压迫斯拉夫人并定居在萨勒河和易北河外的时候，他们带来了他们的“开放”村庄的式样，或建立了“街道”村庄；但有时他们也模仿斯拉夫人的圆形村庄式样。

在日耳曼人边境史上，还有其他细事，对美国学习历史者来说，该是容易明白的。在十二世纪之前，中世纪欧洲的最丰富的金银铜矿，是在条麟吉亚哈次山脉（中世纪的内华达[①]）的矿产，而且采矿技术还大多是由萨克森人垄断的。那里的蓝美尔斯堡矿产，是像昆斯多克矿脉[②]一样的；而哥斯拉尔是欧洲最重要的矿业城市。但到了十二世纪后半期，即在1162和1170年之间，厄尔士山脉里发现了白银矿苗；那个屏障式的山脉隔断了条麟吉亚“马克”

① 美国西部的一州。——译者

② 美国内华达州的著名的金银矿脉，在1859年发现的。——译者

和波希米亚的联系。不久之后，发生了从哈次山的老矿区“冲入”这个新的厄尔·多拉多(El Dorado)[①]去，那会使美国历史家回想到 1849 年的黄金热潮的。

据说，这项矿产最先是在阿尔腾则尔的息斯脱西安派寺院的土地上发现的；善于处世的僧侣，不久就开始输入了哥斯拉尔的矿工。一批日耳曼人矿工营，在以前完全为捷克人居住的地区内，迅速建立起来，并逐渐发展为城市，其中最重要的是建造于 1171 年的弗赖堡。在十三世纪，据说，亨利显赫者，即迈仙的侯爵和这些丰富银矿的所有人，拥有了满藏白银的宝塔；如果波希米亚王国会出售的话，他能容易地购买它的。

因为一般繁荣景象往往跟着工业而来，开矿从十二世纪起成了德意志经济史中的重要因素。有些矿场，属于国库的，其他则属于封建主的。根据印那马·斯特涅格说，普通自由人对于在他土地上所发现的矿产，不得享有权利。关于德意志矿业的文献记载，开始于十二世纪，而在 1200 和 1400 年之间，迅速增加起来。其中最重要的是：特棱特的特许状(1185 年)、哥斯拉尔的特许状(1219—1301 年)、易格劳的采矿法(1249—1300 年)、库腾堡的规程(1300 年)以及弗赖堡的法律(1296—1400 年)。虽然德意志出产金、银、铅、铁、锡(1240 年后)各类金属，但关于开采银矿的历史和技术，是具有最大的重要性的。尽管缺少十二世纪的资料，但下列一个主要事实是清楚的。甚至在这早期，采矿业也是由一个团

① 西班牙人在十六世纪所想象的南美洲富于黄金的城市。美国加利福尼亚州在 1848 年发现黄金矿后也常被这样称呼的。——译者

体来经营；一种真正的组织原则很盛行，一代一代地发展了一群有专门训练的矿工。

中世纪日耳曼社会的结构里，交织着下列殖民地：在亨利狮子时代在下萨克森并由亚尔培熊在勃兰登堡所建立的佛来铭和荷兰人的外人殖民地、麦则堡周围的盎格罗殖民地、在波希米亚山区萨克森矿工的居留地和建立在匈牙利西普塞-厄尔士山脉地区内的十六个自由“西普斯”城市；这种情况，像在美国哈德孙河的荷兰人、摩豪克河的日耳曼人和申喃多亚流域与皮德梦特的帕拉泰因日耳曼人同美国人相混杂的那样。后来，这些日耳曼人殖民地成长为城市；这些城市往往保留着它们旧时的斯拉夫的地方名称：如来比锡(Leipzig)、但泽(Danzig)、柏林(Berlin)、服林(Wollin)、库斯特林(Kustrin)、堪明(Kammin)；因为那些有着“- zig”和“- in”尾词的地方名称，一定是表示过去斯拉夫人的村庄的。连德文的地方名称，也可能仅仅是原来斯拉夫人地方名称的译名。例如，鄂尔登堡(Oldenburg)，是斯达拉卡德(Staragard)(斯拉夫文，意即“老城”)的译名；尾词“- gard”或“- grad”是一个广泛传布的地方尾词，意即“城”，像贝尔格莱德(Belgrade)或彼得格勒(Petrograd)那样，而冠词“stara”，意即“老”。

葡萄的种植，是跟着农业的进步而来的，它在北德意志和东北德意志，即在梅格棱堡、勃兰登堡、波美拉尼亚和西利西亚的传布，比今天要远得多。随着荒野的征服和野蛮斯拉夫人的开化，毛皮、蜡、琥珀和森林产品的老贸易越来越多地让位给一种更大规模的商业了。在欧洲，再也没有别的地方上那么大力地建造城市，像十二和十三世纪在易北河外的德意志领土上那样。斯腾达尔、布勒斯劳、柏林、德雷斯登、来比锡、索恩、马里威德、厄尔丙可作为例证。这些新城市,不像中世纪的老城市那样有着狭隘、盘旋、弯曲的道路,而是经过仔细设计的,有着长方形的街道和空旷的广场。在这方面,它们相同于南法的新城市,就是,在对亚尔比教派十字军的蹂躏以后和在圣路易与英王亨利三世间的英法战争的破坏以后,郎基多克和西南各省所兴建起来的城市。

布勒斯劳城

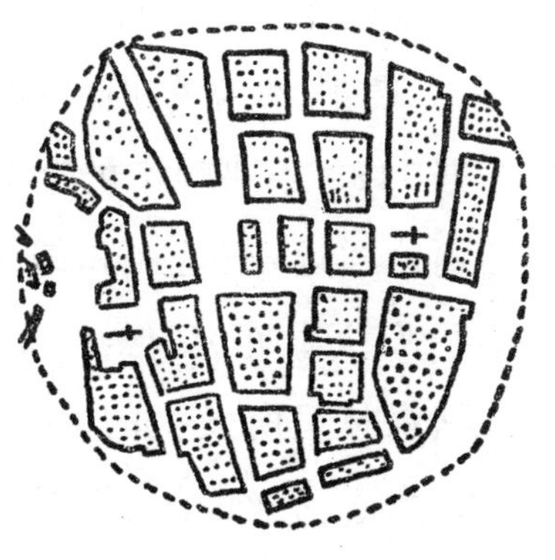

斯拉夫人地区内的日耳曼人城市平面图

在多瑙河地区内,在克伦地亚、卡尼鄂拉和士的里亚的斯拉夫居民,遭受新来的日耳曼移民的压迫多于遭受驱逐,像他们在条麟吉亚马克、勃兰登堡、梅格棱堡和波美拉尼亚所遭受的那样。但可惜,关于日耳曼人在东南欧扩展的历史,缺少那种出色的编年史,像麦则堡的铁特马尔和赫尔摩德所写关于阐明东北欧殖民地情况的编年史那样。然而,还有相当多的特许状流传下来可以弥补。在南方斯拉夫人居住区内所建立的寺院的法规和纪录里,斯拉夫人地方和专门名称,在十一和十二世纪里,是常常可以看到的。在这些省份内，政治和社会的上层，是日耳曼人和贵族；下层，是斯拉夫人的后裔，按政治和社会地位说，他们是一个依附的人口。另一方面，在奥地利，虽然也有同一的贵族的政治和社会结构，但上层和下层主要都是属于日耳曼人血统；而依附人口是由日耳曼农奴组成；这批农奴被他们的主人带到东方而住在殖民地上。

日耳曼人在东南欧的扩展，被马扎儿人有效地挡住，而在东北欧，在达到维斯杜拉河之前，他们没有碰到了什么阻止的力量。1119 年的边境战事，特别激烈。1131 年，士的里亚被匈牙利人侵入，这一袭击，使萨尔斯堡的主教所建立的殖民地遭受了严重的灾难。据 1133 年弗赖辛的鄂图所说，多瑙河北岸匈牙利人的扩展已蔓延到这样远，波兰人和匈牙利人“在间隔波兰人和匈牙利人的森林里”[①]发生了冲突，像波希米亚人已和巴伐利亚人垦荒者在边境上波默森林里所发生的冲突那样。

德意志商业的扩展，自然是跟着日耳曼人殖民地的扩展而来的。在十二世纪，波罗的海成了一个日耳曼人的内湖。每年十一月中，在“大风”的时期，西欧船队为采购鱼干和毛皮来到波罗的海沿岸上半斯拉夫人的、半日耳曼人的城市港口。还有一个小村叫做“青鱼村”，现在它是个积水地，距斯德丁不远。波罗的海青鱼贸易，是重要的。“老律伯克”商人集团，甚至伸入波罗的海，力图占夺诺夫哥罗得的古代瑞典-俄罗斯贸易以及发兰琴商路；并在哥特兰岛上，建立了一个“商站”或贸易站。1134 年，皇帝罗塞耳二世把他们置于帝国的保护之下。罗塞耳所发给的特许状原本，已经

① In silva quae Polunios et Ungarios sejungit.

遗失，但亨利狮子在1163年10月18日赐给律伯克商人一项特许状上，曾谈到它。在汉撒同盟的组成和汉撒同盟在1298年与维斯比集团合并之前，关于这种远地商业，我们所知的，只此而已。

诚然，先驱的商人有时走在日耳曼人殖民运动的前面，但在大多场合下，商人是尾随殖民运动而走的。在奥巴德利特地方（直到1147年的征服之后，它才成为梅格棱堡的公爵领），在斯达拉卡德城（奥巴德利特公爵普里比斯拉夫的首都），有一个相当大的日耳曼商人殖民地，是在1129年建立的。日耳曼人的贸易活动，一直延伸到鲁根岛上，那里的居民还是可怕的异教徒，斯拉夫人的著名的阿科那神庙就建立在那里。在日耳曼人和荷兰人联军1168年袭击并占领这所神庙之前，商人们不仅必须掩蔽他们的基督教信仰，而且对神奉献重大礼物，以求获得做买卖的准许。在班堡主教的《传记》里，有一段奇怪的记载说：波美拉尼亚陆地上居民的改信基督教怎样在一个时期使他们和鲁根人的贸易中断；因为后者不愿和改了信仰的斯拉夫人有什么来往。在拉尼人即鲁根人中间，贸易的状况是很带原始性的；他们使用麻布条作为货币，像在美国的印第安人中间使用贝壳珠那样。这种布条货币，一度也在波希米亚人中间通用过。在捷克文中，"麻布"和"计数"这两个词，是从同一字根得来的。

厄波的《班堡的鄂图传》（鄂图曾两次游历波美拉尼亚，一次在1124年，又一次在1128年）和赫波德斯的《对话集》，告诉我们关于十二世纪上半期波美拉尼亚陆上贸易的有趣材料。鄂图还曾两次作过长久而又艰苦的旅行：下行萨勒河与易北河；从那里上行哈斐尔，从而远达波罗的海沿岸的斯德丁和服林两城。

在那个时候，波美拉尼亚尚是一块沼泽地区，即溪流缓慢湖泊停滞的地方，那里住着纯粹斯拉夫人；他们尚按照他们部族的原始生活方式过活，绝对谈不上接触过日耳曼基督教文明的。因为大部分是渔民，他们以鱼干的“重量”，也以蜜蜂巢来估计他们的财产的；因为蜜蜂也是一项大宗产品。他们的食品是：鱼类、裸麦以及几种蔬菜；他们常饮樱桃蜜酒。他们的纺织技巧是相当高的；但他们不是好农夫。在奥得河和皮恩河口的城市里，有着相当大的原料产品贸易，像鱼干、毛皮、柏油、绳索这一类的贸易；但这些城市是肮脏不堪的。唯一壮丽的建筑物，是神庙。在这幸免遭受像易北河斯拉夫人所遭受的不容忍、偏见和贪婪的迫害的人口中间，鄂图辛勤工作，以和蔼作风，赢得了波美拉尼亚人的信任。在中世纪的斯拉夫人地区里，只有波美拉尼亚人和波兰人在拉丁教会的控制之下；而教会通过感化而非通过武力的方式，来使他们从异教过渡到基督教，从野蛮过渡到文明的。

到了下一世纪，斯德丁以“整个波美拉尼亚的大都会”的面貌出现，虽然据说，它的人口还不到六七千人。它的主要竞争城是卡明。两城都是建造在海绵性的低湿地上；那是一个严重缺点。斯德丁被沼地所围绕，而卡明的街道上如此泥泞，以致到处铺着看来只是几片木板的桥。鄂图本人曾从一条木板桥上滚到泥浆里。那里的居民，虽然态度粗俗，但却是好客的。两城各有一所做交易的“市场”，那里也存在着某种程度的货币经济。还有仓库，可以想象，主要是为着储藏鱼类的。捕鱼是居民的主要活动；虽然毛皮和奴隶也是商品。青鱼漂到波罗的海浅滩上，但淡水鱼的贸易，也是活跃的。沿海贸易一定是相当大的，因为鄂图曾容易地由水路从服林旅行到斯德丁去。

到了 1125 年，显然，从“新”德意志的东部到辽远的波罗的海的沿岸已有直达的通路。萨勒河畔的哈勒，是这一切东德商业的清算所和交易中心。当班堡的鄂图两次旅行到波美拉尼亚的时候，他在哈勒市集上“采购了”一些东西，从那里乘船下行萨勒河到易北河，再下行易北河到哈斐尔河口的维奔，于是，上行哈斐尔河，再下行皮恩河而抵达了斯德丁。

1158 年，律伯克城的建立，永远保证了波罗的海上德意志商业的控制权。它不久成为整个波罗的海贸易的总汇。那些来自英国、丹麦、瑞典、挪威甚至俄国的商船，云集在港内。斯德丁是律伯克的距离最近的竞争者。下德意志语成为整个北欧的商业用语，因而原来为进行波罗的海贸易上所必需的易北河斯拉夫语，渐次消逝了。在百余年以后，汉撒同盟的纪录开始用这种下德意志语来书写了。到了十三世纪中期，律伯克是波罗的海沿岸上的主要商业城市，也是一大群小城市的贸易中心；这些城市是由北德农民的扩展的和移民的努力在征服的汶德族土地上所建立起来的，例如：罗斯托克、威斯马、格来福森林、斯特拉尔松得、梅格棱堡、拉策堡、许威林、鄂尔敦堡，而后面四个城市，是建造（像律伯克本城那样）在斯拉夫城市的旧基地上的。

这些城市在十三世纪中，为了互相保护它们的商业利益，以防止沿海和河流上的海盗以及陆路上的盗匪队伍，结成了同盟；正是在这个同盟里，我们找到汉撒同盟的最早开端，虽然那个名称在 1360 年之前还是未曾被采用的。我们不能正确地知道这同盟过程的开始日期。在保存下来的文献中，最早的一项，是律伯克和汉堡在1230年所缔结的一项很一般性的协定。但在1241年，当这项协定续订以后，这同盟的条件是具有特殊性的。1259年罗斯托克和威斯马参加了这个组织；在那个时候，这团体制定了一项规定：任何城市，必须是位于海岸上或在一条可航行的河旁，并保持着自己城门的锁钥，才得成为同盟的成员。在1260和1265年之间，我们看到同盟的第一次成文条例，其中有一项条文规定：各城市的代表每年举行一次年会，以“制定有关各种事务的法律”。

汉撒同盟的较重要的历史，大部分是属于十四世纪的中世纪商业史内的一章。这里，我们仅仅略谈它形成的历史。可是，即使对于它形成的历史，如果不了解十二和十三世纪日耳曼人向东扩展和殖民，也是不能充分理解的。到1265年，同盟已开始使附近王公，像丹麦国王、勃兰登堡侯爵和什列斯威公爵，感到震动。但对城市来说，幸好这些王公，意见不一。丹麦垂涎什列斯威；勃兰登堡对皮恩、奥得和维斯杜拉各河口的丹麦人殖民地虎视眈眈，因为它的侯爵想要占取梅格棱堡和波美拉尼亚。在1283和1293年之间，同盟拉入了哈德比和基尔两城为盟员，因而顺利地打破了丹麦的计划；它并且也把沿海城市梅格棱堡和波美拉尼亚包括进去，因而挫败了勃兰登堡的野心。这样一来，在好多年内勃兰登堡受到阻塞，而不得抵达波罗的海。

其时，同盟还在属于它活动范围内的海面上，努力建立商业垄断权。佛来铭和法里西安商人在“抵货”的威胁之下，被排挤出波罗的海，哥特兰人被排挤出北海。汉撒同盟曾进行一个重要步骤，来完成把波罗的海改变为汉撒同盟的内湖这项努力；在1293年当它占夺了哥特兰大岛上的维斯比，即所有日耳曼商人的最古老的沿海贸易站，并迫使那里的商人加入了同盟之后，它还企图占夺俄国诺夫哥罗得的毛皮、柏油、大麻、木材的丰富贸易。这项高压手段的行动，是 1280 年律伯克和维斯比间缔结的，两年之后又有里加（1201 年由日耳曼人建立的）加入的防御海盗同盟的后果。这样一来，维斯比遂丧失了对波罗的海贸易的控制权，然而，它继续是非常繁荣的。的确，这城市的财富，已变为尽人皆知的事实。据说，“连猪也是在银槽里吃食的”。维斯比的城垣，建造于十三世纪，迄今还保存得很好，它们可与欧洲任何地方最雄伟的中世纪城垣相提并论；所有四座坍废的教堂遗迹，还是美丽而令人伤感的纪念物，昔日繁荣，而今安在。

汉撒商人以“东方商人”（Osterlingi）的名义进入了英国，在那里他们和科伦商人发生了激烈的竞争——因为两集团各享有单独的特权——直到这两个竞争集团在爱德华一世时代合并于伦敦的日耳曼人行会大厅即“钢场”为止。在同一世纪的中期，汉撒还在布鲁日，建立了一所办事处。

但汉撒同盟对国内政治也是注意的。在皇位空缺时期（1250—1273 年），腓特烈二世，在他和北德王公斗争里，曾求助于丹麦，并实际上已让给它什列斯威、霍尔斯顿、诺达尔宾吉亚和梅格棱堡的整个领土（就是说，律伯克管辖下的全部领土）——这些领土的割让由于丹麦在布耳诺维德的惨败（1227 年），而未曾实现——汉撒同盟，鉴于这项局势，在它的政策上，坚定不移地站在卫尔夫派的立场上；这一政策，颇有助于使它在威斯特发里亚的城市里，在下莱茵河地区以及在英国获得了好感。日耳曼族的东进运动，起初曾是一个农民、僧侣和贵族的运动，可是它跟着汉撒同盟的兴起，获得了新的推动力，而在十三世纪它和同盟的扩展结合在一起了。由于这个缘故，日耳曼商业势力得以直接绕过波罗的海湾而进入了俄国、里窝尼亚和库尔兰；在那里，默麦尔、厄尔丙、利堡、哥尼斯堡、里加成了有势力的汉撒商人的基地。

在多瑙河中区，奥地利的政治变更：奥地利原来的侯爵成为一个公爵，以及领土的扩展和奥地利各地政治的团结两个同时并进的过程，对商业方面也发生了显著的影响。

由于资料的缺少，难于确定：在这早期贸易里所交换的商品是什么。然而，我们知道：在奥地利的进口货中，占首要地位的是食盐，其次是布匹；在出口货中有：蜂蜜、蜡、兽皮，后来还有越来越多的葡萄酒。在这里贸易可能起源于像刻特根所想象的，它一向起源于外国商人要以自己所有的产品来换取他们所需的货物这一情况。例如，和匈牙利的商业往来的兴起，是由于上德意志需要贵金属黄金和白银。然而，在十二世纪末期情况完全改变了：由于士的里亚领土的获得（1192年），由于腓特烈二世（1230—1246年）抱有统一这地区的政治和商业的野心，那小型而又缺少管理的商业状态，已经消逝。奥地利获得了对帝国东南部通往匈牙利和威尼斯的商路之控制。现在，第一次有可能来推行一项有力的贸易政策，一方对上德意志，另一方对匈牙利。在腓特烈时代，还出现了第一批管理贸易的法令：禁止谷物的出口，给累根斯堡人以“客人权利”，通过1231年的特许状，给维也纳以一项匈牙利贸易垄断权的保证。外国人不得同匈牙利人进行贸易，连在

他们自己中间的交易也被禁止。比起这一特许状和类似的特许状所规定的限制性条款，也许更为重要的，是由特许状所建立的那些贸易中心；在那里商人稳可找到一个市场。这项赐给城市特权的政策，哈布斯堡的路德福继续施行，并推广到格拉齐、朱登堡、纽斯达和弗赖斯达诸城去；在这政策的影响下，这些城市，在好多年中呈现欣欣向荣的景象。这政策的目的，是要给奥地利人以对外贸易的垄断权。也许，它受这项贸易的刺激太多了，因为在奥地利商人中间，特别是在维也纳商人中间，发展了依附对外贸易的某种不健康状态。

在十三世纪中期开始的巴苏征税簿上，我们可看到一些关于奥地利商业活动的范围。根据这些簿册，我们可断言：从上德意志来的进口货，比运往上德意志去的出口货，要多出两三倍。然而，输入品中的大部分，不是在奥地利消费了的，而是由维也纳商人转运到匈牙利去的。关于布匹，尤其如此。在对匈牙利贸易方面，收支差额对奥地利一向是很有利的。这项差额，主要以匈牙利金银矿的产品来支付的，虽然匈牙利也输出一些牲口。除了这项对匈牙利的运输贸易之外，奥地利在整个中世纪时代的其他主要商业关系，是对威尼斯的贸易。这项贸易到了十三世纪已达到相当高的程度。由此可见，奥地利的贸易，到十三世纪为止，有些是依靠这国家的地理位置的，有些是依靠它人民的能力的，但有些也依靠它统治者所赐给的特权的。也由此可见：奥地利境内外国制造品的消费，主要是由转运贸易所得的利润来弥补的，而食盐及其他原料进

口货的等价，则用葡萄酒及其他土产品的出口来对消的。[1]

那谈到威尼斯商人通过奥地利的最早文件，是属于1244年的。波罗的海对南德的贸易路线大部分是上行穆尔得河，再上行那布河而达累根斯堡；前一条河流当它在查理曼时代成为日耳曼人世界的东方边缘之后代替了萨勒河的地位。在波希米亚，有一条商路，从布拉格开始，上行摩耳道河，越过分水岭而达到多瑙河畔的林兹。另有一条商路，上行厄革河——或通过诺伦多夫山路——再下行那布河而达累根斯堡。

到十三世纪，日耳曼人向东扩展和殖民，除了在普鲁士、库尔兰和爱沙尼亚的波罗的海地区之外，已经达到了它的限度。匈牙利、波希米亚和波兰，虽对日耳曼殖民和日耳曼文明来说，不是不可透入的，然而，它们已力能捍卫自己，免受那易北河外斯拉夫的所遭受的命运。现在，关于东方边境上这三个国家的经济史，我们应该略为谈一谈。

匈牙利第一位基督教国王史梯芬，是在1000年受了洗礼的；他固然欢迎日耳曼移民，特别是骑士和低级贵族的来临，可是也很小心，不使他们获得过大的势力。他的态度，在他的训子篇中，可以看出："尊敬这些'客人'，因为他们给我国带来了外国学术和武器；他们对王座是一种点缀，也是一种保护。"日耳曼农夫，在这个时候，开始移入了匈牙利，并定居于王室领地上及贵族和僧侣的领地上。但当马扎儿人接受了拉丁基督教并采用了很多日耳曼制度

① 西奥图·万尔：《中世纪奥地利公国的对外贸易》(1909年)(一篇书评)。

和文化以后，那项势力的渗入和传布被严格地加以均衡了。国王该萨（1041—1061 年）是第一位积极鼓励日耳曼人移入王国内的匈牙利统治者。他似乎曾发出过类似上文所提的北德王公所发出的布告，招募日耳曼人移入匈牙利境内。可惜，这布告原文，已不可复见；连它的日期也没有保留下来。仅仅有一段记载说：在下一世纪，匈牙利境内所可看到的日耳曼人社会，原来是由于该萨的招募而来的。差不多所有这些移民，都定居于山间矿区里。

拉第斯劳一世（1077—1095 年）和科罗曼（1095—1114 年）曾竭力使他们的国家摆脱野蛮和愚昧的枷锁。这两位早期匈牙利国王，就提倡经济和社会福利来说，是杰出的贤明君主。在大部学术限于教士阶层的时期，科罗曼，作为当时代的一个俗人来看，是具有高度文化的，他从阅读史书而获得了一些体会。在他的一项文件里，他深湛地评论说："罗马帝国在初期不断发展，而国王伟大而光荣，因为有许多贵族和贤人，来自各地，集合在一起……因为，当陌生人从各地方来的时候，他们就带来了不同的语言和风俗……因为属于同一语言和同一风俗的王国，是脆弱的。"科罗曼认真诱导西欧先进地区的人们移入匈牙利，并努力提倡贸易和农业。起初，大部日耳曼人，是从巴伐利亚和斯瓦比亚移来的——就是，从最靠近匈牙利的南德意志移来的。布达佩斯和普勒斯堡，在早期已有一个日耳曼人居住区，并有很多日耳曼移民，住在它周围的地方，如地方名称还可指明的那样。所以，直到今天，在匈牙利的这一地区内，一个日耳曼人，不管来自何方，常常被称为"斯瓦布人"或"斯瓦比亚人"的。

> 那被异教徒马扎儿人破坏了的多瑙河流域和北亚得里亚海地区的商业，在第一批基督教匈牙利国王统治之下，得告复兴；匈牙利平原所产的谷物，成为对君士坦丁堡的一种有价值的输出物，毛皮和铁用来交换丝绸、宝石、葡萄酒和刻着花纹的盔甲。从西欧来的商人和香客们，又可以自由穿过古代达谢地方；这种情况，七百年来已经没有。这一条新路的重行开放，也给十字军带来了一个直接而又巨大的冲动。早在1092年时，在匈牙利已可看到穆罕默德教商人。在这以前，在君士坦丁堡，已经建立了一个匈牙利人居留地。①

但在匈牙利文化中，虽然日耳曼和拉丁基督教文化占着主要地位，可是值得注意：有大量拜占庭文化从君士坦丁堡流入了匈牙利。在十二世纪，匈牙利在下列两地接触了利凡得的大规模商业：君士坦丁堡和亚得里亚海畔的扎拉。它和君士坦丁堡的活跃贸易，也把希腊教会的传教师带入了匈牙利；他们和巴伐利亚的本尼狄克教派、斯罗焚人以及来自弗利阿里和阿金里亚教区的意大利人相竞争。

在十二世纪，匈牙利是很繁荣的。那个杰出的中世纪德意志历史家，弗赖辛的鄂图，腓特烈红胡子的叔父，曾在他的〔德意志历史的〕主题之外还讨论过当时的匈牙利文明之优美特征。他承认：匈牙利在物质繁荣和精神修养方面，可能和以前一样，还是远远落后于德意志；他并评论匈牙利人的粗鲁态度、城市的缺少、他们住

① 比士雷：《近代地理学的曙光》，第2卷，第484页。

在用枝条盖成的简陋房屋里，还处在半游牧状态以及他们的简陋农业。其实，他的叙述，是对马扎儿人进步的一篇颂词，就是说，他们从完全野蛮状态走上文明大道而向前迈进。

十二世纪，在匈牙利一个最有势力的殖民和文化机构，是法国的息斯脱西安派寺院。法国文明在十二世纪中大部通过这一教派僧团对匈牙利发生了影响这一事实，是耐人寻味的。国王贝拉三世(1173—1196 年)曾娶安妮·得·沙提永为王后，她是著名的十字军士勒瑙·得·沙提永的女儿；国王的两个最亲信顾问，是侨居于匈牙利的法国家族之后裔。他似乎力图把法国制度移接到马扎儿文明的嫩芽之上，也许是用作为对抗德意志影响的一种力量。他按照法国巴黎式样，在佛斯布林建立了一所学校；还按照法国式样，建立了一所王家高等法院，并在 1183 年塞吐的住持访问他的时候，面请住持在他王国之内设立法兰西息斯脱西安教派寺院。不久，这个教派占有很大势力。贝拉在马洛斯河畔建造了厄格勒西寺院，并从香宾的彭廷宜，邀请了法国修道僧到那儿(1179 年)；他还建造了比力斯寺院(1184 年)和刻兹寺院(在赫尔曼斯塔)；前一寺院迄今尚存在着，而它的第一批人员是从贝臧松附近的阿堪来的。在王后安妮死后，贝拉三世娶了马葛利特；她是腓力·奥古斯都的妹子。在他逝世后几年，我们看到法国诗人土鲁斯的微达尔出现在其子厄美力克的宫廷上；他留下了几首关于国王对他优厚待遇的诗。这一切表明了：在十二世纪末期，法国对匈牙利的影响，是多么大。

但是，匈牙利国王限制外国人渗入境内的企图，大多由于十字军的东征而归于无效，因为多瑙河流域已成为到“圣地”去的一条

最重要的道路。甚至在这伟大军事冒险运动开始之前，已有几千香客，一群群地通过匈牙利东去。不可能想象，这些人群在匈牙利土地上未曾留下雪泥鸿爪。的确，在国王安德鲁二世的金印诏书里（1222 年），我们可以看到有关的证据。

在匈牙利，主要的日耳曼人乡镇，位于采矿区内。塔特拉和喀尔巴阡山脉的探险，跟着波希米亚边境上厄尔士山黄金矿的发现而进行的。马扎儿王公，因为要依靠萨克森矿工来开矿，以优厚条件来引诱他们移入。于是，这批矿工在十二世纪中成千上万地云集于匈牙利境内，带来了他们自己的语言、法律和风俗。到了 1150 年，塔特拉山的斜坡上、瓦格河和波柏河的盆地上、利普多和西普斯的台地上，日耳曼人的村庄星罗棋布着。这些村庄的名称，可令人想起它们的萨克森起源。值得注意，在这些地方上有那么多的地名用“-dorf”作为尾词，而这一尾词是通用于萨克森地名的。同这些萨克森矿工并居杂处的，还有一大批巴伐利亚和奥地利的侨民。

最大的日耳曼人殖民地，是在德兰斯瓦尼亚；它的丰富矿苗在十二世纪中已吸引了数以千计的矿工，从厄尔士山、从塔特拉和喀尔巴阡山，甚至从条麟吉亚来到那儿；同他们混杂在一起的，还有莱茵河中游地区的大批法国人。在 1191 年的一项教皇文件里，这些日耳曼人被称为“德兰斯瓦尼亚条顿人”。在东南欧这一部分，迄今还有许多地名，显然是日耳曼人的。

但是，在引诱日耳曼移民移入德兰斯瓦尼亚方面，军事理由和黄金狂热同时起着作用的。因为在匈牙利人从南俄罗斯平原移到中欧大平原之后，他们所撤退的地区，在十一世纪早期，已由拍克涅格人和库曼人逐渐填补了——他们属于鞑靼或半鞑靼部族——他们国家的领土广泛地绵延在顿河与多瑙河之间的黑海沿岸。由此可见，日耳曼移民，沿这边界上移殖，也是为着防御的目的的。最后，在第三次十字军之后，条顿骑士，在1224年迁移到普鲁士之前，在这里曾住过若干年。

在波希米亚和波兰，日耳曼文化的渗入，在数量和质量上都是不平衡的，也是不同于在匈牙利文化渗入的情况的。在西利西亚，日耳曼的影响，在十二世纪以后，是压倒一切的。在波希米亚，日耳曼的影响继续传布，直到十五世纪胡司战争时为止；但在那里，这发展过程是缓慢的，而有时还是碰到阻碍的。在波兰，日耳曼化的程度，从来未曾有过像在西利西亚或波希米亚那么大；日耳曼殖民在波兰各地方，也有着密度不等的分布。在这些国家里，最早而又最广泛传布的日耳曼影响，是在商业和贸易方面。在第九世纪，有商人可能是犹太人，已在摩拉维亚很活跃，因为在一本编年史里，我们看到下面一句意义重要的话："到处可碰到商人。"[①]我们甚至可看到喀罗林朝后期的一张税率表。

从布拉提斯拉夫二世(1061—1092年)统治开始的时期，标志着波希米亚境内一个永久的、主要是日耳曼人的社会的第一个核心在国内安居下来。在赫拉德克尼山上布拉格城堡下面，在维塞拉德街上，除了生意兴隆的犹太奴隶贩子外，另有一大群商人集合着。这里也是市集举行的场所。在十一世纪，这些布拉格市集，是声名远播的；小贩和商人从波兰、俄罗斯的诺夫哥罗得和基辅、意

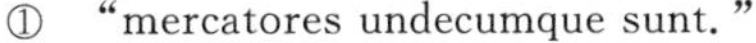

① "mercatores undecumque sunt."

大利、法国,当然也从德意志,闻风而来到那里。在这些商人中,很多人留在布拉格,并永久定居在那里,特别是日耳曼人。他们在圣保罗教会的周围地方,构成了一个团结的社会。布拉提斯拉夫赐给他们特权;主要是由他们自己选举的行政官来实行自治的权利和按照他们自己的法律来生活的权利。这是一项最重要的特权赠与。跟着岁月的流逝,他们的居留地逐渐成长而扩大;部分是由于有其他新来的商人队伍的参加,部分是由于有人口的自然繁殖;所以,后来日耳曼人在布拉格构成了一个整个街区。这布拉格社会依靠商业而变得富裕起来,而它的人口也不断地增加着。到了鄂托卡尔一世时代,它几乎占据了今天布拉格"老城"的全部面积。1235 年,当这居住区周围筑起了城垣和城池以后,它形成为一个真正的中世纪城市。

巴伐利亚和斯瓦比亚农民,从东南德泛滥于波希米亚边境上,像萨克森移民由于向东北欧扩展运动在那里泛滥那样。因为波希米亚有如位于德意志权力的两条巨大投射影之间的角度之内,这种泛滥情况,是不可避免的。德意志在亨利四世时代,长期内乱所造成的无政府状态,显著地促使了那里农民向波希米亚纷纷迁移。由于这个缘故,在波希米亚的日耳曼人口,比起在波罗的海沿岸或多瑙河省份要多得很多。

从德意志城市建设的观点看来,在霍亨斯陶芬时代的波希米亚历史,是很有意义的。我们看到:与实行城市建设的同时,出现了贸易和商业的发展和森林地与沼泽地的开垦;而这些开垦工作是由教士和贵族带来的日耳曼农民进行的。西利西亚和勃兰登堡如此,波希米亚亦然。但波希米亚不像西利西亚和勃兰登堡那样深刻地日耳曼化，而移民在它的全境内的分布，也不像在那里的平衡。捷克人口，从来未像西利西亚的斯拉夫人口那样曾丧失过它的本体。德意志历史家有着一种倾向，即把中世纪波希米亚在日耳曼移民之前的文化故意贬抑。但波希米亚文明在十二和十三世纪已优越于波兰文明，而把两者归入同一范畴，从历史观点来看，是不公平的。另一方面，如果说波希米亚在日耳曼殖民时代开始之前，普通各行各业，已应有尽有，日耳曼人所带入的，只是日耳曼人的采矿技巧和日耳曼人的手艺工人行会制度，那也是夸大了波希米亚在日耳曼人来到之前的自给自足程度了。其实，波希米亚在各种经济生活方面，比德意志果然落后，但比波兰却要优越。

波兰的偏僻地位使它长期湮没无闻。这地势上的隔离状态对波兰人所发生的影响，早在十二世纪，中世纪波兰的最早历史家，叫做伽鲁斯者，就已经看出；他写道："波兰地区，远离外国旅行者；除了到俄国去购货者以外，很少有人知道的。"[①]这一句话总结了早期波兰历史上的很多东西。这块又广阔又辽远的波兰平原，满地湖泊和沼泽，比波希米亚的森林稠密的山区"可怕荒野"还要难于穿入。一言以蔽之，隔绝的地位使中世纪波兰比中世纪波希米亚或中世纪匈牙利，具有更大力量，来抵抗日耳曼化。

波兰人对天主教的热心，使日耳曼人所建立的寺院和日耳曼僧侣在波兰成为头等重要的经济势力。因为在那里，像在早期西欧那样，建立一所寺院，一般就是一种殖民的行动。这些寺院同德

① "Regio Polonorum ab itineribus peregrinorum est remota, et nisi transeuntibus in Russiam pro mercimonio paucis nota."

意志境内它们的母寺院保持着密切的联系，在它们所属地区内的民众中间又传布了自己的文化和风俗。修道士们从德意志带过来农作和园艺的新方法；他们还深入民间，教导他们如何改良耕种的方法，因而他们对农民的社会经济状况，产生了一种有利的影响。

手艺人和职工也来供应新寺院的移民居留地上的需要。但赠给这些团体的土地，不一定包括使当地居民沦为农奴之权利在内。因此，寺院常常被迫输入外地的劳动者；他们照例多属于不自由的阶层。“在这方面，寺院在它们进入波兰以后，是唯一的大土地私有者；它们在组织大庄园和使用半自由的外国农夫方面，提供了榜样，而这些农夫遂成为附着于土地的农奴了。”

在相当时期之后，日耳曼商人也进入了波兰，并在“居住区”内开始了营业，像他们在布拉格及其他波希米亚城市曾经进行的一样。

波兰的老城市：克拉科、勒伏（勒谟堡）、波兹南（波森）和波罗克，接受了大量日耳曼商人的流入；因而它们在德意志本国，被看作日耳曼人的商业、文明和政治势力的前哨。当地城市的法律被马德堡或哈勒的法律所代替；日耳曼银币也成为那里的主要通货；连市政记录也开始以德文来书写。这样一来，这些城市成了日耳曼势力的堡垒。在十三世纪初，还由于条顿骑士团在波罗的海沿岸的扩展，日耳曼庶民的流入波兰特别多。

波尔斯拉夫五世（害羞者，1243—1279 年）尽力帮助了这项日耳曼化的过程。在他的时代，从奥得河东勃兰登堡来的殖民运动是富有侵略性的。维斯杜拉河畔的日耳曼人殖民运动也受到了一个有力的冲击。普鲁士人的土地被条顿骑士团所强夺;在那里慢慢地进行着日耳曼化和基督教化。就波兰国王来说,他们帮助条顿骑士来征服普鲁士这一行为,是非常盲目的。普鲁士的最后一个凶狠的土酋,斯维多波克,被骑士团击败,而后者是获得波兰国王的支持的。

但在这些边境国家的文化史上,还有一方面也应该指出。虽然匈牙利、波希米亚和波兰大部分是面向西方的,但我们不该忘记:它们的东疆是和俄国接界的。那和德意志毗连的三个国家的东方界线是从波罗的海绵延到黑海岸;通过这条界线,波兰人、波希米亚人、马扎儿人,同中世纪俄罗斯,进行了贸易;而后者的主要贸易中心是在诺夫哥罗得和基辅两城。1241 年,蒙古人的猛烈侵袭几乎摧毁这一条交通线。只从东欧方面来说,基辅的被劫掠以及诺夫哥罗得同拜占庭与巴格达的联系之被割断,是中世纪商业史上的一个转折点。由于这一条古老的、竞争性的发兰琴商路的破坏,威尼斯和热那亚获得了好处,因为那使几乎所有利凡得货物的运输投入了地中海方面。

鞑靼人的大举侵入俄国,对波兰还有另一种影响。波兰的一大部分人口不是被消灭,便是被驱散,因而新的一批德意志移民又涌入了波兰境内。

波兰的江山破碎,而它的人口或被驱散或被消灭。难民向北逃亡,有助于人口稀少地区的移殖,也有助于维斯杜拉河以东马卓维亚森林地的垦荒。在鞑靼人退出之后,日耳曼人接踵而来了。他们沿着最少抵抗力的路线前进。新移民免受垦荒者的艰苦和辛劳,因为他们所占夺的土地,在几百年以前,已经用于耕种的目的。

所以，他们无需清除原始森林或开垦一片完全荒野。[①]

那里的实际殖民的方式，类似勃兰登堡与波希米亚的方式。那就是由一个代理人负责把农民移居于一块土地上的方式。波兰贵族与地主，为了尽速吸引移民到他们荒芜的土地上来，不得不提供特殊的优待条件，因而土地的授给，是附有豁免若干年赋税的权利的。移民所负担的唯一义务，是那由代理人征收的每年缴付的地租而已。

① 利文斯基-科文：《波兰史》，第 36 页。

第二十一章　斯干的那维亚*

在卡纽特大帝(1000—1035 年)时代之后,丹麦的领土只包括日德兰、芬宁与西兰诸岛、瑞典南部的斯干尼亚(即瑟宁)以及德意志波罗的海的沿岸部分。约在 1100 年时,有一个班堡的教士曾周游丹麦,他遗留下来一段描写这个国家的话:"这个国家有着市镇与村庄,而没有城垣,只有木栅和土堤。所有的贵族住宅和教会建筑物很简陋而又粗俗。居民的职业主要是狩猎、捕鱼和饲养牲畜;由于他们农业的可怜状况,他们所有的财富都是以牲口来计算的。"

但在十二世纪时期中,丹麦的商业和物质与精神文明得到迅速发展。城市增加了。这些城市几乎一般都是建立于海岸上,因为丹麦人习于航海远甚于种田。当他们筑造城垣以防海盗的时候,我们看到城市大部的名称是以"堡"(borg)作字尾,而那些住在城内的商人和手工业者叫做堡民〔即市民〕。阿尔堡、法林斯堡、服庭堡和费堡,可作为例证。另一些城市,在丹麦和在法国与德意志一样,是在寺院周围成长起来的。其他城市的兴起可直接并特别归因于贸易便利的自然地势。丹麦地名的附加词"-kjoebing"(意即"市场")提供了关于这些城市起源的线索;其中哥本哈根(kjoe-

* 地图:锡倍德:《历史地图册》,第 58—59 页。

benhavn 意即“市场港”)是一个最明显的例子。哥本哈根是在1165 年由伦德城主教阿布沙龙建造的;他在港口曾建筑一座城堡,为的是要保护商人以防海盗的掠夺。

什列斯威的利伯和哈德比,是丹麦在德意志大陆上的最重要城市。不来梅的亚丹告诉我们说:人们从什列斯威搭船东行到赞本纳,从那里再东行,可达俄罗斯。人们从日德兰的另一边的里本,搭船西行可达萨克森(不来梅)、佛里斯兰和英国。在十一世纪,那位于日德兰半岛上更北地方的亚胡斯城,同丹麦岛屿、斯干尼亚和挪威,有着贸易上的联系。在古代,西兰岛上的罗斯基尔德,是国王的驻所。伦德城位在斯干尼亚,据不来梅的亚丹说,“在那个城里,有大量黄金,而这种黄金,是他们掠夺波罗的海地区中无数野蛮部族得来的,而丹麦王为了获得贡物,容忍了这些海盗行为”。

沿波罗的海的南岸,在各河流的口上,有一些丹麦商人的居留地设在于古代斯拉夫人城市里,如在斯德丁、服林和但泽城内。这些丹麦商人曾嫉视那些挤入了易北河彼岸的德意志商人;后者还力求在奥波德人和波美拉尼亚人中间进行贸易。在好多年内,丹麦人与德意志人之间存在着剧烈的竞争。但是,1124 年德意志人的征服波美拉尼亚、1147 年亨利狮子的十字军以及 1158 年律伯克城的建造,终于转变了形势;德意志人的商业优势把丹麦人从波罗的海地区排挤出去。在这多事之秋,丹麦、斯拉夫和德意志海盗云集在波罗的海和丹麦海峡上。

丹麦人虽然已被摈于梅喀棱堡和波美拉尼亚,但还坚守着什列斯威,并雄心勃勃想要伸展势力于霍耳斯顿,从而得以占取那扼守地峡及波罗的海与北海之间的一条重要商路的汉堡和律伯克两城；而这一商路比那条穿过海峡的又长又危险的很难航行的商路既较短，又较可避免海盗的抢劫。所以在十三世纪早期，我们看到丹麦人力图利用由下列事件所产生的混乱情势：萨克森的瓜分、亨利狮子的垮台以及腓特烈二世统治的早期的敌对冲突。年轻皇帝布伦斯威克的鄂图，为了压制皇位企求者，曾向丹麦建议，愿以霍耳斯顿、劳英堡和部分梅喀棱堡给丹麦人来换取他们的援助。汉堡和律伯克因此震惊，并获得了北德王公的支持来反抗丹麦人。这项冲突在彭霍维德战役里（1227 年）获得了解决；这次战役阻止了丹麦人侵略德意志领土的野心，有几百年之久，并使律伯克得以顺利组成了汉撒同盟，把它的商业势力扩展到整个北方地区。

在十三世纪窝得马尔二世的统治时代，我们看到，所有由渔村、海港或市场地点或堡垒周围形成的丹麦城市依然是小型的。在这一世纪，丹麦对英国的贸易，大部是利伯城的贸易。1208 年，英王约翰把一个利伯的市民尼古拉·马利尼拉斯，置于自己的保护之下。约在同一时期，还有一个来自利伯的“丹麦商人”，里瑟维那斯·得·里帕。1300 年左右，利伯是唯一的有船只开往英国去的丹麦城市。在那个时候，丹麦商业已在汉撒同盟控制之下。

在上面略谈了丹麦商业史以后，我们就可转到挪威的商业史了。由于它地理位置的关系，挪威的大部分贸易，是对英国的贸易。必须记牢：在这时期，挪威的势力笼罩着大部西方岛屿：冰岛、格林兰、奥克尼、赫布里底、设特兰群岛以及曼岛。它有时还控制着部分爱尔兰地方。挪威本部是一个荒凉不毛之地。它的居民依靠饲养牲畜和捕鱼以及一些狩猎来维持生活。国内人口过剩和大贵族间的几乎不断的战事常常迫使他们离乡他去。但尽管有着这些令人丧气的情况，我们也可看到它的和平时期，其时，贤明君主力图发展他们的国家资源。因为挪威人的生活在很大程度上必须依靠捕鱼，所以他们得成为优良水手；我们看到他们在北方地区经营着广大的运输贸易，直到他们从这项有利的事业里被德意志商人排挤出为止。

关于挪威的商业，我们很早已有所闻。维肯早在十一世纪已有萨克森和丹麦商人来到，冬夏都有。维肯居民自己也常常航行到其他国家去：如到英国、萨克森、法兰德斯、丹麦去。挪威城市有着市场，在那里外商辏集，向本地人采购剩余商品。在这类性质的城市中，通斯堡是最早的重要城市。约在同一时期，还有刚吉赫尔、斯塔凡革、斯腾基佛、利凡革诸城。尼德拉斯（德隆亥姆）曾由奥罗夫·特力格维森建造起来的，但在奥拉夫虔诚者（1015—1030年）统治之前，还未曾显出什么重要性。奥拉夫虔诚者曾建造萨普斯堡（在腓特烈斯塔德附近）；哈罗德·哈尔德拉德曾在1050年建造奥斯陆（克立斯坦尼亚）。奥斯陆遂成为挪威首都，因为它比其他城市较少冒着丹麦“外侵团”袭击的危险，并从很早时期起，已成为劳马立克和黑德马垦的势力最大贵族的“外侵”船只的停泊港。它也是一个外国商人的集合所。卑尔根注定要成为挪威所有商业城市中的最重要的城市；它是约在1075年由奥拉夫·库尔建造的。在这以前，它也曾用作本地“外侵”船只和外国商船的一个停泊港口。

挪威的有些进步国王，在和平时期，曾努力开发他们国家的资源，并特别奖励对外贸易。在哈罗德·哈尔德拉德时代（约1050

年)，尽管对丹麦发生战争，它的对外贸易，没有停止过，甚至和丹麦的贸易通过中立国船只也在进行，像奥登·伊斯伦庭斯和斯尼格鲁-哈勒的历史所指出的那样。挪威和北欧国家，尤其是和英国，有着繁盛的贸易。据说，索尔在他航行到英国的时候，曾长久逗留在那里，并带回了许多名贵的东西给国王。当斯尼格鲁-哈勒在漫游英国后要想返家时，他曾企图搭乘一只挪威船(看来那在英国港口是一件普通事)，但有那么多的德意志人，带着无数的货物，占满了船位，以致没有空位给他，因而他不得不使用恫吓来获得船位。丹麦、英国、爱尔兰、苏格兰、法国和德意志是挪威人所与经商的主要国家；丹麦、英国、萨克森和德意志的船只常至挪威港口，特别是维肯港。挪威船还开入俄国港口内，来采购毛皮和名贵的亚洲货物。它和格林兰与冰岛也有着贸易关系。

在十二和十三世纪，挪威的贸易变为更加广泛。国王爱斯坦做了很多工作来鼓励商业与工业。他改良法律，建造了许多教堂，他通过诱导、贿赂和晓以利害的方式，重获属于瑞典的耶姆特兰省的归顺；这一省在哈康好人时代本来是属于挪威的。因为知道渔业作为自然资源的重要性，他命令在瓦根建造茅舍，以便渔夫的寄宿；还建造一座教堂和寺院使他们获得精神上的幸福。因为在亚格德尼斯常有船只遭难，所以他在那里建造了一条石堤来筑砌一个人造港口。他在有些山岩和海角上设置了航海标志和灯塔来向水手指示沿着危险的海岸航行。在息革德·马格努孙时代(1130年)，卑尔根是一个又古老又富饶的城市。奥得立克说道：世界各地的船只满载财物而来到那里。我们也可从拉涅发德·查尔的记载里获得与此相同的印象：他在从格林斯比到卑尔根的航程上曾看到该城的贸易欣欣向荣，那里的世界性不断增长。《史话》说：“船只来到这个城市，在那里集合着大批来自南北两方的人们；还有很多外国商人，他们把大量良好物品带入境内。”

卑尔根成了欧洲大规模的渔市场。不久它还成了冰岛商业的商埠。第一批在这奥拉夫·库尔的新城市里享有贸易特权的外国人，是英国人。它和北德城市、苏格兰和冰岛，也有着大量贸易。在十二世纪，在卑尔根有着若干船只，叫做“英国航船”。这些船只是属于挪威的。它们把蜂蜜、羊毛、布匹和葡萄酒运入卑尔根。葡萄酒一定是从莱茵兰或法国来的，而英国商人似乎曾是这项贸易的中间商。在卑尔根和斯卡诺尔与福尔斯特博的富饶青鱼渔场之间，还进行着贸易。

曼兹柏立的威廉谈到约克的商业时说过：该城有从德意志和爱尔兰（特别是从爱尔兰的挪威城市，都柏林和窝特福德）来的商人。英国东海岸上另有一个重要商业城市，是格林斯比；那里在十二世纪初，已有挪威、奥克尼、苏格兰和赫布里底的船只开到。挪威人在格林斯比的商业，甚至在亨利一世时代（1100—1135 年），案卷里已经提到。在十一世纪，英国西海岸上最重要的城市，是底河畔的切斯特。从《末日审判册》（“Domesday Book”）里，我们知道，英国北方的毛皮贸易，对切斯特来说，是很重要的。在爱德华忏悔者时代，该城每年向英王缴纳貂皮税。因为挪威已控制曼岛、奥克尼和赫布里底群岛，切斯特可能同挪威有着密切的商业联系。曼兹柏立的威廉曾称布里斯多是“一个著名城市，它的港口宽阔，可容纳所有从爱尔兰、挪威及其他外国地方来的船只”。从另一资料，我们看到：1190 年卑尔根对德意志人的主要出口物是奶油，而它的主要进口物是葡萄酒；其时从英国运来的有：小麦、蜜、蜡、布匹和铜锅。我们在下面引述一段关于1191年卑尔根的有趣的描写：

> 卑尔根，从它的卓越地位看来，是这国家内一个最大的城市，它包括有一座王室城堡和很多古迹……有很多居民，并为僧侣与尼姑建造了很多寺院。它的资源富足。干鱼的数量不可胜数，这种干鱼叫做“Skrejd”。这里是从世界各地来的船舶和商人的一个汇合所；他们来自冰岛、格陵兰、英国、德意志、丹麦、瑞典和哥特兰。关于蜂蜜、木材、优良布匹、青鱼及其他物品，它有着大量剩余。几乎随便什么东西，都可买到。

在十三世纪，挪威人特地来到英国东海岸上进行贸易，他们来到格林斯比、波斯顿、雅穆斯、斯卡巴洛，尤其是林尼。挪威王斯汾同英王约翰曾签订一项条约，并从他获得了军事援助。挪威王哈康·哈康孙，在他登位之后不久，1217年秋，又同英王亨利三世订立了一项商约，这项商约后来在1269年在温彻斯特予以续订。尼达洛斯的大主教和在卑尔根附近立士城寺院，还从英王获得了某种通行税豁免权与贸易特权。挪威和英国的贸易，在十三世纪中期可能达到了高峰。那在十二世纪后半期发生的农民战争，到了1227年，由于它的基地利邦加城的陷落而告终止。在这以后，挪威的贸易和船运能够欣欣向荣。我们看到，它的商业在哈康·哈康孙的时代，有着显著的增加。1224年6月底，曾有十五只挪威船，停泊在林尼港口；这个数字在十四世纪中从来没有达到过。在下一年(1225 年),数字还要大。在 1225 年 8 月,英王亨利三世曾指令港口官吏欢迎挪威船只。尽管有禁止谷物出口令,他特准这些商人输出一千“担”小麦。在伦敦,德意志人对挪威人的竞争十分强烈,因而在十三世纪后者的商业活动局限于英国更北地区的港口。1215 年,我们听到最后一只挪威船开到布里斯多港;在伯斯条约之后,就是在赫布底里和曼岛割让给苏格兰之后,它和布里斯多的联系就中断了。在下一世纪的中期,德意志商人由于从英王强索到若干贸易特权,实际上已控制了卑尔根和它的商业。

瑞典,在 1000 到 1300 年间,只包括近代瑞典的东部。斯干尼亚,即今天瑞典的最肥沃部分,在那个时候原本属于丹麦的。当时,瑞典也许是斯干的那维亚国家中一个最未开化的国家,因为它和欧洲的文明中心隔离得最远。它的联系,主要是和俄罗斯的联系。然而,不来梅的亚丹却说它是“一个很富饶的国家,盛产谷物、蜂蜜,牲口也饲养得很多。河流和地势,都是有利于各种对外商业的”。另有一个作家写道:在“外侵团”时期,瑞典的出口货包括有奴隶、毛皮、马匹(因为瑞典马是出名的)、羊毛、鱼类等等。稍后,它的木材和铁也被列入出口物中。水上旅行比陆上旅行要容易,因为那里没有公路。瑞典人,可以说,是以打猎、捕鱼和饲养某些牲口为业的人民。到了这个时期的末期,它才有一些农业、小麦的种植和某种程度的钢铁制造业。瑞典人对于制造武器和盔甲以及造船事业,具有特长。到了十三世纪,在哥特兰有铸铁厂,在法勒姆有铸铜作坊。在三个北欧国家中,只有瑞典的位置很差,除了和半开化俄罗斯贸易外,是不利于贸易发展的。因为波罗的海几乎是一个封闭的海,而在斯加基拉克湾畔唯一通北海的港口哥腾堡,

又在丹麦人的控制之下。在好多年代中，瑞典其他唯一的贸易地点，是斯德哥尔摩附近的柏卡，但它很容易遭受海盗的袭击。

波罗的海上对外商业的中心，是哥特兰岛上的维斯比城。它是波罗的海和北海上东方货物的分发站；这些货物是从黑海经俄罗斯境内河流到诺夫哥罗得而来的。在“外侵团”时期，哥特兰是北方最重要的商业中心，像在岛上业已发现的大量阿拉伯货币所证明的那样。大量英国货币以及许多罗尼文①碑铭（纪念那些死在外地尤其是在英国的侨民）表明了：瑞典和英国之间的商业往返，在这个早期，一定是相当频繁的。在十和十一世纪，维斯比并不重要，而在德意志人定居在那里之前，也未曾成为一个城市。但在维斯比兴起之后，瑞典本地人的贸易，在德意志人的竞争之下衰落下去，但也未曾完全落入这些外国企业家手里，因为在十三和十四世纪我们在外国还可看到从哥特兰来的商人；他们的名字是属于纯北欧人的，而且他们也不是属于汉撒同盟的。在伦敦，瑞典人老早已享有某种贸易特权，像丹麦人和挪威人一样。早在十一世纪，瑞典人在诺夫哥罗得已开店营业，并在1152年，在那里还有着自己的教堂。律伯克、汉堡和不来梅的德意志商人，对斯干的那维亚运输业来说，是最强有力的竞争者，他们终于把它完全破坏。

① 罗尼文（rune）是最早时期条顿字母；斯干的那维亚人曾使用过这种字母。——译者

第二十二章　伊斯兰教和基督教西班牙(711—1284年)

中南部西班牙，虽然毗连欧洲大陆，但按地质和气候，它很像北非洲。安达卢稷亚、木尔西亚和瓦连西亚，只有两个季节，即湿季和干季。它的常年雨量，少于意大利或希腊；后者位于同一的纬度上的。这种地势和气候的东方性可能部分说明为什么摩尔人和柏柏尔人对西班牙状况特别适应的原因。

西班牙是穆罕默德教帝国中最早脱离东方哈里发政权的一省。安达卢稷亚在阿布的拉曼时期(公元756—788年)，宣布为独立国。然而，直到阿布的拉曼三世时代(他死于960年)，它的统治者才采用了哈里发称号，而王国也改称为哥尔多华哈里发国。从西班牙哈里发国的建立起，北非洲和安达卢稷亚之间的联系，是密切的。柏柏尔人，在西班牙穆罕默德教人口中，占着一大部分，他们同海峡对岸的同族人维持着亲密的接触。原来，在征服西班牙后的第一个半世纪中，柏柏尔人和阿拉伯人之间进行着剧烈的竞争，因为前者要求西班牙作为他们的征服地。于是阿拉伯人开始了一个大规模移入半岛上的运动；因而奥米亚亲王阿布的拉曼，也曾来到那里。这运动的结果是：阿拉伯的灿烂文化输入了西方并极其深刻地影响了西方；另一方面，穆斯林西班牙和非洲联合成为一个统一国家,称为“两岸帝国”。

在穆罕默德教征服北非和西班牙后的三百年期间,阿拉伯文明在西欧是属于最优秀的文化。欧洲人前些时候所不知道的农作物,现在被输入并有利地种植起来了,稻子、甘蔗、棉花、枣子、蕃红花、生姜、没药树、桑树、杨梅、柠檬、木瓜、无花果、石榴、菠菜、芦笋、荞麦和芝麻,一般认为是由摩尔人传入西班牙的。橄榄、葡萄、生梨和苹果大量生产;为了取得香料,各种不同的花也培植起来。农业在别处还只是手工劳动的时代,在阿拉伯西班牙,却已取得科学的名称。诸哈里发对于耕种土地深感兴趣,并以自己的花园为自豪。又从摩尔人的谚语里,可知农业在他们心目中所占的地位如何;谚语说:“谁要是耕耘播种,使土地生产出人类的食粮或牲畜的饲料的,谁就是作出一种贡献,而这种贡献在天堂上将记在他的账上的。”他们把农业作为一种科学来研究,可从大批阿拉伯园艺术论著里看得出来。而且,王家花园也是由著名的植物学家负责管理的。

在十二世纪,西班牙出现了两位著名的农业和农业经济的作家:易宾·阿尔·亚汪和阿布·撒加利亚。他们都是塞维尔人;他们都曾受到罗马化西班牙人科琉麦拉的著作的影响。前者在西班牙十分受重视;他的论文迟至 1802 年,还从阿拉伯文译成了西班牙文,以利西班牙农民。易宾·罗永有指导性的田园诗是评注摩尔人农业优越性的一篇有价值的文字,同时易宾·卡尔顿的论文在几百年中远优于基督教欧洲任何类似的论文。他甚至发展了一种关于价格和资本性质的理论。

由于大量土地上的干旱情况,必须有高度的工程技术来建造灌溉运河,使山上融解的雪水得流到盆地上去。哈里发对于建筑引水道和灌溉运河曾耗费大宗款子。阿布的拉曼三世曾使用一条引水管,来供给哥尔多华城的用水,就是使水从山上通过铅管而流入城内。这不过是许多工程中的一个例子;因为近代西班牙所有的灌溉系统,只是从中世纪阿拉伯人工程所遗留下来的东西。

牲畜饲养是中部和北部西班牙摩尔人中间的一项重要实业,特别是养羊事业。甚至早在罗马时代,西班牙是以羊毛著名的;在711年穆罕默德教徒征服西班牙以后,半岛上的养羊事业还有增加,因为摩尔人和柏柏尔人本来是个游牧部族。他们从非洲输入新的羊种来改良品种。据说,阿布的拉曼三世"为饲养牲口建造了大型石槽,也为马匹建造了饮水池"。这些建筑物可能是在市场的地点上;但因为境内一大部分土地需要灌溉,它们也可能是给牧场上牲口以饮水的。在若干城市里,给水处成为地方性市场的地点。摩尔人还注意于饲养山羊和养蜂事业。这些农村实业的提倡,使乡村有可能维持稠密的人口。他们堆积食粮以防长期的旱灾;谷物存储于大型的地窖[①]内;由于气候的干燥,这些谷物可以无限期地保藏下去。

摩尔人西班牙的最肥沃省份,是安达卢稷亚和木尔西亚。安达卢稷业,有着半赤道性的气候,是西班牙半岛上的花园地区;在那里种植着枣子、甘蔗、棉花、橄榄等等,同时,加达尔几维河平原是一个真正的谷仓。葡萄酒也是它的一种重要产品,特别是在黑累斯[Xerez,英文"Sherry"(白葡萄酒)一词由此得来]地区[②]。玛

① 布计尔认为这些地窖,在西班牙罗马人时代,已被使用过。其他的人主张:它们是由西班牙摩尔人发明的。

② 西班牙的都会,即今日的泽勒士(Jerez)。——译者

拉加也是一块著名的产葡萄区，它输出大量葡萄干。木尔西亚和安达卢稷亚相同，在摩尔人科学方法的耕种之下，出产小麦、橄榄、织物原料、桔子、甘蔗。

摩尔人进行开发他们征服地上丰富的矿产资源。他们开采金、银、锡、铅、汞、铜、红色与黄色赭石、矾和铁。这些矿物原料本身是有价值的，但其中很多物资，用在工业技术上，价值更大。他们的主要工业是制造剑刃。托利多的剑刃，因为形式美观和品质优良，驰名全欧。在哥尔多华附近，阿尔-曼苏曾设立制盾工场，据说那里每年出产一万两千只精美的盾。木尔西亚是制造各种铜铁工具的中心。几乎每个摩尔城市从事皮革制造业。所谓哥尔多华和摩洛哥皮革，是世界上最好硝皮厂的出品。摩尔人把棉花种植和丝织工业传入了西班牙。西班牙摩尔人所生产的生丝和所织造的绸缎，在全欧洲都有广大的销路。亚尔美里亚制造出颜色漂亮、质地精致的头巾，驰名全世界。毛毯是在条拉拉制造的，颜色鲜艳的呢绒是在格拉那达和巴撒制造的。穆罕默德教工人还生产其他商品，如玻璃或陶瓷花瓶、镶嵌品和珠宝。

摩尔人的财政收入，包括有对动产和不动产所征的赋税，从领地上租户所征的地税，对农业、工业和商业所征的什一税以及关税。在他们最繁荣的时期，这些课税额是根据调查资料来规定的，但由于哈里发国家的分裂，赋税制度渐失公平性而变为专横了。

在摩尔人的黄金时代，即第十世纪，哥尔多华城具有一个近代城市的许多特征。在城内有着许多工厂和作坊。街道铺着石子，并砌着人行道。据说，在黑夜里“人们能够依靠来自一排绵延不断的房屋的灯光，走十哩路”。

哥尔多华的哈里发国，同东罗马帝国保持友好关系。早在839年，据史籍的记载，“那位于法兰克人境外的城市”即君士坦丁堡的“国王”派使致送礼物给阿布的拉曼，并请求和好。在949年希腊大使在哥尔多华曾逗留了若干天，并有一位专使伴送他们返国；他们携回哥尔多华的礼物；其中包括有装饰着漂亮马具的安达卢稷亚马匹以及托利多和哥尔多华的精制兵器和盔甲，还有安达卢稷亚其他的名贵产品。

但西班牙摩尔人对外贸易的大部分，当然是和穆罕默德教的世界部分，而非和基督教国家进行的。西班牙的丝和羊毛，包括原料和织品，运送到叙利亚、非洲和埃及市场上去。在这项贸易中，珊瑚、洋红、水银、铁和其他金属以及武器占着显著地位。作为这些物资的交换，香料、染料和膏药从东方运到西班牙来。在十二世纪，据说，有多到千数的船只经营这项利凡得贸易。在十二世纪之前，地中海地区的萨拉森人的商业，比基督徒的商业要大得多。意大利城市，尤其是热那亚和西班牙摩尔人之间的贸易关系，出现于十一世纪的中期。一般的往来航程，是沿着巴巴利海岸经过加的斯和布罗温斯的。这项贸易把金属尤其是铜以及明矾运到热那亚去。亚尔美里亚位于格拉那达王国内，是西班牙的主要港口；在那里云集着从叙利亚和埃及、比萨和热那亚来的船只；它以千所接待旅客的旅舍和四千所织造厂为自豪，此外还有铜、铁和玻璃制造工场。在1149和1161年，热那亚人和摩尔人王国，木尔西亚和瓦连西亚，曾谈判通商条约。我们可看到，1155到1164年间商业组织所订关于热那亚人在突尼斯、的黎波里、修达、布吉亚及其他非洲地点贸易的契约纪录。热那亚人似乎和修达与布吉亚保持着特别

友好关系,因为他们在那些城市里有着常驻领事。1133年,亚摩拉维德王朝苏丹曾派遣使节到比萨,而使节受到了优待。比萨人重视从格拉那达来的无花果贸易。据记载,1186年,在比萨和阿布·优素福·耶库布(耶库布·优素福的儿子,阿尔摩黑德哈里发)之间成立了一项新条约,订定在比萨和修达、奥伦、布吉亚、突尼斯和安达卢稷亚各城市之间以二十五年为期的和平贸易。1180年,诺曼西西里和摩洛哥国王签订了一项条约,后者控制着"全非洲以及西班牙的萨拉森人"。佛罗伦萨从玛拉加和亚尔美里亚,获得了大批织物原料的供应。在法国和西班牙摩尔人之间,很少商业往还。而且那不是一种直接贸易,而是通过卡塔伦人和巴斯克人进行的贸易。有些摩尔商品,在1200年之前,已远达北方的法兰德斯。

然而,尽管摩尔人西班牙在外表上显出美好的物质繁荣景象,但它的文明却是脆弱而太不牢固。它和非洲的政治与宗教接触曾两次引起柏柏尔人的半开化和狂热教派,即亚摩拉维德派和阿尔摩黑德派的侵入——一次在1087年,又一次在1146年。这些事件在政治上扰乱了哈里发国家,使它所建立的高度而又开明的阿拉伯文化向后退却。穆罕默德教地方长官或总督趁机抓取权力,并使自己所管的地区尽量脱离中央。在十一世纪,哥尔多华哈里发国家瓦解为各个几乎独立的穆罕默德教小国,很像第九世纪法兰克帝国分裂的情况那样。而且,这些小国王公多半又和本是他们的共同敌人——北方的基督教王公——相勾结。

除了这些不利的外部力量之外,还有内部力量来促使哈里发国家的瓦解;这些力量属于政治性的少而属于社会性的多。摩尔人西班牙，是“一个种族和信仰复杂的混合体，不受什么指导原则的支配的”。在它的人口中，存在着有分裂可能的成分：阿拉伯化的基督徒，他们生活在穆罕默德教的统治之下；西哥特农奴的后裔的旧基督徒，他们为了获得自由而归依伊斯兰教以及犹太人。

在阿拉伯化基督徒中，很多人被任用于行政部门，有的甚至升任为大臣或军队司令。阿拉伯化基督徒有时连自己的拉丁语知识完全忘了，以致他们的圣经和教会法规需要译成为阿拉伯文。他们在人口中是最驯良的分子；跟着时间的进展，他们在种族上和宗教上可和征服者完全同化。另一方面，那些改信穆罕默德教的旧基督徒，从一开始起，就是一个不调和的集团；穆罕默德徒和基督徒都是以怀疑的态度对待他们。正是他们，煽动了总督的分裂倾向，甚至自己也在阿尔加布、木尔西亚和托利多创立了半独立的小国，在853到933年的时期，托利多是一个分离的“旧基督徒”国家。这些叛徒又常常逃往卡斯提尔和阿拉贡军队里去，不时来侵扰边境。瓦连西亚和木尔西亚的国王，易宾·玛达涅岐，穿着基督徒的服装，说着流利的卡斯提尔语，有着一支主要是由那瓦人、卡斯提尔人和卡塔伦人所组成的军队。他的主要军官是：乌耳赫尔男爵的两个儿子和息德[①]的最著名的副官阿尔发·富尼士的一个孙子。犹太人人数很多，构成了人口中第三种非摩尔人的成分。他们曾遭受哥特人不容忍政策的痛苦，并在711年实际上帮助了穆罕默德教徒对西班牙的征服；他们一般地是被容忍的。他们的商业本性和营业上的求利心使他们成为社会上一个有价值的经济

① 息德是西班牙的拥护基督教和西班牙老王族的勇士。——译者

因素。他们多被任用于穆罕默德教文官职务方面，像税收的承包人或税吏那样。在十一世纪，有犹太人父子两人，撒母耳·哈·勒维和约瑟，担任了格拉那达的大臣达五十年之久。但他们的财富、他们的尖锐竞争、他们的包揽赋税与决定税收政策的地位，后来引起了反对犹太族的很大的经济偏见。但如果西班牙北方的基督教西班牙人未曾进行那势不可挡的战争，所有这些社会成分——摩尔人、阿拉伯化的基督徒、旧基督徒和犹太人——很可能在种族上和宗教上终将融化为一个单纯民族的。但是，西班牙基督徒对摩尔人国家的经常进攻，使和平融合的过程受到阻碍，因而分裂趋势加剧起来了。

现在，当我们转到北方的基督教西班牙时，所看到的情况，总的说，显然是不同于南部西班牙的情况的，无论在地形、土壤、人口或文明方面。

在中世纪时代，基督教西班牙在所有的欧洲国家中，是位于条件最差的地点上。它处于大陆的西南角，没有国际通路横穿境内。庇里尼斯山的巨大屏障，几乎割断了它和北邻之间的交通线；又在十二世纪之前，穆罕默德教国家的强大海权扰乱了原来可经营的海上贸易。在大西洋沿岸，几乎没有商业可言；从东方来的商业，是流向意大利和布罗温斯，而不是流向西班牙的。而且，半岛上崎岖地形，它的高原、纵横的山脉和不通航的河流，严重地阻碍看它的商业交通和它的自然物资的运输与交换。因为所有半岛上的河流，都发源于那些几乎完全环绕高原的山脉之间，又因为河流很急，内河航运是不可能的；摆渡或架桥，也是同样困难的。所以，这种地势上的隔离状态注定要把这地区分成为若干小邦；这些小邦在中世纪时代的联合,从来没有完全实行过。这种地形上巨大差别还伴随着那由于许多山脉而产生的气候上的差别。中部西班牙是一块高的而又近乎干燥的台地,由加达拉马山脉分成为两部分。由于这种广大地形的差别,要总述中世纪西班牙的经济社会历史,是不可能的。最妥当地说,它的地形与气候是特别宜于游牧与牲畜的饲养。

在第九世纪查理曼帝国的总瓦解时期,"西班牙驻防区"也在瓦解;于是摩尔人再度侵入厄波罗河以北的大块领土;从那里他们曾被法兰克军队所逐出。大部基督教居民看来不是被毁灭,便是逃入了高卢。有的避难于少数有城垣的城市,像巴塞罗纳、微克和吉罗纳那样;它们能够抵御摩尔人军队。摩尔人骑兵虽蹂躏并破坏了平原地区,但不能穿入那些又高又偏僻的庇里尼斯山间的要塞,即居民的避难所。

北部西班牙的基督教居民在第九和第十世纪,曾组成几个凶狠善战的小邦;它们的合并终于形成了今天的西班牙。可是在中世纪时代它们虽有某种程度的联合倾向,但从来没有完全统一过。在西北部,人口属于巴斯克人,从来没有完全被罗马化或高卢化。巴斯克人是一个顽强、耐苦、非常民主的部族;他们住在内地的,是小农和畜牧者;住在比斯开海岸的,是渔夫和捕鲸者。在那瓦和阿拉贡,人口是属于罗马化的高卢系;他们住于夹在庇至尼斯山峦峰和支脉之间的高地上,几乎完全以畜牧为生。只有住在东北海岸的加达鲁尼亚人——政治上已组成巴塞罗纳的一州——可以说有了一些商业。

在横跨西班牙北部从大西洋到地中海的大山脉脚下,那些最早成立的小邦有:(1)阿斯都里亚小邦;它是从来没有被摩尔人征服过的山间避难所。它位在一条窄狭的地带上,在北部以迫近海岸的一支山脉为界,在它和内地之间,隔着一条巨大山岭,只有由奥维亚多(阿斯都里亚的一个重要地点)所扼守的培托·得·帕查斯大路这一条山路。这块偏僻的小领土,从来没有被侵略军队穿入过;在那里,耐劳而文化低的基督教居民进行他们的畜牧,因为有高温度滋养着茂密的青草。(2)那瓦小王国;它崛起于阿斯都里亚之东,在判普罗那周围的比斯开湾的转角处。这地区富于森林和山间牧场;在那里畜牧几乎是唯一的职业——除了对摩尔人的战斗之外。(3)那注定要在后来成长为阿拉贡王国的小州;它位于那瓦之东,插入那瓦和巴塞罗纳沿海州之间,正是在阿卡河——厄波罗河上游的支流——流域的庇里尼斯山的中央。在第九世纪,“阿拉贡”这名词只指那位于流域上部的一州。在这里,经济资源也几乎完全是牛、羊与猪;后者在橡树和栗树的广大森林中,觅食果实。(4)巴塞罗纳州;它位于地中海沿岸,拥有一个古代罗马与西哥特的港口。它在西班牙北部边境上基督教国家中,可以说是有着一些商业的唯一的国家,而这项商业,在第九和第十世纪,因为受到地中海上穆罕默德教海权的阻挠,也是微乎其微的。

基督教西班牙的文明冉冉上升的时期,正是穆斯林西班牙的文明下降的时候。当后者在十世纪达到高峰时,北方的基督教小邦还是在半野蛮状态。在十一世纪之前,它们的经济生活很粗鲁而又不活跃。在这一世纪里,那瓦人、卡斯提尔人、阿拉贡人和加达鲁尼亚人开始了“再征服”运动,他们从异教徒手里一块一块地克复了他们的领土;那时,情况才有转变。可惜,对于这些西班牙基督教王国的物质兴盛的早期发展，我们知道得很不详细。在西班牙，像在欧洲其他部分一样，经济的发展和政治制度的进步是相关联的。物质上的兴盛多少是按照王权的成长而增加着。但是，这项过程，在西班牙不像在德国或意大利或法国那样地明显；大概说，西班牙比其他欧洲国家约落后一百年到一百五十年时期。卡斯提尔在 1350 年的情况是和法国在 1200 年的情况相仿佛。

西班牙半岛上的基督教权力是从两个中心——阿斯都里亚-那瓦和阿拉贡-巴塞罗纳——放射出来的。前者注定要建成为雷翁·卡斯提尔王国，后者注定要建成为阿拉贡王国。加里西亚的居民，在阿斯都里亚的自由而好战的巴斯克部族的支持下，首先逐出了侵犯者。在 739 和 757 年之间，阿耳凡索"天主教徒"越过并征服了平原，达到杜罗河，虽然摩尔人还在年年侵入境内；这种侵袭，是为了掠夺马匹和牲口，多于为了希望再征服土地。到了 910 年，西北地区的国家已摆脱了敌人侵袭的危险，所以加西阿把首都从奥维亚多迁到雷翁，而那个现已扩大领土的阿斯都里亚小邦，建成为雷翁王国。

可是，雷翁边境上还是要遭受摩尔人经常性的攻击，因而在那里建立了一所"驻防区"以保卫王国，地点在靠近高山斜坡的平原上。这一所驻防区，像欧洲其他存在类似危险状况的地方那样，是由一排城堡保卫着的；这些城堡的名称后来成为它们所在地的名称。基督徒与摩尔人都称这块地方为卡斯提尔(Castile，意即城堡)或城堡地区。在这些城堡的防线后面的保护地区内，移民蜂拥而来；他们占据土地而成为农民和牧人。于是，在城堡的周围成长了一个移民的聚集区；它慢慢地发展为一个城市组织而被给予特许状。我们看到其中最早的移民地区是:阿那雅和圣提兰(约 882 年),布耳各斯和奥维尔那(约 890 年),科蓝那·得·康德、奥卡、圣厄斯特本·得·高米士和塞比尔维达(在十世纪)。这边境上的英雄和卡斯提尔的创始人,是半传说性半历史性的洛德里谷,他的继承人对雷翁国王的关系从来只是名义上的臣服。

当然,雷翁、那瓦和卡斯提尔应该团结起来,因为它们有着一个共同仇敌,有着一个类似的经济,并有着一个本质上相同的人口。洛德里谷的最后的女继承人嫁给那瓦的桑科并在 1037 年他们的儿子斐迪南娶了雷翁王国的女继承人。由于这种婚姻的关系,在这多事的一年里,雷翁、那瓦和卡斯提尔联合了。那瓦的领土后来落入阿拉贡王国手里。但是雷翁和卡斯提尔,虽在 1230 年之前它们的联合还是松弛的,然而终于构成了西班牙半岛北部与中部的一个重要而又有力量的国家。斐迪南,认识到卡斯提尔显然要成为一个大强国的命运,正式采取了卡斯提尔国王的称号并从雷翁迁都到布耳各斯。于是,旧次序倒转过来;雷翁成为这个年轻国家的一省;后者已经兼并了旧领土于自己的版图。1102 年卡拉特·阿那佐的大胜利把哈里发国家拦阻基督徒前进到半岛中心之希望,化为乌有。在十一世纪,卡斯提尔的势力越过杜罗河,远抵加达拉马山脉,继续移民开发土地,建造城堡与设防市镇,并赐给特许状。1201 年,有人论及桑科·加栖阿时说,"他给全卡斯提尔以良好特许状和风俗"①。

畜牧几乎是卡斯提尔居民的唯一的职业;它的主要商品是羊

① "Dedit bonos foros et mores in tota Castella."

毛和皮革制品。甚至寺院,其中很多是由法国人建造的,也是巨大设防的畜牧场所;住在寺院土地上的依附居民有:牧童、牧人、皮革匠和羊毛工。所有边境上的战事,实际上是双方经常进行的一系列抢夺牲口和驱赶羊群的行动。当然,在基督教和穆罕默德教统治之间的地带,是一条激烈争夺的边境,几乎完全荒芜。摩尔人和基督徒的战争,主要是属于经济冲突的性质。牛、羊、马匹是所争夺的战利品。"无论何时,当异教徒从一块地方退却的时候,他们故意破坏了这块地方以阻止敌人的紧迫追踵;他们因此造成了一条宽阔的中立地带,即'无人地带';这一地带,加上大高原的自然贫困,有效地拦挡住基督徒的挺进。"今天中部西班牙的大荒野,人口稀少,城市缺乏;这些情况还是当年毁灭性冲突的凄惨纪念物。当时,在中间地带之内,没有什么生物可以得到安全的。大家所知道的"西班牙城堡"这一句成语,是意指狂热和变幻状态的;它在十二世纪已经流行,并曾被引用于《玫瑰史诗》里。这一句话意味着:在这一块土地上,城堡是不可能长久保持的;因为它们如果不被破坏,就将被这方或那方占取而改成为炮台来反对对方敌人。可是这些边境战争在小说里被渲染了,特别是关于《坎比杜尔将军》这一篇史诗[①]。但历史上的(坎比杜尔)"将军"是一个亡命之徒,一个边境上流氓,一个叛徒;他常常站在新月旗帜下,也常常站在十字架旗帜下。的确,交战的双方各在很大程度上从边境上无赖中招募他们的徒党的。

---

① "El Cid Campeador",写于十二或十三世纪的一篇叙事诗,颂扬坎比杜尔将军的战功。——译者

在十三世纪之前，中世纪西班牙人反对异教徒的战争，不是大部由种族矛盾或宗教狂热所激起的；他们的主要动机是在经济方面。“中世纪时代一个西班牙骑士不是为了他的国家，也不是为了他的宗教而战；他的作战，像‘将军’那样，是为了获得吃的东西”。他垂涎于他的摩尔邻人所有的牲畜群，也必须夺取这些牲畜群所吃草的广大牧场。西班牙人特别不喜欢农业的根源，也许在于这地区的一般地势的特点，那里的干燥高原是不可能深耕细作的。但这高原的自然瘦瘠的土质，还由于边境上连绵不已的战争，而更加恶化。而且，在被侵袭的时候，常有机会把牲畜群赶到安全地点去，至于在固定地点上的庄稼一定会遭受侵袭者的烧毁。这样的情况，还有一种显著的社会影响。就是，那使封建制度在卡斯提尔不可能十分发展起来，像在法国所出现的情况那样；因为封建社会主要是一个农业社会。诚然，卡斯提尔贵族是大土地所有者，但他们的土地是牧场，而不是农场。他们是经营牧畜者，而不是一般的地主。在这些牧场上的依附者，是牧人，因而是半游牧性的；冬季住在可怜的泥舍里，夏季住在帐篷里。在冬季，他们住在平原上；在夏季当火焰般的热气晒干了牧场的时候，他们驱赶他们的畜群到山间较阴湿的草地上去。像人们在中欧所看到的庄园村庄，作为一个经济社会单位并有复杂的组织与古老风俗的村庄，在西班牙几乎是找不到的。另一方面，那经常的战事和长期存在的不安全状态比欧洲其他地方远更有力地促进了城堡的建造并助长了有城垣的城市的兴起。“移民到征服地上的问题，实际上是属于城市的问题远多于属于乡村的问题。在那里疆界继续在移动；今天所占领的土地，明天可能就被侵掠，也可能就被敌人重新占领去。在

敌对军队之间的中立地带，是不可能由散漫而无保卫的农民去占据的。所以，那些冒险去占据这一地带的人们，必须集结成紧密的集团来捍卫自己——换句话说，必须建造城市”。中世纪时代，在法国与德意志，有着很多乡间村庄和农业社会，而在西班牙，它们是很少的。封建时代，在欧洲的其余部分，基本人口是住在乡村的；而在西班牙则不然；基本人口住在城市；乡间人烟稀少，一村和一村之间隔离得很远。西班牙的乡间生活，是寂寞的，因为村庄既少而又孤单。当时，在欧洲较多封建化的部分，村庄是接连的。

十一世纪，数以千计的法国十字军士干涉的结果，对伊斯兰教发动了一次新的进攻，而使卡斯提尔又一次获得了领土的大扩展。战争现在推进到半岛的中部去。1085 年，攻克了托利多并渡过了塔和河。到 1094 年，瓦连西亚也被占领。这样，在加达拉马山脉和瓜的牙纳河之间，一个新的卡斯提尔建立起来了；它还以建造连续的城堡防线来稳步地向前推进。同时，在防线的后方，基督教人口源源不绝地流入并定居下来。阿耳凡索六世(死于 1109 年)曾慷慨地捐赠土地给寺院，保护商人，鼓励进香，特别是到昆波斯特拉的圣詹姆士大神殿去的进香。麦地那・得・坎坡的市集，出现于十一世纪；塞哥维亚与法拉多利的市集，出现于十二世纪。可是，西班牙的商业，在和同时代欧洲其他国家的商业对比之下，是比较落后的；那可从下列事实看得出来：所有的市集是很少的，而且市集又是一年一次的，甚至两年一次的，而每次市集还继续不了四周的时期。与此同时，在欧洲其他部分，市集在春秋两季都举行，有时也在夏季举行。

几百年来，卡斯提尔商业上的严重阻碍，是缺少出海口。加的

斯和塞维尔，当然是受穆罕默德教占领而被封锁的。它的自然的出路，原来是通过杜罗与塔和两河而抵奥坡托和里斯本的。但卡斯提尔不幸，这两个港口，在 1139 年由于葡萄牙的脱离卡斯提尔的附庸关系，也被封闭。卡斯提尔，直到 1248 年征服塞维尔和 1262 年征服加的斯之后，才得达到苍海上。如果卡斯提尔未曾丧失了对葡萄牙的控制，它完全可能早已成为像阿拉贡那样的一个海洋国家。

西班牙的商业，像在欧洲其他部分那样，严重地遭受了种种阻碍，如地方通行税的勒索、多样货币的使用以及度量衡制度的混乱。在这些方面，中世纪西班牙比同一时期的欧洲其余部分，虽然谈不上好些，但也不见得更坏。可是，它西北部三个巴斯克省的居民，却未曾遭受这些阻碍。这一刻苦耐劳的部族完全是由小农和渔夫组成的；他们的爱好自由已成习惯。巴斯克人，即使不是完全独立的，但一向是自由的；连卡斯提尔人的骄气在他们的粗野民主作风之前不得不低沉下来。巴斯克人性质，如此强悍，所以十六世纪中著名的哥尔多华的衮萨尔服说过：他宁指挥一队狮子而不愿指挥一队巴斯克人。在巴斯克三省——基浦司科阿、微司开雅(比斯开)和阿尔伐之内，存在着完全的贸易自由，无论在国内或国外贸易方面。南方的厄波罗河，是它的界线。

关于卡斯提尔的工业发展之资料，在十四世纪之前，是不多的。直到中世纪晚期，在它的商人和手工业者中间，没有行会的组织，那就可说明它工业活动的微小程度了。大部分行业是由摩尔人和犹太人经营的。卡斯提尔的工业，在和欧洲其他国家的工业相比之下，是落后的；由于这个缘故，国王曾切心地保护并鼓励已有的少数地方工业。在十四世纪之前的法国，人们看不到这种保护政策，而在十三世纪的卡斯提尔，它已是显然可见。卡斯提尔工业的大弱点是：它大部分建立在人口中非基督徒成分——摩尔人和犹太人——的技术基础上，虽然阿拉伯化的基督徒在工业人口中占着很大部分。因为出乎一般意料之外，摩尔居民在被征服之后，一般还是相安无事的，甚至被鼓励继续居住。从财政和工业方面看来，卡斯提尔的摩尔人"构成了人口中最有价值的一部分。从他们那里所获得的岁入，是属于国家最可靠的财源这一类……对他们所属地主贵族来说，他们几乎是必不可少的，因为他们是有技巧的农民"。他们获得准许保留他们的财产、他们的宗教、他们的法律、他们的长官。诚然，摩尔人和犹太人被迫住在城市中的隔离区，并被禁止同基督徒通婚；但在经济上和社会上，他们不仅是被容忍而且是受到欢迎的。商业和贸易，大部在他们手里。正是这种兴盛状态，造成犹太人和摩尔人在中世纪晚期陷于毁灭。因为西班牙僧侣和西班牙贵族，后来眼红于他们的财富；而且这种贪婪心理还由于宗教狂热和不容忍的精神——由对亚尔比教派十字军所生的毒花——爆发为敌对的火焰。阿耳凡索十世的统治(1252—1284 年)标志着犹太人和摩尔人在卡斯提尔的极盛时期。

不幸，西哥特人的宗教权力的和宗教不容忍的传统，传给了中世纪西班牙各王国，特别是卡斯提尔；而教会又不倦地灌注着对异教徒进行经常战斗的原则。教会在征服区内当然是获得了大批土地的报酬并被豁免了经常赋税。教会做了一件经济和行政性的服务，即移殖并开垦破坏了的地区，使高原的干旱土壤变为可耕之地，那比灌输教义具有更大的意义。大贵族在比高级教士较小程度上，也要求并获得了他们军事服务的报酬。由于这种滥赐土地的缘故，卡斯提尔国王缺少充分的王室领，因而经常陷于财政窘迫的状态。

卡斯提尔的贵族抓住了由“再征服”所提供的机会来巩固他们的特权。最大的贵族是“显贵”(ricos hombres)；较低级的贵族是“中贵族”(hidalgos)和“小贵族”(caballeros)。显贵号称系出于“在国王赐封权力之外的”望族；中贵族(“hidalgos”可能从西哥特文“adalingi”这个词得来的，意即“贵族”)，可能属于世家，但他们的地位多半依靠服务的酬报；“小贵族”相等于封建法国的骑士，即侍卫。然而，在卡斯提尔，从来未曾有过一种成熟的封建制度。“地方的情况，特别是经常移动着的疆界和高原上农业的不发达状态，对封建制度是非常不利的”。虽然很多东西是封建式的，但未曾有过封建制度。长子继承和限定嗣续地产的原则(要保护领地的完整并使一个家族的权利、势力和特权永久持续)是后来采用的——在法英采用这一惯例之后约二百年时间。西班牙和欧洲其他国家相比，具有例外的情况，其中明显的例证是：只有西班牙有着三个本地人的军事僧团，喀拉特勒瓦、圣提阿哥和阿尔坎达拉的僧团。

在这些领土扩展的世纪里，卡斯提尔历史上最有进步性的社会特征，是丰富而又活跃的城市生活。卡斯提尔的城市公社，比欧洲任何其他国家的城市公社，除意大利城市之外，要古老，并具有一种可以羡慕的活力。它们的特许状，在赐给大量城市自由权方面，比伦巴第和法兰德斯的特许状，更为有利。在十二世纪之前，欧洲城市生活一般尚不明显的时候——只有意大利例外——我们看到，卡斯提尔在十一世纪，已有活跃的城市生活。雷翁在1020

年被赐给特许状,布耳各斯在 1073 年,塞比尔维达和纳泽拉在 1076 年,托利多在 1085 年,罗格罗诺在 1095 年,也都被赐给特许状。可惜,卡斯提尔诸国王,由于太无见识,未能充分利用这种市民阶级的力量。他们"随意滥发"特许状;结果,他们对资产阶级,像对贵族一样,很少有着控制的力量。西班牙的第三等级,从来没有像在欧洲其他国家的那样,发展成为历史上的一个进步因素。而且,西班牙的市民在贸易的本领方面,也落后于法国、意大利和德意志的市民。城市的商业繁荣大多依靠着摩尔居民的企业,而大部分税款,也是由他们缴付的。那些建造在"克复"的时代[①]的壮丽礼拜堂使我们想起西班牙当年的城市繁荣;但我们不是这样容易地看出:它们的建造费用大部分是从摩尔人得来的。西班牙的贫困、它人口的减少和它建筑术的衰落,都是从 1492 年逐出摩尔人和犹太人开始的。在这以后,卡斯提尔不再能继续这种繁荣状态了。

卡斯提尔农民的地位,大多是取决于"克复"和受蹂躏地区内的移民运动的。当然,农民的基本目的,是要获得保护和安全,但他们为了这些目的,必须付出丧失全部自由或至少大部分自由的代价。所以,城市外大部分农民,是属于各种不同程度的农奴,或者甚至奴隶。但当摩尔人失势和他们的版图日削的时候,不自由

① 在雷翁,圣以锡多礼拜堂,在 1005 年奠基;圣提阿哥礼拜堂在 1082 年和 1128 年之间完成;奥维亚多、法拉多利和阿微拉三所礼拜堂是从十一世纪后期或十二世纪早期开始的;在布耳各斯那个宏伟的礼拜堂出现于 1121 年。除了这些建筑物之外,还有巨大的防御物,如 1090 年所完成的西乌达・洛德里哥的堡垒和阿微拉的城垣;有人认为它们是中世纪时代最坚固的建筑物。

居民的状况在经济上和社会上都有所改进。这种改进过程中的主要因素,是大批城市的兴起;当战争逐渐远离而从事和平工业的机会增加的时候,农奴越来越多地被吸引到城市中去。

农业问题,在卡斯提尔王国内,是最重要的问题,但也是最少获得解决的问题。畜牧业是一项利用土地的自然形式,而农业就需要西班牙人力所不及的耐心和智慧;而且,农业上报酬,由于土质的贫瘠和干旱,也由于几百年来附近敌人的袭击行动,是不可靠的。此外,无数的羊群在它们的移动中对现有的农业,是有着破坏性的。种田的农民和养牛的男爵同样反对羊群的吃草,因而养羊人和养牛人之间的冲突,层出不穷。

现在我们必须来叙述另一个西班牙王国阿拉贡的形成与发展的历史;它在十三世纪几乎和它的竞争者平分了整个半岛。在第九到十二世纪早期之间,阿拉贡小邦缓慢而不倦地扩展势力,进入阿卡河流域而抵厄波罗河上游,从那里再顺流而下。从地形看来,它的领地,和老卡斯提尔一样,是不易迫近的,而且它有着一条更宽阔的河流作为天然屏障。因此,阿拉贡所遭受的共同敌人的骚扰,从来没有像卡斯提尔所遭受的那样多。阿拉贡和老卡斯提尔与新卡斯提尔一样,是与海洋隔绝的一个内地高原王国。当阿拉贡不声不响地在上厄波罗河地区扩展势力的时候,下厄波罗河地区的加达鲁尼亚人也在扩张着;这块领土政治上原是巴塞罗纳的一州。他们在1110年占领杜德拉,1116年占领塔拉哥纳,1118年占领萨拉哥撒,因而建立了大巴塞罗纳州,即一个自然的地理单位。于是,阿拉贡和巴塞罗纳的联合,像雷翁和卡斯提尔的联合,同样是自然而又不可避免的事情。所以,阿拉贡历史的转折点,是在1137年它和巴塞罗纳州的联合，刚在雷翁和卡斯提尔的联合百年之后。那使阿拉贡为它的产品获得了一个出口，并使它的农业和加达鲁尼亚的商业传统与海洋利益合在一起。在这以后，国家虽然仍叫做阿拉贡王国，但它的命运实际上已掌握在加达鲁尼亚的沿海省和巴塞罗纳的商人手里。"正是在巴塞罗纳，集中了所有王国的外交和海军活动，无论在政治或商业方面；正是加达鲁尼亚人，建造了船只并配备了船只的人员；正是加达鲁尼亚人，憧憬着扩张和一个海洋发展的前途。"在巴塞罗纳，贸易也是一件旧事情。在1029和1050年，已有人谈到那里的海关。1068年，累蒙·贝伦伽曾出版《习惯》即巴塞罗纳的风俗一书，里面包括有关商业发展的资料。对商人的保护和路上的安全，曾特别给予保证。阿拉贡、热那亚和比萨日益增长的海权，在十二世纪一同反对穆罕默德教的海权中，逐渐占得了上风。但还有穆罕默德教海盗船，以巴利阿利群岛为活动基地，进行抢劫；那对海运贸易是一个经常的威胁；这一危险直到1237年玛约喀岛的占领才被完全扫除。

为了部分补偿穆罕默德教徒在十一到十二世纪对阿拉贡的自然地向海洋发展的限制，阿拉贡在南法找得了一个广阔而有利的场所来开展商业。因为巴塞罗纳伯爵的旧族是起源于法国并在巴塞罗纳和阿拉贡合并的时候，它由于巧妙的婚姻联盟已占有布罗温斯的大部分、米约和格伏登。这一类富饶的领地在1137和1204年之间，由于取得下列土地而获得了增加：鲁栖永、佛亚、尼姆、贝稷亚和蒙特皮列(其中最大的一处地方)。在关于法国在十字军时期一章里，我们已看到：布罗温斯和朗基多克的商业和经济生活多么丰富多彩；而蒙特皮列作为一个利凡得货物进口港，和马赛相竞争。这种繁荣状态大部分毁于对亚尔比教派十字军的破坏性战争里;在战争的过程中,阿拉贡的损失稍少于土鲁斯伯爵领的损失;而当和平在破碎了的地区恢复的时候,南法的统治权已转到法王手里了。1258 年,依科比尔条约,阿拉贡把下列地方的全部权利让给法王:卡卡逊、亚格得、贝稷亚、佛亚、亚尔比、尼姆、那旁、米约、格伏登以及一切其他庇里尼斯山北的领土,蒙特皮列除外;蒙特皮列在法国宗主权之下,仍由阿拉贡保留,直到下一世纪为止。

毫无疑问,阿拉贡在南法势力的衰落使詹姆士征服者(1213—1276 年)加紧对摩尔人的新进攻,以求补偿他在法国的损失。1225 年,瓦连西亚的摩尔国王被迫把他进款的五分之一付给阿拉贡。十三年以后,詹姆士意味深长地宣布:他将"连鸡带蛋一起取走",结果,瓦连西亚被攻下,而所有在瓜达拉微阿河以北的领土,都并入了他的版图。但卡斯提尔现在以嫉妒的心理注视着阿拉贡的扩张。因为卡斯提尔在一种特殊意义上,是由"克复"运动所造成的;十字军精神对它的推动力量要比对阿拉贡大得多;它把在西班牙留存的两个摩尔王国视若囊中物。这两个王国是木尔西亚和格拉那达。后者是注定要留存到十五世纪末期。但前者几乎没有经过战争而由卡斯提尔和阿拉贡瓜分了;卡斯提尔取得了大部分。

还有一个新机会的大门,给阿拉贡开放着。在这个时候,卡斯提尔显然是由"克复"运动所产生的王国,也是所有留存下来的摩尔人西班牙的死敌。另一方面,在格拉那达和阿拉贡之间,或在北非穆罕默德教国家和阿拉贡之间,没有这样的敌对状态。阿拉贡将来在半岛上所可占取的领土方面固然遭受了损失,但由于这些国家开放给它更广大的商业活动范围，而获得了补偿；因为它们视作世仇的是卡斯提尔而非阿拉贡。现在，阿拉贡的野心，转向于要获得在北非洲的商业优势，特别是在突尼斯、布吉亚和修达各地。

> 突尼斯无疑地是北非洲的欧洲贸易的主要中心；在詹姆士征服者的时代，阿拉贡在那里已设立常驻的商站和领事馆。当然，在它和热那亚、佛罗伦萨、威尼斯及其他意大利国家之间，会发生强烈的竞争，因为这些国家在那里已经立足；但阿拉贡人一般能够保持住他们的地位……这种兴旺的贸易固然要受到一套精密的关税制度的限制，但反过来欧洲商人在北非各港口被最有效能地保护着，不受欺骗或虐待……这种良好组织大部分是直接导源于阿拉贡诸王国的商人之需求——因为玛约喀构成了阿拉贡的一个姊妹国，而他们在北非港口上各种外国商人中间的卓越地位，是没有问题的。

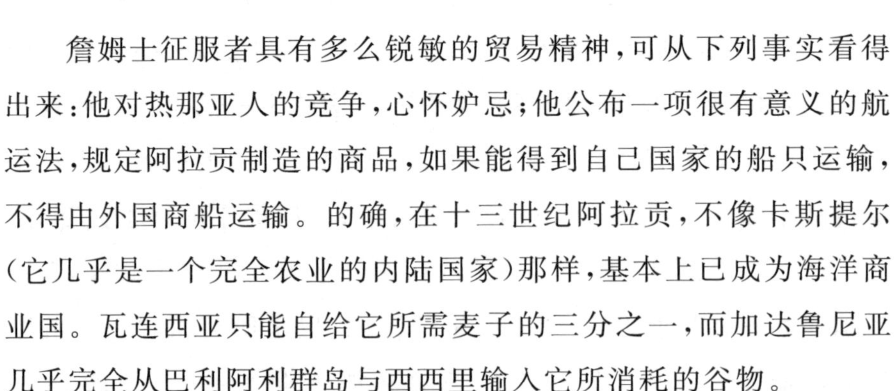

詹姆士征服者具有多么锐敏的贸易精神，可从下列事实看得出来：他对热那亚人的竞争，心怀妒忌；他公布一项很有意义的航运法，规定阿拉贡制造的商品，如果能得到自己国家的船只运输，不得由外国商船运输。的确，在十三世纪阿拉贡，不像卡斯提尔（它几乎是一个完全农业的内陆国家）那样，基本上已成为海洋商业国。瓦连西亚只能自给它所需麦子的三分之一，而加达鲁尼亚几乎完全从巴利阿利群岛与西西里输入它所消耗的谷物。

但阿拉贡也伸入了东地中海来找寻市场。上文已提过，阿拉贡参加十字军虽较迟晚，但在十三世纪，加达鲁尼亚商人已大批出现于亚历山大港、塞浦路斯、君士坦丁堡和小亚美尼亚。据詹姆士一世的关税表,巴塞罗纳的进口货中有:香料、糖、宝石、稀有染料和丝绸;同时,账册上还列出有从比萨、热那亚、威尼斯、巴勒摩和马赛各地来的商人和货运。

在十三世纪,阿拉贡认识到:它的前途不在陆上而在海上。它让卡斯提尔去收复西班牙半岛上的其余部分。但是它的商业竞争激起了热那亚的强烈愤怒,因为后者在这以前曾独霸西地中海,并曾掌握着几乎所有从突尼斯、布吉亚和修达来的非洲贸易。因此,两国从朋友变为仇敌;热那亚的另一个劲敌比萨,现在同阿拉贡站在一起。竞争的主要场所,是南意大利和西西里。这里,阿拉贡曾以同霍亨斯陶芬朝缔结一项王朝和商业的联盟而赢得了胜利。1262 年,当西西里的君士坦司公主(皇帝腓特烈二世的著名儿子曼夫勒德的女儿)嫁给了阿拉贡王彼得三世以后,阿拉贡成为西西里和南意大利各港口的"优待国"。在这个时候,安如和布罗温斯的查理,在教廷支持之下,正在阴谋夺取那不勒斯和西西里;热那亚在布罗温斯有着巨大商业利益,它以舰队来援助查理,以期恢复它在下意大利的商业地位。这次斗争的结果,如在十七章内已经说过,是:霍亨斯陶芬朝的倾覆、安吉文朝在西西里和下意大利政权的建立、热那亚的商业胜利和阿拉贡的失败。但阿拉贡心有不甘,蹈瑕候隙,制造阴谋;1282 年,似可说,它"担保"了西西里的"晚祷"叛乱;这叛乱捣毁了西西里的安吉文政权和热那亚的商业优势;于是,它获得了酬报。现在,这个富饶的大岛,构成了阿拉贡王国的一个组成部分——阿拉贡的一个扩展部分——它位于地中海的中部,扼守着东西两地区间的海峡,并拥有巴勒摩这个重要的

港口城市。此后，在几百年时期中，阿拉贡成为并继续是西地中海之最前进的海军和商业国家。甚至热那亚的妒忌和它在复兴的希腊帝国中的优势，也不能排除加达鲁尼亚人于爱琴海和拜占庭之外。

这样看来，在十三世纪末期，卡斯提尔和阿拉贡两大国已分割了几乎整个西班牙半岛；其中卡斯提尔是陆军农业国，而阿拉贡是海军商业国。

第二十三章　中世纪的商人旅行、市场和市集、香宾市集、贸易管理*

所有中世纪的旅行不是步行，便是乘马或乘驴。在十二世纪之前，马车，即使在转运重物方面，也不使用；在此之后，它们的使用也限于若干最便利的地方。货车是用于运送农场上笨重物资和运送它们到当地市场上去。几百年来，罗马的庞大公路系统，已经破碎不堪；即使古代道路还在使用，但路面也已改变。古代用石子铺设的路面，现在只是泥土的道路，冬季泥泞难行，夏季尘埃扑面；积水潭常常可碰到，而桥梁又少又坏。路上没有"泄水处"，路旁也没有排水沟渠。在最坏的地点上，杂草树枝，纵横交叉，如在湿地上用木条铺成的道路。无论什么地方，浅滩如仍可通行，就继续使用；如果没有，乃使用粗笨的渡船。除了这些旅程上不便利之外，还有路上遭受抢劫的通常危险、寄宿场所的缺少、风雪洪水这一类天灾的困难；由此很可想见：中世纪旅行，不是一件容易的事情。在下列连祷[①]的祈祷词里，包含无穷无尽的历史："愿您保佑陆上或水上一

* 地图：锡倍德：《历史地图册》，第 98—99 页。

① 连祷是英国国教的共同祷告书中的祈祷文。——译者

切旅客们:受分娩痛苦的妇女们、一切病人和婴儿们;愿您怜惜一切囚徒和俘虏们。”有人说得好:“所有这些由别人代为祈求的人们,不是偶然或随便地混在一起的。”在中世纪,妇女不是小贩或商人,但其中很多是由于必要而出门旅行,或是往某一神殿去的香客。

修桥补路,被认为是一种最积德的服务。寺院特别是以这项功德著名的,尤其是息斯脱西安教派寺院;这些寺院建造在辽远偏僻的地点上,常在沼泽或森林地区内,因而它们需要建造道路。在英国亨利八世的摧残寺院(1537—1539 年)和都铎王朝时代的道路窳败之间有着密切的联系。然而,当我们回想这些不良情况的时候必须经常记住:我们关于它们的消息,是从受害人的申诉或损害事故的纪录里得来的,而它们所表明的,当然是坏的一面而非较好的一面。

关于英王亨利一世,我们读到下列一段文字:

> 1102 年他对他的军队曾发出命令,要他们经由哈比尔·黑本(恶障)进军,去围攻士鲁兹巴立。那通过森林的这一段路被英人称为“哈比尔·黑本”(Hubelheben);这个名词在拉丁文中意即“坏路或坏街”。这一段路长约千步,尽是坑坑洼洼,路面崎岖,大石纵横,而又非常窄狭,两个乘马的人几乎不能互相穿过……于是,国王下令:他们应使用斧头,砍去树木来开辟一条宽阔的通路,以备他的通过,并为后来永远的使用。

很少有贵族能够聪明地看到优良道路的益处。如果一个人能把他的产品运到最近市场上去，他就心满意足了。当时很少"直达"贸易，所有的贸易都在流动商人手里，主要是在意大利人、希腊人和叙利亚人手里；他们不仅得不到别人的照顾，而且还被男爵们经常剥削。谁也不能从建筑良好道路获得利益，除非他的邻人也这样做。因此，道路大部分是听其自然的，直到十字军时代，欧洲的商业和贸易剧增时为止；那时，贸易的数量十分重要，因而考虑及此。在这方面，查理曼曾关心过，他曾建造良好的道路和桥梁。但在他去世以后，道路系统跟着欧洲的整个衰落而衰落下去了。

下面是关于一个雇佣于寺院土地上的牧童的有趣故事；他的牲口曾落入一处水坑里。

> 有一个来自另一寺院的牧童，被住持派出去从草地运回青草。仆人们把青草装载在驴背上。驴子在回家途中通过某一段下陷的道路时，载货被两旁高起的地方夹持住，驴子滑过去自行回家，但牧童还茫然不知。他呆站在草旁，时常以鞭子打击草捆，并拼命恐吓着驴子(他不知道它已逃走)。他也并不离开那里，直到他的伙伴来找寻他：他们好不容易使他相信：驴子已经走了；而没有一只驮兽，青草是动不了的。

行路靠左边这一规则，今天在英国，还在流行。这项规则之所以形成，是这样：在中世纪时期，每个人出外旅行时，是携带武器的；因为他走在左边，与他并肩穿过的人，是在他的右边，而他所携带的剑或枪自然是在他右手里的。这种预防，在一个路上相逢的任何一个人可能是仇敌的时代，是属必要的。正是由于手枪的使用，改变了这项走路的规则。一个带手枪的人，自然把枪和枪袋挂在左腋下面。所以当他走在路的右边时，他使所碰到的任何人都站在他的枪口之前。在美洲殖民时代，新英格兰和维吉尼亚的移民以及沿森林蹊径的边疆居民一向是这样地旅行的。在美国，走路规则一向是靠右的。在欧洲，这项规则在火器发明之后好久，才被采用。据我所知，关于规定走路靠右这项规则的最早立法，是1736 年的萨克森立法；就是，当奥古斯都强人在德雷斯登建造了一条横跨易北河上美丽大桥的时候，他在那里采用了这项规则。

我们原可期待这种旅行者人数的增加来促进道路的改进，因为他们从道路的不良状态所感受的损失最大；但事实上，不尽如此。虽然查理曼及其随后的继承者曾采取措施，来维持法兰克王国内的道路和桥梁，但后来的国王关于这项权力的行使，变为限于他们的个人领地之内；那些接管王室职权的贵族，一般并不自找麻烦地来履行这方面的义务。新的道路，的确，为了军事和市场的目的，时常开辟出来。在十二和十三世纪，有些进步的王公贵族似乎曾采取某种积极的公路管理方法，因为他们对于从通过他们领地内的交通运输所可获得的利益，感到兴趣。到了十三世纪中期，那些找寻大市集的商人，使用陆路几乎和使用水路同样多。可是任何广泛而又有恒久性的道路建设，由于缺少一个中央集权化的政权来执行有力而又一贯的政策，受到了阻碍。在十四和十五世纪，欧洲的道路情况，看来比过去任何时代更坏，因为封建主对强制筑路的奴役劳动已逐渐丧失了权力，又因为没有别的合法的和经常的办法来维持公路。当时，道路和桥梁，用唾手可得的最容易方法，马马虎虎地来修补。有人谈到一条桥，它的物料是用木头和石

头东拼西凑的，以致不可能说出它原来是用哪一种材料来建造的。路上的凹槽，是用柴来填平的；泥浆用扫帚来扫除。如果说这种记载是表明一般情况的（似乎是如此的），那么，不难同意下列说法：中世纪时代的距离，约等于我们时代的距离的七倍；所以我们对于实际上所发生的内地贸易的大发展，倒有些惊异。

然而，如果说在中世纪这个或那个时期道路是在完全忽视的状态下，那将是言过其实的。在这个时代，关于改进公路的努力，始终是或多或少继续不断地进行着的；但这些努力主要是地方性的，又由于缺少实行的权力，常常变为无效。看来，下列两项原则是始终有效的：沿路的业主应负责维持这些道路；维持的费用应以征税所得来支付，就是从使用道路者，特别是从商人所征收的通行税来支付。一般说，封建主利用他们的权力来征收捐税，从而汲取尽量多的进款。通行税的倍增，远过于修理道路所需的开支。通行税中有：过桥税、过路税、护送过境税等等。然而，如果这种进款真的用在维持公路方面，那些惯常征收的捐税就不会是像常常所说的那样苛重或非法了。事情的弊病是：当旅行者在修路与保护的理由下，一次又一次麻烦地被拦阻在路上来缴付捐税以后，他多半是一无所得的。

普遍存在的地方政权，使商人无限度地负担各色各样地方捐税。每个封建主，上自公爵和伯爵下至子爵和小城主，即使国王本人也不例外，对经过他领地的一切商人小贩，处以罚金，课以重税。这种捐税的特殊名称，省与省之间，国与国之间，有所不同，但它们的性质都是相同的；它们可分成六种不同的类型。下面所列举的捐税名称，已足以使人惊异：

(1)对运输所征的税。例如,过境税、桥梁税、运货车税、河流税、渡头税,而其中最普遍的是通行税(péage)。最后一个名称的字源,是有说明性的。“péage”(通行税)是从拉丁文“pes”、“pedis”派生出来的;就是对负贩和小贩所征收的一种税;他们是背负货物,徒步而行的。

(2)对货物所征的税,叫做货物通行税。现有几百种税则,从十二世纪留传下来,里面列举了无数的商品:如牛、马、腌肉和熏肉、腌鱼或熏鱼、麦及其他谷物、蔬菜、葡萄酒、蜜、油、干果、盐、金属、皮革、毛皮、武器、颜料、羊毛、线、磨石。

(3)对葡萄酒所征的税,自成一类,包括按桶、按瓶、按容量(加仑)所征的税以及酒店税或旅馆售酒税。领主享有出售其本年所产葡萄酒的优先权,所以,当市面“高”的时候,他出售了自己的葡萄酒,而农民的葡萄酒,只能在后来市面停滞的时候,才可出售。

(4)管理度量衡权。在封建时代,管理度量衡权像铸币权一样,是属于封建特权范围内的。单位相差很大。几乎每个省或至少每个区有着自己的度量衡制度。甚至查理曼也从来没有能够建立过统一的度量衡制度,而在法兰克帝国的破裂之后,地方的差别,当然变为更大了。

(5)对市场和售货所征的税。执照税属于这一类,严格说来,它们是属于封建主权的范围,而非属于土地所有权的性质。在沿海国家里,码头和港口税也属于这一类。在所有的产物中,麦子的出售受到最严密的监视;这一事实是很自然的,只要我们想到在中世纪时代所流行的饥馑的情况。

(6)关税(douanes),在中世纪语言里,一般称为“坏税”

(maltôtes),因为这种税是很失人心的,而且常常是苛重的。这种税直到十二世纪末期才出现——就是说,它们的出现和城市的兴起是在同一时期的——它们又是一个有趣的证据,说明在十字军时代欧洲贸易的数量和种类之日益增加情况。这种课税的形式,在地中海地区的国家里,无论在阿拉伯或拜占庭国家里,本来早已熟悉。所以在西欧,这制度的采用意味着西欧商业和经济的复兴。

一个领主常常迫使一个流动商人走着这一条路而不准他走那一条路,为的要使他缴付通行税;或者当商人本可摆渡的时候,也强制他通过一条桥。在德意志,这叫做"强制走路"。甚至查理曼也必须用立法来反对这种行动。当地领主还要求取得任何从载货车上落下来的包裹之权利;如果一部载货车翻倒了,他可要求那车上的全部载货;但道路一般是很坏的,所以,大部分商品是用骡子来驮运的。有时,商人集团为了安全起见,结队而行。然而,在这些男爵所征的赋税中,最麻烦的手续和最坏的弊病跟着有力而中央集权化政府的成长,而趋于减少。在十二世纪,开始发展着一种有系统的或习惯的固定通行税,而任意勒索,除在德意志以外,已逐渐消失。

关于这方面,1236 年,在腓特烈二世时代,对王公们所提出的下列询问,透露了一些情况。"萨尔斯堡可敬的大主教问道:当商人走着公路到市场去的时候,任何人可迫使他们离开公路而走着私人道路到市场去吗?王公的决定是:任何人没有权利迫使商人离开公路,而他们可到任何他们所愿意到的市场去。"

中世纪公众,对良好道路的兴趣,反映在各方面。保养道路,认为是一种神圣而又慈善的义务;捐造一座桥梁或一条公路,或做关于这方面的劳动，足以解除罪孽，正像发赈款或去进香一样。当地方上交通情况破坏得厉害的时候，附近主教常常对那些愿意捐资或用劳动来修补公路的人们，赐给赦罪符。然而，当赦罪符不一定能够激起充分的反应来实现所希望的目的时，公共权力也来协助教会的措施。中世纪公众似乎对于桥梁曾特别注意，也许因为桥梁的缺少和倒塌情况，常使渡过河流有如跨越山岭之难。有时，在走过一条桥时，还有其他危险。传说，有一个替英基兰·得·库栖服务的奴仆，他被派在苏尔德桥上收集过桥税；他经常看守在那里，一旦遇到有一个单身的旅客出现；他就将这个旅客杀死，劫夺他的财物，并把他的尸体扔入河流里。查理曼曾贤明地以维持公路和桥梁的义务，加在寺院身上，而寺院也是有功的：它们在封建时代一直恪守了这项规则。寺院比俗人具有更大的见识；它们认识到良好道路对商业上所可产生的好处；虽然寺院当然也是为了征集当地通行税的利益，而起来维持公路和桥梁的。下列情况也是常有的：若干家庭、租户或个别的人联合负责，来保养附近的一座桥梁。1174 年，在意大利，有兄弟两人从政府获得了某种特权；条件是：他们将好好地保养米拉河上的一条石桥，使过河的人获得了便利。

有些行会和团体的组织，有时是以修建桥梁为特殊的宗旨的。在十二世纪末期，微马雷的一个年轻教士自以为：他听到上帝的声音，要他在罗尼河上亚威农（到罗马去的香客的会集地点）建造一座桥。对这一启示，他非常热心；消息传布开来；结果，不仅建造了这一桥梁（1177—1189 年），而且还组织了“护桥兄弟会”，其中成员包括有俗人和僧侣。这种护桥兄弟会的组织，很受欢迎，因而在一个短短时期内，其他欧洲国家也有同样组织的出现。这一座著名的桥，迄今还有四个拱形桥洞留存。在罗尼河更上游的地方上，“圣灵桥”今天还是在使用。里昂的基洛提厄尔桥的修建，是由教皇英诺森四世以赦罪符来补助经费的。据传说，伦敦泰晤士河上所建的第一条木桥，是由一个宗教团所建造的；而这宗教团的创始人，是一个渡船夫的女儿，叫做曼丽。又据文献，泰晤士河上第一座石桥，是在十二世纪后期，由一个宗教团的首领——柯尔秋契的彼得——开始建造的。这项建筑工程费了三十年的时间；这个忠实的修道士死于它的完成前四年，葬于他自己所建的桥头小礼拜堂内。有时，还有用堡垒，来设防桥的两头。至今尚存留着两个这类奇怪的例子：一在罗马城附近，一在法国加奥尔地方上的桥头。至于在城市内的桥上，如在伦敦桥、佛罗伦萨的维开奥桥、巴黎的纽佛桥上，两旁小铺排列成行，风景如画。

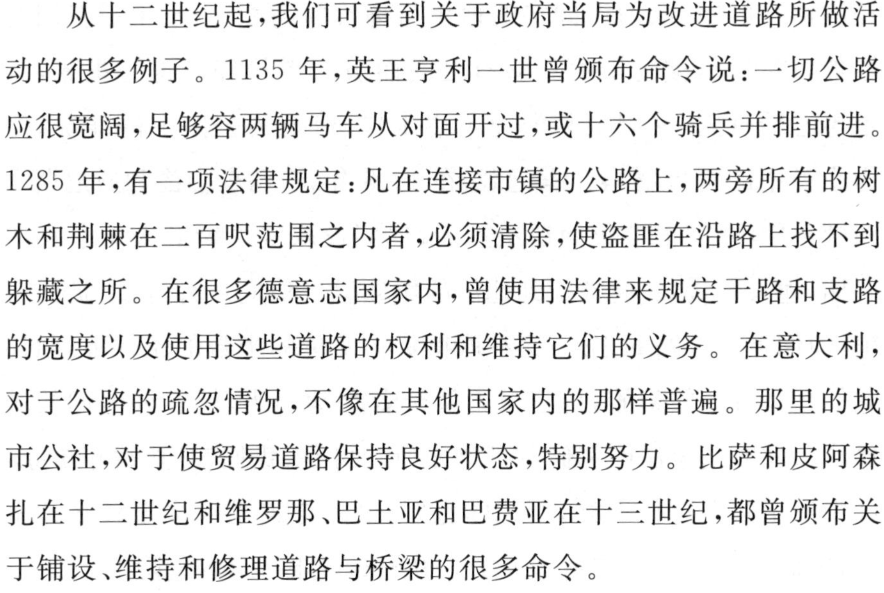

从十二世纪起，我们可看到关于政府当局为改进道路所做活动的很多例子。1135 年，英王亨利一世曾颁布命令说：一切公路应很宽阔，足够容两辆马车从对面开过，或十六个骑兵并排前进。1285 年，有一项法律规定：凡在连接市镇的公路上，两旁所有的树木和荆棘在二百呎范围之内者，必须清除，使盗匪在沿路上找不到躲藏之所。在很多德意志国家内，曾使用法律来规定干路和支路的宽度以及使用这些道路的权利和维持它们的义务。在意大利，对于公路的疏忽情况，不像在其他国家内的那样普遍。那里的城市公社，对于使贸易道路保持良好状态，特别努力。比萨和皮阿森扎在十二世纪和维罗那、巴土亚和巴费亚在十三世纪，都曾颁布关于铺设、维持和修理道路与桥梁的很多命令。

在中世纪时代，旅行者除了遭受由于坏路所产生的不便与危险之外，还经常冒着盗劫和掠夺的灾难。公路盗劫的案件，记载得这样多，使人们很可怀疑：有哪一次旅行，可幸免这类的经历，或至少没有这类的经常恐怖。在中世纪欧洲，每个国家的道路上，充斥着大批劫路者；所以如此，也许大部分是由于政府的柔弱无能和居民缺少可以维持生活的职业所引起。这类匪帮，还由下列分子大大地补充着，即使主要不是由他们组成的：罪犯和逃避司法的债务人、被开除的兵士以及其他在社会上不能找得生存方法的人们。

在十二和十三世纪里，由于“上帝休战”的实行和王权的增长，那在最强暴的封建时代的强盗男爵，已逐渐变成一种时代的错误而不复可见。然而，另有逃犯尤其是散兵，取其位而代之，这批被解散的佣兵是以抢劫为生的。在后来的中世纪时代，还加入一批新的盗匪；就是，那些缺少金钱而陷于贫困境地的骑士。他们由于经济情况的转变、由于固定的地租与物价的高涨、由于生活费用的增加，似可说，被置于两片磨石之间而被磨得粉碎。这一批人，因不愿忍受贫困，又因太骄傲而不愿工作，流落为公路上的匪徒，变为小说中的可贵材料。据记载，在1308年，有两个伯爵和威尼斯人谈判条件，要把很多布捆还给后者；他们曾从威尼斯商人抢了这些布捆，连人带货，一起被拖到他们的城堡里。他们声称：由于贫困所迫，他们走上了路劫之途；愿在取得货物实价的半数的条件下，归还它们！另有一些贵族，自己虽不敢干着路劫勾当，但容许他们的城堡作为盗匪逃避法网和储藏赃物之所。可是，我们知道，编年史家，在中世纪和在近代一样，所记的犯罪、事故与灾难远多于较平凡事情，因而近代作家也难免夸大了中世纪时代旅行上的危险。

到了十二世纪，政府更加积极地采行保护公路上商人的措施。这些措施往往表现在命令的形式，例如，1156 年腓特烈一世的治安法令，其中包括有一项条文："任何为经商而过境的商人，得携带一把剑，绑在他的马鞍上或放在他的马车上；但他应为防御盗贼，而非为反对无辜的人们而使用它。"城市和王公在保卫治安工作上，是互相合作的。现有许多资料，说明一个城市同一个住于沿途一带的大贵族签订合同以获得他的帮助，来保卫公路上的安全。为了这项目的，甚至皮阿森扎城管辖区内沿路居民也被征发去服役。这些人须宣誓说：他们将担任守望；一听到有任何人在公路上喊救命的时候，将赶快给予帮助。

德意志统治者对于那些往法兰德斯和香宾市集去的意大利商人的安全，越来越加注意。哈布斯堡的路德福，在十三世纪末期，曾命令：他领地上的贵族对所有通过他们境内的商人，应给予保护；并使每个贵族对他土地上所发生的盗劫案负责。1301 年，国王亚尔培同他王国内若干主教和贵族签订了合同来保持公路上的和平秩序。据舒尔特说，一个国王为要确保境内的治安，曾同有势力的部属缔结合同，来加强自己的地位，这还是头一回。德意志王公的命令，似乎不是完全没有效果的。法王也曾企图责成封建主对在他们领地内所发生的罪行负责；但那在十三世纪之前，是很少成效的。

在中世纪时代，另一力求保卫旅行商人的方法，是报复制度，就是为了一国市民对别国市民所犯的盗劫罪行而进行报复。对于被害人想要从那损害人或他的同国人方面的货物取得赔偿之自然要求，政府予以承认，并通过政府的批准，付诸实行。这项制度，起源于十二世纪。但后来这项惯例曾用法律，予以精密管理；那被劫的商人，必须首先向他的政府申诉，然后，他的政府和盗劫者的国家办理交涉。如果交涉不得要领，乃可进行如下的报复方式：申诉者由他的政府给予一项书面准许，来从犯罪者同国人争取任何所可获得的财产，作为他所遭受的损失补偿，不论用暴力或其他方法——这一项章程使盗劫者的同国商人遭殃，如果他们偶然路过或侨居在被劫者的国境之内。

政府对于外国商人的保护和救济，逐渐发展为一项更广泛的政策。有很多这类的事例，出现于十三世纪。然而，商业立法，在通过和执行方面，是时断时续的，又常是局部的而不公平的，或有限制性而不健全的。但另有一种国际法，也逐渐在发展，就是，"商事法"；依此法律，外国商人在各地可受到同样的管理；而王公贵族也力图公平地实行这项法律，为的要引诱商人们常到他们的市场和市集来。

另有一件比法律保护贸易较少重要性的事情，是供给流动商人的人身与货物的庇护所。从很早时期起，旅舍已经存在；但在中世纪的最早几百年中，旅舍已感不够，以致旅行者不得不随身携带食粮和取火匣，有时还要露天睡觉。教会向来以收容旅行者和供给庇护所，特别在沿途的荒僻而危险的地点上提供住所，作为己任。当时，有很多寺院。可能在第八世纪，阿尔卑斯山的高山路上已有寄宿旅客的庵堂。舒尔特提及一所在十世纪被萨拉森人毁坏的庵堂，那可能已经存在了百年以上。在萨拉森人被逐出之后，其他庵堂又在阿尔卑斯山路上建造起来。在十一世纪结束之前，在圣伯尔拿和塞尼山路上，已有停息站或收容所；而在日内佛尔山路上，另有六所停息站。在庇里尼斯山路上也有寄宿旅客的庵堂。瑞典的法律规定：在大路上，旅舍与旅舍之间，应相隔半日路程。那些为营利而设立的公共旅舍的兴起，也不落后于大路上商业旅行的增长。查塞兰写道：在英国，商人阶层一般是使用"普通旅舍"的；寺院由于策略和救济，只接待富人和穷人的。

在中世纪时代，陆上商品转运，如上文所说，是使用驮兽的。但到了中世纪后期，粗笨而牢固的马车开始被使用了。这些马车绘在当代的图画里，在为修建桥梁与公路而向商人征税的章程里，也常被提及。中世纪马车或货车的构造，曾考虑到路面上崎岖状态的。这类车子，笨重而牢固，经得起重重的颠簸。在德意志，使用小车轮，使车子在公路上辙窝里不致容易失掉平衡力而倾覆，因而使它的载货落入"着地法"（"grundruhrrecht"）适用范围之内；依此法律，凡是偶然落到地面上的载货，都可由当地封建主占为己有。由于陆上运货的困难与危险，商人只要能够使用水运的地方，就使用河流，特别是在载运重货方面。水路可提供既便宜而又容易的运输，因为一只船可运五百头驮兽所可负的东西。在许多沿河市镇里，可以看到那些经营运货事业的注册的船员或水手行会。我们已经谈过在卢昂、巴黎和巴黎上面约内河畔的这种行会。亚眠、亚贝威勒和科比的商人控制着索谟河。同样，罗亚尔河被划成为各个水手团体的"范围"；而这些团体，直到十四世纪，才告联合。在贝云，有阿杜尔河上的"贝云海员公会"。在下罗尼河上，在1150年时，阿尔兹城有关于警备河流和征收通行税的一种详密法规。我们还可得片断资料来证明在法国其他河流上像梭恩河和格罗内河上那样，也有船夫行会。同样，在德意志的斯特拉斯堡、马

因斯和科伦，我们可看到莱茵河船员行会。在伦巴第波河上及其支流上也有许多船员行会。

在中世纪特别是在它早期的几百年中，商人一般是跟着他的货物而走的。如果他是一个富商的话，他可随身带着一队雇佣的人作为卫队；但较普通的方法是：他可安排出发的时间和地点，使可和其他商人结队同行，就是参加那些走同一方向或往同一地点去的商人和旅客队里。在这时期，人数最多的旅行者，是香客和商人；那些没有武装的两类人乐于结队同行，以人数多来增加安全；那些有钱的商人和带武器的香客也可互相帮助，来对付路劫者和强盗男爵的勒索。这种结伴旅行的需要，使商人不得自由选定转运他货物的时期；但对商业的不便利，不像我们推想可能的那样；因为市集的定期性，使商队的移动也可能多少带着定期性的。然而，也常有无伴侣旅行的商人，附于一个贵族的扈从队里，当这个贵族偶然走着他所想走的同一路线的时候。

在中世纪时代，旅行的速度是一种很难决定的事情。商人的旅行，由于常常停息，一定是迟慢的。但驿使和信使旅行的速度，在十二和十三世纪里与在十六和十七世纪里，也许是同样迅速的。在这方面的巨大革命，要等待蒸汽动力的使用。1190 年，腓特烈红胡子死于西里西亚的消息，需要四个月的时间才传达到德意志去。1190 年理查一世在达尔马提亚被俘的消息，费了四周的时间，传达到英国。从罗马到坎特布里旅行的平均时间，是七个星期，虽然有一次在二十九天内完成了这项旅行的纪录。那些在香宾市集上营业的意大利大银行，曾设立驿站系统；这种驿站照例在二十到二十五天的时间内完成这项旅程；由此可见它的效能了。

每天走十八哩，也许曾认为是走了一个相当长的距离。但驿使常常每天可走一百哩之多。1421 年，有一个信使，在三十小时之内，完成巴塞罗纳和珀皮尼安之间的二百一十哩距离的旅程。在十四世纪，一个商人从蒙托班经亚威农、恩布伦、苏萨、比萨、微特波到罗马城，需时二十三天，即按每天五十六哩的速度。1461 年，当查理七世逝世的时候，三个使者从布尔日附近的米恩，即国王去世的地方，被派往路易十一那里，那时他驻在不拉奔的哲那普。他们所骑的三匹马，都倒毙，但他们能在四十八小时之内走了五百三十哩的距离。635 年，穆罕默德教征服叙利亚和波斯的消息，在八年之后传达到中国；在中国史上，于 643 年才提及此事。

需要一个人负责送货到市场上去，另一个人须照料本处事务；这一情况使中世纪商业上合伙营业方式成为很普通现象；商人一般以自己的儿子或其他亲属作为他的伙伴。但也有为着其他目的而组成的商业组合。贵族在河流运输上征收大量的通行税，但又没有用在改善河道上，甚至没用来维持河道开放通航，这一事实，促使沿河城市的大商人们联合起来，执行为领主所忽视的任务。他们把领主的征收通行税权接收过来，维持曳船路，疏浚河道并建造仓库和码头。到了十三世纪，管理运货的法律已经充分发展，所以商人不一定需要亲自或派他的伙伴送货到目的地去。有时，他们把运货到市场去的事情，委托给转运者；他们在市场上等候货物的运到。这些转运者受着严格的契约的约束，他们宣誓遵守契约条件，忠心地保卫货物并把印着所有者商标的货物原封不动送交市集或其他目的地去。然而，如果货物碰到为转运者所不能阻止的暴力行动或其他意外事变而遭受了损失，他们不应负责。

总的说，内地的旅行条件，在中世纪时代，比较起来很少有所改善。公路上崎岖状态和危险，几乎没有减轻，而运输工具也没有很大改进。差可令人满意的事情，则来自下列方面：管理通行税制度的改善、旅舍和寄宿旅人的庵堂的增加以及商人权利在国内和国外受到政府的更有效能和更好的保护。

欧洲语言的复杂性，也是中世纪旅行者所感受的一种尚未过时的麻烦。在中世纪时代，几乎每个省份有它的特殊方言。的确，这些土语还有存留，作为表达思想的方言形式，但今天每个欧洲国家都有为它全体人民几乎都能懂得的一种民族语言。在中世纪时代，没有这样的语言统一性的存在。在十二世纪，圣伯尔拿埋怨说，“隔绝不仅是由于距离而且由于语言的差别”。另一方面，由于教会的普遍存在的权力，拉丁语成为一种统一的语言，至少在全欧洲僧侣之间是如此；有时一定也可减少那由无数方言所产生的不方便情况。因为大商人使用拉丁文记账，直到中世纪后期为止；当时如果他们不懂得拉丁文，至少是有一个书记懂得拉丁文的。

出海商人的生活，从十到十五世纪，一般是一种很危险的生活，即使不是比陆上旅行更困难的话。他在航程上所遭遇的事故，比陆上旅行所遭遇的事故，可能损害更重灾难更大。然而，就这些世纪中的航运方法与工具来看，它们比从研究陆上旅行所表露的情况，有更显著的改进。

在这时期的开端，没有一个船主敢冒险出海到望不见陆地的洋面去，因为他们认为：那碰到暗礁和浅滩的船难危险，总不如沉没大海里的可怕。对海洋的恐惧心理在十字军运动开始之后已经减少，可是那安全而习惯航行路线，还是在可以望见友好的海岸范围之内。在这整个时期中，所有满载乘客或货物的船舶，都不敢驶入公海上去。热那亚人、比萨人、阿马斐人以及法国蒙特皮列与马赛的海员和加达鲁尼亚人，一般是沿意大利半岛西岸向南航行；在墨西拿停息之后，船队照例采取环绕希腊半岛的航路，沿干地亚北岸海面，驶向罗得岛和塞浦路斯去，在那里，它们也时常停泊；于是，它们从塞浦路斯到叙利亚海岸，再沿岸南行，直到太尔和亚克为止。那些来自北海地区的旅行者，在穿过直布罗陀海峡之后，因害怕海盗，就不敢采取向东直航的路线，但沿着西班牙、法国和意大利海岸作迂回的航行。在十三世纪，那些富有冒险性的船主，采取了从干地亚往叙利亚海岸的直接航线。罗盘针直到十四世纪，才应用于航海方面，此后水手们能横渡地中海而不愁迷失方向了。

地中海的航运比北欧航运在规模与效能方面发展得更快。第尼尔认为：大西洋、北海和波罗的海上沿岸港口的浅水，使在北海地区没有建造大型船只之必要。1066 年，诺曼底人横渡英吉利海峡时所乘的船，每只载重三十吨，可搭乘五十到六十人。十三世纪早期的英国船，据说可载运八至十五匹马，虽然这些船只在史籍上叫做“军舰”。在爱德华三世时代，船只的平均载重，是二百吨，所提到的最大船只是三百吨。它们每载重百吨，配备六十五人，另有射手与兵士，约合水手的半数。北海船只的船首和船尾高耸水面上，而地中海船只的船身，则较低而又较长。

据流传下来的记载所指出，地中海的船只，在大小方面远远地胜过了北欧的船只。据说，西班牙人按照他们阿拉伯邻人的船只模型，曾建造大型船只并曾以他们的大船出名，直到他们在十六世纪丧失了海权为止。史载，在十字军时期，威尼斯政府的船只平均载运五百吨"舱内的船货,另有在甲板上的大量船货"。又据记载,地中海区城市的运输船载运八百到一千人,包括水手在内。这些数字也许不能作为我们判断船只大小的正确标准;因为如果使用什么像近代安全设备的东西,这种杂乱的载运方式,就是把乘客挤入房舱和货舱内的方式,从它的大小来说,还可增加它所载运的人数。1268 年,威尼斯所供给路易九世的一只船,共长一百零八呎,内有水手一百一十人。

当时,推进船只的方法,是帆桨并用的方法。在十三世纪之前,一只船樯上挂着一块方形帆,似乎已成通常现象。1268 年,在关于威尼斯提供法王船只的契约里,规定每只大型船应有两支船樯和两幅方形帆。在这时期,威尼斯人也已有了三幅帆或四幅帆的船。船只并不完全靠帆来航行,除非是很小的船舶;船上还按船型的大小,配备着桨。大型船上,在每条长凳上有三个桨手,各执一支桨;这些桨一起通过同一的桨架口;小型船上的桨,是一对一对的。桨手的长凳,从船尾到船首,排列着,高度照例相同,虽然在十三世纪后期,大船上还有设置两三只桨手椅座。老塞纽多在十四世纪早期写道:一只船有六十条长凳,两边各三十条,共有一百二十个桨手在工作。菲力克斯·法布里,在十五世纪后期,曾搭乘有六十条长凳的船,每条凳上坐着三个桨手。船上长凳和桨手的数目,因船型的大小和所需的速度,而有所不同;桨的数目有时达到二百支。推进船只劳苦异常。优尔曾推断说,在中世纪时期划桨工作是由自由应募的人们担任的。其他作家,关于威尼斯的船只,也作出了同样的论断;在 1549 年以前,威尼斯未曾使用罪犯劳动来划桨。1483 年,菲力克斯·法布里在搭乘威尼斯船时知道:

"船上奴隶大多是船主所买来的奴隶；或者是地位卑微的人或囚犯。"他还补充说："无论什么时候如怕他们逃走，就用链子把他们绑在他们的长凳上的。"由此一定可推论说：船上奴隶，在十六世纪以前，不是没有的，虽然政府没有使用过他们。菲力克斯·法布里所述关于虐待桨手之过度情况使人难于置信：会有人愿自由应募来参加这种服役，除非他的描写有所夸大。可是他也说，商人"有时自愿成为船上奴隶，为的可经营港口上的贸易"。

在十和十一世纪，船的构造是简单的，大型船有甲板和船首楼。我找不到在十三世纪之前有关船上房舱的记载。正在这一世纪的早期，几只英国船上为了国王和王后的特殊使用，曾建造过房舱。在威尼斯于 1268 年供给路易九世的船只中，最大的两只船，在船首和船尾，各有几个房舱，并各有两层甲板，高达五呎五吋。在十四世纪早期，加达鲁尼亚人使用了三层甲板的船，可能全船上都是一样。甲板上的"铺位"是用粉笔标出的地位，等于一个人的长度和一只摇篮的宽度，分配给乘客作为"睡坐和居住"之用。在上甲板上桨手两排座板之间的空地，用来作堆放货物箱笼。在上甲板的下面是船舱，即一个宽大房间，除了通过甲板盖口缝之外，没有什么光线或空气。菲力克斯和他的同伴就是住在那里所配给他们的六呎长的地段内；但在载货船上，这一房间是用作储藏船货的。

船舶不能按照使用方面来很清楚地分类的。1102 年，塞伏夫所乘的一只"又大又坚固的"船驶到佐帕港；这只船和其他停泊在那个港口内的船只，装载着"谷物和商品以及来来往往的香客"。作为运输马匹之用的船，有着特殊的构造。在这种船的船尾上开着一个为马匹进入的门口，当马匹进入以后，即被关闭并填塞住；“这些门口，当船在海上航行时，沉在水面下”。当时，特殊的战舰，一般是没有的，船只被使用于战争或商业方面，须看情况来决定的；它们往往是两用的，因为一只商船时常需要对付海盗船或其他敌对的船只。在整个中世纪时代，战争的进行是依靠商船的，政府认为必要时就征发商船来使用。把商船改为战舰所需的手续，只是充实船上人员和军火的配备而已。可是，自古以来，也有一种很大差别：所谓“圆型船”，即船身常造得宽阔的船，是基本上要用在载货方面的。而船身低而速度快的“长型船”是基本上要用在战争方面的。

中世纪船上的生活，是用严峻的法律和章程来管理的。船上所流行的制度异于陆上所流行的制度。船上本身即是一个小世界，它有它特殊的习惯、法院和刑罚；船上所订的交易和契约不能在陆上予以实施，乘客或水手中间的争执，不能提交岸上来解决。库尔顿摘述1590年所写的汉撒航程记中一段话，据他说，这段话可代表从很早时代所传下来的船上的生活特征。过了晌午光景，船长召集了船上所有的人员并告诉他们说，“因为我们大家都依靠上帝的保佑和气候的顺利，所以，今后每个人和他的同行者，不管他的身分如何，都是平等的。又因为在这一航程上我们时常在突然出现风暴、海盗和海洋巨鱼及其他危险的威胁中，所以我们是不能没有严格管理而航行的。”当他们到达距他们的港口半日航程之内的时候，他们再次被召集起来听训话：对过去在船上所碰到的和发生的无论什么事情，大家都“应互相宽恕，不要介介于怀；既往不咎”。

在中世纪时期，船上的习惯规则，像在《鄂列伦法典》所记述的那样，是直接或间接从罗得岛海洋法典得来的。像地中海海洋法一般得诸同一源流那样，《鄂列伦法典》一定不仅代表英国的而且代表当时其他航海民族的习惯与思想。这法典成为十三和十四世纪汉撒城市与波罗的海国家所建立的海洋法体系之基础。依据《鄂列伦法典》，制订了良好的港口章程，规定了适当的停泊办法以及使用浮标和其他促进安全的方法。港口领港员负有严格的责任；任何由于缺少经验或奸诈的领港行为所发生的损失，须由领港员负责赔偿；如果他有足够的货物，以他的货物来赔偿；如果他没有，则以他的头颅来作抵。船主启程之前，必须同他船上的同伴商量，询问他们对于风向和气候之意见如何。如果他未曾这样做，又如果由于风暴而发生了损害，他应负责任。如果船上有什么商人，船主在要改动船的航线或选定停泊地点之前，必须同他们以及船员一起商议。依据地中海规则，一个商人或一个商人集团，在租雇船只运货而自己也搭乘该船的时候，几乎对它有完全的权力；如有几个人时，大多数人的意见得支配船只的管理和开动事宜。船主只在违反商人大多数意见而行动的时候，才负有损害赔偿的责任。

船货的装载，在《鄂列伦法典》上，予以详密规定。这项装载工作，由"装载夫"去做；由商人支付工钱。他们"善于摆放各种船货，把它装得很紧密，安排各种箱笼、包裹、成捆的东西，使两边保持平衡；填补空隙，使各种东西尽量放得妥当"。又有叫做"肩袋者"；他们被雇佣于装卸谷物、食盐和鱼类；他们防止商人遭受船上水手的欺骗。意大利城市共和国还制定了严密规则，以防止船上载货的过重。船只的载重量，在船下水的时候，由稽查员测量规定，并在船的两旁，油漆着一条线作为标志，就是，水不得升出这一条线以上。装卸船货技术，在欧洲各地再也没有比在威尼斯更高度地组织化。一个旅行家曾描写那里的著名"码头"说，它"像一条大街，两面皆海而位于中间"。货栈沿着江边列成长长一排，各堆储着特种物料与货物。凡是准备出海的船只，从一个货栈移到另一货栈；从各个货栈，码头扛夫扛出捆包、绳索、武器、食品等等，"因而从两面获得了一切可能所需要的东西；当船达到码头的终点的时候，它自头至尾都已装满"。一只进口船上的卸货，也是这样的情况。

当在海上碰到风暴而看来应把部分船货抛到海里去的时候，船主必须征询商人的意见；但如果他觉得：为了船的安全不能接受他们的意见，他可按照自己的主张行事。商人们由于这种船货的"抛弃"而遭受的任何损失，依英国法律，以船主和水手在船上的财产，作为补偿；而船主还丧失了投入海中的这部分货物之运费。

由于一年中某些季节里海上危险的增加，也由于海盗的经常危险，地中海的港口，从十字军时期中期起，每年组织两次大规模商船队开往东方去。一次航行，是在耶稣复活节左右，另一次，是在夏季圣约翰节日（6 月 24 日）后，虽然启程日期容有变更。商人们喜欢这种航行方式，尤其是在他们运输极贵重商品的时候。一般是想法避免在多风暴季节里的航海的。罗道福·冯·苏刻在 1350 年曾谈到过地中海旅行的若干特点：

〔他写道〕船只从西方到东方，趁着顺风，疾驶似飞；在夜里比在白天航行得要快，白天每小时可完成十足十五哩的航程……从西方开到东方的大船，照例是在 9 月和 10 月里回

> 来，但那种船身低的小型船舶在8月风平浪静的时候，就开始了它们西返航行；因为在11月、12月和1月三个月中，由于风暴的危险，没有船只能够横渡海面的。然而，除极少数的船只外，没有船只能够不遭受辛劳、恐惧和风暴而安然回来的。

在十四和十五世纪，这个时期的船只，不可能在同一季节里完成从意大利到波罗的海的一次往返航程。

在整个中世纪时代所流行的习惯法，即所谓“船难法”，扩大了对船难的恐惧。上文已提过，船只的航行路线很少远离海岸，而船难又是常见的。海员生活中的一项严重灾难，就是这种船难的惯例；依这惯例，所有从难船上所漂流来的货物，或在一只搁浅船上的货物，全部或部分成为海岸所有人的财产。所以，凡是占有海岸上一条危险地带的领主，在航行季节里，可能获得一次丰收。在布勒塔尼海岸上有一个领主以他所属海岸上的一个危险山岩来自豪，认为它是他王冠上的一粒最好的宝石。有时，农夫在山岩上放置灯光来引诱海员；可以想象：这是常在领主纵容之下所干的勾当。在比斯开湾沿岸，法国人在掠夺难船方面很活跃。在地中海地区的大多数国家里，有着严峻的法律，反对那些企图劫夺遭难船只的人们；任何犯有这种罪行的人将被先投入海中，然后被拖出，用石头击死，“好像用石头打死一只狼那样”。船难法早已被认为是对商业的一种损害，但它很慢才失去它的效力。普鲁茨说道，这项法律首先在进行十字军的国家里被废止，这项废止起初只应用于基督教海员方面，后来也适用于穆罕默德教徒方面。从十二世纪早期起，在进行十字军的各国和南欧的若干商业城市之间，签订

了合同,规定为了后者的利益,前者废弃了“搁浅法”。1170 年,东方帝国曾同意:在它的管辖区内,任何执行“搁浅法”来反对热那亚人的人,将被严惩不贷;并必须强制归还因此而损失的财产。在十三世纪,还有很多例证,说明关于解除“船难法”上的义务以及关于这项习惯法行使与舞弊的控诉;由此可见,它在地中海海员生活中,仍然是一个相当重要的因素。

在十二世纪上半期,在英国开始了缓和上述恶习的运动。亨利一世曾下令:如果从不幸的船上还有一个人能够活着逃出来,它不将认为是一只难船。理查一世的一项法律,是要取缔这种“万恶的习惯”以及贪婪的领主滥用这项习惯的行为;法律规定:如果有一个领港员故意引导船只驶向一个危险海岸因而使之遭难的话,又如果他是接受当地领主的贿赂的,他将被就地绞死于一个高的绞刑架上;这架子将在那里继续保留直到后代,作为对经过船只的警戒。如果领主占取了船难货物中的任何一部分,他将受“天谴”并以盗匪论罪。另一条文规定:如果一个领主犯有帮助掠夺难船的罪行,或者纵容一个不可靠的领港员,使船只漂到他的海岸上,他将在他自己的住宅内连人带屋被烧毁,而他的宅基将改为一个市场,“永远出售猪豚”。尽管有这严峻的刑罚,这项习惯法,在英国,和在别处一样,似乎依然是在继续着。1236 年,英王亨利三世,在“废止不公道风俗”的一项诏令里,规定:如果船上有一个人逃出或有一头活的牲口,难船的财产必须归还。1275 年又颁布了一项类似的法律,规定如果从船上还有一个人或一只鼠或一头犬活着逃出来,它不得作为一只难船。汉撒同盟竭力要消除海上习惯法中的“船难法”;1287 年,一批常到维斯比城的商人们开会,并

通过决议：船难财产应归还它的原主；同盟的会员城市应恪守这项规则；违者处以逐出“商业同盟”的处罚。1430 年苏格兰议会的法令规定：如果有船只在苏格兰沿岸遭难，它们的财产是否归还原主或由国王没收，应按“它们所属国家关于船难的法律”来决定；由此可知“船难法”直到中世纪末期，还是相当普遍地在通行，并具有习惯法的效力。

由船难所产生的生命和财产的丧失，不是海员生活中之唯一的危险。海上旅行和陆上旅行一样，还有碰到袭击与盗劫的经常恐怖。为了预防这种事故，船只在出海时，一向是很好武装着的。在九至十世纪里，海上行劫是所有北欧民族的主要职业。与此同时，威尼斯人正在发展的商业活动，在亚得里亚海上遭受着克罗特人与达尔马提亚人海盗的阻挠，而在西地中海上遭受着萨拉森人的骚扰。870 年，当萨拉森海盗企图闯入亚得里亚海的时候，威尼斯人击败了他们；而在十世纪结束之前，威尼斯人又粉碎了达尔马提亚人的权力并完全肃清了那个海面上的海盗。但这项祸害，在地中海和亚得里亚海上虽已告弛缓，但还是没有被清除净尽。职业海盗还是继续在干着抢劫行为，海面上自始至终还是充斥着这类匪帮，像波罗的海上的“胜利弟兄会”那样；他们的格言是：“上帝的朋友，全世界的敌人”；他们的势力，后在十五世纪早期，被汉撒同盟所击溃。

但除了这些无法无天地抢劫一切船只的职业海盗行为之外，还有另一种形式的骚扰；它是由于政府的纵容或教唆而变为合法化，并被用作反对敌对国家的一种战斗手段。在十二至十三世纪，热那亚、比萨和威尼斯，即使未曾鼓励，但也至少容忍了海盗行为

作为相互间商业斗争的一种武器。“五港”的海员，在1242年由亨利三世委派，对法国人进行了报复。汉撒同盟，虽然原来以压制北海和波罗的海上的海盗行为作为它组织的目的之一，但只要在方便的时候，常毫不踌躇地使用着海盗的帮助来损伤一个竞争者的商业。那在“敌船捕拿许可状”下的合法报复行动，大多发展为十足的海盗行为，就是，没有特别注意船只国籍的掠夺行为。一个国家的商业海员变为海盗来掠夺另一国家的船运，有时甚至掠夺自己国家的船运；这是一件普通的事情。西敏寺的马太说道：“在那些日子里，水手们是无法无天的，每个人把他能够抢到手或拿走的无论什么东西，视作己有。”“五港”因为受到委派，就利用了机会，掠夺法国船只，到1292年时，它们在英吉利海峡上不管对朋友或对仇敌如此漫无限制地扰害；所以政府竭力取缔它们的活动，但没有完全成功。然而，一般说，在海盗船中间，不扰害同国人的船只这一项原则，是被遵守的。在卡纽特时代北欧海上贸易之所以繁荣，是因为同属于丹麦帝国的臣民，在相互之间是不掠夺船运的。属于地中海地区欧洲城市的海盗船，对同国人的船只，也是不加侵害的。

政府认识到公海上保护它们臣民的责任是缓慢的，而在获得有效地这样做的权力方面，则更缓慢。由于对海盗行为的半尊重状态，由于它在战争时期有用处，统治者对这种行为，如果它是由他们自己的臣民所干的，采取纵容态度；如果它是由其他国家臣民所干的，他们一点也没有办法从对方获得赔偿。挪威贵族阿尔夫的故事表明了：有时这是多么困难的一个问题。在海上和在陆上一样，也不缺少它的强盗男爵，而阿尔夫是在十三世纪以波罗的海上的大盗出名的。有一次，属于德国商人的三十只小艇曾巡逻海面来搜捕他。阿尔夫逃回到老家去，在那里他的国王把他提升为子爵，而把追寻阿尔夫的德意志商人竟看作对他的敌对行为。

在早期，海上安全一般是由商人自己想办法的。他们组成了团体，从而他们能够开出成队的商船；他们把船只武装以防海盗的袭击，有时还有特别武装的并配备了战斗人员的护送船。剧烈的战斗时常会发生；如果商人失败而丧失了船只与货物，他们就使用报复办法，一种私战乃接踵而来。在政府开始注意于海上安全之后，它们力图管理这种报复行为，规定要求赔偿首先应通过政府来进行；只有在这项行动失败以后，被劫的商人才得自行处理。

意大利沿海城市共和国的繁荣景象，甚至它们的生存，是依靠着商业的；所以它们从十字军时期之前起，已注意于肃清海盗并注意于管理和保障它们船只的通航。它们是第一批对邻近海面实施主权管辖的国家；威尼斯在十三世纪结束之前，已要求对整个亚得里亚海之管辖权。这项要求，虽然主要也许不是出于保护的动机，但却包含着维持那些海面安全的责任，而事实上在这方面也大有帮助。

当中世纪生活变为更安定更文明的时候，商业的组织，有所改进。物物交换和小贩营业，除了在偏僻的乡村地区以外，已经消逝，而固定的市场和市集出现了，像在过去罗马帝国时代所有的那样。市集和市场在中世纪时代所引起的经济作用远多于在今天所引起的。它们是分配地方产品和从外面买入必需品的主要的而又常常是独一无二的媒介。这项市场权利是很有利的，所以在喀罗林朝时代它是属于王室特权范围内的。在第九和第十世纪，男爵们，只要有可能，就僭夺了这项特权，并把它作为属于地方主权内的一种权利。然而，很多寺院和大主教区，通过王室的赐与而享有这项权利。在十二世纪，当封建政体较稳定之后，大封建主剥夺了小封建主的市集权利，但一般地还把地方性市场权利留给后者。这样一来，市集转入了高级贵族的行政权之下，而市场依然留在庄园管辖权范围之内。

在中世纪时代，市场权利是一项封建权利。市场是采邑的一部分，它是一种庄园制度，限在属于一个领主的庄园或他的庄园集合体范围之内的。这类地方市场一定常是靠得很近的，是为一个小地方服务的。《萨克森法典》，即萨克森的地方法典，编订于十三世纪，而它的起源已在更早的时期；它规定：市场与市场之间的距离不得少于一哩（德意志哩）。一个十二世纪的诺曼编年史家，奥得立克·维退力斯举出一个乡下人从市场上赶着一头母牛回家的例子，又在另一处说到“乡下人在市场上和在教堂场地上大谈特谈威廉·鲁佛斯的死亡消息”。教堂院地，往往就是市场地点，而星期日下午是一个共同的市场日子。所以，另有一个十二世纪的作家，基柏特·得·诺戎写道：“在周六的日子，乡下人为了做买卖，从周围各地云集而来；他们运入蚕豆、大麦或任何种类的谷物来出售，而在市场上鞋匠和其他手工业者摆设着货摊。”如果一个农民找到了一个顾客，而后者所要采购的谷物和牲口之数量大于他所运入市场上的东西，他常常会带领这个顾客到他家里去，让他看看那些站立着的畜群和谷仓里的谷物。在这类市场上所出售的是什么东西呢？首先是粮食。所以，这种市场带有一种农家风味，是当地农民所常逛的地方。市场跟着生活的发展，跟着嗜好的提高，而

变为半常设性。它变为一种每周举行的市场，在那里，每月中的某几天——第二周的星期三，第三周的星期四，等等——还举行特种市场来出售谷物、木材、葡萄酒、马匹、牛羊等等。

当大封建主扩展他们的势力的时候，当领土变为进一步统一的时候，有势力者的所在地自然成为最重要的贸易中心；其中很多后来发展为市镇，而最后这些市镇成为商业和贸易的主要地点；在那里，王公贵族像腓力·奥古斯都在巴黎所做的那样，建造了市房、仓库、储栈。据麦特兰的意见，“一所市场的建立，不是属于那种不确定的现象之一；这种现象，应由法律史专家移交给经济发展史专家去研究。它是一种确定的和法律的行为。市场是按照法律来建立的；法律禁止人们在合法组成的市场之外做买卖交易。这项禁令之目的是：要阻止赃物之容易脱售……任何人在别处购货，就冒着被作为窃贼论罪的危险，如果他偶然买进了赃物的话……另有一个副动机是：可协助这种市场的建立。那些愿做安全交易的人们，须适当地缴付某些市场税……也许另有一种有价值的考虑，就是，要应用大家知道的而又可靠的度量衡。”①

在城市形成以后，这些市场就越来越多，而它们的地位也比以前重要得多。在十二世纪，庞大的贸易刺激了市场的大量增加，以致我们看到有关市场过多的怨言。然而，我们必须在某种程度上把这种不平之鸣打个折扣，因为它们主要是从僧侣发出的，而僧侣本来是憎恶那由于市镇的兴起而产生的商业活动上的俗人竞争的。关于这点，从教皇尤金三世写给英王亨利二世的一封强硬的

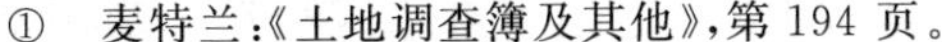

① 麦特兰：《土地调查簿及其他》，第 194 页。

信里，可获得说明；教皇抗议说：巴叶主教的市场，由于英王所批准的新的城市市场而陷于破产了。在十二世纪的复兴时期，意大利人——威尼斯人、伦巴人、热那亚人和比萨人——首先开始经营从一国到另一国的"直达"贸易。但如上文所述，南欧的布罗温斯人与加达鲁尼亚人和北欧的佛来铭人与德意志人不久加入了竞争。冯·柏洛指出：就德意志来说，文献大多不能使我们划出批发商和零售商之间的一条正确的分界线。在一块地方，批发商业是在外商手里，而他们力求获得市政当局的批准来做零售交易，而在另一块地方，我们看到，这项活跃的批发交易，是由市民来经营的；其实，这两类商人之间的差别，已经消逝。小商人参与并热衷于进口货批发，正如大商人无论在城内或城外，随便用批发或零售方法来销售他们的货物那样。

市集与市场之间的三项主要区别是：(1)市集比起市场来，是在较高级封建管辖权之下；(2)市集不是属于庄园范围的，而是为更广大的公众服务的(最大的市集在范围上是国际性的)；(3)市集是按季举行的，而非按周或按双周举行的。应该指出：对于前往市集的商人们，不仅给予特别安全状(安全状中规定：对侵犯商人的人身和货物的罪行，处以特重刑罚)，而且给予下列优待条件：减低关税和通行税、售货的便利、设立特种法院来解决争执并协助收集债款。在英国，这种法院被称为"行商法院"，那是从诺曼法文"pied de poudre"这个名词得来的。又市集的开幕日向来是一个隆重的赛会日(feria)，由此获得了"fair"(市集)这个名词。

每个国家和每个大封邑，各有它的市集。在亚德尔·蓝伯的《编年史》里，有一段文字，记述基因·鲍尔文伯爵建立一处市集的经过；在那里清楚地说明了市集与市场这两种制度的区别。他写道：

> 他〔基因·鲍尔文伯爵〕也把在他的前人时代原来在色刻伽的市场迁到奥尔得威坎去；那不是为了什么特殊目的，而是出于偶然的。但他依循教会的劝告，未曾改变市场的日期；于是那些周围的居民，纷纷来到那里居住，作为市民。基因伯爵，因为有大量商品从各地源源运到那里的缘故，为了上帝的光荣，也为了对所有的人，即商人和其他的人的好事，还命令：在每年“圣灵降临”节隆重庆祝时期，在那块地方上举行一次公开市集；而这项命令，他还宣誓确认。他以双重沟渠与堡垒来环绕庄宅；在其中间，他建造市房与必要的房屋；又为了适合需要，他又在第一道围墙的入口处，辛勤而诚心地建造了一所小礼拜堂来奉侍圣尼古拉（商人的护神），在那里，他指派一个教士，叫做史梯芬者，充当牧师，并置备了充分的书籍和各种宗教饰品，使城市增光。

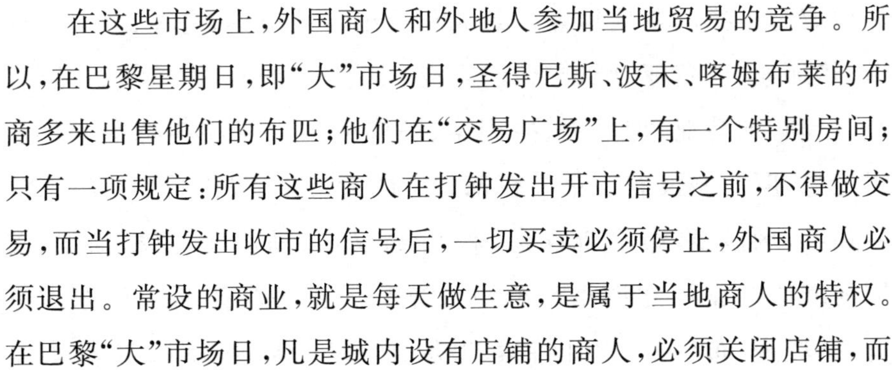

在这些市场上，外国商人和外地人参加当地贸易的竞争。所以，在巴黎星期日，即“大”市场日，圣得尼斯、波未、喀姆布莱的布商多来出售他们的布匹；他们在“交易广场”上，有一个特别房间；只有一项规定：所有这些商人在打钟发出开市信号之前，不得做交易，而当打钟发出收市的信号后，一切买卖必须停止，外国商人必须退出。常设的商业，就是每天做生意，是属于当地商人的特权。在巴黎“大”市场日，凡是城内设有店铺的商人，必须关闭店铺，而到市场上去做生意，违者处以四十个苏的罚金；每次续犯，则加倍处罚。商人和手艺人被迫到国王市场上，禁止在自己的店铺内出售东西。只有少数商人可获得在市场日子在自己铺内售东西的特权；但他们为了这项特权每年须付四十个苏的费用给国王。但一般说，在市场上出售东西这一项规定是坚持的。这些措施的目的，主要是为了财政的利益，使商人在市场上缴付他们的捐税，比派人挨户收集它们，容易得多。在巴黎，市场是属于王室的。在市场市房里，国王出租货摊地位；所以，他希望看到在市场日子里市房内挤满了人。在法王圣路易时代，王室曾要求市场权利作为王家特权的一部分。它曾坚持下列原则：非征得国王的同意，任何人不得在法兰西王国境内任何地点上开设市场；市场如此，市集亦然。如果有人向国王申请设立一所市场，国王派遣专员或管家去调查情况。如果调查结果认为不合条件，这项申请将被拒绝。1265 年，王家法院曾决定取消一所由封建领主所建立的市场。

在十二和十三世纪，商业和工业的勃兴，使市集大大增加起来，所以，各国有着很多市集。当然，其中大部分是比较属于地方性的，但它们所服务的范围，比旧有的市场已广阔得多。市镇很自然地成为市集的重要地点。意大利最出名的市集，是在比萨、威尼斯、热那亚、巴费亚、摩德拿、巴土亚、米兰、贝加摩、微特波、皮阿森扎、巴利、加菩亚、加厄大、撒列诺、满佛里多尼亚和布林的西。值得注意，罗马城没有市集。在德意志的大市集，我们看到：科伦、爱尔福特、瑙谟堡、布伦斯威克、来比锡、汉堡、马德堡、累根斯堡、美因河畔法兰克福和奥得河畔法兰克福。在法兰德斯和低原国家有：圣奥麦、布鲁日、库耳特累、里尔、图鲁特、杜厄、喀姆布莱、奥基斯、伊泊尔、亚罗斯特、奥登堡、亚克塞尔、摩里内斯、波拍林厄、蒙斯、根特和安特卫普各市集。法国有很多市集；其中最重要的，在诺曼底有：卢昂、科德柏克、厄尔柏夫、阿夫勒、喀因、厄甫勒、蒙马丁-苏-米尔（科通腾）、阿甫龙士、圣米雪尔山、库坦斯、加伦坦、瓦洛涅、柏纳；在布勒塔尼有：圣马洛、勒内、彭托尔孙、冈功［guingamp，“柳条花纹布”（gingham）这个名称由此得来］、特勒基尔、基姆卑尔、普卢斯卡特；在法兰西岛有：巴黎、德勒、圣得尼斯、奥尔良、比伊苏、摩立尼、厄塔普尔、蒙特、蒙雷里、麦郎、波未；在安如有：维格尔、波普罗、马立赖、布里萨克、索睦耳和翁热；在法国中部有：布尔日、内维尔、波亚叠、翁谷雷谟、谷耳维尔、佩里革、夏龙-绪-梭恩、第戎、奥舍耳、奥登、东涅尔、波佛雷、都尔、沙脱尔、沙托·第·罗亚尔、圣腾永、犀农；在英属领地有：波尔多、贝云、亚仁、沙提永；在法国南部，最最出名的有：圣齐尔兹和波揆耳市集。在西班牙的重要市集中有：麦地那·得·坎匹奥（最大的市集）、塞维尔、魁因卡、法拉多利、塞哥维亚、托利多和布耳各斯。在英国，斯图尔桥和圣爱甫兹两市集，是很出名的；其他市集是：切斯特、温彻斯特、波斯顿、斯坦福、朴次茅斯、亚平敦、诺坦普吞、柏立·圣爱德曼斯。

巴黎的圣得尼斯市集，确是最古老的市集；它的历史在中世纪时代无间断地继续下去。这市集在630年是由达哥伯一世所建立的，在每年10月3日后，即纪念圣得尼斯的节日后，举行四周。所以，它本来是一个秋季市集。但当商业与贸易约在十字军时期开始蓬勃发展的时候，当巴黎人口和政治地位在卡佩朝诸王时代开始增长的时候，圣得尼斯寺院的僧侣们也要求建立一个夏季市集。

因此，1124年路易六世曾拨出蒙马特耳北面的一带地方作为一个新的市集地点，叫做“伦第市集”[①]。这市集的举行，开始于6月的第二周星期三，而终止于圣约翰节日(6月24日)。在它开幕时，一向是举行宗教仪式的，由巴黎主教对群众举行布道：他为了这项服务，从圣得尼斯寺院僧侣领取十个巴黎镑。伦第市集受到巴黎、诺曼底和法兰德斯商人的欢迎。事实上，它是北法商人的主要汇合所。那里出售的主要商品是：布匹、皮革、羊皮纸、毛皮和马匹。圣得尼斯寺院的住持从出租店铺方面获得了进款，而对市集秩序，也负责管理。然而，在十四世纪，王室开始侵犯寺院住持的特权并把王室管辖权扩展到市集方面。伦第市集在歌曲中，几乎和香宾市集同样出名，特别在下列歌曲中：《查理曼往耶路撒冷进香歌》、《暴汉歌》和《伦第故事歌》。

我们有理由坚持说：在中世纪时代，大市集在商业、法律和文化方面是起着作用的。大量商品——小麦、麻布、丝绸和棉织物、明矾和染料、武器和金属器以及其他很多东西——促进了水陆两路的运输；大大越过了城市和单纯市场经济范围。难道还须追述英国羊毛贸易的全国性甚至全世界性吗？又难道还须追述这个时期在多斯加纳和法兰德斯布匹贸易扩张的广阔领域，即它的范围与势力吗？

在中世纪欧洲，香宾诸市集，声誉远播，最为著名。那些位于巴黎之东和东南部的一批出名的封邑，几乎在三百年的大部分时

① “伦第”(Lendit)这个词从拉丁文“indictum”得来的，它原来指一个在固定(indictum，古法文endit)时间的宗教集会；从这个意义引申到市集或圣日也是假日。

间中，都是在香宾伯爵的统治之下；这一世系的统治者，在它的极盛时期，无论在力量、智慧、权威或财富方面，都可与强有力的王室本身，分庭抗礼。这些有势力的领主，统治着五个伯爵领，其中香宾和布里两个伯爵领占着最重要地位。在地势上，它们连在一起，占据一片广大平原，从巴黎之东几哩的地点起，即从塞纳河和瓦兹河盆地起延伸到德意志边境上。勃艮第大公爵领，在其南，嘿诺、不拉奔和法兰德斯伯爵领，在其北。

只要一看地图，就足以使人相信香宾地区具有突出的自然优点。在法国这一片广阔的肥沃平原上，布着一个世界上任何地方不易找到的极其出色的河流系统，或可以说诸河流系统的汇合。上塞纳河，经过香宾流入诺曼底到海峡沿岸出口；谬司河沿它的东疆由南到北经过低原国家，注入北海。在它东南相距几哩的地方，摩塞耳河和梭恩河流过中世纪时代那叫做勃艮第公爵领的领土；后一条河是罗尼河的主要支流，因而它成为地中海的，也是中世纪整个商业世界的一个重要出口。在它西南几乎同样相近的地方，罗亚尔河流过布腊伯爵领（在中世纪也属于香宾伯爵的一块领土），它是一条通法国西岸海洋的水路。其他两条河流，即玛恩河和摩塞耳河，穿过玛恩缺口，提供由东到西的几乎全部水上运输路线，因而它们使莱茵河和塞纳河的交通获得联系。阿尔卑斯山路——大小圣伯尔拿、塞尼山、日内佛尔各山路——由于有优良的河流系统来补充，使香宾和北意大利相连接。那些不经过阿尔卑斯山路来的商人，如热那亚人、比萨人、塞亚那人也同样容易地上溯罗尼河和梭恩河而达到香宾。

香宾地区另有一个显著优点，就是它的中心地位。它是在一

方面是北方低原国家的兴旺城市、英国的羊毛生产者、北海的渔业和另一方面是南方意大利与郎基多克的银行家与进口商人之间的中途站，也是在它东方的德意志与它西方和南方的全法兰西王国之间的中途站；所以毫不奇怪，香宾在十一和十二世纪所揭开的新的工商业时代里，得成为各国商人的汇集地点。这样看来，香宾是中欧贸易的焦点，所有由北至南和由东到西的商路，都在那里辏集。

而且，除了上面所述它在这种商业中间商与分配者的地位之外，香宾本身也是一块好地方。在好几百年中，这个灌溉好排水好的盆地，曾以盛产谷物、葡萄、牲口、羊毛和牛乳产品而出名。在那里，气候温和，由于它自然的肥沃土质和贤明的管理，香宾很早已成为一个人烟稠密的乐园。香宾诸伯爵曾热心促进他们领土内的物质幸福。在史籍中，可看到很多关于他们测量森林和河流、排干沼地和移民于人口稀薄地区之资料。他们对于扑灭狼祸，还特别积极。这大量狼群的存在，可证明：在如今几乎连木材也没有的地区，在十二和十三世纪，是有着很多森林地的。

关于建立著名的香宾地区市集之正确日期，现已失传。可能，从很早时期起，当大陆上人民和货物开始流动的时候，在这一地点就出现了一个市场。据罗马人的记载，在第五世纪，特啦已有一个市集。但在罗马市集与十二和十三世纪的大香宾市集之间，我们找不出什么有机性的联系。在一首法国歌曲中，把秃头查理作为香宾市集的建立人。但我们不能接受这项说法。据说普罗文斯的市集，在第九世纪，已经兴起。又传说，由于害怕“北欧人”的缘故，僧侣们曾把圣阿乌尔在圣柏纳·绪·罗亚尔的墓穴里的遗骸，迁到普罗文斯去；在那里亚田伯爵为了圣阿乌尔教会的利益，让与并批准了一个市集。最早的可能日期，是在963年，当时曾有人谈到过在夏龙·绪·玛恩的一个市集。在996年，在拉尼·绪·玛恩，另有一个市集。在同一年凡尔登的奴隶贩子出现于香宾市集上。巴耳·绪·奥布和特啦的市集出现于1114年。关于意大利商人在怎么早的时期出现在这些市集上，我们不知道。可是，早在法王腓力一世的时代，教皇格列高里七世(死于1085年)已无根据地指斥他劫夺了那些往香宾市集去的意大利商人们。

现在有着从十二世纪早期开始而注明正确日期的一整套官方案卷，它们可以明确地证明：香宾市集在那个世纪的开端，已是一个固定而又繁荣的组织。这些案卷包括各种类型的文件：伯爵赐给附近寺院或教堂对某种商品征收税款状，赐给它们在全部进款中分享若干份额状或准许它们租给旅客宿舍状。教皇教谕、宗教当局的各种特许状以及赐给世俗领主的赠与证，也谈到市集和市集的重要性。1114年特啦的休伯爵的特许状，以征收巴耳市集上出售马匹及其他野兽的税款之权，赐给蒙蒂伦·德尔寺院；同一年的另一特许状以类似的恩惠，赐给特啦的圣皮尔·得·策勒寺院。1137年及以后的特许状都表明：普罗文斯的市集建设得不差。1157年香宾的亨利伯爵赐给圣亚田教会的一张特许状，证明拉尼市集的存在，并表明了它们的组织和保护已是一件相当发展而又悠久的事情。从1157年起，给香宾和布里市集的特许状，是很频繁的。到了十二世纪中期，这些市集已在高度组织的状态下，又在十二世纪结束前好久，它们已享有国际声誉而它们的活动和庞大财富已成为普遍羡慕的对象。

香宾市集，实际上是一系列市集；至少在后来的时期，在数目上有着日益增加的趋势。可是，从开始起，就有几个特别著名的中心，在那里所举行的市集是具有国际性的。在这个或那个时期，香宾有五十多个市场，其中有六个市集特别出名，而以“香宾市集”著称。在这些市集中，有一个市集在巴耳，一个在拉尼，而在普罗文斯和特啦每年各有两个市集。尽管其他市集也在这些地点上举行，并在后来年代里虽一再地准许在香宾的其他城市里设立市集和市场，但这六个市集依然保持着它们的领导地位。至于小地方上的最重要市集是：厄拍内、维特里、诺戎和夏龙。一旦这些市集地点表现了它们的自然优点以后，伯爵以特殊的立法、管理和安全保证，来把它们划为特殊区域；因此，所有外界的注意也都集中在那里了。其他市集可能在地方上的交换商品方面，是具有重要性的，但没有一个能够赢得国际地位。

起初，市集的时间是比较短的，但由于一再的特许和核准，它们得延长下去，直到每个市集可连续开放约六周多的时间；所以除了为安排事务和移到下次售物摊所需的间断时间之外，上说的六个市集使香宾几乎全年中一直有市。1160 年，巴耳·绪·奥布的市集，只继续十五天，但到 1250 年，它历时约五周之久，后来它还延长更长的时间。在普罗文斯、特啦和拉尼，出现了差不多同样的过程，但还早得多。在市集的全盛时代，拉尼市集开始于 1 月 2 日；巴耳市集在忏悔星期二[①]开市；在普罗文斯的“5 月市集”开始于

① 忏悔星期二(Shrove Tuesday)是灰的星期三(Ash Wednesday)前之星期二，例于是日举行忏悔，作为四旬斋的准备。——译者

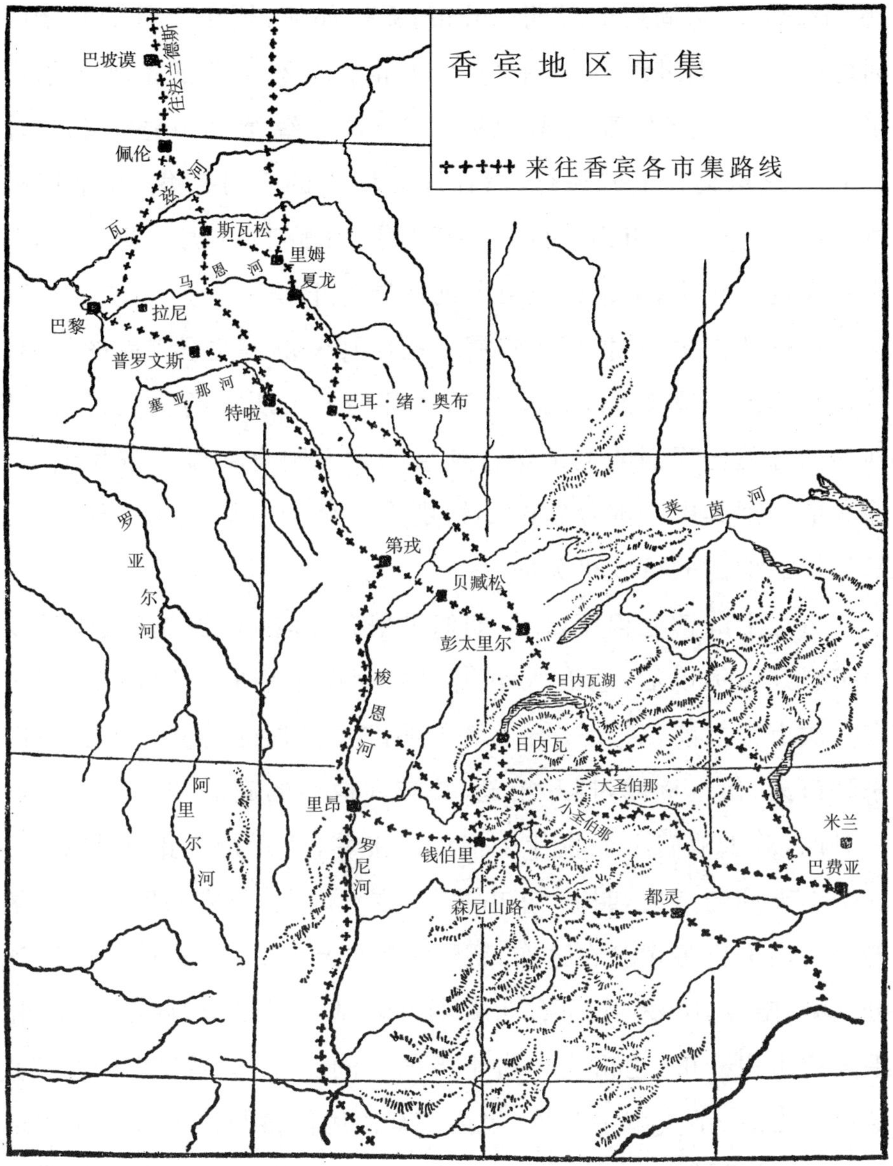

4 月底或 5 月初，要看巴耳市集的情况来决定，因为后者遵守教会所排定的日历的。圣约翰市集或所谓特啦“热”市集在圣约翰诞辰

(6 月 24 日)两周后的星期二开市;无论如何,须在 7 月的开始两周之内开市,而继续到 9 月 14 日为止。普罗文斯的圣阿乌尔市集,开始于"十字架高升节"(9 月 14 日),继续到万圣节(11 月 1 日)。这市集在上城举行,而在同一城内的 5 月市集,在下城举行。最后,圣勒米市集或特啦"冷"市集,开始于 11 月 2 日;实际上它结束这一年头,继续到圣诞节前两周为止。

在这些市集中,拉尼市集属于圣比耳·得·拉尼寺院的僧侣;从秋市集或普罗文斯圣阿乌尔市集开始七天所得的收入,作为圣阿乌尔寺院僧侣们的犒赏金。其余的收入则全部属于香宾伯爵,除非他们把其中一部分暂时赐给别人。至于市集的支持和保护,都是依靠伯爵的行政机关的。

市集上的营业程序,在早期似乎稍有分歧,但当伯爵的管理权力扩展到市集以后,所有大市集的营业程序趋向于固定而一致。在每次市集之前,商人被给予八天的准备参加的时间,就是,他们来到市集,租定货摊,打开箱笼,并陈列他们的商品的时间。在这一时期,对于他们不征收什么捐税。接着,就开始了正式市集;第一个十天期的市集,叫做"布市集"。在这时期,只有布匹得在市集的场所内进行买卖。在这布市集的第十天晚上,副警长在城内到处高喊"哈罗,哈罗!",而布匹就不可复见。第二天,皮革、生皮和毛皮的市集开市,这市集也占十天的时间。在"哈罗"喊声结束了这市集之后,杂货市集开始,包括所有使用衡量与尺度来出售的东西在内,种类繁多。这一时期也是对市集管理员和管理局缴费的时期。在这时期的大部时间内马匹及其他兽类的市集也在进行;这些兽类是从附近地点甚至从法国辽远的各州运来的。在布市集结束四周之后，最后的“哈罗”喊声关闭了钱币兑换所，于是市集完了。还有五天的宽放日期，来办理未了事：编造货物清单，同伯爵官吏结清账目，领取“汇划票”，并在所有的重要契约上加盖市集印章，来保证它们的效力。每天早上，用摇铃来通知店铺的开门；在晚上摇铃后所有的店铺须一律关门。非在规定时间之内，任何东西不得出售。

表面看来，市集和巴黎市场及很多其他城市的市场，大不相同，因为市集不是限于一个单独大厅内，而是遍布于全城市的。这些城市有着它们的鱼、肉的及其他大宗当地消费品的地方性市场，但市集占据全城市，并在社会上和经济上支配全城市，因而自然的，整个城市应大部移转给市集。特别是在普罗文斯，它两个市集，无论在这个或那个市集的时候，都占据上城和下城。

在每个城市里，伯爵供给宽广的营业大厅和大储栈。在普罗文斯，这些储栈，大多是在地下的，用地道来连接着，因而形成一个真正的地下城。许多在市集上进行交易的地方团体或集团，在上述的四个城市中的一个或一个以上的城市里有着自己的常设营业所。这些房屋、货摊、畜栏和储栈，用作旅舍、用作陈列货品与出售货品的场所。在市集的人群中，有从法国下列重要省份来的商人：诺曼底、法兰德斯、郎基多克、毕伽第、布罗温斯；也有从下列各国来的外商：意大利、德意志、低原国家、英国、西班牙、葡萄牙甚至波兰。德意志商人在 1178 年第一次被提到。塞亚那人是老客人。市集上商品，像商人一样复杂。它包括有：牲口和农产品、各色各样的布匹——远东的丝绸、法兰德斯和多斯加纳的毛织品、布勒塔尼的麻布、加奥尔的幕布——斯干的那维亚和俄罗斯的毛皮、德意志的铁与皮革、南法和西班牙的葡萄酒以及由意大利和布罗温斯商人从东方运来的很多种类的调味品和香料。

在香宾市集上所交换的商品中，布匹尤其是呢绒，占着最重要的地位。各香宾城市本身，是这种商品不小的货源地。普罗文斯在织造工业方面，早已发展得很好。据说，1230 年，这城内居民有五千户，而其中有三千个织造工人以及漂布者和羊毛业方面的梳毛工人。所织造的布匹，种类繁多，从最精细的到最粗糙的布匹，并有为各种用途的布匹。染色是很进步的。行会有着高度组织性；织布事业由伯爵后来由接替他们权力的国王，精密地管理着。在特啦、巴耳、拉尼，也有织布工业，虽然它比不上在普罗文斯的那样广大。在夏龙·绪·玛恩和理姆斯，也有纺织工业。从法国很多市镇，如卢昂、阿拉斯、波未、巴黎、圣得尼斯、土鲁斯、蒙特皮列和里摩日运来羊毛织品。而从法兰德斯城市——麦克林、伊泊尔、圣奥麦、第斯特、根特、筏仑西恩、里尔、布鲁日、那慕尔、杜厄、狄克摩德、喀姆布莱、卢芬及其他地方——运来的还要多。麻布来自属于香宾市集的四个城市和理姆斯，来自德意志，特别是来自乌尔穆，而很出名的麻布则从勃艮第、贝赞松和洛林运来的。从辽远地区，特别是从意大利城市和通过意大利城市运来的丝绸，是重要的。卢加的丝绸织品在市集上享有盛名，像它们在整个西方世界所享有的那样。此外，还有其他稀有品种的纺织品。从利凡得、叙利亚、波斯和埃及运来的，还有金银线织成的珍奇布匹，用以制造大人物的外套和大衣以及僧侣们的礼服。

大量皮革、毛皮、生皮运到所有的香宾市集上，但特别是运到拉尼市集上。香宾本地也供给部分皮革，特别是它所由出名的羊

皮。“哥尔多华皮革”来自西班牙的巴塞罗纳或勒黎达，或来自南法的蒙特皮列、奥里腊克、里摩日和土鲁斯；因为这种著名产品，在很多地方，被模仿得相当成功。巴黎本地也运送若干数量的皮革到香宾市集上。生皮和毛皮来自各方，种类繁多：绵羊、山羊、家兔、野兔、松鼠、睡鼠、银鼠、貂鼠、水獭、麝猫、黑貂、鹿（并不被珍视）、海狸、野猫和家猫、狐狸、臭狸、狼及其他兽皮。

下列货品是在“杂货”的名义下出售的：各种由东方运来的香料、各种药材、洋蓝和洋红颜料（洋红来自布罗温斯）、食盐、丝绸、麻绳、药膏、猪油、脂肪、蜂窝、糖、蜡、枣子和瓜果等。

食粮和饮料两类包括很多东西。其中很多是当地产物，运到市集上以供应当地居民的必需品和大批被吸引到市集上来的外地人的必需品。单在普罗文斯，有两所出售麦子的敞厅，在那里并征收麦子的税款；一在上城，一在下城；还有两所屠宰场和两所鱼市场；对它的需要来说它们尚嫌不够。两所屠宰场各包括一间屠舍及许多出售肉品的摊子。在出售的食品中，有谷物和蔬菜——小麦、蚕豆、黄豆、菜、大蒜、青葱——牛、羊、猪和小山羊以及各类鲜肉。各种咸鱼和鲜鱼在大鱼摊上出售。布里的干酪在中世纪时代已经闻名。虽然很多食品是由香宾和布里供应的，但也不缺少证据表明：有大量东西，特别是有蹄牲口，也来自法兰德斯、不拉奔、嘿诺以及法国的附近各州。本地和外国葡萄酒，在市集上的大交易里，占着一个重要地位，像对它们征收的大量捐税所指明的那样。香宾葡萄酒在诗文中很受赞扬，那里所酿造的而主要是在法兰德斯和毕伽第消费的啤酒也是这样。关税章程上，有很多关于这种商品的条文。

香宾市集有力地刺激了这地区的地方性经济活动。养羊和制造羊毛货品，成为香宾的一项重要工业；铸铁业大多是在玛恩河上游沿岸和洛林进行的；特啦城内的一个整个街区，是由硝皮匠占据的；普罗文斯的染工、俾安日和拉斐德·绪·奥布的漂布工人是出名的。理姆斯制造呢绒、羽毛布、哔叽等。

波基洛特列举作为主要产品的而在关税章程上常被提及的有：黄金、白银、宝石、铁、钢、线香、各种木材、木炭、羊毛原料和生丝、丝棉、大麻、亚麻、棉花（用以和羊毛、生丝或亚麻相混合）及其他东西。驮兽——马、骡和驴——是大批运来的；在香宾市集中，每个市集各有一所专为出售驮兽的广场；而这种交易在市集的大部分时期内进行着。从这些驮兽出售所得的市场税，一部分往往给与当地寺院。

除了上述的东西以外，在香宾市集上所出售的各种制成品中有：来自第农的黄铜与青铜制的锅和桶，尤其是桶；来自亚尔萨斯的木箱和浴盆；各种金属制的花瓶、面盆、水壶和大釜、第南特产的锅和桶，是出名的。马鞍匠的制品、零星杂货，甚至破旧衣服，在香宾市集上也可找到市场。出售的还有：带子、钱袋、头巾、手套、帽子、长袜、镜子（不是玻璃做的镜子，而是非常光滑的金属片）、篮子、坐垫、羊皮纸、车轮和货车以及刀剑。关于刀剑，普罗文斯本城后来成为一个主要中心。在市集上可以购到珠宝、宝石与金银饰品，像很多文学作品里所提到的那样。墨水瓶或墨水杯、琥珀念珠、牛铃、马鞭、钢砧、从亚尔丁或英国来的砥石、木棒及很多其他东西，在那里也可找到顾客的。

在香宾市集上所使用的度量衡与流通的货币本位，实在太复杂，这里不能详述。在法国各地，量度特别分歧，使用着很多不同的单位。几乎每一省有它的量度。“大桶”、“塞提尔”[①]（一般合大桶量度的十二分之一）、量谷物的蒲式耳以及量液体的“大桶”，是最普通的量器。但是，香宾市集的度量衡，渐渐成为法国的一个标准。这一标准一直流传到今天——“特啦衡”[②]是从特啦城（Troyes）得名的。当然各种量器还有很多细分的单位。衡器的分歧虽比不上量度的巨大差别，但也显出它们是不统一的。这里，香宾的衡器也渐成为广大地区的一个标准。衡器本来是属于伯爵的财产，但伯爵常常以一部分衡器，在特殊市集上，赐给寺院或其他团体，作一种收入的来源；因为一切出售的东西，必须过秤，因而可征收手续费。“奥尼”（Aune）是量布的尺度。这一尺度原来相差很大，但在香宾它约等于三呎八吋。普罗文斯的“奥尼”（铁尺的形式，前些时候尚保存在那里的寺院里）等于三呎七又四分之一吋。它渐成为一个尺度的标准；连勃艮第也采用了它。目前所用的“布码”尺，还保存了它的遗迹。

香宾伯爵在使市集发展为国际市场方面，曾起着重要作用。这一统治者的杰出世系，从1010年起，直到1284年香宾的女继承人嫁给腓力美男子为止，未曾中断过。后者在1285年成了法国国王；这样，香宾和布里伯爵领的行政遂归并于法国。亚田、亨利和提波特的这个悠长的世系，在有才而又贤明的伯爵夫人内助之下（偶然有过一个妇人统治者），为这些市集，曾规划并实行一个有政

① 塞提尔是法国旧量器名，约合两加仑。——译者

② 即金衡制，用以衡量金、银和宝石的。——译者

治家风度的计划，就是，关于对内管理和对外支持与保护市集的政策。像这类有远见而又有一贯性政策的实例，在封建时代的历史上，是罕见的。

香宾市集的光荣时期，是在香宾杰出伯爵亨利一世“慷慨者”的时代(1152—1181 年)。在他统治的第三年，他曾公布一项关于禁止私战的著名命令，因而他正式保证了他领地内农民与商人的安全。对这项政策，理姆斯大主教还给予赞助；后者是法王路易七世的弟兄。在亨利统治之下，拉尼、巴耳·绪·奥布、普罗文斯和特啦的市集获得了重要的国际地位。

香宾市集使城市获得了它们所享有的声誉；因而城市自然应该让位给市集。因为市集是伯爵们进款的一个主要来源，也是他们关心的主要对象，理所当然，市集的行政管理应压倒城市的安排，在市集时期甚至完全代替了后者。因为按规程，凡是未曾指定作别用的市集捐费归于伯爵，又因为商人在市集界限之外营业者，不付什么捐费，所以，使市集界限和城市界限相接近，成为非常重要的事情；这样，留在市集外者就不能获得好处了。伯爵的官吏对香宾市集的控制成为像商人公会对其他城市的控制那样。不仅市集的界线这样明确地划出，而且连商人集团、个别人员和货物本身所占的位置，也由伯爵的官吏控制。这精密排定的按日、按周、按月的程序单，如上文所说，是属于同一计划的一部分。所有这一切布置，是为了进行监督以维持秩序的目的；另一目的，是要使所有应归伯爵的东西，都不致逃出他的官吏的控制。

为了市集行政管理，发展了一种精细的职员制度。在这些职员中，“市集监督”似乎是最早的一批。第一次提及他们的文献，是在 1174 年;在这以后,他们出现于整个香宾市集历史里。一般说,监督人数是两人,虽然在 1225 年,好像有过三人。他们领取固定工资,那是对监督的一种特别优待的事情;由此可见,伯爵们对个人的注意,多么仔细。监督的职务,是多方面的,包括司法、警务和公布管理的法令;一句话说,他们办理关于香宾市集上一般性的指导事宜。

其次是市集书记,常常被称为“监督助理”,在十三世纪后半期,初次被提及。书记本是有声望的人,有时被召唤来代替离职的或免职的监督。好像法兰克王国旧宫相的那样,他们渐渐取得了监督的职权,直到他们终于成为市集的真正指导者。另有“秘书”,即市集的“监印官”;他的重要职务是:把伯爵的印章加盖在市集期间所订的一切重要契约上。这印章保证契约的有效性,并确告订约的当事人,伯爵将使用他的权力来实行这契约。市集上还有警卫官,他们是由监督和秘书所选拔的警察长。他们的职务是:维持市集上的和平秩序并执行监督的种种命令。这些官吏的人数,在各个时期,是不相同的,但在市集的最盛日子里,这种警卫力量一定是很大的。1317 年,它包括一百四十人:一百二十个步兵,二十个骑兵;在 1344 年以后,人数削减到一百人,但在这时期市集已经走向下坡。此外,市集上还需要差不多四十个代书人,他们担任记录员并为商人们起草契约。

除了这一伯爵的机构之外,当地的市长也参与这项行政。教会官吏特别是普罗文斯的圣阿乌尔寺院的本尼狄克派僧侣和拉尼寺院的住持,在委托给他们管理的部分内,行使广泛的管辖权,尤其是关于财政和司法权方面。有几种案件,不受伯爵法院的管辖,而是由教堂或当地法院来处理的。国王的执行吏以及后来的教堂长(Prévôts)常常和伯爵的官吏分掌着当地的监督权。

关于香宾市集的法院,至少应当简略地谈一谈。多少依照诺曼人的“市场法院”[①]的形式,在市集上设立当地的法院来随时解决所发生的争执。这些法院是在市集监督与他们的助理以及教会官员手里,或在稀有的场合,显然也有在地方官员手里。在特啦,有被称为“特啦伟大日子法院”;它附属于伯爵的行政机关,成为香宾和布里市集上的一种上诉法院。从这法院,再可上诉于王国的最高法院,即巴黎法院。

伯爵在香宾和市里伯爵领疆界之外所进行的活动,也有助于市集的成长。他们和许多国家曾签订条约与公约;依这些条约,凡是往香宾去的商人们经过它们的领土时,可减缴一大部分的惯例通行税。甚至在没有条约关系的地方上,伯爵的权威和声望也足以保护在那里通过的商人们。其次,伯爵还竭力保护他们的顾客,不仅在防止封建主的勒索方面,而且在防止各类盗匪的掠夺方面。如果他们所发给的“市集通行证”沿途有被违犯的情形,伯爵将毫不踌躇地向那犯罪社会的当局提出极其严厉的抗议,甚至向卡佩朝本身提出,例如关于提波特大伯爵的著名事件。1148 年,他向法王萨哲抗议,因为未兹雷的钱兑商在松斯,也许在松斯子爵的儿子纵容之下,曾被劫夺。伯爵所掌握的有力武器是:以从香宾市集上逐出任何犯罪社会的商人们作为威胁,直到犯罪人付出赔偿或其他的人代替他们付出赔偿为止。这武器也用以实施收集债款,

① 市场法院或“行商法院”,附设于市集或市场的法院。——译者

因而那些在市集上做交易的商人们被迫履行伯爵的保证。这项把某些地方单位逐出于这营业兴旺市集上的权力，即使不用作威胁，也已够使人听命于他了。

可是，"市集通行证"，虽可作为防止钱兑商和商人在沿途受到打劫与很多通行税的勒索，却不能完全带来了自由贸易。有势力的领主们不愿放弃这样丰富的进款源流。关于这方面的著名事例，是法王在低原国家边界上的亚多亚的巴坡谟以及培龙、鲁伊、康边和克勒比·恩·瓦罗亚，征收通行税的制度。在这些地点中，最最重要的是巴坡谟，在那个地点上，王室征税员常受指责，因为他们独占了对进入法境商人所征的通行税。这种通行税的征集，对香宾市集来说，是一个严重的打击，因为大量佛来铭货物，一定要在香宾市集上出售；我们还看到，在 1262 年法王在巴坡谟的勒索受到猛烈的抨击。1293 年，当腓力美男子通过他和香宾女继承人的婚姻关系，已有权控制香宾市集的时候，他曾发布命令，规定汉撒商人，如果他们把德意志货物运入香宾市集得免付捐税；但如果他们运入佛来铭货物则必须付税。在十三世纪法王这项限制佛来铭贸易的立法，很值得注意的。他们垂涎于法兰德斯的富庶领土；所以他们采用了这种限制商业的方法，来使法兰德斯人因饥饿而变为屈服。到十三世纪末期，"贸易"已被卷入政治漩涡里；我们可看到关税战争的事例；它们是十七世纪未来重商主义的大政策之预兆。

在香宾市集上做生意的商人们，一般不是单独旅行的而是结成某种团体旅行的；他们推选一人为领队人或"队长"，来办理团体领导人的义务和领事的义务，就是代表全体成员，从香宾伯爵或其

他统治者取得贸易特权。朗基多克和布罗温斯的商人在十三世纪中曾组织过这样性质的一个团体;他们自称为"法国商人社会"。其中,蒙特皮列享有提名队长之权。队长宣誓就职,作为"法国和在法国经商商人队长领事"。在伦巴和塞亚那商人中间,也有这类组织的存在。

世界上没有一个有商业地位的港口,未曾和这些内地大市场在某种程度上有所接触。当然,意大利和南法的先进工商业城市和法兰德斯城市,最多利用了香宾市集。所以,在香宾市集上云集着一种世界性的人群,包括各种种族、语言和服装,从苏格兰到西西里、从卡斯提尔到大马士革各地,都有人来。埃及人、叙利亚人、亚美尼亚人、希腊人、意大利人、法国人、西班牙人、德意志人、荷兰人、不拉奔人、佛来铭人、英国人和苏格兰人互相混杂拥挤,来通过大厅;他们的声音夹在廊柱周围时起时伏的急剧嘈杂的声浪里,在那里,正在进行讨价还价的争吵。从各地来的无所不在的犹太人,也杂在人丛中间。

香宾市集,对于商业的经营和技巧方面,起着一种深刻的影响。当市集从湮没无闻的地位冒起头来以后,一种货币经济越来越变为稳定。各种货币在使用着,种类繁多,几乎像从天涯海角辏集在香宾的复杂人群那样。都尔内币、巴黎币、波亚图币及法国其他地方的货币,英国的"东方货币"、贝占币及意大利各种硬币,都出现于市面上。在香宾本地,有许多不同的货币,世俗的和教会的;但最著名的是普罗文斯币,它成为香宾市集的一种标准币。一个有趣的事实是:货币制度是沿着"记账货币"的路线而很好发展起来的。德尼尔银币及它的辅币,是实际通用着的,而苏和镑是理论上的货币，用以作为记账和信贷的单位的。在十四世纪中，一个侨居塞浦路斯的佛罗伦萨人比哥洛提，曾漫游各地；他“认为必须准备一张货币表和一张度量衡表，在亚历山大城使用，另在意大利的十处地方、在布罗温斯和香宾市集使用”。

在香宾市集上集合着这样多的商人，当然会把很多货币吸引到香宾去的。此外，有人利用这个机会，来结算和商业无关的账款——付还在辽远地方所订契约上的债款，甚至拖欠的租款。各种捐税的支付更促进现款的需要。由此可见，为什么货币源源流入香宾的种种理由了。商品交换和货币汇划，由于“钱兑商”的制度，而变为便利；他们所经营的，就是今天银行家所做的营业。这种制度，起源很早。事实上，它跟着香宾市集而成长起来的。十三世纪的文献里常常谈到“钱兑商”。在十四世纪，他们在国王控制之下，正式被承认为公务员。他们在市集上的营业所，是简单的摊子，每一摊子包括一张铺着棋盘格布的台子，一付天平和放着硬币与元宝的皮囊。他们的业务是：兑换钱币因而收取一项定率的兑换手续费，收受存款，放款取息，发给市场票据即信用票，俾可免除转运数量日增的硬币上所发生的危险和困难。他们被准许放款取利，他们并常常贷款给伯爵和伯爵夫人本人。从伦巴第来的意大利人，即一个有坚强组织的集团，最早抓取了这项营业的相当大的部分，他们在长久时期中，是市集上的最出名的“钱兑商”，但也有其他的人来参加这项营业，尤其是加奥尔人和犹太人。

和市集的安排紧密地联系的，还有关于收入的问题。应该记得：拉尼的市集和普罗文斯的圣阿乌尔市集的起初七天时期的收入，移交给当地寺院。关于其余属于伯爵的市集，伯爵照例以某种特殊赠与给当地宗教团体、寺院、寺院骑士团或其他。有时，这种特殊赠与，是关于征收出售牲口或某种其他东西的捐税之权。有时，它是关于过秤或丈量的权利。大体说来，伯爵保留从布匹和生皮市集上以及从杂货市集上所得的进款。从市集主顾所付的捐税繁复情形看来，税收制度是一种精心结构之作。其中最重要的而又最普通的一种，是营业税，就是，对每次交易规定征收小费并当场征收的税。理论上，这种税半由出售者、半由购买者缴付，但事实上可能全部由购买者缴付。此外，还有房屋租费、商人住所和畜棚费、进口和出口费、摆摊费、盐腌食物费、各种货物的衡量费、葡萄酒特税、犹太人和伦巴人特税、契约上加盖市集印章费以及罚款和过失费；这一切在国王管辖的时代，都有增加的趋势。

除了来自各地的外国商人之外，还有香宾各城市的当地商人，即零售商和小贩；他们到这里来补充他们的存货。有些邻近领主，带着他们的家属，到这里来看热闹、来买东西、欢赏市集上的游戏。寺院修道士和世俗僧侣也混杂在人丛中。无疑地，很多手艺人和逃亡农奴从附近庄园被奇异景象、嘈杂声音和漂亮服装的人群吸引而来。走江湖者、变戏法者及各种音乐师，争先恐后地吸引群众；牵着猴子、狗或舞蹈熊的人们、角力者、弹唱古代歌曲的漫游诗人以及无数的售卖劣货者，在那里竭力使观众发笑和惊奇。在那里，像在近代赛会上一样，还集合着小偷、扒手、恶徒、流氓、妓女和乞丐。在这复杂的人群中，警士很难维持秩序。“晚上，当吹号者，带着火炬队，吹过熄灯令之后，游荡者、醉汉、小偷、大批乞丐、大批男女放荡者（市集是他们的一个集合所），给他们〔警士〕的麻烦比白天的人群还要多。”十二和十三世纪的很多故事，如《有意义的钱袋》故事、《马奇士的传说》、《汉微斯浪漫史》、《洛林》传说的本末片断，有趣地阐明了香宾市集的生活和活动。

香宾和布里市集，甚至在伯爵们统治的后期，看来已经开始衰落，部分因为苛捐杂税的压迫，部分因为法王强制性的商业政策。它们衰败的主要原因，是王室捐税的经常增加，而这种捐税是间接地横加在市集头上的。如上文所述，早在 1262 年，佛来铭商人已经威胁地表示：如果在巴坡谟向他们所征的通行税不予减低，他们将放弃香宾市集。1284 年香宾的女继承人约尼嫁给法王腓力美男子这回事，使香宾和布里同时落入法王的实际控制；那是对市集的一个严重的打击。其次，法王的臭名昭著的财政措施，不久使捐税达到这样的苛重地步，以致商人们开始避开市集。1296 年，佛罗伦萨人迁到里昂去。在同一年，腓力四世对法兰德斯开始进行了战争；在这以后，法兰德斯又被长期卷入英法战争的漩涡，因而市集遭受了严重的损害。最后，1317 年当威尼斯人开辟了那条经过直布罗陀海峡和英吉利海峡到布鲁日和伦敦去的著名的全部海上航路之后，香宾市集受到了几乎致命的打击。于是，它们萎缩为纯粹地方性的市场了。

第二十四章　新寺院团——克伦尼派、息斯脱西安派、普勒孟斯特派、法兰西斯派、多米尼克派

在十、十一和十二世纪，寺院制度的势力达到了高峰；的确，这势力已很巨大，所以对这个时期的寺院制度作一比较精密的研究，是必要的。甚至当时代人也对那时的寺院制度的广泛而又迅速地传布，感到震动。新寺院团的这种激增，是关于中世纪时代宗教信仰的一个独特的证明。因为每个新寺院团无例外地是为了革除旧寺院团的积弊而建立起来的。“修道制度的历史，是一个腐败和改革的长期纪录”。所以在十世纪，克伦尼派接替本尼狄克派，在十二世纪息斯脱西安派接替克伦尼派，在十三世纪法兰西斯派和多米尼克派接替所有以前的三个寺院团。那用以纠正寺院腐败的方法，一向是增多僧侣——建立一个新寺院团来纠正旧寺院团的弊病，来重整这制度。中世纪人们似乎很少注意到：适当的补救办法也许不是增加而是削减僧侣的人数；和今天一样，无限制的民主的缺陷虽已很明显，但很少有人提出要使世界少些民主作为补救办法的。

可是，我们也时常听到反对寺院增加的抗议呼声。十二世纪中，有一个德意志作家写道，“僧侣和寺院充斥于世界了”。《这有什么用处？》是修道士和世俗僧侣之间就两类僧侣相对优点之对话

集，而反对寺院制度的恶毒言论在中世纪文学里，是数见不鲜的。但一般说，我们必须把它们的论点打一折扣，因为两类僧侣之间存在着政治的、社会的和经济的敌对状态，以至发展成深仇宿怨。他们各自争取土地、他们各自阴谋勾结或反对统治的封建主和封建国王。寺院团在利用它们所享有的声望方面，也不落后。关于各世纪中所建立的寺院之统计数字，是具有说明性与启发性的。下列数字是关于中世纪时期法国的寺院建立情况：第四世纪，十一所；第五世纪，四十所；第六世纪，二百六十二所；第七世纪，二百八十所；第八世纪，一百零七所；第九世纪，二百五十一所；第十世纪，一百五十七所；十一世纪（克伦尼派时代），三百二十六所；十二世纪（息斯脱西安派时代），七百零二所。在十世纪末期，法国有五百四十三所修道院。从法兰西斯派和多米尼克派时代起，新建寺院的数字，剧烈下降。在十三世纪，我们看到二百八十七所；在十四世纪（英法百年战争和“教会大分裂”开始的时期）只有五十三所。在十五世纪，这项数字降到二十六所。无怪特里次密斯在1493年埋怨说，“往昔，王公曾建造并资助寺院；如今，他们劫掠并破坏它们了。”后来，在1496年，他伤心地写道：“建造寺院的日子，已一去不复返了。而破坏它们的日子，正在来临。”果然在四十年之后，英王亨利八世取消了英国的寺院。

寺院在整个封建世界里，同时是领主、附庸或宗主，但在它自己的范围里，它是宗主，有着奴隶，有着农奴；它是依靠农奴在它领地上的劳动而致富的。圣里奎尔寺院，当时还不算是很富的，尚有一百一十七个奴隶，领受它的封邑。在它所在的城市中，正确地说，在围绕它成长的城市中，它领有二千五百幢房屋；它们的租户除对寺院缴付现款租之外，还须提供一万只小鸡、一万只阉鸡、七万五千个鸡蛋和四百磅蜡。“圣里奎尔寺院所收的地租和捐费清册告诉我们：早在831年已有人数众多的世俗手艺居民，按他们的行业聚居在环绕那个寺院的各街道上，并为了报答给予他们的土地，他们对有些人供应工具，对其他的人供应带子、布匹或食品”。

在中世纪的各种机构中，再也没有比寺院享受着更大的公众崇拜。所以，寺院在建立时期通常是获得大量基金的赠与。干得斯亥谟的女修道院，即萨克森族所偏爱的团体，在956年开创时，获得了一万一千处庄园的捐赠。赫斯斐尔德寺院在三十年时间内积聚了二千处庄园，分散在一百九十五处地方上。巴伐利亚的德哲尼西寺院，在十世纪早期公爵亚诺尔弗剥夺它之前，曾领有一万一千八百六十六处庄园；与它遭受同一命运的本尼狄克特柏伦寺院，曾拥有六千七百处庄园。佛尔达寺院领有一万五千处庄园；罗耳士寺院领有二千处庄园；圣加尔寺院领有四千处庄园。早在787年，圣汪列尔寺院已拥有四千二百六十四处庄园；圣柏汤寺院在第九世纪已占有一百多所村庄；圣里奎尔寺院拥有二千五百处庄园；秃头查理曾赐给阿微纳寺院一千一百五十处庄园来维持四十个尼姑和二十个牧师的生活。1023年，亨利二世曾剥夺圣特累甫的马克息民寺院六千六百五十六处庄园，而它依然是富裕的。到1030年时，它有一千处以上的庄园，分散在一百四十处地方上。到了十二世纪，佛尔达寺院，在它被剥夺之后，又已逐渐获得了这样多的庄园，它在萨克森有三千处庄园，在条麟吉亚有三千处，在窝姆斯周围的莱茵兰有三千处，在巴伐利亚和斯瓦比亚有三千处。圣乌尔立喜寺院，确被认为是很穷的，尚有二百零三处庄园；在每

一处庄园上，有一至六所村庄。

另一方面，有很多小寺院，仅有一小撮僧侣占据着。但一般趋势是：小寺院由于大寺院的兼并而消逝——克伦尼寺院大多用这种方式扩大起来的——或者被当地封建贵族所侵占；贵族对这种小型而又隔绝的寺院，是容易掠夺的。都尔内的赫尔曼所讲的一件故事，精彩地说明了这类小寺院的隔绝情况。都尔内的圣马丁寺院，是一所发财的寺院，并曾领得查理曼所赐给的一张特许状。在第九世纪“北欧人”侵入的时期，圣马丁寺院住持，为了防止寺院的财物和手抄本遭劫，把它们送往巴黎主教管辖区内菲利厄寺院去。在那个时候，菲利厄是一所重要的寺院，并以它有名的住持琉帕斯的学问著称。但“北欧人”在塞纳河流域的蹂躏以及十世纪的封建混乱状态，使它贫困化，使它的人员缩减，所以它不复被大众所知道。圣马丁寺院的特许状变为无影无踪，连菲利厄寺院的地点在什么地方，也不知道。约在二百年后，偶然有一个访问过菲利厄寺院的库耳特累的修道士，有一天在圣马丁寺院里告诉住持说，他曾在菲利厄见过属于圣马丁寺院的查理曼所赐给的特许状。但这个访问者，在住持来得及问他菲利厄在哪里之前，已经离开了。好多年又过去了。最后，在 1119 年理姆斯会议上，住持碰到了一个来自巴黎的牧师，后者透露了菲利厄的地点，而所失掉的特许状终于失而复得了。伊摩拉寺院，虽然有一个主教并位于距波伦亚城不远的通意大利的一条大路上，但关于公共消息，很不灵通。例如，在 1106 年亨利五世即位两年多以后，它仍以为：皇帝的名字是查理。

寺院生活对于中世纪的人们是具有很大吸引力的，特别是对

爱好研究学问的人们，或者对于嫌恶封建时期强暴风气的人们。基柏特·得·诺戎在他的《自传》里（它是中世纪时代极稀有的自传之一），生动地描写了这项诱惑力。禅房、图书馆和书斋的安静生活、读书和研究机会、庵堂与花圃内的林荫小径引起了利欲熏心的武人们的好笑或蔑视；他们把修道士们的文学和书斋工作引为笑柄。奥得立克·维退力斯痛心地描述封建主的态度，就是对他们所不懂的东西，对价值远超过他们的暴力行动的东西，抱有轻蔑态度。在《吉拉特·得·鲁栖永》纪事诗里，武士阶层对寺院生活的轻视很显著。诗中一个角色起誓说，如果他有一个懦弱的儿子，他将使他成为修道士。

下列故事表明：在寺院制度中有着一项未曾被充分观察出的祸害。在中世纪时代，一个人不是铁槌，便是铁砧，二者必居其一。外面世界，又粗暴又纵欲，对于柔弱的人们，不论在体力或精神方面，是没有地位的。因此，参加寺院生活的道路，对许多人来说，是最少抵抗力的路线。弱者、胆小者、疾病者在寺院之内找到了托庇之所。大多寺院的知识和道德水平，可能是低的；正是这种情况，可大部分说明它们为什么经常趋向堕落，并为什么需要经常努力，以求改革。有时，也有一个有力量的人，可能被迫充当修道士的，因为使一个家庭成员做修道士，是光辉门楣的事情，或有关家庭财产利益的事情。这样的一个修道士，是注定要不满意或叛离的。在中世纪的一篇讽刺文章里，谈到关于这样的一个修道士的一件故事。他被住持派到外界社会去出差。“晚上，他骑着一头浑身是汗的骏马回来。他头上戴着一只熊皮帽，他的外套已经截短，并已经前后开衩以便骑马。他在绣花的军用腰带上，挂着弓和箭袋、槌和钳子、一把宝剑、一块打火石和钢片以及一根橡木棒。他穿着宽大短袴，又因为他的踢马刺很长，他必须用趾尖走路”。从这样的一个世俗僧侣的笔下，我们有着一篇有趣的小品文章，叫做“武侠的娱乐”。

恰与一般所设想的相反，在中世纪时代，修道士大多不是那种负有救济灵魂责任或对别人尽宗教义务的教士。

> 他们在修道士的地位上，既不布道，又不听取忏悔，既不执行圣餐仪式，又不行使任何宗教上的职权。他们是俗人，也只能是俗人，尽管他们确受着关于清贫、贞洁与服从的誓约之束缚；这种誓约是自动地承担的，像现在任何人自己所可立誓的那样，可是在这样做法下，他们不会就终止为俗人的……他们是俗人的团体，指派他们自己的牧师，拥有宗教的财产，但不能因此就是教士了……虽然这些修道士事实上是俗人而且只不过是俗人……但他们的纯粹世俗性却被一般人所遗忘，因而他们的世俗任务被他们的仇敌看作违反他们职业的严肃性的。但问题是：要区别事情本质上的不同与它后果上的差别；僧侣在田间自己劳动，像圣奥古斯丁所命令的那样呢？还是他仅监督别人的劳动呢？住持手执镘刀弯腰曲背面对泥土工作着，像在早期所做的那样呢？还是他仅安排佃人及其他的人来替他做这种劳苦工作呢？[1]

① 坎布伦塞斯：《全集》，第四卷，《导论》，第33、60页（《案卷丛书》）。

本尼狄克教规曾规定一切僧侣做实际的手工劳动。但关于劳动的这种旧理想，不久被湮没无闻了。在封建时代，僧侣不复用自己的手来劳动。他们从出租土地所得的进款，已够满足他们的需要。于是，劳动由农奴代做。这种转变，是势所必然的，因为寺院已日益由那些嫌恶手工劳动的封建贵族子弟所占据。从这一阶层来的人们专心于教导工作、抄写稿本或办理行政。

只在具有强烈的宗教热情时期，像在宗教复兴时期，我们看到，僧侣在一种自卑情绪中，在一个短时期内，做些实际手工劳动。吉美厄治的威廉，在谈到那些建造柏克大寺院的僧侣们时，有些诧异地说道，“你们会看到：他们在教会办公时间之后走到田间去做农业劳动，以消费残余时间；住持头上顶着种子，手里执着农具；有的人清除土地，有的人施肥于土地上，在这以后，在做祷告时间，他们大家回到教堂去，没有一个人饱食而不劳动的”。又有某一个叫朱理安的，在参观了一所寺院之后，报告说，“我在那里看到有些老人正在抄写。我问他们住持在哪里，而他们回答道，‘在寺院下面的溪谷里。他正在割草！’”

但寺院风纪的经常败坏，不能完全归咎于它的内部情形。外界的封建状况，对它们是具有巨大影响的。从寺院运动的开始起，寺院是由私人捐助的，就是说，业主阶层捐给它们土地，因而对它们保留着大量控制权。当地的巨头往往是一个“世俗住持”，他分封寺院的土地并为自己的利益使用它进款的一部分。在第九世纪，理姆斯的兴克马论及休・卫尔夫，即几所富裕寺院的世俗住持时，写道，“他和俗人生活的区别，只在于削发而已。”国王、贵族、主教，由于虔诚和自我扩张的混合动机而建造了寺院。因为寺院一旦建成以后，它的基金由于善男信女的捐献，迅速增加起来，而从这些增产所得的进款，部分归于原建造者或他的家族。所以，建造一所寺院，在中世纪时代，是一种有利的投资形式。因为建造者就是寺院的领主。俗人所建造的寺院，是建造者的传子传孙的世袭财产，它们的进款成为他产业的一部分；它们可以遗传、让与并分配于他的诸继承人之间。只有一种限制性的事实是：它们不能全部被还俗化或撤消。

在封建时代最黑暗而又最强暴的日子里，寺院像其他机构一样，走向下坡。"北欧人"的侵入法国与下莱茵兰、匈牙利人的掠夺德意志和北意大利、萨拉森人对地中海沿岸与阿尔卑斯山路内地的侵袭以及封建贵族对寺院土地的侵犯与对它们财产的占夺；这一切使寺院陷于破产，因而僧侣中很多逃出寺院，而转向于和世俗男爵一样的掠夺生活。在寺院土地上的农奴中，有的已经逃亡或丧生于混乱局势中，而留剩下来的，在人数上已缩减到这样地步，以致僧侣们不得不亲自来耕种寺院的土地。而且，在十世纪对于僧侣，已啧有烦言：人们谴责他们纵情声色、漠视誓约、斋日吃肉、酗酒以及拒绝接待旅客。当时寺院的情况，已经如此败坏，似乎已不能自拔。

但十至十一世纪的寺院改革运动，把它们从这深渊里拯救出来了。新的寺院团如克伦尼派、息斯脱西安派和卡德西安派[①]先后兴起。又跟着它们的兴起，欧洲不仅进入了一个新的宗教改进的时期，而且进入了一个新的世俗改进的阶段。庄园、田地、森林、

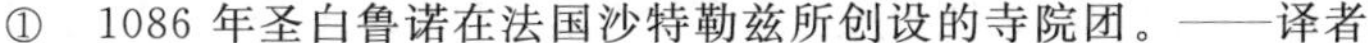

① 1086 年圣白鲁诺在法国沙特勒兹所创设的寺院团。——译者

葡萄园、牧场、磨坊、牛乳棚像阵雨般地捐给它们。寺院也开设了定期市场来出售它们的产品;它们的工场制造木器、皮革、织物、铁器和铜器,住持像世俗贵族一样,甚至铸造它们的货币。基柏特·得·诺戎生动地描写了这项寺院复兴运动:

> 除了最古老的寺院以外,当时没有什么地方可容留很多的僧侣,到处开始了新的建筑;因为僧侣从各方面蜂拥而来,进行了大量粮食的积储。又当没有充分经费来进行大规模建筑的时候,它们安排僧侣三三两两地膳宿于附近地方上。因此,僧侣群突然出现在庄园和市镇上,在城市和要寨里,甚至在树林和田野间;他们向四面八方分散出去……所以,有些贵族就自愿忍受贫穷;并由于鄙视他们的财产,把它们献给他们所进入的寺院;他们还诚心诚意地努力争取别人来做同样的事情。而且,还有贵妇们,遗弃了她们有名的丈夫,置儿女之爱于度外,把她们的财产也献给寺院……至于有些不能全部放弃自己财产的男人和女人,他们把自己财产的一部分,以赠与的形式来维持那些已经这样做的人们。

建立一所寺院,通常是一种移民的行动,就是,移殖于辽远地区内的荒地、森林地或沼泽地上,不论在一个国家的腹地或边疆上。这样地开垦的大块土地,是从来未曾经受斧砍或犁耕过的荒凉地区。这种处女地,现在只在人口增加的压力下,才获得了价值。当然,在一块地方上所采用的垦殖种类,常常特别决定于它的自然资源的。沼泽地可转变为肥沃的草地和田地;森林可提供木材、木炭；如果那里有橡树或三毛榉，则用作养猪的牧场；河流、湖沼和海岸可提供鱼类和作为肥料用的海草。在欧洲沿海岸，凡是漂到海滩上的鲸鱼，一般作为当地住持的捕获品。柏立·圣爱德曼曾付出四千爱尔[①]的布作某些土地的租金。

在布勒塔尼，有一所寺院，是在下面所述的情况下开始的："科尼汪，由五个愿过幽静生活的弟兄伴随着，离开了主教的驻所。找寻静僻地方，经过若干时间以后，他选择了乌斯特河和发兰河合流处的一块地方，那里的崇山峻岭可作为天然屏障。"有一个诺曼历史家，叙述某位叫伯尔拿的在1100年怎样退出了波亚叠的圣息普立安寺院，因为那里已不复是一块寂静的场所；他和他的僧侣同伴走了好多路程之后，定居于一块属于沙特尔主教的森林地区内，叫做蒂伦。

> 大批信徒涌到他那里，并在这新寺院里，每个人从事他所学会做的工作。结果，在他的周围，很快集合了工人们：金属匠和木匠、雕刻匠和首饰匠、漆匠和石匠、葡萄藤修剪工和农夫以及工业各部门中的精巧手艺人。这样，一所巍峨寺院承上帝的佑助，迅速地建立在新近还是盗匪匿迹的一块可怕的森林地上了……于是，伯爵威廉建造了一条上达险峻山巅的陡峭困难山路，以通寺院；那是用铁槌、鹤嘴锄及其他铁制工具砍断岩石来筑成的。他还以石板敷设了一条沿河堤道。

① 古尺名，等于45吋。——译者

同一史家，在另一处描述："可敬的微塔利斯怎样退隐于一处静寂的地方；他看到在摩坦附近的萨维宜村里有大量古代建筑物的遗迹，于是他建造了一所献给'三位一体'的寺院。"茨维发尔登的编年史家叙述：在十二世纪德意志全境上怎样满布着茂密森林。"但当僧侣们在这里占有势力之后，他们开始砍伐了不生果实的树木，并连根拔除了荆棘丛林。他们把林地转变为果园，他们建造房屋和住宅，播种田地、培植葡萄园……他们开掘沟渠，种植各类果树并在树林中以果树苗来布置花园。"1147 年康拉德三世在批准鲁米林根·罗道福给一所寺院的一项赠与时，说了下面一段话："朕还加上一些属于王室的荒地，就是，一所树林……朕愿所说寺院的僧侣们拔除它，砍伐它、开垦它并移殖农民到那里；农民会砍伐并拔除树林，直到他们能够利用此地作日常使用。"

由于建筑木材和木炭价值的日益上涨，欧洲大森林的砍除开始激起了某种程度的惊恐心理；但在这世纪以前，它们曾被认为是人类的敌人，应予砍伐。当时，欧洲人看待它们，恰如美洲垦荒者看待森林一样。特累甫的圣马利寺院住持在写给一个通信者的信里说："我相信，那毗连斐拉力契的森林，毫无用处地覆盖在土地上，这是一个不可容忍的损害；所以我已允准托布勒特居民在下列条件下清除那里的森林：他们为此应每年缴给我及我的继承人三桶葡萄酒"。一所寺院即圣特鲁杜寺院，在十一世纪早期，尚有十三处森林。到了 1120 年，实际上所有的森林已经全被消灭了。

封建时代的"新寺院制度"，由于减少森林和开垦荒地和沼泽地而对农业方面产生了一次经济革命。在这一点上，息斯脱西安派起了一项卓越的作用。这寺院团，创立于 1098 年，以反对本尼狄克派和克伦尼派的奢侈风气为己任。息斯脱西安寺院团，以它的严肃的行动，以它的纯白墙而无装潢的朴素教堂，以它的避免富丽装饰与威风凛凛的仪式，来对克伦尼派的奢侈与豪华作风，提出一种抗议。圣伯尔拿在他的书简里一再指斥他的时代所流行的铺张浪费。同样，在下一世纪，圣法兰西斯竟要拆下在波伦亚和阿西栖的又新又壮丽的教堂建筑物。息斯脱西安派和它的托钵僧，是中世纪时代的清教徒。花纹玻璃、繁缛仪式、宏伟行列，在他们看来，都是带有世俗夸耀的气味。息斯脱西安派决心再恢复劳动的尊严地位，使自己不受世俗风气的玷污。

土地占有制的问题，在早期已经发生。本尼狄克教规原来禁止获得“〔寺院的〕实际境界之外的土地——田庄、农奴、磨坊或一个领主所可占有的什么财产”。然而，这项规定，在封建时代，已经变成过了时的东西。息斯脱西安派曾企图恢复这一条文，并从开始起，就保证新寺院团脱离领主权力的管辖。这种办法，在寺院组织中，确是一个新的转变。为了使僧侣脱离世俗财富的诱惑，又为了使社会不受寺院扩展财产的影响，它规定：寺院的土地，只以足够维持寺院为度，但不应大到足以提供财富的程度。

息斯脱西安派故意找寻欧洲的辽远而又偏僻的地区，而这些地区自然是在森林或沼泽地带内的；因为那些较好的农业区在好久之前已由早期寺院团和主教所占取。因此，我们看到：息斯脱西安派寺院建立在被威廉征服者所破坏的诺森伯兰的荒野上，在法国比斯开湾沿岸的沼泽地上，在佛日山和阿尔卑斯山的山谷里，尤其是在德意志极东的边境上。在移民方面，次于息斯脱西安派的，是普勒孟斯特派牧师，他们采用了同一政策。巴列·吉拉尔德，谈到息斯脱西安派时写道:“给这些僧侣们一块赤裸裸的沼地或一所荒僻的森林;经过几年之后,将可看到:那里不仅有着美丽教堂,而且有着建造在教堂周围的人们住所。”寺院团所喜欢找寻的地点是:未排干的盆地、未开垦的荒地以及茂密森林中的空地。

> 〔一个当时代的观察家写道〕他们找寻荒野中的不毛之地,逃避人群所常到的喧扰场所,以手工劳动来维持生存,并宁愿居住在静寂的地方。由于这个缘故,他们似乎要把寺院宗教的原始生活与纪律:它的清贫、它的粗衣淡食、它的节欲与严肃作风重现于人们的眼前。

关于约克州的息斯脱西安派,有人说,“他们变荒地为良田;他们种植树木;他们改进河道;他们使荆棘丛生的地方生长谷物;草地上,他们的牛群密布;高地上,他们的羊群遍地”。息斯脱西安派和普勒孟斯特派宁愿在未开发的土地上找出居留地,而不愿立足于古老的历史地区之内;由于这种倾向,这两种寺院团成为卓越的移民者。

这是一个很显著的事实:因为易北河是旧德意志和新德意志之间的界线,所以,它也是这些新僧侣团和本尼狄克派之间的一条分界线。除了波希米亚和波兰以外,在易北河以东,没有一所本尼狄克寺院的存在,只有几所女修道院而已。旧秩序已一去不复返了。在斯拉夫人皈依基督教之后,连传教师团,也已变为过了时的东西。“大东北”已被征服,而那里的土地开放给人口的移殖与开发了。息斯脱西安派和普勒孟斯特派的前途,寄托在农业、森林和沼地的开垦、牲口饲养和贸易方面。他们在“新东北”所建立的寺院是农业训练所，而不是什么传教站，也不是什么培养文艺的地方。他们让本尼狄克派去培养“高级”文化；本尼狄克教派在寺院内生长起来的，他们只要一想到德意志边境上的粗野生活，就会觉得毛骨悚然。

寺院团受到慷慨的土地赠与。在十二至十三世纪里，滥给赠与是家常便饭。息斯脱西安派，一旦拥有土地之后，没有什么大的维持费，因为他们被豁免缴付全部土地税，不论这些土地已开垦与否；也被豁免缴付他们牲畜群和役畜的各种捐税。

而且息斯脱西安派教规责成寺院团做实际手工劳动；它不赞成使用农奴劳动，因为那是规避体力劳动对于身心都有好处这项原则的可憎方法。它的清静主义，竟至禁止寺院占有封建采邑，为的是使寺院不致卷入封建纠纷的漩涡里。地点越偏僻，对自然界的斗争越艰苦，对于息斯脱西安派吸引力也越多。克雷尔服的一个新信徒热情地叙述说，他看到僧侣们在那里做工，“在花园里用锄，在草地上用杈和耙，在收获的田地上用镰刀，在森林中用斧头”。

然而，情况不久改变了：息斯脱西安派和早些时候的本尼狄克派一样，在每个寺院里，让世俗弟兄们去做辛苦的手工劳动，而僧侣们的劳动只是监督性质的劳动而已。圣本尼狄克教规曾允许俗人参加寺院；这些俗人按罗马教会所用“宗教”这个词的意义来说，不得算作教会的人，只是在那里生活。他们可分为两类：一类是那些可以受神学教育的人，他们经过训练之后，得成为正式僧侣；另一类（“不识字者”、“愚蠢者”）构成了一种低级的僧侣类型；他们是做下贱工作的。后来，出现新的一类“世俗弟兄”，被准许加入寺院作为院内或农场上的仆人。他们学习信条、主祷[①]和《福哉马利亚》[②]；他们被禁止结婚并强迫实行肃静。他们得从寺院取得衣食和住宿；作为报答，他们长久而又辛苦地工作着，或在农场、或在森林和采石场、或在作坊中。他们是异于农奴和工奴的一种特殊类型。

这些“世俗弟兄”充当了寺院和外面世界之间的中间人。本尼狄克派寺院团对这制度是不熟悉的。世俗弟兄在1038年最先出现于圣约翰·瓜尔柏塔斯所建立的发伦布洛萨寺院团里。在德意志，喜苏(Hirsau)寺院首先采用了这办法。他们必须服从一切加在“不识字僧侣”身上的义务和戒律，但他们不得成为教士。他们的特殊任务，是有关寺院的物质事务。他们耕种农场，他们在寺院内部做繁重工作，他们从事于那些为团体物质生活所需的职业。世俗弟兄也充当商业代理人，把寺院土地上的产物运到市场上去。

这种理想和实践的结合，使息斯脱西安派成为荒地上所很需要的移民者。他们真正是德意志民族向东扩展的垦荒先锋，像萨克森人、伊斯特发里亚人、威斯特发里亚人、条麟吉亚人移民那样；后一批人在这同一时期从人口稠密的老德意志地区涌入易北河外人口稀少的新征服地区。息斯脱西安派僧侣清除森林，开垦低地，排干沼地；他们建造堤坝来阻止水流；他们筑造道路与桥梁。当荒野的整理工作完成之后，他们从“老西方”带来了新移民；他们导引

① 以“我父”一语起首之祈祷。——译者

② 天主教徒追念圣母玛利亚之祈祷，其祷词以“福哉玛利亚”开始的。——译者

这些移民东来，并使他们在沿途无数的寺院里获得舒适的住宿；这些寺院充作旅舍。

主教班堡的鄂图，是波美拉尼亚人间的传道者，普勒孟斯特派诺柏特（由罗塞耳二世指派为马德堡的大主教）的朋友；在第一次传教旅行时，他认识到波美拉尼亚可作为北德意志过剩人口移殖地点之经济价值。

> 〔主教传记的作者赫波德斯写道：〕寺院当然可能在这地区内建立起来。在那里，鱼类的数量多得令人难以相信，海上，湖沼与河流里都有的是。人们用一便士，便可换取大量新酭的咸鱼……至于野兽，这地区富于牡鹿、鹿、野禽、熊、野猪、猪以及各种野兽。还可从母牛身上取得奶油，从牝羊获得羊乳并可获得羔羊和牡羊的脂肪；还有大量蜂蜜和小麦、大麻和罂粟以及各种蔬菜。从它丰富的果树来看，如果地方上再有葡萄、橄榄和无花果生长，我们真可把它作为乐园了。主教因为不愿这地区没有葡萄，所以在第二次旅行时，亲自带来一箱葡萄枝芽，并把它们散发出去，这样这地区就将会出产葡萄酒。

1175年，琉巴斯寺院的建立，是西利西亚历史的开始日期。那一年，波兰的瘦长子波尔斯拉夫（1163—1201年），为了移民上奥得河流域，招募息斯脱西安派移居那里。那是十二世纪日耳曼文化的极东点。

作为农民来看，息斯脱西安派胜过了所有其他的寺院团。这寺院团的一个“弟兄”，在十二世纪初期，以粗俗的而富有纯洁与正当热情的诗句，来描写息斯脱西安派的开发西利西亚的工作。他说，这地区原来是一片森林和沼泽地，由很穷而又很懒的波兰人居住着；他们用树干制的木耙作犁，用一对瘦弱的母牛或公牛拖拉它。居民的生活很苦，没有盐、金属与鞋子；他们的衣服也是残破不堪的。在那里，找不到一个城市。市场交易是在露天进行的，用物物交换的形式来代替货币交易。

在教皇和腓特烈红胡子之间的冲突里，德意志的息斯脱西安派因为他们受到了法国息斯脱西安主义的影响，是坚决拥护教廷的。尽管如此，很多德意志贵族，即使自己倾向于基柏林派，还是赞成德意志的息斯脱西安派的；因为他们认识了后者在移民工作上的性质。可是，腓特烈一世则较少聪明。

当哈德良四世的可畏大臣罗兰继承了教皇位而成为有力的卫尔夫派教皇亚历山大三世以后，皇帝立红衣大主教屋大维安作为“教皇”，以图对抗，后者自称“维克多”。息斯脱西安派当然支持亚历山大；为了这个原因，腓特烈下令把这寺院团逐出于德意志境外。在霍亨斯陶芬兵力所及的地方，他们的土地被合并于王室领内，他们的谷仓被搜劫，僧侣本人被逐出于土地上；直到 1177 年，当教皇和皇帝之间的和约签订以后，他们才得回来。那时，息斯脱西安派成群结队地重返德意志；在那里，他们像和平天使般地受到民众的欢迎。

人们除非懂得过去的历史，很可能认为：保储自然资源的政策，是一个完全近代的运动；精巧的工程技术跟着罗马的灭亡而消逝，直到十六世纪它方复兴；在较接近近代之前，土壤学和地质学的研究、经济植物学、畜牧学和植物培养学等等的价值，人们完全是不知道的。人们也一般地相信：在中世纪时代，人类的开发自然资源限于沼地的开垦、粗糙的挖沟和排水、森林的清除、小型的采矿以及简单的虽不是完全原始性的农业这些框框之内。

但在十二到十三世纪，德意志的息斯脱西安僧侣的劳动历史，驳倒了这种不公正的论断。中世纪德意志的息斯脱西安派寺院，几乎无例外地位于沼泽地区内，所以他们必须规划出一种排水体系。在北德意志，他们很多寺院的废墟迄今还保留着这些建设的痕迹。在哈次山脉和条麟吉亚的山区里，旅行者会碰到这些遗迹的。他们排干沼泽地，使新辟的土地（在荷兰叫做“排去积水的新地”）成为可耕地或牧场。他们使用堤坝来把水流积储于水库内，以利灌溉并用在磨坊方面。他们还把沟渠作为养鱼池。

和他们的水利工程同样有意义的，是德意志息斯脱西安派在利用森林方面所作的努力。这个国家的很多地面上，覆盖着茂密的森林。息斯脱西安派，不像过去那样随随便便地清除森林而不考虑到下面土壤的性质的；他们不仅研究木材，而且也研究土质。他们知道或发现：哪里有硬木成长，哪里就可找到良好土地。他们从来未曾把森林完全伐尽过，而留下几块长着树木的地方。而且，他们为了食物的目的，研究植物的生命、种子的萌芽、水果树的接枝，甚至偶然也研究异花交接法。我们知道：1273 年杜伯伦有一间玻璃植物实验室。当一个“弟兄”漫游各地的时候，他总是随身拿着植物和种子和树木的枝条，并带回来他认为在自己寺院的地方上可以培植的一切花草和种子。这样一来，葡萄种植在莱茵兰推广到中德意志去。奥尔登坎朋的僧侣们把摩力蒙周围的巴息涅葡萄园内名贵的葡萄藤枝输入科伦，从那里其他芽苗传到条麟吉亚的窝尔肯立德，于是再传到普福塔和琉巴斯去。

在中世纪德意志，有几种更出名的息斯脱西安派的事业。这种事业的个别历史，有助于说明他们努力的性质与范围。其中，最著名的一项成就，是"金色草原"的建立。

今天，旅行者，乘火车穿过从淄谟堡到阿登这一带的肥沃地区的时候，不会知道：位于罗萨勒本和阿登之间的一条广阔地带谷禾在夏季的风里荡漾着，过去曾是全北德意志的最可怕的低湿地区。因为这些"金色草原"正是在条麟吉亚盆地的低层。在息斯脱西安僧侣们于十二世纪中期来到那里之前，这地区是一片荒野，充满着泥炭、沼泽和树木断枝。在史前时代，那里曾是一个湖。现在湖已变为一片大沼泽，那里的部分水流慢吞吞地通过赫尔姆小河而注入温斯特鲁河，再从那里流入萨勒河。这地区的形状，像一个三角形；一只角是从萨克森堡延伸到谬登，另一只角，是下赫米利特，从布律肯延伸到温斯特鲁河，第三只角，是上赫米利特，从布律肯延伸到松得哈逊。

1144 年，萨勒河畔罗登堡的伯爵克力斯兴把这在哥斯巴赫村附近的部分泥炭地区，赠给窝尔肯立德的息斯脱西安派；后来，还以接续的赠与，大大扩充了这一地带。与此同时，马德堡的大主教豁免了他们所有新辟土地的什一税。在四年时期之内，在过去只是沼泽的地方上，出现了草原。于是，僧侣们把他们的注意力转到下利特沼地去。在腓特烈红胡子的晚年时代，他已懂得尊重那些从前他所迫害的人们，允准窝尔肯立德寺院的一个修道士约但排除下利特整个地区的积水。几年后，"金色草原"上的僧侣们在利多夫、柏尼根、哥斯巴赫、温德尔哈逊和迦尔登哈逊各地的磨坊已开始运转。

在勃兰登堡，芝尼亚寺院的僧侣们对他们寺院周围的水力，享有完全的控制权；他们利用了水力来经营他们的磨坊。1269 年他们还购买了普勒丁附近的柏克斯太尔村，这个村必须用堤岸来保护。正是芝尼亚寺院僧侣们，发现了斯普累河畔路德斯村附近的有价值的石灰石场，并在那里建筑了储栈，进行开采石头。这石场是在今天的柏林城的周围。

霍耳斯顿伯爵阿多夫三世（1164—1203 年）的父亲，最先提倡荷兰人和佛来铭人移殖于下德意志低湿地区内；阿多夫本人在 1186 年建立了一块息斯脱西安派的移民地；他们来自汉诺威附近的洛昆寺院。这一寺院原来由亨利狮子建造在律伯克和奥尔德斯洛之间的特拉甫河低湿地区内的。在本世纪末期之前，这沼泽地被称为“快乐草原”（Die Heilsaue）（现在当地还是这样称呼它的）。都纳孟德的息斯脱西安寺院，在都纳河口，领有河口的拉美斯霍姆岛，并在那里于 1226 年建立了一所磨坊。梅格棱堡·许威林的达干寺院，是由主教柏诺建造起来的。这寺院在 1147 年对汶德族十字军出征之后，在汶德塞西帕尼族的旧土地上建立的；它对波罗的海的捕鱼业很感兴趣；1270 年，它的十二只渔船的通行税得到豁免。

早在 1154 年，条麟吉亚森林里的伏尔肯罗得寺院已有三所磨坊，位于革默和格拉巴；又在 1282 年，它为另建三所磨坊进行交涉。从很多涉及它的耕地和它不断争取新田地的资料中，我们可明显看出，这寺院大部分从事于磨坊事业。1229 年，它在睦尔豪曾(Mühlhausen〔意即磨坊〕这个词的本身是有意义的)购进了一处农场,附有下列条件:息斯脱西安派在那个地方上应有制造啤酒和出售谷物的专利权。

德意志的息斯脱西安派,是磨坊业者,也是大规模的麦芽制造者。霍耳斯顿的来斐尔寺院是一个息斯脱西安派的磨坊业单位的典型例子。1237 年,它在巴度购进四块地皮和一所磨坊;1255 年它在巴佐以二百四十四马克购进另一所磨坊;1275 年它派出一个"世俗弟兄"到尼利次去管理那里的一所磨坊。1272 年,有人提到在帕喜谟(在新勃兰登堡附近)有一所教堂,来斐尔寺院把它当作仓库用。许威林的伯爵有一时期,因为需款孔急,出售城市的磨坊专利权给当地的息斯脱西安派来换得一千二百六十四马克。值得注意:契约上谈到水力磨坊和风力磨坊。1282 年,杜柏伦寺院在梅格棱堡以八百八十五马克购买帕喜谟和普罗的磨坊;在 1287 至 1292 年之间,以二千零五十马克购进古斯特劳的磨坊;1298 年,以三百一十马克购进古汶的磨坊;在各次交易的契约上,给予僧侣们一项磨坊业的专利权。

息斯脱西安派通过垄断性控制磨坊这一类的地方事业,控制了周围地区的谷物种植。农民除出售他的产品给寺院外,没有别的办法。而在那些未曾完全享有垄断权的地方,他们为了阻止其他可能同他们竞争的磨坊的建立,还霸占了水利权。梅格棱堡和纽恩坎奔的寺院成功地做到这一点,并出租水利权,以取得巨大进款。河流上造水闸,有时对附近土地所有人,产生了严重的损害。例如,由于普隆河上水闸的影响,马都湖(波美拉尼亚的一个湖,十二哩长,二哩宽)的水位上涨了八呎,因而淹没了周围的很多农场。

无论什么时候，只要有自然盐井发现，息斯脱西安派就赶快去占取它们。奥尔登坎朋寺院住持，在1298年访问纽恩坎奔寺院的住持时，曾同他讨论关于开发伦涅堡盐场的办法。那时，来斐尔、杜柏伦和沙尼贝克各寺院，正在那里提出"申请"，又在1326到1329年之间，阿米伦斯旁寺院也加入竞争，1301年，利提哈逊寺院付出了一百四十马克来取得开发马德堡盐井的权利。到了十四世纪中期，几乎有十二个息斯脱西安寺院，在伦涅堡盐场煮盐。

除了经营谷物种植和磨坊业之外，各地的息斯脱西安派还很注意于牲畜饲养。他们种植并收割青草饲料以养牲口；他们腌渍鲜肉，熏烤咸肉，制造腊肠并硝制皮革。从这些企业很自然地会发展出制鞋业、马具业和梳羊毛业。在德意志的极北地区，在波美拉尼亚海岸和鲁根岛上，由于天气寒冷，谷物的种植是受到限制的。但那里三毛榉森林提供猪群所吃的果实。1241年，巴纳塔，即威士劳一世的弟兄，把那里遍布三毛榉和橡树的库斯小岛，赠给鲁根的喜尔达寺院。洛昆寺院，在德特摩尔附近蒲艮堡山上，有一块养猪场，在那里养着一百三十三头猪。

看来，息斯脱西安派在牲畜饲养业方面，曾达到一个很高的水平。1300年，有两个武装贵族曾侵入窝尔肯立德的寺院内，赶走了那里的大批马匹和牛羊。1302年，维涅基罗得的伯爵和基布哈德·冯·安斯坦从一所寺院里劫夺了马、牛、羊和谷物。1309年，窝尔肯立德再次遭劫。约翰·冯·贝柏斯塔特，在某一夜里，抢劫了鲁芬斯坦寺院并掳去三十四匹马。几年以后，这一寺院又被无赖男爵第特立喜·冯·厄赫勒本劫掠，在扭打过程中，两个世俗弟兄被击毙。饲养马匹，在息斯脱西安派中间，是一个重要事业。早在 1157 年,我们已可听到埋怨之声:他们所养的马匹已超过他们所能售出的数量了。关于管理马匹的出售,有着一定的章程;所有的买卖,必须在寺院围墙内进行;小马非长出四只牙齿,不得被出售。出售契约上注明:所售出的马将用作“役畜,非用作赛马、骑士马或装饰马”。在巴明地区,欣麦尔斯福特寺院,在它的一处大农场上,养着八十头牛、六十多只猪、八百多只羊。寺院纪录里还提供有趣的资料,说明寺院所饲养的大量牛羊的情况。波未附近的圣天垒德蒙寺院,在一年之内,出售了七千包羊毛。

在德意志的较老地区,像莱茵兰那样,深耕细作的农业,已较普遍;甚至在那里,德意志息斯脱西安派也能改进条件,并采用新的农作方法。如果我们相信关于伯爵阿柏哈特・冯・阿尔特那的故事,那么,早在 1140 年,他们沿莱茵河的畜牧场,已经出名。据传说,伯爵因为忏悔在同不拉奔公爵战争里曾杀死过大批的人,离家漫游;经过长途旅行后,他到达莱茵河畔摩力蒙的息斯脱西安寺院,在那里他充当了一个牧羊人和喂猪人。后来,伯爵的一个仆人偶然来到这寺院,认出了他的老东家;惊骇地喊道:“伯爵阿柏哈特看守着这寺院的羊群!”①

西摩勒,在他关于斯特拉斯堡纺织工业的著名论文内,表扬了息斯脱西安派促进这门技术工业的功绩。但他们不仅提倡了工业;他们也通过下列办法来促进了更好的贸易方法的发展:他们管理原羊毛的出售,限制抬高价格的转卖,采取防止出售次货或劣货的措施,等等。

① “Graf Eberhard hütet die Schweine von diesem Klosterhof.”

在波美拉尼亚、梅格棱堡、勃兰登堡和北德意志大部分“平地”上，亚麻种植，广泛流行，这种亚麻并织成为一种帆布。这项工业本来是波罗的海汶德族的一项老工业；后来移入的德意志人采用它并加以扩大。农民在他们的茅舍内，织造一种粗糙而未曾漂白的家制麻布，并把它们运到市场上去出售。但他们既没有技巧，又没有工具，又没有专门方法来制造高级织品，像寺院所能织造出的那样，寺院掌握有洗染作、染色方法、优良织机，特别是优良织工。

葡萄种植和酿造葡萄酒，也是德意志息斯脱西安派的一项大规模实业，特别是在莱茵河和涅卡河流域内。如果葡萄不能在寺院所在地上种植，他们将在别处找得土地。在杜平根的适宜于种植葡萄的山地上，葡萄藤长得枝叶茂密。在 1193 年之前，窝尔肯立德寺院曾在波登罗得种植过葡萄，并建造一部榨酒机和一所酒窖；后来，它又在法兰垦哈逊附近的塔尔海谟建造了一所新酒窖。1202 年，它曾以一百五十马克购进在符次堡附近的一所葡萄园。在这些产业中，每一处由一个“世俗弟兄”专家来监督。窝尔肯立德寺院在符次堡周围拥有这么多的葡萄园，所以在 1206 年它在城内购买了一块地基，建筑了一所酒窖，并开设了一爿酒店。在普福特，在那里萨勒河流域与温斯特鲁河流域连在一起，所有周围的山地上，几乎没有一亩地不是种着葡萄的。我们可看到关于在波森道夫、吉斯塔特、赫奇道夫、奥德斯罗得以及其他地方葡萄园的记载。从窝尔肯立德寺院到亚尔美里克的桥头这一条长廊，都覆盖着葡萄藤。我们不能正确地断言：普福特的制酒业的规模如何，但普福特，1202 年在法兰德斯曾出售二百吨葡萄酒这一事实，是耐人玩味的。葡萄的种植在中世纪德意志比起今天的德意志还广泛

得多。甚至勃兰登堡和萨克森,也种植葡萄。在条麟吉亚,像在诺曼底一样,苹果种植和苹果酒酿造,也是寺院的一种有利可图的事业。在这里,乔根塔尔寺院,是以苹果园出名的。1227 年,它在清理一个当地骑士的债务时,接受了海鲁普和罕斯旁两座庄园;两者都种有大量苹果树。普福特有苹果园,也有葡萄园。

息斯脱西安派的大部土地,像他们以前的其他僧侣的土地那样,或者放租出去,或者由“世俗弟兄”去耕种。租户部分用货币,部分用实物来缴付地租。寺院的这些依附人,像世俗业主的农奴那样,负担着各种庄园捐税,例如免役税(德文“Zins”,法文“Cens”);他们缴付死亡税(Heriot),这是按照情况分成等级的。如果死者曾娶一个不属寺院的农奴妇女,他的继承人必须缴出一半产业给寺院。然而,如果死者的妻子也是寺院的一个依附人,只须缴出他最好的服装。如果死者曾是一个财产所有者,他的房屋必须缴出,作为继承他的土地的继承费;如果他土地上没有住房,那么,缴出他的一半土地。中世纪教会的手臂是长的;它的心肠是硬的。

当息斯脱西安派的经济体系欣欣向荣的时候,变动也接踵而来。跟着时间的进展,他们发现:全部工作由“世俗弟兄”去做这办法,是行不通的,因而产生了一种新的依附人(“雇农”)。这批人居住在寺院围墙之外,虽然也是在寺院土地之上。寺院赠给他们一方土地,作为开端,但任何其他土地必须是租赁的。这些“雇农”(Lohnarbeiter)无须立誓,也不是束缚于领地上的,像普通农奴那样。如果他对于条件感到不满,他可自由离去;虽然事实上他也许很少能够这样做,因为他往往是拖欠租款的;因而他的命运和真正农奴的命运，表面上是很少差别的。

除了这些不自由或半自由依附者外，另有一种较高级依附人，叫做年金领受者。这批人在他们的晚年愿意来到寺院里过活；他们把自己的财产赠给寺院，从而得从寺院领取年金。他们是从小自由业主和小绅士阶层中间来的。他们因为感到在大封建主的压力之下难于自卫，就用这种方式来取得教会的保护。

属于寺院的农庄，不是一片连接的地带，而是一个分散土地的集合体；各地彼此之间往往相距若干哩，而在每一块土地上，各有一个农村，并有一个小监守人或管家驻在那里。这些地产，通过下列四种方式之一而得来的：(1)它们可能是由农民自然地集聚在寺院周围而形成的；(2)它们可能原来是自由农村而被降到依附地位的(汶德族村落，尤其如此)；(3)它们可能是由当地业主所捐赠的；(4)它们可能是由僧侣们购买的。

除了这些农庄之外，寺院还有农田，往往是单独一块一块的、互相隔离的田地。在洛林的文特巴赫地方，有一块农田，由四个“世俗弟兄”和九个仆人来耕种；我们不知道它的面积多少，但在一个时期内，那里有过二十八头牛和二十只羊。在萨克森，利提哈逊寺院，在林台谟、马息罗得和阿拉谟三地各有一块农田。我们看到，布赫寺院约在 1352 年使用它在阿米尔哥斯特威次的农田，作为中央仓库和贸易站。这里有一个充当牧师兼经理的僧侣、一个厨司、两个“世俗弟兄”、一个农田管事、一个牧人、一大群依附农以及二十四匹耕马。

息斯脱西安寺院，显然是为了开发荒地而组织起来的；所以它们对于建造教堂及其他建筑物所花费的钱，是很少的；其中没有几所寺院维持着什么学校的；连对农村的传教也是漠不关心的。另一方面，他们特别注意于种植大宗谷物，如小麦、裸麦、大麦，并独占了地方上的磨坊权利；他们培植葡萄并酿造葡萄酒；他们为织麻布而种植亚麻，为得羊毛而养羊；他们是果园匠，也是牧场经营者和牲畜饲养者。

这里，值得注意那在转变着的寺院经济。在开始时期，寺院完全注意于农业，后来它们渐次扩展到工业，而最后也从事于商业。同时，在这些转变的过程里，寺院活动的有形范围也越来越大了。

在 1157 年前，任何寺院人员不得走到距寺院一日行程外的地方上去购买或出售商品。在那一年，这项规则放宽了，准许四天的行程。在这个时期，寺院的经营，主要还是属于农业范围的。但稍后，我们看到：产品的过剩，使寺院去找寻市场。于是它们放弃了单纯的物物交换的形式，就是，僧侣以他们所有的商品来交换他们所无的商品的形式；而代之以货币经济，因而真正的贸易出现了。在十三世纪，可以看到：在波罗的海沿岸上的寺院已在利用海道，把它们的货物运到律伯克和丹麦港口去。寺院团在里窝尼亚已经立脚得很稳，所以，1204 年，英诺森三世曾乘此机会大大表扬一番。到了 1209 年，息斯脱西安派在俄罗斯，也有几块兴盛的居留地。

到了 1241 年，爱尔登寺院在鲁根已有权保持一个市场。律伯克和许威林两城，都是息斯脱西安派的贸易中心；罗斯托克是另一个贸易中心。杜柏伦寺院同梅格棱堡进行了贸易。早在 1229 年，里窝尼亚的息斯脱西安派一定曾和俄罗斯有过贸易关系；因为在那一年，教皇格列高里九世曾命令：里加的主教、里加的息斯脱西安派都纳孟德寺院的住持和里加的市长应中断和诺夫哥罗得的贸易，除非俄罗斯人停止对芬兰人的骚扰；当时，后者新接受了基督教。在这一世纪里，我们看到：有谷物和葡萄酒从波罗的海港口运到挪威去，也有小麦从律伯克运到荷兰去。这些产品中的有些部分，一定来自梅格棱堡的息斯脱西安派寺院的。所有赐给息斯脱西安派的市场权，大部分开始于十三世纪；当时，他们寺院的权力和财富正在蒸蒸日上，而他们的道德品质正在走向下坡。

息斯脱西安派在葡萄酒贸易方面的发展，可说明上文所提的关于经济转变的阶段。1134 年，寺院的葡萄酒不得出售给局外人的。在十二世纪后期，他们的葡萄园已非常繁盛；所以，所有剩余产品需要找一个出售的市场，无论在什么地方。有的寺院，甚至采用零卖饮料的办法；在寺院墙垣之外，设立摊子由“世俗弟兄”来售酒。后来，我们看到，葡萄酒在寺院范围之内公开出售，然而附有一项条件：在售酒的地方，不得有什么不正当的言行，尤其是严禁掷骰子的赌博。

息斯脱西安寺院团的优点，在于它在方法上能够适应十二世纪改变了的经济条件。本尼狄克派和克伦尼派停留在一种简单农业经济上，但这种经济已不复适合于新时代了。由于这个缘故，他们渐次丧失了地位。但息斯脱西安派则不然：他们按照地方情形来发展特殊的生产，如生产葡萄酒、饲养马匹，等等；他们在出售他们的产品方面，也很活跃。息斯脱西安寺院，相互之间，密切联系。它们严格监督自己的企业；它们也是精细的簿记员和会计员。每个寺院对于它所建的一切新寺院，负有督促的责任；它监视它们的纪律，也稽核它们的账目。

不久之后，息斯脱西安派也变得穷奢极欲；关于这一事实，有琉巴斯的寺院所作的下列申诉(1280 年)，可资证明；这申诉谈到周围社会的不断求乞，或邻近贵族的敲诈勾当。这里就是摘自《琉巴斯古文献》中的一段文字：

> 住持几乎没有一个月，而且几乎没有一天，不施舍一些东西就可以过去。他的袈裟并不能保护他。这个人哀求，那个人威胁。这个人要求马克和便士的现款，那个人要求谷物；这个人要求面包，那个人要求干草，同时还取去一百只羊……几乎没有一件想得到的东西不向寺院要求的……第三人求乞木柴，第四人讨取干草，第五人要求听美好的合唱音乐，第六人要求他的马匹应装蹄铁，第七人要求灌满他的酒瓶，第八人要求鱼，第九人要求一大包干酪，第十个人要求香子饼，第十一个人要求苹果，第十二个人年年来讨取制衣服的布匹……第十三人要求一双短袜或鞋子……但事情远更糟糕，当打猎的人们带着他们的仆人和猎犬来到的时候……他们像饥饿的狼群那样，对一人一块面包，嫌太少。有的人要求饮酒，并赌咒说，他将毁坏寺院；别的人擅自走到酒窖门口，要求葡萄酒，边咒边喊：他不愿给基督以一个便士，更谈不上给僧侣了。

到了十三世纪，息斯脱西安派的僧侣们像他们以前的本尼狄克派和克伦尼派那样，也堕落下去了。财富、懒惰和恶习已逐渐使他们腐化，像所有其他教派僧侣的腐化那样。关于这方面，证据是多种多样的。亥斯脱巴赫·凯撒是属于这寺院的一个非常忠实的成员；他不止一次地承认了这种情形。这批僧侣不复抱着一种开荒者的精神；他们摆脱了边境上的艰苦状态。相反，他们开始集结在人口稠密的老地区；他们逐出那里的农民或者圈围他们的田地作为谷仓和牧羊场。整个村庄因此消逝了。

所有对寺院的赠与，是出于宗教和世俗的混合动机的。其中动机之一，明显地是属于经济性质的。大荒野内的广阔地带之所以赠给寺院，因为按圣本尼狄克的教规，如大家所知：僧侣将清除森林；排干沼泽地；逐退那些威胁小农村内生命之野兽；修建道路和桥梁，并开垦荒地。不仅大块土地，而且整个村庄，赠给寺院，像赠给其他权利那样，例如市场权、征集通行税和什一税权、免缴通行税和什一税权、铸币特权、司法权、使用或占有矿场和盐井权、自由使用森林木材权。寺院保有这些土地，作为封邑，并把它们再分封出去。这项办法，当然会使寺院深深地卷入封建制度的漩涡——战争、诉讼、政治野心和政治冲突的漩涡。

寺院为了捍卫它们的广大领地，仿效了世俗贵族；它们在封建时代把它们的退隐所改为城堡式的建筑物群，有森严的女墙、城池、棱堡、守望楼并有好战的城堡时代所流行的建筑装饰物。这些宏大的石头建筑物像封建城堡那样，是寺院财产的明显体现。这项转变促成了寺院精神和理想的一次转变，就是僧侣阶层同化于军事封建主。寺院团中富有宗教精神的人们对这新情况，感到伤心。试看下面一段抗议的话：

> 试看在建筑方面，我们已多么远离古人的简朴作风。你们的这种高楼大厦有什么意义呢？你们不会因此而能够更好

地防止恶魔，反而更加接近了它。圣伯尔拿当看到像息斯脱西安派的初期茅舍般地盖着茅草的牧师的小屋时，感动到流泪；而如今他们开始住于石头造的宫殿，附有一切闪烁如天上星辰的装潢。你们为了富饶的仓库和土地的缘故，已丧失你们的自由意志了。

另有一个中世纪作家，对于僧侣向寺院土地上的农奴和贱农所勒索的繁重劳役，感到愤慨：

天真无辜的人们一定会死于饥饿；这些巨大的狼〔就是，贪得无厌的僧侣〕以他们的血肉来填满自己的胃。这谷粒，这谷物，难道不是那些耕耘他们土地的可怜乡下人的血肉吗？

一般说，中世纪政府对寺院的大扩展，是侧目而视的。寺院的誓约和生活方式使僧侣们脱离了世俗的活动。住持不像主教那样，可随便使用于世俗行政或军事方面；因为寺院具有较大的隔离性，而寺院内所流行的组织形式又较少紧密性。但寺院的物质财富，甚至大于世俗僧侣的财富。寺院比起主教区，不仅相对地而且绝对地富得多。它们拥有较大部分的土地，而且通过特权和豁免权，它们使较大部分的土地脱离了国家的征税权。那些加在寺院身上的军事和财政负担，不像加在主教区身上的那么重。在这样的情况下，寺院比起世俗僧侣，不论对国家或对社会，较少实际利益。它们的财富超过了它们的实际需要；例如，供给寺院人员的日常生活费用，维持学校和寺院以及救济事业的开支。“死手”[①]还使它们的大部分剩余财富周转不灵，而不能使之为社会的利益而自由流通；而这种财富又不能强迫拿出来使用，像教会的财富通过政府的征用而被拿出来那样。

在许多寺院所拥有的大量财富和僧侣所宣誓的安贫乐道之间所存在的矛盾，是显然可见的。于是，他们用法律虚构来规避寺院“教规”，就是说，寺院是一个法团。寺院人员，从个别人来讲，是没有什么财产的；作为一个集体来看，他们的进款是很大的，而僧侣还过着奢侈生活，除非一个严正的住持严格地实施寺院“教规”。其实，寺院“教规”之所以被重视，与其说是为了遵守，不如说是为了阳奉阴违。亥斯脱巴赫·凯撒说道：有些息斯脱西安寺院已多么富裕，它们每天能供养五千人，如果它们愿意这样做的话。

老的本尼狄克寺院，几乎都是顽强地抗拒寺院改革的。在拉·雷奥尔，僧侣杀死了由克伦尼寺院住持所派去的一个院长。在德意志，本尼狄克派不顾教皇的咒逐，继续支持亨利四世来反对格列高里七世。克伦尼派是从来不愿做手工劳动的一个寺院团；他们以考究的奢侈品、珍美的饮食和漂亮的服装出名。中世纪文学里，时常指责寺院的贪欲，爱好财富那也常是公道的。证据，就是那些千百张伪特许状；它们是由残酷的住持为了增加他们寺院的土地而伪造出来的。他们也常常把灾难转变为利益。例如，在“北欧人”侵入法国和马扎儿人侵入德意志的时期，寺院曾大受掠夺；因为侵犯者马上发现了寺院是大量财富的集中地。但在抢劫

① “死手”(dead hand)意即不能变卖的管业。——译者

风潮过了之后，它们的财富就迅速增加起来。信徒们，因深受他们动人的呼吁所感召，纷纷以新的捐赠给予寺院，因而它们所得的绰乎有余地弥补了它们所失的财产。不仅如此，当赠与来得缓慢的时候，“它们借助于伪证状取得了财产；这数量超过了它们所失的财产”。僧侣们有时还巧妙地利用了社会上尊敬圣徒遗迹的热情来取得新的土地赠与。在乡村里因为捧着圣徒遗迹，列队游行，已成一项风俗，而且游行队在哪里停止，哪里就被要求为属于圣徒的土地。“格龙梦特寺院的创始人兼第一任院长于1124年死后，开始以治愈一个麻痹症的骑士和恢复一个盲人的视觉，来显示他的圣灵的时候，他的头脑简单的信徒就哄动起来。这圣徒的继承人恳求，毋宁可以说，谏诤死者的幽灵说：‘您曾教导我们过静寂生活，而现在，您企图把我们的静寂地点转变为一处市场和市集了。’”

而且，贸易也给教会带来了腐蚀作用。1223年，贝稷亚宗教会议埋怨说，许多寺院所维持的酒店，把骗子、巡游演艺者、江湖医生、赌徒、小偷和妓女吸引来了。那些富裕而又有势力的寺院，常为贵族家庭的较年幼的子弟，提供了有利而又安逸的生活条件。克伦尼寺院的住持奥第洛，有一侄子在北意大利充当诺伐勒西寺院的住持；他不愿过一个僧侣的生活，以一群酒肉朋友来围绕自己；把寺院的土地分封给他们；而自己过着一种放荡的刺激性的生活，像一个好斗的男爵粗坯那样。

寺院的人事组织是很有条理的。在住持之下，有一个院长，常有一个或以上的副院长；后者指导专门性的行政人员。总务长负责管理寺院的土地、进款和动产。隶属他的有：一个地窖管理员或储藏所和作坊的监督员、一个会计员或司库以及一个稽核员，即查核进款和账目者。

一所中世纪寺院的建筑物和地基的布置可以瑞士圣加尔寺院的平面图来说明〔见附图〕。寺院包括一个修道院庭院，毗连僧会礼堂，在这礼堂和教堂之间是圣器所，由一座扶梯间隔着；在宿舍下面有一个储放啤酒、葡萄酒和食油的地窖；教堂对面是食堂和厨房；盥洗所位于修道院南面路旁；在一个内庭院内有：一所病院、一所会客室、厨房、仆役房、图书馆和写字间（抄写书籍的房间）。还有一个普通庭院，设有为车辆出入的双重大门，由谷仓、烘面包房、牲畜棚、储藏所、仆役间、审判所、监狱和仓库围绕着；此外，还有磨坊、工场、酿酒所、花园、鱼池。

寺院的资本，像近代商业公司的资本那样，分成为固定资本和流通资本。固定资本，包括有土地、房屋和设备。流通资本，是由土地上的产品、劳动、商业利润、市场捐、赋税等等构成。中世纪的寺院住持，如果有成就的话，一定是熟练世故而又有判断灵敏的一个人。基柏特·得·诺戎，本人也是一个住持，在谈到一个有效能的住持时说，他“懂得怎样来适应外界情况；在和别人进行交涉时，在办理他们的法律案件时（对于其中细节，他为了他们加以仔细研究），他既客气而又宽大……这个人在法律事务方面，被认为比一般住持更精明，而且在城市里他是很闻名的”。布拉克伦·佐塞林的“编年史”生动地描写了中世纪寺院内部和它周围的生活情景；就是关于 1182 到 1202 年之间柏立圣爱德曼的圣爱德曼寺院的生活。他详细叙述了它的住持参孙的活动，这项记载，很有说明性的：

> 这个住持派人去调查各个庄园的全部情况：关于自由人年付的免役税，劳动者的姓名和住所以及每个人应尽的服务；并使这一切写成了书面报告。他还修葺破旧大厅和倾斜房屋，在那里老鹰和乌鸦已在环绕翱翔；他建造新的教堂并且在许多地方上建造内室和上层楼面，在那里除有仓库外，从来未曾有过什么住所。他也封住许多园林，里面充满狩猎的野兽，维持一个猎人和几只猎犬；在有任何有地位的人来参观时，他和僧侣们坐在树林里，有时看着群犬奔逐。他改良大量土地，使之可以耕种……在管理这些庄园以及在其他事务方面，他所指派的管理员，比起他们的前任，总是要谨慎得多……在耶稣复活节后，这个住持检查属于寺院的每个庄园……他建造仓库和牛棚，首先是关心整理耕地并注意保护森林；关于树林，无论在赠与或缩小面积方面，他是很审慎的。……他时常由于暴露于风雨之中，嗓子变得沙哑。

佐塞林关于住持参孙，还告诉我们说，“他似乎爱好活动甚于爱好沉思的生活；他对好办事员的称赞，多于对优秀的唱歌班僧侣的称赞；他很少赞许一个仅仅有点学问的人，除非那人有着关于世俗事务的知识；当他听到任何主教放弃照料灵魂事务而退隐的时候，他不会赞美他的这种行为的”。他还生动地叙述圣爱德曼寺院的住持和伊里主教之间关于砍伐造屋木材的一项争执。那些要被砍伐的树木是属于圣爱德曼寺院的，因而主教向住持请求准许。由于名字搞乱，主教必须作第二次的申请。在这时候，住持自私自利地把木材伐下并标出留作自用。就在这同一寺院里，住持参孙建造许多实用的、许多敬神的建筑物：住宅、教堂、教堂尖阁、仓库；还建造巴布威尔医院，配备圣爱德曼柏立学校的校舍。他还把那些原盖芦苇的屋顶，改为盖瓦片的。

所有新寺院团，都是诞生于改革的倾向和复兴运动里的，例如克伦尼派、息斯脱西安派和多米尼克与法兰西斯托钵僧；虽然他们常常有助于解除社会上某种弊病，但他们后来制造出新弊病或重复旧弊病。从克伦尼派和格列高里改革起，寺院日益摆脱了主教和世俗控制；使寺院团危险地脱离了国家而独立，并对民族主义和君主政权起着反对的作用。正是在这些寺院团最出名又最兴旺的时候，我们也看到对寺院制度的尖锐批判：不仅对它的弊端和腐化情形，而且对于这制度的基本原则都加以批判。寺院与庵堂以及它们的内部人员的大批增加，破坏了家庭的关系；而且私产的过多转移到寺院，常使家庭陷于贫困。反对寺院制度的呼声不是完全来自寺院土地上的劳动农民的。它也有来自有见识的（虽然有时出于嫉妒心理的）主教和贵族、政府官吏和朝廷大臣。亥斯脱巴赫·凯撒曾详细论述恩斯弗利德（科伦的圣安德累雅斯寺院的副主教）的品德，并摘引了他的一段话："一棵好树不能从劣根上成长起来。在这些日子里，很少僧侣是按照教会法程序而进入了寺院的；很少人不是血缘僧侣〔就是，由于他们的家属而勉强挤入的僧侣〕，便是滑稽僧侣〔就是，被一种势力强制加入寺院的僧侣〕，或是买卖圣职者，就是曾购买寺院成员资格的僧侣。"基柏特·得·诺戎本人是个僧侣，识见高明，能够看到一个问题的两方面。虽然是一个忠诚老实的僧侣，但他不是闭眼不见这制度的弊病的。他埋怨地说到下列情况："过多的人过着修道生活"；"几所著名的巨型寺院的臃肿状况，

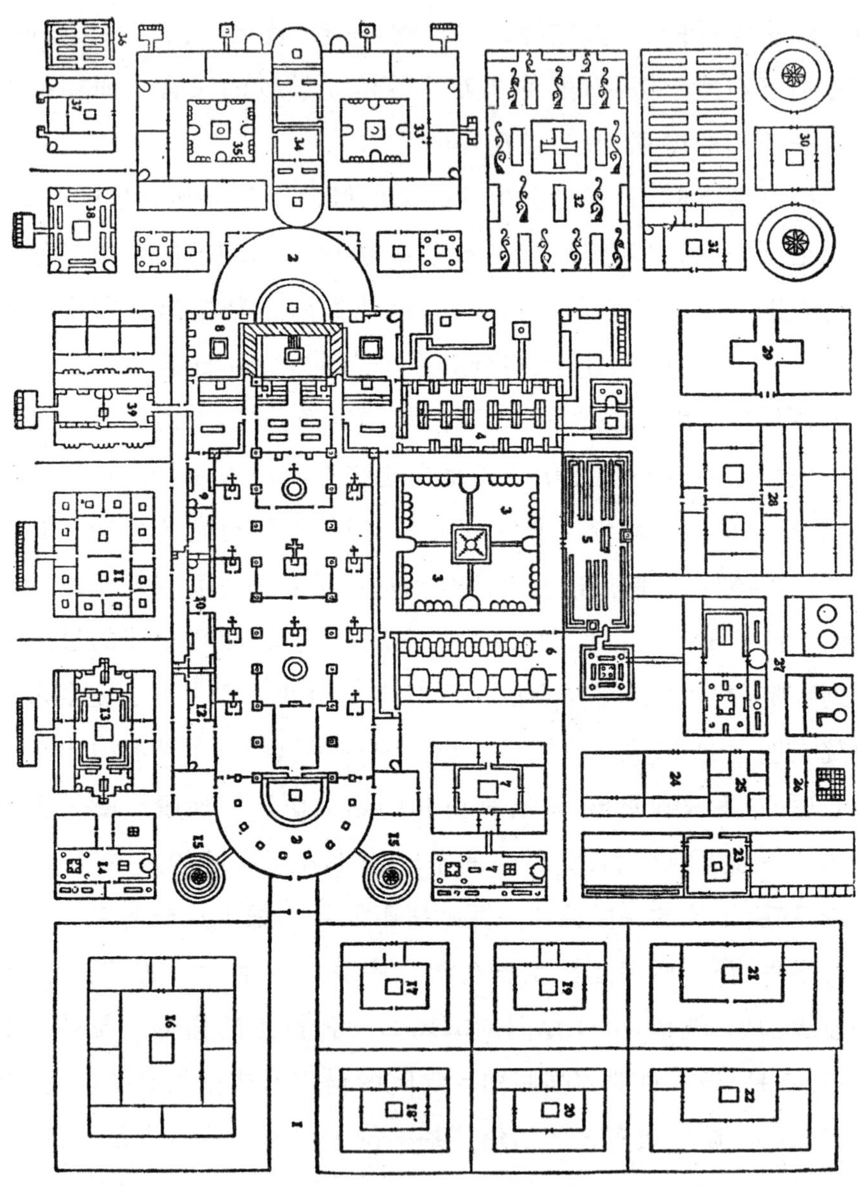

一所理想寺院的平面图

（按现在保藏于瑞士圣加尔寺院图书馆内的原图缩小。原图绘制于第九世纪。总面积，约四百呎长，三百呎阔。）

说　明

1. 从寺院围墙外到教堂的入口处。
2. 教堂:注意双半圆形室和许多祭坛。
3. 大修道院,显示拱廊和中央水池。
4. 宿舍,在第二层,下面有取暖设备。
5. 食堂,在底层,上面有衣帽间。
6. 地窖,上面有储藏室。
7. 香客和旅客的寄宿舍,附设烘面包房和酿酒作。
8. 写字间,上面设有图书馆。
9. 僧侣来宾卧室和宿舍。
10. 校长房间。
11. 教室,附设教师房间。
12. 搬运夫小舍。
13. 贵宾房间。
14. 属于上项(13)的酿酒作和烘面包房。
15. 高塔,有环形扶梯,顶上可俯瞰大片景色。
16. 一座大建筑物,用处未详。
17. 绵羊棚。
18. 仆役间。
19. 山羊棚,附设牧羊人房间。
20. 猪圈,附设喂猪者房间。
21. 牲口披屋,附设牧人房间。
22. 马房,附设马夫房间。
23. 牝马和牡牛棚,附设仆役间和堆干草的顶楼。
24. 木工、箍桶匠、辘轳匠的工场。
25. 酿酒谷物的储藏室。
26. 干果储藏室。
27. 常驻僧侣的酿酒作和烘面包房:注意石臼和手转磨子。
28. 皮革匠和各种金属匠的工场。
29. 谷仓和打谷场。
30. 家禽饲养者房间附设母鸡棚和雌鹅圈。
31. 园丁房间,附设菜圃。
32. 墓地。
33. 小修道院和献身者卧室。
34. 新修道者和残废者的教堂。
35. 医院。
36. 医院花园。
37. 医生诊疗间和配药房,附设病房。
38. 另一所医疗用的房屋。
39. 住持住所,表示到教堂和大修道院的入口。

在那里博爱热情已在消失”；从分封寺院土地所产生的流弊；贵族家庭安插“败家子”于寺院中的惯例；僧侣的骄气使他们拒绝用手来劳动，因为贵族认为手工劳动是卑贱的；“道德堕落和金钱挥霍。”但基柏特也是近乎人情的。当他看到：富人们藐视寺院制度而扣紧他们的钱袋不再如前一样地捐赠土地的时候，他愤怒了。他讽刺地说，“往昔，人们怀着慷慨情绪来建立寺院，曾捐给寺院以土地和金钱；他们对于这类功德所消费的资财比起如今他们的子孙所加惠于我们的空好话，还要慷慨和乐意”。

俗人常指责中世纪僧侣的贪食、浪费、侈奢和放纵行为；但从保留下来的千百种寺院纪录或财产清单来看，这项指责是缺少根据的；寺院的管理，显得仔细、精明和廉洁。又从僧侣们所完成的中世纪欧洲的巨大经济革新来看，总的说，他们曾是贤明的地主和农业家。农业是寺院的主要经济活动，但由于他们必须出售他们的剩余产品的缘故，他们被吸引到贸易和商业的圈子里。冒必逊的富裕寺院，是这个时代的一个典型。这寺院的账册表明：住持曾以出售猪、木炭、青葱、铁、建筑石、木材来增加他的资财。寺院的建筑费详细地记载在账册上。它的华丽设备品的清单，可有趣地说明：在伦第市集上所可买得到的东西。1110 年，罕廷顿州圣伊甫斯寺院的住持，从亨利一世曾获得圣伊甫斯一市集的赠与；这市集在耶稣复活节后不久开始，得继续一周。

在纪录上特别指出的，有两类市场，就是周市场和年市场。在许多许可状中，周市场的举行日子是有规定的。圣得尼斯寺院为它的科美里村庄（在凡尔赛附近），取得一个周二市场；威海谟的罗耳士寺院和霍那的基斯兰寺院以及安兰寺院（为了它在亚尔萨斯的村庄),都得到周三市场。但对许多寺院市场来说,周四是最被欢迎的日子。我们没有关于周五(耶稣受苦日)市场的纪录,周六市场也是很少的。有许多寺院获得了举行周市场和年市场两种许可状。年市场一般是在寺院的"护神"节日举行的,延续至节日后几天或几周。圣得尼斯寺院在10月中举行它的年市场,在第九天,即狄奥尼素节日开幕,并继续四周,以接待来自外地的客商。比沙普斯堡的圣约翰寺院的年市场,在6月24日,即圣约翰节日开始的;圣马泰阿斯寺院的年市场,在它的护神节日开始的。厄森的寺院的年市场,在它的护神节日即9月27日科斯马斯和达米那斯节日前三天和后三天举行。

如果市场不是在寺院的护神日举行,它将在其他某大节日举行,目的是要在人数集合得最多的时候来进行买卖。有人埋怨说,当群众集合在市场上的时候,要挤入教堂来做弥撒,是困难的。佛尔达寺院的年市场,在棕榈主日[①]举行,延长到耶稣复活节日。米登寺院在降灵节[②]开始它的一个市场,另一个市场在秋天圣迈克尔节,即9月29日举行。考芬顿寺院在圣约翰节日举行它的年市场。

市场在教堂建筑物附近举行,可获得更多的安全保障,尤其是在"上帝和平"运动之后。虽然教堂本身常常被利用,但它附近的公墓或墓地,也是一个受欢迎的地点。那个叙述圣腓力柏特奇迹的编年史家告诉我们:有一个属于圣得尼斯寺院的市场是在教堂内部举行的。当商品未曾实际运到市场上的时候,购买者须承担它在运输

① 复活节前之星期日。——译者

② 复活节后之第七个星期日。——译者

上所碰到的风险，就是说，要防止充斥公路上窃贼和水路上盗匪的掠夺。有一项纪录表明：圣泽利昂寺院的住持在科伦的寺院市场上购进了葡萄酒，但被迫往窝姆斯去取货。这是中世纪时代寺院贸易的一个特点。

有少数纪录只标明：在某某指定的地点上，仅仅什么贸易可以进行。鄂图一世曾准许若干所寺院在它们的土地上设立牲口市场。寺院市场上的商品，包括它们剩余的农产品和各种工业的制成品。本尼狄克派和克伦尼派寺院，在世俗市场和市集发展以后，除在自己寺院市场上做交易外，也在这些市场上出售它们的产品。但息斯脱西安派的教规禁止在世俗市场上出售他们的产品。产物和制成品须直接在寺院的庄园土地上出售，并一成不变地须当场收取现款。不准延搁付款或部分付款，而以物易物的交易，也被禁止。在他们的时代即十二世纪，货币经济的流行，使这项规则比在以前的时代更易于实行。

在理论上，寺院从出售它们剩余品所得的进款，被认为是用在宗教目的上的。当我们知道这些寺院所做的大量慈善工作并看到这个时期所建造的壮丽建筑物的时候，我们认识到：它们是把所得的大部分用在这种目的上的；但寺院由于它们商业活动的结果，也积累了庞大的财物。

关于寺院可出售的剩余产品数量，我们只能从它们产业的范围来判断。有少数记载谈到有关某些寺院的特殊事情。在累根斯堡的帕波寺院和在累根河左岸下曼斯巴赫附近的恩米兰寺院都曾获得准许，可从“北森林”每周伐木两天。编年史家告诉我们说：森林附近的世俗领主曾企图阻止僧侣们把这种木材拖过他们的土地上，这样使寺院难于经营它们的木材贸易。

庄园所供应的剩余产品有：小麦、裸麦、雀麦、大麦和元麦；还有：猪、绵羊、羔羊、山羊、鸡、鸭、鹅，等等。在寺院土地中，僧侣所耕种的，只是一小部分；其余大部分土地，分给工人、挤乳人、管林者、农奴等人耕种，所有这些人都以实物来缴付捐费和地租。在纪录簿中，还列举其他东西，如蛋、干酪、芥实、盖屋板、木柱、火把、小桶、大桶等等。妇女纺织麻布，并为僧侣们缝制衣服。在森林里工作的农奴制造木炭，管理鱼卵孵化所和蜜蜂培养；对于养蜂业，中世纪寺院是出名的。农奴还耕种土地，种植葡萄，为运输服务供应牛、马和货车并沿着水道推动粗笨的木船。

寺院的剩余产品，从它们产业上所征的通行税、什一税、免役税，等等，总加起来，一定曾是一个庞大数额。特根西寺院每年从它的产业上曾收到六千二百八十八"担"谷物、一万四千五百二十九块干酪、二千零二十五个蛋和三十三车葡萄酒。它需要五十五头公牛和货车来拖运这寺院的谷物，从丰兴运到仓库里。普鲁谟寺院据第九世纪的记载，每年曾收到四百三十二担盐、三百担小麦、一百七十七担裸麦、四百七十三担元麦、一千六百三十一担大麦、四千五百二十五担雀麦、四百六十九担杂粮、四千三百八十二只小鸡、二万零八百九十六个蛋、四千二百七十七只猪、二百零七只绵羊，等等。

寺院也使它们的贸易组织得很好。它们在小路上利用驮马，而在大路上利用牛车。它们熟悉徒步旅行者所可走的小路和捷径。它们有自备的船舶在湖泊上和河流上行驶。它们在海口城市和河湾处获得储货地点；如属必要，它们还建造它们的货栈以堆储商品。它们组织商队，派遣护兵，把它们"代理人"所采购的货物护送到寺院来。寺院使用代理人的办法,是个普通事情。普鲁谟寺院的住持累吉谟向他的僧侣们说:亲自来来往往经营贸易,不是他们的分内事,因为那将降低寺院团由于它的精神性质所应得崇高尊敬的地位。普鲁谟寺院是中世纪时代的一个最重要的贸易中心。在葡萄酒和食盐贸易方面,它经常使用六个代理人。后来,它还把代理人增加为十二人。

那些自己没有市场的寺院,在附近市场上建立了货栈。在这里,它们把剩余品储藏起来,待价而沽,以图厚利。有几所货栈,建立在科伦的外围市场上,即在莱茵河上的一个岛上。佛尔达寺院在一个离得很远的市场上设立了自己的天平秤。

“寺院在可航行河流两岸上的位置,由于交通上的便利,实质上有助于它的贸易的发展……可是,在很大程度上,它也是不依靠这些便利的,因为它享有在它自己城市内有价值的市集特权。这项特权的行使,一方面受到了尖锐的攻击,而另一方面也被顽强地捍卫着;由此可见,这项特权是多么受重视。”[①]几乎所有的寺院都被豁免沿公路和沿河流的通行税。关于这类通行税的豁免,今天还有很多记载。这种豁免权是从寺院也处于其中的封建状况下产生的。寺院住持控制着所有各种分散的土地,并尽量要使他的控制权发生效力。当寺院越来越多地参加了贸易作为增加它们进款的一种手段的时候,寺院的中央组织和它的附属机构之间,需要更密切的联系。于是,在寺院本部和在它的重要地产附近的便利地点上,建立了市场。

① 《阿平顿寺院的编年史》,第 2 卷,《导论》,第 77 页。

由于土地赠与的结果，寺院得占有了广泛分散的地产。圣加尔寺院不仅在瑞士的君士坦司湖畔拥有产业，而且在斯瓦比亚、纽斯的里亚、奥斯特拉西亚、亚尔萨斯，甚至在意大利，也占有大量土地。这类赠与果然使寺院成为封建制度中的巨大经济因素，但也给寺院带来了瓦解的萌芽和封建的分裂。因为寺院的产业如此广泛地分散着，所以，维持一个中央集权的组织，来使它们产业的管理有利于寺院也越来越感困难。寺院曾作很大努力来克服这种地区分散状态并要使寺院的贸易和商业管理能够从它们产业上带来尽可能多的利润。它们获得了通行税的豁免权以及在寺院本部内或在接近它们富饶的土地的中心地点上的市场权利；它们还把开发矿产或盐井的权利出租给一伙可靠的人。寺院所可应用的最重要方法是：把四处分散的土地调换为较为集中的土地。然而这项办法，是难于实现的；主要因为土地赠与大多附有一项约束寺院的条件：寺院须把这块土地保留于它们的产业之内；也因为教会的规则上规定：所有的调换必须是有利于寺院的，而这样的调换是不易找得的。

鲁尔河畔的维登寺院，正可作为一个例子来说明：寺院的土地多么零星四散着，而寺院获得通行税的豁免权对它们的贸易是多么重要。880 年，维登寺院在莱茵河畔夫勒美西谟的旧王室领上，有着一片广大的土地养着大量牲口。稍向南，在厄斯特河畔它有着一处接连王室领的良好庄园。在莱茵河中游，它有几处大葡萄园。在莱茵河出口处，它有广大草原地带，包括八个庄园，在那里养着无数的牛羊和猪群。从伊塞尔河到须德海的一条地带上，它有大量佃户，向它缴付免役税，还有一个窝赫孙塞治村庄。在威斯特发里亚，它有四五个村庄，另有约三百三十个蜂房，这些都是四处分散着的。

在佛里斯兰,它有八十二处小庄园,也是四处分散着的,其中大部分是缴付现款租的。在这里,它也控制几块森林地和几所教堂。它也有若干处供给食盐的地方;其中之一接近威斯特发里亚的威尔地方,那里的盐井,今天还在开发。总之,它有二百多个村庄和四百二十个大庄园以及几百块小土地。可是,它还是被列为一个穷苦的寺院。

显然可见寺院从分散的土地上转运产品到寺院本部或到它的一个大中心市场方面的通行税豁免权所可获得的利益。维登寺院在 877 年能够获得纽斯地方的通行税豁免权。又在 898 年,它从茨温提波尔德获得莱茵河上通行税豁免权;稍后还获全王国的免税权。

还有关于墨洛温朝后期的免税纪录。在第八世纪赐给圣泽门·得·普勒寺院和圣得尼斯寺院的住持通行税或其他王家赋税的豁免权。716 年,科维寺院不仅有从寺院到它海港福斯的自由运输特权,而且有征发十四马和十二辆货车来装运它商品的权利。下列寺院的住持都获得罗亚尔河上的自由航运:都尔附近的科默利寺院、奥尔良附近的圣麦斯敏寺院、夫勒里寺院和圣伯讷斯特寺院。在丕平时代,奥尔良的圣亚格兰寺院保有六只船在罗亚尔河全部河流上得免缴通行税。丕平还下令说:所有寺院的商品,如果不是用车辆、牛、马而运过他王国境内的,概免纳税。

寺院不仅竭力为它们的产品从它们的田野和葡萄园运到寺院或运往它们的市场去的时候,获得大路上的通行税豁免权,而也力求在它们市场所在地区内特种贸易的专利权。赖赫瑙寺院在它的阿伦巴赫市场内和它周围的整个地方上获得出售葡萄酒的专利权。

它的佃户、依附农和邻近小农被禁止在市场上出售葡萄酒，虽然他们得在寺院市场上自由出售他们其他剩余产品。在有些市场上，同行生产者被准许出售当场消费的小量葡萄酒，但不得按桶出售。在有些地方上，寺院享有葡萄种植的垄断权，并能阻止任何侵犯这种垄断权的行为，为私人消费者除外；同时，小生产者也被迫使用寺院的榨酒机，为了这项使用权须付大量葡萄酒税。很多寺院不仅对它们的地区内所产葡萄酒的数量加以控制，而且对他们的竞争者出售他们剩余产品的时间与方法也加以控制。圣马克息民寺院在圣约翰节后的几个星期内，享有葡萄酒的专卖权。它不仅尽量利用这项权利，而且竟至迫使它的市场上商人购买相当数量葡萄酒；如果他们由于疏忽而没有购买，则把市场场长认为他们应需的葡萄酒的数量，擅自记在他们的账上，并在购买者自负风险的条件下，由寺院把酒送到他们的家里去。

关于寺院的牲口贸易，我们不能正确断定它的范围如何。在纯粹自然经济时代，饲养牲畜与其说是为了供应交换的商品，不如说是为了供应个别地区的需要之特殊目的。只在大城市里，才有屠夫经营他的屠宰行业。然而，许多寺院力求并获得在它们的市场上经营肉类的特权。

寺院的食盐贸易，和葡萄酒贸易居于相等的重要地位。巴伐利亚的赖痕哈尔和洛林的马萨尔盐场，可能还有提罗尔的萨尔斯堡盐场，在罗马时代，已是赚钱的，而在整个蛮族大移动时期，依然是赚钱的。寺院早已认识到占有盐场所可获得的巨大利益。在整个中世纪时代，食盐的需要一向在日益增加，而寺院所享有的各种有关特权给它保证了一种确定而又丰富的进款。在庄园制度的时期，几乎没有一个盐井不被某一寺院全部或一部分地占有了的。

只要在可能情况下，寺院也自己开发这些盐井。然而，如果盐井距离寺院太远，它们便把开发的特权包出去，并采用合股的办法；寺院同意供给必要的设备。当时使用两种方法把盐从盐井里提到地面上：一种是利用地下回转轴；另一种是利用水力车轮。威森堡寺院把回转轴沉入它的马萨尔盐矿里，而普鲁谟和麦特拉赫寺院使用了水力机。这种水力机也在整个巴伐利亚应用着。盐在达到地面上后放入小铁桶或锅子内，用慢火来煎煮。由于需要很多这类锅子和火炉，寺院竭力取得这类的捐赠。

和占有采盐权相联系的森林赠与权，是非常需要的；因此，记载上有许多关于盐井附近的森林地赠与，或关于在一定时期伐下木材并把木材拖运到盐井附近居留地的特权。这些居留地一般是由寺院土地上来的农奴组成的，范围相当大；并有一个或一个以上的监督来管理。为了他们的住宿建造了小舍，他们并分得长条耕地。特根西寺院，经常保持二十个农奴住在它赖痕哈尔的阿克塞尔曼斯坦的村庄里。

食盐的薄片或厚片装入大小不同的小管子内。它的质量和价格，差别很大。在包装方面，尽量做得妥当，而在运输方面做到迅速。在赖痕哈尔，那属于阿尔台赫寺院的食盐，用货车运到萨尔佐赫河后，用船装运，经由因尼河达到帕苏，于是，用驮兽运到多瑙河畔，再在多瑙河上用船运到阿尔台赫。路上有妥善的保护，从各领主方面取得过路的权利，如属可能，还取得捐税的豁免权。从食盐贸易上所获得的进款，成为十一至十二世纪许多寺院能够积累大量财物之基础。在中世纪寺院里，因为在它的领地上有着成千上万的农奴，粗细劳动力都是很充足的。

当然，农业是这些劳动者的主要职业，但很多人被用来充当手艺工人，制造器具和物件作为农业的副产品：例如，马具、马鞍、鞋子、毛织品和木制品。在一所大寺院里，这些工人住在寺院墙垣外的“居住区”内，而每个居住区是专营一种固定的行业的。关于这方面，圣里奎尔寺院，是一个有趣的例子。在寺院经济里，职业的分工分得很细。我们看到：园丁、车夫、牧人、耕田人、马夫、屠夫、锡箔匠、漂布者、梳毛者、织工、铜铁匠、木匠、石匠、制瓦匠、磨坊工、渔夫、捕鸟者、烘面包工、养蜂者、管森林者。寺院制度还有利于麦芽制造和酿酒业的发展；几百年中僧侣们是以所制的优良麦芽和所酿的麦酒著名的。“柏吞”(Burton)水宜于酿造啤酒的特质，看来曾是在十三世纪由僧侣们所发现的。到十二或十三世纪，僧侣们已在相当大的程度上进行了啤酒的酿造。

所有精细艺术品也是由有卓越才干或技术的工人制造的；例如木刻和石刻匠、镀金匠、油漆匠、金匠、银匠、羊皮纸制造者。那些位在寺院墙垣附近的庄园社会，往往全部是由工业手艺人组成的。然而，有时，在寺院界限内，也有商店的存在，为了更大便利或安全，这些店铺设在地下室、凹室和庭院内。在十二世纪的一项章程里，指出这种办法是有利于更大的安全的。

上文已说过，所有这些劳动者是不自由的，并也须记住：僧侣是享有许多特权和豁免权的。因此，关于制造品的成本和那些作为商品的自然产物的成本，僧侣所花费的比起自由手艺人或商人所花费的要少。自由人当然要把僧侣的竞争，看作不公道的竞争，因而彼此之间，跟着城市和手工业组织和商人行会的兴起，而产生了深刻的仇恨。这种情绪，就是那反映在城市经济立法里的反僧侣主义之根源。这一主义在十三世纪已有表现，但到十四和十五世纪，它变得普遍而明显起来，所以经济上的反僧侣主义可认为是促进后来的宗教改革运动的因素之一。

在中世纪文学里，对于僧侣的尤其是对于正规僧侣的爱财和贪婪，曾加以广泛而严厉的谴责。但我们必须以保留态度来对待这些辱骂，因为其中一部分是由于对寺院财富的普遍妒忌心理所引起的。尽管如此，善良老人、柏立的理查对僧侣所提下列的抨击，还是有充分的正确性的。

羊群和羊毛、谷物和仓库、青葱和锅菜、美酒和肥肉，是今天僧侣们所注意而考究的东西……唉，对三种琐屑事物，就是，饮食、服装和房屋的注意已把他们蛊惑了……他们因为忘掉"救世主"通过《圣诗》作者[①]所宣示的天命，即为贫困人着想的天命，专心于毁灭的肉体的欲望，不顾"教规"，追求豪华的筵席、奢侈的服装，而他们巍峨的建筑物，像城堡的女墙那样，达到和安贫誓约不相容的高度。

关于十二世纪坎特布里寺院，我们读到下列一段文字：

财富的源源流入，产生了相应的浪费和奢侈的开支。寺院的好客态度在所有的西方教堂里，在大批返自殉道者神殿的香

① "救世主"，指基督；《圣诗》作者，指大卫。——译者

客中间是闻名的。内部开支也大得很。食堂是摆设着最丰富而又最美味的筵席的场所。在副院长的桌上端上十七盆菜。仆役很多，而一百四十个"弟兄"的装备很漂亮。

吉拉达·坎布棱息是个讽刺家，也是息斯脱西安派全盛时代的一个忠实观察家；他为他们的腐化作了一些辩解：

> 〔他说〕我想，好动机是他们〔僧侣们〕被全世界所咒骂的贪婪之原因；这种爱财心理起于这寺院团成员的不倦地盛情款待客人，无限度的救济穷人和陌生人，虽然他们自己是最节制的人；又因为他们不像别人那样有进款，但完全依靠劳动和他们双手的生产而生存下去，所以，他们贪心地竭力争取土地，为的使他们为上述的目的，能够提供充分经费；这是他们为什么以坚忍不拔的精神来力求获得耕地和广大牧场的原因。

在寺院经济企业的发展史里，我们已看到：它们接续的发展阶段是明显的。起初，寺院所经营的，是农业移民；后来，它们开始出售它们的产品，它们也开始制造木器、皮革品、纺织品和金属制品这类的商品。又当欧洲经济和社会生活愈变得复杂的时候，无可避免地，它们找到了新的投资形式。所以，再后来，当货币经济已大部分替代了老的自然经济的时候，不足为怪，我们看到寺院发展了一种抵押和放款事业；最后，它们成为中世纪时代最早的银公司了。

那禁止收取"重利"或利息的著名教会法令，已成为一纸具文；因为容易用捏造和遁词来规避它的。例如，一个普通的论点是：寺院是“法人”而非自然人，所以收取利息，是不带有什么罪孽的；又如，在收款时，所要求的抵押品这样大，以致即使不能归偿，寺院也可获得相当好的利润；又如，在放款时，接受者在他所提出的抵押品之外，还需赠送“礼物”给寺院；又如，在借款付讫之后，寺院还要借款人再送“礼物”。寺院还使用短期放款方式，使借款人实际上不可能赎回他的抵押品。寺院又时常以那用作抵押的土地赠给寺院为条件，来取消借款。

随后，寺院的放款事业规模变为如此广大，以致住持不得不寻求受过训练的人员来帮助处理这类性质的各种交易。他们雇用了犹太人和伦巴人；因为在这个时期这两种人是熟练的钱兑商和掮客。从寺院这项放款事业的范围和它们促进营业方面所占的重要地位来看，人们可有充分理由指称寺院是中世纪时代的第一批银行家。

十字军运动特别促进了寺院的抵押放款事业；因为贵族由于突然需要现款，又由于急切要走上十字军的道路，不是以低价出售他们的土地，便是在过高的利息的条件下用土地抵押现款。1192 年，英王理查一世的赎身款和 1248 年法王路易九世的赎身款，各需要他的臣民集合巨额硬币或金银块；因而寺院收取贵族的土地作为抵押，来提供大量现款。

寺院由于抵押放款和从它们市场和贸易上所得的利润，自然地过渡到真正的银行事业了。

在十一和十二世纪里，宗教团体是唯一的放款者；只有它们，拥有保持得好好的仓库；只有它们，是剩余物资的主人；甚

> 至在十三世纪的最后十年里，一个人还可能陷入那些可信托的修女和僧侣的魔掌里，像分析某一洛林骑士所借的债款所指出的那样。①

但也有不少住持看出：寺院参与十字军时代的大规模财政事业，是冒险的行动，因为这种事业既非常复杂而又有起伏不定的价值。从十二世纪起，王室权力的成长、城市的兴起、农奴的释放、工商业的发展，这一切缩小了寺院的政治权力与经济势力的源流。住持因为进款的萎缩，有时采用了财政的策略，而这些策略又常常是带着毁灭性的。在十二世纪后半期，寺院进款的减退已有迹象可见。有些管事职已变为世袭。要把管事放在薪水制度下或用其他方法来回复他们旧有的经济依附状态之企图，未能实现。十字军时期所组成的寺院团：神庙骑士团、医院骑士团、条顿骑士团，在十二世纪已取得了群众的爱戴，所以对老寺院团的捐赠开始减少了。旧式土地财富开始碰到从复兴的工商业所得的新式财富之竞争而受苦，所以，许多寺院觉得“土地穷”了。而且，这种特殊形式的贫困由于寺院地产的分散性质而加剧起来。住持白费心机地企图以交换别块土地或购买方式来集中他们的土地。又因为这些外围的领地往往距寺院市场太远，它们不可能运送它们的产品到那里，因而这类土地上的副主教或管理员就在俗人市场上出售了他们的产品；这样一来，寺院就丧失了它们从交易上本来可获得的很多利润。加之，当地的庄园管理人，当住持的控制放松之后，越来越倾向于闹独

①　斐雪：《中世纪帝国》，第1卷，第257—258页。

立，所以，寺院实际上终于被剥夺了从这类土地上所有的进款。

> 由于占有大量庄园和必须注意庄园所有部门的经济情况，住持和院长已从专心于服务上帝的朴素教士转变为大地主了，他们有着地主的一切困难与麻烦，周围是一些牢骚满腹而又难驾驭的佃农。[①]

许多寺院对于集中它们土地企图的失败，无疑是它们经济失败的一个重要原因。

> 因为远隔的田庄和庄园落入不同的寺院团体手里，或者由于它们约定要供给建造某种宗教机关的经费，或者由于要照管它们的庄园，它们必须派遣一两个僧侣，通常在一个副院长的管辖下，来执管产业。又因为这些地产是远离大寺院的，严格的纪律往往没有办法来实行；因而它们不再受到严密的监视；所以，那里的“修道室”(它们被这样地称呼的)的成员，不久以各种借口来放弃它们所属寺院团的严格规则了。[②]

而且，在十二世纪，生活费用已大大提高了。寺院为了索回债款和为了取消违约抵押品之赎回权而进行的迁延不决的诉讼都花费了很多进款。城市的兴起和十字军运动的发生抽去了寺院领地

① 吉拉达·坎布棱息:《全集》,第 4 卷,《导论》,第 8 页(《案卷丛书》)。

② 同上书,《导论》,第 24—25 页。

上的农奴，所以它们常常采用了以高工资来雇佣临时工的办法。又在早期，当土地投资是有利的时候，寺院购进了大批土地，而这些土地在下一世纪里所收回的，却是亏本；由于这个缘故，它们被迫把自己的土地抵押出去，一般是抵押给犹太人的。此外，寺院财产的不良管理，也是它们衰落甚至破产的一个共同原因。维兹雷寺院住持休格被罢免，因为他使寺院负债达二千二百二十银里佛尔。圣奥麦寺院在十三世纪末期，已濒于破产状态。柏立·圣爱德曼寺院住持曾向一个叫做本尼狄克特的犹太人借款，来修理寺院，但后来无力还款。当他的债主向他催迫还款时，他曾徒劳地往圣托马斯·阿·柏刻特神殿去进香，以期补充他的财产。他死在路上，而寺院的钱柜里竟没有分文来支付他的殡殓费。当参孙接任寺院的住持时，寺院的债款达到三千九百五十二镑；这一笔款一定是六倍或八倍于今天的货币价值。布拉克伦·佐塞林生动地描写了寺院在住持参孙接任时的贫困状态。“住持休格已老而他的眼睛已经蒙眬；他是一个虔诚而又仁慈的人，可是不熟练世故……一切情况，越来越变糟糕。住持只有一种办法和出路：就是，谈判一项付利息的借款〔注意他是在付，不是在收利息〕，为的要稍稍维持他寺院的尊严地位。”他从诺里奇的一个犹太人（这就是后来使柏立·圣爱德曼的住持破产的同一个人）借了八百八十镑的一笔巨款。幸而，参孙是一个有才干的管理人，能在十二年之内付清了债款。

一所经济窘困的寺院，为要恢复元气所采用的最普通的财政措施是：出售年金、抚恤金和津贴，最后一项仅仅是伙食恤金。但除非能够善于运用或投放由此所得的资本，这些办法，也是冒险的。

然而，关于寺院的经济垮台的基本原因，当然是庄园制度的消逝,因为每个寺院的经济,是以庄园制度为基础的。寺院曾在自然经济时代兴起,但它们不善于安排自己来适应新的经济革命;这革命开始于十二世纪早期,而一交十三世纪,已形成为中世纪欧洲的一个经济和社会革命了。寺院由押款所获得的土地,再不能按照老的经济制度来有利地经营着,而僧侣们总是不能迅速地适应这些新条件。在最后分析里,可以看出,寺院是它们自己的一度优良的但现在已过了时的经济制度之牺牲品。

很奇怪,寺院的经济困难使僧侣们成为教皇派。因为英诺森三世和他的继承人的教皇坐享有庞大的进款(将在下一章内叙述),教皇迅即利用了寺院的贫困化,使僧侣比以前更牢固地束缚于圣彼得的宝座上。为了实现这项目的,他们放款给僧侣们或替他们所谈判的借款签名担保。因为到了十三世纪,到处都认为是对寺院财产的投资靠不住的。1188 年,坎特布里的僧侣大发牢骚,因为罗马银行家对他们的任何放款,抱着怀疑态度,除非有教廷担保的支持。

这种情况是注定要产生出深远的政治后果。当新的民族君主国兴起并日益愤怒地反对教皇要求超越国家之上的世俗主权的时候,“僧侣们向罗马教廷找寻同情的支持”。另一方面,“当主教和世俗僧侣反对罗马教廷的集权的时候,寺院成为拥护教廷派的集合所。它们的同情和反感,完全和罗马相同,而它们的民族精神则烟消云散了……在教皇和国王发生冲突时,民族站在国王方面,而僧侣站在教皇方面;因此,寺院表现更多教廷精神,而国家则更多民族精神了。”①

① 士达布斯:《案卷丛书导论》,第 371 页。

在腓力二世时代(1180—1223 年),法国王室摆脱了寺院的监护权,并把信赖寄托在主教的忠诚方面,结果主教成为王国的支持,而住持的权力大为削减。法国国王实行压制僧侣的政策,竟至破坏寺院本身;这可说明为什么现在法国北部很少有保存下来的完整寺院的。另一方面,在诺曼和金雀花朝英国,英王利用了僧侣中两系的互相反对,因而得维持均势于自己手里。由于这个缘故,英国保存了它的寺院,直到亨利八世取消寺院团为止。

但是,约在 1200 年所表现出的这种寺院崩溃的情势,绝不是完全起于经济困难的。在十二世纪,寺院的组成分子感受了一种深刻的社会变更。老寺院团大部分——克伦尼派全部——原来是从封建贵族家庭补充人员的。在封建时代,上层阶级代表着中世纪社会中的有力的、有智慧的和有能力的成分。整个说来,封建制度和它的服务、忠心、荣誉的崇高观念,连同上层阶级所拥有的财富,培养了一批人才,他们比在下层阶级所可看到的,具有更强的体格、更强的智力、更强的道德品质,因为下层阶级由于几代的艰苦劳动和不自由的束缚,已变为迟钝而又粗笨。农民体格和智力的水平,一般比贵族的要低,而且农民完全没有那些封建贵族所具备的服务传统和行政与管理公共事务的长期经验。

当然,当农奴制衰落和城市开始兴起的时候,寺院团开始被农民出身的僧侣侵入;他们虽然可能出于良好的动机,但不像他们的前辈那样能够成功地管理寺院。值得注意:这种贵族控制寺院制度的破裂,同这种从下侵入的情况,是在同一时期出现的。这种情况最初表现于喜苏尔寺院,即克伦尼派的平民支派,后来还表现于息斯脱西安派和普勒孟斯特派以及其他在十二世纪成长的小寺院团里。

我觉得：上述的论点，对于那些沉醉并信仰民主政治的人们是讨厌的。但什么是“进步”？又什么是进步的标准？历史上有很多例证，表明一种事情的进步与其他事情的停滞或退步是同时进行的。所有流行的概念，是很少分析的。

寺院的衰败情况，最突出地表现在寺院教育和文化事业的退化方面。每个研究中世纪历史者熟悉下列事实：到十二世纪，寺院的学校，在程度上远低于世俗僧侣管理下的教会学校。关于寺院方面文化的衰落，也可从寺院图书馆目录里获得重要资料。在这些图书馆中，有很多可回溯到第九和十世纪的手抄本，而抄写手抄本工作，是中世纪僧侣的重要职业。我们发现什么情况呢？试举出下列两所典型的寺院作为例子；它们各曾一度以学校和教育著名的。这两个例子可说明手抄本出产方面的显著下降情况，附表于下：

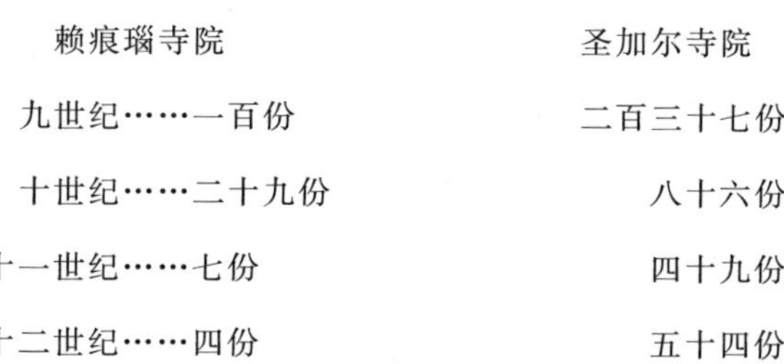

赖痕瑙寺院	圣加尔寺院
九世纪……一百份	二百三十七份
十世纪……二十九份	八十六份
十一世纪……七份	四十九份
十二世纪……四份	五十四份

关于寺院的衰败，还有比经济衰落或文化知识下降更恶劣的证据，就是，寺院内僧侣的自杀倾向。对僧侣的单纯不道德行为之指责，必须稍加斟酌，虽然这种行为是很多的。作为一个阶层来看，僧侣断然不会比中世纪其他社会阶层更荒淫。必须经常记牢：中世纪舆论，对于僧侣是以十全十美的标准，而非以世俗社会所流行的标准来判断的。

到了十二世纪末期，息斯脱西安派、普勒孟斯特派以及其他在前一世纪出现的小寺院团一起都走着下坡路。克伦尼派在十世纪曾接替本尼狄克派，息斯脱西安派在十一世纪曾接替克伦尼派；同样，息斯脱西安派在十三世纪自己也跟着被法兰西斯派即讨饭托钵僧和多米尼克派即布教托钵僧接替了。时间已使他们成为古董了。他们的奢侈和贪欲，使他们失掉了公众同情。他们不能使自己适应于新的、反封建的趋势，就是，城市生活、商业和贸易以及一种资产阶级文明发展的趋势。不仅封建隔离和地方分裂主义已告破产，而且寺院的隔离孤立的理想本身也已陈腐了。

法兰西斯派和多米尼克派，不像克伦尼寺院团那样从封建贵族里来补充人员，而是从平民中来补充人员的。托钵僧不是住在偏僻的地方，"远离狂乱群众"的地点，而是在城市内建立了他们的寺院。他们不是要获得土地和物质财富，而是在藐视赠与并依靠施舍过活的。托钵僧不是使用他们土地上的农奴代做劳动来经营农业和工业，而是专心于教育、布道和慈善救济。托钵僧不是拘泥于死文字（至少就民众来说）所写的手抄本，而是使用方言（平民的语言）来布道，随便在什么有人集聚的地方，在城市广场上、在市场和市集上，甚至在乡间十字路口都可以。托钵僧不是被人奉侍而是奉侍人的。旧寺院的理想原是隔离世俗，使僧侣不受世俗所玷污；如果僧侣奉侍别人，那不是为了别人的缘故，而是作为加在他们身上的一种义务，作为获得天堂上的信用的一种手段，作为一种降低身分的行为——他们主观上没有什么服务社会的理想的。另一方面，托钵僧采用了一种新理想：救人才得救己。他们的慈善行为，是纯洁而又真实的，不像旧派僧侣以自我为中心的那样。

必须记住：法兰西斯派的兴起同意大利城市运动的传布与社会上资产阶级的形成是在同一时期的。托钵僧是反映中世纪欧洲促使封建制度垮台的经济和社会革命的。他们显然是城市的而非农村的僧侣集团；在精神上和组织形式上也是民主的而非贵族的。如果他们不能居住在城垣以内，他们的寺院则建立在市郊内，尽量接近市中心区。在目的和在实践上，法兰西斯派和多米尼克派寺院是城市的传教团，也是社会救济的会社。

今天，城市由于近代工业和运输条件的推动，发展得这样快，以致在那里发生了尖锐的经济和社会问题；同样，在十二和十三世纪城市在没有适当计划的状况下，迅速地成长起来。城市街道既窄狭而又嘈杂；居住条件很差；贫困和罪恶到处存在；那时和现在一样，这种情况，往往以疾病和失业而更加严重化。对这些新的状况和新的问题，城市当局和教会都不予注意。城市人口已大大增加，而在许多城市中，很少有或没有新教堂的建立，同时，当地传教士人数往往还是和两百年之前一样。约在1100年，当圣诺柏特来到安特卫普城时，他看到一个工作过重的教区教士；他工作所在的社会，由于它贸易的增加，已从一个小渔村转变为一个城市。圣法兰西斯沉痛地说：意大利城市内"充斥着不信上帝与在世无望的异端邪说"；那是由于僧侣的世俗性和他们漠视教会的伟大使命所引起。天主教诗人法兰西斯·汤普逊以法兰西斯托钵僧和"救世军"相比，那是有理由的。

那些灰色服装的托钵僧，经常成对而行——"一在前，一在后"，正像但丁所描写他们的那样——他们从来不骑马或骡或乘车，经常赤脚着草鞋，穿粗呢大衣，愉快地依靠施舍所给他们的东

西来过活；到晚上随便住在什么地方。他们之所以深得人心，是易于理解的；因为他们的朴素作风和老寺院团的奢侈和傲慢形成了一个明显的对照。他们在城市中受到爱戴；当他们从一个城市走到另一个城市而经过乡村的时候，他们也同样受爱戴。商人、小贩、手艺人和农民衷心爱戴他们；相反，僧侣和世俗僧侣以及封建贵族切齿痛恨他们，因为他们同情群众，他们公开拥护城市自治运动甚至革命，他们谴责不义之财，他们藐视封建主和高级世俗僧侣。法兰西斯派不仅在城市居民中获得人心，而且也受大学生的欢迎。因为“年轻大学的贫困状态和寺院的财富，呈现了一个不协调的对照”。

的确，法兰西斯派，后来——并很快地——也像以前的寺院团那样，变为衰败而走上了衰朽和腐化的道路。但这一事实不应使我们闭眼不见他们关于实际道德和社会方面所提倡的理想和实践。法兰西斯派在他们反对财富所产生的罪恶和弊病时，走到了另一极端；他们的过错像息斯脱西安派的那样，正是起于他们所理想化的贫困方面。他们在他们的怀里已孕育着他们最后失败的种子。但是，他们牺牲于一般的经济情况，正像牺牲于品质的堕落那样。撇开不谈托钵僧行乞本身是否是一个虚伪理想这个问题，确然，那依靠偶然的施舍作为维持生活的原则，在十三世纪比在今天，更难遵行，因为饥荒和疫疾的重复出现，那时比今天要多得多。由于这个缘故，托钵僧对于财产和留恋产业的轻蔑态度，不久成为一个伪君子的态度；他们变成哀鸣的谄谀者和狡诈的行乞者，他们为了勒索经费，使用了有问题的方法，并迅速沉溺于贪财的深渊里。他们追求遗产，叫卖赦罪符，因而变为臭名远扬。罗哲·培根，本人也是一个法兰西斯派，死于 1292 年；他沉痛地写道：在他

的时代，托钵僧“丧失了他们过去的价值而可怕地堕落了”。圣法兰西斯确曾被说成是“许多时代中的最有自发性的而又最不受习俗拘束的天才”。但他的门人不复能保持住他的纯洁、贫困和效忠人类的几乎超人的理想了。托钵僧失败的原因是和人类的性质分不开的。他们的垮台，像所有他们的先行者那样，是无可避免的。

现在，我们高兴地从讨论那些和寺院历史分不开的阴暗面转到叙述寺院生活的一个光明面。在中世纪时代，寺院是“独一的消息总汇，也是王公贵族在来到他们庄园时的唯一消遣场所。如果没有寺院，乡村生活，在人们尤其是在劳动人们看来，将是一种凄凉的生活；就是，单纯而无希望的苦役、没有节日庆祝活动的斋期、没有娱乐或假日的工作这一回可悲的事”。在收获之后，在中世纪寺院里，常有一大群变戏法者、音乐师和有趣的游荡者来打破乡村里的沉闷单调的生活。当庄稼和果实收集之后，寺院和修道院常常是集会和演戏的场所；僧侣们演出神剧或神秘剧[①]而角力比赛和粗俗游戏使庄园农民获得娱乐。的确，虽还没有学者能够追溯神剧的起源远至十三世纪里，但我们知道：在中世纪后期，这种演出不是不常见的。在这些戏剧里，法兰西斯派似乎曾是很活跃的，可能因为他们看出其中有一种方法，可使他们的说教变为通俗化并可使群众熟悉圣经中的历史和教训。著名的“寺院剧”，全部是在法兰西斯派托钵僧手里。后来，行会也开始表演了神秘剧和神剧；但行会方面所表现的，带着一种马戏和淫猥趣剧的倾向；而托钵僧所演出的，是没有这种倾向的。在音乐方面，托钵僧也进行革

① 在中世纪时代，表现基督奇迹以代说教之戏剧。——译者

新，他们采用了通俗调子来配他们的赞美歌，像今天“救世军”所做的那样；这些赞美歌，不像教会的赞美歌，是以拉丁文写的，而是以方言来写成，并以方言来歌唱的。

第二十五章　教会和封建社会

今天在欧洲，除了英国和西班牙外，无论在什么地方，教会的国教地位已被撤消，因而它和政府没有什么联系；而在美国，除了在殖民地时代的维吉尼亚州外，从来未曾有过一个国家支持的教会。所以，对一个近代人来说，很难掌握着一种国家教会制度的真实性，像它在中世纪时代存在于全欧洲的那样。

中世纪教会，与近代教会无论旧教或新教教会，是大不相同的。它到处行使的不仅限于宗教的统治，而且行使政治、行政、经济和社会的权力。它的管辖权推及到"基督教国家"中的每个王国；它不仅是每个国家中的一个国家，而且也是一个"超国家"。"教会的统一性和它的官方语言在整个中世纪产生了一种世界主义；而这种世界主义从宗教改革运动以来就一去不复返了。"我们知道，每个世俗王国是个独立的实体；但中世纪教会不是这样，它是个统一而又遍及各国的机构，它的管辖权是越过所有种族、民族、语言的分界线而通行无阻的。一切基督徒一方面是某个国家的属民，受自然法和他们的国家法的保护；另一方面他们是教会的属民。教会未曾要求过撤消封建法律，但它坚持要加上一种更高级的法律。它在封建法和这判断是非的更高级法典之间，划出了一条显明的分界线。必须经常记住：在中世纪欧洲，除了犹太人之外(他们因各个不同的时期与情况而受到容忍或迫害),每个人是教会的属民,他须对教会效忠;如果他反叛了教会,他将受处罚。不管属于哪个国家,不管谁是他的统治者,每个人是属于教会管辖权的;至于住在教会领地上的千百万人们,无论是附庸还是农奴,那些人也是教会的世俗属民。

教会的行政组织,是和国家的行政组织相同的;但它比封建王国的组织更加巩固并更加统一。它的统治者是教皇,它的省长是大主教和主教;它是以宗教大会和会议作为自己的立法会议;它制定自己的法律,设立自己的法院和自己的监狱。教会拥有庞大的土地基金;它对每个社会中一切人们课征一种经常税即什一税;此外,它还收集无数的酬费。在几百年中这些酬费是从教会行政机关和法院的形形色色的活动方面得来的,很像近代政府,无论是中央或地方政府,收取各种办事上的手续费那样。但到了后来,如在下文所述,征收酬费的办法还被大大地推广。

在中世纪时代,罗马教会是一个行政长官、大地主、收租者、征税者、物质生产者、大规模的劳动雇主、商人、手艺人、银行家和抵押掮客、道德的监护人、关于节约法的制定者、校长、信仰的强制者——这一切身份都集中于一身。它的权力如此普遍、它的活动如此多样化,所以有人常常很正确地说:中世纪历史基本上是中世纪教会的历史。的确,教会在一个惊人的程度上把宗教活动和世俗事务、理想观念和实践行为联在一起。如果说它的头是在天堂上,它的脚则一向是立在地面上的。关于理解中世纪教会这种特殊的世俗利益和世俗权力之关键在于:由罗马帝国晚期皇帝对教会所赐给的并由后来“蛮族”国王所继续扩大的特权、独占性的管辖权和免除权。另一个关键在于：教会成长为一个大地主。土地不仅是当时物质财富的最普遍形式，也是几百年来差不多独一无二的财富生产形式。教会的土地占有权和世俗性，跟着时间的进展而给教会带来了政治权力、优越的社会地位和经济的资源以及那管理和控制社会的权力，无论在宗教或世俗方面。威廉·拉姆塞勋爵就罗马帝国内教会所说的话，同样正确地可适用于中世纪教会：

> 把教会逐渐组织起来的行政形式，是由社会的状态和时代的精神所决定的……这些形式，在某种意义上，是强制加在它身上的；〔但是〕……教会是主动地而非被动地接受它们的。教会逐渐意识到它所已承担的任务的真正性质。它逐渐认识到：它是一个世界性的机构；因而必须组织一种世界性的行政制度。它成长为一个有活力而又健康的有机体；这有机体实现了它自己的目的，并得保持了自己的地位，来反对周围力量所起的分裂作用；但它发展的路线是由它的环境所决定的。

在讨论教会在封建时代所充当的角色时，我们不应武断。那个时候的制度、社会结构和理想与今天所存在的，是截然不同的。在中世纪欧洲的历史里，要在教会机关权力的正当使用和滥用之间划出一条分界线，那往往是不容易的。我们可引述德皇亨利二世时代的一个例证来阐明这一点。皇后库尼根德有一弟兄，叫做阿达尔贝伦；他是一个典型的强盗男爵，一个任性而又喜争吵的洛林人。他在特累甫大主教区如此无法无天进行掠夺，以致这地区几乎变成为一片荒地，而大主教被迫避难到科不林士去。在这样的情势下，所需要的不是一个文人，而是一个武夫。皇帝写道："朕将派遣一个人来阻止你的狂妄行为。"他实行了他的这句话。因为他所选派的新任大主教，不是一个虔诚的教士，而是一个顽固而又棘手的年轻法兰哥尼亚男爵，名叫班堡的波波；皇帝急急提拔他，使他经过各个不同的教阶逐步升任为特累甫的大主教。波波把六十块俸禄地分配给六十个骑士；于是，他率领了这一小队常备军围攻了阿达尔贝伦的城堡；最后使这地区重树立了和平秩序。

甚至在中世纪早期，教会财产已增长得非常巨大，使世俗统治者震惊。在第八世纪上半期，巴伐利亚的亚奇洛斐革公爵和高卢的查理·马德尔已经强制递夺了教会很多土地。但教会的损失不久由于有更大的新捐赠而获得了补偿。因为喀罗林朝看到，他们在世俗事务里必须使用教士担任伯爵、巡阅使、外交官，甚至军队司令官；而在"自然经济"流行的时期，只有一种可能的方法来酬报他们——就是说，以土地来赐给他们。查理曼对待他帝国内的主教和住持，完全像他对待世俗大贵族一样。圣加尔寺院的高僧写道：

> 伯爵们只要是住在"蛮族"的边境上或"边防区"内的，他就赐赠领土，否则，他〔查理曼〕从不会以一郡以上的领土赐给过他的任何伯爵，也从来未曾以什么寺院或教堂赐给一个主教作为王室恩赐的一部分，除非他有着特殊的理由要这样做。当他的大臣或朋友询问他为什么要这样做的时候，他总是回答说："朕能以那种进款或那所庄园，以那所寺院或那所教堂，来获得某诸侯的忠诚；这诸侯像任何主教或伯爵一样好，也许

> 是更好的人。”

由于事实上的需要，对教会的捐赠增加了。然而，如果认为一切“捐赠”都是出于慷慨无私的心理，那会是一种错误。有的僧侣，由于利欲熏心，往往勒索那些情势上不能拒绝的东西作为礼物。查理曼埋怨说：给教会的礼物太多了，所以，自由人陷于贫困境遇，而被迫走上犯罪之途。817 年，路易虔诚者迫于情势，制定了法律，来阻止僧侣接受那些可能使赠与者的子女或近亲丧失遗产之礼物。这项法令，后来在 875 年，由路易二世予以重申。

早在 810 年，亚琛宗教会议按照财富多少把僧侣分成为三个等级：第一等是有三千到八千块保有地的僧侣，第二等是有一千到三千块保有地的僧侣，第三等是有不满一千块保有地的僧侣。

> 这类土地的大部分可能是真正的庄园，就是那些全部由依附农组成的村庄，其中每块至少包括一千嗬农田；但许多保有地是比较小而更分散的农场，在那里没有什么村庄社会，只是有一所由农场长看管的田舍以及几个茅舍人。此外，可能还有零星分散的土地，在这些土地上有二三个劳动者；他们只在春夏两季住在那里，而在冬季则回到村庄去。[①]

因为庄园不是一个固定的地面而是一个经济的单位，又因为须考虑到比庄园较小的地产，所以难以估计上述数量究竟有多少。

① 库普兰：《圣柏腾寺院》。

但有一个近代最大的历史家，就法国一所最富寺院所拥有的全部庄园，作出了一个平均数字，因为这个寺院在第九世纪好多年数的簿记迄今还保存着。据他的估计，第九世纪最富的僧侣有田七万五千喃到十四万喃；普通富裕僧侣有田二万五千喃到五万喃；甚至最穷的主教和住持也有田五千喃到七千五百喃。据这同一历史家的进一步估计，最富僧侣的每年进款有八万五千到二十二万五千美元，普通富裕僧侣的进款有二万八千到五万六千美元，穷苦的主教和住持的进款有五千到一万四千美元。在十、十一和十二世纪，由于种田方法的改进，大量土地捐赠，荒地、沼地、森林地的开垦等等，僧侣的土地财产，特别是寺院团的财产，还要大大地增加。

在中世纪时代世俗僧侣（主教团）和正规僧侣（寺院团）之间，为了争夺地产存在着非常尖锐的竞争；那在他们之间达到了深仇宿怨程度，尤其是在十、十一和十二世纪，当克伦尼派、息斯脱西安派和卡德西安派所提倡的所谓“新寺院主义”或寺院复兴运动兴起的时候。在竞争中，一般说，正规僧侣较为成功。因为他们的修道禁欲生活给了公众很深的印象，而且他们所宣称的“出世主义”使他们享有那拒绝给予世俗僧侣的圣洁的名誉。中世纪留传下来的遗嘱指出，寺院所接受的私人捐赠，比起主教区所接受的要多得多。其他原因也是有影响的。主教比起正规僧侣，更被视同世俗统治者，并在很大程度上是由国家维持的，而寺院是属于私人专有的或私人用捐款创办的。下列事例可更加清楚地说明这一点。在美国有许多私立学院和大学，而在每一州内有州立大学。前者接受遗产和遗赠是寻常的事。而州立大学几乎是完全依靠州议会拨款。同样，在中世纪时代，寺院因为它们一向是属于私人团体性质的，找到了朋友和支持者，而主教，作为“教会政府”体系的一部分，一般认为他们从所享有的产业和特权里已可获得充分的经费。当然，主教企图使自己适应这项情况，力求以整顿他们的产业来弥补私人捐赠的缺少。除了采用更有效的管理土地方法之外，教会也力图把它零星分散的建筑物合并成为紧密的集合体，从而用科学的管理和缩减行政费用的方法来获得由于缺少私人施舍上所失掉的东西。在十世纪后半期和十一世纪的早期，我们看到教会出售它分散的或离得远的土地或把它们换取较近于主教区或寺院的其他地产这类的许多事例。从流传下来的资料看，这种试验获得了相当大的成功。

但除了主教和住持之间为了争取土地而进行的竞争之外，另有一种冲突的来源，就是关于寺院热烈争取征收什一税之权。像在查理曼时代原来所规定的那样，什一税只是由主教征收的，而所得的进款是被严格分配的。其中四分之一归于主教，其他四分之三是指定作为维持和修建教堂、维持教区僧侣薪给和救济穷人之用的。后来，因为什一税是加在土地上的，像教会的其他不动产那样，什一税也封建化了，也成为买卖、分封、庇护、继承、抵押等的对象——以致达到这样地步，在十一世纪什一税的很大部分，被拿去用在世俗的和封建的目的方面，所以教区教士，常常处在贫困状态中，不得不以捐款和祭品，在落后的农村教区中甚至须从事田间劳动，来弥补他们的微小薪给。在法国和德意志，这种什一税的还俗化，已大部做到，并广泛地获得了习俗的认可。然而，在英国，这种办法差不多还没有人知道。圣路易本人，是一个什一税占有人；因而法国的法律规定：所有在1179年前已在俗人手里的什一税将认作世俗财产，因而可以出售、让与、交换、遗赠或作为妆奁赠送。在1789年法国大革命取消什一税的时候，它已是世俗的，而非宗教的财产。

正规僧侣们因上述什一税的让与和滥用，振振有词地抗议主教对什一税的垄断，并要求：他们应像主教那样，有权征收什一税。这要求是根据“改革”的理由提出的，但经过仔细研究，就可揭露：“改革”这一个词一般是僧侣用以掩盖自己的扩张势力企图之外衣；他们没有提出什么廉洁行政或解除弊端的保证。而且，寺院团对什一税的要求，理由较少，因为它只需要维持自己，而主教团则需要照顾和维持整个公共崇拜仪式。在这争论中，寺院通常从罗马教皇取得了一张免除主教管辖权状；给予它们以征收自己的什一税之权；这样，僧侣和主教在这一点上，站在平等的地位了。的确，在中世纪中期，当克伦尼派和息斯脱西安派的势力正在高峰而许多教皇本人也是僧侣的时候，这种办法是很普遍的。我们应附带地指出：教廷给寺院以免除主教管辖权状的办法，是对教廷有利的，因它为了这项教廷恩赐可勒索大量酬费和年贡。在亨利四世时代，对条麟吉亚什一税的臭名远扬的争执，正可说明这一点。在这争执中，马因斯大主教卷入了斗争，激烈到使他同佛尔达与赫斯斐尔德的住持和条麟吉亚的侯爵德提，发生了一次战争。至于条麟吉亚遭受严重剥削的农民之福利，争执的任何一方都是置之不理的。

像教会所执行的那样，

什一税本质上是一种土地税、所得税和死亡税，比起任何近代所知道的税要苛重得很多。不仅农民和茅舍人必须缴纳他们所有产品的十分之一——按理论，至少直到他们花园中的盆花为止——而且商人、店员甚至最穷苦的手艺人，按照同一的理论必须缴纳这同一的税，就是从他们的个人所得的每镑里应缴付两先令税……收取羊毛的什一税被认为也应包括鹅毛在内。连从路旁所割下的青草，也应付它应负的税；如果有农民在缴纳他谷物的什一税之前先扣除了工作上的费用，他将因此而自投地狱。[①]

一个突出的封建宗教惯例——也是一个时常粗暴滥用的惯例——是庇护权或僧职授予权；依这权利，一所寺院的创立人或一所教区教堂的建造者，得保留对该寺院或教区财产的控制。庇护权制度的根源可以追溯到第五、六世纪里。夏龙宗教会议（639年）决议的第五条证明，俗人已控制了教区的财产。到了第七世纪末期，大部分乡村教堂被看作私产，而庇护权也常常逐步改变为真正的占有权了。

庇护制是在和领主制成长的很多相同的形式下，成长起来的；当然，在大多场合下，一身兼有领主和庇护人二重身份……一所教堂的僧职授予权被看作为一桩财产，它可以赐给、出售、分割或不公平地占据，完全像任何其他财产一样……宗教的尊荣职位，无论大小，不复看作为那附带有维持

① 库尔敦：《中世纪村庄》。

> 任职者生活的基金的职位；而却被看作圣俸，即所付的僧侣俸，像一种世俗恩俸那样；它是附有某种义务的，但这种义务可随便由任职者亲自或由他的代表来执行。这样，一所教堂的基金成为一种圣俸，一种财产，而庇护人的权利渐渐被认为主要是赠与那项财产的权利；而这项权利本身，就是一种财产。[①]

对于这种由地主阶级占有教区制，法兰克国王给予承认，并使之合法化。它成为一种公共制度。794 年，法兰克福会议决定：自由人可以占有教堂，也可以让与并出售教堂，但以教堂建筑物本身不受破坏，宗教仪式不中断为条件。查理曼在《庄园诏令》里曾仔细规定关于王室领上教区教堂的管理办法。在 810 年另一项诏令里，他指令：主教应监视：乡村教士是否“给予他们的领主以应有的荣誉”。的确，在原则上，这样的一所教堂仍然是在主教的宗教权力统治下，关于这一点还有大批法令，可资证明；可是理论与事实之间，距离得很远。事实上，一所私有的教堂，是领主领地的一部分。他权力所受到的唯一的真正限制是：他不得把那已划出作为直接维持教区教士薪给的土地上的收入作为自用；也不得毁坏教堂的建筑物。在教会中，有一派对这种流行的情况曾提出抗议，但没有结果。里昂的阿哥巴德的信件、829 年的事件、《伪造的教皇教令集》[②]都证明了这种反对派的存在。在路易虔诚者时代，主教

① 福礼门：《诺曼征服》，第 5 卷，第 501—502 页。

② 伪造的教令，是旨在支持教皇反对俗人的宗教权力。《教令集》包括以早期教皇名义写的约一百封信件和虚构的宗教会议的决议。——译者

团对领主控制教堂,曾激烈地反对过。但所有抗议都无效,而在840 年以后,仅仅有不平之鸣而不再有别的行动了。时代的精神和时代的条件已批准并认可这个制度。理姆斯的兴克马的信件充分表明:教会怎样默认了这种情况。他未曾否认私人对教会甚至对主教机关的占有权;他仅仅要限制它。在十世纪特洛斯里会议(909 年)上,以教会的法令来承认了这项原则与这项实践。那种购买来的僧侣圣俸,也是一种投资形式了。

这样,到第九世纪末期和十世纪初期,教会已不是分属于主教区和教区,各有自己的一个宗教首领即主教或教士来管理的;而实际上我们看到:许多宗教分区在封建过程里已转变为大小不等的封建宗教产权的一个混乱的集合体。一句话说,教会已和政府与世俗社会一样地封建化了。在一所教堂的占有权和一所普通庄园的占有权之间,没有什么明显的差别。从第九世纪末期起,关于私人教堂的不动产交易和关于庄园的不动产交易,是同样普通的。甚至喀洛林朝反对分割领主教堂的财产之禁令,也变为过了时的东西。我们看到教堂财产分成为二份、四份、六份等的事例。而且,这些分割不是单单分配进款于各所有人之间,而把资本仍然保留完整的。据文献所指出,这种瓜分是真正的瓜分。甚至教堂的祭坛,有时也被瓜分,所以我们看到有四个或更多的教士,在同一祭坛上司祭,各分别举行一次仪式;而这些教士是由各个的庇护人分别委派的。

不言而喻,在这样的情况下,教会土地上所使用的经营方法,完全像俗人土地上所使用的那样;而教会所征收的免役税、劳役税、地租等等,也和世俗世界里庄园所征收的捐税,一模一样。在

有些场合，世俗业主把向那些在教堂门口做买卖的商人征收的捐税，作为自己的一项进款来源。此外，庄园领主还常常根据“授予权”占夺教堂墓地，并把那些未作实际埋葬用的土地租给农民，作为园地或茅舍基地，因而他可获得一笔收入。庄园主大量占夺教堂的进款，竟至把施舍金、洗礼费、悔罪罚款、埋葬费也占用了。

在中世纪时代，建立一所寺院或僧侣会所或庵堂，常常是一件精明的事，而许多施主的虔诚远不是大公无私的。因为这类宗教团体仍然留在创立人和他的继承人的控制之下；他们把一部分的收入放入自己的腰包里；而且这些继承人所得的利润跟着信徒所捐赠的礼物、遗产和新基金的激增，而增加到令人不可想象的程度。教堂附近的信徒，由于他们捐赠葡萄园、田地和农场给当地教堂，使创立人发了财。他们的财富增加了他的财富；他的教堂使周围人们的私产流入了他的钱袋里。

庄园领主还掌握着推荐神父之权；所以他对于担任神父的人可任意处理；后者往往还是他自己的一个旧农奴。奥尔良的约纳斯在第九世纪抱不平地说：“可怜的教士”被迫去充当仆从了。里昂的阿哥巴德附和了这项不平之鸣，举出例子，说明那些属于小礼拜堂的神父所遭遇的境况：他们被迫去做侍膳、修剪葡萄藤、照料群犬、替贵妇理发等等工作。888 年，在梅斯宗教会议上，抱不平地谈到：有一个教士曾被他的庇护人打成残废，因为教士大胆责备了他的不道德行为。

毫不奇怪，喜尔得布兰宗教改革运动目的之一是：要取缔这类弊病并使教堂财产从俗人所有权或控制权里解放出来。许多教堂和寺院，为了防止封建主的掠夺，逐渐走上了接受教廷保护的道路。由于这个缘故，教皇常常成为那些广泛分散在欧洲的教堂和寺院土地的最高所有主。这样一来，这些宗教团体摆脱了其他任何人的控制，无论是俗人的或僧侣的控制，并依靠教皇的咒逐来防止了掠夺；它们向教廷财政部缴纳年金来承认这项保护关系。在各种形式下，教廷把它的庇护权推广到德意志、法国和意大利的千百所教堂和寺院去。格列高里七世看出：这办法可作为扩展他的权力并削弱主教的权力的一种手段，也可作为教廷收入的一种有利的来源；因而他广泛地推行了这种制度。在教廷的收入账上，不仅有宗教团体而且有私人贵族甚至城市，作为“被监护者”，向教廷缴纳了保护费。

但庇护制也在另一种形式下成长起来了。在中世纪早期的冷酷而又狂暴的时代，主教和住持常常感到要有一个正式保护人来保护他们的财产方为得策；并以教会庄园的一部分作为后者服务的酬报。这样就兴起了“代理人”（拉丁文“advocatus”，法文“avoué”，德文“vogt”）的制度。代理人代表他的宗教上司来办理纯世俗事务；这些事务应归主教或住持去做的，因为他们具有教士和地主的双重身份。代理人出席宗主的法院为主教或住持的利益辩护；他以他们的名义在教堂的奴隶中间执行司法；他代表他的当事人来进行司法斗争，而这种斗争，教士是被禁止参加的；他主持主教的或住持的奴隶之间的争斗审判案件；最重要的，当教堂被征召服军役时，他指挥“教堂民兵”。

在第九世纪混乱状态下，当教堂开始建造它们的墙垣的时候，代理人的职务获得了进一步扩充。保护是这时代的急切需要。然而主教或住持对于担任这项职务的人选，往往是没有选择机会的。

世俗封建主对于这职位垂涎欲滴，因为它的担任者得支配某种宗教的进款并可为军事目的使用某些教堂的奴隶。由于这个缘故，主教或住持，实际上，为了满足一个附近贵族的贪欲，时常给予这项职位，以收买他的保护，因为要不然的话，这个贵族会对他们的土地进行抢劫的。在这种讹诈方式下，吃药反使病势更沉重。法国卡佩特诸王使自己成为法国境内半打最富寺院的"俗人"住持。法兰德斯的伯爵们的权力就这样地建立起来。在德意志，腓特烈红胡子还把这办法推行到极端，因为他出征意大利的战役，大部分是使用教堂的奴隶来进行的。

因为土地占有制和庇护制渐使教会庄园化，所以封建制度也渐使教会军事化了。教会土地对国家的关系在很大程度上同于俗人土地对国家的关系；它们逐渐变为封建采邑，而主教和住持也渐转变为男爵了。于是，主教区成为男爵领；遇到主教空缺的时候，它落在王室监护之下，再由王室指派新任主教；新接任者对国王举行臣服仪式并宣誓效忠，像任何其他附属那样。国王对主教区如同对封邑一样，常常使主教职空悬，有时达三、四年或五年之久，因为按照封建法律，一个宗主有权收取空缺的封邑的进款，不论这封邑是俗人的或僧侣的。这样的一种趋势，当然是由于中世纪时代高级僧侣作为所有主的重大地位和教会在政治上的重要性所产生的结果。主教和住持，以教会土地来分封给贵族和骑士，正像男爵们以封邑来授给他们的附庸那样。教会的封建制度，是俗人世界的封建制度的一种复制品。"主教的地位，是基于他们所占有的不动产的，因而他们的宗教地位，也是依靠他们作为土地领主的地位来决定。"

在第八世纪喀罗林诸王已建立了那种制度，即土地占有权必须附带着军事服役；这种制度在封建盛世已普遍盛行了。从那个时期起，好战斗的主教——住持较不好斗——在每个时代里都有，而主教必须熟练战斗的技术。在880年的战役里，曾有两个主教死于战场上。955年，奥格斯堡的主教在对马扎儿人的勒赫斐尔德战役里，曾赢得了猛将的盛名。霍亨斯陶芬朝军队，主要是由教堂的农奴组成的。普伊的阿德马尔主教，即第一次十字军中的教皇代表，所享有的声望，仅次于高弗梨·得·布雍·巴叶的鄂多，英王威廉征服者的异母弟兄，在哈斯丁斯战斗里，“挥舞一种槌矛以代战斧”[①]，因为对教士来说，流血是违犯教会法规的。在第三次十字军里，当狮心理查在战场上找到了主教波未·腓力染着血渍的鳞铠以后，他把它送给教皇并附着几句话：“这是由我们所找出来的。现在，您可知道：它是否是您儿子的战袍。”松利斯·格伦，在布文战役(1214年)里是法国人的战略家。连教皇也曾参加过战争，如约翰八世、约翰十世和利奥九世。王公贵族毫不顾及捐助基金的原来用意，把教会土地用于国家和世俗利益方面。在德意志，按照981年的兵员名册，队伍中有四分之三的兵员(在总数一千九百九十人中有一千四百八十二人)是从教会土地上招募来的。教会在1136年罗塞耳二世出征意大利时，提供了百分之七十四的武装部队。德意志国王赠给教会土地，来提高它的军事效力，而这些赠与是附有这项条件的。由此可见，国王为什么要如此坚决地保持教职的委派权之原因；那是为控制教会的资源，包括人力

① “un baston tenait en son poing.”

和财力在内的最可靠的方法。

在这些条件下，教会的阶层组织越来越变为像封建组织般的军事等级制了。巴斯噶二世在写给亨利五世的信里说："在您的王国内，主教和住持如此专心于世俗事务；他们被迫常出入伯爵宫廷并充任军职。祭坛上的祭司已成为朝廷上的公卿了。"在"男爵战争"时，康华尔·理查在给英国爱德华太子的信里写道："看啦！德意志有着多么壮健和尚武的大主教。如果您在英国能培养出这一类的大主教，那对您来说，倒不是一件太坏的事情。"主教和住持施行了一种世俗主权，像他们在旧时的特权范围内长久施行过的权力那样。他们以教会和寺院的名义，赐给封邑、管理附庸、分配租地并控制农奴。与世俗封建主并肩成长着的，有一种由大主教和主教构成的宗教贵族，同时他们也是伯爵和男爵；还有大教堂的僧会和寺院，它们以团体的身份控制了大量的领地。那分封采邑的惯例，透入了宗教机构和职能的整个体系内。教会的土地、职务、祭坛、教士俸禄地和什一税都已变为封建化。教会为了满足封建贵族对土地的迫切要求，常常不得不以它的土地分封给他们，来调整和他们的关系。在一个铁血主义的时代，这样的安排办法，往往是相互有利的。主教和住持不会白白地给出；男爵们也不会白白地收受的。男爵可能威迫主教赐给封地，但他须服从那项封建契约，按这契约，附庸对他的宗主一定要服军役义务的。这样就产生了一个宗教民兵阶层，它在十字军时代，起了很大的作用；因此教会进一步深入封建体制了。教会的附庸和进款，被认为是属于王室军事和财政资源的一部分，并被国王任意使用着。主教或住持（如果寺院是属于"王室的"）是国王的傀儡，恰像地方教士是他领

主的走狗那样；教会阶层的行为已变得和世俗封建主的状况相同，即使不是和他们身分相同。主教和住持同公爵和伯爵在同一方式下并在同样大——甚至更大——的程度上应尽“辅助”〔封建援助〕的义务。

在中世纪时代，主教或住持领地连成一片的，即使有也很少。相反地，它是由大量分散的地块集合而成的；这些土地，是经过多年的时间，通过捐赠或购买的方式得来的，因而分散得很。整体的统一性不是在外形方面，而是在精神方面。主教或住持是这领地的业主，他的法律地位是由特权来保证的，就是，他不受任何世俗权力的管辖的。任何公爵或伯爵依法不得进入这个界限之内。这些土地，尽管是由碎块并合起来的，但构成了一个封闭的圈子。主教或住持，在他的领地之内，在这土地之上，是一个封建官吏。

在法律上和实践上，这些宗教土地，都被看作一种特殊的男爵领。这是教会的看法，也是国家的看法；双方都不认为这种关系是不调和的或出乎常规的。空缺的主教座和空缺的寺院，都作为骑士的封邑来看待的。按照对俗人封邑的办法，国王在新旧两个任职者的中间时期，扣留那个宗教职位上所得的进款；新被委任者应缴付相等于世俗世界的一种“采邑相续税”来取得任职的资格；教会的土地和职位可以招人承包、分封或出售，完全像俗人财产那样。“在整个中世纪时代，教会僧职登用的一般方式，实际上就是付俸禄给任圣职的文官。”

教会社会像世俗社会那样，清楚地分成为上层与下层等级和独立和依附等级。上层等级，除了贵族出身者外，任何人照例不得参加的，而教区教士一般是从不自由的村民中来补充的。一个农奴教士，在接任圣职之前，须由领主给予正式释放。在第八和第九世纪，那些出身微贱的修道士大批涌入了寺院里；所以为了业主阶级的利益，就是说，“害怕田野变为荒芜”，曾用立法方式来阻止这种趋势；路易虔诚者传记的作者德根慨叹那提拔农奴甚至只提拔到最低级的宗教阶层的办法。早在第九世纪，上层僧侣的贵族性质已显然可见。路易虔诚者为了委派一个农奴子厄波为理姆斯大主教曾遭受指摘。当鄂图二世提出出身微贱的奥里腊克的格贝特为教皇（西薇士德二世）的时候，反对之声，不绝于耳。在亨利四世时代，奥斯那布律克的本诺二世，是唯一出身低微的德意志主教。在十世纪，爱好马匹与猎犬成癖的松斯的阿堪姆波德，曾把大礼拜堂内的祭坛迁移到户外的走廊里，而把教堂内部改为马棚和狗窠。据说，理姆斯的马拿西曾说过：“大主教的职位，如果不需要做弥撒，倒是一个好差事。”琅城的赫力南，“因为他出身于贫贱的家庭，他自知由于出身关系不会占有势力，乃把希望寄托在获得巨大财富方面”。有人反对圣得尼斯寺院的著名住持苏哲，理由是：他出身于卑贱的家庭里。匈牙利的贝拉在朝廷上曾拒绝接见一个主教，因为他出身于一个奴隶家庭。“德意志大批资料表明：在封建时代，教会中最重要的职位，照例几乎完全是由贵族出身的人充任的。主教和住持都是那个阶级中选拔出来的。只在中世纪后期，当附属的和不自由的阶层的人员被准许参加教会要职的时候，这项独占性才开始被打破。”

中世纪教会的宗教权力和世俗权力的结合，虽然在我们今天看来是多么不适当，虽然它显出和近代情况与理想是多么不相容，但在封建时代却是一件不可避免而又必要的事情。的确，这样的

结合是好的。因为任何伟大历史性的制度,如果它不是反映时代的统治思想,如果它的组织不体现时代的惯例,是不会有什么效果的。教会的职能,是在于领导而非在于尾随,是在于指导和教训;它是属于它的时代的而要优于它的时代的;它应使用而不应滥用它所代表的文明;它为了社会的利益,应运用遗产、传统和文化的本钱;关于这些,它是承受者或保藏者。教会的成功与教会的失败,同样和它的时代的制度与文明,息息相关的。弊病不在于正当使用时代的情势,而在于滥用它们。对中世纪教会,作出批判,甚至作出严峻的判断,是容易的。但要批判得公平,倒不是一件易事。因为公平的批判部分要依靠对错综组织和复杂文明两者的清楚了解。应该永远记牢:教会所面临着一种情况,在许多方面是同它的理论和理想相抵触的。

在这些世纪中,教会的性质,与其说反映在它所宣扬的教义上,不如说反映在它所拥有的组织上。那个组织,像中世纪时代任何其他的机构那样已是彻头彻尾地封建化了,彻底到使教会的基本职能与精神,到了十一世纪似乎已遭受破毁的威胁,因为物质的和世俗的事务长期凌驾了,而且终于不可容忍地压制了精神本质的事情。谁懂得封建制度,谁就掌握着为理解喜尔得布兰宗教改革运动中所牵涉的异常重大问题的关键了。

教会和世俗政府相同,是建立在土地的基础上的。僧侣的俸给,是从牧师俸禄地及其他的土地基金得来的。这些土地不是封邑,但它们渐渐依循封邑的习惯趋势,而变为世袭。在这样的一个时代,难以区别什么是作为团体的教会所有人,什么是作为个人的领俸给的僧侣,因为人们不按抽象的名词,而按具体的名词来思维的。

在十一世纪，贵族日益侵占了教会的高级官职，不断发展的家族控制教堂职位和教堂财产往往形成了教堂职位和教堂土地的真正世袭性，地方上的妒忌和家庭间仇恨渗入宗教事件里，这一切情况都达到了高峰。维罗那的拉特，在十一世纪宣称：教堂职位的世袭性，在意大利几乎已是常态。1020 年，本尼狄克八世在提斯诺会议上悲叹这项弊病的普遍流行。圣伯尔拿传记的作者，在十二世纪说过：教士的结婚和教堂职位与教堂财产的世袭性在诺曼僧侣中间，已是普遍现象。

近代人是难于理解或认识到教会所面临着的危险的。

> 一个世袭的阶级就会建立起来，他们就会依法占有他们的教堂和土地……在一个局势未定而倾向已很明显的时代里，对教会来说，阻止像世袭占据俸禄地或私人占夺教堂财产这类的事情，乃成为它的非常重大的问题，所以，教会曾作出最大的努力来反对这些弊病。这项斗争延续了好几百年之久；而尊重僧权制的胜利，也许可认为是对我们文明的幸运……教会对它的成员应保有不可分割的权力已成为绝对必要的条件；应不让什么人类的情感来动摇他们对教会的忠诚心……教会的大量地产，应当保全并经常增加，作为教会的共有财产，并不得由于惧内或父子情感的关系而使之遭受不断的破损……在这方面，格列高里七世也许有一个隐蔽的动机来促进他的行动。他由于出身卑微，可能同情那使教会成为开放给农民与平民的唯一出路的民主因素……这一切都将化

为乌有,如果由于僧侣结婚的合法化一般地产生了圣俸地世袭制,那使只有一般的共同利益的教会转变为个别业主的一个特殊种姓……回头思索一下,我们更可清楚地看出:如果独身主义曾是一个有效的动力来为教会获得它所享有的无限世俗权力和宗教权威,那么正是那项权力和那项权威,使独身主义成为对于文明的进步不无裨益的一个因素。

不难想象:教士会怎样选择具有政治性和足以提高地位的联姻;又因为财产的占有和圣俸的世袭会跟着准许结婚而来,一个宗教的种姓,由于把世俗的和宗教的权力联合到一个危险的过分程度,可能在欧洲重演了印度的婆罗门和首陀罗间的差别。可是,教会甚至在最贵族气派的封建时代所具有的特征是:它永远准许自力更生的人们进入教阶组织;这惯例是在几百年中对人类平等原则之唯一的实际承认。[1]

所以,为了阻止教堂财产的让与和教职的世袭,最可靠的、虽是最困难的方法是:禁止全部教士的结婚和创立一个独身的教士阶层。显然可见。这是一个非常激烈的补救办法。可是,再引一个很卓越的历史家的话,"一个无偏见的学者,如果真正熟悉早期中世纪情况,会相信:僧侣的独身制度,在那个时候,在使宗教界与世俗分开、使教会纯洁化和它对世俗的影响方面,是必要的;僧侣的独身制度,事实上是使欧洲社会宗教化的一个必要阶段。"[2]如

① 李亚:《僧侣的独身主义》,第三版,第1卷,第165—166、267—268页。

② A. L. 斯密司:《中世纪的教会和国家》,第83页。

果说罗马教会今天还有正当理由来维持一个独身的教士阶层，那么，这样的做法，在封建制度时代，可有十倍更多的正当理由了。要了解独身的必要性和公众对这制度欢迎的原因，我们对中世纪的情况，必须有深刻的了解。“我们很难设想一种对近代文明的威胁类似十一世纪人们所遭受的那种危险，那种危险来自封建残暴，它藐视智力思考与憎恨道德约束。可是，只有经常想到这项危险的存在，才有可能来对中世纪教士所提出的剧烈补救办法作出公平的判断。”因为“只要当僧侣开始以宗教财产赠给他们的子孙的时候，教会的世俗财产就有被整个让出的危险；其次，一个结婚的僧侣阶层将自然地转化为一个世袭等级，当它的地方权力增加以后，它很少愿意再服从教皇的最高权力……格列高里七世可能是第一位能够认识到实行独身制对教廷权力具有多么重大的意义的教皇。不论他的前任教皇曾否像他一样清楚地看到这种情势，但从来没有人争论过：他们，或他们中的任何人，曾专心一志地要推广这寺院制度的理想的。”①

十一和十二世纪教会如果在要求独身方面进行得缓慢些，温和些，就是说，把独身制的实行先从高级僧侣开始，逐渐推行到下级僧侣，直到使全体教士连教区教士在内都遵守它为止；同时也不使独身制有追溯既往的效力；这样，教会财产的让与和滥用之弊端，将会慢慢地缩减并终于消灭；这样的做法或许会是更聪明些。当时，也有贤明的教士，这样地考虑的，像英国朗夫兰克，他不去折磨教区僧侣，但禁止僧侣会会员娶妻；在这以后他拒绝授圣职给已

① S. R. 伽里纳：《英国史导论》，第 3 章，第 9—10 节。

婚的管事或僧侣；但他并不强制那些已结婚的僧侣离弃他们的妻子，也不诬蔑他们的妻子为姘妇，视他们子女为私生子。

但是，教廷和克伦尼派完全不愿考虑这项缓和的政策，而采行了剧烈的方针；结果，僧侣阶层大致分为两个阵营：缓和派，即由主教领导的世俗僧侣；激烈派，即正规僧侣。这两个阵营之间的斗争既长久又激烈，因为两者各妒忌对方的特权，各垂涎对方的政治势力，各贪图对方的财富。十一到十二世纪的教皇大多是修道士；他们玩弄这两派之间的矛盾，并根据情况，利用这派或那派反对国王与封建主，来压制世俗政权，到处建立教廷对国家的最高权。他们委派修道士接任主教空缺；指派正规的和世俗的僧侣会员替代大礼拜堂执事中已婚的僧侣；甚至教区教士也由僧侣来接替；为了这项明示的目的，取其位而代之，除非当地保护人坚决斗争要保持他的僧职授予权。安瑟伦的一项训令里规定："至于教士，如果能有过着正规的，也即独身的生活的人，就让他们替代其他的人，就是，已结婚的教士。但是如果找不到或很少找到这样的人，应下令：在这段时期，修道士应为人民举行弥撒……这同一僧侣将代替已婚的教士接受忏悔和埋葬死者尸体。甚至对年高的僧侣，你也可这样地命令，直到已婚教士的这种顽固性屈服为止。倘使我们坚持那已开始的措施，时间也不会拖得长久的……如果那些被革除的人竟敢反抗，让全体基督徒反对他们；不仅把他们从他们自己的社会里摈除出去，而且从他们所占有的土地上连同他们女眷一并摈除出去〔!〕直到他们觉悟过来为止。"我们虽承认教会政策的基本正确性，但无可否认：在实行喜尔得布蓝的宗教改革里，曾产生很多不公平和不人道的行为；成千上万的男人、女人和儿童曾遭受侮

辱、虐待和社会放逐；正式妻子曾被宣布为姘妇而合法婚姻所生的子女被污蔑为私生子。

1059年，拉特蓝会议第一次正式制定了关于僧侣独身的法律，并公布施行。这项法律，使财产有被迫交出的威胁，使教士家庭面临着分裂的危险，使教士子女将蒙受横加的臭名；这一切引起了反对的骚动。都灵、阿斯提、亚尔比、维瑟利、诺瓦拉和罗地各主教曾拒绝公布这命令。同时，伦巴城市尤其是在米兰城的无产者，在一个煽动家叫做兰杜尔夫领导下，开始了反对结婚教士的鼓动。

虽然在这些强暴而又激烈党人中，有些人的目的是忠实的，但许多鼓动家是抱着可耻的自私自利动机的；他们的主要目的，是要掠夺教士阶层中那批不幸已结了婚的教士的财产。

> 共谋者利用了主教区内低级教士中间所存在的大量不满情绪和平民对他们上司的轻视态度，很快在他们的周围集结了一个人数众多的党派，主要包括低贱教士和暴民……兰杜尔夫开始在街头和广场上活动，纠集乌合之众，向他们大声疾呼；他以最尖锐又最粗鲁的讥讽词句来攻击大都会的僧侣……“没收他们的财富，拍卖他们的财产；如果他们抗拒，应劫夺他们房屋；把他们和他们的私生子逐出城市”……当兰杜尔夫正在城市鼓动乌合之众的时候，阿利尔德忙于煽动乡村居民来反对乡村僧侣……一年之内……在伦巴城市的民众中间，兴起了一派新的清教改革家……这新党派是以“帕塔立尼”(Patarini)出名的……据传说，这个名字是从城市的一个

街区得来的，在那里住着最贫困又最不满的阶层。[①]

甚至在关于世俗或教会授职权问题的大斗争里，像在格列高里七世和亨利四世之间的冲突里，在亚历山大三世和腓特烈一世之间的冲突里，可以看到有很多经济现象，关于这些现象，学者是很少懂得的。教廷之所以成为主权的一个条件，是教会占有庞大数量的地产；理解这一事实，对我们来说，是极其重要的。在所谓"授职权战争"里所争论的，是一个财产的问题，同样也是一个统治权的问题。假使教会肯放弃它的封建岁入，它的世俗权力，教皇同皇帝及其他欧洲国王的和平，会是容易获得的。像阿柏拉德、布里西亚的亚诺尔和赖帕斯堡的泽霍这些敏锐的人在十二世纪就已经观察到这一点。甚至圣伯尔拿，尽管他对亚诺尔有着深仇宿怨，但抱着和他同一的意见：教会的大量财富是它的一个灾祸。中世纪教会像《新约全书》里所提到的某富人那样，因太富而不肯牺牲。

教会在封建制度传布之前好久，已占有了大量自由地。然而，在查理曼逝世后(814 年)所赠给教会的土地，大部分是属于封邑性质的。因此，如果教会真的实行了放弃政策，结果只会使教会土地缩减到它在路易虔诚者登极时所曾拥有的部分。这远不致伤了教会的心，因为甚至在早期，教会的地产，如上文所述，已经大得可观。所以，要求教会退出它的纯粹封建领地，无疑是公平的，虽然要期待教会也放弃它的通行税、市场权利，等等形式的财产，那在一个自然经济时代，似乎走得太远了。正是这些进款的源流，使它

① 格麟武德：《彼得大礼拜堂史》，第 10 卷，第 176 页。

能从中世纪早期的自然经济里解放出来，并使它能够跟着时代的经济变更而前进。问题不是一个教条的问题，而是一个实际利益的问题。封建国家的理由是：教会财产是教会按照封建条件并在封建条件之下获得的，所以教会必须执行服务来实现所承担的义务。教会的理由是：教会的财产是不能从它分离出去的，教会基金是教会的不可分割又不可分开的构成部分；教会财产是“献给上帝的圣物”，任何其他权力不得使用它、控制它或把它移作别用的。

显然，这里在为宗教目的捐赠与为世俗目的捐赠之间，有着一个差别，并存在着两种不同的产权和不同的条件。它们在理论上、法律上或事实上能够分开吗？十至十一世纪的教会，特别是德意志教会，曾接受大量土地赠与，条件是应对王室执行那些附着于土地上的封建义务。教会由于接受并利用封建制度因而承担了封建制度的义务。但格列高里的改革把世俗性和宗教性财产混为一谈，或可以说，巧妙地力图以漠视教会地产性质中的主要差别来规避它的世俗义务；这种差别是：部分教会财产，特别是早期的赠与，是为教会的合法维持经费，而后期的赠与大多是属于封建性和世俗性的。但喜尔得布蓝派却宣称：所有的教会财产都是属于宗教性的。

世俗政府认为：这样的一项解释到处是对它们的独立地位和它们的主权的一种挑衅；只有很牵强附会地可以说：那由于主教或住持的世俗性地产而行使的世俗授职权是“买卖圣职”或贿赂行为和政府对教会的威胁。凡是购买或使用教会的世俗性地产而不涉及什么供神事情的，不是买卖圣职的行为。在这样的一种交易中，神圣的职务不是或至少无须是交换的对象，因为一个俗人不能成为一个教士。教会内部的弊病，是由于它和封建制度合一化而产生的；所以，公平合理救济办法和打破僵局的出路，在于教会放弃它的世俗性地产。可是，教会因太富而不肯牺牲。它以下列论点作为辩护：宗教性和世俗性的赠与，是不可分割而又不可让与的组成部分。曾有两次提出建议：教会应放弃它的封建土地，就是，教会在查理曼逝世后(814 年)按封建制度所获得的和保有的全部土地；但这建议两次遭到拒绝。教会回答说：不可能区别它的土地的种类，还争辩说，这样的一种放弃，将是对一个伟大委托的叛卖，也是对“穷人的遗产”的牺牲。这是教会的诚实的话呢，还是它的贪婪呢？

教会和政府之间的冲突是不可避免的；因为在中世纪时代政教分离是不切实际的，只有幻想者和梦想家才抱有这种思想；又因为教会拒绝接受国家和教会之间的平等地位，相反，它企图以教会高于国家的原则来解决争端。在教会内部，逐渐成长了一个派系，他们急于不仅要建立教会的独立地位而且要建立教会的至高无上的地位；他们否认：皇帝的赠与曾附有条件；或教会曾同意和国家发生过这样的一种关系。这一党派把所有政府对教职的控制，都污蔑为“买卖圣职”行为，而他们看到：最容易达到他们目的的方法是否认世俗授职权的合法性。授职权战争，归根到底是为争取保护教会的控制权的冲突，而整个事件的根源，在于教会的世俗性财产。所以，这项斗争不是没有经济关系的。格列高里七世和他的后继者力图撤消教会对政府和社会的那种封建职务和义务，这些义务是跟着教会占有大量地产而自然地又合法地伴随而来的；另一方面，他们也力图保持教会的土地。不管奥古斯丁的地面上

“上帝国”之理想对格列高里所产生的影响多么重要，不管教廷的法律学家和策士所提出的论点如何，教廷永远不会企图把这些空洞而又抽象的愿望转变为现实的，如果教会的财产未曾激起教廷的野心并创造了机会的话。教皇和皇帝果然在其他的立场上进行斗争来解决问题；但他们间斗争的目的，大多在于财富与权力；就是在于土地。那在封建时代是体现财富与权力的主要形式。

格列高里七世在拥护教会对国家的至尊无上的地位上，可能是一个伟大的理想家。但毫无疑问，那个方式也可能给教会带来无限的物质扩张，给教廷带来巨大的政治特权。在这争执里，胜利既不属于教廷，也不属于国王。因为在这斗争里，教会世俗财产的控制权大部分落在封建化的主教本人手里；他们成为宗教王公而把他们的主教区土地看作自己的封建财产。早在十二世纪，在德意志，我们看到主教已把属于他们主教座的土地叫做“我们的土地”。除了他们把宗教职位和世俗权力联在一起外，除了他们不得按世袭原则移转他们的职位和世俗财产外，中世纪欧洲的主教和当时的大贵族，是很少有什么差别的。

虽然授职权战争的价值与所牵涉的原则，甚至在今天的历史家中间，还是一个争论的、意见分歧的问题，但无可置疑，教会在其他许多方面的改革，是具有进步性的。教会曾努力取缔封建制度的弊病；其中最突出的一个例子，是“上帝和平”运动以及后来与此有关的“上帝休战”运动。“历史记载上，从来没有过这样的以智斗力的胜利，像教士所赢得的胜利那样；他们处在混乱和战斗的时代，没有物质力量可供指挥而只以人类灵魂和良心作为权力的基础，而能战胜了当时的凶狠战士。”[①]我们知道，私战是封建制度的一个最恶劣的残暴行为，它是从古代日耳曼族的“决斗权”里派生出来的。在封建时期，当国王的地位已被削弱到一个名义上的宗主地位因而没有中央权力的时候，这私斗的惯例达到了高峰，所以下列争执不是通过法院而是用当事人的宝剑来取得解决的：个人所受的损害或冤屈、关于财产要求的冲突、遗产的争夺、附庸对宗主或宗主对附庸的或真或假的过错行为。而且，所有这些争执的理由往往是为了进行恃强凌弱的卑鄙的自我扩张所采用的表面的借口而已。强盗男爵还干着这类勾当，如在公路上掠夺商人和香客；他们是以抢劫为生涯的。

然而，在私战里受害最深的人，却不是贵族，而是农民。谁也不需怜惜那些贵族；他们是依靠战争来自肥的，对他们来说，战争是一种英勇的表现；而且他们不时还欢迎战斗的。但是城堡里的妇女和孩子以及小贩、旅行的商人或僧侣、香客，尤其是领主庄园上的农民，是在贵族的放肆私战里的无辜牺牲者。因为每一战斗员之第一项行动，是破坏他敌方的田舍和庄园。中世纪编年史关于这类例子，记载得很多。

这样的一种情况，不能无限地任其继续下去，要不然的话，封建欧洲的农民会遭受毁灭。所以，不足为奇，在十世纪——在十一世纪更多——我们也可看到，那些抗议和反抗封建庄园制里最恶劣祸害的迹象以及那些企图管理，即使不是取缔，最坏的弊病之行动，例如，最初所发动的“上帝和平”运动和后来所形成的更发展而

---

① 李亚：《宗教裁判所史》，第1卷，第1页。

更有效的限制，即“上帝休战”运动。可以作为中世纪教会的巨大功绩的是：它挺身而出，使用了它的宗教权力和它的世俗权力，双管齐下，来取缔私战暴动。关于这方面的初次提议，见于第九世纪，其时，政府大权正在旁落；查理曼的懦弱后嗣开始仰赖教会的支持。秃头查理曾使每个主教在主教区内成为一个钦差，每个教士在教区内成为一个警吏。驱逐盗匪出教，已经提到日程上。这同一法王曾要求他的附庸遵守“和平公约”，里面规定：贵族应宣誓取缔盗匪、放弃私人报复权、保护教会；这一切体现了维持法律秩序的原则。后来，由于王室的无力，教会被迫代它实行了这项原则。在九至十世纪，主教时常这样地使用了教会附庸。

但是使“上帝和平”之所以如此有意义、如此有重要性的是因为：虽然它是由教会倡议的但这运动确是一个自发的运动；它是符合于封建社会僧侣、贵族和农民各阶层的要求的；它使他们为了社会利益的共同事业而团结在一起。它反映封建制度下的集体精神和合作的社会觉醒；这种情绪非常强烈，以致当运动继续的时候，它在某种程度上打消了那存在于阶级之间的矛盾。再也没有什么事情，可比它更好地表明封建制度的有机性和建设性；就是说，在封建制度里有着根本形成的力量，正在起着作用；这些力量，为了管理封建制度和在欧洲建立一种真正的封建政体，通过试验与错误，慢慢地摸索，但也获得了很大成功。这运动的倡议之所以落在教会身上，不是因为教会是那无政府状态的主要受害者，而是因为那些受灾难的无辜者和那些干着残暴行为的违法乱纪者，都是属于同一基督教社会的成员，而教会是这个社会的精神领导者。教会的任务，是一个精神的任务、一个伦理的任务、一个社会的任务。

所以，它比任何其他制度、比国家、比国王，更加重视了法律秩序与公平的原则、生命和财产的保护；而这一切是和每个政治社会分不开的。

所以，“上帝和平”的倡议，我们必须从两个观点来想象：从它所力图取缔的实际暴行、斗争和不公平的观点来看；另从一个新的社会良心和新的社会觉醒发展的观点来看。教会所承担的，不是单纯的警察权力。它是社会的领导。教会的真正伟大性，表现在后一项的地位上。它表达了一种新理想，它宣布了一项更好的法律原则和一种更高级的伦理，公布了关于一个非基于强权而基于公理、正义、法律保障、人身和财产的不可侵犯性的封建社会之理论。

这和平运动的起源和发展的历史，可表明它成长的各个不同的重要阶段。运动最先是在法国的极南地方，在沙鲁（989 年）、那旁（990 年）和安斯（994 年）的宗教会议上提出的；当时，它尚是一个纯粹的宗教运动。决议宣布：教堂的财产，不得以对待好战俗人的财产方法来处理；违者处以咒逐处罚。在这里，没有什么新的东西，因为这类威胁早在第九世纪已经存在，但有一个新的特点，就是对那些劫夺穷人和农民的财产的人也予以咒逐。所以，教会在运动的最早阶段，未曾禁止私战，但它企图保护它的财产和各地的农民，使之不做这类斗争的牺牲品。于是，教会创造了一种受到特殊保护的阶级的范畴。它坚持：无以自卫的农民，尽管柔弱，但在法律面前尚有权利，对于这些权利，贵族尽管横暴，必须予以尊重。下面是波未的主教在 1023 年所要求的誓词的一个典范：

> 我决不带走公牛或母牛或任何其他驮兽；我决不捕捉农民或商人；我决不从他们那里拿取分文；也不迫使他们付赎身金；我不愿使他们由于他们的领主所进行的战争，而丧失他们的货物；我也决不殴打他们来获得他们的食物。我决不从牧场捕捉马、骡和驹；我决不破坏或焚烧他们的房屋；我决不借口战争连根拔出他们的葡萄藤或收集他们的葡萄；我决不破坏磨坊，也决不拿走那里的面粉，除非它们在我的土地上，或者除非我是正在服军役。

但即使认为教会在封建世界里最充分地代表并表达了进步性的舆论，下列说法也是夸张的：这样的观念是完全由于教会的创造。关于这方面，俗人中的优秀分子也有一些贡献，甚至群众的意见也不是一成不变，像一般所设想的那样。因为在不久之后，俗人包括贵族和不自由人，纷纷参加运动来制止私战。男爵阶层本身也开始觉得战斗的祸害，自愿放弃它并阻止别人使用它。除教会处罚的威胁外，另加上有形的强制力。这项新运动最初出现于阿奎丹，后来从那里传入了勃艮第（1016 年）。法王罗柏特在 1025 年领导了这运动；因而它不久遍布于整个中部和北部法国，它越来越变为确定，越来越成为一种肯定的制度。和平兄弟会组织起来了。与此同时，制裁办法也变为更加严厉。除单纯的驱逐出教外，另加上停止宗教仪式的处罚（1038 年布尔日宗教会议的决定）；那是一种宗教“罢工”，即停止全部教会职务直到犯罪者屈服为止。采用这种激烈办法，正是表明舆论的力量，因为舆论的压力毕竟和畏惧教会的心理同样迫使犯罪者向“和平”屈服。

在这时期,“上帝和平”在精神和组织两方面,都经受了深刻的改变并转化为一种远更有效的制度,即“上帝休战”。我们看到:“有一种有意识的努力,要从周围的斗争范围内按一般界说划出一个和平的范围,因此,现在和平本身为了自己的缘故,成为所追求的目标。”因为在“上帝和平”运动里,两项弱点已变为明显:它没有国法的支持;对私战的行动,没有加上时间的限制——一个男爵在一年中的任何一个日子里可以进行私战。其次,这禁令只适用于教士、教会财产和农民方面。但是,我们看到,1027 年在鲁息雍的厄尔因会议上第一次所公布的“上帝休战”则不然:它规定了每周的某某日子和每年的某某季节作为“禁期”,就是说,在这时期内的私战作为非法论。与此同时,世俗武力加入了运动,来支援并加强制裁。显然,这种新方式比起旧方式来是更彻底的限制政策。“上帝休战”是兼有宗教性的和政治性的运动。在有些地方上,群众对“上帝休战”的支持是有着一种“野外集会”①复兴之社会心理特征。例如,在十二世纪后期,在基恩,有一木匠宣布:耶稣和圣母出现在他面前,并命令他在一切人们中间宣传和平。在这些地方性的和平团体中,谱伊的团体表现出有组织的性质和献身于神的思想,在那里僧侣和男爵组成了一个会社,叫做“上帝兄弟会”。像早期的“和平”运动一样,“休战”运动传布得很快,在十一世纪后半期,宗教大会和宗教会议一次接一次地宣布它为普遍法。甚至在这时期之前,“休战”在德意志和意大利已经宣布。在英国,诺曼国王始终是有力量的;在那里,“休战”从来没有公布过,因为从来没

① 即从事于祈祷或说教等的集会。——译者

有需要过它。

可玩味地指出:“和平”运动和“休战”运动继续发展为一种制度的过程。起初,只有僧侣和农民特别是妇女与孩子的人身和财产,被宣布为不可侵犯的;后来,商人和旅客以及他们的财产也包括在内;制裁兼有宗教的和世俗的两种性质,甚至包括流放或驱逐出境和没收财产;“禁日”起初只在受难周①的三天(星期五、星期六、星期日),后来扩展为从星期三的日没时至星期一的日出时为止;“禁季”起初只在四旬斋时期②,后来它包括从四旬斋的开始到复活节后的星期日这一时期;再后它延续到降灵节之一周间;最后延续到圣约翰节(6 月 24 日)。同样,因为播种季节受到保护,所以谷物和葡萄收获季节也受保护,因而从圣母升天祭节(8 月 15 日)到圣马丁节(11 月 11 日)之时期的私战,也作为非法论。总括起来,对一个强暴的男爵,只有留下最炎热的夏季和最寒冷的冬季,作为战斗的日子。在这些变更的同一时期,那取缔私战的立法渐变为一种法典——条文从三条增加到八条、到十条、到十四条、到十九条,等等,而且除盗劫外,其他形式的罪行,也被列入;例如,制造或使用伪币,接受赃物,隐匿罪犯和逃犯。

教会这样剧烈地扩展警察权,不是没有碰到抗议的,因为那是潜夺世俗王公和国家的特权的行为。连有些教士也提出了抗议说:这是不属于教会范围内的事情,教会行使警察权,将使它和世俗世界混淆不清,使它世俗化并使它道德堕落。在这种反对意见

① 耶稣复活节前之一星期。——译者

② 复活节前四十日间的大斋,纪念基督在荒野的禁食。——译者

里，当然包含着正确性，但论点是教条性多于现实性的，因为在封建时代的最艰难时期，教会和社会都面临着一种现实情况，使它们不能听从理论的反对声。情势太现实了。在争论中的问题自行解决了。在十二世纪，“休战”的立法转化为格累西安的“命令”，转化为教会法，转化为国王和皇帝的法令。它成为欧洲的国内法，并继续有效，直到在民族王国组成以后，它们有效力的行政制度使它成为过了时的东西。当近代政府和近代国家出现以后，单单国家的法律已有充分的力量来维持法律秩序。

还应注意：十一世纪中新的社会和团体精神在其他方面的表现；当时，欧洲存在着从来未曾有过的那样普遍活跃情况。在这类集体精神的现象中间，除了“上帝休战”以外，我们还可看到下列事件：团体往著名神殿去进香的习惯、圣迹崇拜、封建主等级内武侠精神的开始表现、行会和兄弟会的组织、宗教复兴运动；后者往往终于形成了异端教派。

在这些群众团体精神的表现中间，最为有趣的，是建造新教堂的狂热——我们可称之为精神病。这是一个最突出的例子，可说明在整个中世纪时代社会心理方面的情感主义的。建造这些新的更华丽的教堂建筑物，是与欧洲这种社会觉醒和这种新的权力感同时出现的，而这种权力感反映在建立更好的政府、更好的法律，反映在宗教和社会的新理想的形成。所有这些现象，在跟第九和十世纪的衰败与混乱状态而来的恢复与复兴的世纪里，都集在一起，乃成为整个局势的各部分。

在这建造教堂的浪潮横扫欧洲之前，很多教堂，甚至大教堂和大礼拜堂，也是用木造的，或至少屋架大多是用木造的。在这些建筑物中,很少有玻璃窗或没有玻璃窗的。颜色纹玻璃时代尚未来临,因而用油漆麻布来遮盖窗口。许多教堂的地没有铺,或只在唱歌台或祭坛周围铺着石子。很多教区教堂,是不牢固的木头建筑物,有着硬泥地,这些教堂内部既潮湿又阴暗,又容易遭受火灾。的确,在几百年时期内,欧洲几乎每一所大教堂都曾遭受过一次火灾,还有许多教堂曾遭受过多次火灾。

于是,新的宗教复兴运动风起云涌于意大利,越阿尔卑斯山而冲入了莱茵兰、法国、法兰德斯及英国南部,欧洲的罗马式建筑术首当其冲就诞生了。新建筑物是用石块造成的,物料坚固,形式美观,还用更多艺术品来装饰着。其次,(附带说)它们也表现出工业技巧和技术上的进步。这些新的洁白的石头建筑物,在十一世纪前半期的短短几年之内,像雨后春笋般地出现,尤其是在北法,所以,一个有艺术感的勃艮第高僧,以美丽的词藻来描写它们说:人们会以为,上帝下降白雪于教会的地面上了。说得很对:它们是"和平的来临与敬神的精神之表象"——"上帝和平"现在被赋予了真实的体现。关于许多这些早期罗马式教堂的图样,是由意大利建筑家绘制的;并从意大利输入了砍石工和石匠来建造它们。科摩的这类工人,是欧洲最为著名的工人。当时,欧洲不断激增的财富,大量挥霍于教堂的装潢方面:例如,壁画、油漆、雕刻、刻花屏风、祭坛、精制的金银器皿。彩色云石,甚至旧罗马会议厅上的整个圆柱,从意大利输入;用以制青铜的锡,从英国输入;铅,从西班牙输入;宝石,从东方输入。虽然总的外表是罗马式的建筑,虽然有若干式样占着主要地位,可是在布局上还有很大的自由。建筑师们争先恐后来表现其独出心裁之处。地方的条件,如可以获得

的石头种类,也促成了式样的不同。在奥汾涅,当地所产的彩色石,使那里的教堂具有特殊的地方风格。法国各省和莱茵兰在建筑细节上所存在的相异之处,是和它们在方言上所存在的差别相仿佛的。

新的宗教热忱十分强烈,所以它促进了社会上一切阶层,不分等级,都齐心协力地为宗教的目的而努力。贵族和农民、衣奴和自由人,为了社会的共同目的,并肩劳动;在整个运动之上还笼罩着教会的灿烂外衣。有许多例证,可表明整个村庄或社会参加运动,包括教士和俗人、农民和贵族、男人和女人。在一块地方上建筑师和别块地方上建筑师之间,在这里的教堂和那里的教堂之间,在此处的寺院和那处的寺院之间,有着真正的竞争。为了提早完成工程,群众自愿担任了劳役。教士还进行布道来激发积极性;于是富人和穷人的捐赠,如雪片飞来了。请求支援的传单,到处散发;关于工人的奇迹和故事也辗转传述;例如工人从鹰架上跌下而被神奇地救出;此外,给建筑人员的犒赏金也往往是很大的。

我们幸运地还有十一世纪保存下来的几封信,它们生动地描写这种建造教堂的热忱。在沙脱尔,热情达到了这样的强烈程度;竟至采用了十字军的形式。卢昂的大主教曾目击这项运动,在写给他的朋友亚眠的主教一封信里,他描述它说:

> 沙脱尔的居民已联合起来,以运输物料来帮助他们的教堂建造……在这以后,我们主教区及其他邻近地区的信徒,为了这同一目的,也组成了团体;他们只准已经忏悔过的人加入

组织……他们推选一个队长，在他的指挥之下，他们沉默而谦逊地拉着他们的运货车。谁曾看到过这样的情况呢？谁曾在过去时期听到过这样的情况呢？就是说，世俗世界上有势力的王公们、富贵家庭里出身的人们、男女贵族们，弯下他们骄傲的头颈，套上运货车的绳索；他们像驮兽那样，拖着这些满载着葡萄酒、谷物、油脂、石头、木材以及一切为建造教堂所必需的东西的货车，走向基督的驻所……他们沉默地前行，一句怨言也没有……当他们停息在路上的时候，没有什么声音，可以听到，除了忏悔罪孽声和纯洁的祈祷声之外……当他们达到了教堂以后，他们排列车辆于教堂的周围，像一个宗教营那样，而在整个夜里，他们唱着赞美诗和《雅歌》[①]来歌颂守夜。在每部车辆上，他们点着蜡烛。

甚至那些拖曳石块和木材的老牛有时也被拉入一种伙伴的关系中。当琅城大礼拜堂落成时，那些有感激心的群众在两座大塔中的每座塔内建立了四只大型石牛，来对不会说话的役畜表示感谢；因为它们在这功绩中尽了它们的一份责任；这八只石牛，至今还屹立，瞭望四方，俯瞰那动人的中世纪山上旧城市下面的平原。

当哥特式建筑术开始接替罗马式的时候，我们看到，在所雇佣的手工业者的身分方面，已发生一个具有重大意义的变更。在这以前，其中大部人，除了由意大利输入的石匠之外，是处在奴隶的地位。但到了十二世纪，有技巧的手艺人大多已变为自由的手工

① 《雅歌》系《旧约圣经》中之一卷。——译者

业者，并已组成行会。所以，农奴的释放和他们社会地位的提高，是跟着这宗教复兴运动而来的。库栖·勒·沙托的大城堡，在它毁于第一次世界大战之前，有趣地保存了关于这项社会发展的资料。这宏伟的石头建筑物，是法国属于同一类型的最大建筑物，正在农奴制流行的时代，开始建造。石头的下层是由农奴铺设的，但因为城堡的建造历时在百年以上，当上层开始铺设的时候，石匠、砍石工，等等已变为自由人，并已组成行会；这些上层保存了属于这些行会的石匠的标志或图章。在许多哥特式的大礼拜堂里也可找到类似的工人标志。

在当时的著名建筑师中间有：印革尔柏、基约姆·得·贝郎、路易·得·波堡、爱蒙及坎特布里大礼堂的建筑师基约姆·得·松斯。这些建筑师签订契约，提出图样，常与别的建筑师相竞争，并督造工程。有时，几个建筑师被召集来一起磋商什么是最好的进行程序。建筑师漫游各地并到处传布他们的建筑思想。他们领收全部付款，并转过来付给他们所雇佣的人们。据记载，五呎高度，作价五百苏里德。工资是以衣服、住宿、伙食和现款来支付的。合同上规定每周、每月或每年付款的办法。建筑师保证他工程的完成。在完成某一部分重要工程如一座塔楼或屋顶之后，他们举行欢宴和娱乐。

一所中世纪大礼拜堂，是一个城市的市民自豪的对象，也是一个规模宏大的社会企业，在这里所有的社会各阶级以及各种地位的人们都是感兴趣的，无论在精神上，或在捐助它的建造费用上。至于较小规模的建筑物，下至矮小的教区教堂，也是这样。因为教堂是当地社会中的最大而又最好的建筑物，又是一所大家都有一份和共同的利益的建筑物，所以它用于许多世俗目的方面。在战争时期，村民——他们自己、他们的牲畜及他们的眷属——到那里避难。在和平时期它是社会的和贸易的中心。在私战的黑暗而血腥的日子里，在一个安定的封建政府确立之前，旅行商人和流动小贩设立他们货摊于教堂的门廊之内；他们有时并陈列他们的货物于墓地内的平面坟上。后来，当局势变为安靖的时候，市场散布在教堂前面的广场上，甚至在贸易和商业的经营已变为很安全，而不再需要教会保护之后，市场十字标还保存了对早期情况的追忆。有时，当地的度量衡刻在教堂的墙壁上，使大众周知，像在弗赖堡大礼拜堂墙上的那样，在那里人们今天还可看到所规定的丈尺和面包的大小。

中世纪时代的人们对于教堂的使用比起我们近代人有着更大的——也许更宽的——想法。磨谷和酿酒有时在教堂内进行，冬季食粮和干草，储藏在那里；葡萄酒和啤酒桶也存放在那里。米兰城市当局征用圣安布洛乔教堂会议厅的走廊，作为堆储谷物之所。早在 1022 年，布里西亚城使用大礼拜堂作为地方上的公共集会之所。在庆祝节日，假面剧和宗教剧，在教堂演出。在一个只有最粗俗的艺术和音乐，没有世俗艺术、没有世俗音乐的世界里，大礼拜堂中的壁画、花玻璃、音乐、灯盏和蜡烛的亮光、教士袍服的颜色（这些颜色按时间和场合，有所不同）和焚香的气味，给人们以情感上和审美的享受。

的确，外界侵入教堂引起了烦扰和滥用的情况。封建领主常常在他们教堂的坐席上，办理当地的事务。金雀花朝亨利埋怨说，请愿者“甚至在做弥撒时也对朕烦扰”。斯特拉斯堡市长在做礼拜时，经常在城市教堂的座席上，听取诉讼；圣路易的行动被认为是适当的，就是，在做神圣礼拜式时，他拒绝办理行政事务。但尽管有这些弊端，必须承认：中世纪教会，曾使它的建筑物社会化，使它的宗教人道化，而同时还保存了崇拜的尊严和神秘性。罗马教会一直显出一种明显而又深刻的心理和社会意识；但从来没有比1000年到1300年这些光辉的世纪中表现得更突出；在那个时期，教会的伟大又有创造性的物质与道德文化达到了高峰。

可是，教会虽然这样地改变了世俗封建制度中所存在的暴行或缓和了其中很多积弊，但由于教会本身也是一个封建化的机构，它的内部也滋长着暴行和弊端。特权保护了教会财产，不仅保护那些正式用于宗教目的方面的土地而且保护教会的全部土地；因此，为维持政府的开支又以另一种负担加在世俗社会头上。教会对它从世俗政府所受到的警察保护是不付给什么酬报的。可是，教会的免税土地占着中世纪欧洲全部地产的三分之一到二分之一。“死手”即“永久管业”，可说明政府为什么反对教会的理由。教会是一个永久存在的法团；它永远不死，所以，凡是一旦转入教会手里的土地，是永远不会变更它的产权的，因而政府被剥夺了这方面的遗产税。在帕得波纶的主教《迈威克传》里，有一段轶事告诉我们说，甚至圣洁的皇帝亨利二世也能使用尖锐词句来攻击“死手”的弊病的。萨克森的主教们不倦地向皇帝申请土地的赠与；有一次他大声指责迈威克说：“愿上帝和他所有的圣徒使你感到羞愧，因为你永远不停地夺取朕的地产，使朕蒙受严重的损失，使政府遭受巨大的损害。”到了十三世纪，“死手”的恶劣影响变为很大，以致政府采用立法来限制这项惯例。在十二世纪，贵族时常激烈

地攻击教堂的财产；那不仅表明业主阶级的妒忌心理，而且证明宗教财产已达到凌驾世俗财产的危险程度。在授职权战争时期，有一个反教廷的教士对教皇乌尔班二世的贪求世俗财富进行攻击；他的讽刺文章里包含着可怕的嘲弄。

在这非封建时代，需要一种想象力来认识中世纪教会怎样深刻地封建化的情况。它的世俗财产对僧侣所赋予的权利和权力，在类型上和程度上完全和那些附着于世俗领地的权利与权力相类似，甚至推广到生杀之权。它所征的赋税兼有世俗的和宗教的两种性质。这种赋税和封建主所征的赋税，没有丝毫不同之点。因为世俗土地和世俗官职已经封建化，所以，教堂教职和教堂土地，也有被看作封邑的倾向。格列高里七世曾徒劳地企图把主教官职和主教土地改为从教皇座所得来的封邑。在 1139 年拉特蓝会议上，英诺森二世的确曾宣布：所有宗教高级职位作为得之于教皇和属于教皇的封邑。

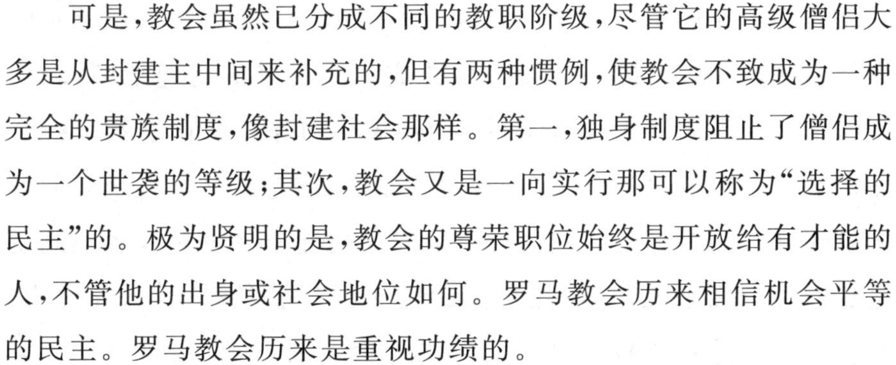

可是，教会虽然已分成不同的教职阶级，尽管它的高级僧侣大多是从封建主中间来补充的，但有两种惯例，使教会不致成为一种完全的贵族制度，像封建社会那样。第一，独身制度阻止了僧侣成为一个世袭的等级；其次，教会又是一向实行那可以称为“选择的民主”的。极为贤明的是，教会的尊荣职位始终是开放给有才能的人，不管他的出身或社会地位如何。罗马教会历来相信机会平等的民主。罗马教会历来是重视功绩的。

教会提供了唯一向各个不同等级和地位的人们都开放的出路。在封建制度严密规定的等级区别下，对于非出身于贵

> 族血统的家族的人来说，几乎不可能是有升迁的机会的。在教会里，虽然等级和家族的关系很有助于提升高级地位，可是一个人只要有才能和毅力，尽管他出身微贱，历来是能够脱颖而出的。乌尔班二世和哈德良四世都是出身于最微贱的家庭，亚历山大五世曾是一个讨饭的孩子；格列高里七世是一个木匠的儿子，息克斯塔斯四世是一个农民的儿子；乌尔班四世和约翰二十二世都是鞋匠的儿子；本尼狄克十一和息克斯塔斯五世都是牧人的儿子……这样看来，教会的队伍经常是以新血液来补充的。[①]

中世纪教会是一个封建化的教会；它是处在封建世界里并属于封建世界的。但它从来不像懒汉般地照样接受它所看到的现状的。它从来不愿让事情自流；它也从来不消极地容忍它本身内或世俗社会里的弊病和腐败情况的。它在极大的程度上，具有领导的品质和倡议改革的力量。它以伟大的勇气和勤劳——虽然它的言行不一定相符合的——竭力要造成一个更好的封建欧洲，竭力要纠正封建政府和封建社会的缺点、暴行和弊病。它果然未曾企图推翻封建制度，但它力求管理封建制度；它想要从旧传统和旧惯例里建立一种"新"的封建制度。就它努力建立一种更好封建制度之建设性意义来说，它往往是反封建的。有很多例子，可资说明：教会力图铲除古代日耳曼人的血缘复仇习惯，就是亲族以私人复仇行为来替真实的或虚伪的受害者或受冤屈者进行报复的权利；

① 李亚：《宗教裁判所史》，第1卷，第4页。

撤消“司法决斗”和使用热火或沸水的上帝裁判法；除去封建监护权上的弊弊，就是由宗主监护一个附庸的寡妇孤儿，结果，监护人往往把被监护者的遗产吞没或消耗了；减少财产对夫妇关系的难忍的残暴统治，及封建家庭所安排的畸形的婚姻对家庭制度的败坏，例如，为了财产的原因，少女嫁给老翁或青年讨娶老妇。另一例子是：教会在德意志为了反对“接受”罗马法所进行的斗争（虽然那是在十五世纪，后于我们所讲的时期）；它的目的是要保护农民免受那庄园制度甚至在它的最坏时期从未有过的残酷剥削。“教会法，虽属于罗马法的范畴，但具有基督教的精神；它不可估量地更符合于日耳曼人基督教化的习惯法。”从历史上看，古代日耳曼法典是一个自由民的产物，而罗马法却是一个奴隶国家的创造物。

中世纪教会，在范围上如此普遍，在权力上如此独特，在利益上如此复杂；所以它包含着一大堆矛盾：有的是真实的，有的仅是表面的；它是宗教的，也是世俗的；封建的，也是反封建的；贵族的，也是民主的。教会在它管理社会方面，有时越出了习俗的社会立法而刺入事物的核心。教会虽然保存了封建制度并从封建制度获得了利益，但它有时却力求严峻地管制它，有时还明显地力求破坏它的完整性。关于这类政策的动机问题，是不一定容易解决的：它是为了一个真正道德的目的而行动呢？还是在扬言它的行动的道德目的或崇高的社会目的时，它是出于争权夺利的野心而行动呢？

有关的事例，是教会反对长子继承法。那是为了社会公平，就是使诸儿子获得土地的平均分配而进行呢？还是为了以分散大封建世家的遗产来打破它们的权力呢？同样，教会反对世袭君主制而赞助选举君主制，那是为了民众主权呢？还是为了使世俗权力屈服于宗教威力呢？格列高里七世支持反对亨利四世的封建主的叛乱和萨克森人的起事，那是因为他相信他们的主张合乎社会正义呢？还是因为他想要挫折他的敌人呢？教会拥护妇女继承封邑权，即女系的继承权，就是关于女伯爵马替尔达和公爵罗塞耳在多斯加纳和萨克森的继承问题，那是因为它相信按正义妇女应和男人享有平等的财产权呢？还是因为它要改变男人对封建政府和财产的独占控制权来打破封建主的势力呢？值得注意的是，就在刚刚引述的两个事例里，教会曾立即并大量地获得了利益。教会说，世俗法院多半是不公平并在它们的审判里有着贿赂行为，所以它坚持它的法院在很多案件中应作为上诉法院，而拥有最后的判决权，那是为了公道的利益呢？还是为了要削弱世俗政府的权力并增加教会诉讼费的收入呢？

不论这些政策的理由如何，教会有时在打破习惯法和推翻传统方面，是很激烈的。例如，封建法律不仅支持长子继承，而且也赞助家族之间的联姻，以求防止封邑的分裂和分散，来使大家族的权力和财富尽量保持得完整不散。因此常常有着血缘亲属间的婚姻。但在1066年教会谴责了罗马民法关于血缘方面之几百年来的旧惯例，并建立了近亲不得结婚的新条例。凡是按照民法方式推算亲属关系的结婚，将被宣布为乱伦；结婚仪式无效。民法上所规定的第二、第四和第六等亲，改为第一、第二和第三等亲；在这些范围内的结婚概被禁止的。甚至宗教上的亲缘，也是一个阻碍：就是，教父和教母[1]和他们的子女之间的关系，也被认为属于教会法禁止结婚范围内的亲属关系。其次，教会主张：男女的结婚使他们婚前所生的子女变为合法。在封建主方面，他们为了维持家族土地的完整，坚持保存这种区别；因而憎恶私生子的合法化。

教会所作的这些变革是为了促进社会道德，要保护家庭的纯洁，要防止城堡和庄园内同族繁殖呢？还是要分裂大贵族的家庭呢？还是要使解除婚约，在属必要时，易于实现呢？又如教会通过赦免可放弃教会法的执行以得酬费，它的动机是牟利呢？还是教会为了自身的利益在政治上增加干涉社会的机会呢？对所有这些问题，都没有肯定的回答。但事实总是：教会倡议了很多有深远影响的社会性的立法，而这种立法的效果是深刻的。

教会的影响，似可说通过一种社会腐蚀的过程，渐把大封建家族打破，甚至把它们毁灭了。当一个家庭成员进入教会之后，家庭除在社会地位以外，一向是受到损害的；有时在它的延续方面受到致命的打击。当德意志皇帝亨利二世的唯一的弟兄成为奥格斯堡的主教以后，萨克森皇族是注定要灭绝的，因为皇帝本人是无嗣的。据必然不完全然而很重要的计算，有人估计：在中世纪德意志，于三百年的期间，百分之十二的王公家族、百分之三十六的伯爵家族、百分之八十的小贵族家族，因为它们的很多子弟加入了宗教团体而本家不得延续。这种效果，像一种节制生育的形式那样，终于使许多封建望族实际灭绝。

① 洗礼的担保人；在儿童洗礼时，除为小儿命名教名之外，还代其父母担保小儿之宗教教育者。——译者

但从这种倾向和情况里还有其他效果产生出来。如上所述，在九和十世纪，封建主由于他们和高级僧侣之间的产业利益的联系，开始垄断了教会的高级职位。主教职位已经贵族化了。但从十一世纪起，可以看到，在主教中间渐多微贱出身的人们。封建贵族对于教会的高级职位第一次丧失了它的垄断地位，后来甚至还丧失了它对这些职位的优越控制地位。喜尔得布兰的改革运动，以对世俗授职权、保护权和推荐教堂教士的世俗权所进行的打击，又以在使僧职授予权脱离土地所有权方面所作的努力，促进了教会的这种民主化；由此而产生的效果当然有助于教会获得民众的欢迎，也有助于教会对贵族的抗衡力量。在十二和十三世纪新寺院团像息斯脱西安派、卡德西安派、普勒孟斯特派，尤其是多米尼克派和法兰西斯派托钵僧，几乎完全是从平民队伍中来补充人员的，同时在主教中间也越来越多地显出了这样的情况。当时，教会感受了一种社会革命，像全欧洲所感受的那样。所以，教会在这方面的日益民主化正是在农奴制的衰落与城市的兴起的同一时期；那不是偶然的。

可是，怪得很，当教会跟上当时代的大多自由化趋势，甚至走在这种趋势前面的时候，当教会日益把它高级职位的大门开放给出身于平民的人们的时候，它对农奴制本身，依然是保守的，以至达到反动的地步。约在 1100 年时，烦琐学派的创始人安瑟伦以下列一段话来表述关于世袭农奴制的正宗理论；这一理论常获得后来作家的同意：

> 因为如果有任何人和他的妻子……曾共同犯了一种凶恶

而不可饶恕的罪过，又如果他们已为此被公平地降低身分而沦为农奴，谁会主张：他们在他们的定罪之后所生的子女，不应属于同一的奴役身分呢？

中世纪时代的教会从来未曾反对过当时代的奴隶贸易。它所提出的抗议——甚至在那个时候，也常常是一种表面文章而非出于一种真意——只是反对贩卖基督教俘虏到穆罕默德教国家去。它未曾反对过出售异教丹麦人和斯拉夫人为奴隶——在易北河外大战役之后数以千计的汶德人俘虏被分配给德意志寺院之间；在西班牙、科西嘉、撒地尼亚、西西里以及在海上的摩尔战争里所捕获的俘虏，不仅被售给俗人而也被售给基督教僧侣主人。在十一世纪及以后，在意大利的教会土地上，甚至在教皇国内也存在着作为动产的奴隶制度。

关于释放农奴方面，教会落后于世俗欧洲，甚至推迟了释放。教会最少屈服于经济革命的压力，因而它比起俗人业主更不愿意释放它领地上的农奴。撒尔微密尼的下列发现，是具有巨大意义的：1286 年 8 月 6 日关于取消农奴的佛罗伦萨命令是由于佛罗伦萨僧侣会的几个农奴请愿之直接后果；他们请求不要把他们售给乌巴尔第尼人，理由是：那将有害于城市公社，因为它将失掉取得请愿者的人身服务和金钱捐献。这一事件可证明教会之所以取消农奴制，是由于实际的理由，而不是由于什么人类自然权利的理论。

整个说来，教会土地比世俗土地管理得更精明、更有效，但关于教会土地上农奴的情况较少困难而他们所得到的待遇较人道主义这种常常听到的说法，则是与事实不相符合的。因为在十三世纪之前，所有的历史家都是教士——即在这一世纪其中大部分还是教士——对于他们的记载，必须谨慎使用，因为他们当然不会说不利于己的或不利于他们僧团的话。所以，我们必须以保留态度来看待他们所宣扬的人道主义和利他主义。凡是熟悉十二世纪史料的人，都不会相信克伦尼寺院的住持彼得可敬人（死于1156年）所说的假仁假义的话；他说：克伦尼寺院的僧侣们"把男女农奴看作弟兄姊妹一样"。因为克伦尼寺院是一个臭名昭著的贵族的又是排他性的寺院团；凡是非贵族出身的人休想成为它的成员的。从仔细研究寺院的纪录所得出的结论是：教会土地上的农奴所处的境遇不会优于世俗土地上的农奴。而且我们有理由相信：总的说，他们的命运更糟糕。圣柏纳寺院的《奇迹录》，表明了农奴所遭遇的可怕的贫困和艰难状况，虽然所记的可能是一个极端情况。教会对人类灵魂行使统治权这一事实，就教会土地上农民的经济状况言，没有说明了什么东西。在解放奴隶和释放农奴方面，教会是社会中最保守的分子。几乎所有大批解放农奴的事件，是由世俗领主而不是由宗教领主所做的。找不到例子可说明寺院曾释放过大批农奴。的确，教会法曾禁止奴隶或农奴的解放，除非给予教会因此受到的损失以补偿。在第九世纪，斯马拉格达斯曾根据人类平等的理由拥护农奴的解放，但他所说的话，只是一种表面文章。一般说，教会是反对农奴解放，而竭力要拖延农奴制的。凡是能够独立思考的中世纪史专家一定会同意故教授阿岐尔·卢察尔的论断；我们没有比他更高的历史权威可以援引。他在他

研究过程的早期，原是相信旧传说的，只在经过更深刻而长久的研究史料之后，他才不得不改变了他的主张，所以，他的意见愈加可以相信。下面引述他所精心写作的一段文字，来表明他成熟的结论：

> 在中世纪时代，教士对待农民与市民的残暴行为，几乎和世俗贵族相同。事实上，封建概念在教士阶层所组成的教会里流行着。有特权的宗教贵族的思想和行动占着统治地位。这种宗教贵族，即大量土地和无数男女农奴的所有人，是封建制度中的一个构成部分。他们力图保护他们的权利与进款；他们以非常残忍的手段来捍卫这些；而且更加容易做到，因为教会的土地是不可让与的。他们对下层阶级进行苛重剥削。迄今还没有人能够证明：教会的农奴比世俗领主的农奴生活得好些；绝对正确的是：教会对农奴的束缚比世俗贵族和国王对他们的束缚维持得更长久。甚至可以看到，有些僧侣竟主张农奴制不仅是必要的和合法的制度，而且是一种神命的制度。[①]

同样，朴洛克和麦特兰，也严厉地谴责了教会领主特别是僧侣领主；他们的判断几乎是无可反驳的，因为再也没有两个学者像他们那样精密，那样富有科学精神：

> 现有大量资料可说明：在一切领主中，宗教机关是最残酷

① 卢察尔：《腓力·奥古斯都时代的法国社会》。

> 的领主——它们不是压迫最重的，但是对自己的权利是紧握不放的领主；它们专心于维持一种纯粹农奴的租地制和农奴的人身关系。那不死而无灵魂的法团〔指教会〕具有精确的财产纪录；它不愿交出寸土尺地，不愿释放一个农奴，不愿放弃一所房屋。实际上，世俗领主比它仁慈得多，因为他是具有更多人性，因为他是粗心的，因为他需要现款，因为他会死去……我们看到，农民所提出最严厉的控诉，正是针对他们（僧侣）的。[①]

比利时历史家梵得京特尔在广泛研究比利时教会土地上农奴状况之后，获得了结论说：教会土地上农奴的地位，比起在世俗土地上农奴的地位更低。

使息斯脱西安派寺院团获得荣誉的一件事，是他们拒绝接受农奴作为基金的捐助。甚至在这项规则被取消以后，在息斯脱西安派也变为不自由的男人和女人的主人以后，他们尚记得过去他们初期行为中的人道主义，这反映在他们恪守下列原则：息斯脱西安派寺院的农奴永远不得被交换给任何其他领主；农奴家庭不得被拆散。关于拆散家庭的惯例，贤明而又公平的中世纪教士承认教会的立法比罗马法更不人道。例如，普鲁姆·累吉诺率直地说，“在这一方面，罗马法的规定看来确是好得很多”。在圣路易时代，巴黎圣母院的僧侣会对它的农奴压迫得如此厉害，以致王后布浪希“十分谦逊地”进行规劝；而僧侣们回答说，他们可随意使他们的

① 朴洛克和麦特兰：《英国法律史》，第1卷，第378页（第3版）。

农奴饿死。但布浪希是一个有勇气的妇人;强迫寺院开放大门;释放了被禁锢的农奴。

在十三世纪中,农民反对教会过度的财政勒索所发动的叛乱,已是司空见惯。在1207和1222年,奥尔良的主教必须使用武力来迫使农民缴租。1216年"新港"的村民杀死了圣窝尔堡寺院的收租员,当他们企图收集什一税的时候。住持比主教似乎更加放肆地使用了极端办法。1220年沙脱尔圣贝尔寺院的农奴,1246年圣泽门·得·普勒斯寺院的农奴,1250年圣迈克尔山寺院的农奴曾先后反叛。另一方面,在十三世纪中,农民反对世俗业主的虐待和野蛮勒索的叛乱则是稀少的。在1251年法国出现了"牧人运动",即农民的反叛;这运动背后的推动力,是从十字军运动里诞生出来的宗教感情主义,它夹着对教士,特别是对僧侣连法兰西斯派也包括在内的敌对态度;这种敌对是由教会的过度勒索所引起的。只要它一天鼓动猛烈攻击僧侣,它就一天受到群众的拥护。沿途各城市对暴民给以饮食并欢送他们。运动蔓延各省。部分暴民闯入了亚眠、卢昂奥尔良。于是,暴动和街道战斗发生了。卡斯提尔的布浪希起初纵容他们,因为她自己也是深恨僧侣的。

寺院土地上不自由农民所深恶痛绝的一件事是:他们须把自己的全部谷物送到住持的磨坊里去磨粉。1274年,英国圣阿尔班寺院住持的土地上的农民曾拒绝再屈从这项对贱农的苛重勒索,并开始使用自己的手转磨子。住持诺吞·罗哲尔对他们使用了威迫方法。于是,叛乱的贱农进行了鼓动,全城鼎沸。另一方面,寺院内敲响了大钟作为警报;僧侣排列在教堂内高祭坛前面,朗诵七首痛悔赞美歌,恳求上帝和圣阿尔班的佑助。国王支持寺院,进行干涉,因而运动暂被平息。但在1314年,斗争重起。村民进行大暴动,宣誓要严惩僧侣,乃至要置他们于死地,并在市场上可怖地树立了一架断头台。幸而寺院墙垣造得坚固,因为它遭受了一次平常的围攻。国王再度干涉,但直到很久以后,住持才把苛重勒索减轻。

所有被雇佣在教会和寺院的大工场内作为手艺人和手工业者的农奴情况,是与教会领地上种田的农奴的情况相同的。在这批工匠中有:木匠、车轮匠、刷羊毛工、染工、织工、金属工、鞋匠、马鞍匠、马具制造者。世俗世界久已看出了农奴制在经济上是不利而又浪费的,它也久已看出了使用那种为每天的现款工资而劳动的自由种田农民和自由手工业农民,比使用农奴的劳动有利得多;可是教会还是顽固地墨守陈规。教会反对解放手工业的农奴,反对组织独立的手工业者团体。由于这个缘故,在十三世纪,手工业者阶层的态度,是具有反僧侣色彩之特征的。而且,自由工人行会也憎恨教会的不自由工人工场的竞争。因为住持和主教特别是住持,照例是把他们的剩余制造品在当地市场上出售,而在那里他们当然能够以较低于自由工人的产品的价格来售出,因为他们所付给的工资既低,又可免缴税款、市场捐等。在这一情况里,就可看出"宗教改革运动"之一个经济的根源了。

教会虽然在某些方面是激进的,但在其他方面,它却是异常保守的。结果,在十二和十三世纪所爆发的农民叛乱,几乎一定都是在教会的土地上而反对教会庄园制度的,并且是具有反僧侣制度的色彩的。在城市的市民运动兴起时,它的情况也是如此。主教和住持对市民运动的敌对,远甚于世俗封建主;他们力图取缔这项运动。

这里不打算讨论城市运动的兴起和传布。只要指出下列事实：旧罗马城市已自然地成为主教的驻所，在寺院墙垣的周围聚居了稠密的农民群，他们在寺院的领地上作为农奴劳动着。在十一世纪，当社会和经济觉醒出现于欧洲时，这些居民集团空前地活动起来。一种潜伏了几乎千年之久的精神，开始在他们中间复苏了。这些居民要求城市宪章，不仅要使他们所申诉的弊端减轻，而且要获得固定的自治权利，如准许他们征收自己的捐税，管理自己的法院；当这些要求被拒绝的时候，他们就反叛了他们的领主，不论主教或住持，并组织了城市公社。公社这个名词成为僧侣所厌恶听到的字眼了。住持基伯特·得·诺戎谈到琅城市民反对他们主教的封建权力时，感叹道，“城市公社是一个新的而又最不祥的名词。”

僧侣对城市一贯地采取了敌对的态度，而且这种敌对几乎是普遍的。教会的高级职员往往是披着法服的男爵；他们看出新的城市制度有使他们的权利遭受颠覆的危险。所以，克雷尔服的伯尔拿和沙脱尔的伊甫斯都随声附和了基伯特·得·诺戎的话。不止一位教皇曾要求取消城市公社：英诺森二世曾命令取消理姆斯城市公社；尤金三世曾命令取消斯瓦松城市公社。当时代的教会作家也似乎完全未能了解城市运动的意义。德微兹·理查称之为“平民的骚动、王国的骚动、僧侣的懦弱”[①]。但在所有对城市公社的诬蔑中，谁也比不上扎克·得·微特里反对波未公

① “tumor plebis，tumor regni，tepor sacerdoti.”

社的激烈程度。

有时，地方上反对僧侣的情绪，非常激昂，以致愤怒的群众竟至尽情嘲弄和恶作剧。在圣发列里寺院，群众为了嘲笑僧侣，穿着法服，绕着寺院游行，装作洒圣水。他们还放火焚烧教堂的大门，并把圣母像和约翰"洗礼者"像，一并投入火焰中；后来当一个孩子死了以后，他们当中有两个人给做了殡葬仪式。圣里奎尔寺院的僧侣们在每年游行时经常捧着圣里奎尔和圣维哥尔的遗物，而城市群众也很隆重地捧着一只死猫和马骨游行；他们在以这些骨骸表演奇迹以后，还把它们存放在圣里奎尔寺院的圣殿内。

然而，教会也不知不觉地曾在很大程度上促进了正是它所要取缔的这个城市运动。喜尔得布兰的计划力图使祭坛到处摆脱俗人的控制，不论在大礼拜堂、寺院、修道院或教区教堂内，因而教会不仅放松了对社会的统治权力，而且为那个社会的成员树立了一个新自由的榜样。又在授职权战争时期，公社的精神和渴望民主的心理曾被有力地刺激起来。关于这方面最突出的例子当然是：教廷对萨克森农民和米兰城的帕塔立尼派[①]的支援。在这个问题上，格列高里的改革运动掀起了一种为教会所不能拦阻住的社会和政治精神，而这种精神终于反抗了教会的世俗特权了。

在中世纪时代，教会行为的特征是：民主而又有贵族气派的，慈善而又剥削人的，慷慨而又吝啬的，人道而又残暴的，放纵而又严厉压制有些事情的，进步而又反动的，激进而又保守的。然而，

---

① 在十一世纪创立于米兰城，旨在反对教士的纳妾风气，它的名称是从米兰的一个街区"帕塔立尼"得来的。——译者

这些矛盾，不像它们表面看来那样奇特。因为必须记住：教会不是单一事物而是多种事物，一个复杂的世界性机构，也是一个富有地方色彩的机构；它执行宗教和世俗的两种权力，它又是一个错综的经济和社会团体。在它的态度上，它是非常平易近人，它接触着每个男人、每个女人、每个孩子，可是它是高高在上、渺不可攀的和理想主义的。在这种情况下，不足为怪，教会是个复杂而矛盾的事物的集合体。虽然教会的最高职位一向是开放给微贱出身的人们，但教会作为机构来看，是兼备贵族性和专制性的。甚至息斯脱西安派的影响（该派在精神与组织方面比起旧的本尼狄克派和克伦尼寺院团有较多的民主精神）及法兰西斯派与多米尼克派的宽大而又真诚的民主作风，也未曾能使教会变为民主化。到中世纪末期，教会在政治上和宗教上依然是专制的，在社会上和经济上依然是贵族性的。

中世纪教会的慈善事业，不是完全无私的。人们易于承认教会在救济事业方面所做的大量活动，它在医院和孤儿院方面所提供的社会服务。但这需要它救济的贫困，往往正是它自己的经济剥削行为所引起的贫困，而且还有一个问题，即按照教会巨量的财资比例而论，它所做的救济事业是否和世俗社会所做的同样多呢？教会还常常倾向于请求甚至迫使俗人捐助救济经费而不肯以自己的资金作施舍。在《圣爱乐华传》里（他是第七世纪的人），我们痛心地看到许多教士的牟利作风。在传记里说，一个好基督徒应该是这样的一个人：他奉献祭品，他以他勤劳所得的成果的一部分献给上帝，他提供礼物与什一税给僧侣——这是在什一税由法律规定征收之前。教会果然在极端危急的情况下，以暂时救济补助来缓和批评，来停息怨言，但那不一定是出于纯粹的人道观念的。所以，教会的慈善行为，有时似乎是对社会不满的一种止痛药片；它有减轻的作用而没有治好的效力。另一方面，很多捐给教会的布施物，则是属于永久性赠与的。

中世纪教会是一个可怜的政治经济学家，但在那种进款和财政事件上如在领地开发、市场管理和铸币权利上，舒展了近于天才的精明手腕。教会的行政组织转变为敛钱的精密机构。这一情况，对世俗僧侣来说比对正规僧侣来说，更为确当，因为主教是教会的正式行政官，而修道士则否，又因为主教比起住持较多接近封建宫廷和一般的政治界。甚至早在十二世纪，在教会事务里“谈判金钱斤头”之丑事，已经臭名远扬。住持基伯特·得·诺戎告诉我们说：当巴斯噶二世于1111年驻在法国的时候，他知道了在教皇随从队中的红衣大主教“抱有捞一把钱的大希望”，所以他怎样“在袋里放满现金，来到教皇宫廷；我和我的同僚圣芬逊特寺院的阿达尔贝伦住持各携带了二十镑现金来填平他们宽阔的欲壑”。我们已经讲过：在授职权战争里所牵涉的经济和财政因素是多么强烈。有人已以经济的动机来清楚地说明了下列事实：在1054年教会分裂以后，罗马教会与拜占庭帝国为了重建宗教统一而发生了长久的冲突。在那些最严厉批判教会腐化情况和最无情地谴责僧侣品质的人们中间，我们看到几个最圣洁的和几个最有思想的教会的儿子们——像圣伯尔拿、彼得·达缅尼、彼得·坎托、勒曼斯的喜尔得、布腊的彼得和罗柏特·格罗斯特这一辈人物。

罗马教廷日益扩张的管辖权，给财政舞弊和腐化势力开放了大门。早在十二世纪中期，有远见的教士，像圣伯尔拿和索尔兹巴

立的约翰那样，已以疑虑和惊骇的态度来注视教廷宗教性所遭受的日益增长的威胁以及由于教会的过分财政政策所产生的贪污危险；而这种威胁之所以容易发生，是因为教皇由于集中了这样多的教会事务于一身，负担着庞大而又复杂的行政责任。圣伯尔拿在写给他的密友龙金三世的一封信里，慨叹道："我只愿在未死之前，能够看到上帝的教会像它在往昔时代的情况一样，就是，使徒们撒布罗网不是为了捕捉金银，而是为了捕捉灵魂！"他还谴责了教皇的世俗统治权和各地主教的政治地位。几年以后，我们看到：索尔兹巴立的约翰抱怨教皇座的负担过重；他当然会担心于他朋友哈德良四世的健康状态。这个职位的摧残生命的性质，在前一世纪里已经激起了彼得·达缅尼猜测的好奇心；他估计教皇在位的寿命不会超过四或五年限度的。的确，在中世纪长任期的教皇，只有亚历山大三世（1159—1181 年）一人而已。中世纪罗马城的出名的不卫生状况，当然可大部分说明教皇寿短的原因，但无限繁重的行政负担一定也曾是使他们身体迅速垮台的一个因素，虽然还应记牢，在他们中间大多数人在当选的时候，已不是年轻人了。可是，甚至年轻的教皇，像英诺森三世那样，也是未曾活到高龄的。

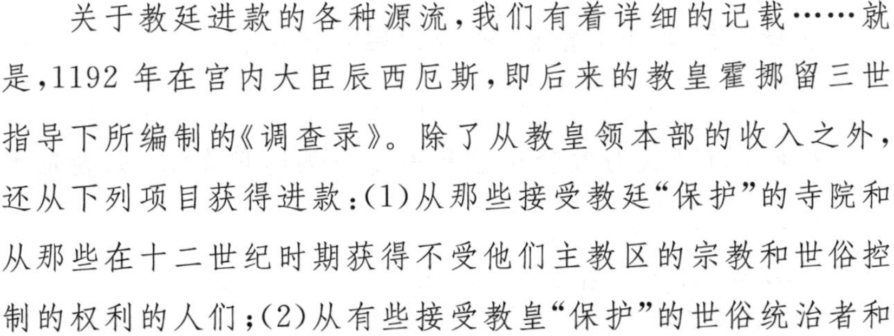

> 关于教廷进款的各种源流，我们有着详细的记载……就是，1192 年在宫内大臣辰西厄斯，即后来的教皇霍挪留三世指导下所编制的《调查录》。除了从教皇领本部的收入之外，还从下列项目获得进款：(1)从那些接受教廷"保护"的寺院和从那些在十二世纪时期获得不受他们主教区的宗教和世俗控制的权利的人们；(2)从有些接受教皇"保护"的世俗统治者和

贵族，他们承认教廷的宗主权，像阿拉贡国王和南意与西西里诺曼统治者；(3)从征收彼得便士，在英国从盎格鲁·萨克森时代起征收；在挪威、瑞典以及若干其他国家从十二世纪起征收。①

教会在圣迹的崇拜、奇迹的表演和私人弥撒方面找得了新财源。在第九世纪后期，出现了一种起源于爱尔兰的新忏悔制度，它批准了原来为法兰克教会所拒绝的一整套捐税。

十字军运动，特别通过赦罪符的销售，证明是替教会赚进了大量金钱。

1184 年，教会训谕那些不能亲自参加十字军者，应捐款来支持十字军，并为了酬报这些捐款和为了三次重复“主祷”，允给他们部分的赦免。1195 年，塞勒斯泰因在写给他的驻英教使坎特布里的休伯特的信里说：“那些输送他们的财物来帮助‘圣地’的人们，将按照他们主教所规定的条件，从他获得他们罪孽的赦免。”1215 年，第四次拉特蓝会议再前进一步，约许那些按照他们财产比例而捐助十字军经费的人们赦免全部罪孽。跟着那个措施，教会开始走向下坡。②

然而，如果认为教会对这些卑鄙行为应负全责，那会是不公平

① 《剑桥中世纪史》，第 5 卷，第 11 页。

② 《剑桥中世纪史》，第 5 卷，第 323 页。

的。“蛮族”法典曾这样大规模地以分等级的罚款来替代罪罚，以致有关错过的抽象道德观念在公众心里已被抹去，而罚款已不再被看作一种罚款，而被看作一种赦免。如果人们想要公平地对待中世纪教会，必须懂得中世纪欧洲人的心理。千真万确的，在中世纪时代，各种东西是有着它的价格的——教会和国家的官职、给法官的“赠礼”、有利的婚姻和婚约、监护地位，等等。所有这类事情的办理，都是和酬费分不开的。由于如此现实想法的存在，忏悔制度无可避免地会反映出这种心理的。早在第五世纪，萨尔维安痛心地说，“除了极少数圣徒之外，人们已想要以一枚钱币来赎买他们的罪行了”。

在公众思想中认为“功绩宝库”[①]的原则，即关于基督、殉道者们和圣徒们的分外德行的教义，便是可用功德或金钱来补偿罪行的一种信仰；至于教会所教导的真诚悔过须先于赦免罪行这项有关赦罪的重要条件，已经不复可见或在很大程度上已被降低了地位。的确，关于赦罪的理论与实践，都可从神学方面来辩解的，然而赦罪的制度可能是为募集教会捐款的最普遍的形式，也是最容易引起流弊的形式。

然而，赦罪制度，也是具有好的和光明的一面的。它在中世纪文明的发展里是一个显著的社会因素。为了慈善事业所发给的万千赦罪符对社会和经济的情况起了巨大的影响。例如，用赦罪符的出售来创立并维持教会学校、医院、桥梁、公路和海港的建设、沼

① “功绩宝库”，即神命以外的分外功行，指基督教和圣徒们的余德，通过教会的祈祷，它即可代赎人间的罪恶。——译者

泽地的开垦或森林地的清除、为慈善和救济工作所组织的行会和兄弟会、像“公共当铺”那样的放款会。这样看来，教会募集经费，是为了物质的建设的；那些原来不能顺利进行的社会事业，因此得活跃起来了。

有几百件遗闻轶事，谈到十三世纪僧侣的腐败情况；这些故事即使去除其中夸大部分以后，还留给人一个痛苦的印象，并生动地绘出了当时的许许多多高级教士的贪婪情况。贪污的教会管理终于导致在执行圣礼方面的贿赂行为——交换或出售精神价值；即败坏僧侣的特权和权威以达牟利的目的。在某种限度内，可以指责教会说，它为了进款的目的把它的宗教权力化作资本。当然，教会虽从来未曾正式赞成过这样的一种行为，可是在宗教立法上，有充分证据，说明这类弊病已在广泛地流行着。硬心肠的教士拒绝做结婚、洗礼，甚至临终涂油和殡葬各种仪式，除非先付给他们一种酬费，这样一来把“随缘乐助”改为固定的酬费了。990年谱伊的主教，在给他的主教区内僧侣们的一项通告里说：“任何教士不得收取洗礼费，因为这是圣灵的恩赐。”

伯爵罗柏斯吞的罗柏特埋怨当地副主教说，他以过多的“赎罪金”加在他庄园内的农民身上，因而使他们贫困，并指斥他是“罪行的勒索者、犯罪的爱好者”。有一个故事中谈到有一个简朴的骑士天真地说过：“我想，教士之做弥撒，是为了收取供品的缘故。”另一骑士认为：教士发明了弥撒，作为一个骗取供品魔术方式。据说在布罗温斯曾有一个富人，在死后，他的大量金钱遗给一所邻近寺院。他的儿子埋怨说，住持未曾替他父亲的灵魂说什么，除了“安静地休息吧”一句话外，但住持对他说，这句话的价值比金钱还大。

甚至早在十二世纪，僧侣的猎取遗产已成为一种大家知道的丑事。1170 年，亚历山大三世曾下令：除非在一个教士面前订立，任何人所立的遗嘱，不得认为有效；而起草遗嘱的公证人将受到驱逐出教的处分。在一次英国宗教会议上宣布：一个人在立遗嘱时，为了他灵魂的好处，必须以他的部分财产献给教会；而且当他立遗嘱时，必须有一个教士在场作证。豪侠的威廉·马歇尔在壮年时，曾以比武者和马上比武英雄出名；在他弥留之际，一个教士在他的床侧敦劝他把他所有的丰富奖品遗给教会。1234 年，阿尔兹宗教会议上宣布：凡是不在一个教士面前所立的遗嘱，概作无效。如果这样地订立了，立遗嘱人将被剥夺葬于神圣墓地上的权利，而那起草遗嘱的公证人将受到驱逐出教的处分。未立遗嘱而死，被看作抢劫教会的行为。

甚至十二和十三世纪的异端运动的重要根源，也在于经济和社会的状况。夏龙的琉泰在夏龙主教区内创立了一个短命的教派，他以下列宣传，在“乡下人”中间获得了信徒：征收什一税，在《新约全书》中是没有根据的，那是僧侣的一种舞弊。里昂的发尔多和发尔多教派，即“里昂的穷人会”代表着反对高级教士的财富和世俗性之势力；他们力图恢复使徒的贫困和朴素作风。布里西亚的亚诺尔企图使用北意大利的公社革命，以达到同一目的；他劝告了城市的市民政府没收僧侣的当地财产。在十二世纪的起初二十五年中，在法兰德斯有一个著名的受公众欢迎的异端者坦克姆；他得到了大量农民和乡下人的信仰。他宣传：取消僧侣所征收的什一税和庄园捐以及其他激烈的宗教和社会主张。在他死了以后，有一个铁匠，叫做马那塞斯者，企图继续他所鼓起了的运动，并组成了一个兄弟会，有意思地叫做“行会”。值得注意：在法国南部，那里曾受广大亚尔比教派异端支配好多年，被拖到宗教裁判所前面的很多犯罪者，是穷苦的织工；所以，“织工”(Tisserand)这个名词本身竟成为异端者的代名词了。在下德意志，斯德廷革运动，密切地结合着农民反对庄园制度的残酷性和什一税的负担之愤懑情绪。所以，异端教派常常是表达又广大又复杂的社会不安情态的工具，也是反抗流行的经济压迫和弊病的工具。

不幸，教会不去纠正它自己内部制度的腐败，相反，它去加强并加紧它反对异端的政策；而在十三世纪教会的腐败大多是激起异端流行的原因。它把那些不符合于自己的物质利益的政治社会主张和异端混为一谈，并把所有异见，不论属于什么类型，一概列入同一个的受谴责和同一个毁灭范围内。教会对于群众攻击僧侣的自由与财产和对于教条的批判，都很敏感。它把城市行政官企图征收教会的财产税(必须记住它的财产价值巨大而且全部免税)和乡村农民反抗苛重的什一税，都诬蔑为作乱的异端。最后，教会在南法，还采用了剿灭的办法，并组织了不光彩的对亚尔比教派的“十字军”。

在这次十字军里，教会求助于最卑鄙的经济动机。异端者的财产被约许给告密人。封建贵族和城市长官使用这种掠夺方法，使自己发财。告密勾当成为一种职业。没收财产和烧死异端者，成为贪婪的僧侣和爱财的贵族和官吏的一种经济扩张和致富的办法。“迫害行为成为几乎像宗教事件一样的一种财政投机。”1184年，路求三世力图使教会独吞从判罪的异端者所没收的财产，但未能实行。教会必须分取赃物。在对亚尔比教派运动的开始和最狂热的阶段里，所有异端者的财产被一扫而空。1237 年，格列高里九世宣布：异端者的天主教妻子的嫁奁“除了某种情况外”将不予没收。十年以后，英诺森四世正式把天主教妻子的嫁奁列入没收范围内。在意大利，照例，一个判罪的异端者的财产的三分之一，归于告密者，三分之一归于宗教裁判所判官，三分之一归于当地行政官。罗德斯的主教骄傲地说，在他的主教区内他仅仅在一次对异端者的“搜索”就获得了十万苏尔。亚尔比的主教仓促地把没收了的财产的代价券售给那些悔过的定罪异端者。迫害异端，往往是勒索和致富的有利方式。

故亨利·李亚在广泛调查研究“没收异端财产”这个题目之后，以下列一段文字来总结教会在十三世纪迫害异端，特别是对卡塔里派或亚尔比教派的迫害之经济社会影响：

> 我们很容易看出：繁荣城市怎样贫困化，工业怎样萎缩，城市的独立怎样受到破坏……关于没收货物和家具的若干清单已被保存下来；例如，1290 年 12 月和 1300 年 1 月，当亚尔比的二十五个或三十个最富市民突然被逮捕并定罪的时候，一个公证人雷门·卡尔维利的清单告诉了我们一个富裕市民家具设备的各种详情——清单列举了各种枕头、罩布和被单，各种厨房用具、咸货和谷物甚至他妻子的小装饰品。我们也看到富商约翰·波提尔的一张同样的货物清单。每一匹呢绒布料都加以适当地区分，如根特、伊泊尔、亚眠、喀姆布来、圣奥麦、卢昂、蒙科纳特等地的布匹。他的城市房屋和乡村田舍

也被同样精细地开列出来……除了由于整批没收财产而加到几千无辜妇女和儿重身上的苦难(他们被剥夺得一无所有)之外,它给社会各阶层在日常生活事件上所带来的祸害更是不能再加夸大了。对各种交易的保护完全被撤消。没有一个债主或购买者能够保证他所与交涉的对方的正宗信仰,而况异端罪不仅适用于活人而且推及死人;对于一个活人只要当他犯着异端罪之后,他的财产权就立刻被没收;而对于死人也可追诉,甚至没有什么时间上的限制;这样一来,任何人不可能觉得有财产上的安全,不论这财产是从他的家庭里世代传袭下来的,或者是他一生挣得的……宗教裁判所对死者的追诉程序,是一种假戏,因为事实上,死者的辩护是不可能的,而没收财产是不可避免的……不仅异端者所订的一切让与契约作废和他们所出售的财产从购买者方面夺回,而他们所负的全部债款和作为借款担保的抵押品与留置权也作为无效……因为没有人能够确定另一个人的正宗信仰,显然,在最普通的日常生活中,每一项买卖契约和每一次出售交易笼罩着多么多的疑云。容易看出,这种情况对于商业和工业的发展上所发生的摧残影响;而况它的出现正是在欧洲的商业和工业运动开始预报近代文明曙光的时候……不谈迫害的其他后果,单单这一项影响已阻塞了法国南部文明的发展,因而商业和工业的优势转移到英国和尼德兰去了,在那里宗教裁判少有所闻。[①]

① 《英国历史评论》,第 2 卷,第 235—236 页。

当教皇座的权威膨胀和教皇国的势力无论在教会和国家里凌驾全欧的时候，教皇进款的增加和他特权的扩大是同时并进的。当教廷从国王和公侯手里夺回了世俗授职权以后，教皇向每个新主教勒索大量酬费；这项酬费不断增长到变成僧官的首年薪俸额，相等于每个新主教在任职第一年时期中从主教区内所得的全部进款。这种进款按实际货币来算达到了多少数量，可从下列事实得到了解：据说，1252 年，在英国，单单外国僧侣，主要是意大利人和萨伏衣人的进款比英王的进款多三倍。在十三世纪，拉特兰教廷的收入一定比在那个时候欧洲全部国王的总收入还多。僧职首年收入酬费（即所谓“第一次果实”）、从主教法院移到教皇法院上诉案件的诉讼费、赦免费、兼职费（特准一个僧侣担任一职以上即同时兼任许多职位）以及它的相反的办法，即一个职位由许多人挂了空名（为了收费），上列进款及从其他许多行政手续上所得的金钱，构成了十三世纪教皇座的财源，大得使欧洲震惊。当时，教廷是基督教国家中的最大银行家。它的财政代理人，即使人讨厌的“伦巴人”和“加奥尔人”，罗网般地撒布在大陆上。

因为这些新形式的捐税和剥削的负担大部分落在一般的人民头上，又因为僧侣们当然把所加在他们身上的负担从上而下转移到教区居民方面，人们可以判断欧洲人所负担的宗教税如何巨大了。十六世纪的“宗教改革运动”的部分根源就在于僧侣的奢侈浪费以及从十三世纪起直至运动爆发之前的群众的重负。的确，在十三世纪，欧洲比以前要富得很多，但尽管欧洲有着更大财富和更多人口，欧洲人所负的教会所加的物质重担，是否不会大于在以前世纪里所负的重担，却是一个问题。

在各种各样的宗教捐税之外,还有建造大礼拜堂和寺院的庞大开支;当时,那先后产生的罗马式和哥特式建筑术的建筑狂热正在横扫欧洲。今天使游客们流连忘返的大礼拜堂和寺院,在当年曾消耗了浩大的建筑费;而它们为维持日常仪式和祭坛所需的常年经费也是庞大的;而这些经费都是从欧洲人民的勤劳和储蓄方面搜括而来的。教会为了建造大量的宗教建筑物和为了举行许许多多不必要的宗教仪式所征收捐税和所消耗的资金与劳动力,一定曾是很繁重的。数字指出,教堂增加的比例,远超过欧洲人口上增加的比例。在 1100 到 1400 年的三百年时期中,英国人口约增加了七十万人,即每一世纪约增加了百分之十。可是在整个英国,在 1066 到 1216 年的一百五十年时期中,单从所建造的寺院来说——不包括教区教堂和大礼拜堂——就有四百七十六所寺院与修道院,八十七所侨民修道院。

不该让崇高的动机来蒙蔽我们,因而看不见那些加在人民身上的重大牺牲或强迫负担。“虽然这些建筑物在某种程度上是热烈信仰的反映,可是更多的还是那些建造它们的主教们的夸耀表现……我们不该看不见他们已尽了搜括之能事。”他们不能像世俗社会所建的许多建筑物那样以改善公共建设为借口。从当代反对这些捐税的著作看来,证据确凿,因而我们不能天真地认为所有这些壮丽的大礼拜堂、寺院和修道院是从纯洁而又热烈的宗教情绪产生出来的。另一方面,这类建筑物,大可说明欧洲在十一、十二和十三世纪时期物质上的巨大进步;它们也可明显地证明:人口一定是增加得很快;社会的能力已负得起这类庞大的开支,同时还提高了人民的生活水平与物质享受。

教会的经济措施未曾能够跟上经济条件的变更。如上文所述，教会是中世纪时代的最大地主。当欧洲几乎是完全在农业经济状态里而几乎所有的物质财富是以土地及农业社会的副产品，如生皮、皮革、绵羊、羊毛和一般原料来估计的时候，在那些日子里，教会是很富的。但在十一和十二世纪，由于商业和工业的兴起而发生了的经济革命，开始出现了财富的新形式，如交换的商品和制造品；这种新财富同旧式的财富相竞争，并把农民从田野间吸引到城市。结果，教会在找寻田间劳动力方面越来越多困难。教会变为"长"于不生利的土地而"短"于劳动力；换句话说，它开始变为"土地穷"了。

而且，经济革命造成了物价上涨因而增加了生活费用；对这些情况，教会原是没有准备的；因为它不曾懂得也未曾预期到那些方兴未艾的深刻变更，或者它不愿意使自己适应它们。主教和住持过去所享有的优厚俸给，现在已不够维持他们了。全欧洲的教会进款，缩减到令人惊异的程度，所以，不仅教会的薪给和维持费的开支日益困难，而且甚至它礼拜仪式的开支也成为一件令人忧虑的事情。在这危急情况下，如上面所述，教会把权力化作资本来弥补亏空，并使用赦罪符、特免、捐费和"主教的首年酬费"来填充它的钱柜。但这种权宜办法，使教会付出在欧洲丧失很多尊严地位之代价。与此同时，它的腐败已无可掩饰而它的贪婪也已臭名远扬。"教会是社会中最缺少伸缩性的成员……它未曾有适应新条件的手段"；那是说得很对的。

有远见的教士曾建议，教堂的数目"应减少，教堂的祭坛应减少，所委派的人员，也应减少；但对于他们的人选，不论任高级圣职的或任低级圣职的，应多加注意”；这项建议在僧侣中间是不受欢迎的。在一本题为《教会的珠宝》的出色著作里，十二世纪后期的一个主教描述了教会中某些弊病并指出了它们的补救办法。但他所说的话被当作耳边风。在谈到按旧法律只有一所神庙和一个祭坛这一事实时，他写道：“所以，按一所神庙的标准，在每一城市里应该只有一所教堂；或者，如果城市有着稠密的人口，也只应有很少数教堂，而这些教堂应隶属于一个大教堂。小礼拜堂的增加，产生了非法的赠与以及其他许多骇人听闻的违法乱纪行为。如果教堂的数目较少，而教堂内所做的神圣仪式的次数也较少，情况会好得很多。”

教会不以建设性的经济改革的办法来应付生活费用的提高和物价的上涨；相反，它目光短浅，企图以增加所征的什一税的数目与种类，增加对农民所征的庄园捐税，造出名目繁多的教会酬费，加上其他权宜手段，以求扩大它的进款，使它的收支相抵。它在大礼拜堂和大教堂内添设了小礼拜堂来吸收这些建筑物的建造费的捐助和祭坛的基金捐赠；在同一天内二次、三次、四次，甚至更多次的弥撒，连续地举行，并征收做弥撒与葬礼的酬费。一些无耻的主教加倍收费并宥恕他们职员的敲诈方法。有一次，有一个主教在举行了一所新建教堂奉献典礼后，立刻中止了那里的神圣仪式，因为他所收到的酬费不够大。另一次，有一个大主教在辩解买卖圣职的行为时说，“我不是出售教堂。我只是出售我的恩惠。为什么有人要获得我的恩惠而不应付出它的相当代价呢？”在主教中间，还有一个惯例，就是他们以教堂圣俸授给他们的尚在幼年的侄子们，在保护的借口下长期霸占利益，这是一件大丑事。主教还常把教堂基金和挂名职位,赠给"永不做好事"的亲戚,以供养他们。教会的圣俸,是按复归[①]条件赐赠的。教会增添圣职来售给那些企求僧侣荣誉或僧侣特权的人们,以取得大量金钱,而由穷苦教士来实际执行这些职位的职务;有时,这些职位甚至不附带着什么职务的。在十二世纪一个大胆而愤怒的批评家写道,主教"比崇拜太阳神教的僧侣还要坏,因为主教强制他们的下属宣誓:他们将想尽一切方法来勒索酬费与罚款以送给主教的宫廷"。

在英诺森四世(1243—1254 年)接任教皇位后,"世间最伟大的权力遂落入一个精明强干的商人"和一个无与伦比的法律家手里;他以一个生长并教养于富饶而又非常重商的热那亚城的人所具有的狡猾手段,运用到教廷的资源方面。他的财政活动,在中世纪教廷的历史上,构成了一个转折点;其时,就两万件文献的资料来判断,教会首领是滥用了他的宗教特权以求增加权力和财富的。英诺森四世,在他所享有的并有效地使用着的"全权"外(例如在1246 年,他以巧妙的分配特免状方法来打破反对他的法国贵族联合),还有教会国的世俗权。但丁在他所描写的永居地狱的教皇中,没有提及英诺森四世的名字,但他提及他的继承者尼古拉三世和彭尼非斯八世;对于后两个教皇,他"从来不倦地以丧尽廉耻的臭名相加";但近代的研究已确然证明:教廷的财政舞弊和败坏,是从英诺森四世开始的。尼古拉三世,出身于奥西尼家族,被描写成为"一只熊太切心于提拔小熊"——对他任用私人的挖苦——他"把大量财富放入自己的口袋里"。

① 就是已让给他人的财产,因让与权或期限的终了而复归于让与者。——译者

从上述的事实看来，我们比以前更可清楚地了解阿西栖·圣法兰西斯的使命了：他使贫困理想化并对僧侣的世俗性和世俗豪华加以谴责。他和他所鼓起的运动挽救了教会，使之免于因腐败而遭受毁灭的危险，在这方面他比别人出力更多。那些头脑清晰的、宗教观念强的领导人，像圣法兰西斯和圣多米尼克那样，曾痛骂教会的腐败、它的世俗性、硬心肠、唯利是图的特性和对社会的傲慢态度。圣多米尼克说过：主教不复是他们羊群的牧人而已变为狼了。教皇曾把拉特蓝宫殿里的财宝指给这严肃的圣徒看，并说：圣彼得的继承人现在已不复需要说彼得所说的话，即“白银与黄金，我是没有的”，其时，多米尼克冷淡地回答道，“是，彼得的继承人也不能说，‘收起你的床，走吧’”。行乞的托钵僧即法兰西斯派以及布道的托钵僧即多米尼克派，同样注重实际的慈善事业，并注重使用方言通俗布道使民众得熟悉福音。他们随处布道：在空地上，在街道上，在市场上，在市集上，沿着他们伴着香客群一同旅行到圣地去的路上，香客们是到坎特布里的柏刻特墓、昆波斯特拉的圣詹姆士神殿、圣米雪尔山和罗马城去的。在十三世纪之前，布道是教师区教士职务的很小一部分。那只是属于主教们的职务与权利范围内的，而他们一般地又是太忙于教会行政或政治事务因而无暇顾及布道。于是，异端派利用了教会制度的这种弱点，因而获得了声望和对群众的控制力量。为了自卫起见——也由于托钵僧的成功榜样的鼓舞——教会采用了它的反对派所用的方法，把应用方言的布道，作为每个教士的职务。教会尽管有它的贵族的倾向和它的阶层组织的性质，却不得不适应十三世纪的新的民主精神和状况，其时，农奴制已在衰退，城市已在兴起，贸易和商业，特别是老百姓的谋生方式已在发展。教会只有使它的方法通俗化，才能维持它的声望并保留它对社会的势力。

在中世纪时代，虽然许多个别教士曾显出行政官的非常才干，其中有的人，尤其是格列高里七世，还曾抱着远大的经济眼光，但整个说来，教会是一个可怜的理财家。教会的经济理论的根源，在于《新约全书》里所记关于早期基督教的激进的社会民主思想。

> 《福音》关于世俗财物的教训，是无可误解的。它一次又一次地警告人们要防止追求财富，因为那将使他们抛弃对上帝的服务并将使良好的种子枯死。它在一个突出的事例里指出，精神的完善是和出售一个人所有的东西相结合着的，因为这样他可使自己的东西转给穷人了。它宣布穷苦饥饿的人会有福气，并预言富人会倒霉。它教导说：信任上帝，不要为明天的食粮和衣服而担忧；慷慨地救济任何来求助的人，不要自私自利地占据着一个人所可获得的东西。又在最早基督教会的成员中，它提出了那些人的榜样：这些人放弃了他们的私人财产，而使一切归于公共。我们不应奇怪：早期基督神父由于有着这类教训，对异教世界的自私自利行为，曾起着一种有益的反感；那引导他们整个地谴责了追求财物。那还引导他们更向前进——乃至否认一个人有权以自己的东西来做他所愿做的事情，甚至奢侈地享用他自己所有的财产……
>
> 然而，如果说一个人的力求致富行为是有罪孽的，那么难道贸易本身可有正当的理由来辩护吗？这一问题，在中世纪

> 时代，使许多人在良心上感到困惑。一方面，他们不能完全忽视贸易给社会所带来的利益，也不能不注意到，许多小商人只是为了糊口的目的而做生意的。另一方面，他们也看到，贸易一般是由已经富裕的人来经营而他们的目的是为自己获得财富：特图良辩护说，“如果排除了贪婪心理，就没有求利的理由；又如果没有求利的理由，就没有贸易的需要了”。而且，因为一个商人自己似乎没有增加他的商品什么价值，如果他从商品所得的多于他所付的，据圣哲罗姆的话，他的所得一定是别人的所失；无论如何，贸易对灵魂来说，是有危险的，因为一个商人有时几乎不可能不干着欺骗的勾当。除了所有这些理由之外，许多更圣洁的教士还添加了另一项理由；如果这项理由被听从的话，教会的世俗活动将被全部停止了。他们认为，救济个人灵魂，和神人的感通，是具有至高无上的重要意义的。这种思想驱使了成千上万的人过着荒野里的隐士生活，或进入寺院；它甚至引导了像奥古斯丁这一流的人说：“商业”本身就是一种罪孽，因为“它使人们离开了追求真正的安息，就是上帝”。①

在中世纪时代的早期，这些教条还不曾是一个巨大的经济压制，因而很少有人抗议。因为从第五到十一世纪，商业不振，公共和私人经济两者几乎都是属于农业性的；在主要的大宗生产方面，还存在着经济上的“自给自足”状态。

---

① 阿士力：《经济史导论》，第126页。

但是，在十一世纪，停滞的积水开始出现了汹涌的波涛。城市的兴起、商人团体的组织、市场的设立——即使它们只不过是提供农民和庄园主为出售他们剩余产品的一个市场——引导了人们互相面对面地做买卖，而这种形式在过去从来未曾有过的。但这些市场所做的，还不止于此；它们为一个新阶级，一个手工业者阶级的成长，铺平了道路；因为这一阶级只在他们能够出售他们的制造品的条件下，才能存在。与此同时，在十字军运动和建造教堂热潮里（后者是由十世纪宗教复兴运动带来的），出现了对金钱的新需要。由于这个缘故，经济问题，特别是在卖者和买者之间、在债主和债务人之间的关系这一类问题，成为具有头等重要意义的了。当教会面临着这些新危险的时候，教士们再次开始把注意力转向于经济事件，并重新应用基督教原则来应付被他们看作罗马法即"世俗的原则"所产生的恶劣趋势。他们特别坚持了两项原则——货物的出售，应按照"公平价格"；收取利息，是有罪过的。他们从说教坛上、在忏悔室内、在教会法院内来实行这些原则。[①]

"公平价格"是根据生产成本和需要程度，而估计的，并未考虑到竞争，因为竞争被认为是有罪孽的。教会力图以法律的效力来支持这项"公平价格"，毫不注意到供求关系和竞争的要素。圣托马斯·阿奎那虽承认商业的新需要，但他企图以经商的动机来挽

① 《经济杂志》，第 31 卷，第 233 页。

救教会的经济理论并把动机作为合法与否的准则。他说："有两种方法"

> 可使一个国家的繁荣增长起来。其中价值较大的一种是：利用肥沃的土地来生产大量必需品；另一种是使用商业来把必需的东西从各地方运到一个共同市场上。前一种是比较适宜，因为一个国家最好能够从自己土地上生产丰足的财富；如果人民需要商人来维持，在战争时期，当交通线被堵塞住的时候，他们会蒙受损害的。而且，外来的客商会使任何人民的道德受到腐化的影响。如果市民专心于做生意，他们有做出许多恶事的机会。因为当商人想要增加他们的财富的时候，其他的人也会充满着贪欲心理。商人的职业，迥然不同于兵士的职业。前者离开手工劳动，享受舒适生活，因而身体软弱，心灵委靡，为了这个原因，一个国家对它的商业活动，应加以限制。①

在工资和地租方面，烦琐学派的思想也和经济规律的实际运用，距离得很远。今天已经承认：一个手艺人的工资应跟他劳动的产品在市场上价格的增长而增加起来。然而烦琐学派把劳动力作为可以买卖的商品像货物一样，而工资就是它的价格。工人的报酬，不是以他的产品的价值而是以他所需的范围来估计的——这一原则，如果有效，会使工资永远低落，并使手艺人阶级永远变为

---

① 达维孙：《圣法兰西斯的先行者》，第341—342页。

穷苦的工人。至于地租，烦琐学派认为，它是一种合伙关系，在那里土地的所有者提供生产的一个因素，而劳动者提供了其他因素。虽然他们曾承认：土地的价值，应按照它土质的肥沃、改良情况、所在地点等而有差别，但因为在一个封建社会里，未曾有过像近代那样的自由处理土地的机会，所以地租变为固定的或习惯性的。因此，可以想见：一般说，"公平价格"的原则，是有害于商人的；工资的原则是有害于手艺人的；但地租的原则，是对下层阶级有利的，而对地主阶级的福利是起着不利的影响的。

最高价格和禁止奢侈的法律，即"公平价格"被提到议事日程上了。然而，在这里，教会和世俗法院是分道扬镳的。教会遏阻——或至少表面要遏阻——贸易，把它作为世俗的和有罪孽的事情；而国家则公开地企图促进贸易。世俗法院遵循着实际知识和经验的路线。而教会的法令则体现着既不合于实际，又不可以实行的一种经济的理想，而且它被务实的商人和手艺工人看作很不公平的事情，旨在保持他们处于永远贫困的状态里。教会的"价值"概念，是某种绝对的、无关使用价值和交换价值的东西，是某种脱离供求关系的东西，某种实质的和固定的东西；教会从亚理斯多德得来的理论："金钱是不结果实的"以及"福音"的成语："放款，不希望再获得什么"，必须严格遵守而予以普遍实行；它把收取利息作为违反基督教义的和不道德的行为，而予以禁止，因为它是剥削某种大家可享、大家共有的东西，就是时间（因为收取利息好像出售一种东西，因而收取使用它的费用）；它在理论和实际上否认了资本的活动性（的确，它的原则是：资本本身是世俗性的；占有资本是有罪孽的）；它否认了信用的原则和实践——所有这些由烦琐学

派所拥护而由民法和教会法来实行的经济原理,对于中世纪社会的物质幸福,是具有一种损害的影响的。

到了十二世纪,当商业和工业已苏醒过来而无限活跃的时候,这些理论变为具有实际意义的争论问题了;对于这些问题,不仅神学家和理论家,而且王公、行政官、法律家、商人、贩子和老百姓都感到兴趣。人民的经济实践拒绝遵守这些教会的教训了。教会的命令,不是被置之不理,便是大多被阳奉阴违。当代的商业巧计,造出了多种的"间接例外"。

第二十六章　封建制度和封建阶级

中世纪国家是一个松懈的领土集合体，它的“财产权和主权到处相互转化”。各个国家在政治和社会制度上是很相同的；它们信仰同一的宗教而统治阶级到处有着相同的利益。每个国家在政体、制度和社会结构方面都是封建的。

中世纪政治理论，是以下列三种来源为基础的：罗马法、“神父”的教训和日耳曼法律传统和社会制度。古代人相信：国家是真实的、至高的、不变的、永恒的，最重要的，是对臣民不负责任的。基督教，通过圣奥古斯丁教导说：政治社会，就是，由于有罪孽的人类而产生的国家（宁录[①]是它的创造者）原本是罪恶的；教会是有组织社会的至善的形式；国家至多也不过是被容忍于教会之内并隶属于教会之下的。至于原始日耳曼人则反是；甚至当雏形的国家开始在他们中间形成的时候，他们强调个人的权利。所有这三种相反的概念，都渗入中世纪国家的结构里。

法兰克帝国在理论和实践上，主要是封建性的。这项封建性制度跟着帝国的分裂，传入了由它瓦解而形成的几个国家内。但

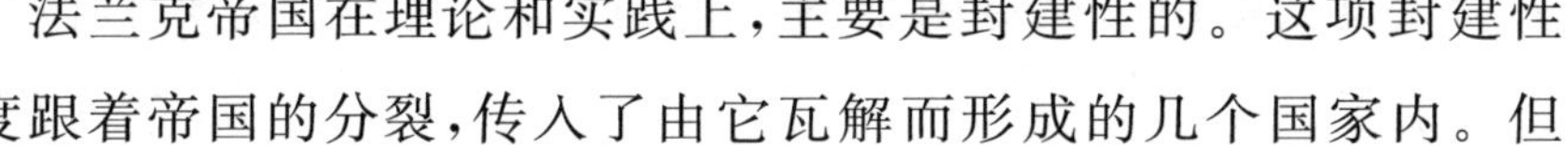

① 《圣经》：“他在耶和华面前是个英勇的猎户”，他开始创立了国家。——译者

这项政治瓦解的过程，并不止于由法兰克帝国分裂而形成的六个王国。这些王国本身也渐再分成为半独立的公侯国，因此，每个王国成为一个松弛的封邑的集合体。在这些情况下，政权越来越变为私人的权力。所以，不可能把统治的原则和统治者个人截然分开，而使社会联在一起之纽带，则是领主地位和臣服之间的相互关系。领主和附庸之间的关系，是一种契约关系；而契约的理论向上推到包括国王在内。国家不像过去那样，是一个紧密的政治实体，而是改变为一个松懈的契约式社会有机体了。

喀罗林王朝的起讫时期(752—887 年)——因为在 887 年之后，国王仅仅是一个领主，王位是选举的，每个国王是依靠一小撮大贵族支持的——是一个单一过程的两端，就是，封建制度的兴起和胜利。喀罗林朝诸王被一种潜在封建制度，或正确些说，附庸关系，提升到权力地位并在这地位上维持了百年之久。但喀罗林朝诸王只在他们保持他们土地所有权的优势的时候，才有力量。然而在第九世纪，这制度走上了一个相反的方向。附庸日益强大，使自己成为比国王更大的土地所有者。他们以王位的空壳留给国王而自己占取果肉。他们的臣服变为一种虚构，他们的服务也变为一种姿态了。但这分化的过程，并不停止于法兰克帝国的毁灭阶段。因为在第九世纪，使王室的大封侯和大省区脱离王室控制的同一个分裂力量，到了十世纪，进一步使各省分裂为半独立封邑。大贵族过去曾用以反对国王的心理与势力，现在反过来打击到自己头上了。

封建制度的辽远根源在于：教会和日耳曼人所采用并继续的过去罗马世袭所有权制度以及日耳曼个人忠诚的古老概念，就是

最初的战争队伍的全体成员对他们首领的忠诚概念。所以，罗马贡献了财产的关系，日耳曼人贡献了人身的关系。它们的结合形成了封建制度的主要性质。这两种制度成为同一东西的正反面。喀罗林朝的恩赐地（即附有一定服务条件的赐地）和附庸关系（它本身是古代克尔特人的保护制度和日耳曼人的忠诚心的混合物）的结合，造成了地主贵族的封邑，那是从某上级贵族所得的赐地。在这制度所由完成的一长列链子里的环节，是"委身制"，就是附庸对上级领主即宗主的约许忠诚制。中世纪时代贵族的远祖，是蛮族王国的武装家臣（即在国王管辖下的人们）；他们起初是受委身宣誓约束的个人的附庸，这批人后来在喀罗林朝时代，成为占有赐地或封邑财产的附庸了。他们的义务成为兼有人身和财产的义务；"忠诚"代表精神的关系，"臣服"代表物质的关系，而"委身"仪式把两种制度合成为一。历史家关于下列问题议论纷纭，意见不一：这两种各别的来源，依时间论，哪一种早些，依影响论，哪一种大些——是人身关系还是财产关系。实际上，这是无足轻重的；这是考古学家所注意的问题。须知这制度，作为一种政府形式来看，作为一种社会结构来看，是从第九世纪法兰克帝国分裂中成长起来的，因而它的有机体是吸入了那个国家的很多残余的。

另一有助于封建社会形成的因素，是诺曼人的侵犯，因而人们尤其是下层阶级感到保护与安全的急切需要。九和十世纪的自由人在这些不幸的情况下有着三条路可以选择：成为一个比他更有力量的领主的附庸，在这一场合，他也在等级上成为低于他宗主的一个贵族；进入教会；或成为一个农奴。当然，最后一项，是最大部分自由人的命运。因为只有拥有大量土地的人，才能使别的人愿意帮助他来保护他的财产，而宗主也只在附庸对他做规定的服务条件下，才愿进行保护。

不该认为：这项发展一定是在一种有秩序的形式下进行的。事实上，它有着恃强凌弱的很多放肆和掠夺行为、很多不公平和很多野蛮行为。这些早期誓约中，有的是属于消极性质的——不损伤或损害——那是有益的。然而，尽管封建制度常常有着强暴而又恶劣的性质，无可置疑，整个来说，它是一个社会进步的和社会完整化的现象，而非一个社会腐烂的现象。如果我们从远处来看，我们能看到封建时代的文明是多么有建设性的、多么有创造性的和多么有伟大性的一种文明。无可否认，那九至十世纪的过渡时期，是人类遭难的时期；但当那个转化的时期过了以后，当那些正在酝酿过程中的新社会制度终于定形化以后，于是，一个更好的时代来了。新的封建制度反映在各种政治、社会和经济性质的新制度上；而这些制度是符合于并表达了那个已经诞生出来的新社会的。在九至十世纪，流行着“野蛮主义的放纵行为”。我们可同情于那个时代的人们；他们向往过去查理曼时代，把它看作为一个黄金时代，其时，欧洲是处在统一的状态下。可是，那些强暴时代，比已经消逝了的文明具有一个更伟大的新文明之萌芽、希望与潜力。封建制度以社会固定于土地上，来终止作为第六、七、八世纪野蛮生活特征之流动状况。欧洲变得更稳定了。封建制度所根据的原则，是不同于而高出于后期罗马帝国的专制政治和奴隶制政治的。封建制度使早期过度的、野蛮的个人主义转化为服从法律和秩序的精神，具体化为宗主权、附庸地位、忠诚、服务和契约的权利与义

务的制度。依它的最好的方式，产生了一种新的文明。有一个卓越的历史家写道：封建制度不是一座跨过野蛮和文明之间的海湾上的桥梁——它本身就是文明，这一种高级文化，在 1150 和 1250 年之间，达到了它的顶峰。

如果这个社会的权利与义务、责任和自由的观念，在早期（在十一世纪的初期）未曾这样地确定并正规化起来，又如果它的习惯未曾成为社会化而习惯的力量、未曾被政治或宗教权力赋予法律的制裁力，封建时代的文明将永远不会产生出来，而欧洲将已陷入一种无政府的风暴里；在和这风暴相比之下，第九和十世纪的强暴状态，只不过是茶壶里的水泡而已。因为这些初期的领主，这些狂暴的战士构成了“从来未曾有过的最自由的人口”，他们的自由观念往往发展到肆无忌惮的程度。如果这批人未曾依公约和契约自动地联合起来，又如果习惯和传统未曾把这些公约逐渐硬化为法律，而荣誉未曾迫使他们服从它们，上面所说的无政府状态将已威胁社会本身的生存。为了挽救自己的必要性，封建主不得不把自己分成等级，因而每个业主，无论大小，被束缚于上级的领主，而后者给他保护，同时也要求他服从法律。

封建主之间买卖“忠诚”的必要性——因为小贵族和他们的上级进行精明的讨价还价——是使动产〔货币〕在十世纪不出现的一个重要原因。它是没有什么用处的，因为除了土地上所提供的东西以外汉有什么可买，而这些土地上的产品他们已经有了。因此，货币被窖藏起来。由于这个缘故，服务日益以土地来酬报；又因为道路不良，安全难保，通行税使所有的运输遭受麻烦，商品的流转有着强烈的地方化倾向。因此，几乎所有的产品都在庄园内消费了，没有什么剩余品来出售，所以，封建时代是一个没有资本的时代。唯一的资本，是土地，而土地是固定的，不是移动的；这一事实，是社会结构在封建社会里之所以具有静止状态与固定性的主要原因。

有人惋惜着古代文明的衰落或古代日耳曼农村公社的消逝以及在这过程里成千累万的小自由民的降低身分；那是感情用事的。人们果然可以争辩哪一种政体较为适当这一问题。但一切政府的基本职能，是保护生命与财产；而按当时的时间、要素和条件论，在欧洲除了封建制度外，再也没有其他的政府形式和社会形式可能实行的。我们处理问题，必须注意到当时所存在的历史条件，不应空谈理论和教条主义。

理论上讲，封建制度可能曾是人们的头脑所能想出的最合适的政体。英国伟大历史家作了下面一段论断：

> 如果"天使长"曾能来施行封建制度，它将已是一个极好的体制……这制度的精髓，是忠诚相待，它的真正的后果，是创造一个团结的统一体，并获得每个成员，上自国王下至庶民对这统一体的承认。这种联结不是一个随意的联结，招之即来，挥之即去的。团结的原则，在全体群众中间是一致的。于是，一方面，如果说制度的执行不善迫使民族的不同部分组成为一个物质利益的联合，〔另一方面〕那为任何执行不善所不能抵消的基本性质提供了正是道德力量所缺少的要素。独立自助已证明不是和秩序、相互信任和尊重法律精神相矛盾的，

相反，这些品质是为民族力量和民族精神所不可缺少的东西。[1]

当那个混乱的过渡时期已经过去而欧洲开始在封建制度下安定下来的时候，它不是一个无政府的统治而是一个法律的统治，尽管有着很多犯法的行为。封建制度，可能在它的最盛的时候，差不多和近代社会同样有效力地、同样廉洁地实施法律。因为中世纪时代的思想与实践迥然不同于今天的思想与实践，我们不该错误地认为：过去的文明必然是比我们的文明低劣。封建制度虽已走过了它的历史过程，但它的基本原则——财产的占有须附有公共义务，巨大私人财产应对社会负有某种责任——还是良好政府和公平的社会关系的精粹所在。

那些充满流行的政治和社会民主思想的人们，容易谴责封建制度的贵族性质。但因为贵族阶层的最优秀分子受到无论对上或对下的相互责任感的激动，所以他们对他们所属的整个社会，抱有一种责任和社会义务的观念。这种贵族是属于地主贵族阶层。他们的财产是在土地方面。中世纪的政治概念是：财产和社会势力授给人们统治的权利。行政服务和占有土地之间有着密切的关系。土地财产决定了政治。但这项中世纪概念也主张：财产附带着对社会义务的履行并使责任和特权联在一起。阿克吞勋爵写道："中世纪自由权概念异于近代自由权的地方在于这一点：它是以财产为依据的。"麦特兰发表了同一的意见说，"在中世纪时代，

① 斯达布斯：《案卷丛书导论》，第 109 页。

自由权和财产权,是密切地联系着的观念”。

在那时候,各种不同类型的法律,可能正在它们的多样性里存在着刺激因素,而今天在我们方面,法律的一致性里潜伏着虚弱和单调性。不管我们对目前状态存在着什么偏见,当封建制度最后站稳时,它是一种高贵的政府形式;对于一种灿烂文明的创造是有贡献的。

> 到了十世纪中期,附庸与宗主的相互依存关系,附庸对土地的实际权利(理论上土地是作为一种礼物来保有的),附庸把这些土地传给子孙的权力,这些原则及其他一些原则已获得了一般的承认,逐渐发展并调整了中世纪社会的机构。……一旦确立之后,又替一个新的人道概念铺平了道路。完全以这些原则教养出来的第一批后代,就能够停止长久以来关于行政问题的争论。由于不讨论统治方法,他们就可以专心致志于他们的社会和智慧福利方面……几十年来曾消耗力量于这项斗争里,但结果证明了这项努力是正当的。[1]

早在988年,不仅教会而且世俗君主,由于私战的减少结果,能够想及普遍和平的理想,并实际上为了这项目的,曾草拟过欧洲的国际联盟的计划。

我们用不到以小说的色彩来渲染封建制度的某些原则,使人羡慕它们。在实际的行动上,它们是高尚而可贵的;虽然其中有很

---

① 瓦棱,见《近代语言学会的议事录》,新编,第17卷,第51页。

多原则，像在所有的社会里一样，常常是被阳奉阴违的。个人名誉心和忠心，甚至在最强暴的时代是一个积极道德力量，关于这一点，人们只要一读那写成于第九世纪后期的《都奥达的手册》就可明白，并可发现：那里所包括的训言绝不是空话。在封建纪录里，一个人的最无耻罪行，是暗杀他的宗主，而这种罪行在中世纪时代是最少见到的。在封建时代里，找不到关于附庸或臣属暗杀他的宗主的事例。弑君是后来文艺复兴运动和宗教改革运动时代所采取的一种政治策略。《鲁息雍的吉拉特歌》是反映最强暴的封建时代的，我们从中看到一个杰出的例子，可说明附庸对他的宗主宣誓效忠的关系所具有的崇高道德价值。故事里说，吉拉特在逃匿森林之后，当夜住宿于一个老隐士家里；他把自己要暗杀他的宗主的阴谋告诉了隐士。隐士深为骇异而惊喊道：

> 你将杀死你的宗主吗！僧侣、圣徒、主教、教皇，他们都永远不会同意给你以教会的宽恕的。神学和圣经宣布：对于乱臣贼子应如何处理。他将被四马分尸，躯壳用火焚毁，他的尸灰将被风吹散，他的行刑地点将是邪恶的地点，寸草不生。

在十世纪，当基柏特·得·诺戎猛烈攻击琅城主教阿瑟林的叛逆时，他所感到的惊异事情，不是一个主教能够做出这样的事情，而是一个对他的领主曾宣誓效忠过的人竟至违反誓约而图谋杀害他。

从来未曾有过比封建政府更强烈的人治政府，而这种政府的基本原则是相互的负责。国家是一个松懈的契约性的社会有机体。诚然，教会的教义给国家注入了宗教的性质，但归根到底，政治性的制裁是多于宗教性的。甚至主教们的政治思想也进入了封建制度的常轨。

教会作为人类中间上帝意志的解释者和制定者，在理论上是占有卓越地位的。它曾以废黜路易虔诚者和查理胖子来在实际行动上实行这项理论。因为正义是上帝的一个属性而教会是一个神命的机关，所以，教会要求：它有权决定在国王的行为里什么是正当而又公平的，什么不是。

为了更有把握地使国王将公正地统治，规定国王必须同意一项誓约即加冕誓词；那可清楚地反映出国王权力的契约的和封建的性质。按誓约，国王的责任是：执行正义而自己也服从法律。如果他未能这样做，契约就可作废；而他的臣民是有权撤消这契约的。按封建法律，一个附庸有权对他的宗主甚至国王作战，如果后者拒绝了正义。他可撤消他的臣服誓约并对他的宗主挑战。反是亦然，领主可废止对他附庸的保护关系并对附庸挑战。

一般人以为，中世纪时代是一个不负责任的和蛮横的强暴时期。这个时期果然是强暴的，但它不是没有法律的。的确，虽然似乎是不可理解的，对法律的敏感性往往正是暴力之所以产生的理由。关于这方面，主教斯达布斯在下面一段比近代任何历史家写得更精彩的文字里，予以阐明。

> 中世纪历史是一种关于权利与侵权行为的历史……权利或诸权利的观念，是中世纪时代的指导思想——所以如此，因为在这时期的最伟大的人物中，存在着一种提高法律地位的

有意识的企图和一种遵守法律的意愿；同时，在劣等演员中即在下层的人群中，有着要维持他们既得权利的倾向；当他们攻击他们对方的财产或侵犯后者的显然平等的权利的时候，他们这样做，也是以法律的托词作为理由的……中世纪时代……是法律成长的时代，就是说，在这些时代里，那体现于法律中的权利观念，是政治家的领导思想，那按法律条文所可证明或辩护的权利之观念，对政客们是有着一种深刻影响的……对于流血，没有什么害怕，但对于破坏权利倒有巨大的恐惧……〔这权利〕不是仅仅以强权者的逻辑，而是可以用法律的条文来辩解的东西……中世纪战争，照例是权利的战争：它们很少是未被挑衅的战争，从来不是绝对无理由的侵略战争……战争是很多的，不论公战或私战。它们的意义不是在于：人们爱好法律，而是在于：他们非常尊重法律，似乎要使它一直站在他们方面。他们进攻他们的邻人，不是因为他们需要光荣，或因为他们不能容忍竞争，或因为他们邻人的军队太强而威胁了他们的安全，或因为他们邻人的军队太弱而很容易征服；但是〔作为作战的理由〕他们提出一种法律的要求或一种法律的申诉；而在大多数场合，他们所提出的是真正的法律要求和真正的法律申诉……人们应用法律来报复他们所受到的侵权行为，来实现他们的权利；当他们不能使法律发生足够的力量而获得效果的时候，他们就采用战争的办法了。[①]

① 斯达布斯：《中世纪和近代史第十七次演讲集》，第241—253页。

正是中世纪时代的人们对正义问题的这种敏感性(几乎可以说是超敏感性),正是上述心理状态的证据。正义观念没有过比在封建时代更少空谈,而更多实际意义的。但正义包含着制裁,而这种制裁一定是法律。可是对中世纪人们来说,法律是经验和传统的产物。它是习惯,即过去经由各世代所积累起来的,而被当时代的人们所默认的东西。甚至王公也不能违反这项习惯法。习惯法是最高法律;它的任何变更必须经过大家的承认;如果社会太大,又太广泛地分散使无法表示赞成与否,那么,至少它也须由统治阶级,即高级贵族的接受。国王本人不是在法律之上,因为他是属于贵族阶级而有助于他的阶级的法律的形成。他也是服从国家的习惯法的。他的权力远不是一个专制国王的权力。圣奥古斯丁的格言:不公平的法律不是法律,加强了这项和成文法有所区别的"自然权利"的原则。国家服从法律这项日耳曼原则,和法律是由国家制定的这一项古典传统,是相抵触的。

我们看到,这项新的和绝对的理想反映在十一世纪历史编纂学方面。同时,中世纪法律的研究者也开始查出:法律的要素的根源既不是罗马的,也不是教会的,也不是日耳曼的,但它们可说是封建性的。显然,有些新的和建设性的观念,开始在封建社会里起着发酵作用。在十世纪历史上,很突出的无政府和纯粹野蛮力量的日子,无限制的强暴和蛮横的日子已开始消逝,而一个新的时代正在放出了曙光,在那里,权利与责任、特权与义务的相互关系,已被更好理解并更多地尊重了。

从社会方面讲,封建社会是贵族性的。我们有若干关于社会状态的精彩著作。那一个三分社会即三"等级"社会——僧侣、贵族与平民的社会——的概念，在中世纪历史里早已出现：僧侣的责任是：祷告、赞扬上帝并在精神上救济人类；贵族的责任是：保护秩序、执行警察权并防御侵犯；平民的责任是：劳动来支持上面两个特权等级。

我们看到，这两个上层等级的社会职能，在 747 年教皇撒加利写给丕平矮子和法兰克国家的主教和显贵们的一封信里，已经特别指出。五十年后，阿尔琴说到英国时，慨叹僧侣的“世俗浮华”作风和贵族的“贪婪”与“不公平”品质。“三等级”这个名词出现于 821 年法兰克主教们呈路易虔诚者的奏章里，而各等级（意指僧侣和贵族）出现于 828 年一道诏令里。在第九世纪末期，三等级在《圣柏腾的奇迹录》里已完全区分出来。稍后我们看到克伦尼的鄂多确定了封建社会内第二和第三等级即贵族与农民之间的关系：就是：前者保护，后者劳动。其次，琅城主教阿达尔贝伦，约在 1000 年时呈法王罗柏特虔诚者的奏章里说：

　　因为上帝家庭的三系认为属于一体，所以有的
　　人祷告，有的人保卫，其他的人劳动。[①]

扎克·得·维特里说过：僧侣是眼睛，因为他们看到并给人们指示安全的道路；贵族是手臂，他们的责任是：保护社会、实施正义并保卫王国；平民是人体的下部，他们的责任是：支持并负担着政治机体的上层部分。

这些特权和等级观念，渗透了封建制度盛行下各国的整个中

① “Triplex ergo Dei domus est quae creditur una：
Nunc orant，alii pugnant aliique laborant.”

世纪社会；就是说，在所有中欧和西欧的国家里。我们在盎格鲁·萨克森英国看到“社会三分鼎足”的观念：在一本认为由阿尔夫立克写的手稿里写道：“每个公平的王座在三只脚上，这样，它立得完全对。一只脚是僧侣，一只脚是劳动者，第三只脚是贵族。僧侣是祷告的人；他们奉祀上帝并日日夜夜为全民族代求神佑。劳动者是做工的人们。”诺曼人的征服英国曾重申并加强了英-法人的这项社会态度。所以，在十二世纪，索尔兹巴立的约翰曾应用保罗所用的身体和四肢关系的旧比喻，来发表了下列一段话：

> 我称那些人是国家的脚，他们执行微贱的手艺，促进国家和它成员的物质进步。这批人是：永远被束缚于领地上的劳动者，制造羊毛织品或木器、铁或青铜器的手艺工人，那些负责维持我们生活的人们，那些制造为生活上所必需的千百种用品的人们。下级人的责任，是尊重上司；但后者方面也必须帮助那些在他们之下的人们，并供应他们的需要。

在封建时代的德意志、意大利和西班牙作家中间，我们看到他们关于确定两个统治阶级对被统治者的社会态度，有着相同想法与说法。在中世纪遗嘱里，人们可常常看到处理一个农奴“和他那一族类”事例，这一句老套语原来是用以描写一窠小犬或小猫的。

军事等级制比僧侣等级制远更倾向于形成一个关闭的等级制，在那里每个成员是一个有这种或那种地位的贵族。任何人不是“出生”于贵族家庭，休想进入这一阶层。在德意志，封建等级叫做“盾”(shields)，分为下列各级：(1)国王，(2)作为王室的附庸的教会公侯，(3)大公爵和侯爵以及后来享有王权的伯爵，(4)保有教会封邑的世俗公侯，(5)属于世俗大王公的附庸的伯爵和男爵，(6)自由骑士，即伯爵或男爵的附庸，(7)“半骑士”即不自由出身的人们，由于担任军事服务和表现勇猛而从农奴地位被提拔到半骑士地位。最后一种地位，可受封于正式骑士或其他贵族，但不得受封于相互之间。在法国，等级的划分既更松懈而又更多贵族性。然而，严格划分的等级，早已不复有什么意义了。一个伯爵可受封于另一个伯爵(连国王在一个时期也曾是圣得尼斯寺院住持的一个附庸)，甚至低级贵族可被当作最高等级的贵族，像里摩日的子爵那样；他比许多伯爵拥有更大的力量、更高的声望，他是库栖地方的“老爷”；他的自豪语是：“我既非公爵又非男爵。我是库栖的‘老爷’。”另一方面，任何非贵族出身的人，休想爬上贵族的地位。在法国，自下侵入贵族阶级的情况，像在德意志的“半骑士”那样是不可能有的。一个平常的自由人所可达到的最高等级，是骑士地位；即使如此，他的勇敢精神也须有清楚的证明。

每个附庸，是属于一个等级比他高的贵族的臣子。在封建等级里，最低的是骑士等级。只在德意志有着无土地的骑士，他原来不是出身于贵族血统的而是一个担任军事服务的农奴。在其他的地方，骑士地位，只是属于贵族阶层的，而且骑士是一个拥有地产的人。一般说，骑士是没有城堡的，但他们构成了一个大男爵的扈从队的一部分。在和平时期，他们是男爵的警吏，而在战争时期是他的近卫。此外，还有一种骑士，他们不是用于野外的服务而是用于活动较少的任务，特别是守卫城堡方面。他们叫做“陪臣”(Vavassars)。“他们留在家内，人数固定；他们耕种他们的土地，没有像正式骑士那样地分心或遭受诱惑。这种骑士和下级附庸形成了一个环节，接着是农民阶级。”

在封建时代，社会差别看来虽分得很清楚，但实际上，在每个阶级内的差别却是模糊的，而且这些阶级也是互相混淆的。在贵族阶级中，最最低的等级（Minores，minocres，mediocres），低微得很；他们仅仅是小绅士呢？还是比普通自由人高一级的特种形式的自由人呢？如果如此，是怎么回事？他们是不是那些摆脱了封建制度的压力而得保留下来的自由地[①]所有者之残余呢？贵族渐降为自由人；同样，自由人也渐降为各种不同程度的不自由人。自由人可爬上骑士地位，同样，在德意志，有才干的或幸运的农奴也可爬上“半骑士”地位。

在德意志，社会等级的差别没有像在别处那样地明确表现。领主使用他们的不自由仆人（因材使用），作为乘马的信差、旅程上的随从、卫士以及在他们的小斗争中的兵士，甚至让他们参加军队来扩大自由扈从的队伍。“半骑士”、家奴、武装的和乘马的侍仆，大批出现于领主的扈从队里；他们为了这类服务，领取那些经常准备好的配备与土地的赐与。这些“半骑士”形成了武装扈从队里的一种特殊等级；他们的地位较低，但有爬上重要而负责位置的很大可能性，并可终于获得和自由出身的兵士和骑士的平等地位。他

① “alod”这个词是从德文前置词“an”和“lot”或“lod”两个字组成的，意即“用抽签方法所获得的土地”；这是起源于第五世纪日耳曼人征服时期分配罗马人土地的方法。这种土地是“自由地”（参阅第四章）。“feodum”（“fief”是从这个字得来的）这个词，是“lot”、“lod”、“od”（意指“地产或不动产”）和“feo”（意指“金钱”或“工资”）的混合词。所以，“fief”（封邑）原来是一块俸禄地。

们负责看守城堡、桥梁、商站和税关。皇家“半骑士”的地位最高，但那些隶属主教或王公的“半骑士”也被委派为城市和地方的执行吏和行政官。他们所占的地位，非常有利；因而这批暴发户侵入了骑士阶层。所以，出现了一种附属骑士团；就是，骑士团分为大骑士团和小骑士团，而“半骑士”属于小骑士团。

自由农在封建制度最盛时期中并在这个时期之后，究有多少人数得保存或遗留下来；这是一个重要的问题，也是一个难解决的问题。我们知道：在萨克森、多斯加纳和部分郎基多克，有大量这类的自由农维持到后来的时期，而且他们从来未曾完全被纳入封建制度的框框内，不论在政治或社会方面。这一阶层的勇敢和毅力是杰出的：他们勇敢地抵抗了由邻近封建主迫使他们接受附庸关系所加的压力，他们还在没有一个宗主保护的条件下坚决地粉碎了暴力和征服的企图。十一世纪似乎是使自由地封建化的最强烈的时期。在十二世纪，郎基多克的有些自由农组成了防御同盟。我们不知道它的结局如何。可能，由于对亚尔比教派的十字军的结果，它跟着南法的遭受蹂躏破坏而消失了。

在下面关于庄园一章里，我们将谈到：中世纪男爵在业主地位上获得若干种进款，而这些进款是他从自己庄园上所占有的垄断权得来的：例如，法院的讼费、烘面包炉、酿酒坊、磨坊，等等的使用费。但与此庄园进款不相干的，他还有其他进款，而这些进款是从他的封建主地位上所享有的“权利”得来的；这种权利从历史上讲代表着原属于中央政府主权下的地方权力的残余。其中有司法权（按照他的等级，分为“高级”或“低级”的司法权）、铸币权、市场权、通行税权、关税权等等。很少贵族在行使这些权利时，抱着什么公德的观念的。所以，十一世纪当都尔的鄂多建造了一条横跨罗亚尔河上的大桥而不征收任何过桥费的时候，他的行动曾使人们大为惊异。

在十二世纪，货币数量由于十字军运动和贸易的复兴而大大地增加起来，但在这以前，现款支付曾认为是一个豪富的象征。所以，贵族们切心要保卫这项铸币权，因为它是一种有利可图的事业。铸币权是属于国王统治权的一部分。喀罗林朝货币原来是纯白银的，最古老的男爵货币也是如此。但后来，货币逐步减成色，搀杂其他金属，重量减轻。“这种变质是合法而持久的，又是不断发生的”。为什么发行了这种从经济上来讲是劣币的呢？

这种经常的改变货币之主要原因，可能从铸币权的性质里找得出来，领主认为铸币权是领地上的主要财源之一。他利用了自己所占有的这项特权来争取最高利润。货币成为一所庄园正当收入的重要成分。铸币税[①]改变为对所有买卖交易上的一种比例税。这一种税，在实行方面既便利，而在征收费用上又低廉，而且没有分别等级或人的麻烦。这就表现在经常诱使大业主搀杂币质和取消旧币来发行新币。这种行为是这个时代的一个最大的祸害，因为那使很多人贫困化或陷于破产。而且，那些繁杂的货币，对任何贸易的经营，除了地方性的贸易外，都是一个严重的障碍。

领主还有从他宗主地位上的特权方面所获得的其他进款。按封建法领主是已死了的附庸的未成年子女之监护人，也是死者传给他们的财产之保管者。常常有这样的事情出现：领主利用了这

① 即统治者对于铸币按成抽取利益的税。——译者

个地位来挥霍掉或吞没整个财产。封建法院里有无数的讼案，还有许多小战争发生；因为受害嗣子的亲属向法院申诉，或竟诉诸武力，以求得赔偿。同样，一个领主对他去世的附庸的寡妇有管辖权。因为领主的主要利益，在于有一个凶狠而强壮的附庸来保管在他宗主权下的封邑，所以，他照例迫使寡妇再醮，并常常强制她接受他所代选的一个丈夫，丝毫不顾及女方的情感。中世纪的婚姻关系，远不是像小说上所描写的那样，是感情的结合，而大多是一种利害关系上的婚姻，也是一种野蛮强制的婚姻。年轻娇嫩的姑娘被迫嫁给粗鲁而又往往是淫荡的丈夫。那人人熟悉的《梅依和詹纽亚》[①]的婚配故事，是普通的事情。为了逃避这种暴虐，年轻处女和年轻寡妇实际上只有一条路可走，就是进入修道院做修女。所以，许多修女本就是伤心的寡妇或少女。一个有钱的寡妇会像潘尼洛比[②]一样有许多不合适的求婚者，他们常常采用强暴方法来强制求婚，例如，用围困寡妇别墅或用抢亲方式。当阿奎丹的爱兰诺和法王路易七世离婚以后回到波尔多时，有五个求爱者追逐她；个个人拼命要抓住她，因为她是欧洲最富的女继承人。人们可以相信：她之所以仓促嫁给亨利·金雀花的原因，部分是为了她需有一个能够保护她土地的丈夫，以防止侵占。一个富孀如果打算还要活在世界上的话，世界就不会让她安身的。

① 这典故见乔叟：《坎特布里故事》的《商人故事》篇中，里面叙述一个可爱的美女梅依嫁给詹纽亚老翁，一个六十岁的伦巴男爵。——译者

② 见荷马史诗《奥德赛》，奥德赛多年在外，音信全无，人们以为他已死了，很多无赖的求婚者见奥德赛的妻子潘尼洛比既美貌，又富裕，都想强求她答应婚事。——译者

婚姻常常是一种契约，是为了要缔结一项有利的联盟，要避免一块封邑因无人继承归还国王，要保持一块特殊土地于家庭里，要获得新土地而订立的。我们很少看到关于征求少女或她母亲对婚姻意见的记载。像下列这类故事，是罕见的。“阿登的领主夫妇很欢迎基斯纳伯爵提出的求婚，公开地表示了他们的高兴，并询问他们的女儿是否同意。女儿没有不愉快的情态，但看来很快乐，因此，她以面上的表情来证实了她的愿意；她听了她父母的话后眼睛里闪闪发光，似乎说：她从来未曾有过比这更加合意的事情。”

在中世纪时代，妇女问题不见得比我们时代的要少；而且和我们的一样，那主要是关于职业的问题。那时和现在一样，妇女的人数比例超过男人的人数比例，又在一个好战而又是显著的男性形式的社会里，那为妇女找寻一个职业的问题，可能比今天还严重。可是，毕赫尔发表过这样的一种意见：在中世纪时代，妇女未曾被排除于她们所能够做的任何工业范围之外。对有些妇女，修道院是一个避难所；对其他妇女，十三世纪创立了“妇女休养所”（beguinages，samenungen）——我们可称之为“居留地”——在那里，那些有文化而小有资产的妇女可找到住所。总之，我们可以说：中世纪时代，在处理妇女问题上，是和近代同样地成功的；因为每个时代是按照它的见解来行动的。

在上面讲到教会的一章里，我们已略为谈过中世纪时代私战的祸害以及教会通过“上帝和平”与“上帝休战”企图管理或取缔私战所作的努力。在本章里，我们也已指出：很多中世纪战争，是一种“为权利的斗争”；就是，受害人由于法院的软弱或缺少法院，由于领主的不公平的行为，拿起宝剑来捍卫或保持自己“权利”所进

行的斗争。

现在我们应该找寻私战的经济动机和经济后果。但在这样做以前，我们先略谈几句应该注意的话。当私战不再是像路劫商人旅客那样的真正打劫的时候，当它不再是由强盗男爵所干的时候（必须从这种情况清楚地区别开来），它大部分是属于很小范围和很小地方性的类型。而对它流行的情况，也有着过度夸张之处。一个中世纪历史家，也像一个近代的新闻记者那样，他喜欢报告例外的、特殊的和不平凡的事情。我们时代的文明，如果单单依靠各报新闻栏内的消息来作估计，大部分似乎是战争、暗杀和突然死亡的文明。在世界上一件坏事所放射的光芒，一般比一件好事所放的要远得多。编年史家对那些成千累万的好人和诚实人沉默不谈，那并不意味着在那个时代就没有这些人的存在；他们力图过着规规矩矩的生活，他们关心于在他们土地上农奴的命运，他们也不扰害他们的邻人。如果我们能有更充分的资料，那无疑地将指出：在那整个时期内，在很多地方上，城堡内和庄园上的日常生活是依循它的习惯常规进行而很少有所变更的。应该记得：历史，像近代报章杂志所记载的那样，"只不过是人类的罪行、愚蠢和不幸事件的记录而已"；吉本冷酷地认为，这毕竟是历史的主要内容。

很多中世纪战争的根源，是和它所从生的经济土壤分不开的。

> 庄园制度具有领主与租户的相互关联的要求，错综复杂的共同与个别的权利，这是强烈地引起争执的原因。争执的机会，还由于下列流行的习惯而倍增起来：地主家族所占有的地产往往是广泛地分散在全国境内的小块土地……所以，每

个大家族不是努力集中他们的利益于国境内的某一地段内，而是露骨地希望把它的权利要求扩张到任何角落里去；因此，一个领主差不多和商人一样，必须经常地在路上奔波，骑马或搭船，从一个庄园到另一个庄园去。

从军事方面来说，封建制度是：

那种分驻于农民的家里的一支常备军来负责保卫并管理这地方的制度。战争和行政两者都是私人的事情。对于在自然经济状态下的纯农业人口，没有其他解决问题的办法。农民既分散而又附着于土地，他们不能被利用于战争方面；而对于兵士或军官也只能以土地的赐与作为薪给……土地既然是唯一的富源，所以唯一的经营，是在获得更多的土地。为要做到这一步，只有两种手段——婚姻与战争。所以，他们惯常采取这两种手段，像今天从事任何种工业企业那样惯常……战争使封建主获得土地与农奴而发财，它也使他们的骑士和扈从获得战利品与赎身金而致富……正是这种贵族在继续战争方面所享的特殊权益，几百年使各种为取消私战而作的尝试归于失败。他们为了供应军队曾分租出他们的地产，直到土地不复能支持这样多的不生产者；而这批不生产者只能用来打仗。①

① 《政治学季刊》，第 15 卷，第 599—600 页。

在诺曼底，在1066年前，男爵们的内战已使他们的资源枯竭；所以，他们曾热切地支持威廉征服者的侵入英国。如上所述，十字军运动是另一个大规模的相似事例。

封建收入的结构，也可部分说明这项连绵不断的小型战争的现象。对于像农产品那样的易腐败的财富，任何积累的过程，是不可能有的；在封建的盛世，除了珠宝和金银器皿外，男爵们没有任何别种财物。于是，占有产生这种财富的土地和土地上的农奴劳动，是贪婪的男爵们所可致富的唯一途径，而最现成的取得方法就是战争。各处所采用的办法是："首先破坏土地，然后毁灭敌人。"但这项行动带来了经常不断的战争。

关于私战祸害的逐步减少，不是完全由于教会与国王的压制政策的效果；当时，终于完成中央集权化的君主政府已克服地方封建分裂主义而胜利出现。私战之所以减少，一部分是由于经济的理由。在这些斗争里，弱者被淘汰；只有强者得存留下来，因而斗争者的人数也递减了。与此同时，农业的进步和人口的发展，使从庄园制度所获得的收入增加了，所以生产品更多了，因而至少私战的一个重要的刺激原因，即使没有被除去，也已减少了。在十一世纪中期，已经达到这样的地步，而且，男爵们的军事力量，还在西班牙和"圣地"的十字军运动里，找到了出路。

这项以对外战争来代替对内冲突的趋势，还由于遗产继承法逐渐改变的影响而加剧。古代日耳曼法律规定：土地平均分配于家庭的诸子之间。但在封建时代，关于男爵领地和军事封邑的不可分割性的理论渐渐获得了普遍的承认（德意志除外）；这项理论后来导致长子继承法的建立，即长子继承父亲的全部世袭财产的法律;这样一来,幼子们只得漂流于外,以宝剑来在别处寻求生路。如果长子继承法未曾被采用,封建世界将无限期地留在各小邦互相冲突的混乱状态里,其中有的只有弹丸大小的领土。因为如果没有长子继承法,一个贵族一生辛辛苦苦为他的家族所建立的土地势力,在他死了以后,就全毁灭了;这些土地又分散了。维蒙答族的失败,就是一个例证。在十世纪,维蒙答的赫伯特曾花费很长一段时间来占取了维蒙答、香宾、特啦、摩城各伯爵领地以及对无数寺院和主教区的僧职授予权。948 年,在他去世以后,这些领地分给他的四个儿子,因而他所辛苦地创立的大国变为四分五裂了。

在十至十一世纪,当“上帝和平”和“上帝休战”运动开始要限制“私战”的时候,关于中世纪农民由于经常不断的男爵间的“私战”所遭受的痛苦,上文已谈得很多。我们虽无意缩小农民从这个时代的暴力所受到的灾难范围,但必须在私战和纯劫掠之间作出细致的区别。前者总是有着一项原则,尽管那项原则在今天大部分已成为过时的东西。而且,教会与国王不久先后对私战,即使未曾压制,也予以限制。在历史家所记载的这些强暴事件中,有很多被误认为私战,其实,它们仅仅是拦路的打劫,也只可作为这类罪行论。诚然,这项区别不一定是清楚的,但历史家应有责任来区别这两种形式的暴力。从仔细阅读九、十和十一世纪的编年史,我可断言:抢劫比私战的祸害还要大。在一百五十年期间,从 850 年喀罗林帝国崩溃的时代到 1000 年(在这时候,我们可以说,封建制度终于确立为一种政府的形式和一种社会经济制度),可更公允地说:抢劫比“封建混乱”远更造成了当时的大灾难。在封建制度的“权利”出现和封建法的原则准许实现那些“权利”之前，“私战”尚未曾进入它的范畴。这些“权利”便是私战的根源。

强盗帮会在九至十世纪是普通的，而在十一世纪当政府变为较稳定时则较少。后期喀罗林朝的诏令里常常提到盗匪，菲利厄寺院住持琉帕斯的一封信里谈到856年的一个强盗帮会；《圣柏腾寺院编年史》在870年提到另一个帮会。夫罗杜阿的《理姆斯教会史》，曾三次提到过十世纪这类帮会。在“上帝和平”成立之前百余年，我们看到，教会曾企图以驱逐出教的威胁来遏阻这些匪徒。然而，还可置疑：在中世纪时代除在外来的实际侵略的情况下，正常生活，从整个看来，不也是像今天的生活那样照常地进行吗。今天的汽车匪徒可比诸中世纪时代的武装马贼，他们使美国的乡村发生恐怖，可能和中世纪类似的匪徒曾使法国和意大利乡村居民发生恐怖那样。例如，伊利诺斯州所发生的乡村银行劫案，比美国任何其他各州所发生的要多得很多。在1924年，那里有七十三次匪徒劫掠乡村的银行案件。在那一年1月到6月之间，有二十一次银行抢劫案。如果人们从报纸新闻来估计美国的文明，美国的社会在公元2500年的未来历史家看来是残暴的，就像我们看十到十一世纪的社会是残暴的那样。

我们常常难于区别这些盗匪队伍和雇兵队伍；关于后者，在十至十一世纪尚是偶然提到，而在十二世纪，大封建主甚至国王就大规模地雇佣他们了；那给老百姓带来了沉重的苦难。这个时代自然地养成一群暴徒，他们是由跟随封建军队的妇女所生的孩子；这批没有家庭的人们，铤而走险，以劫掠为生。欧洲的边境地区，在法国有布勒塔尼、不拉奔和洛林诸“边防区”〔“马克”〕，在基督教和穆罕默德教西班牙之间，有西班牙“边防区”，在南意大利有亚浦利亚，在德意志王国的东方边境上有斯拉夫“边防区”，这些地区是这一类暴徒的成长之所。因此，他们常常称为“边境人”，或“马克人”或“不拉奔人”（从低原国家的不拉奔得名的）或加达伦人（从南方的加达鲁尼亚得名的）或“拦路人”，意即在公路上干着抢劫的人们。在理姆斯的一本编年史里，992 年最早提及这些“拦路人”。早在 948 年，附庸的军事服务限期规定为四十天，因此对于这些雇兵的使用，更加需要。这批暴徒所干的暴行与掠夺行为比私战所产生的要多得多。敌对男爵的袭击，比较限于一个地区，限于只蹂躏相互之间的土地。而这些匪帮有时竟包围全村来勒索赎身金。从取缔这些匪徒方面，当地的男爵所可获得的利益和他的农民所可获得的利益，是同样巨大的。在这里，男爵的物质利益使他作为一个统治者责职相符合，因为他的整个财产在于他谷物的收获和他村民的劳动。在这一意义上，每个男爵是一种农村的警吏。

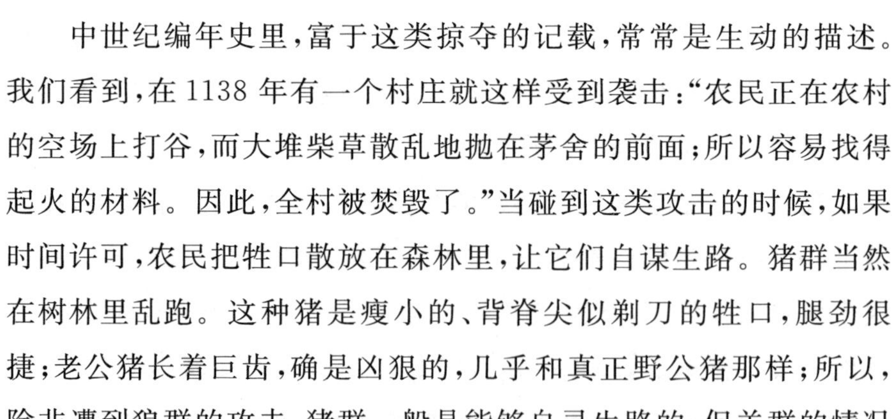

中世纪编年史里，富于这类掠夺的记载，常常是生动的描述。我们看到，在 1138 年有一个村庄就这样受到袭击：“农民正在农村的空场上打谷，而大堆柴草散乱地抛在茅舍的前面；所以容易找得起火的材料。因此，全村被焚毁了。”当碰到这类攻击的时候，如果时间许可，农民把牲口散放在森林里，让它们自谋生路。猪群当然在树林里乱跑。这种猪是瘦小的、背脊尖似剃刀的牲口，腿劲很捷；老公猪长着巨齿，确是凶狠的，几乎和真正野公猪那样；所以，除非遭到狼群的攻击，猪群一般是能够自寻生路的，但羊群的情况则大不相同了。由于胆小成性而又习于成群结队，它真是“像羊一般地”被宰杀或被赶走了。

有时，农民有着一块天然避难所，他们在危险时期可以逃入。那在萨克森的绍图附近的“牛棚”，是一个有趣的例子。这个“牛棚”是一条岩石的巨型拱道，只可从一边进入；所以这样地称呼它的，因为萨克森农民在危险时期把他们的牲口赶到那里以求安全。村庄教堂，特别是用石头造成的，也常常成为避难所，所有的牲口被赶到那里，而村民的家具什物也一并带入。

上文已经说过，关于封建早期的历史家包括当时代的历史家和近代的研究者，为什么大大地夸张了中世纪时代的劫掠和私战。其实，十三世纪和后来的时期，当英王以大量军费并在漫长的战线上作战的时候，这些“大战”的破坏性远过于那些争吵的男爵之间的战争，虽然后一种小型冲突也许是长期的，而且如上文所说，他们所雇佣的职业佣兵也是为非作恶的。

可是，就战争来说，我们切不可以为，以后的年代比起封建时代要“文明”得多。一个有资格的近代学者写道：“封建战事，按其本质来说，可能比后来世纪的战事较不可怕，因为后一项战事是在社会已失掉它的防御力而尚未受到国际公约保护的时期进行的。不可能相信：诺曼底或都尔内在约翰时代所受的痛苦之深，像法国在百年战争时期或德意志在威斯特发里亚和约之前所受的那样。”①

中世纪战争，不是完全没有限制的办法的。

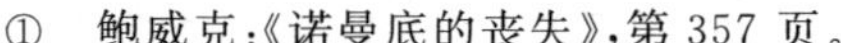

① 鲍威克：《诺曼底的丧失》，第 357 页。

尽管有着很多变更，封建社会在十二世纪末期，是由许多原则来管理的；这些原则应用于和平，也同样应用于战争。封建社会的法律是离不开武力的，但并未因武力而失色的；它们的结合是按契约理论进行的，而契约理论综合着所有的封建关系的……武力从来不是不使用的，可是也从来不是无限制地使用着的。在司法程序中，我们可看到战争的要素，如司法决斗与追捕犯人的呼喊声；而在战斗里，我们也可看到经常应用法律理论的情况。战争是解决一个大讼案的方式。停战条约很像一种准许当事人不到案陈述理由那样；和约是按照最后同意而起草的和解协定；人质是一种担保品；战场上的军务是法院上辩论的极相似的部分。

中世纪时代曾作过某种努力来尊重非战斗居民的权利，来补偿那些蒙受巨大损失的人们。

在某种程度上，公道和慈善观念在战争时期，表现得更为明显。〔例如〕正式发还所缴的在战争时期被破坏的土地上的捐税，准备接待从被威胁的城市里逃亡的难民；有时还补偿教会财产所蒙受的损失；更慷慨地发放救济金给穷人。但所有这些措施还是不能救济了那种人：他们被时势的艰难所迫无可奈何地出售了他们的土地或离开了他们的家乡。他们不能应付由饥荒所发生的普遍影响，或佣兵的恣情纵欲的要求。关于由封建战争所产生的乞丐、妓女和饿殍之人数，我们只能作出些猜测。但可以断言，这批遭受灾难的人们一定是不可胜数的。[1]

可是，这也绝不是我们时代对封建时代的一种诽谤。

在中世纪时代，最惨重的祸害，是对敌人、俘虏、罪人和异端的残酷行为。关于这一点，罗马的战争法和刑法的传统应负大部分责任的。然而，我们决不可以把残酷与野蛮行为混为一谈。前者是从阴险的计划而产生的；后者常常是从缺乏感情与想象而产生的。中世纪时代的艰苦和注重物质的生活——至少直到很后时期，当更高的文雅修养开始发生了它影响的时候——以及从社会的等级结构所产生的社会偏见，加强了这种不关痛痒的性情。中世纪的人们，不论贵族或农民，比近代人有着较粗糙的品质；他们的神经也不像近代人那样娇嫩，那样接近表面。他们的生活较粗暴并较有血气。近代社会由于这些坚韧品质的部分消逝，可能遭受了损失。

中世纪时代的人们，不像现代人活得那么长久。他们的平均寿命要短得多。但他们出来做事的时期较早，所过的生活也较紧张。长寿是人类的比较近代的成就。据一个详尽研究过一千五百个中世纪人骨骼的著名科学家的计算，在中世纪时代，死亡率的"最高点"是在四十二岁，而在今天它的"最高点"是在七十二岁。近代的卫生学和医学已绰乎有余地抵补了生育率的下降趋势。按比例说，虽然近代家庭比中世纪家庭要小，但现在生存下来的儿童人数较多；并有着更多的家庭。当然，人类的潜在寿命，在各时代

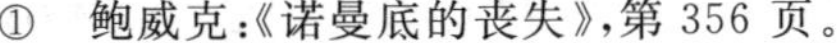

① 鲍威克：《诺曼底的丧失》，第 356 页。

里，没有什么变动，但现在比过去有较多的人延长了他们的实际寿命，那是一个重要的历史事实。阅读若干篇传记是很有趣的。中世纪统治者与政治家，在和近代同样地位的人们相比之下，寿命较短。在918和1250年之间德意志国王的平均寿命是四十六岁；在987和1270年之间，法国国王的平均寿命是五十五岁；在1066和1272年之间，英国国王的平均寿命是五十四岁。在德意志十四个国王中，只有六个人活到五十岁以外。腓特烈二世在五十六岁时逝世，可是他的事业已做得如此伟大；以致他被称为"世界奇迹"。腓力二世（奥古斯都）在五十八岁时死去，可是在那个时候，他已把法国版图扩大了一倍。路易九世在五十六岁时死去；他已把他祖父所加倍扩张的法国版图再扩张了一倍。狮心理查在四十二岁时死去；威廉·鲁福斯在四十四岁时死去——的确，这两个人都死于受伤而非死于疾病的。但在那个时候，战争风险本来是一个中世纪国王日常生活的一部分。只有威廉征服者活到了六十岁。只有罗塞耳二世和腓特烈红胡子两人，在封建时代的国王中，活到了七十高龄。

必须记住：这些在壮年死去的人们是中世纪社会中的优秀分子。教士的隐居生活可能使他们享有稍长的寿命。但农民与市民阶级的死亡率怎样呢？没有一个近代保险专家会认为：中世纪的任何人——即使除了死于战役的可能性外——可作为一个保险好生意的对象的。

在各阶级里，儿童的死亡率，当然是高的。在一打或一打以上的儿童里，可能不会有三四个儿童活得到成年的。《亚德勒斯的编年史》里，记着很多关于家族的琐事，并涉及三个世代；它指出：在三十六个家庭里，有七十一个男孩和五十五个女孩，每个家庭平均有着三个半儿童。它还提到：有十三个女人有着第二个丈夫；妇女再嫁与三嫁的事情，是常见的。

中世纪城堡中的生活情况，不像浪漫小说家和诗人所描写的那样。时代是艰难的，因而生活条件也是艰难的。在第九世纪当城堡初次出现时，它仅仅是一个防舍，建造在一个小山上或在山岩边缘上，或在一条河的弯曲处；如果在一块平地内，则建造在一个人为的土墩上；这土墩是用从环绕它的沟池内所挖掘出的泥土堆积起来而成的。这些早期的城堡，完全是用木材造的。在十一世纪后期之前，没有什么石头城堡出现；甚至在出现以后好多年中，在大多场合，石头城堡的上层，还是用木造的。只有大"核堡"①是全部用石造的。城堡是为了安全而牺牲舒适的。窗口只是厚墙上的裂缝；室内阴暗而又潮湿；扶梯峻峭。只在建筑技术发展以后，城堡才得到扩大和改进。从建筑式样来说，中世纪城堡是一所有城垣的、有时还有城池的庭院，里面有一个坚固高塔，是重要的建筑物。从历史上来说，它是一所设防的老式农场。在城堡周围的原野上，遍布着农民的田舍，而村庄常常集合在城堡的山脚下。对城堡以外的其他建筑物，也应用布阵法。教堂、寺院、桥梁、城门甚至墓地，也是设防的。每个封邑错综交叉地布置着这类设防的工程。甚至大礼拜堂也表现出这种军事的外貌。达拉姆大礼拜堂被恰当地说成是："半是上帝的教堂，半是反对苏格兰人的炮垒。"亚尔比大礼拜堂的扶壁是真正的棱堡，它的门廊是通过一条登道进

① 中世纪时代城堡中之中间塔阁。——译者

入的，而它的屋顶还有有枪眼的防御墙。因为城堡有时成为强盗男爵的集结所在，所以有人太不假思索地推论说：中世纪城堡是一个社会的祸害，它所以被容忍了几百年，只是因为人民无力剥夺它们的占领者。但事实适得其反。城堡的建造，不是为了侵略的目的，而是为了防守的目的；它常常是在周围好多哩地方上的一所保护站，一所防止外来侵略的堡垒，一所压制暴动与劫掠的重镇。卡卡逊的大城堡，约在三百年时期中，曾为它周围很大一片领土获得了和平与安静状态。

> 一所城堡，很少孤单地耸立着的，但它普通是一个确定的设防体系中的一部分……城堡从一个军事的观点来看，也同样从一个财政观点来看，是同周围的或依附的地区分不开的。城堡主管辖区，包括城堡、土地、封建捐税和财政措施；它是一个财产和军务的人为的混合体，旨在维持领主的堡垒和利益。那以城堡作为中心的关系总体，是错综而复杂的。行政制度，像网罗般地笼罩在封邑上，把一切人都包括在它的结构之内，上自最高贵族、下至最低农奴以及森林中的隐士。
>
> 在这体系内，商人的活动和市集与市场的热闹都有它们的地位。寺院是以从远离的执行吏管辖区所征收的什一税来维持的……许多法律和习惯的维持依靠一个大"核堡"的存在……在山岩下的一所小教堂或宗教室作为它的礼拜堂。它大多是由于在它保护下的这小市镇的创立人的劳动与贸易来维持的。城门外的或在偏僻地点上的医院和传染病院，是用王室的（或男爵的）进款来维持的。在城堡的大厅里，执行吏

> 对周围几哩的乡村，执行司法，并保护犹太人，准许他们在他们不能在别处购到的安全之下，进行他们的有利而负着风险的营业。各色各样的人们，各带着一张特殊证状或保护证或出差证，集合在市镇的街道上，并在大门口互相推挤……有法官、陪审官、申请者、押送国王犯人的骑士、携带财宝的仆人、饲鹰者和养狗者带着他们的贵重付托物、带着葡萄酒、鱼类、造屋石、成捆的矛和枪的人们；还有商人、香客、办理寺院事务的僧侣、售酒者、农民等。[1]

当然，不是所有领主的庄园住所，都改变为这样宏大森严的建筑物的。庄园住所有时用木栅或墙垣，有时用沟池来圈围，在战争时期，如果他的封邑遭受侵犯，领主就依靠他的城堡来保卫的。大贵族拥有许多城堡，但许多贵族只有很少的城堡。城堡主，是一个单独城堡的领主。一个大城堡内，住着相当多的人口：领主的家族和来访的朋友、各种家仆；还有马夫、杂差、园丁、卫士，其中很多带着家族住在领主住宅外但在墙垣内的附属建筑物内；这些建筑物是以庭院、拱廊或桥梁和主要建筑物相连接着的。这地方充满着马房和牛棚的臭气，还夹着潮湿或蒸发的皮革臭气。家禽可以在房屋内自由出入，甚至女主人的房间要是没人看守也会跑进去。有时，围墙内有花园和果园，当领主出外打猎去的时候，在晴朗的天气的时候，贵妇们坐在那里，忙于刺绣或奏音乐或做游戏；在那个时候，打猎是中世纪贵族的一种特权，也是一种嗜好；而且关于

① 鲍威克：《英国历史评论》，第 22 卷，第 27 页。

这种狩猎，是没有什么“禁猎季”的。

但中世纪城堡内的日常生活除了在战争时期，是很单调的，特别是对妇女们来说；她们所看到的外面世界，不像男人们那样多。在十二世纪文学复兴之前，很少俗人能够写读；因而书籍是找不到的。领主夫人和小姐们有着她们个别的例行工作，即监督和管理家务；但除此之外，她们就觉得日长如岁了。因此，当塔楼上更夫吹起号角报告有陌生人来临的时候，那是一件欢迎的事，除非它偶然是敌人来临的一个信号。不论来人是主教或僧侣、男爵、香客、流动商人、游荡者、游吟诗人、巡游的演员或带跳舞熊的卖艺者，他们概被欢迎，并按他们的地位给予款待。

食品是充足的，但它的种类是有限的，在十字军从利凡得带入了香料和调味品以前所流行的烹饪法，也是简单的，可食的蔬菜是：菠菜、芜菁、红萝卜；只有苹果和生梨是丰产的。肉类是大宗食品，而大吃是一个普遍现象。肉的烹饪是把肉放在木炭上或在一根铁钎上来烤，也放在炉灶上的锅子内来煮。家具又少又简陋：有放在支架上的木板桌子、木板长凳或靠背椅子、少数椅子（但更正确说是凳子），在墙壁四周还有几只藏衣服和被褥的箱子。在十字军带入地毯和挂帷之前，地板和墙壁是光秃秃而又冷冰冰的。在冬季，用灯心草或柳条或麦秸铺在地板上，直到它由于猎犬的污物和食时所投下的骨头而变为臭气熏人时，才把草荐移去。羊毛织成服装是普通的，夏季和冬季一样；的确，这些城堡的内部是如此透风，如此寒冷，即在夏季，也必须穿厚衣服。衬衣在十三世纪被采用，也是因为在十字军时期输入了丝绸和棉织品。但这种衣料是昂贵的。睡衣尚无所闻。甚至最高级领主和贵妇们也是赤身睡在床上的。床是高高放在地板之上，挂着帐子，以防通风。在这一方面，国王和王后的享受不见得优于他们最富的臣民所享受的。当圣路易从“圣地”返国所搭乘的船只起火焚烧时，法国王后一丝不挂地出现在甲板上。然而，优雅的作风还是维持着的。妻子一般先到床上去就睡而后她的丈夫解衣。早晨，丈夫先穿起衣服，而礼节是靠着床上的帐子来保持的。一般人认为上层阶级漠不注意清洁，那是一个错误。中世纪文明是一个“千年不沐浴”的文明这一类流行的说法，是不正确的。每个城堡庭院里，有着一口水井，而只要可能，还常引入活水。在中世纪时代已使用铅管。有洗澡桶，在条件好的城堡和寺院内也有厕所。在“教堂马房”的周围，已找出了十二世纪的定期冲洗阴沟的配备。在留埃斯修道院内，一百二十个修道士各有他私人的单独洗盥所。最近也已发现了西敏寺修道院内的滤水池的遗迹。

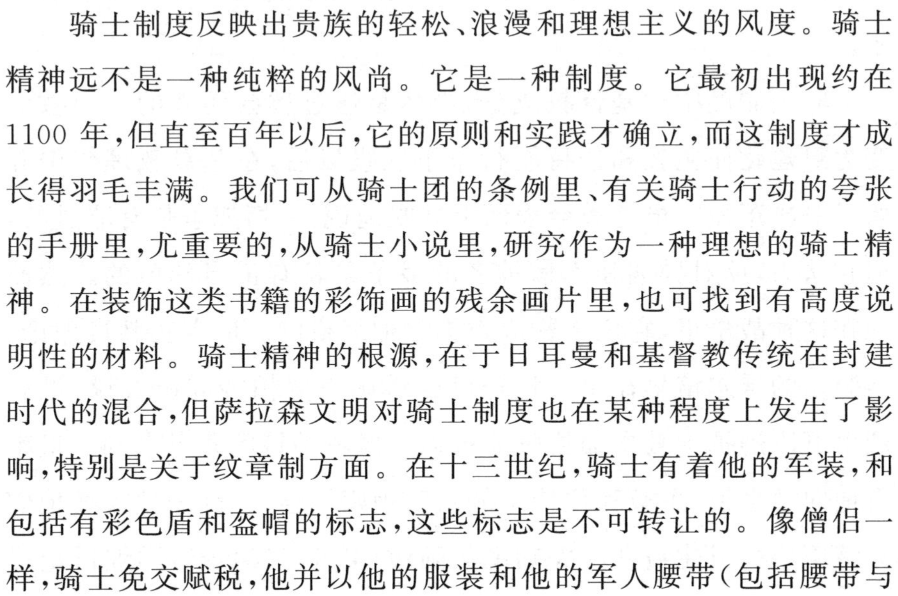

骑士制度反映出贵族的轻松、浪漫和理想主义的风度。骑士精神远不是一种纯粹的风尚。它是一种制度。它最初出现约在1100年，但直至百年以后，它的原则和实践才确立，而这制度才成长得羽毛丰满。我们可从骑士团的条例里、有关骑士行动的夸张的手册里，尤重要的，从骑士小说里，研究作为一种理想的骑士精神。在装饰这类书籍的彩饰画的残余画片里，也可找到有高度说明性的材料。骑士精神的根源，在于日耳曼和基督教传统在封建时代的混合，但萨拉森文明对骑士制度也在某种程度上发生了影响，特别是关于纹章制方面。在十三世纪，骑士有着他的军装，和包括有彩色盾和盔帽的标志，这些标志是不可转让的。像僧侣一样，骑士免交赋税，他并以他的服装和他的军人腰带（包括腰带与宝剑)来和他的下属区别开来。834 年,当路易虔诚者在阿替尼遭受侮辱时,他拿下了他的宝剑和腰带,并把它们放在祭坛脚下;他不愿再拿起他的宝剑,直到后来一个主教亲手再把腰带加在他身上。骑士属于某一等级,而它按照下列规则也有它的附庸等级:谁是另一骑士的附庸,谁就不是他的平等人,虽然两者都是骑士。所以有这种转变的理由,是不难找出的。在封建早期,当男爵战争很普遍的时候,一个贵族需要大量武装扈从,并能够以战役中所得的战利品来维持他们。但当欧洲的和平趋势,由于教会的和平运动和王权的提高而日益增长的时候,男爵对骑士随从的需要和他维持他们的经费,也跟着递减了。于是,骑士团开始硬化为关门主义的贵族团体;因而参加这个团体,是受到严密防止的。这一种排他性的政策,在十二世纪后半期已显然可见,而到了十三世纪,骑士团在封建欧洲,除了在德意志以外,到处几乎都是一个不开放的圈子。

骑士制度中的基督教成分,当然是通过教会而来的。当教会变为封建化而主教和住持履行军事服役以后,在基督教理想中开始了一次革命。虽然教会表面上慨叹地说,一切战争是有罪过的,但它认为,反对异端和不信神者的战争是具有正当理由的。然而即在这种战争里,它也不赞成教士参加战役的。但事实胜过理论。沙脱尔的孚尔培早在十一世纪已告诉国王罗柏特虔诚者说,没有理由可以辩护主教参加战争的行动。但罗柏特的儿子亨利一世率直地向教皇说,主教和住持不能出席理姆斯会议,因为他需要他们去镇压一处封建叛乱。夫勒里的阿波(死于 1004 年)详细讨论过

"战斗的僧侣与他们的军役"。[1]

然而,屈从于时势的需要,教会从《新约全书》的思想和保罗的训示找到了慰藉:前者指示说,每个基督徒是一个"十字架的兵士",后者教导说,"穿着上帝的全部甲胄"。而且,教会发现了一项原则来区别"非正义"和"正义"的战争。这项差别在"上帝休战"和"上帝和平"的公约里,已经默示,而最后在骑士制度和十字军运动里,逻辑地规定出来了。辩护战争的正当理由,起初是旨在压制盗劫和私战,保护僧侣人身与财产以及人口中的无防卫力量部分,如妇孺、农民和商人;但后来这种辩护在法国骑士对西班牙穆罕默德教徒进行冒险出征时,达到了高峰,基督徒从异教徒手里夺回圣墓和征服"圣地"的运动,则是从这里再向前跨进一步,而达到的同样性质的出征。

对这一种思想的革命,克伦尼派起了很大的影响。正是克伦尼派,提倡了"上帝休战";他们最先宣传了对西班牙进行十字军运动。也是从克伦尼派,神庙骑士团、医院骑士团以及整个骑士制度获得了他们的理想:完善的骑士,应是独身者甚至削发出家者,像神庙骑士团那样;〔承认〕骑士宣誓的神圣性质和入团仪式的至圣性质。琅城主教阿达尔贝伦的讽刺,给克伦尼派好战理想,打了一记耳光:他叙述说,一个奉命出差的克伦尼派僧侣怎样"在晚间骑着一匹浑身是汗的骏马回来"。主教几乎认不得他了,问道:"你是我所遣送出去的修道士吗?"他回答道:"过去是修道士,而现在是一个骑士了。我愿在我的元首,克伦尼王奥狄洛指挥之

① "de militantibus clericis et eorum stipendiis."

下服军役。”

第二次十字军开始时，圣伯尔拿被推为出征的领导人，他记下了他的沮丧心情。他惊叹道：“我是什么人，竟负责一个军营而站在武装兵士的面前呢？还有什么事情和我的职业更不相称呢？”但甚至圣伯尔拿也克服了他的踌躇；如果说他未曾正式参加战争，他也宣传了：第二次十字军和对异教汶德族的日耳曼十字军都是正义的出征。还利用了神学来巩固这种新态度。“正义”战争说成是为了消除良心上罪恶意识的一种方法，因为在战争中所遭受的苦难、伤害和危险可刺激一种原来无生气和迟钝的性质，恰像战争有力量来鼓起热忱并作出忍耐、勇敢和自我牺牲的奇迹那样。教会曾企图建立下列原则，而且获得了某种程度上的成功：使战争基督教化，因为需要战争来扩展信仰；减少战争的恐怖、遏阻残酷的本能并使人类的战斗倾向服从行为的准则，因为没有这种准则，战斗只不过是大屠杀而已。建立一种职业兵士；可以说是要他们学习战争技术并劝告他们：只对异教徒和不信仰者而不对同信仰者进行战争；保护无保卫者并维持法律，这便是教会的目的。

各大骑士团是国际性的组织，它们的成员，既献身给一个军事僧团、就不复有什么他们自己的国家观念，所以能够不服从任何人，除了皇帝和教皇以外。因为骑士团的构成，是仿效僧侣团的；又因为骑士被认为对世界所负的世俗任务，恰如僧侣，尤其是寺院团，对它所负的宗教任务那样；所以对一个团体，授予实体的宝剑，对另一个团体授予精神的宝剑；两者各是普遍性的，各有它的独裁的首领。奇妙的是，这些见解也和封建制度协调起来。[①]

骑士如果违反他的约言，将降低自己的身份，这一思想，原来不是起源于教会的，但教会进一步使他把誓约神圣性铭记心头，因此骑士的违反誓约将使他冒着丧失他的灵魂得救之危险。所以，骑士制度的道德纪律，大多从教会的影响得来的，正像它的军事纪律从封建制度得来的那样。

像很多其他制度那样，骑士制度在它的青春时期是有着它的效用的。也像很多其他制度那样，它在过了它的时代以后，不是成为一种笑柄，便是一种弊病了。当国外十字军运动已经结束而在国内有力的民族政府和城市政府已在地方封建主义的废墟上确立以后，当那些作为骑士温床的小封建主宫廷已经衰败或消失以后，骑士制度已过时。骑士的时代已经过去了。于是，骑士沦落为路劫强盗，即拦路者，或长袖骑士[②]。在前一类中，骑士的冒险精神已转化为盗劫，骄傲已转化为傲慢，保护已转化为勒索敲诈了。那些过着马鞍和宝剑生涯的人们已变为以劫掠为生了。他们掠夺无保卫的农民、固执的市民和苦恼的小贩。骑士对农民特别残暴，并以极细微借口驱散了市民。城市被迫建造了城垣和塔楼来防御"那些自称为上帝与妇女的朋友之公敌"。在有些地方，人们竟这样地害怕，以致农民掘起洞来藏匿他们的牲口，以避掠夺。较少讨厌但远更可笑的事情是：骑士漫游各地，找寻比武，来对他们所选

① 布赖斯：《神圣罗马帝国》。

② 另译绒毯骑士即无战功而领受骑士的俸禄者。——译者

的情妇表示尊敬。在这些游侠骑士中有一个人是以侍候两个情妇而得不到她们任何一个的重视而出名的。骑士既以特利斯坦[①]作为他的榜样，他的情妇当然是一个易苏尔特。他情妇的每个愿望，是一个命令，他毫不畏缩地服从它。为了情妇的缘故，他砍去一只指头，使她可相信他的真诚。有的骑士像荒唐的罗恩格麟[②]那样漫游各地，在路上同无数骑士较量他们的武力，所向无敌。像国王亚塔尔那样，他们周游全国，做了其他风流事。

像骑士制度和游侠制度那样，纹章制度今天虽然遭受诡辩的作家的嘲笑，但它在封建时代是具有效用和某种社会含义的，同时它对艺术方面的影响是很大的。纹章的根源可能远溯到古代克尔特族的图腾制度。在某种爱尔兰的手抄古本中，甚至福音传布者也被描绘成走兽样子，那是具有拜物教气味的。

但真正纹章的起源是在不露出脸面的盔帽成为风尚的时期。这种风尚在十一世纪之前尚未出现。最早例子，出现于923年，在巴黎伯爵罗伯特的事件中，他在出发到斯瓦松战场之前，为了使他的部下能够确认他本人，把他的灰白长胡子穿过喉闩而飘扬在他的胸板之前。当盔帽在封建主中间流行之后，如果没有某种突出的标记，则不可能分清友敌。赭弗理·金雀花在他的盔帽上戴着金雀花的嫩枝；这王朝的称号是从这习惯而产生的。起初，这类设计是简单而又朴素的象征，但十字军的纹章除了奇怪而又鲜艳的

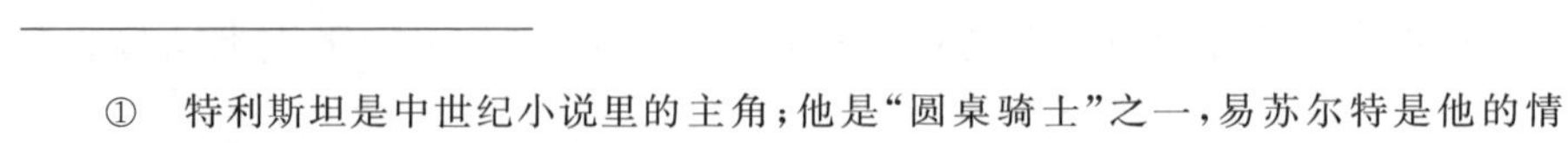

① 特利斯坦是中世纪小说里的主角；他是“圆桌骑士”之一，易苏尔特是他的情人。——译者

② 罗恩格麟是一篇德意志小说中的主角，叫做“天鹅骑士”，他的情人是伊尔萨。——译者

彩色之外，还采用了精致而又奇异的设计，如狮子、豹、独角兽，同时武器和城堡也提供了部分城堡、铁闸[①]等等的纹章式样。

后来，这些关于纹章设计和颜色的自由而又几乎放纵的做法变为服从一种严格的式样；产生了那些和纹章有联系的古怪而又精美的形式和颜色。这两种表达形式的适当使用，成为文明社会的一种要求，并有助于人们仪态的养成：骑士制度对客气和礼貌发生了影响而纹章图案和颜色的配合促进了优良审美力和艺术修养。骑士制度的意义也包含于纹章上的格言里，在那上面，常常可以看到荣誉、真理、勇敢的观念。从所有这些方面看来，纹章制度是具有社会意义和社会影响的。

① 中世纪时期悬于城门之铁格子，敌人来侵时放下。——译者

第二十七章　庄园：中世纪时代的农民状况*

庄园制度的性质与范围，是理解中世纪时代的经济社会史的关键。中世纪的经济生活，主要是有关自然经济和土地占有的事情以及有关土地上农民所负担的义务。庄园制度曾流行于所有中欧和西欧的部分，即在拉丁与日耳曼基督教国家境内；它是一种政府形式，也是一种社会结构、一种经济制度。

中世纪社会的演变，是从地主贵族与私人大地产的优势出发的。要对庄园制度结构所包含的要素作出一个完备的综合，是很不可能的，因为这制度看来虽具有表面的一致性，但它的内部却包含着几乎无限的差别，不论在数量方面或质量方面。历史传统、地方风俗、像土地的起伏那样的自然条件以及其他因素，都这样地渗入了庄园制度的结构，以致任何一种简单的解释是不够的。庄园制度，作为表达强烈的有机性生活的形式来看，是在不断改变的状态中。这种转化反映出欧洲文明从一世纪到另一世纪的一般转化情况，所以，欧洲的经济社会程式，大多可在庄园制度的程式内找得出来的。

庄园制度是封建制度的下层。这制度实现了地主贵族阶级对

---

* 锡倍德：《历史地图册》，第 104 页（一所庄园图）。

那些住在他们所有地上不自由的、农奴的和奴隶身分的依附人等的农业劳动者的关系，就是说，它反映出贵族对中世纪社会内的“非贵族”阶级的关系。从时间来说，当封建制度还在形成过程的时候，它已经确定。一切制度都是生根于辽远的历史的；所以，大体上可以说，庄园制度在第九世纪末期已变为固定，而封建制度在十一世纪之前尚未获得定形和固定性。高卢的罗马人已经实行了村落制度（Villae）；所谓庄宅就是大农场连同它们的附属地在内，也是大地产的中心；在那里住着许多租户，有的集中，有的分散；这批人在奴隶或隶农的名义下，是直接依附着业主的。这种村落存留于法兰克王国境内，在查理曼时代还有大量村落存在。古典时代的土地表册标出下列区别：一方面，领主的住宅和属于他直接经营的土地；另一方面由各种身分的佃人所占据的土地；最后，还有不确定的部分——森林、牧场、沼泽地，作为所有领地上农民共同使用的土地。

在中世纪时代，老百姓的生活几乎完全是属于乡村的农业生活。这种生活在十一世纪以前很少变动，十一世纪时商业和工业主要由于和地中海地区及东方日益密切接触的结果而开始发展。在和近代经济社会情况相比之下，当时，欧洲人口，住于乡村的部分，远比今天要多。城市又少又小，那里的大多数居民不是自由人，而是不自由的工人和手工业者。虽然欧洲的现代人口已有很大增加，但相对地说，中世纪欧洲的农村人口，较多于现在。在每个封邑之内，星罗棋布着大批村庄，那里的居民除极少数外，是不自由的或被奴役的农民；他们所有的职业是种田。按法律意义，在这些村庄中，每个村庄是个庄宅或庄园。它是最低级的行政单位，是家族上面的最简单的社会有机体；它当然是一个纯粹私人的集团。“庄园”这名词，在墨洛温王朝后期以前，在历史资料里，未曾出现，而在喀罗林王朝以前，尚未变为通用。但这个有机体，作为一个经济社会实体看来，在罗马帝国后期已经出现。

关于庄园，已有各种不同的定义：它是中世纪时代的“土地管理单位”；它是“构成一个所有权兼行政权的单位”的大地产；它是“社会结构中主要的和正规的组织细胞”。庄园的具体性质与机械性作用，已相当清楚。但不幸的是，中世纪庄园的起源是中世纪制度中的一个最难解决的问题。

那些住在城堡里的贵族，是庄园社会的地主和行政官（领主），这些社会是从后期罗马世界的不自由和奴隶社会遗传下来的吗？中世纪庄园或庄宅可追溯到古代罗马世袭地产吗？庄园主是罗马世袭土地业主之中世纪的继承人吗？其次，古代日耳曼村庄社会（“马克”）的原来自由居民现已沦为农奴了；这些中世纪庄园社会就是从它们传下来的吗？庄宅和庄园是相同的吗？罗马和日耳曼形式的村庄生活、社会制度、农业实践曾融合到什么程度？本来自由的日耳曼农民阶级由于上面的压力而被压到农奴地位呢？还是自由日耳曼农民当定居于罗马帝国境内和大量奴隶和农奴相接触以后，被一种可以说是来自奴隶和农奴方面的社会引力拖下来的呢？还是像有些学者所主张，日耳曼民众本来是农奴并从农奴身份发展下来的呢？庄园成长于农村公社里呢？还是农村公社成长于庄园里呢？是不是庄园在中世纪末期逐渐消逝，而留下了农村公社作为对近代的遗产呢？“敞开田”制度，是农奴制度遗留下来的“空壳”吗？那重新分配耕地的办法，是历来通行于“敞开田”制度下的吗？在封建时代，还有什么自由人留存吗？在封建欧洲，还有什么自由田吗？所有“非贵族”的土地所有权都是改为租赁权，即有条件的所有权的吗？在下层人口中，各种社会阶层——农奴、隶农、半自由人、贱民等等——是从何而来的呢？土地占有或土地所有权，对这些阶层的分化，有什么关系呢？土地怎样来决定社会的地位呢？领主对这些庄园农民所加的地方捐税之起源，是什么？它们是从罗马所有制惯例得来的吗？它们是有一个法律根源呢？还是它们在第九世纪从僭取王室特权而产生的呢？对庄园租税的征收，在成文法或不成文法里，是有一个法律的限度的吗？

我们一着手研究中世纪庄园起源问题，分析庄园结构中的要素并企图追查它们的历史起源与发展，所有上述的及其他的问题就产生了。引朴洛克的话，“真实的情况似乎是：在制度方面和在语言方面一样，有过广泛而又复杂的相互作用。在许多场合，日耳曼与罗马的或多或少相似的思想之间的接触，造成了完全的融合，因而产生了某种不同于其中任何一种原来的东西，要不然的话，也引导到语言学家所说的什么‘混淆’的情况。”①

现在几乎无可否认：中世纪庄园，就它的社会成分和它的农业实践来说，代表着罗马和日耳曼制度的混合——有时还夹杂着更早的尤其是克尔特族的部族风俗的要素。在历史上当部族横穿欧洲“大进军”的时候，“这些部族中的一个部族的移动可能把他们制度的特征印在一块土地上，而在那里原已诞生了另一部族的特征”。迟到十二世纪，在极南的罗马语系土地上，像下意大利和西

① 《英国历史评论》，第 16 卷，第 750 页。

班牙那样，还有资料可证明日耳曼法律、风俗和心理状态的持续性。极端决定主义，想决定组合要素的比例或者它们融合的程度的任何企图，无论如何是违反历史精神的。

关于解释的问题，越来越感困难，因为所可获得的文献资料，既很少而它的意义又很模糊。理解那些为我们必须阅读的小量资料方面，还有巨大的技术困难。可惜，关于早期几个世纪的资料，既稀少而又不够清楚，以致我们不能清楚地了解当时的经济生活。而且，这些资料几乎都是从教会方面得来的，因而我们没有获得关于世俗经济状况的相应意见。至于说到日耳曼人的资料，我们可从研究后期的条顿法律，尤其是“北欧人”和丹麦人的法律，来获得一些帮助。但最大的帮助也许已从研究中世纪农村实践的近代残余里得到了。通过由今到古的推论方法，我们获得了关于旧生活方式的很多新理解。大家知道，农民作为一个阶级来看，是保守的，墨守陈规的。甚至在今天的欧洲，还有很多中世纪农业残余存留于许多农业地区内；特别是在近代工业制度和商业制度未曾侵入的地方上，或按居民风俗习惯来说，还是一个农业社会的地方上，这种社会尚保存了它的几乎原始的简朴风气。近来已经明显地证明：欧洲农民不仅继续着这些风俗而且坚持地固守着他们祖传的土地不放，尽管从中世纪时代结束以来他们已感受到无穷的更动与变迁。有一个德意志历史家曾发现在奥斯那布律克附近的一个家族还住在“老农场”上，而这一块农场已有六百年的寿命了。若干时期以前，法国政府曾宣布：它将以“农业奖章”发给那些人们；他们能够提出文献资料来证明，他们的家族继续耕种同一块土地至少满三百年。由于这一命令，出现了约有七百五十个这样的

家族：其中摩利尔附近库第地方的一个家族保持了最高纪录，它从第八世纪以来就住在这同一块土地上。西波姆描写了

> 一幅关于“敞开田”耕作法的图景；这种“敞开田”人们还可看到，当他们从安得那赫旧罗马城市上的高处俯瞰那以莱茵河壮阔波澜为界的并延伸到辽远地方像一幅大地图般的平原的时候。如果人们远涉到中欧的中心去，当他们从乌尔穆大礼拜堂（寺院）的塔楼上俯瞰巴伐利亚茂盛麦田的时候也可看到同样景色。
>
> 在欧洲大陆的大部分土地上，在法国、德意志和斯拉夫国家里，“敞开田”制，今天多少还是一种活的制度……在许多地方，这一制度留下了不可磨灭的痕迹于地面上，这些痕迹会再继续几百年时期，也许会永远继续下去，来把它的过去历史告诉人们。[①]

我们在克尔特族的部族组织里，找不出什么恰恰类似于庄园的东西。中世纪庄园，是属于罗马-日耳曼的混合起源的，也许偶然有些更早时期的农业和村庄惯例的残痕在内。所以我们应首先讨论罗马的庄宅。

罗马庄宅，是一个富裕地主所占有的大农场，在那里有着奴隶和不自由依附人（隶农）两种人的村庄；他们替他耕种土地，而他们从自己劳动所得的，只不过足以糊口而已。奴隶是一种动产。农

① 《通常的田亩史》，第 3 页。

奴原来是一个自由人而沦于经济的依附地位，由于拖欠地租一代又一代地束缚于领地上的；这些欠租，在理论上是可以还清的，但实际上，永远是还不清的，因为欠租是日积月累的，而农奴每天的劳动，仅足以支付当前的地租以及维持自己和他家庭的生活费用。他是一个负债的犯人；他天天在旷野里；在地主的土地上勤劳工作，以图减少他的债务但永远不能把它勾销。农奴的土地，叫做“保有地”（“Tenure”从拉丁文“Tenere”意即“保有”得来的），但按法律的意义来说，保有地是保有农奴的，而不是农奴保有保有地的。保有地规定了他的身份：法律上他是一个不自由人，按社会地位来说他是一个依附人。庄宅内由地主继续使用奴隶[①]劳动来直接耕种的土地，被称为地主的自留地。但当欧洲的奴隶制度——但不是奴隶贸易——衰落以后，出现了这样的一种情况：地主的自留地也逐渐由农奴来耕种；每个农奴除了为自己的保有地所做的劳动之外，还须以每季的若干天，来在地主的自留地上劳动。

“罗马庄宅表现出所有中世纪庄园的主要特征。地主的自留地，作为周围隶农所聚居的地方上的中心。农夫不得分散他们的租地，因为他们不是租地的所有人。”[②]村庄原来不是相一致的政治单位，在罗马地方行政的崩溃使世袭业主摆脱了上级政治控制之前，只是市镇地区内一处农户聚居的地方。在那个时候，并只在那个时候，可以说，罗马庄园成为“兼有所有权和行政权的一个单位了”。然而，还可怀疑：纯粹罗马型的庄园，除在意大利和南高卢

① 在庄园制兴盛时期，我们所可看到的奴隶，一般是家庭奴仆而不是田间劳动者。

② 费诺格拉道夫：《庄园的起源》，第 33 页。

之外,是否在欧洲任何地方存在过。罗马从来未曾有过要实现完全一致性的狂热的,而对地方风俗和情况是采取容忍态度的。早期的传统和残余,得顽固地苟延残喘。“罗马人,即使他们有此心愿,也不会有可能来改变了农业的整个性质,来压制了所有北方农业上的自然趋势的。”①

在莱茵河和多瑙河省区内,日耳曼农业实践自然地倾向于和罗马的方法相融合。我们难于决定,罗马方法在这些地区内曾流行到什么程度。在第四世纪所编的《功绩录》里,指出:罗马的权力一度曾扩展到莱茵河彼岸八十哩的地方去,所以它一定曾达到过佛尔达的附近地方;我们还知道:这种统治权力在那里维持了二百五十多年之久。我们不应作出太偏执的论断;无论是赞成在早期“蛮族”占领区内罗马方法继续存在的说法,抑是赞成日耳曼村庄制度和农作方法独占优势的说法。现有资料,可以证明:即使在帝国的有机体已经烟消云散以后,罗马的耕种方法和风俗习惯仍存留于北欧洲。罗马世袭业主在“蛮族”侵犯的潮浪退息以后曾继续耕种他们的田地,而教会,就是,最大的地主,也是在组织和精神方面最多具有罗马性质的机构,不仅曾安然无恙地存留下来,而且实际上还曾在第五、六和七世纪增加了它的权力。日耳曼人的公社制度(如果它曾是公社的话)渐渐让位给更有利的农村经营制度,就是罗马人所知道的并由教会所实行的制度。这种结果,在经济上可能是有利的,但它是付出个人自由的代价的。

在村庄生活和农业方面,日耳曼人带入了什么并加上了什么

① 《经济评论》,第 15 卷,第 395 页。

呢？日耳曼人是贵族与自由人的部族——他们有若干奴隶，但完全未曾有达到像罗马帝国内所可看到的那样程度，他们曾把古代自由的(人们如此说)日耳曼农村公社移殖到罗马土地上；这种公社在第五、六世纪日耳曼人征服以后，变为一个不自由的农村公社。如果这一假设是不错的话，那么这自由农村公社——日耳曼人“马克”——一定是后来沦入了农奴状态的；要不然的话，像有些学者所主张的那样，大量日耳曼人，即在他们的本土上，已是不自由的依附人，仅仅把日耳曼不自由的村庄和农民移殖到罗马土地上。上文已经说过，这种降低身份的过程曾在什么时候出现；也已提过那些力量的性质；“这些力量正在起着作用，而能使一个充满自由农的村庄转化为一个充满贱农的庄园”。促使转变的巨大因素是：墨洛温朝时代的内战、查理曼时代强迫军役的沉重负担以及第九世纪的战争、混乱、侵犯和封建的强暴行为；其时，小自由人被迫找寻大业主的保护，甚至在付出丧失自由代价的条件下；他们也常常被土地荒的男爵剥夺了自由并在自己的土地上被降到农奴的地位。这样看来，源自罗马的农奴，找到了源自日耳曼的农奴的患难同伴；于是这两个阶层和这两种情况合而为一了，他们一起住在一个叫做“庄园”[①]的社会单位内；而庄园本身也是由罗马和日耳曼成分相混合而形成起来的。罗马庄宅和农奴化的日耳曼农村公社不仅有一个相似点，而且这两种各别而不同的形式渐变为模糊乃至混合为一个单一性组合的经济社会集团了。关于源自日耳曼的庄园制度的历史，是从多少有些自由而没有地主的农村公社开

① “Mansus”(庄园)这个名词从拉丁文“Manere”得来，在第七世纪初次出现。

始的，这个社会通过稍微复杂而现在已很清楚的过程，在第六至第九世纪之间，在缓慢的也许是断断续续的不景气阶段里，转变为一个完全依附性的庄园集团了。如果说"马克"的村民们在这项过程压倒他们之前的时期，原来是自由的，那么，使这个阶层沦为一个不自由的租户这一事件，一定曾引起过一次深刻的经济社会革命的。

现在我们可从这个有趣而烦恼的理论范围，转到中世纪经济的较多具体性的事情了。如果读者仔细研究了一处有代表性的中世纪庄园平面图[①]，然后在想象中站在一个典型的中世纪村庄的中央，他将觉得自己置身在一条穿过庄园的大路上，在挤成一团的茅舍群中间，即在"核心"村庄的中间；可是，在房屋的周围还有空地足够作为一块菜圃、一个鸡场、一个牛舍或马房、一个干草堆之用。一条来自森林泉源的溪水，横穿村庄，流到大路旁，注入一个边缘潮湿的池塘里，那是一个村庄的养鸭池。那从低湿地延伸的草地，也许是一块天然的草地，也许是从干涸沼泽地而得来的草地。在大路的对面，位着领主的自留地，即村庄中最好的田地；在那里的一个小山的顶上，即村中最好的位置，耸立着领主的城堡，如果这是一所大庄园；但如果它是一所小庄园，则庄园住宅没有这样地雄壮；它的近旁有着一所仓库和牲畜棚。靠近它的还有一所小教堂，一块小墓地和牧师的住所。但村民的田地在哪里呢？我们可看到像扇形般地从村庄延伸出去的小路或车路；沿着其中一

① 最好的图样，见锡倍德：《历史地图册》，第 104 页；这对每个研究历史的人来说，是一本必要的参考书。

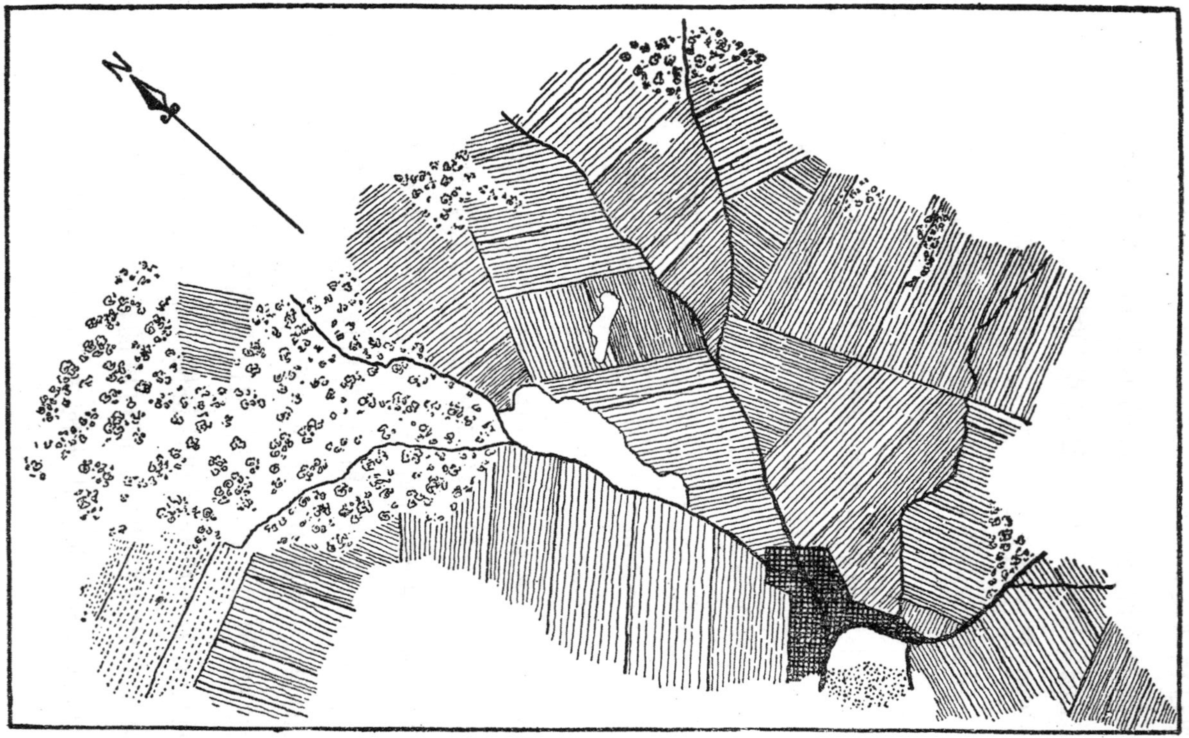

一所庄园的平面图

上面是包括三十万户的中世纪村庄的一幅平面图。这村庄的耕地面积共计八百三十七喃。草地和森林地(在图的左方)是共同使用的。有的户主占有多至五十二块分散的土地。村庄位于图下面的深黑部分。

条小路约半哩的距离，也许多些，我们可找到田地。除了领主的自留地外，所有村庄的可耕地，都分成为三大块田地：春耕田、秋耕田和休耕田。这就是“三田制度”。如果干草已经收割，可放牧牲口于草地上。如果干草还未收割，用石头或木桩来标出在干草地段内每个村民所有的部分。这种“草地分段制”在欧洲许多地方，继续保持到后来。无论如何，牲口一定可以在休耕田上吃新生的青草；如果庄稼的收获已毕，它们还可吃它们的残梗。在早秋时期，农民为了播种冬麦，进行了翻土工作。

两田制度曾是罗马人的办法，而在日耳曼人中也是普遍应用的。但在一个未详的时期，也许在第八世纪（关于三田制度的起源，我们所得的最早证据，是在 771 年），一个革命式的改变开始出现了。这便是从两田制到三田制的过渡。它早期曾流行于上德意志而后来遍传于莱茵兰、北高卢与东高卢；它被采用于教会的土地上和喀罗林朝国库领上；似乎可泛然指出：在黑森的彭尼非斯派寺院，如佛尔达和赫斯斐尔德寺院，是可能的起源地点。我们知道：圣彭尼非斯是建立法兰克教会的什一税的赞助人；甚至在查理曼时代之前，这项沉重的负担已引起重大的苦难与怨言。下面是迈曾的一个精辟的意见：三田制的采用，是“由于庄园和教会的苛重地租与什一税的压力所引起的；因为它们需要出产大量谷物”。但撇开猜测而谈事实的话，我们无可置疑：这项转变包括有极大的经济进步性在内。小麦或裸麦可在秋天和春天同样地播种这一项发现，毫无疑问，是人类进步的道路上一项极其有益的发现；因为这样一来，在以前只有一次收获的地方，现在可有两次收获了。格拉

斯教授已明显地指出三田制比两田制的优越性。[①]

〔他说〕试比较在有一千八百喃可耕的庄园上使用这两种制度的结果。使用两田制度，所得的结果是：

九百喃（耕地，耕一次）…………………………九百

九百喃（休耕地，耕二次）…………………………一千八百

耕地总喃数………………………………………两千七百

使用三田制度所得的结果是：

六百喃（冬耕地，耕一次）…………………………六百

六百喃（春耕地，耕一次）…………………………六百

六百喃（休耕地，耕两次）…………………………一千二百

耕地总喃数………………………………………两千四百

这样看来，在两田制度下，〔每两年中〕我们在两千七百喃可耕的土地上，〔每年〕只有九百喃的收获，而在三田制度下，我们在两千四百喃可耕的土地上，可有一千两百喃的收获。

现在，那交替的办法是：在三块各别的耕地上春耕、秋耕和休耕；就是，两块地播种，一块地休耕的轮流。当然，这新方法不是反映出部族的习惯的，也不可以说是属于罗马起源的或属于日耳曼起源的；但却是从农业经验和观察里发展起来的。虽然因为老办法还是在应用，它从来没有变为普遍，但这新制度在中世纪时代是被广泛地采用的。

虽然关于中世纪文明的论著中很少注意到这回事，除非属于专门性的经济论文，但毫无疑问，采用三田制度是中世纪超过古代的一个最大的前进步骤，也是对文明的一个很有价值而又独特的

① 《农业史》，第48页。

贡献。在第一块土地上，在秋天播种小麦或裸麦，而在下一夏天收获；在第二块土地上，春天播种雀麦、大麦和豌豆，也在下一夏天收获而以第三块土地作为休耕地。这样，每年中三分之二的土地可以生利，而使三分之一的土地休息，并用作牧场来补充那些在干草收割后作为牧场的草地。大麦，可以说，是“饮料”谷，用作酿造啤酒；许多庄园并有一所当地酿酒坊。

尽管三田制度具有价值，但下列办法比它远更出色，就是，把耕地分成“条地”分给村民，以及把个人所有制和合作（或集体？）劳动相结合的办法。[①]

不论这种办法是否属于公社起源的，还是起初由于村庄合作的（或集体的？）事业和个别所有权相结合的一种特殊形式而产生的，这种“敞开田”制度所具有的一种突出的性质，从任何观点看来，不可能在罗马人或克尔特或斯拉夫人的耕田惯例中找得出来的。而且当人们回想到这种田地形式在村庄周围的分散条地内继续保持的时候，愈加觉得可以惊异了。因为它迄今还在欧洲大陆上的某些部分存留下来。一个英国观察家写道：

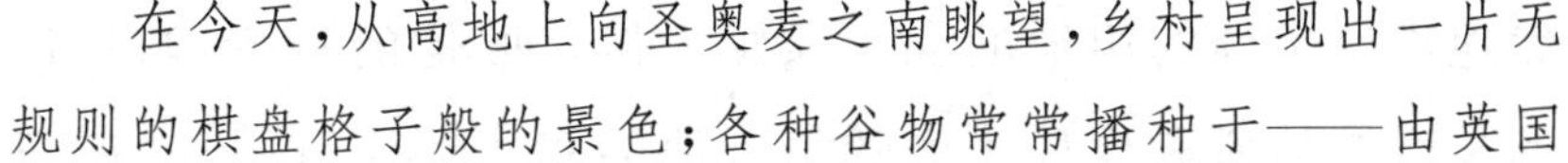

> 在今天，从高地上向圣奥麦之南眺望，乡村呈现出一片无规则的棋盘格子般的景色；各种谷物常常播种于——由英国

① 在早期日耳曼人中间有很严格的私有土地制的存在，从塔西陀以下的有资格的学者，没有予以否认过。问题是：公社土地所有制，在早期日耳曼人中间，曾否存在过；如曾有过，它达到了什么程度。在早期喀罗林朝时代，无可争辩，在住宅地上到处有私人财产。在公共地和联合耕种之间，是没有必要的联系的。共耕制从来未曾普遍流行过；有些地方曾使用这方法；那似乎是由于它们的特殊地方情况的缘故（参阅科伐勒夫斯基，第1卷，第267页）。

人看来——不可相信的小块地内……埃培勒克的市长现时(1913 年)经营约九十二"码地"(Measures)的一块农田;它包括四十五到五十小块地,而其中最远的一块地是距他的家有三公里半。[①]

庄园的瓦解过程,似乎被那些流行于封建世界的同一分化力量所加剧起来。正像喀罗林帝国在第九世纪分裂为王国,王国分裂为公爵领、伯爵领、子爵领、城主管辖区等等那样,那些破坏国家之势力向下渗入了并瓦解了庄园,即社会机构中的最微小的细胞。在第九世纪,大庄园分裂为小庄园,和租地倾向拆散,是法兰克帝国瓦解过程中的一部分。在查理曼时代,军事需要已迫使自由地的分裂。这过程在第九世纪时期又在加剧,所以秃头查理在 864 年曾白费心机地禁止进一步的分裂。不同程度的地产分裂,如对半分、四份分、八份分、十六份分是普通的,甚至在庄园兴盛的时代,这种情况也是常见的。

在中世纪庄园耕地的平面和直线丈量法里,我们看到我们土地测量制度的历史起源。那个扶犁而走的人或撒播种子的人,自然地步出了他的田地的大小长短。他按照他的脚步,衡量出畦沟的长度或他所撒播种子的数量。他的双步等于五呎;二或三个双步等于一竿。在巴伐利亚,一竿是十呎,在英国,是十五呎;诺曼底喃,是两倍于英国喃的大小;巴伐利亚喃等于英喃的三分之二;四分之一的喃叫做一"鲁德",但一"鲁德"在诺曼底等于英国的半喃。

① 库普兰:《圣柏腾寺院》。

一块"码地"是四分之一的耕地，即三十喃。喃是一个耕种的单位，即用犁耕种的一天工作量的单位；它的狭长形，即四竿宽和四十竿长，是由所使用工具的实际便利来决定的。因为犁耕工作是按长畦沟进行的，当犁者翻过了四十竿即一富浪长（一富浪等于一条畦沟长）的"干硬的土地"以后，他转身过来回去。长期经验指出：一个早晨的平均劳动，能犁耕一块四竿宽四十竿长的田地；因此产生了"喃"或"晨地"，就是，一个早晨的土地。按照一喃七十二畦沟的比例，一头役畜，在一天的工作里，正常地可走九哩。但犁耕工作，须在正午时结束，因为在下午必须把耕牛送到牧场去。

这些中世纪村庄测量办法自然地转化为测量单位。西波姆说道：

> 当村民出来在割去庄稼后的土地上做游戏时，他们易于选择一条"喃地"，把球从一边投到另一边。法定喃的正确宽度，即二十二码，现在正是板球戏的投法。为了练习长弓，亨利八世曾命令：最短的射垛应是一富浪长，二百二十码即恰恰等于一喃的长度。竞走场是一条畦沟（在它作为一种徒步竞赛长度之前）。畦沟的来回长度迄今还作为四分之一哩的竞走标准。

在庄园制度的条件下，村庄保存了它的古代习惯，它的做法当然要从属领主的管理的。在 957 年的一项文献里，有一个突出的例子：说圣米希尔寺院的农奴，在执行一个农村公社的职务时，没有住持的干涉；他们按照三田制度来划分村庄的耕地面积，分配干草地的地段，规定村庄的地址；标出住持地主的自留地、建造市场市房、确定公共荒地与森林边界等等。由于像这一类证据的存在，可表明：甚至在农奴制度下，还留存某种程度的自由与地方自治，即使它的行使是出于领主的恩惠，而不得被认为是一种权利。

我们可引述另一个与这突出的又仁慈又贤明住持相反的例证；就是，1038 年，在现在瑞士的左留尔州的服伦村里自由农民被残暴地降为农奴的事件。这块地方上的农民，在十一世纪大多还是自由的，但因为觉得需要保护，服伦村民乃求助于一个叫做甘特兰的邻近领主；他背叛了他们对他的信赖，速即把他们降为农奴。当德皇亨利三世巡视到他帝国的这一角落时，这批苦恼的人徒劳地力求一个喊冤的机会。他们不能穿过拥在他周围的贵族和官员群，而且他们的奇怪方言与鄙陋态度触犯了德皇扈从队的贵族骄气。那由暴力和欺诈所创立的领地，在 1106 年移转给穆里的寺院，在那里一个诚实的僧侣找出了关于这一事件的文献。

不论庄园是由原本自由的农民而被降到农奴的一个村庄，还是从开始起是一个不自由的公社——虽然还可以从这一体系内找到若干自由人，尽管所流行的是依附关系，但在庄园的组成中，是有两种土地成分融合在一起的；就是，农村公社和“固定在这一村落的领主家产”。因为在领主成为一个村庄业主之前，他已是一块领地的业主，有若干世袭农奴来耕种他的田地。这可说明：为什么在封建盛世的每个庄园里，领主的自留地——有时叫做“内地”——是从租赁地中明显地划分出来的；也许这还可说明：为什么领主也占有几块夹杂在村民的“条地”之间的自留地。这些和整块自留地分离的零星自留地，可能是“原来由领主所勒索的贡赋的残痕”。所以，那种充分发展的庄园，是一个庄园所有地（庄宅）和一个农奴化的农村公社（马克）的结合体。旧时的自由农民现已转变为不自由农民；领主的宫廷替代了古代的村社会议；村民所做的事业，像过去那样，依然存在着，因为村庄的基本经济功能未曾由于它从自由农降到农奴地位而有所改动；但现在，这些活动已变为由领主所强加的强迫服务了。农民村庄和领主自留地之间的有机性的相互交错形成了庄园。现有资料，可说明很多庄园制度的封建以前的性质。土地服役、繁多的共同权利、自留地与农奴租地间的区别、自由租户，所有这一切，在第八世纪已可找到。那些非人身奴隶的下贱租户，在封建时代之前好久，已经出现；这批租户从上面由于自由人的委身制，从下面由于奴隶的释放而增加起来。

领主自留地和农奴租地之间的区别，早在阿勒曼尼克和巴伐利亚法典里，已经出现，而在法兰克国王的诏令里，对奥斯达拉西亚地区表现得很明显。在日耳曼法典里，可以找出强制劳动的规定。显然，我们在这里可获得关于庄园制度形成的大概时期的一条线索；它的慢慢的扩展和定型，是从第六世纪起继续到第九世纪为止；到了 900 年它已普遍流行于中欧和西欧。在第九世纪，当“北欧人”、马扎尔人和阿拉伯海盗蹂躏欧洲的时候，又当法兰克帝国的瓦解使建立有力量的地方政权成为必要的时候，保护的急切需要使庄园的统治固定下来并使它的制度具体化。于是，那筑有围墙的庄园住宅或城堡和集聚在它下面的村庄，成为这个时代的典型和象征了。

一个典型的庄园实际上包括有七种不同类型的土地；细阅地图，就可知道：(1)领主的自留地，那是严格地属于领主自己的，部分由自留地上的特种农奴，部分由农村的农奴来耕种的；后者的服役是强制的；(2)领主的"围地"，那是自留地的一部分，租给贱农或租户农民的；(3)庄园农奴的租地，即散布在耕地的三种地区上的分条"码地"；(4)干草地；(5)森林地；(6)荒地；(7)教区教士的领地，即有时称为"上帝部分的土地"。最后一种领地，或者是在单一块地面上，或者是夹杂在村庄耕地中间的条地，像属于领主的自留条地那样。那也是由农民代替教士来耕种的。

属于领主的房屋，包括有一所庄园住宅和一所仓库。庄园住宅至少有三个主要房间：大厅、宿舍和日光浴室或接待室或凉廊。亚德勒斯·亚诺尔二世为他的夫人革特鲁德建造了一所木头庄园住宅，关于这住宅，我们看到一段详细的描写文字。

> 它是三层楼房，所以它看来像太阳般地挂在空际。地下室，地位宽阔，放着编结的大篮子、阔口瓶、木桶及其他家具。第一层包括一间居住室，有巨型火炉、食品间、碗碟柜、领主和领主夫人的卧房；靠近卧房的有：盥洗室、仆役间和儿童卧房。接待室，叫做"凉廊"是接待客人的，也用作祈祷堂或小礼拜堂。厨房分设在两层：在下层，烘烤猪肉，宰杀鹅、阉鸡及其他鸟类，准备煮吃。在厨房的另一层上，烹饪其他食品，在这里使用许多烹饪锅并通过辛苦的准备工作，为领主准备最考究的食品。

在上层楼面有：用走廊道接连的各种房间或大厅。

> 庄园住宅的陈设品是稀少的。玻璃窗是罕见的;大厅里设着:放在支架上的桌子、几只长椅和小凳或塞着草秸或羊毛的长凳,一两只椅子和一两只麻布箱子。住宅中可移动的东西有:一两只煮开水用的铜锅和一两只铜盆,几只木制的大盆和切面包等的木板(较少用金属制的),一副铁的或皮革的烛台,一两把厨刀、一只食盐箱或钵和一只铜水瓶或水盆……宿舍内包括一张粗陋床而很少褥单和毯子,因为白天所穿的大衣在夜里一般是用作盖被的。[①]

关于一所庄园的大小,我们不能作出估计。我们没有充分资料来决定"平均数"。关于住持的土地上的资料编制,最简洁而又最好。但寺院的可贵纪录指出:庄园的大小没有统一规定;它们的面积也相差得很大。一所庄园是没有固定的或通常的规模的。在这方面,它的不规则性既不大于、也不小于一个美国农场。然而,它比起现代的一般农场要大得多。一所不满十个家庭的庄园村庄,几乎是不可想象的。从《末日审判册》[②]所搜集的统计资料里,可以看出:在第一组十四处庄园里,各有三十二个家庭,在第二组十四处庄园里,各有十四个家庭,在第三组十四处庄园里,各有十一个家庭。按照这一比例并以每块租地包括三十亩来计算,最小的庄园至少应有三百三十到五百五十亩,不包括草地、森林地、荒地以及领主自留地在内。一定还有很多庄园比这庄园要大得很

① 洛泽斯(T. Rogers):《工作与工资》。

② 指诺曼底公威廉于1066年征服英国后所编制的英国的土地丈量清册。由于英国人民对这一掠夺土地之光奏的丈量册深怀恐惧,故有此称。——译者

多。一般说，在布局方面，庄园是相当紧密的。但在下列场合，庄园的布局，可能稍微散漫，而看来杂乱无章地散开在土地上：在吸收了旧克尔特族的残余的地方上，或在由合并一个破碎的罗马庄宅的一些地段而成的庄园上。今天，在欧洲，有很多村庄的界线，很准确地符合于往昔中世纪庄园的规模，而这些村庄就是从旧庄园兴起来的；其中很少庄园的面积少于一千亩。封建制度的格言是："没有无土地的领主，也没有无领主的土地"，所以，只拥有一个庄园的领主在封建阶层制度里一定是属于最低级的领主。大贵族——公爵、男爵甚至子爵——拥有几百处庄园，而教会与寺院的庄园，是数以千计的。

一个贵族的"领地"（不要同"自留地"混为一谈），是他所占有的庄园之总和，不论多少或大小。在国王方面，这些领地叫做王室领，也总称为国库领。它们往往不是或不常是相毗连的；但分散在整个一个省内或封邑内；领主的附庸所有的庄园有时夹杂在他们宗主的庄园之间。在中世纪时代，许多土地的转移，是由于贵族、主教、住持为要获得接界的庄园，通过购买或交换方式所作努力之结果。只有一处庄园的骑士和小贵族的情形，一定是不少的。例如豪特维尔·汤克勒德，即这个姓的著名家族的族长，是在诺曼底的库坦斯附近只拥有一所庄园的骑士。

在这样的情况下，风俗只不过是由于需要而硬化起来的传统而已；它在庄园上的共同任务里，要求同时而且常常协作的工作。农民是在同一时期耕地，在同一时期播种，并在同一时期收获的。但共耕制只应用于领主的自留地上，不是应用于农民自己的土地上的。这也不是一向同样地进行的。在有的庄园上，整个自留地是由农民的全部耕牛队来耕地的;在其他庄园上,部分自留地,分配给各个农民来耕种的。收割谷物是用镰刀,那是一个缓慢而倒退刈割的方法。我们听到很多控诉:农民在收获时期偷窃了他邻人的谷物,他秘密地越过了界线,在他邻人的平行条地内,抓取了一把谷物,有人偷偷使用锄来扩占他的邻人的一点地,或有人偷移了那些作疆界标记的石头或木桩要多得几英寸地上的干草。在村庄章程里,有一项普通而又重要的规定;就是,任何人在收获时期,在日出前或日没后,不得到田间去,不论带着或不带着一部货车。打谷或者是用老牛来踏出谷物的方法,像《圣经》中所描写的那样,或者用连枷打下谷物方法,并在风中簸扬谷物——这一工作,常常是由妇女与儿童做的。

关于领主自留地的优先权,是从来未曾有过什么问题的。它一向必须最先耕,最先种,最先收获。因为领主要求农民的服役,他们常常必须放弃自己的田地上的工作,即使在它们最需要注意的时候。如果有风暴发生而庄稼遭受了危险,领主的谷物,须先行抢救。当领主出售他的农产品的时候,他也享有同样的"优先权"。他的谷物、他的葡萄酒和他的牲口,须最先送到市场上去。当一个农奴死了,他的领主有权获得他所遗下来的最好的牛和最好的羊;领主拿走这些东西,作为一种遗产税。

草地所占的重要地位,是出乎今天我们的意料之外的,因为它是干草生产的唯一源流。在十七世纪之前,欧洲人还不知道播种草籽和采用各种青饲料。草地上的干草,是所可得的唯一的干草,直到他们发现了草籽可以搜集和大车轴草可以用作肥田的原料以后。当然,干草的供应,是有限的;因为只有那些属于村庄所有的低湿地上才能生产它。而且，因为在草地上未曾使用轮种的办法，土壤的肥沃性逐渐枯竭。干草在历史上是具有现实的影响的，虽然农业历史家尚未充分地看出了它的重要性。根据统计证明：在中世纪时代，草地在和耕地相比之下的价值要五倍大于它在今天的价值。现在，一个农民可种植干草于他所愿意种植的地方，并且随心所欲地种植多少。可是，在中世纪时期，在各个村庄社会里，干草的数量，有着严格的限制，而它的质量，由于报酬递减律的作用，也有着退化的倾向。

所出产的主要谷物是：小麦（但在德意志，是裸麦）、雀麦和大麦。亚麻种植于雨水条件相适合的若干地区内，而大麻有时也是种植的。元麦是在大麦与小麦之间的中间谷物。普通的蔬菜是：芜菁、蚕豆、豌豆、洋葱、菠菜、甜萝卜、药芹、大蒜、藿香、水芹。在水果中有：苹果、生梨、木瓜、梅子、樱桃。樱桃似乎尚未被种植，但野生的已经摘取。胡桃树是普通的，而在南欧洲，葡萄和橄榄是到处都有的。然而，葡萄藤曾被广泛地种植，并在中世纪时代比在今天远远地更向北传布。葡萄的培植代表着农业的最高级和最细致的形式。家畜和家禽，除了火鸡之外，像今天我们所知道的，当时都有。猪是最普通的农畜。鸽子是由领主饲养的，农民不得养鸽。蜜蜂是到处都养的。事实上，蜜蜂的经济地位，在中世纪时代是很大的。除了果汁以外，它供给了唯一的甜味；在教堂中，为了封蜡和蜡烛所消耗的蜜蜡的数量，也是极大的。蜂窠常常用遗嘱来特别处理，甚至像封邑一样地作为恩赐——由此可见对蜜蜂是多么珍视。公牛比马远多用于田地上。公牛的饲养较便宜，它们又较少生病；此外，当它们到了老年的时候，还可供应牛肉。然而，这种

牲口又轻又矮小；它们的重量远少于后世的耕牛。母牛除非在挤乳的时期，是在荒地上与沿着森林边缘上吃草。猪是散放着的。牛和猪都能懂得好好地保卫自己，但绵羊则不然；由于它们胆小和喜欢集合在一起的习惯，使它们容易成为狼和掠夺者的捕捉物。要以所产的少量干草来维持牲口过冬，是有很大困难的。牲口几乎完全吃着草秸和树上落下来的枝叶；所以，到了春天，它们常已变得如此瘦削，以致它们不能走动，而须把它们载运到草地上去。所以，普通的办法是：在冬季初期，除那些为耕地与繁殖目的所需的外，宰杀一切牲口并盐腌它们的肉。至于牛乳，是极少的。甚至在十三世纪，当农业方法已有改进之后，亨莱的窝尔特，英国的一个农场管理员，曾写过一篇著名的农业论文；他只希望三只乳牛每周能生产三磅半白脱油。牛乳大多是用以制造干酪的。通常用的农具是：耕犁，是只在尖端上有铁的笨东西；耙（常常是有刺木头装着一根木柄的东西）、锄、铲、鹤嘴锄、尖嘴器、大镰、镰刀、连枷、用以碎土的大槌、铁杆、斧头、螺钻、手斧等等。

村民的生活，是一种艰苦而又单调的生活，不像近代农民有着机械来减轻劳动那样。那些农民所处的苦难而又残酷的境遇，使他们的感觉性变得如此迟钝而又麻木，以致今天我们会大吃一惊。甚至近代生活中最主要的礼貌是被漠视的。在气候很热的时候，男人一丝不挂地在田间和妇女并肩工作着。哈文特的腓力告诉我们说：在夏天，他"看到大多农民在市场日子里，在街道上和在村庄广场上走来走去，不披上什么衣服，甚至裤子也不穿，为的要凉快。他们这样赤身露体地进行他们的工作。当有些僧侣震惊于这种景况而愤怒地加以申斥的时候，他们粗暴地回答道:‘那关你们什么事?’”

农民的茅舍,全部是用木材或枝条造成,屋顶盖着茅草而没有烟囱的,所以茅舍人不能在室内烘着自己的面包。在夏天,烹饪工作大多是在户外露天进行的;而在冬季则在茅舍内泥地上进行的;当开门的时候,浓烟会从门口或从屋顶上洞孔冲出,因而户内的可怜人会睁不开眼睛的。中世纪农民,在一间泥地的茅屋内,是没有人工照明的。用柴把作为火炬是有危险的,因为屋顶茅草可能着火;至于蜡烛,他无力置备。而且,在天暗之后,他没有什么事情可做。他不能再工作。他不能读书,因为他没有书;即使有书的话,他也不知道怎样读。所以,在日没之后,他和妻子、儿女就去睡觉了。但卧床是什么样呢!它仅仅是屋角里的一堆草秸,有着恶虫而常常又是潮湿的。他是不脱衣服睡觉的。可是,我们会容易夸大了中世纪农民的艰苦状况,像我们将在下文所看到的那样。

关于一个平常的庄园(因为虽然有着多种多样不同的风俗习惯,但这些差别一般是程度上的而非种类上的不同)上的劳动生活,卡尔·毕赫尔作了下列描写:

> 在这种制度下,小地主亲自进行监督,而大地主通过一个管家来监督。那靠近庄园住宅的领主自留地,由永久附着在这块地上的农奴来耕种;他们在那里取得食宿,并在多方面的分工制下,从事于农业和工业生产、家庭职务以及对领主的个人服务方面。领主自留地是夹杂在人数多少不同的不自由农民的租地之间,每个农民独立地耕种他的“足够养活一家的土地”,而大家和领主共同使用着牧场、树林和水流。然而,同

时,每块农民租地要求它的租有者履行若干种服役并缴付若干种自然产物的捐税给庄园。这些服务包括起初按照需要,后来按照时间计算的劳动,不论所做的劳动工作在播种或收获时期的田野间,在牧场上,在葡萄园、花园或森林里,或在庄园工场上,或在妇女工场内,在那里农奴的女儿们做着纺纱、织布、缝纫、烘面包、酿造啤酒等工作。在为庄园服役的日子里,不自由的劳动者在庄园住宅上可取得他们的膳食,完全像庄园农民所可取得的那样。他们还须修葺在庄园住宅和它的田地周围的篱笆,替领主住宅守望,并须承担传递书信与运送货物的工作。那些缴给庄园的实物租税,部分是农产品:例如五谷、羊毛、亚麻、蜂蜜、蜡、葡萄酒、牛羊、猪、家禽或蛋,部分是公社森林里所砍下来的并已可应用的木材:例如木柴、木头、葡萄藤桩、火把、盖屋板、桶板和桶箍;部分是手工业制品:例如呢绒和麻布、袜子、鞋子、面包、啤酒、桶子、碟、盆、酒杯、铁器、锅子和小刀。由此可见,那为供应商品所需的某种程度的专业化,已经存在。在劳役与地租之间,还有各种义务:例如从农民田舍运粪肥到领主的田地上,替领主饲养牲口过冬,为招待庄园的客人表演游艺。另一方面,领主给农民以经济帮助:例如,饲养传种的牲口、建造为共同使用的渡口、磨坊和炉灶,为大家防止暴动和不公平行动,又当谷物歉收或其他困难发生的时候,他根据约言,从他的仓库里发给救济品。①

① 毕赫尔:《工业革命》,第103—105页。

从上面看来，庄园是一个相当自给自足的小经济有机体；它可免除古代罗马奴隶制大地产的严格集中情况；它给每个农民一间单独的茅舍和几块田地以满足他家庭的需要；从而使他获得某种程度的个人独立地位。

庄园的自给自足状态，在封建的盛世，是一个真实的情况，虽然它从来未曾达到过完备的程度，因为特别是盐、铁和磨石须从外面运入的。大庄园雇佣"交易人"来购买外面的商品并出售庄园的剩余品这项意见，是站不住脚的。每个庄园主要必需品，是由自己生产，自己制造的。除了在饥荒时期之外，很少有小麦及其他谷物的地方性市场；至于葡萄酒、啤酒、羊毛、麻布、皮革、毛皮，等等的地方性市场，也是很少的。这些东西是在庄园上制造的，也是在庄园上消费的。

关于中世纪农民职业的性质和它们的季节性质，在中世纪历本上所附很多古怪的插图内，已为我们保存下来（这些历本是我们近代农民历书之鼻祖）；每个有观察力的游历家也可从很多大礼拜堂的雕刻上看得出来，如亚眠大礼拜堂的大门口很显著地说明这所教堂是在一个农业社会中建造的。米叶的《天使图》[①]，表明了村庄晚钟在每个小村里所起的作用。在中世纪农民的谈话里，常以取自日常生活的形象来增添风趣。有时，在这些语言里，反映出有趣味的心理。英国农民称他的田地为"犁地"或"畦沟"。日耳曼农民称之为"晨地"或"白天工作"地（在这两个名词里，主要因素是时间，而非工作本身）或"转弯"地，就是暗指耕犁的转弯。耕地的

① 米叶是法国大画家（1814—1875 年）。他的《天使图》绘于 1859 年。——译者

终点就是骈兽在畦沟里转弯的地方，一向是最后犁耕的部分，因而有时叫做“头地”。那是标出白天工作的界限的。“所以，疲倦的犁夫和力竭的耕牛在季节末期所做的这项最后工作，成为大家所熟悉的劳苦一生终结前的最后挣扎之象征。布勒通农民，在临终气息奄奄的时候，被说成是‘正在耕他的头地！’”。

我们不要以为：一个庄园的社会结构是包括层层上叠的一系列“层次”的。“纺织物”这个词可更好地描写出这一情况，因为诸阶级互相错综地交织着，构成了一个紧密的社会集团，虽然类型不一。最低微的阶级，是奴隶。但在第八世纪以后，中世纪欧洲的奴隶制度已迅速衰落，以致到了 1000 年，作为一个制度来看，实际上它已是微不足道。我们所可看到的少数奴隶，不是田间劳动者，而是家庭仆役。庄园经济的惯例是不容许欧洲奴隶制度继续保持的。当“土地丈量”进行的时候（1086 年），英国奴隶人数只占王室领上的全部依附人口中的百分之九。在中世纪欧洲，奴隶制度的逐渐崩溃，不是因为人道主义的感情或一种新的良心起着作用，而是因为它的存在和时代的经济状况和社会结构是相抵触的。甚至南欧洲也逐渐缩减了奴隶制度而转到了农奴制度方面，并以“从农奴经济产生出来的日耳曼法典来替代了从奴隶制社会产生出来的古典罗马法……到了十二世纪，罗马法理学和查士丁尼法典，在意大利已变为湮没无闻，而伦巴人的法典正在全盛时代”。至于后来罗马法的复兴，是起于完全新的而又不相同的经济状况里的。

在中世纪社会的下层里，身份和租地如此交织着的，所以不可能撇开租地的性质来讨论社会组织的。一般说，一处中世纪庄园上的基本人员包括有农奴和贱农。这两个等级的依附人，有着不同的历史根源、不同的社会地位和不同的经济状况。农奴的本原，从历史上看，是从罗马的隶农和日耳曼的“半自由人”(litus)传下来的；就是说，这两类不自由的租户在罗马帝国的后期已经存在。按法律的假定——就是，在技术上对农奴的看法——农奴在人身上是一个自由人，而在经济上是一个不自由人。但在喀罗林时代，老的不自由阶级，由于很多自由人被降到农奴地位，而有着显著的增加，因而它不仅包括那些没有财产的人，而也包括那些小有财产而不够维持自己和他们家庭的人。每个住在领主土地上的自由人下降到低微地位。这些“可怜的自由人”和真正农奴很少差别，终于和他们相混合了。不是法律的理论，而是租地和所要求的服役的类别决定了农民的身份。第九世纪的一本寺院纪录里告诉我们说，有三种农奴：隶农、半自由人和被奴役的自由人，都住在同一的庄园上。

表面上，农奴的命运和奴隶的命运，似乎没有什么不同之处。但事实上，并不如此。奴隶是一种动产，可以像牲口般被买卖。但农奴是不得离开土地而出售的；如果庄园出售，他跟着庄园转移到一个新的庄园领主方面。所以，农奴有着一块世袭地，正确地说，世袭地有着农奴，因他是土地上的不可分离部分。而且，农奴享有一个奴隶所不能享有的家庭关系；他的妻子和儿女时常在文献里被提到。虽然，直到中世纪相当晚时期以前，农奴的确非得领主的同意不得娶妻；非得准许，也不得娶本庄园社会以外的一个妇女；如果他这样地结了婚(混合婚姻)，他必须付一种罚款。关于禁止混合婚姻的例子，最早见于格列高里一世的书简里。混合婚姻起初是严厉禁止的，因为这种婚姻会使社会完整趋于破裂并使庄园的经济效能趋于减低。但这项规则不能付诸实行。自然的和社会的倾向反对它，而且教会也反对这种拆散家庭的办法，就是，由混合婚姻所生的子女将分配给丈夫的领主庄园与妻子的领主庄园。因此，这项混合婚姻的禁令终于废止了。

乍看起来，封建制度的建立，似乎使农民的命运更恶化并使他们的情况比以前更坏。但农民所遭受的经济剥削，从他们在庄园上所享有的安全的增加，获得了部分补偿；在那里，领主保护他们的人身和他们的财产，是对己有利的，在那里如值外来的侵犯，城堡给农民以一种庇护，在九至十世纪，保护比自由还更需要。到了查理曼时代，那些没落自由人所失掉的权利，已是代价昂贵的有名无实的权利，因为从它们所得，已不偿所失了。皇帝的战争这样多而且所有的战争都在辽远的边境上进行，所以那加在自由人身上的军役重担已超过了他们所能负担的程度。由于降为农奴，自由人可免除军事服役并能够安居在家内；他所负担的新庄园捐税，不大于，即使相等于，军事负担和所可能遭受的时间与产品上的损失；这种损失之所以发生，是因为在春夏两季，当他的田地正在需要翻土播种和他的庄稼正在需要收割的时候，他被召去服军役而长期留在外面。农民的命运，在第九世纪新制度下，甚至比在老制度下可能好些。寺院纪录里，记述农奴的劳动与辛苦，但未曾揭露他们的可怕的艰苦或贫困状态。圣加尔寺院的高僧在884年所记的一件故事里表明：那时的犁夫边踏畦沟，边对牛唱歌，像他们在后来更不幸的情况下所做的那样。

农奴和贱农的地位，往往被认为相同而混为一谈。老实说，这两个阶层也常常是难于区别的。有各种程度的贱农，正像有各种

程度的农奴那样；贱农的身份，也像农奴的身份那样；是由他所保有的租地的种类来规定的。租地分为：自由租地、力役租地和不自由租地。贱农被说成是“自由人中的最低微的人”。他也可说成是农奴中的最幸运的人。在英国法律里，我们看到贱农和农奴之间差别的反映：法律以二百先令的罚金来保护贱农的生命，而对于农奴生命的估价，只作六十先令。从历史上看，贱农阶层的起源后于农奴阶层。如上文所述，农奴阶层可追溯到罗马时代。另一方面，贱农是产生于封建时代的早期，就是在封建制度正在萌芽、正在演化的时期。在英国，贱农的最初出现，是在诺曼征服之前从部族制度过渡到封建制度的时期；在欧洲大陆上，贱农是法兰克帝国瓦解，尤其是特权制度的牺牲者；这项制度授给乡村领地以独立与自治地位，因而削弱了王室的权力，扩大了庄园制度的主要特征。贱农阶层原来是从很小的自由农集团来补充的；后者所有的土地不够大得使大封建主寻求他们的同盟作为附庸；在过渡的混乱状态下，他们的势力也不够强，足以在没有保护的情况下而能保持他们的土地。他们是属于小土地所有者阶层；为了他们，查理曼曾以下列规定来放松了他们的军役负担：在两个各有两处庄园的人中，一个人应为另一人配备军需，在三个各有一处庄园的人中，两个人应为第三个人配备；五个“半庄园”人应为第六个人配备等等。一句话说，贱农原来是一个在自由农村公社居民的地位之上的小自由农；他在情势压迫之下，把他田地的所有权交给某个有势力的地主邻人。后者把他的小地产合并于自己的大庄园（庄宅）内，于是，这土地的旧主人被降到依附人的地位，而在社会地位上，他和不自由的农村公社合而为一，虽然他还保存了他过去地位的一些痕迹或回忆。“占有自由土地果然是很好的，但有时，在混乱时期，一个封建领主却提供了一种保护。”

农奴可能是由于整个自由村庄受到压迫而整批地变为农奴的；贱农是由于经济和社会的逆境的缘故，个别地变为贱农的。传统和风俗保护着“自由”贱农，使之不受农奴制的最恶劣的虐待。常用以描写他们的名称“习惯法人”，正是指出了这个事实。贱农是不可以随便课税的，就是说，对于他不可以无限度地或超过所规定的税率或数量征税的；他能够把他的动产传给他的子孙；他的租地条款，尽管有着苛刻条件，但是由不成文的，可是有法律效力的习惯契约来规定的；他的劳动不能随便并几乎漫无限制地被剥削，像农奴的劳动那样。贱农是永佃人，但在人身方面不是束缚于土地上，像农奴那样；他的情况，似可说，是“属于地的”多于“属于人的”的；他之所以成为一个贱农，不是因为他父亲在他之前已是一个贱农，而是因为他保有了一块贱农租地(land in vilenagio)。农奴的释放，如下文将谈到，是依循贱农地位所指出的缓和路线来进行的，因为这两个阶层的接触，甚至它们的融合，产生了这样的效果就是，按照高级的而非按照低级的情况来调整的。贱农拉上农奴，达到了他们的地位；两者终于一起转到了自由人的地位。在十二到十三世纪，很多农奴通过释放而成为贱农。

“贱农租地”，看来和封邑相近似，但必须和它明白地区别开来。庄园世界是封邑世界的下层。政治上说，封邑是由一个贵族所统治的一块领土；他在隶属于一个高级贵族的附庸地位上保有它。经济上说，封邑是“诸领地”的总和，而一块“领地”是“诸庄园”的总和。每一个庄园，是一块领地内的一个单位，而每块领地是在封邑中的一个实体。领主是属于某种等级的一个贵族，无论低级的或高级的；他的各个庄园上的租户是农奴和贱农。他们的保有地，叫做“租地”。因为农民是“非贵族”的，所以他们的租地也是“非贵族”的，不论在本质和起源上，是农奴的或贱农的。在1251年的一件单个的文献里，我们看到，在同一块土地上，有着三个所有人，在不同的产权下保有土地：宗主、附庸和贱农租户。

当自由贱农已执行他的服役并付清了所加于他的租地上的捐税之后，他对租地有着完全的处理权；理论上，他在给领主缴付一种收费的条件下，能够把它让与出去，虽然事实上他是不能够这样做，因为贱农租地是要成为一种永久性的关系和状态的，并且，所有的负担一般是非常繁重，所以一个贱农不能够爬上这样的一种经济独立的地位。

另有一种贱农地位，它包括那些不幸的小地主；他们不能过着独立的生活或他们的自由地太小，不足以维持他们；所以他们交出了他们的产权给某个业主——常常是一所寺院——但他们在缴纳这些土地的封建租条件下，继续保有它们。这样，他们被迫做若干种庄园服役，他们降到劣等地位而变为不自由的贱农并和农奴相混淆了。第三类贱农，是那些租种土地的人。因为常常有这样的事情发生：一个贵族，因为拥有过多的土地，不能有利地使用农奴与不自由的贱农劳动力来耕种，因而愿依照契约租出一块土地给一个辛勤的农民。这种租地的条款，是明确地规定的。关于贱农的服役，史料上没有谈到，但可能在春夏耕种和秋收的时期，他到领主的自留地上去帮忙的。

显然，自由贱农是在庄园社会的后期演变出来的，在十二世纪的后期和到十三世纪出现的。关于贱农制度的历史，有很多还待研究——它的起源、它应尽的义务，尤重要的，它所包含的自由萌芽。十三世纪的法律家深湛地讨论了贱农制度，但贱农的法律地位和他实际的、历史的情况，在那个时候已是大不相同的事情。

农奴和贱农是庄园社会中的两个最广大的和人数最多的阶层。但除了这两个阶层之外，还有许多其他种类的农民，总的说，他们形成了一个不同等级的混杂，下等居民在村庄中所保有的地段，还不到“码地”的大小。这批人是：“半自由人”(colliberti)、边缘居民、小佃人、茅舍人。“半自由人”是中世纪史上的一个最大的谜。“collibertus”这个词的字源：“cum”和“libertus”，没有提供了什么参考的意义，而各种关于“半自由人”的起源与地位的意见，又是推测之词。他决然和罗马时代的“collibertus”〔“同自由人”〕，没有什么关系的。他是处于农奴和贱农之间的中间地位呢？还是处于贱农和自由人之间的中间地位呢？他是一个高级的农奴呢？还是一个高级的贱农呢？不论所抱的见解如何，似乎可以断言，他的地位是被他下面的人们所羡慕的；他所享有的权利，可获得法院的保障。关于圣奥平·顿热寺院的“半自由人”之著名讼案，很可说明了这一点——即使我们还未曾搞清楚“半自由人”究竟是什么地位的人。边缘居民之所以被这样地称呼的，是因为他们的小租地是在“敞开田”的边缘上，但不是其中的一部分。他们可能是从新来的人中招募来的；这批人由于战争、虐政、饥荒、水灾等不幸原因，不得不离开了他们的故乡，即法典上所称的“漂泊人”，他们漂泊到庄园内，被准许做“客人”居住下来并准予在庄园边界上荒地中开垦一块新土地。“茅舍人”和“边缘人”在“敞开田”中间未曾有

过“半点租地”；像有些历史家所认为的，他们只有庄园边缘上的小块土地；他们可能是很穷苦，所以他们被迫从他们的邻人或从他们的领主借用耕牛来进行他们犁耕工作。显然，这样的一块小土地是不够维持他们的全部生活费的，所以他们替领主或村庄的富农做些外面的工作，以求弥补。“小佃人”是没有什么租地的，但保有一间茅舍和周围的小小场地；茅舍人是穷得要命的人；他们仅仅有一间茅舍——一般只是草棚或小舍。这两种的人在富裕贱农的土地上作为雇农来工作，或替庄园领主做“杂役”。

在所有这些不自由人的社会等级里，法律地位是由经济状况决定的；租地的形式甚于出身或先前地位，决定了不自由人在庄园社会中的地位以及他日常生活的方式。属于这类中间型社会成分的群众，有时被指称为“乡下人”(buri)。但这种庞杂而模糊的中间等级的存在，是重要的；它“一定会促使我们提高对大量农民群众的法律自由和经济幸福所作的估计”。

庄园生活不一定是或一向是一种完全死气沉沉的生活。不应该认为庄园是一个社会衰败的现象。在它的结构中，有希望又有潜力。一个社会是永远不会灭绝的，也不会完全消逝的。它不会死亡；它会改变，会调整自己来适应新条件；它是有机性的，它生活着、成长着。

农奴制是一个世袭制度；一个自由人，如果和一个农奴女结婚，将丧失他的自由；自由租户，如果占有一块不自由租地满一年零一天者，就丧失自由；战争、犯罪处罚和劫掠，常常使穷苦自由人降到不自由地位；尽管如此，然而，通过整个封建时代，可以看出不自由状态是不断地有所改进的。到了十一世纪，农奴让位给根据租赁关系的佃户。在十一到十二世纪,如果庄园制度一直是并到处都是留在一般所认为的原封不动的地位上,欧洲不可能有人口的迅快增加。在1100年后,欧洲的农奴制度迅速衰落。在那个时候,欧洲已感受到经济社会的革命;在这以后,属于土地的农奴制不复能苟延残喘了。“农奴”这个名词,虽继续被使用,但农奴状态是在不断改进乃至在消逝的过程中。在十二世纪,欧洲的农业一般是在欣欣向荣的。当然,农民的日常生活,是辛苦的;他的社会地位,是卑微的,他的捐税负担,是沉重的。但另一方面,他不能从他住所的地段上被赶走;而那不属成文法范围的习惯法,也越来越多倾向于保护农奴。领主不得要求无限度的或办不到的服役。农民的义务是:服从规定的条件,并缴付作为地租形式的确定捐税。

关于习惯法保护农奴的效果,我们容易作出过低的估计。试举一例来说明吧。那是早在905年发生的一件事。属于圣安布洛兹寺院的农奴曾向大主教申诉说:住持迫使他们从事新的超乎常规的强制劳动。大主教回答说:他们是农奴;需要他们付什么,他们就应付什么。农奴并不否认了他们的不自由地位,但继续争辩说,住持没有权利来要求新的超乎常规的义务。于是,大主教进行了调查;在查明农奴所控各节确是实情之后,他判决住持不得征取超出习俗与传统范围之外的租税和劳役。有公平而又仁慈的领主的例子,也有不公平和不人道的领主的例子。还有农奴拒绝释放的事例。

五十年之前,法国大学者利奥波尔得·得利尔,就浪漫学派所作关于中世纪时代农民的虚伪和感伤的叙述,发表了异议;而比较近时的学者,像兰普勒赫、亨利·塞厄和费诺格拉道夫,大力支持了得利尔的论点。中世纪农奴是没有像我们所认为在安适生活上所必需的东西的;但这一事实,并不能证明:他的生活是苦恼的。他本来不知道有什么更好的安适生活。故勋爵威廉·阿士力曾写道:

> 无疑地,小农、茅舍人和手艺人,有时因饥荒而遭受了苦难;无疑地,他们所处的环境,也常常是不卫生的。但还是有一个安适的标准,那是一般意见曾认为是适合于他们的,那是曾用管理物价的方法来维持的。但现在我们会觉得满意的,如果工资将由一个阶级所需设法维持的安适标准来决定;不让它放任自流,不让它遭受机器和外来劳工竞争的危险。①

就保护和维持方面来说,农奴制对农奴是有着它的优点的。

> 领主为他的农奴的罚款负责;他可能被要求偿付他的农奴的债款;领主注意农村租户的物质利益,是对己有利的。农奴所付的捐税,在固定之后,一般是低于自由人所付的捐税,他们的土地事实上是世袭的,当然,分配于他们的儿子之间……尤重要的,农奴制的理论和它的实践是大不相同的东西……有许多所谓"管账者";他们所处的境遇远优于人们从研究关于奴役的资料所可设想的。②

① 《经济史导论》,第1卷,第139页。

② 洛奇(Lodge):《圣安德勒·得·波尔多寺院的庄园》,第96—97页。

库普兰先生，在关于圣柏腾寺院农奴之出色著作里，写道：

> 农奴制，比奴隶制要高多少，或比自由制要低多少呢？整个看来，否认任何恒久水平的存在，比起叙述某一时期所存在的水平并推论它适用于若干世纪，可能更为妥当。从第九世纪起，很可能，没有什么恒久状态存在，古典的或权威的叙述的危险是：它们一向暗示有某种恒久而又一致的状态的存在……再也没有比那一部分有关农奴的权威叙述危险更大。它说：农奴可以买卖，可以赠送或释放。另一种可称为极端见解的，是那被赠送或出售的农奴所处的地位，完全像近代租户农民变换主人那样。他曾付地租给一个人，现在他付给另一个人。这项见解曾受到嘲笑；它果然不是全部正确的，但至少也包含着我们所找寻的真理中的一部分。

在十一到十二世纪，当业主阶级发现按租赁关系分配租地比征取固定的服役或捐税更为便利又更为有利的时候，自由租户迅速增加起来。那改变了的状况使他们减轻了责任和监督的麻烦。地租起初是以实物支付的，但在十二世纪当货币经济开始流行的时候，地租常以货币来支付。这新租户阶层中许多人不是从农奴中而是从过去自由农民中转来的；前者已转入租户阶层，而后者在战争或经济困迫的压力下已经丧失了他们的祖传土地，因而成了租佃阶级，而非自耕农阶极。

曾有任何自由地所有人，在庄园制度时代并经过庄园制时代都还留存着吗？是的，在欧洲的若干部分，有着相当数量的自由人。在萨克森自由农民阶层在十一世纪末期以前未曾被压到农奴地位。在多斯加纳，地方上的多山或山区性质使很多当地自由人口未曾遭受庄园化。在法国山区特别是在奥汾涅，也有很多自由人留存下来。封建庄园制度，主要是以一个农业社会为基础的；哪里最有利于农业条件，哪里封建庄园制度最流行。所以，我们看到，在弗里西亚和狄特马士的沼泽地区内，也有大量自由人。对这类自由人集团，庄园的压力自然是很大的，而自由农阶层大多是屈服于这种压力的。自由地所有人被豁免了一切封建服役，但如值战争或掠夺时期，他们除了自己的力量外，很少有其他的保护了。在十二世纪，在南法的郎基多克，我们看到一项有趣味的纪录，就是，关于自由农为了反对封建化来保护自己和他们的土地而组成的同盟。这个"会社"在中世纪历史上，是独特的。我们至少没有看到其他类似性质的纪录。大体上，除了在偏僻的地方和个别情况外，可以说，在九到十世纪时期，自由人阶层已大大地递减。在这时期，贱农的大量增长，证明了这一点。812 年的一项寺院调查录里，列举出二千零八十个隶农、二百二十个农奴、三十五个"半自由人"，只有八个自由人。这些数字，是具有统计资料的意义的。但关于这些阶层的说明性的名称，还有其他的意义。它证明：农民阶级，至少在罗马语系的国家里，主要是从罗马"自由出身的隶农"（被压迫到经济束缚状态的罗马自由人）而非从罗马奴隶阶级传下来的，后期罗马帝国的日耳曼"半自由人"也提供了其中的一部分。贱农的性质迄今尚不清楚。正像农奴和贱农有着不同的等级，在自由人阶层中间也有各种社会等级的差别。"邻人"(accolae)和"客人"(hospites)正是"自由人口的遗迹"。在那儿有自由人留存

的地方，“普通自由人的土地，越来越更少于贵族的土地……其中有很大部分是小块土地，有时只包括几条耕地，一行或两行的葡萄藤，或仅仅一所房屋和园地，或园地的一部分。”但甚至在封建的盛世，自由人也未曾完全被消灭；在他留存的地方，他是最自由的人。他的土地虽是“非贵族”的，但他也是“非农奴”的。他的唯一义务，是缴付“免役税”（cens）；在这种情况下，它不是一项封建租，而是一项地方税，付给那邻近领主，后者是他的一个政治统治者而不是他的庄园主人。

在本章里，关于庄园的农民与农作，已谈了很多，但关于庄园的领主，尚说得很少。庄园领主是一个庄园社会的统治者兼业主。现在，我们必须讨论的，正是这个地方的政治统治权。他对他的农奴和贱农，兼有征税权和司法权。这些特权也构成了领主统治权的一部分，包括有物质的和非物质的财产在内。

这些地方特权的来源是什么呢？对这个问题的答案，是有争论性的。有法理学观点的历史家，倾向于从过去的公法里，找出它们的起源；就是说，公法上的特权与职能是被封建主潜取的。另有赞成经济社会解释的历史家，不是从“国家”的瓦解和领主潜窃公权方面而是从领地的经济和社会的组织方面找寻它们的根源，这正是在“国家”观念已经消逝的环境里大土地占有制的一个自然而又直接的后果。还有人说，“专利税”、“人丁税”、“通行税”、“强迫劳役”，即各种服役或捐税，是从庄园权利派生出来的，并由于公法和私权的混淆而生效力；这正是封建制度的本质。姑不谈这两种论点之孰是孰非，至少可以断言：其中许多特权不是起于纯粹野蛮的篡夺，而是由于先前秩序的崩溃，必然落在庄园领主身上。

正确地说，在封建的盛世，公共征税是不存在的。甚至国王也“依靠自己的收入而生活的”，就是说，他们是依靠王室庄园的收入，而不是依靠赋税的进款的。那编写于十二世纪的《论国库的对话集》是一件盎格鲁-诺曼文献；它的作者写道：

> 据我们祖先的传说，在“征服”后王国的初期，国王从他们的庄园所收到的，不是黄金或白银的货币，而是实物的缴付……那些派去管理收款的官吏知道，每个庄园应缴付多少……我亲自碰到过那些曾目睹粮食在规定的时间从国王的庄园运到宫廷去的人们。

在这同一文献里叙述了那可能存在于一个领主与他的租户之间的密切关系；里面谈到英王亨利二世——但谈到他的诺曼和安吉文庄园，不是谈到他在英国的庄园——说“那里时常有喊冤的农民群众涌进了英王宫廷；而使他感到厌烦的，他们时常拦路喊冤，举起他们的耕犁作为标记”，有时控诉了一个不公平的管家，有时埋怨不论由于气候、战争或赋税造成的农业衰败。

就庄园赋税的数目和种类说，地方习惯相差得很大，而用以指示它们的名称，几乎是无穷无尽的。在杜·孔治的中世纪拉丁《词典》里，这些名称表充满了二十七页四开本各栏。关于这些税，有一个共同的事实，就是，它们都是属于直接税一类。间接税是起源于中世纪后期和近代早期的；它的出现是在商业和贸易占着重要地位之后。这些直接税可分成不同种类；但最简单的方法，是按照它的形式来分类。所以，它们可区别为：(1)租税，(2)捐献，(3)劳役。

租税或以现款或以实物缴纳。其中最重要的是："农奴人头税"(capitatio)、"土地税"[①](德文 zins)、"家庭税"(taille 或 questa)、"田租"(champart)、"人头税"(péage)、"专利税"(banalités)。"农奴人头税"，是加在农奴身上而不是加在贱农或自由人身上的人头税。这一项税只是由农奴及庄园世界里像犹太人那样的最低社会等级的人缴付而别的人都不缴付的。它早已被认为是可憎的税，因为它是农奴制的象征。下列苛重的税也是从它派生出来的：领主有权在他的农奴中间征收结婚税并对任何同庄园外的人结婚的农奴(混合婚姻)征收"超结婚税"。

家庭税("taille"从拉丁文"tallagium"得来，意即刻痕于木条上，因而获得"tally"一字，意即中世纪时期的记账方法；在德文里它叫做"Bede"，意即所要求的东西)，是一种典型的而又最普遍的庄园税。它是加在农奴、贱农和自由人身上的一种税，每年征收一次或一次以上；关于它的缴付，用实物比用现金更为普通。这个名称，首次出现于十一世纪，但这种税，在这以前已有存在。它是对作为一个集团的家庭所征收的。在所有中世纪的捐税中，再也没有比"家庭税"更明显地表明了从所有权和主权的混淆所产生出来的复杂情况。它是有法律根据呢？还是一种专横的税呢？有些作家认为：它是从农奴人头税派生出来的。但即使如此，它怎样会应用于贱农和自由人方面呢？有人认为，也有人否认：它在法律上是从罗马时代传下来的。还有人认为，也有人否认：在喀罗林朝的勒

① 也可译为"免役税"。——译者

索和封建时代的"家庭税"之间,有着继续性的存在。它是一种动产税,还是一种不动产税呢?有时它似乎是这个而有时又似乎是那个。有时,要在家庭税和"土地税"("cens"当然是一种免役税的形式)之间,作出区别,也是困难的。但无论如何,"家庭税"已成为这样地普遍,以致它时常概括了所有的租税。另一方面,就它的实施来说,是有着很大分歧的。农奴可被课税到随便什么程度——用当时的好听话来说,他"可按慈悲来课税的",就是,一直可课到领主慈悲的限度之内——而对贱农和自由人,"家庭税"是有着一种确定的、习惯的税额。在十三世纪,甚至对农奴也变为固定课税,那标志着农奴地位上的一种真正的进步,即向自由又跨进了一步。家庭税的专断性曾使它成为一种最苛重的税。后来,它还渐渐加在几乎所有的东西上:禾捆、干草、葡萄收获、牲口、小鸡、蜂蜡。作为一种农业税来看,它有时被称为"田租"。但每种课税的特殊对象可给予一种税名。莫怪当时的人强烈地要求确定家庭税的税额,而他们终能如愿以偿。在硬心肠领主的统治下,它成为各种捐税的总和。

"土地税"是一种地租,有时可以实物,但一般用现款来缴付的。它不是由农奴而是由贱农和自由人负担的。它是一种庄园税,显然从古罗马的土地税得来的;后者在喀罗林王朝和封建时代曾被占夺而变为分散。但有些历史家主张:土地税,也是属于农奴制起源的。土地税的变相名称,是炉灶税和房屋税;那表明:它曾是一种房屋税。如果有人不付土地税,他就将丧失了他的租地。对一个自由人来说,土地税当然不是一种地租,而是一种纯粹的土地税。

“专利税”是庄园领主从垄断性控制社会上若干种必要的经济活动所获得的进款。他有着磨坊、酿酒作、烘面包炉灶、葡萄酒压榨机、村庄耕牛，有时甚至占有村庄水井。那些拥护原始日耳曼公社制度的人认为：这些专利是往时自由村庄制度的庄园化的残余。其他的人把它们看作领主自私自利剥削行为的例证。它们是属于日耳曼的起源，还是属于庄园的起源呢？还有若干其他历史家把专利税归结到城堡生活所加的军事条件。有些情感主义者的理论，虽然是错误的，可是有趣的；它说，这些企业是由庄园领主为了社会的福利作为慈善的措施而建立起来的，但可惜这项可爱的理论已被事实所揭穿：领主历来是由求利的动机而行动的。他把他的地方特权作为资本，并利用了它来对他的佃户进行压榨。

“捐献”不太繁重，多些偶然性，但同样是麻烦的课税形式。它们主要是维持强制性的招待。当领主从一个庄园旅行到另一个庄园而在地方上逗留若干天时，他有权使自己和他的随从寄宿在村民家里；他们被迫给他和他的随从以及他们的马匹供应食粮和饲料；甚至还须饲养他们的猎犬。这项办法是大可舞弊的，所以，它在早期已改为常规化；当它尚不是过时的时候，它改为一种习惯的义务，每年只实行三次。这惯例的历史根源，可远溯到罗马的驿站制度；在这制度下，臣民必须供应政府的信差及其他官吏膳宿。日耳曼国王把这项法律改为他们臣民的一项义务，就是，在他们旅行的时候，要维持他们和他们的宫廷。封建贵族又从他们借用并实施了这项办法，以适应自己的当前利益。

“强迫劳动”（“corvées”这个字从罗马的法律名词“corrogata”得来，意即强制劳动的条件），是庄园领主对农民所要求的强制服役的总和；例如建筑公路、桥梁、堤坝，提供马匹与货车来拖运产品到市场去；还有其他的劳役：领主为自己的自留地和庄园住宅无偿地要求农民承担若干天劳动或做一系列杂役；城堡的保卫和住宅的日夜守望，也是强制劳役。严格来说，它们绝不是军事服役，而是庄园的服务。“劳役”这个名词，在“蛮族”法典里可找到，而这一个勒索形式是庄园义务中的一个最古老的形式。劳役的征用，当然是有季节性的。如在春季、收获时期和晚秋。

关于这许多强制劳动，我们既不否认它们的压迫性，也不否认它们的专横性。而且有时在征用劳役的方法上，还有野蛮性。同时，其中最恶劣的强制，逐渐被废弃，而其他的也趋于确立而成为习惯；要不然的话，它们也转化为货币缴款；那减轻了很多专横性与野蛮性。也应该记牢：征集劳役一般是由执行吏或管家经手办理的；他们本人也往往是由农奴转变为“半骑士”的。他们或者是厉害的工头，要使领主觉得他们能干；或者夸大或滥用了他们的权力；小人得志往往如此。领主时常不会熟悉庄园上苛刻或残暴的情况的，除非他偶然来参观了这一所庄园；或只通过农民的一次反叛，他才初次发觉这些情况。有人说得很好而又很聪明：“在中世纪行政里，不孚众望往往是和行政效能携手并进的，而强暴行为仅仅是一个力量的偏差。”庄园上压迫行为的真正责任，与其归结到庄园领主的故意滥用权力，也许不如归结到庄园的执行吏和管家的压迫措施。其次，也应该经常记牢：埋怨课税，是一个老的、很老的人性特点。关于安如伯爵赫弗里的轶事，可资参考。他有一次在路上碰到了一个自己的农奴，而后者当面不认识他；两人不期而遇。对伯爵所问，农奴盛称他的领主，但深恶痛极地诉述他的庄园

代理人的行为和他们勒索的不公平。我们应避免对庄园制度赞成或谴责的泛泛概括。有体谅他们的租户的好领主,也有虐待他们的租户的坏领主。的确,不可能相信:大多数领主是如此蛮横残暴像臭名昭著的托马斯·得·玛恩那样;或者庄园的不公平和滥用权威是一个普遍祸害。

讨论中世纪经济史,不应不注意森林在中世纪生活里所起的重要作用。欧洲的森林,那时比现在,要广大得多。从远古以来,森林对农民曾是一块自由供应的场所。从那里,他获得了他的燃料,在那里,他的猪群和牛羊群吃着嫩叶,草地上的干草还作为冬季的饲料。一块森林地带的价值,是以它维持猪群的能力来估计的;一喃山毛榉地,一般认为是够养十头猪的。在贵族开始占夺森林之前,村庄的任何成员可自由进行清除,而开垦一块土地。砍伐树木,可增加村庄周围的耕地,因而减少它的土地荒,并有助于保护牲畜群,因为可防止猛兽的侵袭。那也可削减森林火灾的危险。差不多唯一的限制,在于禁止砍伐硬木,例如橡树、山毛榉和栗木这一类的树林;因为它们的果实是猪的饲料。这些清除森林的行动叫做“占据”(aprisiones,从 prehendere 得来,意即占取或占据)或“圈围”(bifangs,德文 bifaenge 从 bifahen 得来,意即用篱笆圈围)。

当封建制度的网罗撒布得越来越广的时候,当庄园制度对农民抓得越来越紧的时候,强壮的人一步步地深入了森林,以求出路;他们砍伐了那里的树木,并在残根之间播种了小麦与元麦,正像几百年以后美国垦荒者在“蓝桥”和阿利根尼山脉里所做的那样。当时,很少使用火烧的方法来开辟这些森林地,因为它是太危

险了。这种工作是用斧、棒和铲来进行的。德意志有句谚语说，“斧头是对处女地的适合工具。”然而，这类森林居留地，在中世纪时代的欧洲比在美洲，需要更多的集体经营。中世纪的人比近代人，是更多依靠集体的通力协作的。他的工具，很少，又粗陋又昂贵，而且太重而不易使用的。甚至砍伐一棵树，需要几个人的协作才行。关于中世纪的伐木工作，我们只是偶然获得一些消息，但在威利巴尔德的“彭尼非斯传”里（763 年），精细地写出了某种程度的伐木技术；传中有一段关于圣徒砍伐神圣树[“Robor Jovis”即托尔神树（“Tree of Thor”）的拉丁译名，它是异教黑森人的神圣树。]的特殊记载。第一次或下面的切痕，是切在要树倾倒方向的那一面并砍到树的中心，而第二次上面的或“前面”的切痕是切在相反的一面的。

从十一世纪起，全欧洲有着很多表示森林垦地的地方名称。地方尾词的例子，在英文中有：“霍尔特”(-holt)、“赫斯特”(-hurst)、“哈特”(-hart)、“查特”(-chart)、“罗埃德”(-royd)、“豪”(-haw)、“威尔德”(-weald)、“伏尔德”(-wold)；在德文中有：“垒特”(-reut)、“罗得”(-rode)、“窝尔得”(-wald)、“海英”(-hain)、“霍尔士”(-holz)、“哈根”(-hagen)、“什拉格”(-schlag)、“布兰”(-brand)、“布伦”(-brenn)。其中“查特”、“布伦”、“布兰”使人回想到使用火焚的方法来烧焦或烧倒树木；“豪”与“哈根”意即“砍倒”树木；“罗埃德”、“罗得”暗示这地点是把树木“除去了”的。“斐尔德”(field)这个词，在用作一个尾词时，通常并不意味着一块田地，而是意味着树木曾被砍倒(felled)的地方。

有记载可稽考的最古森林赠与，是在 559 年。森林的村庄早在第七世纪已开始出现。关于森林属于王室领主最早的要求，是在697年。查理曼起初对于森林的清除，未曾加以什么限制——“在任何地方，人们可把树林连根斩下”[①]——但在810年，他开始限制了这项行动，或者是为了要防止那些被军役压迫的自由人的逃避军役，或者是为了要保护森林作为狩猎的园地。这两种动机，可能对他的立法都有影响。通过十和十一世纪，对于森林价值的认识，日益清楚，它不仅是作为狩猎的地点而已。这狩猎法无疑是具有巨大野蛮性的；可是农民所受的更大痛苦，在于封建贵族的圈围森林方面；他们指派了森林管理人，勒索在森林中砍伐树木、捕鱼、打猎、牧养猪群等的执照费。当私人控制森林权越来越推广的时候，第一批移民越向内地退却，所以我们看到：过去的森林开垦地由第二批涌入的移民来居住。然而，第二批的来人没有像第一批移民那样的刻苦耐劳。但他们却是属于庄园农民的下层：边界人、茅舍人、小佃人、边缘人，他们力求获得大于小“码地”或只够维持一家生活的土地，来改进自己的境遇。在若干地方，有这样多的大批农民从庄园移到森林里去，以致我们确实看到在1114年摩塞耳河地区发出了关于弃田的怨言。普鲁姆的凯撒利厄，在1222年写作时，回顾了十二世纪时期的又长又有趣味的森林殖民史；他以一句话来总结它。他说：“在这漫长的时间里砍下了许多森林，建造了村庄，建立了磨坊，规定了赋税，种植了葡萄；于是，无数的土地变为耕地了。”

森林的情况如此，沼泽地的情况亦然。遍及全欧的低湿地区

① “ubicumque inveniunt utiles homines detur silva ad stirpandum.”

的开垦运动，是关于欧洲人口增长和他们不倦勤劳的一个令人惊讶的证据。我们看到这项运动出现在法兰德斯、弗里西亚和荷兰，在西法的河流网区域内，那里散布着波亚图、拉·色佛尔的低湿地；在德意志的威塞尔、易北河、奥得河的最低地区内，在伦巴第和亚浦利亚。其次，德文尾词“奥”(-au，意即“草地”)、“利德”(-ried，意即“沼地”)，英文尾词“芬”(-fen)、“摩尔”(-moor)和“米尔”(-mere)，法文尾词“马赖”(-marais)，都说明了这一事实。在德意志的一个著名例子，是诺德豪森附近的“金色草原”；在法国的著名例子，是“杜尔沼地”，一个肥沃的平原，它在709年被海水淹没，而在十二世纪被开垦出来，并用二十二哩的长堤来保护。像这类土木工程，需要这么多劳动，开垦出这么多土地，证明十一到十二世纪欧洲人口的激增。森林和沼地，对剩余人口，提供了出路。租地的分配与重分配，已不复足以维持生活。土地和人口之间的平衡在十一世纪已经失去。过剩人口在新开辟的土地上，找寻住所，或者流入城市里去，依靠手工业和小买卖来过活。因为农业和人口之间的旧比例打破，这就为新类型的职业开辟了场地。

在庄园业主之间为要保留他们的农奴和贱农，或要增加他们所有的这类农民人数所进行的竞争，完全把旧时关于逃亡农奴的法令打破了。一个抱有企业观念的领主，以甜言蜜语来诱使他邻人的农民归向于己。“在文献中，每一页表明：农民不顾领主的明示意志而离开庄园的事件，已层现叠出。”释放农奴的大转折点，出现在土地储备跟着人口增加的比例而递减的时期，甚至清除森林与开垦沼泽也未能跟着人口齐头并进的时期。为了保持他们的租户，领主必须缓和农奴制的条件；为了清除森林或排干沼地，领主提出宽大的移民条件。这些“客人”或“来人”在十一世纪中成了一个新的社会经济阶层，即一个有特权的贱农类型，接近自由人的身份，而又常常处于更有利的地位上。“农民”这一个名词正是从这一个租户阶层得来的；他们按一定的年限，或按终身，或按几个世代，保有他们的土地。因为他们为了在某一时期内使用土地而缴付了一笔“租钱”（“ferm”或“farm”从中世纪拉丁文“firma”得来）。原来，这个名词不一定是和农业相联系的，但它可应用于任何按一定时期租出的不动产方面。它逐渐丧失了这项广泛的意义而变为专用于土地的租赁方面。这演变，是有意义的，因为它指出了自由农民的起源和他们在比较后期出现这一事实。

中世纪农民比近代农民远更是不幸境遇的牺牲者。由于他工具粗陋，农业知识有限，战事和狼的危险，他生活的界限，在最好的情况下，也是窄狭的。那对一个近代农民可能是不便利的气候条件，对一个中世纪农民来说，可能是一个实实在在的灾难。这可说明为什么在中世纪编年史里有着无数的气象记载——谈到，甚至广泛描述干旱、大雨、严寒、潮汛、畜瘟、蚱蜢、蝗虫和毛虫等的影响。鼠患成灾，农民房屋都是用木材或草秆造成的；因而老鼠有躲藏的地方。人们可用中世纪时代的老鼠为题来写一篇有趣味的文章。老鼠是具有一个历史人物的重要性的。狼也是一个大害物。森林，又多又大。又在战争所破坏的地区内，狼的数量剧增。严寒常常会迫使它们离开森林到空旷的原野上来捕掠牲口和羊群，因而它们造成了可怕的损害。有一大批关于狼甚至威胁城市居民的事例。在十二世纪的一个冬季里，窝姆斯城曾人心惶惶，因为有一只巨狼常在城垣外出现。在1418—1419年冬季，巴黎满城风雨，群情惶恐;狼甚至白天闯入了城市街道上。那时,乡村农民的情况一定又是怎样呢?

中世纪农民几乎没有办法来对付虫灾。如果他使用了火来灭虫,他的葡萄藤与他的庄稼会遭受危险。至于杀虫药是没有的。因为非常迷信,他普遍是乞助于教会的。乡村教士常常几乎和农民同样无知,同样地迷信的。因此,我们看到使用教会的咒逐来消灭虫害的办法。下面就是这类咒语的一个例子:

> 愿上帝佑助,亚们。鉴于在特啦主教区内,维勒诺斯居民控诉说:蝗虫、毛虫及其他的害虫蹂躏了这地方上的葡萄园已有几年时间,并且还在继续为害,因而那块地方及其邻近地方上的居民蒙受了巨大损害;又考虑到他们所提出的请求说:上述的害虫应由我们〔特啦的主教〕给以警告并以宗教处罚的威胁来迫使它们离开上说城市的领土上;
>
> 所以,现在我们,根据在本主教区所行使的职权,对上述蝗虫、毛虫及其他害虫,不管叫做什么名字,用本文警告说:依本决定,将用诅咒和咒语的处罚,限在本警告公布后六天以内,一律离开所说的维勒诺斯城市的葡萄园内与土地上,并不得再在特啦主教区,无论什么地方上,作出任何损害;但如果上说的虫类在规定时期以内未曾绝对服从我们的这个警告,那么,在六天期满之后,根据我们所说的权力,我们通过本文件将咒诅它们,并将依据本文件咒逐它们,决不宽贷。

1120 年,琅城的主教也隆重地颁布了一项反对毛虫和蚱蜢的

咒语。

在中世纪时代，迷信和信仰巫术，是普遍的。那些为了发生“魔力”、驱逐病魔、医疗牲口所作的巫术、神秘祝咒文句、符箓、无聊的诗句、无意义的劣诗，迄今还有千百个例子流传下来。其中有的，是从古代罗马人得来的，伽图在他的论农业的文章里，曾郑重地推荐它们。其中也有从古代日耳曼人祖先流传下来的。儿童的“顺口溜”还保留其中的一大部分。那唤回迷路猪的中世纪拉丁文咒语“阿啰、塔哈来伊、斐高”①声调多么响亮！伽图的治扭伤咒语：“达力斯、达达力斯、阿斯塔力斯，滚”②！多么神秘！下面是一首典型的驱邪诗：

爱伊斯神圣，
伽底亚护神！
雄鼠和雌鼠，
袋鼠，田鼠，
土拨鼠，野兔，
少的和老的
一起离开本土，
我命令。
你们已被咒逐！
上自地上下至底下
从田间你们带来

① “Alau，Tahalaui，Fugau！”

② “Daries，Dardaries，Astaries，Disunapiter！”

病疫！

跟你们一起滚蛋，随便你们到哪里，

阿非利亚斯，爱斯特利亚斯，帕拉米亚塞特！

“没有畏惧心理的农奴，会反叛的”[①]这一句话是由圣加尔的爱克哈德约在1000年时写的；他是一个中世纪最著名的编年史家。他的话可作为一种主文，而中世纪时代有些农民反叛的记载，可作为它的注释。在那些经济社会历史家的研究改变了流行的见解之前，十九世纪作家几乎普遍地倾向把中世纪时代的农奴的状况说成是一种忧郁恐惧和粗鲁残暴的状况；这批历史家是浸沉于那法国大革命所产生的空洞民权观念的。但如上文所说，农民也是社会性的人，不是一直为了害怕未来更坏的情况而肯低首下心地忍受损害的。有不少事例，可证明：农奴大胆抗拒领主，并在法院上辩护他们的立场。关于圣安德勒·顿热的“半自由人”的讼案，在上文已经提过。

关于中世纪时代的农奴反叛，可提出两点重要的意见：它们可按地域来识别，也可按时间来区分的。在十三世纪以前，十字军运动及其他事件曾使农民熟悉了大规模的骚动例子；在这以前，农民反叛的“地带”是在北欧的沿海区，从下萨克森通过法兰德斯和诺曼底延伸到布勒塔尼。就时间限度来说，几乎所有这类运动都发生在九至十世纪。那些有史册可稽的十一至十二世纪少数运动，是地方性的，而又是暂时性的，而十三世纪的“牧人运动”及其相似的运动，不是叛乱，而是民众示威的骚动；他们反对他们所声称的

① “Servi qui non timent，tument.”

想象的和实际的弊病，并带有宗教狂热的色彩。

十九世纪历史家，惯于把狂热情感归到这些农民运动方面，并在那里找出原始教会的结社冲动和博爱精神同早期日耳曼公社制度之结合；或是从那里看到："〔日耳曼〕原始共产主义的记忆……那些连绵不息的中世纪时代农民反叛……一直在它们的背后潜伏着古代〔日耳曼〕自由的理想，哪怕看来是空洞的。"这些理论，太浪漫主义化，是无足轻重的。它们已被事实所驳倒。总而言之，821年法里西安人的叛乱、842—843 年萨克森·斯特林加的叛乱、997年西部诺曼底农民的叛乱、1024 年布勒通人的叛乱；这一切都是反对庄园制度的残暴和弊病的强烈抗议。过去日耳曼自由的回忆，可能曾起着作用；也许在法里西安和斯特林加的运动里也是这样的，但其中看不出有过一种日耳曼公社主义的痕迹；至于诺曼底和布勒通的农民，他们所反对的，显然是当时的积弊。现有资料，可说明：整个北部法国有着喀罗林制度残余的存在，而这些制度是遭受着封建制度和庄园制度的发展趋势的摧残的；关于这一点，历史家福礼门未曾注意到，但他的推测还是巧妙的：他论及 997 年诺曼底农民叛乱时说："我们几乎无可怀疑：它在地方制度中有着一项基础……所谓反叛，仅仅是保卫他们祖先的遗产。"诺曼底农民在 997 年所力求保存的，正是这项喀罗林制度的遗产。华斯在二百年后也论及这次反叛时，则反映了他自己的时代了。

在 1000 和 1200 年之间，没有什么大规模的农民叛乱，除了1075 年萨克森的叛乱以外，如在前面一章里已经讲过，那里的情况是特别的，因而使萨克森叛乱具有一种独特的但地方性的意义。在这两百年中，一般没有农民骚动的原因是：这一时期确是农民日

益繁荣和农奴地位改善的年代。叛乱的地域或地带的分布，不应以南欧的农奴状态较北欧的好一些这一事实，而应以下列事实来说明：北海和英吉利海峡整个沿海的居民，像下萨克森人和法里西安人那样，久已受到他们所居住的沼泽地区的保护而能避免了封建制度；但当封建制度变为一个较安定的政府形式而土地变为更有价值的时候，他们旧有的自由权，由于庄园主阶级向这些低湿地带的侵入而遭到了危险；因为这批人的目的，是要把那里的自由农民压到农奴地位。换句话说，这些农民叛乱的大部，与其说是农奴为争取自由的反叛，倒不如说是自由人为反对农奴制威胁的反叛。最后，还应指出：在十二到十三世纪，几乎所有这些运动（即使不包括所有其他运动），都是在教会的土地上出现的。至于其中原因，在讨论教会与封建社会的一章里，已经谈过。

关于中世纪时代农民悲惨的情况，作出太笼统的论断是鲁莽的。有好的领主，也有坏的领主。有很多坏男爵虐待他们农奴的事例。但另一方面，有贤明公平的领主的事例；他们对待他们的农奴是开明的，甚至宽宏大量的；在农奴患病或贫困的时候，予以救济，并且不以过重的负担加在他们身上。平均说来，中世纪领主在对待他的依附者方面，既不是一个野蛮人，也不是一个感情主义者。中世纪上层阶级的一般理论是：农民是天生的劳动者。一个编年史家说："上帝禁止农民耽溺于懒惰并浪费时间于嘻嘻哈哈的事情，因为他的正当命运是天天做工。"

毫无疑问，中世纪农民最苦恼的事情，是饥荒。这种饥荒，如果属于很广泛而又是一般性的，几乎一定是由于不利气候条件所引起的。战争所引起的是无数地方性的饥荒，但很少是一般性的饥荒。关于这方面的突出的例子是：南法在对亚尔比教派十字军运动中所遭受的可怖蹂躏；那使几个省区整个变为荒芜。关于许多饥荒，有着一种奇异的周期性，也常有着一种奇异的地方性。中欧洲在查理曼时代，即在790—793年之间，曾受灾深重；它又在805—809年之间，遭受了一次灾难；法国在842—843年之间也遭受了一次灾难，而这灾难对于凡尔登条约的签订确是具有一种影响的；到了十世纪，饥荒有着相对的减少。但十一世纪又是一个饥荒严重而又广泛蔓延的时期；无疑地，这引起了居民中显著的不安状态、集体迁移运动以及宗教热情；这种热情有时会达到纯狂热的程度。洛林省和东法，在这一世纪曾遭受两次接连三年的灾荒：一次在1003—1006年之间，又一次在1031和1033年之间。关于后一次灾荒，一个勃艮第的僧侣拉尔夫·格拉勃保存在了一种可怖的记载，包括食人的事情。西德意志和南德意志，在亨利四世时代，曾遭受九次灾荒，其中两次都连续了三年时期(1060—1062年和1091—1094年)，而北德意志在1066—1072年之间，连续遭受了四次谷物歉收。这些灾难，对德意志亨利四世时代的动乱——萨克森人和封建主的叛乱以及授职权战争的暴动——是具有一定的影响的。在南德意志，十二世纪一开始就有着三年的荒灾；到了1125年，德意志和法兰德斯遍地饥荒。在十二世纪中期(1145—1147年)，饥荒蔓延全欧。对汶德族十字军运动和第二次十字军运动，同在1147年发生，它们一定曾受到这大饥荒的某种反冲力的影响。十二世纪的结束像它的开始那样，也有着遍地灾荒(1195—1198年)。在十三世纪，1224—1226年、1269—1273年和1280—1282年，都是艰苦的年代。在十四世纪的起初二十五年

中，有1310—1317年的饥荒或半饥荒的年代。这些灾难的降临，千篇一律地是和艰苦、严寒、漫长的冬季或干旱的夏季相关联着的。总括起来，第九世纪有四次大荒灾，十一世纪有两次，十二世纪有五次，十三世纪只有一次。从研究德意志和低原国家的地方情况中可知道：在九到十三世纪之间，比利时有十一次灾荒，莱茵兰有八次，西南德有十二次，巴伐利亚有十三次，萨克森有十三次，奥地利有七次，波希米亚有四次。对于其他欧洲国家，还没有作出充分的调查研究。总计全国性和地方性的荒灾，在四百年中，比利时有十八次荒灾，莱茵兰有十八次，西南德有二十二次，巴伐利亚有十九次，萨克森有二十二次，奥地利有十一次，波希米亚有六次。如果作进一步的研究，无疑地，我们将会更多了解中世纪下列经济社会情况的——农奴制的增长和与此相反的农奴逃亡，人口的移动，村庄和田地的遗弃，有时全村的逃亡，新地区的殖民与居住，农业因必须宰杀耕牛而衰败的情况，像掠夺、游荡和漂泊这一类的道德堕落，狼从森林里出来吃死尸的祸害。关于这些事情，编年史上富有悲剧性的和奇异的记载。弗赖微涅的休氏，论及858年大饥荒时写道："许多人被迫离开他们的故乡而漂流到其他地方去。"在1043年饥荒时，列日的主教每隔两周在农奴中间分发便士，"害怕他们在饥荒的压力下会出售或宰杀他们的耕牛，因而他们放弃了土地不耕"。关于1053年巴伐利亚的荒灾，我们看到下面一段话："所以农奴逃亡，很多村庄被遗弃。"在1196年的大荒灾里，"许多人被迫向外迁徙……狼群充斥路上，甚至毫无惧惮地闯入了村庄"。

的确，除了普遍性的大饥荒情况外，地方性的收成失败可得救济，如果那里有着良好的道路的话。但由于封建主的剥削政策，情况变为严重化(查理曼有一次曾处罚一个做谷物投机的主教)；他们拒绝减低通行税和关税，甚至在粮荒时期还囤积了谷物，为的要等待高价出售。“囤积”和“抢购”，尽管有政府的和教会的禁令，还是中世纪的普遍行为。

第二十八章　城市的兴起和行会的形成

在前面若干章内，我们已举出各种关于新集体主义的意识即联合的推动力的事例，这种意识在十一到十二世纪已经表现出来。这些运动有很多尽管是重要的，但其中没有一个运动再比城市的兴起具有更持久的意义。城市运动，比任何其他中世纪运动更明显地标志着中世纪时代的消逝和近代的开端。一个近代最大学者西摩勒曾说过：

> 这项运动是一个经济革命；我认为它比任何后来的革命更为重要，甚至也比文艺复兴运动和印刷术的发明和罗盘针的发现，或比十九世纪的革命和由此而产生的所有产业上的革命，更为重要。因为这些后来的革命，只是十二到十三世纪伟大的经济社会转化的从属的后果而已。[①]

说得很对：在城市兴起的过程里，我们第一次在欧洲历史上写了"平民的传记"。前所未知的一个新社会集团，即市民阶级或资产

① 西摩勒：《斯特拉斯堡的繁荣与十三世纪的经济革命》(1875 年)，第 16 页。

阶级出现了。一种新的生产财富的方式开始流行，一种商业和工业使欧洲所能产生的财富是注定要远超过于农民组织和农业所曾能生产的财富。“新兴起的或已经兴起的城市，自然是这些市场的所在地。有的城市，因为它们已有城垣，成为贸易的中心。另一方面，相反的说法，也是正确的；设防也是为了那些已经成为贸易中心的地点之利益。商人开始在市场地点的周围，设立了货摊。”①

当时，城市是世界上的一种新东西，也是表达近代生活的一种最早的形式。城市运动不是一个全国性的运动。它是出现于中欧和西欧的各个地区和各个民族之间的一种社会经济现象，无关种族、语言或边界的。运动的性质虽然是相同的，但它在各个国家内的形态是不同的：这些差别是由历史传统、环境、物质与精神文明以及地方政治情况的分歧来规定的。然而，地理因素，对于一个中世纪城市生活的发展，是具有最大影响的。尤其重要的，地理的位置和它周围的自然资源使城市获得了经济特征和重要地位。

关于城市兴起的一般原因，在于像上面几章内已叙述过的经济和社会的转变；这些转变是在十二世纪出现的，而它的影响延伸到十三世纪；在那个时候，城市的发展达到了圆满的程度，这表现在：人口的增加、群众间集团意识的提高、农奴制度的衰退、商业和工业的兴起与货币经济重要性的相应增长（这种经济渐渐代替了旧的“自然经济”）、公共秩序的加强、道路的改进和桥梁的建造等等。在这些现象中，要区别什么是因，什么是果，不一定是容易的，但它们的总结果是无可争辩的。不过为了寻找城市的起源，人们

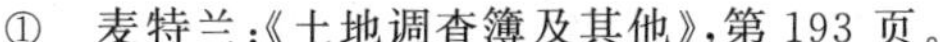

① 麦特兰：《土地调查簿及其他》，第193页。

不应满足于上述的一般解释，也不应满足于那从所谓“联合性的原则”的空洞推动力所作的说明。如果要清楚了解这一运动，我们必须获得更加具体的历史事实。不幸，有关的文献，既散乱得很，而又是残缺不全的。我们找不到十四世纪以前关于城市历史的确实记载，而那些流传下来的少数叙述，只是遗闻轶事或非常事件，像关于997年喀姆布莱的和1111—1112年琅城的事件那样。对于十三世纪以前的城市运动，我们所可获得的大量知识，只是关于伦巴城市反对腓特烈红胡子（1162—1183年）的斗争事件。如果总览历史资料，无论关于空间或时间方面的，我们将发现我们所得的材料是残缺不全的。欧洲的广阔地面上，在长久时期内，好像曾笼罩着一块漆黑的帷幕。当这幕布揭开的时候，城市已经形成。但现在所要问的是，在什么情况下并在什么时候它们形成起来的呢？从第七到十一世纪，几乎没有一项有关的文献，而且这个巨大的空隙大概将永不会填补起来的。

像任何其他巨大而又复杂的现象那样，城市的根源深植于过去的历史里，而所有的城市也不是出于同一的根源的。城市运动的多种根源和它史料的歧异，是个麻烦的问题。然而，尽管有着困难，我们必须设法了解它们。过去有人主张：欧洲城市的萌芽于古代罗马城市的残存遗迹中；撇开不谈这项旧理论——今天不复有历史家相信它——我们还有着各种历史的假设，其中每一种假设是具有不同程度的真实性的。

（1）“公社”起源说。中世纪城市是从古代日耳曼自由农村公社即“马克”发展出来的。这种说法在过去百年中曾是德意志历史家所喜欢的一种解释；即在今天，它在德意志还受到广泛的提倡，虽然许多近代历史家认为这一理论和罗马城市起源论已同样讲不通了。因为下列问题还是纠缠不清的：古代日耳曼农村公社原来是否自由；如果如此，除了像多山的瑞士和低湿的弗里西亚那样的偏僻地区以外，它是否能够通过封建的盛世而还保存着它的自由呢？

(2)庄园起源说。中世纪城市，由于庄园制度改变为城市制度，是从庄园脱胎而来的；所以，城市社会是起源于奴役状态而非自由状态的。据称，依附庄园的小行政官吏（“半骑士”）和有技巧的手艺人，是后来城市社会的核心；当城市政府出现的时候，首先是从他们中间选择了市政官吏。为了支持这项理论，就赋予“métier”（手工业）这一名词以重要意义，它一定是从旧庄园名词“ministērium”得来的。但这样起源的一个城市；怎样能够成为一个法权的单位，即有着自己法院的地区呢？麦特兰说过：

> 不仅仅是积累一些经济事实就使我们能够回答那个问题的。我们正在找寻一个法律的原则……村庄常有一所庄园法院。领主可赐给一项宪章因而减轻了领主权的压力。这样，村庄可长成为一个市民社会。但这项过程和这项解释不足以说明所有的情况的……如果我们中间还有人以村庄法院作为原始资料出发点，他们的确能够不理睬很多……争论，但我不能认为他们在其他方面也令人羡慕。[①]

① 《英国历史评论》，第1卷，第14页。

(3)"市场法"起源说。依这理论,那支配市场的"和平"创造了一个脱离当地封建法院管辖的被保护地区,从而产生了一个被保护的集团,主要是手艺人和商人集团。僧侣所控制的市场上的十字架和在世俗管辖下市场上的查理曼的著名勇士"罗兰"的雕像,都是这项权力的象征。所以,未来城市集团的核心,是这些早期商人和手艺人,城市的行政制是从市场行政制度里成长起来的。这项理论在德意志很流行,在那里很多的所谓"鄂图特权"被引为证据。但关于这项说明,连在德意志,也有人怀疑,而在别处它被认为是"一种美丽的教条"。市场不是城市社会的起源,市场法也不是城市法律的来源。我们试回想一下:在第九和十世纪,这些中世纪早期的市场,是一年一次的或一季一次的事情,因而按事理论,市场不能导致当地人口的任何经常的增加;于是我们对于"鄂图特权"的重要性和"市场法"的理论,就打个折扣了。而且,很多这类市场是属于大礼拜堂市镇的僧侣,而不是一个真正的市政机构;而它们的建立和组织是在城市兴起之前。城市产生于市场这项理论,是站不住脚的。主教或教会的僧侣占有这些市场,而从它们获得了大量利益;由于这个缘故,它们是规定在著名的圣徒节日举行,就是,在可期待很多香客与参观者来临的时候。在十二世纪,由于人口的大量增加,很多这些年市场,改为月市场或双周市场;但这也无助于城市起源于市场这一项理论。因为市场的法律性质,不能仅仅以它举行的次数而有所改变的。无可否认,在初出现的"城市"和在那里所流行的特殊和平之间存在着一种密切的联系。但什么是其间的纽带,是不易确定的。这特殊和平是从哪里来的呢?这原来暂时性的和平怎样变为持久而有继续性的和平

呢？我们很难追随那些主张市场法是市民法的原始来源的人们，因为他们这样的论点似乎是倒果为因的。

(4)免除权起源说。这项理论特别是关于主教城市的起源是有人拥护的；它也是一项德意志的理论，因为正是在中世纪德意志，主教们享有最大程度的免除权；就是，除了国王的管辖权之外，他们是不受所有其他管辖权的支配的。据称，这项免除权不仅适用于主教城市的城垣以内的居民集团而且适用于附近的村庄；因此，就组成了一个市邑；后来这些居民摆脱主教的权力而建立了自治政府。自然，这样的一个地点，即使它的居民还是在农奴地位，也能吸引着商人和手工业者来到那里；他们后来和原住人口混合在一起。但这项说法，像市场法起源说那样，也是一个薄弱的理论。“免除权”区的面积远大于一个真正市场的圈子，而“免除权”的特权也是截然不同于市场特权的。在一个免除权的范围内，是不需要特种“市场法”的，因它已包含在免除权的特许状里。另一方面，免除权不是包含于一种市场特权内的。“免除权”和“市场法”这两种说法，是不能彼此协调的，其中任何一种听起来是太武断而不符合于历史事实的。免除权起源说，是说得过火了。因为这样的一个地点，不一定是经济生产的中心。“它的居民是依靠它周围庄园上的农民劳动而生活的；它的法院、它的造币厂、它的市场都是由外面的人来维持着的。”①

(5)卫戍起源说。这在德意志并部分在英国，是一项受人欢迎的论点。这一理论所引述的根据是：在德意志境内，那些由亨利捕

① 斯蒂芬孙：《美国历史评论》，第32卷，第11页。

鸟者(919—936 年)为了抵抗匈牙利人的侵略而在条麟吉亚和萨克森建造的无数堡垒[①]即设防的和卫戍的地点;在英国,那些由老爱德华为了保卫中英格兰防止丹麦人的掠夺而建造的五座堡垒(勒斯特、林肯、诺定罕、斯坦福和德比)。在法国,最近似这类建设的,是那由秃头查理为了保卫塞纳河盆地以防"北欧人"而建造的"堡垒"(castella),在那里,建立了"昼夜守望"制度;这一习惯在 864 年的一项诏令里已指称为"古风俗"。据称,这卫戍队的成员,在堡的周围是有着土地的;堡民流入这些被保护的地点上,带来了商业和工业,因而一个未来城市的核心就在那里形成起来;这些地点,从历史上看,在几百年的时期中曾摆脱了封建主的权力的管辖。这项假设的弱点是:它是太属于地方性的并太属于军事性的。至多,它只可说明少数城市而已。

(6)喀罗林朝地方制度起源说。依这理论,喀罗林朝的地方市政制度,在一种残缺而模糊的形式下存留下来;后来当城市终于出现的时候,城市的市长是从旧时"执行吏"即法兰克"百户"或"邑"的官员演化而来的。这项理论在巴黎之东的讷永地方上,获得了显著的证明;这一块地方在它的主教管理之下,在整个封建时代,似乎是享有一种差不多是隐居生活的和平,在那里,迟至 1237 年

① 古德文"Burg"(堡)本来仅仅指一座炮台,不一定包括一个聚居的人口或甚至任何非武装居民在内。很奇怪的,"堡"虽无可争辩地是德文,但这一个名词的最先例子,出现于北法(在安如),从那里它传布到法兰德斯并通过洛林省传入了德意志。但在法国,"堡"从来没有意味着一座炮台,像在德意志那样,但仅仅指示由木栅保护的一个居民集团。这些堡是有城垣的社会。于是,城垣成为每个城市的一个普遍特征,并使城市集团与乡村群众有所区别。所以,"市民"(burgenses)这整个阶级的名词是从那个住在一个设防的圈围内的阶层得来的。

时，选举规程还保存了喀罗林朝诏令里所规定的相同办法。但这一情况，似乎差不多是一个独特的残余，虽然在东北法和比利时，迟至十二世纪，还可看到“执行吏”在地方上存在的痕迹。

(7)德意志行会起源说。另一派历史家力求在旧时德意志行会或团体和饮酒会里找出城市的根源——因为不复有人再以为：古代罗马“行会”曾留存下来。但关于这些粗陋的团体和后来工业与商业行会之间所存在着的联系，从来没有人能够予以令人满意的说明。在查理曼的立法里，我们看到关于这些行会(geldioniae)的资料[注意：“gild”(行会)这一名词是属于日耳曼起源的]。当时，政府与教会都曾企图取缔它们；因为它们太富有异教色彩并太嚣张，以致不堪容忍。但在第九世纪以后，它们就不复被人提及了。中世纪行会，是在城市公社后而非在城市公社前出现的。在英国的最重要城市里，像在伦敦、布里斯多、约克、厄克塞特、雅穆斯各城里，行会商人不是从来未曾存在过，便是迅即消逝了。同样，在最重要的佛来铭城市里，像在布鲁日、根特、伊泊尔各城里，也未曾有过公社的行会形式的存在。

> 甚至在最大寺院的庄园上，在那里无疑是有着手工业者的巨大集团的，我们还是可怀疑：那里是否可以找出什么行会型的组织。的确，在许多行业里，必须有帮工；这些帮工对行业匠师可能是处在一个从属的地位的；因为许多行业不可能没有助手而单干的；但“行业匠师”(magistri artium)的存在，不等于说同一行业匠师的组织的存在，正像有了一个厨司，不可以就说有了一个厨司的行会那样……人们认为，在家庭的

需要得到完全满足以后，不自由的手工业者就可以为自己的利益而制造手工制品；于是，他们的自由劳动，使他们能获得独立经营的地位；在这以后，他们通过他们的自治组织，得有效地利用他们在受奴役时即已领会的团结的力量。刻特根曾逐条援引所有可以举出作为证明早期寺院或农村庄园上行会型的组织的文件；并指出了这样的解释是毫无根据的。①

如果行会起源说是正确的话，那么，我们应该在寺院的周围找到很多兴起了的城市。因为大寺院由于它们的经济重要性，由于它们所经营的工业和商业活动，由于它们有名的圣迹吸引来大批群众聚集在它周围，应该已成长为卓越的城市中心。但事实上，很多大寺院，由于居民流入城市丧失了人口，因而陷入贫困和毁灭的状态，虽然有少数寺院在它周围的不自由社会反叛以后，发展为城市，像在阿拉斯的圣瓦斯特寺院和在瑞士的圣加尔寺院那样。克伦尼、克雷尔服、费冈、科比、赫斯斐尔德各大寺院都没有成长为城市，相反地，它们蜕化为荒凉的乡村社会。

至于十九世纪早期浪漫主义派的理论，我们在这里无需再费笔墨来反驳它了；该派认为：中世纪城市的起源，来自如“人类联合的原则”或“自由联合的原则”或单纯革命这类空洞的观念。在959和962年之间，喀姆布莱“市民”的反叛主教不是一次城市公社的起事，而只是一次居民对不孚众望的主教领主的反叛。约在同一时期，在列日，我们看到另一次相类的起事。在十世纪，欧洲

①《英国历史评论》，第19卷，第762页。

人在政治上尚未有足够的自觉性来想到组织一个独立的城市政府。“市民”(cives)这个名词那时只是意指一般的老百姓，不是专指市民的。

我们能够看出关于城市起源中的主要因素，但不能决定其中每个因素的相对重要性，甚至它们之间的相互关系。但毫无疑问，为了说明一般情况，单一的发端和单一的解释，是不够的。过去很多历史研究工作上的缺点是：各个作家太偏执地强调自己的理论，而有时还把民族偏见交织于他的判断中间。按照这些新制度的形成方式，已经提出了各种学说；每个作家把它们联系到一个先前的不同的制度；但所有的理论，都是根据某种情况的一般化论断所作出的推测。对于德意志是正确的理论，不一定可同样地适用于法兰德斯、法国和意大利的。地方情况，无论地理的或历史的，必须给予相当的重视。欧洲城市生活的要素，无论在程度上或类别上，是大不相同的。刻特根教授说得很对：“在归纳关于一个国家制度起源的这些理论之前，应先研究类似国家历史上的相应部分的事实。”[①]在这样多的分歧理论的前面，看来这种意见上的广大分歧，正是代表着不同城市历史上的真正分歧所在。要从罗马法或日耳曼法的这项或那项原则里找出城市的起源，是徒劳无功的。中世纪城市，是经济社会力量的产物。

早期城市的居民，是中世纪时代的商人；他们或者出售别人的生产品——像葡萄酒、谷物、其他国家的商品——或者因为自己是手艺人，出售他们自制的手工制品。那些出售东西的是什么人呢？

① 《英国历史评论》，第 8 卷，第 120 页。

他们是在新中心营业的外来人呢，还是封建领主“家庭”以前的工人呢？关于这个问题已讨论得很多。在法国，用以称呼手艺人的是一个指封建主的旧农奴的一个名词；他们的活动叫做“ministeria”（役务）；那是法文“métier”（手工业）这个词的由来。然而，无论如何，他们已不复替封建主做工作；他们首先是售货者。在北欧国家里，“商人”（mercatores）是“市民”（burgenses）的同义词，包括手艺人和商人在内。他们或者在自己住所的窗槛上，或者在市场上出售东西。

的确，在城市运动的开始时期，大批手艺人亲自携带了自己所制造的东西到市场上去出售；在生产者与商人之间，尚未有区别。这一事实使我们得到城市起源说中最令人满意而又最先进的解释，就是，“商人”起源说。关于中世纪城市起源的真正线索，似乎是在于“商人”、“堡”和“市民”这些名词方面。

但这中世纪城市所从由来的“堡”不是老的卫戍堡，像亨利一世在条麟吉亚所建造的那样。它是一个新的堡。一个有木栅的或有城垣的圈围地，形成于封建城堡之外，或者在有古罗马城市的情况下，形成于旧“城堡”（castrum）之外；实际上，它是一个近郊。

> 它既不是从一个老的自由公社逐渐变成为一个城市集团的，也不是由一个不自由或半奴役的集团逐渐争得自由和市民生活的；但它是一个新社会，从开始它已是一个“商人”的社会，并从开始它已享有一种乡村里所未曾有过的土地保有制……“商人”在某个城堡或寺院城垣的旁边建立了他们的营业所，这样，在靠近他们所占的地带上，将有伯爵或住持的贱

农和农奴的住所和茅舍出现；后者在“庄园权利”下居住下来。后来，如果这个新的“商人”社会是成功的，它将扩大它的地盘并将并吞了“老堡”。[①]

布鲁日是一个特出的例子，在那里，于962年后，伯爵鲍尔文铁臂曾在一条利斯小河的转弯处，建造了一所城堡，在它的外面不久兴起了一个新“堡”或“郊区”，由小贩、手艺人和酒肆店员居住着。记载上说：

> 在这城堡建造以后，若干做买卖的人开始聚集在城堡桥〔就是横跨河上的桥〕的大门前面的地方上；他们是：商人、酒肆店员，还有其他的“外来人”，他们是为了供应那些同伯爵办理交涉的人们的膳宿而流入的；而后者是时常来到那里的。为了招待他们，建造了宿舍和旅馆，因为在城堡之内没有空屋来安置他们。这些住所很快地增加起来，不久出现了一个大城市；居民即称之为“布鲁日”(Brudge)，意即“桥”(Bridge)。

为了建造这所城堡，石头曾必须从数哩以外的一个古罗马城市的废墟上运来，因为在布鲁日周围是不能获得建筑石的。这新“堡”即“郊区”，在十二世纪的中期以前曾用木栅来圈围着。

在诺曼底和法兰德斯交界处，近英吉利海峡的厄城的旧城堡之周围还有一个“堡”兴起；在1195年以前，它还未被圈围起来。

---

① 麦特兰：《中世纪城市里的土地占有制》，见《英国历史评论》，1890年4月号。

这旧城市的一个大门，迄今还屹立着，被称为“帝国门”（Porte d'Empire），这是一个最稀奇的名称上的讹误；因为它原来的名称是“市场门”（Porta Emporii）。[①]

布鲁日出现的情况，可作为全欧洲在第九世纪所发生的情况的典型。在欧洲的极南部分，即在继续遭受穆罕默德教盗船威胁的南法和意大利，我们看到那些建造在旧罗马城市的城堡外的“堡”，即中世纪的城堡。

在欧洲大陆城市的兴起是在并只是在那些有利于贸易条件的地方上。许多罗马城市又变为富庶，因为商业再次沿着它的老路进行着，但除了它们之外，还有一大批由新商路所发展起来的新的分配中心。这样的一个城市的核心，常常是那环绕一个王公炮垒而形成的商人殖民地。这个新“堡”很快成了典型的堡，到了十一世纪末期，“堡民”（burgenses）不复意味着一个城堡的兵士或仆从，而意味着市民了。可是往往还有一些未曾接触过新的经济潮流的城市，像往往还有这样一些城堡那样；它们在十三世纪的情况和在十世纪的情况差不多。固然有一个寺院成为一个城市的胚胎，但同时，有一打的寺院并不是这样的；也不是每个村庄市场会产生一个都市的。[②]

① 斯退普尔吞：《诺曼底的转变》，第1卷，《导论》，第83页。

② 斯蒂芬孙：见《美国历史评论》，第32卷，第15页。

从上面看来，城市的起源，来自一个由商人和手艺人居住着的“新”堡内，而不来自“城堡”内。后者是由伯爵或主教占据，他住在那里，还有卫士、骑士、“半骑士”和租地农奴在他的周围。在十一世纪，当商业开始兴起的时候，我们看到很多关于行商和外地人定居在一个郊区的事例，这郊区后来用墙垣围绕起来。所以真正的城市，是“新”堡；它不是在十一世纪前诞生的，它也不是“老”堡或城堡。

这种郊区，在无数的场合，不是和商人集团同时出现的。这些例子在第九和十世纪甚至在第八世纪也可以看到。在已获证实的法国二十三个城市的郊区中间，所引文献中之一种，属于十一世纪，四种属于十世纪，其余的都属于第九和八世纪。显然，我们必须注意到一件古代的事情。事实上，郊区可追溯到罗马帝国的后期，具体说，可追溯到第三世纪的侵犯和劫掠时期，在这一时期，由于罗马军事与警察权力的崩溃和人口的减少，一个城市已不复能充分地保卫周围城垣的一条漫长的防线，所以，起而代之的，是在城市的一个角落里用拆毁的老城垣与塔楼的材料，建造了一个卫城或城堡。这个城堡即“老”堡，是某个当地官员的驻所，同时在它的外面，平民人口也形成了一个“新”堡或“郊区”，也以被放弃的古老城市建筑物的残余，造成了围墙。在喀罗林朝恢复秩序以后，这些地区变为不必需的了，当地居民更广大地散开居住着。但在第九世纪的侵犯与混乱时期，古代的惯例又复兴起来，而老“堡”和“郊区”获得了新的用场。这样，在许多地方，有两个不同的集团同时并存，虽然有时它们分隔得很远，像在奥腾那样；在那里我们看到旧罗马的城堡即“老”堡而在某些距离之外，还有城垣围绕的郊

区(即 forum、emporium、portus,因为所有这些名称都在使用)[①],这两类建筑物,都是用残破的罗马城的石头来建造的,而在这些瓦砾废墟中间还有一排破旧的房屋疏疏落落地散在两地之间并接连了它们。这样看来,古代罗马"郊区"有时是后来中世纪"郊区"的原始萌芽,但后者有着商业的重要地位,而前者没有。

这项富有繁殖力的社会过程的开端,可回溯到第十世纪,"北欧人"的入侵和混乱时期。我们愈深入研究这两百年的历史细节,我们愈多发现:这个时代有很多社会制度的起源、富于适应新环境的办法和新制度的演进的。在十一世纪,一个从事商业的新居民和老的庄园上不自由的居民并居杂处,后来,商业的"郊区"吸收了老集团,并带给联合的居民以新的土地权形式和新的风俗。所以

① "forum"(市场)这个词,是拉丁文,通用于罗马语系的国家里。然而,"portus"(市场)这个词通用于北欧,特别是在低原国家里,在那里稠密人口和历史地理都有助于商业的大发展。过去曾一度认为:这个词是从"porta"一词(意即城堡或卫城的大门)得来的,在这大门之前,是最初商人的殖民地。但这一解释对语言学和对历史说来,都是不正确的。中世纪拉丁文把"portus"一词从(古文)第四类变格移到第二类变格,通用于方位格的意义,即"在大门口"(比较上面所引的布鲁日的例子)。这项用法给这个词的意义提供了历史线索。因为领主必须在城门口即市场上征收通行税,所以这地点自然地成为最初商人的集合地。但"portus"一词的征税性质,在它更重要的商业意义里消逝了。后来,在法兰德斯和尼德兰,"portus"这个词也用作指城市本身;它的市民,即有市民权利的人们,称为"poorters"(市民)。有人已明白地指出说,"这些事实越加有了重要意义,因为在佛来铭城市中我们原来看不到'mercatus'(商场)的痕迹,在那里所设立的市场是属于比较近期,在市政制度成立之后"——比伦纳:《城市、市场和商人》,《[法国]历史评论》,第 57 卷,第 63 页。"中世纪城市,是从某个城堡前面或附近的'堡'(或 forum 或 emporium 或 portus,因为所有这些名称,都可碰到)的一个地方化的商人集团兴起来的。我们必须区别两个中心:一个老的和军事的——城堡,另一个新的经济社会——'堡'。最后,后者并吞了前者,因而两者合成为一个社会了"——《英国历史评论》,第 16 卷,第 555 页。

城市的胚胎，在于商人的聚居；他们在城堡或寺院的庇护下定居；后来他们对当地的依附人口的保护逐渐推广并终于把后者提升到自己的同样水平。

显然，威斯特发里亚的城市、多瑙河与莱茵河地区的城市（就是说，大部位于两条主要商业动脉上的德意志老城市）、法兰德斯和东北法的城市以及伦巴第与多斯加纳的大批城市，是起源于商人集团的；这些集团在城堡或城市墙垣脚下，开店营业。城市生活最初是在古代城堡墙垣外、在“郊区”或“新”堡内发展起来的；在那里，早在十世纪，我们已发现有移民或“外来人”，他们寻求城堡的庇护，他们不是依靠农业，而是依靠出售进口货或当地制造的产品为生的。

当然，过分强调这项城市商业起源说，是有危险的，但几乎无可置疑，中世纪城市基本上是一个经济社会现象；那是由于从事商业者需要保护而产生出来的，尽管有些例子，可表明有些城市社会显然在当地商人集团出现之前，已经存在。这是一个千真万确的事实：行会规程，从来未曾是城市宪章的起源，而那些颁给商人集团的特许状，则常常是这种起源。

可是，这一理论虽比任何其他理论更符合于已知的事实，而且确实说，它是这样地有历史根据，不复是一项假设，我们也不该使它成为太概括，太公式化；我们至少应该让其他要素也占有一定地位。事实上，我们没有资料，可证明城市在城市公社出现之前是在什么状态。但有一个事实还是不可动摇的：就是，中世纪城市的兴起，是平民的事业。无疑地，那些使城市产生的基本动力，是属于经济性质的。虽然细节上有很多的不同，但应该指出：城市的“家族”是可以区别的；这些类似点或相同点，是与民族和语言的界线无关的，也不是由民族的或政治的条件来规定的；由此可见，城市的真正起源，在于经济和社会条件。例如，科伦、马因斯和窝姆斯，很近似理姆斯、喀姆布莱、讷永和琅城；属于罗马语系的里尔和阿拉斯同说佛来铭语（德语）的根特与布鲁日，是有联系的。要企图为城市的民族分类，从历史上看，是错误的。十二世纪的城市复兴运动，不是民族性的。城市运动曾分别出现于欧洲的两端，就是，在意大利的沿海共和国和波罗的海与北海的沿海共和国。

在北意大利伦巴平原上，商业发展比在威尼斯、比萨和热那亚的沿海城市里，要慢得多。撇开不谈细节的分歧，伦巴城市兴起的历史，是属于整个欧洲在十、十一和十二世纪城市生活发展的一般历史的一部分。在这个时代，欧洲城市生活的兴起表现出若干相似点；不论它们位在北意大利或北法，位在法兰德斯或德意志，这种生活兴起和城市的经济生活发展是有着密切的联系的。中世纪城市生活的三项要素：贸易、市民和市政府，不论在南欧或北欧方面，是很相同的。资产阶级由于逐步争得当地公共权力的权利，到处剥夺了老的封建主管辖权。伦巴城市执政官的职权和北欧城市行政官的职权，没有什么不同之点。到处有三种接连的组织形式发展起来——市民社会、专门性和暂时性行政委员会和一个常设的机关（collogium），这最后一项一向是政治性的，也是代表性的和行政性的机关：执政官或参议会。“好人”（boni homines）[①]的法律职能，一向是他们属性的出发点，也是未来城市独立地位的法律

① 指城市中占有政治地位的富商巨贾。——译者

基础:因为城市社会到处不是由全体人自行管理,而是受到管理的;并且它与农村社会不同,不是由一个单一的行政官而是由一个集团来管理的,而这一集团在日益显得是独占的和寡头政治的方式下要使自己永久存在。

就城市的发展来说,基本的共同原则是:这些城市中心起源于同一个有原动力的和积极的因素,就是贸易。在意大利城市方面,它们和拜占庭与利凡得的海上关系所起着的作用,完全像羊毛贸易在低原国家城市如根特方面,莱茵商业与汉撒贸易在布鲁日、科伦和律伯克方面所起的作用那样。"好人"在各处城市的经济利益里所起的初步作用,使我们有理由把南欧的城市社会和法兰德斯与德意志的城市社会相比较,在后者中间很多也获得了对环城的大量土地,即公有地、森林和牧场的控制权。这"好人"集团掌握着城市政府的政权;资产阶级和城市成为等同的名词。这资产阶级的起源是相同的。无论在南欧的沿海城市,或在北欧的工业社会里,它是一个商人的集团或过去商人而现在为土地所有者集团。在城市不复有不自由的租地,每个所有者是自由人。财富决定了市民阶级并给予了地位。城市的诞生如此,城市的发展也是如此:城市自治社会的建立、资产阶级权力的扩大、城市法律的制定,这一切都是跟着城市社会的财富增长而来的。

所以,可以说,中世纪城市大多是从当地商人殖民地获得了它们城市地位的起源;这一项理论比任何其他理论更多符合于已知道的事实,虽然还有它的反对者竭力否认在十二世纪末期之前有一个专靠商业谋生者的阶层的存在。

〔一个批判这项商人起源说者写道:〕即使这种移入商人的起源说法,能够证明是适用于这个城市那个城市及其他的城市,难道就可把它作为典型吗? ……虽不否认在商队旅行的无家可归的商人之存在,但我们还可大大怀疑:这类商人,就人数与财富说,是否能有足够力量,来在特别有利的条件下,从主教与伯爵获得土地并建立一个新型的和一个非常自由的安定的地方社会……这项理论尚是一项有趣的理论。[①]

"mercator"和"negotiator"[商人]这两个词,在这些批判家的目光中,并不是指单一个商人阶级,而仅指那些贩卖他所拥有的任何种类的商品的人们。但这种解释,太窄狭了。无疑地,有很多人只是偶然出售东西的人们,这样他们可称为"mercatores"和"negotiatores",如在像法兰克福这一类的比较落后和不发达的城市里,它们还保存了一种半农业的生活。但重要城市的情况则不然;我们有着充分而确凿的资料可资证明。在伦巴城市、喀姆布莱、第南特、科伦及其他城市,在十字军运动前好多年,我们已可看到纯粹的、真正的商人,其中有的人甚至名列史册。更有意思的是:在第南特城的一项特许状里(1096 年),曾特别标出商人的职业("他依靠自己的商品而生活,不论怎样服务"[②])。一个十一世纪的作家阿尔柏特把商人"和社会的其他人们"区别开来。

"堡的治安"法(Burgfriede),非"市场治安"法(Marktfriede)

① 鲍威克,见《历史学》杂志,1926 年 1 月(评比伦讷的《比利时民主政治》一文)。

② "qui de mercimoniis suis vivunt cujuscumque officii."

曾是最早的城市法。几乎从第一次提及“堡”的时候起，它们是“治安的所在”，但那里所施行的治安法，很不同于文献所显示的，当城市终于出现后的那种治安。因为市场治安法是由某一上级公共权力赐给的特许状所认可的；对违犯者处以重大罚款，而违犯“堡的治安”法者将遭受体罚。后一项治安法不能从前一项治安法发展而来并具有这个性质。可是如果说“城市治安”(Stadtfriede)法等同于“堡的治安”法，又如果说从刑法观点来看郊区的居民等同于“堡”的居民，那么我们应该在早期中世纪时代已看到“堡民”这个名词，但这个名词正是我们所找不到的。文献中叫他们“市民”(cives)、“城堡民”(castrenses)、“城民”(civitatenses)、“堡垒民”(castellani)，但直到后来才称他们为“堡民”(burgenses)；在这以后“堡民”和“商人”才作为互相通用的名称而出现了。在1127年的圣奥麦城特许状里，“堡民”清楚地和“军事的城堡居民”区别开来。1127年时，在圣奥麦城，商业利益和势力已占着至高无上的地位，因而所给予的特权，几乎完全是属于商业性质的。在这情况下，商人和手艺人的行会——因为他们还未分开——似乎已经完全和城市公社合而为一。这团体称做“基尔特”(gilda 意即行会)；它有着行会大厅，而行会的职员似乎也是城市的执行吏。但应该注意：行会大厅是属于法兰德斯伯爵的，伯爵的法院也是在行会大厅里开庭的。1127年所发生的事情的性质似乎是，一个事实上的统治制度得到合法的地位，并转化为圣奥麦城的市政府；然而伯爵对城市公社的行动还保持了一项保留的权力。

如果分析这些早期城市内财产占有权的类型，还可获得进一步的阐明。在城市诞生的时期我们可看到城市中不动产的混合所

有权制。“领主税”(cens seigneurial)是在城市范围内领主的农奴所负担的一种奴役性的土地税;他们依然是他的农奴,甚至这旧领地上的人口中有些或大部分已变为自由民而获得了市民身份之后;他们是城市所从产生的那种旧庄园上的残余。另一方面,“土地税”(cens foncier)是对那没有附着租赁条件的土地的一种直接税。后一种,是商人所有的土地形式。它们是从属伯爵的政治权的,但不是从属他的庄园管辖权的。在十一世纪,在一个意大利城市里,以领有土地,作为元老等级的资格;只有领有土地的人,才有权参加城市政府。在上述的土地占有制中,我们看到城市不动产(城市地产)和庄园租地之间区别的起源。

后来,到了十二世纪,在欧洲,商人几乎到处已形成为一个特殊的阶层。他们可分为两类。一类是由多少属于地方性的商人组成,他们是坐商;另一类包括那些来自威尼斯、热那亚、塞亚那和米兰的大市场的意大利商人,他们是“候鸟”;他们在春夏两季,带着东方奢侈品而来;到了秋季再回到老家去。

但城市的人口,并不是单由商人和手艺人组成的,还有从事农业者;他们耕种城市周围的田地;这种情况,连在意大利也是普遍的。甚至在大城市内,也有牧场、谷仓、管理养猪的章程等等。在商人和自由的庄稼汉中间,没有什么矛盾,但在“市民”和“贱农”之间倒是有着矛盾的。这矛盾不是由于职业的不同,而是由身份上的差别而引起的。

在城市之内是否有一个地主阶级存在呢?在十三世纪,确有一些人是属于这一阶级的。他们是经商发财的商人的儿子呢,还是那些出租土地给人耕种的很富的旧地主呢?关于北欧国家,未可作出肯定的回答，但在意大利和南欧国家里，确有若干骑士地主。所以，城市的社会组成方面非常复杂。

因为虽然城市主要是由商人和手艺人组成，但它也自然地吸入了若干骑士和若干地主。这些出身不同的人们，在生活方式方面，是不一样的，但获得同样的法律地位（市民权）。这样，这个社会是由各种非分立的但集合在一起的自由人组成；它带有一些近代社会的性质。这些阶级在政治上是平等的，但在一种社会意义上不一定是完全平等的。他们除了在法律前以外，是不平等的。从开始那一天起，在城市里，就有一些地位优越的个人。在十三世纪的意大利城市中，有一种财富贵族，包括有那些站在手艺人之上的巨商和业主。这一阶层是一种新贵族、一种市民贵族，它逐渐抓取了城市的权力。

城市的兴起，论过程，是演进的；但论结果，是革命的。长期的聚居、共同的利益和共同的经验终于在居民中间养成了一种强烈的共同意识；那反映在以和平方式要求领主，不论是男爵、主教或住持，承认城市为一个自治社会；如果这项要求被拒绝，就以暴力方式来反抗封建权力并要求宪章的自由。因为毕竟

公社只是一种组织形式，也许作为一种安全保障来反对势力太强的领主，是必要的：但对于处境较好的城市，它是无需的。的确，可以说，所有那些达到最大和最持久独立地位的中世纪城市已看出：城市独立性愈多，它的成长愈少受到限制。这些限制起初可能是有益的，因为它可获得那些原来反对者之合

作;但一旦建立后,限制就不容易放松了。[①]

新形成的资产阶级要求承认城市的权利与特权;这项要求从政治上来说是:那在封建世界几百年来有效的契约原则应扩充到非封建世界。平民也要求“权利”与“自由”来执行自己的司法、征税、铸币、市场管理等等,像封建王公在他们领土上所做的那样;而且在这些有关切身利益的地方事务方面,他们不再愿意服从封建主的权力。他们要求在封建统治内的而非在封建制度下的一个地位。他们并不完全排斥领主的权力,而愿意继续负担服役和缴纳赋税,但这些捐税的性质和程度应有严格的限制和确定性。由城市而非由领主,来课征赋税。城市应有它的行政官,它的团体印章,它的市政厅,它的钟塔。这一切都是它独立的象征。所以

> 城市宪法有着双重来源:即公共的和公社的来源。公共的来源,包括那些由国家政府为在它管辖下的城市所制定的法令。公社来源包括城市社会的习惯法以及由它的机关所通过的地方法。

历史指出:市民为了争取他们所要求的“权利”会不择手段来进行暴动;其中最激烈的要求,是取消庄园地租。他们的口号是:“如属可能的话以和平手段争取,必要的话就使用暴力争取。”在有些地方,反叛的群众组成了誓盟;他们宣誓要团结在一起以求获得

① 刻特根,前引书,第124页。

条件的改变。这样一类事例，虽然很少，但还通过记载流传下来；例如琅城、喀姆布莱，后一时期的未兹雷以及莱茵区主教城的事件。琅城事件是众所周知的。情况是：

> 民众经常准备斗争；主教一向是一方面在侵犯王室的权利而另一方面在侵犯公社的自由；琅城的编年史曾简略地记载：有过一次巨大的血腥叛乱，又有过一次对贵族更血腥的报复行动；有过一次大火；又有过一次大屠杀。琅城主教高德利，是一系列坏主教的一个坏继承人；他曾宣誓要遵守那由他以高价售给市民的宪章，但他一有机会就千方百计地违反了这宪章；他终被杀死，自食后果。

当城市宪章终于获得之后，它就是一件重要的文件。它被保存于市政厅内的有三把锁和三把钥匙的档案柜内。有时，甚至把宪章镌刻在市政厅的墙壁上或在一所教堂的墙壁上。1111 年亨利五世所赐给的“斯拜耳特权”宪章，曾以金字写在大礼拜堂大门上面。1135 年大主教阿达尔柏特所赐给的马因斯宪章，也是这样处理的。在蒙德里马，1198 年的宪章也镌刻在市政厅墙壁上。这样一来，城市居民就成为自由市民了，“市民权”这个名词是由此得来的。到了十三世纪，实际上每个市民是一个自由人。当时流行着一句话说：“城市空气使人自由。”

城市的迅速发展曾引到农民状况的改善。城市非常需要劳动力，所以如果一个农奴遭受虐待的话，对他有着各种逃亡的引诱力。一旦逃入城市后，只要满一年的停留，他就可获得自由。在意大利,卫尔夫派城市提倡释放农奴,在若干场合,甚至还供给农民金钱来赎买他们的自由;对于这项行动,基柏林派城市未能加以阻止。新城市的法律,总是不承认那老朽而又可憎的旧封建的法律程序,有时在法律的序言里,斥之为"可恶的"、"不足道的"、"恶劣的习惯法"。居民的反封建斗争的态度还常常表现在那些禁止他们打自家人的立法上。可是,与此同时,也表现出几乎火热般的对太平的愿望。在筏岺西恩宪章的序言里,有一首颂扬太平的真正赞美歌。

作为一个自由的、自治的市民社会的城市,是中世纪欧洲的一个新的政治和社会有机体,而在早期封建时代未曾有过这样的先例。可是,城市运动尽管是重要的,但令人惊异地看到,封建时代早期观察家对它的了解多么不够;他们都属于特权阶级的,自然是要谴责它的。《喀姆布莱主教史》的作者,在十一世纪写作时,使用了《旧约全书》、希腊人和罗马人传下来的陈词滥调来攻击它。然而,到了十二世纪,在布里西亚的亚诺尔的学说方面,我们看到一种新的积极的市民政治哲学,这一种哲学宣传之热烈,就像十八世纪宣传"人权"理论或像今天宣传社会民主主义那样。那个世纪最深湛的历史思想家,弗赖辛的鄂图,虽然反对城市运动,但能以公平的眼光来观察它。一个近代作家要比他描写伦巴城市的兴起描写得更好是很费力的。法国的一个伟大布道家,扎克·得·维特里,约在1200年时曾大力称道那流行于意大利城市的市民精神。他说道:"市民能深思熟虑,对公共事务勤劳而又热心;他们拒绝屈从别人,并防止任何人侵犯他们的自由。他们制定自己的法律并服从这些法律。"有时,一个城市常派遣一个使团到其他城市研究

它们的政治制度。1187 年,两个城市曾各派一个使团到斯瓦松。都尔内城曾研究六个不同城市的宪章与地方行政工作。奥格斯堡在 1386 年,科伦在 1396 年先后曾派遣一个使团参观巴塞尔、君士坦司、马因斯、窝姆斯、斯拜耳、乌尔穆和斯特拉斯堡。根特著名的“三十九人”委员曾到过汉堡、布勒门、马德堡、斯拜耳和律伯克。正是这种行动,可部分地说明市政制度的相似点或相同点。

跟着时间的进展,封建主对城市运动,不仅变为容忍,甚至变为促进它的发展;那不是从他们对民主或无产者的同情而是从他们的利益出发的。在商业和贸易增长的时候,贵族们发现在他们的领土内有一个商业中心,是对己有利的;建立城市是防止他们的农奴逃亡到别处去的一种方法,因为旧农奴在城市能够不种田而做手工业者或小贩,以求糊口。在新的货币经济正在代替老的自然经济的情况下,封建主征集现款租税比征集实物租税要容易得多,而且使城市收集这些税款比自己收集,要较少麻烦。于是,整批解放农奴社会,也变为有利的事。因此,领主在他们的领地上,建立了新城市——有时,叫做“矮屋城”(bastides)——并提出了富有引诱力的条件:例如,轻的规定的课税、宽大的司法、像道路桥梁等等的地方建设、茅舍地基、园地和市场货摊。有些这类的慷慨的特许状获得了很大欢迎,因而其他城市纷纷仿效。波蒙的法律和布勒特厄的习惯法,是这样地出名,以致可以找出各有三百多个模仿的例子。香宾的威廉,是理姆斯的大主教,也是腓力·奥古斯都的伯父;他在 1182 年曾赐给波蒙居民一项著名的宪章;曾有很多地方加以模仿。在北法,农奴阶级获得解放,大部分应归功于这著名的法律。这项法律,不是通过武力,而是通过和平的协议,传布

开来,因而刺激了农业、工业和商业的发展。"新城市"的建立,以下列两种方式之一以示其永久存在——用成文的组织法或用树立一个象征性的十字架于该地。在北法,后一项方式是普遍的,在那里"自由十字架"常常在小市镇里可以看到。在洛林、卢森堡,甚至亚尔萨斯,它也是可看到的。

这些新城市所呈现的外貌迥然不同于旧城市的外貌的;后者由于居民集聚混杂而发展起来:街巷弯曲、窄狭、房屋往往简陋不堪,甚至起码的卫生条件也没有。新城市则不然:它是按几何形来设计的,有四方形、六角形、八角形;并有从城门到城门穿越市中心区的直角的街道。在法国,我们到处可看到这种新型的城市,特别是在郎基多克,在那里由于对亚尔比教派十字军运动的破坏影响,地方化为一片废墟,因而有可能来建造崭新的城市。在易北河东的德意志殖民地上,情况也是如此,在那里我们也可看到直线街道和城市卫生的布置。律伯克在十三世纪有着引水制度,虽然大多数城市还是依靠着水井的。

现在,这些粗鲁的市民,面临着关于设计行政制度和设立政府的整个问题了。不足为怪,他们曾犯了许多错误;在城市内曾发生很多骚动。但只要我们记取封建制度曾费了大约一百五十年的时间来使它的制度成为一种公平而有效力的行政机构这一点,我们一定可以原谅这些市民的过错和强暴行动的;因为对于他们来说,自治政府还是一件新的事情。他们在封建制度内找不到什么先例的,因为城市运动在本质上是反封建的。

近代城市是中世纪城市的后裔,也许在中世纪文明中对于人类没有什么比城市具有更大的社会意义了。城市不仅需要解决大批混乱的垂死残余成分，而且必须发展新生事物，并试行大量无结果的实验。关于起源的争论、阶级的纠纷、那些反映在新教区组织上的教堂混乱、那些体现于工匠行会和商人行会集团的工商业竞争；这一切也须予以解决；而且各个团体的地位与职能也须确立。在这些地方的居民中间，按照不同的情况，形成了各种不同关系，而这些关系是异于曾使他们束缚于领主的等级关系。骑士等级——如果有这样的一个等级——和富裕的资产阶级联合反对下层阶级的居民。[①] 资本主义的影响沿着社会淘汰的路线起着作用；“好人”显现出越来越趋向于形成一种城市贵族；他们支配着城市事务，所以，结果产生了一种依靠经济权力的城市贵族政治。这样一来，城市组织，时常甚至通常地归结为一种寡头财阀政治。

地方政权是为了管理城市而组织起来的。我们看到有行政官、立法机关、法院和低级文官来治理城市。这制度的形式在各地方是大不相同的，因为它是从两种权力，即贵族与人民团体的权力之间的一种明示的或默示的协议所产生的结果，就是，从两者之间的一种平衡或协议所得的结果。

每个城市，有着它的行政机关来管理必要的公共防御和公共秩序，例如民兵队、税局、财政局、法院、行政院等等。这些在细节方面，有着很大的不同，还有着大批行政人员与代表人。其中最普通的，是每年更换行政长官的政治现象。但可以稳妥地说，市民在百年或百年以上的时期中曾试用过各式各样政府组织方案，也发

① 在里曼，我们看到某些地方的贵族；在圣垦廷（在 1045 和 1080 年之间），我们看到资产阶级、骑士和僧侣宣誓效忠于公社。显然，僧侣、骑士和商人构成了人口中的三个阶级。

明过几乎一切可以想象得出的组合形式：例如，单一元首和多数元首制、直接和间接选举制、有限选举权和普选权制、等级代表制、比例代表制、长任期和短任期制、轮流任职制。城市会议的组织从一个极端走到另一个极端：从富人的极端贵族统治制到取消上层阶级的选举资格或剥夺他们的公民权甚至放逐他们，完全由群众统治。地方机构有时变为如此复杂，以致它们周转不灵；于是革命或无政府状态接踵而来，因为在中世纪城市中，党派情绪激昂。在亚威农、伟恩与蒙特皮列，情况曾一度复杂到这样地步，选举行政长官，是先把候选人的名字投入袋内，然后用抽签方法来进行的。在根特，还采用过一种巧妙方法——“三十九”人行政院分成为三组，每组十三人；一组是实际负责者，一组是曾在前一年任职者，另一组是将在下一年任职者。

在中世纪城市中，最突出的例子，是那些行使主权权利的自由城市；特别是意大利和德意志的自由城市，在那里我们看到“主教自由城”和在国王领地上的“帝国自由城”。在这些城市中政权存在于一个显贵的团体手里，它一步步地成为一个主权团体。它制定条例，订立法律，宣战，媾和。中世纪时代的真正共和国，就是这样地组成的；其中，有的城市维持它们的独立地位，达几百年之久，像威尼斯、佛罗伦萨、热那亚、德意志和瑞士的自由城那样。行政权委托给行政长官，叫做“城长”、“市长”或“统领”(Bürgermeister、maire、podesta)，最后一个名词，指的是一个意大利长官，开始出现于十二世纪的后半期；“统领”一般是一个外国人，为了管理城市而入境的，以六个月为期。

另有一种事实上相似而法律上相异的制度，起源于若干城市里；这些城市的领主曾把他所有的权力移交给城市中的一个集团。这一种制度曾流行于法国和法兰德斯；我们看到，它也曾施行于德意志的若干领主城市。这些城市有着选举的官吏，从资产阶级和城市贵族中选出。在南法，他们叫做“执政官”；在北法，叫做“执行吏”；在西法，叫做“老爷”或“市参事”(jurats)。他们的人数，是可变动的。在亚威农，有八个执政官；在马赛，有十二个执政官，在土鲁斯，有二十四个执政官；在波尔多，有五十个市参事。这些官吏组成了一个行政委员会，来控制市民兵、指派警察、课征赋税等等。这个行政委员会包括富裕市民中的两个等级，地主(他们的财富在于他们的地租)和巨商。这项职位，毫无疑问，是世袭的。尽管遭受反对，大家族还保留着行政委员会的控制权。在一般情况下，还有一个“士绅”会议，也许是一个居民大会；这会议可能是没有实际权力的，只是为了通过城市政府的法令而召开的。在上述两种相似的形式之下，那些代表全体人民的市长掌握全权：他们宣战、指挥民兵、保卫城市堡垒和城门；他们批准并课征赋税；他们控制财政；他们执行司法并颁布法令；在某种意义上，我们可以说，这样一群地方长官是一个贵族集团，因为在南法城市如在毕伽第城市公社那样，这个集团拥有过去封建领主所有的权利。

在许多城市里，领主还保留对城市的一部分统治权，而他的代理人叫做执行吏或“市长”，行使某种权力。在西法和英国的城市，情况尤其如此。领主的这种代理人主持地方法院、指挥民兵并保卫城市。另有一种情况，可说明城市自由在程度上的各种差别；就是，贵族所给资产阶级的，只是他们得按照他们的习惯法受到审判的自由和权利。他们没有权力来建立自己的政府；行政首长是领主的代理人，他行使一切权力、宣布判决、课征赋税。在法国，这种形式是典型的。法王曾赞助在大封邑内的城市公社运动，为的要削减高级封建主的权力。但如果这项运动发生在王室领地内，他们是不会容忍的。然而法王也对新兴资产阶级作出让步；赐给了他们很多有限的免除权的特许状，如著名的“罗里斯惯例”缩减了王室“市长”的权力。他们也准许巴黎的“市长”和“执行吏”判理有关商业性质的问题和巴黎商会的案件，所以，资产阶级逐渐得插手于城市的政府。这样，在城市公社的内部和在市长管辖下的村庄，发展了一个第三等级，这一等级在十四世纪获得了一个全国范围的意义。

从外形说来，一个中世纪城市是由三部分组成的：(1)城市本部，包括城垣内的部分；(2)郊区，城垣外的部分；(3)“禁区”(banlieue)或外围地带，所以被这样称呼的，是从“禁止里格”得来，就是，在城市法律或禁令管辖下的一里格宽的领土地带，在那里所散布着的小村是在城市管辖权下的。

城垣对市民的实际生活上的影响比任何其他东西要大，因为它是城市的主要防卫。昼夜守望和修建城垣是永久的事情。城市有时从租出城垣旁或城壕内的空地，作为园地甚至茅舍基地，来获得进款。城中大塔楼，可用作谷仓，货栈与马房。在人口增加的时候，城垣内的屋基和房屋的价值逐渐上升，所以，这种财产的所有人，普遍是城市的富商，成了一个发财的收租阶级；跟着地租的提高，下层反对富人的情绪也激烈化了。城垣也有使人口壅塞的影响；这一情况，是用建造高房子来应付的，房高有时达五或六层楼高，而且还把上层楼面向外放宽到街道上面，因此，街道变为一条有复遮檐的拱廊。这种办法，由于遮蔽阳光，常使街道变为阴暗而有害健康了；所以，我们看到那种限制房屋高度的“摩天大楼”条例和禁止建筑伸到街道上面的法令。

“摩天大楼”这一祸害不是从近代开始的。在中世纪时代，那有城垣围绕的城市使造屋的土地价值变为昂贵，因而资本家为了获得适当利润，不得不建造了高楼大厦。另一方面，司法当局被迫制定造屋法来防止这些建筑物造得太高，以致危及公共安全。威尼斯城是建造在岛屿上的，这些岛屿上的面积有限，土地是很昂贵的——因此，事实上，城市会议被迫通过一项造屋法规定房屋的高度以七十呎为限度。在佛罗伦萨，当城市的面积被城垣限制的时候，这项限度是一百呎，在巴黎，六十呎，在托利多，七十五呎。理姆斯有一项奇异的造屋法律，禁止任何为居住目的而建造的房屋高出大礼拜堂的屋檐；据记载，无论什么时候当一座房屋筑造起来时，副主教被吩咐每天从屋檐的洞口望出，来看这建筑物的墙垣是否高于他眼睛的水平线。阿姆斯特丹的市民，可能从理姆斯会议获得了这种思想，而命令：任何房屋或住宅不得高出“市政厅”的第三层楼；这座大厦是城市所引以自豪的建筑物，他们殷切地要以这个办法来保存它对其他一切建筑物的卓越地位。

下层阶级是住在城垣外的郊区内的；如果他们不在他们的茅舍里劳动，像许多人做“计件工作”和“茅舍手工业”那样，他们就在日出时，城门开放以后入城，在日没时再出城。在城内常可看到花

园与果园而“外围”地带的农村供应着其余的必要食料。

我们可按照中世纪城市的一次又一次扩大的城垣来衡量它的成长。因为在十二至十四世纪之间，许多城市曾拆毁它们的老城垣，填满它们旧城壕并建造了它们的新城垣，来把郊区包括在内。百年之后，再次进行了同样的事情，因为又需要建造新城垣来把新兴的郊区包括进去。“比萨到了 1081 年，皮阿森扎在 1158 年之前，各已有了新城垣；佛罗伦萨在 1172—1174 年之间，摩德拿在 1188 年和巴土亚在 1195 年各建造了‘第二个围墙’；这些事实暗示：旧城垣之外，在若干时期以前，已有重要郊区的存在。”如果仔细研究这类老城市的平面图，我们常常会看到下列事实：在城市之内有着环形街道；这说明它们是铺设在中世纪城垣旧基地上面的这一事实。巴黎城内的林荫道系统，是一个明显的例子。那为维持城垣所征的城市税，是苛重而失民心的；又因为这种税在直接税形式下难于收集，它时常改变为一项间接税，通常加在食品方面。今天，法国、意大利和德意志还保留这种形式的税，作为地方“城市税”(octroi)。一个中世纪城市有时还拥有森林地：列日售出它的贵重的木材来维持它城垣的费用。城市也租出磨坊权和水流权以及在“外围地带”内的打猎和捕鱼权。

直到相当晚时期以前，关于中世纪城市的成长，无论在它们的数量，它们的人口或它们的进款方面，不可能有正确的数字。但有理由可相信：那些自治城市的数量在 1100 和 1300 年之间增加到十倍，而他们的人口有时增加到两三倍。当然，它们进款也跟着相应增加。的确，在 1214 和 1293 年之间，热那亚的收入增加了一倍，到了 1395 年，它的收入又增了一倍。在威廉征服者最后生病的时期，卢昂城的喧哗曾使病人不能支持下去，所以他曾下令把他送出城而移到城西山上的圣哲佛教堂去住。公共广场，自然是城市的中心。有时它是一个市场广场，有时是教堂前面的广阔场地，有时是市政厅前面的广场。在意大利，它被称为“piazza”，在德意志被称为“platz”，在法国被称为“place”（广场）。但在所有的场合，这个名词都是从古拉丁文“platea”（广场）得来的。在那旁和尼姆，凡是在公共广场上有着房屋或店铺的人们，被称为“广场人”。

在十三世纪之前，公共建设除了在意大利城市以外，还未曾有过多大的进步。巴黎还未曾有一条铺石子的大道，直到腓力·奥古斯都在1184年敷设了卢佛尔宫前的大道。1131年，路易六世的一个儿子驰下拉丁街区内圣扎克路时，他碰到了一只正以鼻子掘出街道上垃圾的猪冲入他马的两腿之间，因而他从马上摔下而死。然而，在十三世纪有些先进的城市，像科伦和律伯克那样，已以石子铺设了市场地点和它附近的街道。我们看到城市为了公共建设已经实行征用土地的事例。大部分城市，在冒着伤寒病的危险之下，依靠水井来取得饮水。但进步的大城市也有用水管来获得部分用水。1187年在阿伦逊城被围困的时候，它从萨特河得来的用水，由于水管的被截断而中止。1256年，有些工人，在从事清除伦敦一条旧阴沟的污物时，因水管中的污浊气冲出而昏倒。十二世纪，在有些城市里，阴沟已不是仅仅在地面上的排水小沟，而是用砖石砌成的地下通水渠或用管子一头接一头砌成的地下泄水管；还有公共厕所，也曾被提到。所知道的唯一的街灯，是在某个神殿前面的一盏偶然点亮的灯；除非在庆祝日子的晚上，市民才常

常在窗口上点起了蜡烛。在中世纪城市里，由于有着大量木房，火灾的危险是严重的，所以富人建造了石头房子；在有些城市里甚至下层阶级按照法律也需用瓦片来盖着屋顶，以代茅草。到了1400年，中世纪城市房屋大多是用石头造的或用木头和水泥造的。如上所说，城垣以内的房屋是高的，但在郊区内穷人的房屋，是又小又肮脏的茅舍。在一个市中心区，由于空地缺少和房租昂贵的缘故，住宿情况，非常拥挤；有时多至十到十六人，住宿在三个房间内。有时，我们可看到几个人合有一座大房子；他们各领有一层，或者常常各领有几个房间。它的产权是分成份额的，例如占其中四分之一、八分之一、十六分之一甚至三十二分之一的份额。

像城市起源那样，中世纪行会的起源，是一个复杂而又有很多争论性的问题。关于这个问题现有各种理论，正在流行。对于十九世纪早期所流行的理论，即行会是从罗马的“公会”(collegia)和“秘密会社”(sodalitates)得来的说法，今天已很少有人赞成，因为那些古代会社的残余的继续存在像罗马市政制度的残余一样，不能获得证明。

另有一种理论，流行于那批主张城市起源于日耳曼“马克”论的德意志历史家中间。他们认为：行会的起源，在于古代日耳曼原始会社中这个或那个团体；例如古代日耳曼“酒会”(convivia)或为自卫而组织的“部落亲属会”(frithgilds)。

第三类历史家认为经济社会势力比种族制度更重要；他们主张：“行会的胚芽萌发于庄园经济的小天地中。”然而，这类历史家可分为两个集团。一个集团企图从庄园的手工业中找寻起源，就是从庄园上不自由手艺人中，据他们说，这批手艺人逐渐分成为属于同一行业的工人集团，如鞋匠、马鞍匠、车轮匠、织工、漂布者和铁匠的集团。他们分住在大庄园上各地段内，像在圣里奎尔那样；这一事实被援引作为本论点的证据。第二集团认为：行会是从庄园的“工头”阶层里派生出来的——就是说，从庄园上管理手艺人和手工业者的“头子”或“监督”里产生出来的；这批人虽然本身也居于不自由的地位，可是他们成为一种高级而又有更好训练的工人；而且他们是具有管理和支配工业的经验与资格的。

但在这两种理论中，没有一种能够解决这个重要问题：这些工人是在仍是农奴身份时已组成了行会呢，还是在他们脱离了农奴身份之后组成行会呢，即使我们承认了其中任何一种理论，还需要证明：当这团体的成员还是农奴的时候，原始性团体——行会的核心——已行会化。看来，这些理论各包括得太多或包括得不够，否则也是把我们所可得的证据太牵强附会了。它们不是太狭，便是太宽，它们也没有注意到那些由于种族集团的残余、历史传统的不同、地方经济或社会条件的影响所产生出来的地方偏向或变异。而且，商人行会也可像手工业行会一样地归入其中的任何一项根源里吗？比较容易了解：人口的压力和技术的发展逐渐使手工业中间产生了分工，于是有熟练工匠在市场或市集上或城市里可能变成为自己手工制品的负贩者，从而有一种异于手工业者的“商人”出现。就是说，手工业行会和商人行会两者，都是从庄园行业里起源的（许多领主觉得必须把他们依附人中间的某些人变成为商人来供给他们的家庭需要）；但与这项假设相反，我们看到有关另一类很不相同的商人的证据；他们似乎从来未曾充当过为供应寺院和庄园所需的外来货物的不自由商人，但他们一直是商人。

在一个“堡”内所有的商人不是都属于领主的旧“人”的。这批人是那些最先住在城市的“堡”内的流动商或队商吗？那些最早的“堡民”是因经营商业而终于完全脱离了庄园的庄园农奴吗？庄园商人，当还未完全从手工业方面分化出来的时候，已组成行会呢，还是他们在成为羽毛丰满的商人之后才组成行会呢？又在什么时候，队商组成行会呢？一个行会能够合法地自行组织呢，还是商人行会和手工业行会都是由于某种政治权力的一项法令而建立起来，像市场由法律来建立的那样呢？对于这些问题，没有一个清楚的回答。但看来，行会的特许权利，像城市的特许状那样，或者是由于政治权力的正式赐给得来的，或者是由于统治的领主批准了那些由团体所拟定而呈请领主批准的规则与章程方面得来的。

另一类历史家，要从教会的各种类型的教区会社或兄弟会里找寻行会的起源；而这些团体是作为救济穷人、照顾病人和埋葬死尸的慈善机构而存在的。但这项理论是缺少实质的根据的。它所提的论点是：所有的行会都千篇一律地有着守护神；但这一论点是站不住脚的，因为已经证明：行会采用守护神这一惯例，是在它们历史的后期，不是在它们历史的早期的。而且这些守护神的名字，也不同于兄弟会守护神的名字，例如：圣克力斯平（鞋匠殉难者）和圣尼古拉（商人殉难者），等等。最后，还有很少数作家，想要从那些由“上帝和平”或“上帝休战”运动所创立起来的地方团体内，发现行会的萌芽，但这种理论也是站不住脚的。

这样地探求行会的起源，有着双重危险：第一，所使用的名词意义超出历史资料所可证明的范围；第二，太严格地拘泥名词的正确定义，因而看不见那些隐藏在制度背后的动机。我们虽然不信任这样空泛的一个概念，像“联合原则”那样，却可坦白地承认：在早期中世纪世界，下层社会到处觉得有组成某种集团的必要性。我们可同意刻特根的审慎的论断：

> 事实……是：在早期，我们祖先中间，盛行着一种为持久的、实际的而又合理的目的所表现的自由结社与组织的精神，关于这一点是无需寻求更远的根源的。它无需乎外地的榜样，但只要当他们的一般文明状态允许它并需要它的时候，它就兴起了并按照情况与目的采取了各种不同的形式：例如，部族会、宗教团体、商人公会、饮酒总会、公社……城市在很大程度上是由来自周围乡村的移民居住着的。他们由于变更了他们的住处，离开了他们的亲属，因而离开了那些患难与共、休戚相关的人们。行会在某种程度上所提供的，正是起他们亲属的作用。[①]

行会的历史重要性，不是在于它们的政治活动，而是在于它们的商业与工业活动。它们是中世纪时代解决商业与劳动问题的手段。行会控制资本并管理劳动；它们支配生产与分配；它们规定价格与工资。但在它们的组织里，也有着一种社会的影响。行会的目的部分是社会性的，部分是互助性的。商人行会和手工业行会，即使非完全同样，几乎都是在早期出现的。它们组织的目的中的一个巨大因素，是互相保护与保证，无论在国内或国外。行会尤其

① 《英国历史评论》，第 8 卷，第 125 页。

是手工业行会，在初期，是具有显著的民主精神的；从学徒到匠师这一条路，开放给所有合乎资格的人们。但到后来，在十三至十四世纪，行会和城市政府同样变为寡头的组织。在这两种组织里，都反映出同一的排他性现象。

行会是一个团体。正因为这样，它所有的成员，住在城市中同一街区内。所有不属行会的劳工都被排挤出去。每个从事手艺的人，必须属于一个特殊“工场等级制”，从学徒逐步上升到帮工和到匠师的制度。匠师和学徒之间的关系，是家长式的。学徒被看作匠师家庭的成员，他的品德教育是和他的技术教育同样受到注意的。他不可以结婚，或寄宿在匠师的家以外。学徒缴付一种现款的学费，获得膳宿，但没有工资。学习时期，从两年继续到五年甚至七年不等。“日工”或“帮工”所得的工资是很少的。匠师是一个卓越的手工业者，他已经制成了他的“杰作”。他教导工人的方式，一向是口头的或用实例的。由于这个缘故，关于行会教育的内部情况，是很少知道的。从整个中世纪时代，只可获得一种这类性质的成文文献，即微拉·得·翁尼库特(Villard de Honnecourt)的“名册”。

从开始那一天起，行会显出了要求取得特权和封建垄断权的迫切愿望。虽然行会严格禁止内部竞争并野蛮地压制它，但它们鼓励它们的成员进行对外的竞争来扼杀对方，就是，他们可以随便什么价格“在外地出售”东西，不论是在邻近的伯爵领、城市或教区内。

行会在初期原来是有内部民主精神的，但不久有一种分裂发展起来，而这项分裂到十三世纪末期就固定起来。匠师成长为行会成员中间的贵族，后来拒绝了普通工人入会，这样把行会改成为一种关门主义的资本家的团体，而它们的会员资格，限于已属于行会的富裕家庭中间，是由父传子、子传孙的职位。这样一来，资本和劳动间的冲突，在中世纪后期，就出现于舞台上了。普通工人，成了像一个工厂里的工人那样——虽然那时没有工厂——他们从行会匠师领取原料并在家内制造它们；他们成为工资工人，以“罢工”来反对削减工资，或争取更高的工资；他们遭受失业和“艰难时期”的危险；他们被业主或富裕雇主嘲笑为“蓝钉”；这批雇主由于占有行会的积蓄与操纵价格与工资而获利；除了这些所得外，他们还可从他们在城市中所占有的财产而获得租金。

同时，劳动阶级成了一个无组织的工业群众。其中唯一的分裂，是技术上的差别：例如，梳羊毛工、织工、漂布者、硝皮者、染色工和马鞍匠，另一方面，雇主是集合在大商业或手工业组织内的。然而，雇主间差别的标准，大多不是行业的类别，而是各种行业所控制的资本数量。例如，在佛罗伦萨，我们看到有“大行会”与“小行会”的分别。大行会共有七个，它们的领导人，是城市内各主要行业中的最有钱的市民。在这劳资两个阶级中间，匠师是占着一个中间等级；他们是工人的监督或“工头”。那些做繁重工作的人们是按周工作的，住在破破烂烂的郊区内，肮脏的宿舍里；他们的工作钟点，是规定的；它们是受着城市大钟的支配，他们的工作日是漫长的。他们做一天，吃一天，处境和今天的低级工人相似。他们服从主人或雇主；后者指派检查员来监督他们的工作并规定他们的工资率。我们完全不知道最低等级的劳动人口的情况；这批人就是除了膂力以外没有别的东西，没受过专门训练的工人。历史上没有谈到那未入行会的、临时雇用的劳工阶层，他们叫做“季节工人”。

在佛罗伦萨，大行会包括下列七种行会：(1)公证人，他们长于法律；(2)进口布匹商(Calimala)，他们的业务，是输入外国布匹并把它们染色加工，使式样更加美丽；(3)银行家和钱兑商；(4)呢绒布商——呢绒业行会，是佛罗伦萨最富的行会；织造呢绒是它的主要工业；(5)医生和药剂师；(6)丝商；(7)皮货商。佛罗伦萨小行会，通常有十六个：屠夫、鞋匠、铁工、皮革工人、石匠、葡萄酒商、烘面包工人、油脂商、猪肉屠夫(与一般屠宰分开的专业)、麻布商、锁匠、武器匠、马具匠、马鞍匠、木匠、旅馆主人。

上列一表可以认为是具有代表性的，当然行会的数目与类别，在各城市之间是有差别的。这种差别是由于不同的地方经济条件所引起的：例如，由于某种容易获得大量原料的供应如铁那样，又如由于一个特殊的地理位置上所得的商业便利，像在威尼斯、热那亚、科伦、布鲁日那样。

由此可见，在十三世纪，经济的和社会的两种革命，在行会里和城市里，都已发生。富人阶级到处控制了地方政府和地方贸易与工业；他们并通过法律来支持他们的利益，如特权和专利，或表达了他们轻视群众的态度。例如，在布鲁日，1241 年的法律把伪造货币者、小偷和手艺工人联在一起。从十三世纪中期起，在欧洲人口稠密的工业地区，如在伦巴第、多斯加纳和法兰德斯，罢工和暴动是普通事件。1244 年，在杜厄曾有一次工人暴动；1248 年，在布鲁日、伊泊尔、根特和杜厄，大规模地爆发了叛乱。在私战全盛时代，农村生活中的强暴行为，有了十三、十四和十五世纪城市中的强暴与野蛮行为相匹比。关于这一点，历史表明在礼节与道德方面没有什么进步。强暴行为只不过从农村转移到城市而已。强迫实行到这样的程度；以致我们看到引渡逃亡工人的立法，正像在庄园时代追回逃亡农奴的立法一样。

这种情势造成一种新的联合方式——就是，在一省或一个地区内所有城市的大行会人员组成了同盟——而在工人阶级方面也企图组成他们中间的同盟，甚至团结附近城市的这类联合。但工人的所有这种努力，在中世纪时代，未曾获得效果，除了在佛罗伦萨，但即使在那里，也只有一个短时期的成功。职工联合会，是属于近代起源的；它不是一个中世纪制度。

所以，总括起来，在十一至十二世纪，通过所发生的逐步革命，对旧经济和社会问题作了解决，但这解决，未曾绝对地解决了什么。因为新的情况，不论它们比过去有着多么大的改进或改善，产生了和过去同样地尖锐的新问题、新痛苦与新的不公平。约在1200年以前，欧洲的社会经济问题，是在乡村里。在这以后，这些问题则移到城市里了，在那里，由于人口的拥挤，问题比在过去时期更为严重。在庄园制度下，农民尽管遭受痛苦，但没有遭受失业的痛苦；一般说，他们是够吃、够穿并有足够的柴草来保持温暖；他们没有因拥挤的居住情况而受苦；他们的进款，虽然微薄，但没有受到像工人工资那样的经常波动，而在习惯税役转变为固定的货币租以后，农民还大为兴隆起来，因为他们所供应的食粮价格提高，同时他们所付的地租和捐税没有按同样的比例而增加起来。货币购买力下降和物价提高的运动，都没有给农民带来沉重的打击。

另一方面，在城市里，低级工人付出了高额地租；他们住在郊区的矮小茅舍里，那里人口拥挤，又是全城市中的最没有改进而最不合卫生条件的地区；他们的工资时遭变动；部分依靠市场的情况，部分依靠雇主的行动；他们还要遭受长期失业的痛苦；当市场货栈堆满食粮的时候，他们可能为了缺少现款来购买食粮而挨饿，又在冬天，他们可能为了缺少便士而不得购买燃料。一句话说，在后期中世纪——从1300年起——欧洲社会产生了无产者的问题、贫困的问题、房屋居住的问题、资本与劳动的问题。但对近代研究社会历史的人们来说，对封建时代，也不应求全责备，因为他们也是处在有缺点的社会里。

第二十九章　早期中世纪时代的结束

现在,我们必须强调指出区分十至十一世纪的文明与十二至十三世纪的文明的深刻不同之点。因为在十三世纪,欧洲曾发生一次革命式的改革。部分由于十字军运动,部分由于与此运动无关的力量,一个新欧洲,就是,一个还保存着很多中世纪的东西,同时也具有按本质论很多近代特征的欧洲已经出现。如果可以说十三世纪是中世纪的结束,也可以同样正确地说,它是近代时期的开端。

523

在所发生的改变中,一项最显著的改变是地方封建政府的崩溃。国王利用了他们的附庸出国到东方去的机会,来在多方面巩固自己的地位。贵族被削弱了。城市从那些愿意参加十字军的封建主方面购买了它们的独立地位。封邑的统一使附庸对他们领主的联系更为密切;农奴变为自由农,或在城市中充当手艺工人;老的军事和财政制度已经改组;封建法开始让位给复兴的罗马法;政府从封建的附带的和偶然的收入,已被得之土地税和商业税的固定进款所代替。已采取了课税估价的新方法和征税的新方式。这项改变中一个突出的事例,是把军事服役转变为货币缴款之逐步发展的办法。亨利二世的"萨拉丁什一税",为征收理查一世的赎身金所建立的程序以及后来为赎回在埃及被俘的圣路易所建立的程序，也是这种改变中的另一种反映，并建立了行政的先例。政府的特殊收入还大量增加了它所可获得的资金数额。间接税变成更普遍，因为它们更有利可得。在城市和乡村，工业人口的增长——因为在十三世纪，在公共安全方面，显著地作出了巨大进步——使这些进款激增起来。“如果说地租是缺少伸缩性的，那么，借款、贡税和罚款是可以大量扩充的。”

这项新生活使政府的实际情况发生转变。因为有更多货币在市面流通，国王能够雇用雇佣兵队伍；从而造成了不断需要金钱的情况，这是一个近代国家的特征；这种情况在我们近代常备军和近代公债方面已发展为多么庞大的规模。最后，这新制度由于创造了新财富和新风尚，使赋税的项目和类别跟着激增了。

破坏性内战的停止和有力的中央和地方政府的出现，都促进了生产力发展。社会变为更安定，同时也更多流动性。交通运输比过去时代更加便利了。在新的货币经济与旧的自然经济之间的竞争、繁荣景象与上升的物价都刺激了工商业方面的发展。

欧洲工商业的繁荣，从十二世纪开始到十四世纪初期，未曾遭受过挫折，除了地方性的挫折（尤其是在郎基多克的）以外。在英国，它是从诺曼征服的时期（1066 年）开始；在法国和法兰德斯，从十字军运动发动时期（1095 年）开始；在德意志，从亨利四世时代的中期（约 1085 年）开始；在北意大利约从 1000 年，在南意大利和西西里，从诺曼人征服那里时期（1016—1090 年）开始。在西班牙的基督教国家里，这种景象直到 1230 年卡斯提尔与雷翁的联合以后，在卡斯提尔王阿尔凡索贤人（1236—1284 年）与阿拉贡王詹姆士一世（1213—1276 年）的时代才开始出现。

欧洲的新情况是普遍的，同时又是各个不同的；与此俱来的，到处是旧封建政府、旧经济、旧社会的崩溃。封邑、庄园和教区的传统在瓦解。旧的恒久性的联系与结合、旧的相互利益关系、旧的行为准则、旧的睦邻关系、旧的人事与财产的地方性关系，一齐在迅速接着的新改变、新接触、新条件与新心理情况的面前让位了。

每个时代，即使不是每个人，关于人事、财产与行为方面，是有着自己的想法的。这种习惯的想法，大多是由条件决定的。改变了条件，习惯想法也改变了。在十三世纪，情况就是这样。中世纪农奴制迅速而又广泛地衰落，即使它未曾完全消逝；中世纪政府和经济形式衰退，即使它们没有完全毁灭；中世纪社会的结构，似可说，按照一种不同的模型已被织入了新线；过去冻结于土地财产的固定资本已被贸易和商业的流动资本所代替；在十字军时期意大利城市，尤其是威尼斯和热那亚，把在拜占庭曾维持了几百年的资本主义企业，带进了西欧；在那里，它还和那在西方无关十字军影响所创造出来的新财富相结合；货币经济和现款交易开始在自然经济曾统治过几百年的地方上流行着。这是一种兼有人事和财产性质的革命。财产的各种新类型出现了，在财产占有的形式与程度方面也来了新的转变。于是，一个新业主阶层也成长起来了。

这些社会和经济条件的变动，在它们的相互关系上，是如此五花八门，如此复杂，因而产生了一种深刻的转化；我们可以说，它是社会经济上的微粒改变。这些改变又以受到十字军运动的影响而加速起来，但其中有很多改变不是起源于十字军运动的；即使未曾有过这一运动，它们也会发展的。像所有这类的力量一样，它们是错综地交织着的；哪怕在逻辑上可以区别，但它们在历史上是分不开的。

在封建时代，欧洲的一个最重要的因素，是人口的增加。关于早期中世纪时代，就人口的数量与密度、赋税的负担、政府与教会的进款与庄园上收入的总额，在各方面，除了大概情况以外，我们所知的很少。但从十二世纪起，我们有着关于这些方面的资料；它们虽然不是很完备的，按近代所用的意义来说，更谈不上“统计资料”的；但也可使我们能够作出某些实证的解释的。

欧洲的人口，在第二世纪罗马帝国，开始下降，并似乎逐渐跌落，直到第八世纪为止。在查理曼时代，它看来稍有增加，但这项增加的趋势被第九至十世纪的内战与外来的侵犯所阻碍。在第十世纪的后期，尤其是在德意志，人口显然有了增加。从 1000 到 1349 年（即黑死病的灾难降临欧洲的那一年）之时期中，人口继续增加得很多，所以它可绰乎有余地抵消了因十字军而抽调出去的人口。幸而，在这些世纪中，生活资料的增加能够跟得上人口的增加。关于封建时代欧洲人口的增加，德意志历史家兰普勒赫曾作出最透彻的研究。他所得的结果，虽只应用于摩塞耳河流域，但也许可以作为在欧洲许多地方人口增加的一个相当的指数。数字如下：

年份	村庄	人口	年份	村庄	人口
800	100	20 000	1150	810	140 000
900	250	60 000	1200	990	220 000
1000	350	80 000	1237	1180	250 000
1100	590	100 000			

这种人口的增加，反映在下列方面：公共建设进步，如沿河流和沿海岸筑堤、排干沼泽地积水、削平森林；这些世纪建造了又新

又好的大量建筑物包括宗教的和世俗的建筑物，因为在这以前的世代未能负担这笔建造费，也未能提供这些工程所需的劳动力；剩余人口经常流入人口稀少的地区，北部法人和佛来铭人流到英国去，南部法人流到西班牙去，德意志人流到易北河外的斯拉夫人地区去，全欧洲人在十字军东征时流到利凡得去；城市增长和农村人口的移入城市；土地更集约耕种、旧公共地瓦解、荆棘地和荒地的圈围、森林地的开垦、牧场地的改变为村庄以及村庄数目的增加。

在封建时代，就是说，在城市兴起之前，欧洲人口的百分之九十到百分之九十五也许住在农村，而近代欧洲人口的百分之四十到百分之五十住在农村，除了英国，在那里城市人口的比例甚至还要大。欧洲的若干地区，尤其是伦巴第、摩塞耳流域和法兰德斯，到了1100年，就经济的意义和地理的意义来说，[①]显出了人口的高密度。我们从这些地区的资料，可估计其他地方所发生的情况。早在1127年，法兰德斯已被说成是一个人口稠密的地方。在摩塞耳流域，在900和1000年之间，人口几乎加倍；到了1250年，它增加到四倍。结果是土地价值的提高，尤其是在城市周围的土地，因为需要给养那里的稠密人口。很多经济学家主张：人类进步的基本根源，在于人口的增加和对生活资料日益加重的压力；十一到十二世纪的历史似乎证实了这项说法。确然，看来那些作为这个时期标志的许多复杂的变动现象，归根到底可归结到这个事实上。

地主阶级，由于这些跟着发生的变更，深受了损害。几百年

① 在讨论任何人口问题时，必须区别“经济密度”与“地理密度”。前者意味着人口对以食品生产与自然资源作为衡量的生活资料之压力；后者意味着在人口与所占据的面积之间的数字关系。

来，封建政府和封建社会是以土地垄断为基础的。土地占有权，赐给了财富，决定了贵族地位，支配了政府，保持了农奴制。早在第五世纪，勃艮第法典曾禁止把土地售给那些未占有土地的人们。封建贵族，曾以剥夺农民土地占有权，以禁止他们迁移或外迁到价廉的土地上去，一句话说，以保持农奴制，以土地价值提高到超过劳动者购买力之上，来保持他们的卓越地位。

但人口的逐渐增加，起初松弛了而后来又冲破了这种控制。在不自由的人口中间，最大胆的分子在生活资料的压力增加时，不再愿意被奴役关系束缚住而外迁到新地去了。当城市开始兴起时，农村人口流向那里。结果，劳动人口中进步性最少的成分留在庄园上；因而庄园的经济效能下降了。为了阻止他们土地上人口的进一步缩减，领主被迫对农民提出了宽大条件来留住他们：例如，改善对农奴的待遇，把服役改变为固定的缴款，最后甚至释放农奴。显然，从十二世纪后期起到十四世纪，中世纪欧洲的地主，要获得足够的重劳动力来耕种他们的土地，已感困难。有些作家没有充分了解情况而轻率地认为：对内和对外的战争和远大于今天的死亡率一起缩减了劳动人口的人数，又因领主占有着这样多的土地，所以，他们被迫提出了优厚条件来保持他们的农奴。但这项解说已被事实驳倒了，因为证据确凿：在这些世纪里欧洲人口已大大地增加。地主阶级所碰到的尴尬情况，是由其他的条件所引起的。

贵族的经济困难，也许是一个主要原因，可说明为什么其中很多人起初倍增了庄园捐税，如“土地税”和“田租”等。在今天，一个地主能够以发展一种高级技术，以采用种田机器，以使用更集约的

农作方法,以轮流播种谷物来提高他土地上的生产力。但在中世纪时代,则不然:地主在极大程度上受着流行的经济条件的束缚。甚至耕种条件,也迟迟不加以细微的改进。所以,当对农民所行使的强制方法失败以后,领主,如果有铸币权的话,采用了操纵货币,甚至把货币贬价,来从每次接续发行的新币里取得利益。他们利用他们的特权,完全像教会利用它的权力那样。从这种办法所产生的民众的困苦和贸易上的不便利,是促使男爵阶层的衰落与王权增长的一个因素;国王逐步以王室政府来替代了地方与省区的封建政权,并取缔了地方货币的流通以利于王室货币。

当这权宜措施失败以后,地主开始释放他们的农奴,提倡自由贱农租赁关系,输入"客人"、茅舍人、小佃人(自由而卑微的劳动者),以求获得充分而稳定的劳动力。甚至这项办法也未能获得完全的成功,因为生活费用的上涨比进款的增加快得多,于是地主干脆地转向于一种地租制度。封建经济的崩溃,就跟着这项从服役到地租制的过渡而俱来了;地租制的迅速发展,是十二世纪的一个特点。

即在地租制采用之前,过去的贱农服务与"服役"制已未能供给地主以足够的进款,所以在这过渡的时期,领主一定要使地租足够。于是,捐税乃慢慢地转变为固定的租款。当过去实物缴租转变为货币缴租,和农奴与贱农服役的性质和范围变为固定而有习惯性的时候,情况就松弛下来了。但由于对习惯的莫大重视,这些租率,一旦确立以后,变为不可更动的了。在租税固定之后,要改变它们,就是违反习惯。一块地产可以出售到十多次以上,但它的地税和地租却是不得改动。唯一可改变的,是在房租与居住税方面。这些租赁的条件，一般是一代又一代地由传统来保存着的。有一件著名文献，当谈到“现在已经衰老而对这些事情的记忆已经模糊的农夫”时，上面写道：他们“从他们的祖先已知道并很清楚地懂得他们应该缴付多少地租”。到了十三世纪，“习惯人”(coustumier)这个名词，普通是用以指示这个新阶层的农民；由此可见这项转变的意义了。这些“习惯”租税可能或多或少是苛重的，但它们形式的固定和他们负担的不可改动性，就它们本身来说，是一个较好情况的保证。农民获得了保护，来防止新税或旧税的增加。据经济学家所确立的原则，最好的税，是人民所熟悉的税，而在征收方面不会有什么困难或抗议的情况。为要了解对农民课税上所作出的巨大进步和固定的习惯税对专横征税之优越性，我们只要把这情况和爱尔兰农民近在前一世纪还愤怒反对的“勒索地租”的祸害相对照一下就行。到了十三世纪末期，除了在欧洲最落后的部分外，再也没有像那项可憎的办法存在了。

到了1300年，农奴，其中至少有几百万人，已上升到自由人的地位；如果他们还是被称为农奴，那是一个法律的虚构，因为还有若干旧条件附着于他们所可能有或可能租的若干土地上。“免役税”、“分配地段”(lots)及其他陈腐的名称，过去曾一度意味着真正的劳役和真正的负担，而现在已变为一个空名、空壳特权的残痕，像我们有时看到的附着于所有权上的古怪条件一样，其根源可追溯到辽远过去的立遗嘱者。如果说农民未曾成为自耕农，他们至少已是自由租户。过去的庄园村庄现在已变为一个自由农的村庄，一种乡村的行政制度已替代了过去庄园领主的政府。

欧洲的经济革命曾迫出了农奴的释放。说人道主义的情感在这过程里曾起着什么巨大作用，那是荒谬的。如果理想主义曾是激起这项运动的动机，那么教会农奴应该最先被释放，然而他们却是最后被释放。在这方面，僧侣落在世俗业主之后。那些表达慈悲性的祷词："为了上帝的爱"，"为了找灵魂的幸福"等，是口头陈套语。

但是领主曾犯了一种错误，就是，准许依照庄园惯例的长期地租制，在这惯例下，服役的数量与类别，一旦取得协议，就变成固定的。他未曾看到未来情况，未曾预计到物价的逐步上涨和生活费用的逐步提高，从十二世纪中期继续上升到十三世纪末期。结果，后来在生活费用上涨而地租依然固定的情况下，领主觉得自己还是处在经济困难的状态中。

实际上，农民所获得的利益远过于领主。正因为货币地租很缓慢地代替了为领主耕田和收获的劳役制，前者采取了后者的最重要特征——一致的习惯性；传统还使它们停留在某种水平上，这一水平是很难更动的，即使领主的利益和时代的情况已经大大地改变。物价是在波动而逐步上升，货币的购买力是在渐渐下降，但习惯地租依然和前一样地是原封不动的。所以，跟着岁月的流逝，情况的转变是有利于支付地租者方面……〔在英国〕1189 年所举行的葛拉斯吞柏立土地调查的主要原因之一是：要确定地租实际上是否符合地皮的价值，并要作出必要的调整，但像这一类的课税估价，是很罕见的，也难于把它们付诸实行的；一般趋势，显然是走向习惯地租的稳定性的。[①]

教会尤其是寺院，是最大的土地所有者，因而它们从这些改变所遭受的打击，也特别严重。因为寺院主要是以农村为基础的，而主教的驻地是在城市里。

地主贵族，即使还未曾消逝，但已经减少，不论在人数上或在势力上。与创造新类型财富的同时，革命也创造了社会的新成分。除了城市的资产阶级以外，还崛起了一种新的暴发贵族；他们的称号，不是从出身而是从王室恩宠得来的，他们的财富，不是在土地上，而是在政府的俸禄、恤金和官位上。残存的老贵族，已是过了时的，是骄傲但常是穷苦的贵族。

关于旧封建贵族的这种日益贫困的情况，我们有着若干奇妙事例可资说明。举例说，因为充当一个骑士的费用是很大的，新骑士必须具备一匹战马和一匹后备马、甲胄、华丽服装、侍从，此外还须加上骑士授爵仪式的费用和祝宴的费用，人们可看到推迟“骑士授爵仪式”的趋势。在骑士制度的早期，一个人在十五岁可以成为骑士，后来延迟到十八岁，再后延迟到二十一岁。如果一个未来的骑士是属于望族的子孙，当他已成年而尚未被授予骑士爵位的时候，至少就长子来说，那认为是一种社会耻辱。结果，有很多家族在进款日减的情况下，为了保持它们的社会声誉，落入了犹太人高利贷者的魔掌手里。关于妆奁，也可看到同样的情况。贵族把女儿的婚嫁延缓；如果大女儿已出嫁，她妹子的出嫁一定要等待，直

① 费诺格拉道夫：《英国的贱农制》，第181—182页。

到她们的家庭由于一次幸运的降临或由于小心节约得弥补它为嫁长女所受财产上的损失为止。

因为地租的增长不是按照生活费用增长的比例的，贵族越来越变为贫困化了。他们被迫抵押出他们的庄园；当他们未能付出利息的时候，抵押品的赎回权被取消而他们就丧失了土地。十二世纪的欧洲在不太尖锐的程度上已感受到世界从 1918 年以来所感受到的；就是，那些依靠固定收入过活的人们的痛苦。商人、手艺工人或自由农民的进款，是有伸缩性的；如果他们克勤克俭，他们的进款会增加而不会减少。但那些依靠从长期租赁所得的固定地租而生活的地主，则不然。当生活费用上升的时候，他们一年比一年更加穷苦。封建贵族的这项没落过程，在意大利最为突出，但在或多或少的程度上到处是存在着的。廷廷那诺族原是多斯加纳的大贵族之一；它的最后一个领主，就这样地丧失了他祖传的地产而依靠施舍过活；1250 年在塞亚那街头上讨饭而饿死在那里。

但老贵族果然更贫困化，可是比他们的前人有着更好的仪态。那些野蛮的早期封建社会的日子，在最大的男爵还是愚昧无知的时期，在十三世纪已一去不复返了。可是这种新的文雅风度也有着它的渣滓的。贵族的骄傲——尤其是法国贵族的骄傲是尽人皆知的——大多硬化为傲慢态度。当十字军运动促进传布骑士思想的时候，那些思想已丧失它们早期的淳厚品质和阶级理想了。骑士组织已成为一种国际团体，一种国际种姓。十一至十二世纪的粗鲁野蛮性被一种雅致的残暴性所接替，而后者更坏。结果，人们在十三世纪文学里，可以看到贵族反对资产阶级、自由农民与自由贱农之诽谤语调以及有些贵族，虽非全体贵族，对这些阶级所作的无意识的嘲笑。

当然，不该设想：所有封建贵族都是遭受不幸的。有些相当聪明的贵族，保留着他们土地的一部分于自己手里，不把它租出而由自己来经营；他们需要劳动者时，雇佣他们；当工作完成以后，即解雇他们；这批贵族还能勉强度过。如果贵族和业主阶级曾能耕种他们的土地，像农民所做的那样，他们的地位会是大不相同的。但他们不愿也不能这样做，也不能支付自由种田工人所要求的新工资标准。于是，贵族在经营自己田地的方面感到困难，因为农民不是离开他到城市去，便是要求太高的工资。但整个说来，贵族很少有经营实业的倾向，而且在庄园制度的传统与习惯下，很少有甚至没有什么教育可使他们了解新的形势的。土地已变为一项商业资产，一个可以买卖的对象、一种商品——那在封建时代是闻所未闻的事情。事实是：在1150和1250年之间，地主阶级处于进退维谷的地位，就是说，他们遭受了进款的缩减和生活费用的提高与高物价之两面夹攻；关于他们进款之所以缩减，是由于不善于有力地经营他们的土地，或由于不能提高地租的缘故。因为这个时期是以一种物价与工资革命为特征的。

我们不能叙述中世纪时代物价的准确历史，因为流行的货币这样繁多，它的物价又时常波动，特别是因为不可能确定货币在某一时期，在某一国家或地方，所具有的购买力如何。但大概说，在后期封建时代，无疑地，物价与工资有着巨大的上涨。工资的上涨，因为它和物价的上涨保持了大致的平衡，补偿了工人和生产食料的农民，但那些依靠地租与投资的人们则吃亏了。

换句话说，贵族与教会吃亏最大。但教会一向能以请求捐助来弥补亏空；如上文所述，它还利用了它的宗教权力以取得大量财政进益，而贵族则不能作出这样的呼吁，也不能采用这样的办法。

十三世纪革命的另一特征是：城市对封建经济消逝的影响和它们对庄园制度的崩溃与自由农民阶层的形成之关系；当时，市区地租已日益用于促进商业方面。确然，关于改进农民状况的一个基本因素，是那些能够经营对外贸易的大城市的活动。

> 这些城市的利益，在于赞助自由，以便于获得原料。于是，资本在城市里的成长导致市民愿意投资于土地。但封建制度和它把农奴束缚于一个世袭租地上的制度，阻碍了对土地的自由投资；这是为什么城市反对农奴制的另一原因。因此中部意大利城市首先提倡了整批释放农奴；那不是为了给予农民土地，而是为了城市可投资于土地，当土地成为一种市场商品以后。

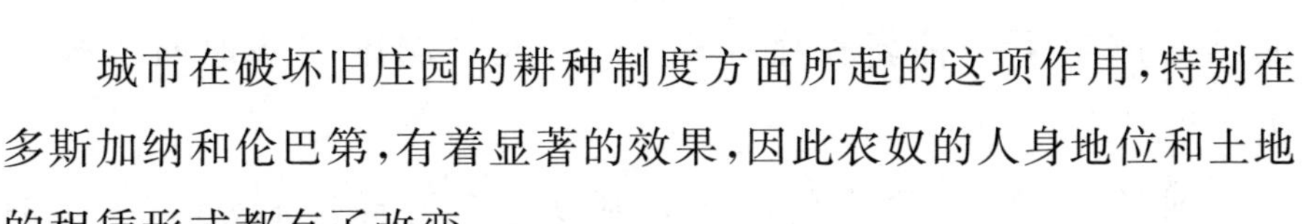

城市在破坏旧庄园的耕种制度方面所起的这项作用，特别在多斯加纳和伦巴第，有着显著的效果，因此农奴的人身地位和土地的租赁形式都有了改变。

> 在布里西亚，1303 年曾建立一个专局来帮助圈围土地和取消公地。的确，在那里不久就兴起了一相当大的土地市场，

> 在十三世纪的意大利，也有着相当大的土地需要。事实上，在十四至十五世纪，意大利所进行的革命，很像十六世纪英国所碰到的革命那样，就是，城市资产阶级地主替代了贵族地主，短期租赁制和分种制度替代了永佃制，土地分成为接连的租地，依靠工资的农业劳动阶层逐渐兴起，农业方法获得了巨大改进。①

新贵族和富裕资产阶级，是土地的主要购买者。在十三世纪，甚至有很多旧农奴，现已成为自由人，殷切希望自由耕地，他们也购买了土地。城市周围的土地价值，增加得最多，因为在那里，人口的增长使蔬菜种植变为有利，或因为富商巨子要在那里建立乡村别墅。

生活标准的提高和物价的上涨对上层阶级的打击比对下层阶级要沉重。因为像亚当·斯密所早已指出的那样，“必需品的价格，并不像奢侈品那样地跟着一个国家内财富的增减而涨落着的”。其间的比率，是变动性的而非经常性的，因而市场情况是有利于普通人方面的。或者，像有人说过，“由于需要奢侈品，因而需要金钱，正是这种愿望起着溶剂的作用，使旧秩序完结而产生了一种新秩序……于是，贱农制度就从地面上被抹去了”。②

到了 1300 年，欧洲的旧庄园制度已变为有名无实；它已是旧

---

① 上面两段引文，摘自《经济杂志》，第 21 卷，第 435 页（科伐勒夫斯基的一篇书评）。

② 卡里尔：《货币史》，第 257 页。

时庄园的一个单纯的框框儿、一个空壳、一个骨架。新的经济和社会力量已磨灭了它的实体，像风雨的力量侵蚀了一座建筑物那样。即在庄园苟延残喘的地方，它也和过去不同：它是另一样子的一个新的经济单位，有着另一样子的新的经济，另一样子的新的社会结构。

到了1300年，中世纪农民的情况和他在850年时的情况，已经大不相同，当然，尽管还有着落后的地区。事实是：欧洲社会从第九世纪以来经常在流动和变化的状态中。“在1300和1100年时，都有农奴制的存在，但这个名词在前一时期与在后一时期，有着很不相同的涵义……时间是有利于农奴的。”①

有人常常说，中世纪欧洲货币经济的出现是迟晚的；这一种经济推论之所以产生，是因为肤浅地检视资料的缘故。中世纪庄园是一个自给自足的单位，因而不需要也不知道什么货币经济，准确地说是在什么时候呢？这类概括性的论断，是需要缜密审查的。就庄园执行吏的纪录看来，我们找不出在十三世纪中那项特殊革命痕迹，就是，以货币经济来代替庄园的自然经济革命痕迹。在十字军运动开始之前，货币经济的兴起已经显著。很多资料指明：在中世纪欧洲，一种货币经济在早期已经出现，虽然据故费诺格拉道夫教授的话，“在中世纪时代，自然经济和现款交易之间的斗争，不能以正确的年代差别来规范的”。

关于许多其他中世纪经济史上的问题，我们可以说它们不可能有固定的日期或单纯解决办法。货币的购买力、主要物品

---

① 库普兰：《圣柏腾寺院史》，第95、147页。

的价格、工资和俸给的数额、赋税的负担，依今天这类标准来看，是很难决定的事情。当然，货币的购买力在中世纪时代比在今天要大。但大到多少呢？为了比较的目的，如果说“一”代表1914年（第一次世界大战之前）的货币购买力，那么，850年的货币购买力**可能**大到九倍，而1200年的购买力大到四点五倍。但真正重要的问题，是**那个时候**的购买力对标准商品价格的比率。的确，从第九世纪到1300年时，货币的价格是渐渐下降的。

利凡得国家，除了黄金及像布匹这类的少数商品以外，不愿接受什么别的东西作为对它们输入欧洲货物的付款；所以，西欧所有的黄金是经常在流出。另一方面，当十字军运动开始的时候，无限量的窖藏白银被投入西欧市面上，此外，还有大量白银器皿和金属块被熔化而铸成了货币。理查一世的赎身金，大部分是从宗教团体的器皿得来的。结果，西欧出现了白银过多的现象，而白银对黄金的比价经常在波动，并徐徐在下降。在第一次十字军时代，黄金和白银之间，这种不稳定的比率是显著的，因而一次又一次地变更了铸币。例如，1103年，一本古老的编年史上写道：“在这一年，局势很艰难，而银币按照对黄金的比率而更动并重行铸造过。”九年以后，在1112年，我们看到：“再次改动了货币而其他〔辅币〕也按新分量铸成”，就是，按白银对黄金的新比率铸成。第三次在1120年，记载上说，“在11月更动了货币”。由此可见，在十七年时期中，曾有过三次不同的货币贬值。卑鄙的统治者，像法王腓力一世那样，曾力图弥补自己的亏空；他以黄铜搀入白银货币内来欺骗人民；基柏特·得·诺戎写道：“所以，由于这项行为，很多人陷于贫困，而很多人迅即破产。”①

补救的办法，当然是在西欧建立金本位的措施。但在十三世纪后半期之前，就是，在诺曼意大利、威尼斯、热那亚、佛罗伦萨以及后来的法国采用金币之前，这一办法是不可能实行的。新财政的错综复杂性、信贷制的精细的运用、课税新形式的问题，对那些世代来说，是困惑不解的，因而欧洲政府还需要学习这些有关的基本原则。

银币的贬值是一个负担，在西欧有着大量白银在流通，而它的价值是按黄金估价的；所以，在危急情势下，需要庞大数额的白银来支付债款。这一情况，可以1250年圣路易在曼苏拉战役被俘后所付赎身金的事例来说明。“〔法人〕曾以这样大量的‘达伦’币和科伦的通用币〔不是巴黎或都尔的劣币〕，送给法王；他们需用十一

① “一般使用的通货是银便士通货，而镑是一个记账的名词，等于二百四十个银便士。计算是以重量为基础，就是我们现在所称为‘金衡制’。二十便士重量，作为一盎司，十二盎司作为一镑。但货币的中间阶段的价值，在它们最后稳定以后，被转换了，所以在十二世纪像现在一样，十二便士作为一先令而二十先令作为一镑。但重量的观念还未被遗忘……八盎司作为一‘马克’。但没有相应于这些单位名称的任何一种的硬币(就是，既没有马克，又没有先令和镑)……黄金对白银的比例……是九比一(在十二世纪)，一盎司黄金等于十五先令而一个金马克等于六镑。但镑、马克和盎司都不是硬币……指英国银便士的诺曼名称，是‘伊斯脱林’。早在1100年左右，它已出现。当时，有必要来使用一个特殊的名称，因为英国便士价值等于两个里曼便士，等于四个卢昂、翁热和都尔便士。这个名称的意义未详，但它确然和东方商人即日耳曼商人没有什么关系，像许多书上所说的那样。这个词在拉丁文作为‘sterlingus’或‘sterlingo’；到十三世纪后半期，它意味着一个英国便士……小银币是半便士……有时还使用一种外国金币，即‘贝占’。……‘贝占’(或奥利阿)据一般人说，是拜占庭的‘苏里德’，它通过商人的交易而被带入了西欧。它有时为了修辞关系，也叫做‘达伦’。但可能这个名词也指那最先由西西里国王罗哲尔二世在1140年所铸的‘德干’(ducat)币；‘德干’这名称是从币上题跋‘Dux Apuliae’得来的。”——史坦利·兰蒲尔：《十二世纪的财政部》，第83页。

辆马车来装载它，每辆用四匹强壮的马来拖拉到海岸去，而后把它装载到一只热那亚船上，最后送往法王那里。当时，每辆马车运着为运现款而特制的两只铁箍的桶子，里面并装满着上述的现款。”当这庞大现款运到达米伊塔的时候，法王特为此抱歉地说，“我们西方人没有这样多的黄金，像你们东方人那样”。

中世纪欧洲的新旧情况，反映在土地价值的差别上。当我们试以自由地或长期租地的价值同庄园土地相比较的时候，我们可看出后一项土地的价值比前一项土地低得很多。有关德意志的若干数字似乎指出：这项价值上的差额，在十二世纪是百分之三十三而在十三世纪则加倍了；换句话说，自由地或租地的价值比庄园地要高出百分之三十三到百分之六十六。

十三世纪的农村劳动力的流动性和十至十一世纪的固定情况，形成了一个鲜明的对照。骑士与贵族、香客与十字军士、流动的负贩与商人集团的经常移动，虽久已成为司空见惯的景象，但现在我们可看到下列新现象：自由农民在收获时期，成群结队从一个庄园到另一个庄园做工，按日收取工资；他们甚至在收获的紧要关头，以“罢工”手段来要求较高的工资，因为在那个时候，地主几乎不惜任何代价要抢收他的已熟的庄稼，否则他将遭受很多损失。最可令人奇怪的，是城市工人在收获时期也赶到农村去做工。

虽然上面所说的农民阶级情况的改进是起于许多经济与社会的影响——旧式封建经济的崩溃、固定地租和其他的改变以及由于人口的增加和那构成巨大消费阶层的新资产阶级的繁荣而兴起了的农产品市场——但我们却不应不注意到：农业上的改进未曾跟上其他活动上的改进，农民从高物价比从较好的农作方法所得的要多。可是，如果认为在农作方法方面没有什么进步，那也是错误的。我们看到：增加使用牲畜粪和泥灰石作为肥料——在海岸上使用腐烂的水草——越来越多地放弃单纯的休耕地制，扩展三田制而日益减少两田制度，愈益普遍地采用谷物轮种制，合并土地在一起的情况开始徐徐替代了旧庄园土地分散的情况。在革新农具方面，所做的成绩最少。但这一情况继续到近代时期为止。至于土壤枯竭的说法，是不能予以证实的。我们所可获得的间接资料——因为没有办法来获得直接的比较资料——是不会支持土壤枯竭递增这一说法的。"如果说人类由于土壤枯竭而更难获得食料，那么，我们怎样能够说明那些并不增加食料供应的工商业的扩张呢？又为什么工资会上涨呢？"又如果农业情况如此不利，怎样来解释人口的稳定增长呢？

在十二至十三世纪，欧洲所遭受的深刻转化与改变，不能不引起当时有思想的人们的注意。值得指出：像在十二世纪基柏特·得·诺戎、弗夫赖辛的鄂图、纽堡的威廉和在十三世纪罗哲尔·培根、圣托马斯·阿奎那与罗柏特·格洛塞特斯特这一辈有能力的作家都曾觉察到这些转变。甚至喜空谈的哲学家也曾认识到这一点。这一时代，对于奥古斯丁派哲学和陈腐的神学理论的兴趣，已明显地降低，同时希望有一种更切实际而又更具体的思想。人类已不再能容忍末世学[①]的观点和天启的动机，而要求某种更切实际、更具体的东西，某种更能够应用于现世的东西。活泼的思想家注意于社会和社会里所发生的改变。我们看到资料可表明他们日

① 指研究死亡、末日审判、灵魂不灭、世界终极等的学说。——译者

益大胆地批判政府、抗议经济的特权、宗教与思想的权威。在十三世纪,逻辑与实验科学之间存在着密切的联系,同样,在哲学与社会有机体之间也可看到一种联系。圣托马斯·阿奎那是一个伟大的玄学家,是一个使奥古斯丁派神学与亚理斯多德哲学相协调的学者;甚至他也相当注意城市的兴起,来评论一个城市的适当地点和农业与商业作为城市富源的相对利益。圣微克多·雨果注意到十二世纪的最高神秘性,制定了人类在精神上和物质文明上一种进步性的演化理论,在他的学说中特别强调经济、政府与历史。他因为生活在自由工匠、自由手工业者脱离农奴状态的时期,在行会正在形成的时期,极其注意这些新活动与新组织,他竟至按学校中的"七种自由艺术"即"三种艺术"和"四种艺术"①的形式来把机械技术分类。所以,他标出土地种植、食品科学和医学属于前一类;服装、制甲胄、建筑和——注意它的重要性——商业属于第二类。如果我们稍微思索一下,这种社会思想在中世纪时代并对中世纪时代是和近代思想在近代时期同样地适合而又有力量的。

近代社会的根源是深深地扎根于中世纪时代的历史里。中世纪历史是近代所承袭的遗产。不应该认为它是与我们无关的东西。它的文明在多方面已渗入了我们的文明里。正像歌德说道:

你们叫做时代精神的东西,
只是你们大家的精神,
这精神反映了时代。

---

① "三种艺术"包括文法、论理和修辞,"四种艺术"包括算术、音乐、几何学和天文学。——译者

参考书目提要*

导　论

关于中世纪文明内容与价值的参考读物：

汤普逊(Thompson,James Westfall):《中世纪史参考书》,第 1 编,《导论》(芝加哥大学出版社,1923 年);亚当斯(Adams,G. B.):《中世纪时代的文明》,第 1—2 章;斯达布斯(Stubbs,W.):《中世纪与近代史十七次讲演集》,第 9—10 章;泰罗(Taylor,H. O.):《中世纪的心理》,第 1 卷,第 1 章;刻尔(Ker,W. P.):《黑暗时代》,《导论》;索特威尔(Shotwell,J. T.):《中世纪时代》,《英国百科全书》,第 11 版;赫因萧(Hearnshaw,F. J. C.):《中世纪对近代文明的贡献》;欧坎(Eucken,Rudolph):《近代思想的主流》,第 331—344 页;土特(Tout,T. F.):《中世纪史在教学上的地位》,载《历史》杂志,新编第 4 卷;柏耳(Burr,G. L.):《关于中世纪时代》,载《美国历史评论》,第 17 卷,第 714 页,第 20 卷,第 813 页;刻特根(Keutgen):《论在美国研究近代欧洲国家早期历史的必要性》,载《美国历史学会年报》,1904 年,第 94 页;桑达克(Thorndike,E. L.):《文明的简史》,第 6 卷;布洛奇(Bloch):《上中世纪的社会》,载《学术杂志》,1926 年 11 月号;华尔夫(Wolff,G.):《论大陆上罗马文化与中世纪早期文化的联系》(《关于法兰克福艺术与古物的文集》,第 1 卷,1908 年);《文化史文库》,第 16 卷(1925 年)(论文集)。

第一章　罗马帝国的盛衰

英文著作分类书目：

---

* 除非在 1900 年前刊行,照例不注明出版日期。

汤普逊:《中世纪史参考书》,第 1 编,第 1—8 页(芝加哥大学出版社,1923 年)。

一般著作:

* 罗斯托甫切夫(Rostovtzeff,M.):《罗马帝国的社会经济史》(牛津,1926 年);吉本(Gibbon,Edward):《罗马帝国衰亡史》;柏立(J. B. Bury)版,伦敦,1900 年,第 1—4 卷(柏立的注释与附录,很有价值);尼尔森(Nilsson,Martin):《帝国罗马》;度律伊(Duruy,Victor):《罗马人史》,第 4—8 卷(英译本);霍治金(Hodgkin,Thomas):《意大利和它的侵犯者》,第 1—2 卷;法兰克(Frank,Tenney):《罗马的帝国主义》;琼斯(Jones,H. Stuart):《罗马帝国》;布奇尔(E. S. Bouchier)著有下列著作:《罗马属非洲的生活与文学》;《罗马帝国统治下的西班牙》;《作为一个罗马省的叙利亚》;米伦(Milne,J. G.):《罗马统治下的埃及》;格累姆(Graham,A.):《罗马属非洲》(罗马占领北非的纲要)。

帝王传记:

伽德豪森(Gardhausen):《奥古斯都》;塔维尔:《提庇留》;微拉里奇:《加力古拉》;汉德森(Henderson,B. W.):《尼禄》;柏奇(De La Berge,C.):《图拉真》;格列高罗微厄(Gregorovius,F.):《哈德良》;拉库尔(Lacour Gayet,G.):《安多尼虔诚者》;瓦特孙(Watson,P. B.):《马卡斯·奥理略》;普拉特瑙尔(Platnauer,M.):《塞普替密斯·塞弗拉斯》;霍普金(Hop kins,R. V. N.):《亚历山大·塞弗拉斯》;克里斯(Crees,J. H. E.):《普洛巴斯》;荷摩(Homo,L.):《奥利连》;普垒斯(Preuss):《戴克里先》;斐司(Firth,J. B.):《君士坦丁》;伽德纳(Gardner,B. M.):《哲学家兼皇帝朱理安》;尼格里:《朱理安叛教者》。

商业:

* 蒙森(Mommsen,Theodor):《罗马省份》,第 2 卷(英译本);* 查理华兹(Charlesworth,M. P.):《罗马帝国的商路与商业》(1924 年);马瓜特(Marquardt,J.):《罗马帝国的组织》(1881 年);马瓜特:《财政》与《军事》(两篇均见蒙森与马瓜特:《古代罗马手册》,1884 年,这项文献有法译本,共十七卷;第 9—10 卷概述省份);亚诺尔(Arnold,W. T.):《罗马省行政制度》;散狄斯(Sandys,J. E.):《拉丁研究的辅导书》,第 644—648、659—671 节;比斯涅(Besnier):《罗马商业》,《学术杂志》(1920 年)。

罗马和东方的商业:

＊赫茨(Hirth,F.):《中国与罗马东方(1885 年)》;＊罗灵逊(Rawlinson,H. G.):《从太古到罗马灭亡时期印度和西方世界的来往》,第 6—8 章;＊叔夫(Schoff,W. H.):《红海的周围》;吉本:《罗马帝国衰亡史》柏立版,第 4 卷,第 534—535 页;苏特希尔(Soothill):《中国与西方》;威廉(Williams,E. T.):《昨天与今天的中国》,第 16 章;帕刻(Parker,E. W.):《中国史》,第 41—50 页;叔夫:《沙勒的以锡多的帕提亚站》(The Parthian Stations of Isidore of Charax);海格(Haig,M. R.):《印度河三角洲》,第 25—33 页;克拉克(Clark,W. E.):《古典语言学》,第 15 卷(1920 年),第 11—22 页;华明登(Warmington,E. H.):《罗马帝国与印度间的商业》(1927 年);库雅特(Couyat):《希腊罗马人的红海港口》,载《艺术学院报告》(1910 年),第 525 页及以下。

工业与团体:

＊瓦尔贞(Waltzing,J. P.):《罗马人的职业团体》(1896 年),第 2 卷;＊威斯脱曼(Westermann,W. L.):《古代贸易》,载《美国历史评论》,第 23 卷,第 102 页;＊布朗(Brown,W. A.):《第四世纪国家的工业管理》,载《政治学季刊》,第 2 卷,第 494 页;霍普金:《亚历山大・塞弗拉斯》,第 151—153 页;提尔(Dill,S.):《从尼禄到奥理略时代的罗马社会》,第 2 卷,第 3 章;达伦堡和萨利奥(Darembourg and Salio):《古代词典》,词目:《团体》;阿博特(Abbott,F. F.):《古代罗马的平民》,第 205—233 页;勒南(Renan,E.):《使徒传》,第 268—274 页;度律伊(Duruy,V.):《罗马人史》,第 8 卷,第 32—37 页。

农业:

＊亥特兰(Heitland,W. E.):《农民》,第 336—459 页;琼斯:《古代罗马的土地问题》,载《爱丁堡评论》,第 224 卷,第 60 页;罕廷吞(Huntington,Ellsworth):《气候转变与农业枯竭是罗马灭亡的因素》,载《经济学季刊》,1917 年 2 月号;法兰克(Frank,Tenney):《罗马经济史》,第 6、16 章;辛克霍维奇(Simkhovitch,V. G.):《再论罗马的灭亡》,载《政治学季刊》,第 31 卷,第 201 页;琼斯:《罗马史的辅导书》,第 304—315 页;威斯特曼:《一个埃及农民》,载《威斯康辛大学语言与文学研究丛刊》,第 3 卷。

隶农制:

＊佩兰(Pelham,Henry):《帝国庄园与隶农制》;＊罗斯托甫切夫(Rostovtzeff):《罗马隶农制史的研究》(莱比锡,1910 年);＊佛斯特尔(Fustel de

Coulanges)：《罗马隶农制》(见《历史上若干问题的研究》，1885 年)；* 费诺格拉道夫(Vinogradoff，P.)：《庄园的成长》，第 1 卷；* 塞克(Seeck，O.)：《隶农制》，见保利-威沙瓦(Pauly-Wissowa)：《不动产百科全书》；* 罗斯托甫切夫：《隶农制》见《政治学词典》，第三版；* 波杜温(Beaudouin，E.)：《罗马帝国的大庄园制》(1889 年)；亥斯脱堡(Heisterberg，B.)：《隶农制的起源》(莱比锡，1876 年)；哈第(Hardy，E. G.)：《罗马隶农制》；舍格累(Segre，G.)：《罗马隶农制起源与发展的研究》，见《司法档案汇编》，1889—1891 年；雪尔顿(Schulten)：《罗马庄园》(参阅〔德国〕《历史杂志》，第 42 卷)；密斯波勒(Mispoulet)：《罗马隶农制》，载《学术杂志》，1911 年，5 月号；谷米拉斯(Gummerus)：《隶农的劳役》(赫尔辛福斯，1906—1907 年)；蒙森，见《黑梅斯》(Hermes)杂志，第 19 卷(1884 年)；科伐烈甫斯基(Kovalevsky，M.)：《欧洲的经济发展史》，第 1 卷(1905 年)。

帝国庄园：

* 希斯(His)：《罗马帝国时代的庄园》(1896 年)；* 佩兰(Pelham，H.)：《帝国庄园和隶农制》；荷摩(Homo，L.)：《罗马帝国庄园的起源与发展》，载《考古学与历史杂志》(1898 年)；赫斯斐尔德(Hirschfeld)：《古代史的研究》，1902 年；佛耳内(Fournier)，〔法国〕《历史评论》(1882 年)。

罗马的地主贵族：

除了上引关于农业、隶农制和帝国庄园的著作外，参阅：

* 波杜温(Beaudouin，E.)：《封邑制度起源的研究：委身制与领主的司法权》；格勒诺布尔(Grenoble)：《高等教育年鉴》，第 1 卷，第 1 期(1889 年)；* 波杜温：《罗马帝国的大庄园》，载《法律史新评论》，1897 年，第 543 页及以下(附有价值的参考书目录)，1898 年；* 佛斯特尔(Fustel De Coulanges)：《自由地与乡村庄园》(特别注意第 1—97 页)；* 朱留塔(Zulueta，F. De)：《后期罗马帝国的庇护制》，见《牛津社会与法律史丛书》，第 1 卷(1909 年)，第二篇论文；法拉契(Flach，J.)：《古代法国的起源》，第 1 卷；勒克利文(Lecrivain，C.)：《自戴克里先以后的罗马元老院》(1888 年)；罗德柏特斯(Rodbertus)：《皇帝时代的罗马农业发展》，载《喜尔得布兰年鉴》，第 206、293 页。

城市制：

* 黎德(Reid，J. S.)：《罗马帝国的市政制度》，特别注意第 13—14 章；* 提尔(Dill，S.)：《从尼禄到奥理略时代的罗马社会》，第 2 卷，第 2 章；华德-

佛勒(Warde-Fowler,W.):《希腊人与罗马人的城邦》;散狄斯(Sandys):《拉丁研究的辅导书》,第542—563节;《剑桥中世纪史》第1卷,第553—557页;度律伊:《罗马人史》,第6卷,第83章。

赋税制:

散狄斯:《拉丁研究的辅导书》,第498—519、556—563节;亚诺尔:《罗马省行政制度》,第6章;费诺格拉道夫:《庄园的成长》,第52—83、104—113页;《剑桥中世纪史》,第1卷,第38—44页。

罗马帝国内的东方影响:

丘蒙(Cumont,F.):《罗马异教中的东方宗教》;提尔:《从尼禄到奥理略时代的罗马社会》,第4卷,第5—6章;提尔:《西罗马帝国的最后百年》,第3—26、74—112页;勒启(Lecky,W. E. H.):《欧洲道德史》,第1卷,第2章;海伊(Hay, J. S.):《惊人的皇帝赫力奥加巴拉(Heliogabalus)》,第8章;霍普金:《亚历山大·塞佛拉斯传》,第1—2章;勒格(Legge,F.):《基督教的先驱与竞争者》,第2卷;普拉特瑙尔(Platnauer,M.):《皇帝塞普替密斯·塞佛拉斯传》,第9章。

戴克里先的价格诏令:

* 蒙森:《王家萨克森学会的报告,哲学历史组》,1851年;窝定吞(Waddington):《伦理与政治科学院的会议与工作报告》,第38卷;洛林(Loring):《希腊研究杂志》,第2卷(1890年);赫尔茨(Hultsch):《语言学与教育学的新年鉴》,第121卷(1880年)。

罗马帝国衰亡的原因:

* 塞克(Seeck,O.):《古代世界衰落史》,第三卷,柏林,1895—1909年,第二版,第1—2卷和两篇补充论文,1898—1911年(对整个问题的最深刻的研究;关于这著作的书评,见〔德国〕《历史杂志》,第58和84卷;《社会经济季刊》,第16卷;《拜占庭杂志》,第23卷;《英国历史评论》,第4卷);* 罗斯托甫切夫:《罗马帝国社会经济史》;* 罗斯托甫切夫:《希腊化时代埃及社会经济生活的基础》,载《埃及考古学杂志》,第6卷,第161页;贝尔(Bell,H. Idris):《文明的衰落》,同上,1924年,第207页及以下;* 费诺格拉道夫,见《剑桥中世纪史》,第1卷,第19章;* 威斯脱曼:《古代文化的经济基础》,载《美国历史评论》,第20卷,第723页;* 亥特兰(Heitland,W. E.):《罗马的命运,一篇解释的论文》;* 贝尔:《拜占庭在埃及的奴役统治》,载《埃及考古学

杂志》,第 4 卷,第 86 页;*法兰克:《罗马帝国内种族的混杂》,美国历史评论,第 21 卷,第 689 页;辛克诺维奇(Simkhovitch):《再论罗马的灭亡》,载《政治科学季刊》,第 31 卷,第 201 页;度律伊:《罗马人史》,第 8 卷,第 364—382 页;柏立(Bury,J. B.):《后期罗马帝国》,第 1 卷,第 1 册,第 3—4 章;*提尔:《西罗马帝国最后百年中的罗马社会》,特别注意第 3 卷;霍治金(Hodgkin,T.):《意大利和它的侵犯者》,第 1 卷,特别注意第 2 编;马文(Marvin,F. S.):《西方种族与世界》,第 4 章(由琼斯执笔);勒启:《欧洲道德史》,第 1 卷,第 2 章;墨累(Murray,Gilbert):《希腊宗教的四个阶段》,第 3 章;泰罗(Taylor,H. O.):《古代理想》,第 2 卷,第 1—96 页;霍治金:《罗马的灭亡》,载《现代评论》,第 73 卷(1898 年),第 59—70 页;萨尔维奥利(Salvioli):《蛮族侵犯前后的意大利状况与人口》,巴勒摩,1900 年;比伦纳(Pirenne,J.):《布鲁塞尔大学评论》,第 18 卷,第 555 页(一篇出色的综合解释意见的论文);凯塞尔巴赫(Keiselbach,W.):《中世纪时代世界商业经营和欧洲人民生活的发展》(斯图伽特,1860 年)。

第二章　罗马帝国和早期中世纪的教会

548 广泛的参考书目:

《剑桥中世纪史》,第 1 卷,第 624—643 页(伦敦,1911 年)。

英文著作分类书目:

汤普逊:《中世纪史参考书》,第 1 编,第 9—20 页。

下面只能列出一张关于大量著作的简表:

*哈那克(Harnack,A.):《基督教的传教师团与扩张》,二卷;*拉姆塞(Ramsay,W.):《罗马帝国的教会》;*哈茨(Hatch,Edwin):《早期基督教会的组织》;*《剑桥中世纪史》,第 1 卷,第 4—6 章;*提尔:《西罗马帝国最后百年中的罗马社会》,第 1 卷,第 1—4 章,第 2 卷,第 1 章;丘蒙(Cumont,F.):《罗马异教中的东方宗教》,特别注意第 8 章;度申(Du Chesne,L.):《基督教会的早期历史》,三卷;哈第:《基督教与罗马政府》;卡尔(Carr,A.):《教会与罗马帝国》;格洛维尔(Glover,T. R.):《罗马帝国的宗教冲突》;赫特曼(Huttman,M. A.):《确定基督教为国教》,载《哥伦比亚大学研究丛刊》,第 60 卷;柯尔曼(Coleman,C. B.):《君士坦丁与基督教》,载同上丛刊,第 60 卷;波德(Boyd,W. K.):《狄奥多西法典的宗教诏令》,同上丛刊,1905 年;斐司

(Firth,J. B.):《君士坦丁》;柏立:《从狄奥多西到查士丁尼时代的后期罗马帝国》;乌德华(Woodward,E. L.):《后期罗马帝国的基督教与民族主义》;哈维特(Havet):《朱理安》,见〔法国〕《历史评论》,第 6 卷(1878 年)。

第三章 蛮族世界和大移动

广泛的参考书目:

《剑桥中世纪史》,第 1 卷,第 649—653 页;蓝普勒赫(Lamprecht):《德国史》,第 12 卷,第 86—95 页。

英文著作分类书目:

汤普逊:《中世纪史参考书》第 1 编,第 21—29 页。

关于影响大移动的因素:

* 皮特里(Petrie,W. Flinders):《民族移动》,载《人类学学院杂志》,第 36 卷(1906 年),第 189 页(附有出色的地图);* 威脱谢姆(Wietersheim):《民族移动史》,新版,由丹恩(Dahn)出版,二卷,1880—1881 年;* 帕尔曼(Pallmann,R.):《民族移动史》,1863 年;* 蓝普勒赫:《法兰克人在莱茵兰的殖民与移动》,载《西德杂志》,第 1 卷(1882 年),第 123 页;* 佛斯特尔(Fustel De Coulanges):《日耳曼人的侵入》;杜普西(Dopsch,A.):《欧洲文化发展的经济社会基础》二卷,1918 年;亚诺尔:《日尔曼人的原始时代》,第 3 版,1881 年;柏特曼-霍尔威(Bethmann-Hollweg,M. A. Von):《论日耳曼人的移动》1850 年;高普(Gaupp,E. T.):《日耳曼人的移民与土地分配》北勒斯劳,1844 年;瓦刻那格尔(Wackernagel):《日耳曼人的商业与航运》,载《考古学杂志》,第 21 卷(1853 年),第 553 页;李希脱(Richter,H.):《西罗马帝国,特别是在格累细亚、瓦伦丁尼安二世和马克息马斯时代》,1865 年;斯密特(Schmidt,L.):《日耳曼部族在大移动前的历史》,1902 年;海斯(Hayes,C. H. C.):《关于日耳曼族大移动的资料》,哥伦比亚大学出版社;霍治金:《罗马帝国在莱茵河与多瑙河间的屏障》;伊力安那(Aeliana):《考古学杂志》,新编,第 9 卷,第 73 页。

早期日耳曼制度:

关于批判研究这个问题的近代著作:

* 阿士力(Ashley,W. J):《历史和经济的概论》,第 115—136、161—166 页;佛斯特尔:《土地所有权的起源》(阿士力夫人的译本);西波姆(Seebohm,

F.):《英国农村公社》,特别注意第 9 章;拉普斯利(Lapsley,G.):《土地所有权的起源》,载《美国历史评论》,第 3 卷,第 426—446 页;关于《罗马派》与《日耳曼派》的争论,阅读下列关于库兰治(Coulanges)的讨论,可获得最好的理解。参阅:琴克斯(Jenks)的文章,载《英国历史评论》,第 12 卷,第 209 页;斐雪尔(Fisher,Herbert)的文章,同上,第 5 卷,第 7 页;厄尔登(Elton)的文章,同上,第 1 卷,第 427 页;达勒斯特(Dareste)的文章,载《学术杂志》,1886 年,10 月号;印巴特(Imbart De la Tour)的文章,载《通讯报道》,1905 年 3 月 25 日;摩诺德(Monod)的文章,载〔法国〕《历史评论》,第 61 卷;亚布阿(Arbois de Jubainville):《两种编写历史的方法》(相反意见);费诺格拉道夫:《庄园的成长》,第 114 页及以下;格劳德(Guiraud):《佛斯特尔·得·库兰治》(Fustel de Coulanges),1896 年,和他的一篇论文,载《伦理与政治学院的会议与工作报告》,第 166 卷(1896 年),第 287 页;肯尔(Kehr)的文章,载〔德国〕《历史评论》,第 71 卷(不公正的意见);古治(Gooch,G. P.):《十九世纪历史学与历史家》,第 208—213 页。

“蛮族”侵犯的性质:

* 提尔:《西罗马帝国最后百年时期的罗马社会》,第 4 卷;* 佛斯特尔:《日耳曼人的侵犯》;* 利奥太特(Leotard,E.):《论第四世纪定居在罗马帝国内蛮族的情况》,1873 年;孟禄和塞勒利(Munro and Sellery):《中世纪文明史》,第 50—59 页;赖维斯(Lavisse,E.):《法国史》,第 2 卷,第 1 编,第 61—67 页;海斯(Hayes,C. H. C.):《日耳曼人侵犯……的导论》,第 7—8 章;阿士力:《经济和历史概论》,第 137—143 页(书评);塞波姆:《英国农村公社》,第 272—288、316—366 页;霍治金:《意大利和它的侵犯者》,第 2—3 卷(散漫的叙述);奥比茨(Opitz):《罗马帝国内的日耳曼人》,1867 年;斯塔克尔(Stackel):《罗马帝国内服务的日耳曼人》,1880 年;高普(Gaupp):《日耳曼人在罗马帝国省区内的移民与土地分配》,1844 年;布洛奇(M. Bloch):《上中世纪的社会和它的起源》,载《学术杂志》,1926 年 11 月号;休马赫(K. Schumacher):《从原始时代到中世纪时代的莱茵兰殖民与文化史》,二卷,1921,1925 年;华尔夫(Wolff,G.):《大陆上罗马文化和早期中世纪文化的联系》(1908 年)。

第四章　罗马帝国内的日耳曼王国

一般参考书目:

《剑桥中世纪史》,第 1 卷,第 654—655、658—659、671—675 页;汤普逊:《中世纪史参考书》,第 1 编,第 25—31 页;赖维斯和蓝包德(Lavisse and Rambaud):《通史》,第 1 卷,第 92、95、158、272 页。

一般著作:

达恩(Dahn,F.):《日耳曼人的国王》,第 1—2 卷(1861 年),第 3—4 卷(1866—1871 年),第 5—10 卷(1894—1907 年);马特洛伊(Martroye,F.):《拜占庭时代的西方:哥特人和汪达尔人》,1904 年;赖维斯和蓝包德:《通史》,第 1 卷,第 2—3,5 章;霍治金:《意大利和它的侵犯者》,八卷;吉本:《罗马帝国衰亡史》,第 1—2 卷;柏立:《后期罗马帝国》,第 1 卷;卫茨(Wirth,Max):《日耳曼人建国时代的德国史》,1862 年〔有一种法文译本,由克隆布拉格(Crombrugghe)翻译,书名是《日耳曼国家的建立史》,二卷,巴黎,1873 年〕。

西班牙的西哥特人:

*霍治金的文章,载《英国历史评论》,第 2 卷,第 209 页;*萧乌(Shaw,R. D.)的文章,同上,第 21 卷,第 209 页;*达恩:《西哥特人的商业和商业法》,载《商法杂志》,第 16 卷(1871 年),第 387 页;《剑桥中世纪史》,第 2 卷,第 6 章;弗利曼(Freeman,E. A.):《第五世纪的西欧》,第 171—287 页;高普:《日耳曼人的移民和土地分配》,第 372—414 页;伊维尔(Yver,G.):《西哥特国王欧里克》,见《摩诺德研究》(1896 年),第 11—46 页。

非洲的汪达尔人:

*斯密特:《汪达尔人史》,1901 年;霍治金:《意大利和它的侵犯者》,第 2 卷,第 241—290 页;雷克勒克(Leclercq,H.):《基督教的非洲》,第 2 卷,第 143—213 页;斐勒尔(Ferrer):《从第四世纪末期到汪达尔人的侵入时期罗马非洲省的宗教状况》;那都塞斯(Nathusius):《漫游僧侣教派(Circumcellionen)的特征》(格莱福华,1900 年)。

匈奴人与阿提拉:

*《剑桥中世纪史》,第 1 卷,第 3 章(杰作);霍治金:《意大利和它的侵犯者》,第 2 卷,第 2 册;帕刻(Parker):《鞑靼人的千年史》,第 1 卷;尉利(Wylie):《古代匈奴人和中国的关系》,载《考古学院杂志》,第 5 卷,第 452 页,第 6 卷,第 41 页,第 9 卷,第 53 页,第 10 卷,第 20 页。

关于中亚细亚干燥气候,作为匈奴人的西侵及他们与中国关系的一个因素这项理论,参阅罕廷吞:《亚洲的脉搏》;还参阅《气候与历史》,载《美国历史评论》,第 18 卷,第 34 页。

狄奥多理东哥特人:

* 霍治金:《意大利和它的侵犯者》,第 3 卷;* 霍治金:《狄奥多理东哥特人》;勒克利文(Lecrivain,C.):《戴克里先以后的罗马元老院》;柏立:《后期罗马帝国》,第 1 卷,第 4 编;弗利曼:《哥特人在拉温那》,见《历史论文》,第三集;格列哥洛维斯(Gregorovius,F.):《中世纪时代的罗马城》,第 1 卷,第 253—333 页;杜穆林(Dumoulin,M.),载〔法国〕《历史评论》,1902 年。

伦巴人:

* 哈特曼(Hartmann,L. M.):《意大利人史》,第 2 卷;* 罗曼诺(Romano,G.):《蛮族在意大利的统治》,第 3 卷(米兰,1910 年);《剑桥中世纪史》,第 2 卷,第 7 章;霍治金:《意大利和它的侵犯者》,第 5—6 卷;柏立:《后期罗马帝国》,第 2 卷,第 5 编,第 8 章。

拜占庭意大利。伟人格列高里和教皇世袭领的形成:

* 杜顿(Dudden,F. H.):《伟人格列高里》,第 1 卷,第 295—320 页;* 度申(Duchesne,L.):《教皇世俗权的开始》;* 底尔(Diehl,C.):《拜占庭在拉温那总督区行政制度的研究》;* 蒙森:《格列高里一世时代的教会财产的管理制度》,见《社会经济学杂志》,第 1 卷(1893 年),第 43—59 页;* 爱瓦尔德(Ewald,P.):《格列高里一世的支出纪录的研究》,见《德国古代史学会的新文库》,第 3 卷,第 433—625 页(总结见霍治金文,第 5 卷,第 333—343 页);* 法勃尔(Fabre):《第六世纪以前罗马教会的隶农》,载《历史与宗教著作评论》,第 1 卷(1896 年),第 73—91 页;费诺格拉道夫:《庄园的成长》,第 104、111 页;比杜温(Beadouin):《格列高里一世时代罗马教会的世袭领地》,载《法律史新评论》(1898 年),第 201—219 页;格力萨(Grisar,H.)的文章:见《天主教神学杂志》,第 1 卷(1877 年),第 321—360、526—563 页;霍治金:《意大利和它的侵犯者》,第 5 卷,第 309—322 页,第 6 卷,第 446—449 页;格列哥洛维斯:《中世纪时代的罗马城》,第 1 卷,第 178 页,第 2 卷,第 59—61、194、247、251—258、359—369 页;斯皮林(Spearing,E.):《伟人格列高里时代罗马教会的世袭领地》;苏特克里夫(Sutcliffe,E. F.):《爱尔兰宗教纪录》,1921 年 7 月;《剑桥中世纪史》,第 2 卷,第 233—235 页;哈特曼:《意大利史》,第 2—3 卷;科恩(Cohn,I.):《拜占庭总督在上意大利与中意大利的地位》。

第五章　寺院制度的兴起和传布

广泛的参考书目：

《剑桥中世纪史》，第 1 卷，第 683—687 页。

英文著作分类书目：

汤普逊：《中世纪史参考书》，第 1 编，第 45—50 页。

埃及寺院制度：

度申：《教会早期史》，第 2 卷，第 14 章；《剑桥中世纪史》，第 1 卷，第 18 章；布特勒（Butler，E. C.）：《帕雷狄阿斯（Palladius）的路塞克史》，剑桥，1898—1902 年；雷克勒克（Leclercq，H.），词目：《修道生活》，见《基督教考古词典》（1910 年）；瓦特生（Watson）：《帕雷狄阿斯和埃及寺院制度》，载《教会评论季刊》，1907 年 4 月号；麦基安（Mackean，W.）：《埃及第四世纪末期前的基督教寺院制度》。

圣巴锡尔和早期希腊寺院制度：

克拉克（Clarke，W.）：《圣巴锡尔传》；伽德纳（Gardner，Alice）：《狄奥多好学者》；拉克（Lake，K.）：《阿托斯山上（Mount Athos）早期的寺院制度》；多策（Tozer，H. F.）：《阿托斯山游记》，载《教会评论季刊》，1912 年；《巴锡尔时代的地方生活》，载《教会评论季刊》，第 186 卷，第 420 页。

都尔的圣马丁和早期高卢寺院制度：

巴斯（Bas，H.）：《都尔的圣马丁传》；喀则诺维（Cazenove，J. C.）：《波亚叠的圣希拉利（Hilary）和都尔的圣马丁》；库拍-马斯顿（Cooper-Marsden，A. C.）：《阿尔兹主教凯撒》；库拍-马斯顿：《雷林（Larins）群岛史》；霍尔姆斯（Holmes，T. S.）：《高卢基督教会史》。

爱尔兰寺院制度：

*柏立：《圣巴特里克传》（胜过过去所有的传记）；*齐麦（Zimmer，H.）：《中世纪文化中的爱尔兰要素》；*普弗琉克-哈东（Pflugk-Harttung）：《大陆上的古代爱尔兰人》（译文），载《王家历史学会》，新编，第 5 卷，第 75 页；麦尼尔（McNeill，J. T.）：《克尔特的悔罪总则》；迈尔（Meyer，Kuno）：《爱尔兰的学术》；瓦登巴赫（Wattenbach，W.）：《德意志的爱尔兰寺院》，载《厄尔斯特考古学杂志》，第 8 卷，第 227 页及以下；哈登（Haddan，A. W.）：《爱尔兰传教师团在大陆上》，见他的《遗著》，第 258 页；斯洛维（Slover，C. H.）：《不

列颠与爱尔兰之间早期文学上的交流》,载《德克萨斯大学英文研究》,第 6 期(1926 年)。

圣本尼狄克与本尼狄克寺院团的传布:

卡脱(Carter,J. B.):《古代罗马的宗教生活》,第 8 章;霍治金:《意大利和它的侵犯者》,第 4 卷,第 5 编,第 16 章;杜顿(Dudden,F. H.):《伟人格列高里》,第 1 卷,第 109—115 页,第 2 卷,第 160—173 页;托斯第(Tosti,L.):《圣本尼狄克传》,胡兹的译本,伦敦,1896 年。

寺院制度的经济社会影响:

* 马力南(Marignan,A.):《法国文明的研究》,第 1 卷,《墨洛温时代的社会》,第 2 卷,《墨洛温时代圣徒的信条》;杜顿:《伟人格列高里》,第 1 卷,第 296—320 页;第 2 卷,第 173—201 页;布鲁厄(Brewer,J. S.):《吉拉德 · 坎布伦塞斯(Giraldus Cambrensis)的全集导论》,第 4 卷(《案卷丛书》);孟禄和塞勒利:《中世纪文明》,第 114—128 页;克宁汉(Cunningham,W.):《古代与中世纪西方的经济文明》,第 82 节;克宁汉:《英国的工业和商业》,第 1 卷,第 33 节。

第六章 东罗马帝国(395—802 年),查士丁尼(527—565 年)

广泛的参考书目:

《剑桥中世纪史》,第 2 卷,第 720—727、747—757、766—769 页。

英文著作分类书目:

汤普逊:《中世纪史参考书》,第 1 编,第 33—36、58—60 页。

商业与工业,赋税与财政:

* 第尔(Diehl,C.):《查士丁尼与第六世纪前拜占庭文明》; * 亥德(Heyd):《利凡得商业史》(1886 年),第 1 卷,第 1—24 页; * 柏立:《后期罗马帝国》,第 1 卷,第 472 页及以下; * 柏立:《从狄奥多西到爱里尼(Irene)时代的东罗马帝国》,第 1 卷,第 441—447 页,第 2 卷,第 316—333 页;霍尔姆斯:《查士丁尼时代与狄奥多拉》,第 1 卷,第 1—2 章,第 2 卷,第 9,12 章;吉本:《罗马帝国衰亡史》,柏立版,第 4 卷,第 40 章;《评论季刊》第 73 期,第 346—376 页。

欧洲与远东,中国和印度:

* 赫茨(Hirth,F.):《中国与罗马的东方》;吉本:《罗马帝国衰亡史》,第

4 卷，第 230—235，534—535 页；苏特喜尔：《中国与西方》；察朴特（Chapot）：《阿拉伯征服之前庞培在幼发拉底河的疆界》，1907 年；狄尔曼（Dillman，A.）：《从第四到第六世纪时代的阿克苏姆（Axum）帝国》，载《普鲁士王家学院学报》，1880 年。

社会结构与状况：

* 柏立：《后期罗马帝国》，第 2 卷，第 3 编，第 1 章；第 6 编，第 6 章；* 第尔：《查士丁尼与第六世纪前拜占庭文明》；第尔：《拜占庭帝国史》；格勒海尔（Grehier，P.）：《拜占庭帝国的社会与政治的演变》，二卷，1904 年；赫斯林（Hessling）：《论拜占庭文明》；贝纳斯（Baynes，N. H.）：《拜占庭帝国》。

巴尔干半岛的斯拉夫人殖民地：

《剑桥中世纪史》，第 2 卷，第 14 章； 柏立：《斯拉夫人在达尔马提亚、克罗地亚和塞尔维亚殖民地的早期历史》(《英国学院的议事纪录》)；* 柏立：《后期罗马帝国》，第 2 卷，第 114—144、274—280、331—338、450—458、470—476 页；柏立：《从狄奥多西到爱里尼时代的东罗马帝国》，第 2 卷，第 292—315 页；柏立：《帝国政府的条约》，载《拜占庭杂志》，第 15 卷，第 517—577 页；吉本：《罗马帝国衰亡史》，柏立版，第 4 卷，第 543—551 页；比士雷（Beazley，C. R.）：《近代地理学的曙光》，第 2 卷，第 467—514 页；雪微尔（Schevill，F.）：《巴尔干半岛的历史》，第 5—6 章。

拜占庭统治下的埃及：

* 贝尔（Bell，H. I.）：《拜占庭对埃及的奴役统治》，载《埃及考古学杂志》，1917 年 4 月号；米伦（Milne）：《罗马统治下的埃及》；鲁依亚尔（Rouillard，G.），《拜占庭埃及的行政制度》，巴黎，1922 年。

爱索利亚人利奥和圣像破坏派：

* 柏立：《后期罗马帝国》，第 2 卷，第 318、460—469 页；* 哈那克（Harnack，A.）：《教条史》，第 5 卷，第 304—329 页；伽德纳：《狄奥多好学者》；布罗克斯（Brooks，E. W.）：《皇帝芝诺和爱索利亚朝》，载《英国历史评论》，第 8 卷（1890 年 4 月号）；李亚（Lea，H. C. ）：《教会史的研究》，第 25—31 页。

第七章　穆罕默德和伊斯兰教的兴起

广泛的参考书目：

《剑桥中世纪史》，第 2 卷，第 760—765 页。

英文著作分类书目：

汤普逊：《中世纪史参考书》，第 1 编，第 52—57 页。

穆罕默德前的阿拉伯：

* 亚诺尔(Arnold, T. W.)：《伊斯兰教的传布》，第 1 章；* 霍伽茨(Hogarth, D. G.)：《阿拉伯》；* 霍伽茨：《深入阿拉伯半岛》；* 胡次马(Houtsma, M. T.)词目：《阿拉伯》，见《伊斯兰教百科全书》，1913 年；休士(Hughes, T. P.)词目：《阿拉伯》，见《伊斯兰教词典》；巴吞(Barton)：《闪族的起源》；查索引《部族》、《绿洲》、《棕榈树》等等；哥尔德塞尔(Goldzieher)：《希伯来人的神话》，第 79—89 页；威尔豪森(Wellhausen, J.)：《计划与准备工作》，第 4 卷(1889 年)(穆罕默德前的麦地那)。

伊斯兰教的扩张：

* 亚诺尔：《伊斯兰教的传布》，第 2—7 章(任何文字中的最好著作)；* 马哥琉茨(Margoliouth, D. S.)：《伊斯兰文明》；*《剑桥中世纪史》，第 2 卷，第 10—12 章；哥尔德塞尔：《穆罕默德与伊斯兰教》；赫姆霍特(Helmholt)：《世界史》，第 2 卷，第 270—342、694—711 页，第 3 卷，第 255—269、298—347 页；贝根姆(Berchem, Max Van)：《早期哈里发时代的土地财产与土地税》(日内瓦，1886 年)；吉本：《罗马帝国衰亡史》，柏立版，第 5 卷，第 51 章，第 6 卷，第 52 章；基斯麦：(Kismer, A. L.)：《穆罕默德及其直接继承人所施行的宗教容忍政策的研究》，哥伦比亚大学出版社，1927 年。

波斯、叙利亚和埃及：北非、西班牙与西西里：

* 柏立：《后期罗马帝国》，第 2 卷，第 261—273、510—517 页；* 蒲特勒：《阿拉伯人对埃及的征服》；第尔：《拜占庭非洲》；锡克斯(Sykes, P.)：《波斯史》，第 2 卷，第 261—273、510—517 页；革斯特(Guest, A. R.)：《佛斯塔特(Fustat)的建造》，载《王家考古学会杂志》，1907 年 1 月号；布罗克：《萨拉森人征服埃及》，载《拜占庭杂志》(1895 年)，第 435 页；《阿拉伯人在小亚细亚》，载《希腊文艺研究杂志》，第 18 卷，第 182 页；蓝浦尔(Lane-Poole, S.)：《中世纪时代的埃及》；库德尔(Caudel, M.)：《阿拉伯人在北非洲的早期侵略》；佛尼尔(Fournel, H.)：《柏柏尔人，研究阿拉伯人对北非洲的征服》，二卷；多济(Dozy, R.)：《西班牙伊斯兰教》；阿马利(Amari, M.)：《西西里穆斯林史》。

萨拉森文明、商业、贸易、工业、社会与经济情况：

* 马哥琉茨：《伊斯兰文明》；* 克勒麦(Kremer, A. Von)：《哈里发时代

东方文化史》,二卷;亥德:《利凡得商业史》,第 1 卷,第 24—74 页;勒彭(Le Bon,G.):《阿拉伯人的文明》,1884 年;蓝浦尔:《中世纪时代阿拉伯人社会》;华尔特(Huart,C.):《阿拉伯文学》;柏尔麦(Palmer E. H.):《哈伦·厄尔·拉希德(Haran-al-Rashid)传》;勒·斯特朗治(Le Strange,G.):《东哈里发国家的疆域》;比士雷:《近代地理学的曙光》,第 1 卷,第 392—425 页;斯普棱革(Sprenger)的论文,载《王家亚洲学会杂志》,第 14 卷(1844 年),第 2 编,第 519 页;雅科布斯(Jacobs):《地理发现的故事》,第 3 卷;尼斯(Nys,E.):《经济史的研究》(1899 年),第 1 章;奥兹本(Osborn):《穆罕默德教法律的成长与性质》,载《现代评论》,第 29 卷,第 1092—1111 页,第 30 卷,第 55—71 页。

第八章　墨洛温朝、喀罗林朝的法兰克高卢和日尔曼,查理曼(768—814 年)

广泛的参考书目:

《剑桥中世纪史》,第 1 卷,第 657 页,第 2 卷,第 728—732、801—813 页;赖维斯:《法国史》,第 2 卷,第 1 编,第 42、94、117、170、216、257 页,特别注意第 305、331 页。

英文著作分类书目:

汤普逊:《中世纪史参考书》,第 1 编,第 39—41、61—66 页。

法兰克人扩张与占领的性质:

* 提尔:《墨洛温时代高卢的罗马社会》,第 1 卷;蓝普勒赫:《法兰克人的漂泊与移殖》,1882 年;斯勒得(Schröder,R.):《萨利克法兰克人的散布》,载《德意志历史研究文集》19 期(1879 年);佛斯特尔(Fustel de Coulanges):《日耳曼人的侵入与罗马帝国的结束》;休马赫(Schumaher,K.):《从原始时代到中世纪时期莱茵兰的殖民和文化史》,二卷(1921,1925 年)。

墨洛温朝的高卢与德意志:

赖维斯:《法国史》,第 2 卷,第 1 编,第 42 页及以下,第 117 页及以下,第 216 页及以下;达恩:《德意志国王》,第 7 卷;惠芝(Waitz,G.):《德意志宪法史》,第 2—3 卷;印那马(Inama Sternegg):《德意志经济史》,第 1 卷;佛斯特尔:《法兰克王国》;塔第夫(Tardil,J.):《墨洛温朝时代法国……制度的研究》。

专论文明性质的著作:

* 提尔:《墨洛温朝时代高卢的罗马社会》,第 2 卷;道尔顿(Dalton,O.

M.）:《都尔的格列高里与法兰克人史》,第 1 卷;＊马力南:《墨洛温朝社会:墨洛温朝时代圣徒的信条》;＊佛斯特尔:《自由地与乡村庄园》;《封邑制度的起源》;劳贝尔(Loebell,J. W.):《都尔的格列高里和他的时代》;赖维斯:《法国史》,第 2 卷,第 2 编,第 170—256 页;发坎达德(Vacandard,E.):《圣奥文(Ouen)传》;马丁(Martin,E.):《圣科兰班传》;普拉茨(Plath):《墨洛温朝与喀罗林朝的王宫》;罗茨(Roth,P.):《封邑史》;《封建主与附庸》;勒斯纳(Lesne,E.):《罗马时代与墨洛温朝时代法国的教会财产》;基力尔摩兹(Guilhiermoz,P.):《论法国贵族的起源》;德洛奇(Deloche,M.):《法国最初两个王朝时代的王家侍从制》;布勒伊尔(Brehier,L.):《中世纪开始时代东方人在西方的殖民地》,载《拜占庭杂志》第 12 卷(1903 年);雪佛-波厄科斯特(Scheffer-Boichorst,P.):《叙利亚人在西方的历史》,载《东方交通史》,第 4 卷(1885 年),第 520—550 页;孟禄与塞勒利:《中世纪文明》,第 60—87 页;关于法国的纪录,参阅泰罗(Taylor,C. H.):《略谈租税簿的起源》(和那里引述的论著),《历史杂记……亨利・比伦纳》(1926 年),第 475—481 页。

查理曼:

近时出版的两部出色的著作:

＊杜普希(Dopsch,A.):《喀罗林朝时代的经济发展》,二卷(1912 年);＊哈尔芬(Halphen,L.):《批判研究查理曼的统治》(1918 年)。前一作者稍微激烈的见解,已引起了广大的注意。关于批判方面参阅:

〔德国〕《历史杂志》,第 112 卷;《社会经济史季刊》,第 10 卷,第 546 页;《格丁根(Göttingische)评论》,1913 年 4 月号;〔法国〕《历史评论》,第 110 卷,第 332 页,第 115 卷,第 222 页,第 116 卷,第 91 页;《中世纪时代》,1922 年,第 180 页;1923 年,第 40 页;《英国历史评论》,第 29 卷,第 134 页;《美国历史评论》,第 27 卷,第 102 页;《经济杂志》,第 28 卷,第 428 页。杜普希对批评者的答复,见《社会经济学季刊》,第 17 卷,第 41 页及以下。

比伦纳先生的论点是:穆罕默德教海权在西地中海的兴起,在破坏西方商业并使西欧陷入漫长的自然经济状态方面,是具有决定性的因素;这论点发表在＊《一个经济的对比:墨洛温朝与喀罗林朝》,载《比利时语言学与历史评论》,第 2 卷(1923 年),第 223 页及以下;更出名的,发表在他的《中世纪城市》。还应参阅哈尔芬(L. Halphen):《十一至十二世纪欧洲人征服地中海》,《历史杂记……亨利・比伦纳》,第 175 页。

商业和贸易、社会结构和经济状况:

＊杜普希:《喀罗林朝时代的经济史》,第 2 卷;＊罗亚塞尔(Loisel):《喀罗林朝的经济立法》;＊印巴特(Inbart de la Tour):《商业特权》,见《摩诺德研究》;印那马(Inama Sternegg):《德意志经济史》,新版,1909 年,第 1 卷,第 5 章(受到杜普希严厉批判);惠芝:《德意志宪法史》,第 2、3 卷;垦普斐(Kaempfer):《查理大帝》,1910 年(关于经济的叙述,特别出色);赖维斯:《法国史》,第 2 卷,第 2 编,第 331—356 页;发格尼兹(Fagniez,G.):《法国商业史文献》,第 1 卷,《导论》,第 25—31 页;勒伐索(Levasseur,E.):《法国商业史》第 1 卷,第 27—44 页;赫未林(Huvelin):《市集与市场法史》,第 6 章;普罗(Prou,M.):《喀罗林朝的货币》,1896 年;叔尔特(Schulte,A.):《中世纪西德与意大利之间的商业与交通史》,1900 年;克伦克劳兹(Kleinclausz,A.):《喀罗林帝国的起源和转变》;佛斯特尔:《喀罗林朝时代王室的转变》;西利革(Seeliger):《中世纪早期庄园的社会经济意义》;印那马:《大庄园》。

法里西亚的独特商业:

波尔曼(Poelmann):《墨洛温朝和喀罗林朝时代北尼德兰的商业史》,海牙,1910 年;克伦刻(Klumker,J.):《查理大帝时代法里西亚布匹商业》,1899 年;比伦纳:《法里西亚的布匹,还是法兰德斯的布匹?》,载《比利时语言和历史评论》,第 3 卷,第 155 页。

西班牙"马克"〔边防区〕的殖民:

印巴特:《西班牙的农民殖民地与荒地的占领》,见《保罗·法勃尔(Paul Fabre)论文集》;科伐辽夫斯基:《欧洲的经济发展》,第 3 卷,第 9 章(1905 年)。

王室领与庄园诏令:

＊杜普希:《喀罗林朝时代的经济史》,第 1 卷,第 107—180 页和上面所引的批判杜普希的文章;＊加莱斯(Gareis):《查理大帝的庄园管理》(原文和德文译文,柏林,1895 年);＊斯坦尼茨(Steinitz,B.)的文章载《社会经济史季刊》,第 9 卷(1911 年),第 317—372、481—560 页;＊雪尔-克拉麦(Schill-Kramer,E.):《喀罗林朝时代土地占有制的组织与主要情况》,《社会经济史季刊》,第 17 卷,第 247—293 页;＊洛特(Lot,F.):《关于喀罗林朝时代的国库领的范围》,载《比利时语言学与历史评论》,第 3 卷,第 57 页;＊西厄(Sée,Henri):《中世纪时代法国的农村阶级与庄园制度》,第 1 卷,第 1—3 章;普拉茨:《墨洛温朝与喀罗林朝的王宫》;格拉德(Guerard,B.):《庄园诏令》,载《沙

特学院(l'École des Chartes)图书提要》,第三编,第4卷(法译本);蓝普勒赫:《德意志经济生活》,第1卷,第719页及以下,第804页及以下;《德意志史》,第2卷,第40页及以下;法来希曼(Fleischmann,W.):《查理大帝的庄园诏令》,柏林,1919年;卡美尔(Kummel,A.):《查理大帝的庄园管理》,载《矿业史杂志》,第51卷(德译文与原文);泰罗:《庄园诏令的统一性》,载《比利时语言学与历史评论》,第3卷(1924年),第759页。

教会的地主地位:

*索麦拉德(Sommerlad,T.):《德国教会的经济活动》,第2卷,第102章;*格拉德-朗嫩(Guerard-Longnon):《伊尔密嫩(Irminon)的地租簿》,《导论》;杜普希,上引书,第1卷,第181—269页;赫塞尔斯(Hessels,J. H.):《伊尔密嫩的地租簿》(811—826年);《圣里迈(St. Remi)寺院的地租簿》,见语言学会的译文(伦敦),1899—1902年,第471、650页;德孟特(Demante),《教会地产的不稳固地位》,《法律史新评论》,1860年,第45页。

彭尼非斯寺院与东德意志殖民:

*索麦拉德,上引书,第1卷,第259—348页;汤普逊:《东德意志殖民》,载《美国历史学会年报》,1915年,第125—126页;蓝普勒赫:《德意志史》,第3卷,第311页及以下;穆勒(Müller,J.):《爱斯斐德的法兰克人殖民》,第1—13页;迈曾(Meitzen):《殖民与农业》,第2卷,第401—406页;启里(Kylie,E.):《以德意志各省的情况来说明圣彭尼非斯的方法》,载《剑桥神学研究杂志》,1905年10月号;汤普逊:《封建的德意志》,第387—399页。

第九章　法兰克帝国的分裂(814—912年)

广泛的参考书目:

《剑桥中世纪史》,第3卷,第569—572页;赖维斯:《法国史》,第2卷,第1编,第358、367、383、395—396、414页。

英文著作分类书目:

汤普逊:《中世纪史参考书》,第2编,第81—84页。

卡尔默特(Calmette,J.):《喀罗林朝的外交,从凡尔登条约到秃头查理的逝世(843—877年)》;克来克劳兹(Kleinclausz,A.):《喀罗林朝帝国的起源和转变》;布耳日瓦斯(Bourgeois,E.):《瓦兹河畔基尔舍(Kiersey-sur- Oise)的诏令(877年)》;辛森(Simson,B.):《路易虔诚者时代德意志帝国的编年史》,二卷;丹勒(Dummler,G.):《东法兰克帝国史》,三卷,第 2 版,1887—1888 年;赖维斯:《法国史》,第 2 卷,第 1 编,第 358—438 页;佛斯特尔:《喀罗林朝时代王室的转变》,1892 年;希姆利(Himly,A.):《瓦拉(Wala)和路易好人》,1849 年;洛特和哈尔芬:《秃头查理的统治(840—851 年)》;勒斯纳(Lesne,E.):《从彭尼非斯的改革到辛克马的死亡时期高卢和德意志的主教区的教阶制度》,1905 年;巴利索特(Parisot,R.):《喀罗林朝时代的洛林王国》;浦帕庭(Poupardin,R.):《喀罗林朝时代的普罗温斯王国》;诺尔登(Noorden,C.):《理姆斯大主教辛克马传》,1863 年;惠芝:《德意志宪法史》,第 5 卷。关于作为分配土地根据的教会土地测量,参阅泰罗:《略谈地租簿起源》;《杂记……亨利·比伦纳》以及那里所引的论文。

本章所述喀罗林帝国的分裂,主要是由于王室领的分配;别的事情都是由此而产生的。这是作者自己的见解,他希望在往后著作中,将予以详细发挥。

第十章　北欧人的扩展和殖民

广泛的参考书目:

《剑桥中世纪史》,第 4 卷,第 618—624 页。

英文著作分类书目:

汤普逊:《中世纪史参考书》,第 2 编,第 85—90 页。

北欧人的旧时世界:

《史话》(Sagas)是最好的资料来源。关于史话著作的出色的概述,见微格佛孙(G. Vigfusson)出版的《斯图林加史话》(二卷,1878 年)的绪论。还应参阅理查·克利斯比(Richard Cleasby)的《冰岛词典》中的序论(1874 年);雷因(Laing)的《Heimskringla》;约克·鲍威尔:《民间故事》,第 5 卷(1897 年),第 97 页。*格泽塞特(Gjerset,K.):《挪威人民史》,第 1 卷,第 8—26 节;*威廉(Williams,Mary W.):《外侵团时代斯干的那维亚的社会状况》;*布革(Bugge,Alex.):《北欧人史》(到 1030 年止)(克利斯辛那,1910—1912 年);窝萨(Worsae,J. J. A.):《丹麦人的工业技术》,见《南肯星顿博物馆手册》,二卷(1882 年)及《丹麦的原始古物考》(1882 年);杜·切留(Du Chaillu,P. B.):《外侵团时代》,二卷;岐塞(Keyser,J. R.):《古代北欧人的生活》(巴拿德(Barnard)的英文译本,伦敦,1863 年);魏和德(Weinhold,C.):《古代北欧人的生活》,1856 年;南森(Nansen,F.):《在北欧的迷雾中》,二卷。

一般著作:

* 摩维尔(Mawer,A.):《外侵团》,1912 年;* 比士雷:《近代地理学的曙光》,第 2 卷,第 17—111 页。* 布革:《中世纪早期北欧的交通路线》,载《社会经济史季刊》,第 4 卷,第 227—273 页;* 瓦兹坦因(E. Wadstein):《法里西亚人与北欧古代商路》,见 Götebargs Kungl. Vetenskaps-och Vitterhetz Samhälles handlingar,第 5 编,第 21 卷,第 149—228、274—275、412—417、533—538 页,哥腾堡,1920 年(附有地图)。基力(Keary,C. F.):《外侵团与基督教国》;哈斯金(Haskins,C. H.):《诺曼人在欧洲》;《剑桥中世纪史》,第 3 卷,第 13 章;李安特(Riant,P.):《十字军时代斯干的那维亚人往圣地的远征与进香》(1865 年)。

英国:

拉奔堡(Lappenberg)〔托尔普(Thorpe)的译本〕:《盎格鲁-萨克森国王时代的英国》,第 2 卷,第 18—220 页;奥曼(Oman,C.):《诺曼征服前的英国》,第 382—491 页;霍治金:《盎格鲁-萨克森英国》;拉森(Larson,L. M.):《卡纽特大帝》;格泽塞特(Gjerset,K.):《挪威人民史》,第 1 卷,第 11—12、28—30 节;布革:《不列颠群岛上北欧人的殖民地》,皇家历史学会译本,第 4 集,第 4 卷,第 173 页。

爱尔兰、苏格兰、西方群岛、冰岛和格林兰:

格泽塞特:《挪威人民史》,第 1 卷,第 9、14、24、25、28、36、39、40、41 节;奥尔奔(Orpen,G. H.):《北欧人在爱尔兰》,载《英国历史评论》,1906 年 7 月号;1907 年 4 月号;霍华茨(Howorth,H. H.):《爱尔兰僧侣和北欧人》,皇家历史学会译文,第 8 卷,第 281 页;赫雅尔塔林(Hjaltalin,J. A.):《冰岛首批殖民的文明》,载《人种学学会议事纪录》,伦敦,新编,第 6 卷,第 176 页;达孙特(Dasent,G. W.):《冰岛上的北欧人》;达孙特:《焚毁的纳雅尔(Njal)的故事》,即关于十世纪末期冰岛上的生活(从冰岛文《纳雅尔史话》里译出),爱丁堡,1861 年,二卷;霍弗伽德(Hovgaard,W.):《北欧人在美洲的航行》,1914 年;基塞克(Giesecke,C. L.):《格林兰东岸上挪威人的殖民地》,载《爱尔兰皇家学院议事纪录》,第 14 卷,第 47 页;斐西尔(Fischer,J.):《北欧人在美洲的发现》,1903 年。

法国:

* 福吉尔(Vogel,W.):《诺曼人与法兰克帝国》(1906 年);* 约兰逊(Jo-

ranson,E.):《法国的丹麦金》,载《芝加哥大学毕业论文集》(1923 年);汤普逊:《第九世纪法国的商业》,载《政治经济杂志》,第 23 卷(1915 年),第 857—887 页;洛特:《大侵犯,856—862 年》,载《沙特学院图书提要》,第 69 卷,第 1—62 页(1908 年);发佛尔(Favre,E.):《法王欧得传》,第 207—226 页。

俄国:

鲁斯(Roos,W.):《瑞典在外侵团出征里所占的地位》,载《英国历史评论》,第 7 卷,第 209—223 页;汤森(Thomsen,V.):《古代俄罗斯与斯干的那维亚的关系》(1877 年);柏立:《东罗马帝国史》,第 2 卷,第 13 章;马服(Mavor,J.):《俄国经济史》,第 1 卷,第 1—21 页;摩维尔:《外侵团》第 7 章。

第十一章 萨克逊和萨利安德意志(919—1125 年)

广泛的参考书目:

哥采克(Kotzschke,R.):《十七世纪前德意志的经济史》,第 48—84 页(扼要的历史论述,附有有价值的详细参考书目);蓝普勒赫:《德意志史》,第 12 卷,第 105—117 页;吉布哈特(Gebhardt):《德意志手册》,第 1 卷,第 4 版(1909 年);《剑桥中世纪史》,第 3 卷,第 604—617 页。

* 尼采(Nitzsch,K. W.):《德意志人民史》(第 2 版,1892 年),第 1 卷; * 蓝普勒赫:《德意志史》,第 2—3 卷; * 革德斯(Gerdes,H.):《萨克逊皇帝统治下的德意志人民和他们的时代(1898 年)》;(* 每一卷的第二部分都是专讲经济和社会史的); * 汤普逊:《封建的德意志》第 1—10 章;《剑桥中世纪史》第 3 卷,第 8—12 章;马尼提斯(Manitius,M.):《萨克逊朝和萨利安皇帝统治下的德意志史(911—1125 年)》(1889 年);汉普(Hampe,K.):《萨利安朝和斯陶芬朝时代的德意志史》(第 2 版,1912 年);赫尔曼(Hellman,S.):《十字军东征前的中世纪时代》;惠芝:《德意志宪法史》,第 5、6、7 卷;斯图茨(Stutz,U.):《本地教会作为中世纪日耳曼教会法形成中的要素》(1895 年);斐雪(Fisher,H. A. L.):《中世纪帝国》二卷(1898 年)。

第十二章 十字军前的法国(877—1095 年)

广泛的参考书目:

《剑桥中世纪史》,第 3 卷,第 587—591 页;赖维斯:《法国史》,第 2 卷,第

2 编，第 3、39、78、107、144、179、203、283 页。

英文著作分类书目(很少)：

汤普逊：《中世纪史参考书》，第 2 编，第 96—97 页。

一般著作：

* 布亚索那德(Boissonade,P.)：《中世纪时代基督教欧洲的劳动状况》，第 1 卷，第 7—9 章；* 塞厄(Sée, Henri)：《中世纪时代法国的……农村阶级》；* 卡尔默特：《封建社会》；* 微达尔(Vidal de la Blanche,P.)：见赖维斯：《法国史》，《导论》；勒伐索：《法国商业史》；赖维斯：《法国史》，第 2 卷，第 2 编，第 1 册；第 2 册，第 4 章；蓝普勒赫：《中世纪早期法国的经济状况》(马力南译本 1889 年)；法拉奇(Flach,J.)：《古代法国的起源》，第 2—3 卷(1886—1917 年)；洛特：《喀罗林朝的最后时期》(1891 年)；洛特：《休·卡佩传》(1903 年)；普菲斯特(Pfister, Ch.)：《罗柏特虔诚者的统治》(1885 年)；提雷(Tilley,A.)(主编)：《中世纪法国》，第 1、2 章(第 1 节)；《剑桥中世纪史》，第 3 卷，第 4、5 章。

第十三章　十字军前的意大利(877—1095 年)

广泛的参考书目：

《剑桥中世纪史》，第 3 卷，第 594—603 页。

英文著作分类书目(很少)：

汤普逊：《中世纪史参考书》，第 2 编，第 95—96 页。

许多引在十字军时期意大利一章的参考书，也是讲到这一时代的。

* 哈特曼(Hartmann,L. M.)：《早期中世纪意大利经济史》(1904 年)；* 萧布(Schaube,A.)：《从地中海区罗马人时代到十字军运动末期的商业史》(1906 年)；* 罕德洛厄克(Handloike,M.)：《在主教统治与公社兴起时期的伦巴城市》(1893 年)；* 休普斐(Schupfer,F.)：《公社复兴时期的米兰社会》，载《司法档案集》，第 3 卷，第 115、252、460、732 页，第 4 卷，第 309 页，第 5 卷，第 40 页(波伦亚，1869—1870 年)；德勒斯纳(Dresdner,A.)：《十至十一世纪意大利的精神文化与风俗史》(1890 年)；盖依(Gay,J.)：《南意大利与拜占庭帝国(867—1071)》(1904 年)；布赖斯(Bryce,J.)：《神圣罗马帝国》(新版，1904 年)，第 9、10 章；福吉尔：《拉特力厄斯·冯·味罗那(Ratheriu Von

Verona)和十世纪》,二卷,1854 年;奥吞(Previte Orton,C. W.):《萨伏衣王族史》;《意大利和普罗温斯》,载《英国历史评论》,第 32 卷,第 335 页;拍岐(Pach,H.):《米兰的帕大利亚派(Pataria)》(1893 年);奥弗曼(Overmann,A.):《中世纪意大利城市》(1914 年),讲述九至十世纪情况。

第十四章　十字军前东罗马帝国(802—1096 年)

广泛的参考书目:

《剑桥中世纪史》,第 4 卷,第 782—850 页,特别注意 894—898 页;吉本:《罗马帝国衰亡史》,柏立版,第 4 卷(附录)。

英文著作分类书目:

汤普逊:《中世纪史参考书》第 2 编,第 117—120 页。

关于拜占庭文明的一般著作:

*第尔(Diehl,C.):《拜占庭的盛衰》(1919 年);《拜占庭研究》(1905 年);《拜占庭帝国史》(1919 年)(英译本,普麟斯顿大学出版社出版);革尔塞(Gelzer,H.):《拜占庭文化史》(1909 年);贝依纳斯(Baynes,N. H.):《拜占庭帝国》(1926 年);《剑桥中世纪史》,第 4 卷,第 22—23 章;赫斯林:《论拜占庭文明》(1907 年);佛雷铭(Fleming,W. B.):《太尔城史》,第 9 章;布岐尔(Bouchier,E. S.):《安提阿》,第 9 章;布赖斯:《神圣罗马帝国》新版,第 16 章;哈礼孙(Harrison,F.):《拜占庭历史》(勒德讲演),见《我的丛书》,第 21 章;比基拉斯(Bikelas,A.):《拜占庭帝国》,载《苏格兰评论》,第 17—18 卷(1886—1887 年);弗利曼:《历史论文》,第 3 集,第 241 页;格勒尼尔(Grenier,P.):《拜占庭帝国的社会与政治演变》,二卷(1904 年)。

历史概述:

芬雷(Finlay,G.):《希腊史》〔托塞(H. F. Tozer)出版〕,第 4—5 卷(牛津,1877 年);吉本:《罗马帝国衰亡史》(柏立版),第 6 卷;雪微尔(Schevill,F.):《巴尔干半岛史》,第 8—9 章。

十字军前的拜占庭商业:

*亥德(Heyd, W.):《利凡得商业史》,第 1 卷,第 24—74 页;柏立(Bury,J. B.):《东罗马帝国从爱里尼的倾覆到巴锡尔一世的登位时期的历史》,第 10、13 章;比士雷:《近代地理学的曙光》,第 2 卷,第 221—223、467—514 页;布伦塔诺(Brentano,L.):《拜占庭的国民经济》,载斯摩勒

(Schmoller)的《法律年鉴》,第41卷(1917年);尼斯(Nys,E.):《经济史》,第1章;阿士柏纳(Ashburner,W.):《罗得岛海洋法》(1909年);布朗(Brown,H.F.):《威尼斯》,第3—4、16、22、29—34、48—50、64—68、80—81、86—93页,《剑桥中世纪史》,第4卷,第8章。

财政、赋税和土地问题:

*安德利得斯(Andreades,A.):《拜占庭的财政》,载《政治学评论》,第2卷(1911年);《拜占庭帝国预算的上升》,载《希腊研究评论》,第34期(1921年);*柏立:《东罗马帝国从爱里尼倾覆到巴锡尔一世登位时期的历史》,第7章;《第九世纪帝国的行政制度》,英国学院,补充论文,第1卷(1911年);《帝国行政制度论》,载《拜占庭杂志》第15卷,第517—577页;《剑桥中世纪史》,第4卷,第22—23章;吉本:《罗马帝国衰亡史》(柏立版),第5卷,第525—533页(土地问题)。

斯拉夫人和保加利亚人:

*柏立:《东罗马帝国从爱里尼的倾覆到巴锡尔登位时期的历史》,第11—12章;吉本:《罗马帝国衰亡史》(柏立版),第5卷,第543—551页;《剑桥中世纪史》,第4卷,第7章;霍华茨(Howorth,H.H.)的论文,载《人类学学院杂志》,第7卷,第329页,第8卷,第65页,第9卷,第65页;比士雷:《近代地理学的曙光》,第2卷,第478—514页;明斯(Minns):《西徐亚人和匈奴人》,第543页及以下。

俄罗斯人和喀什尔人:

*柏立:《东罗马帝国从爱里尼倾覆到巴锡尔登位时期的历史》,第13章;*勒达威(Reddaway,W.F.):《研究俄国史导论》:《对研究历史者的辅导书》(S.P.C.K.),伦敦,1920年(附有参考书目);《剑桥中世纪史》,第4卷,第7章;霍华茨:《第三次国际东方学者大会工作报告》,第2卷(1879年)。关于喀什尔人,参阅词目:《喀什尔人》,见《犹太人百科全书》;柏立:《东罗马帝国史》,第394—423页。罗斯托甫切夫(Rostovseff,M.):《基辅罗斯的起源》,载《斯拉夫族研究评论》,第2卷(1922年),第1—18页;《南俄的伊朗人和希腊人》(1922年),特别注意第210—222页;《美国历史学会年报》(1920年),第165页及以下。

和伊斯兰教的冲突:

*《剑桥中世纪史》,第4卷,第5、6章;*柏立:《东罗马帝国从爱里尼倾覆到巴锡尔登位时期的历史》,第8—9章;布塞尔(Bussell,F.W.):《罗马帝

国》,二卷,1910 年(查阅索引,特别注意《亚美尼亚》);劳伦特(Laurent,J.):《拜占庭和伊斯兰教之间的亚美尼亚》(载《法国雅典和罗马研究》,第 117 期,1919 年);安德森(Anderson,J. G.):《东小亚细亚的道路系统》,载《希腊文艺研究杂志》(1897 年),第 22 页;勒·斯特伦治(Le Strange,Guy):《东哈里发国家的版图》;革尔塞:《亚美尼亚简史》(1897 年);布鲁克斯(Brooks,E. W.):《拜占庭人与阿拔斯朝时代阿拉伯人的关系》,载《英国历史评论》,第 16 卷,第 84 页;拉姆塞:《穆斯林和基督徒争夺小亚细亚的战争》,载《现代评论》,第 90 卷,第 1 期;奥曼(Oman,C. W.):《中世纪时代的战术》,第 4 卷,第 4 章;帕刻(Parker,J. H.):《突厥人的起源》,载《英国历史评论》,第 11 卷,第 431 页。

第十五章　巴格达哈里发国家和伊斯兰教的扩张

广泛的参考书目:

《剑桥中世纪史》,第 4 卷,第 831—836 页,第 5 卷,第 864—866 页。

英文著作分类书目:

汤普逊:《中世纪史参考书》,第 1 编,第 55—56 页。

一般著作:

* 亥德:《利凡得商业史》,第 1 卷,第 24—74 页;* 克勒麦(Kremer,A. Von):《哈里发时代东方文化史》,二卷(1876—1877 年)〔科达·布克什(S. Khuda Bukhsh)的英译本,加尔各答,1920 年〕;克勒麦:《伊斯兰教地区的文化和战斗史》(1873 年)(科达·布克什的英译本,书名《对伊斯兰教文明史的贡献》加尔各答,1905 年);亚诺尔:《伊斯兰教的传布》(第 2 版,1913 年);华尔特(Huart,C.):《阿拉伯人史》,二卷(1912—1913 年);勒彭:《阿拉伯人的文明》(1884 年);赫尔(Hell,Joseph):《阿拉伯文明》(科达·布克什译本,1926 年);勒·斯特伦治:《东哈里发国家的版图》;勒·斯特伦治:《阿拔斯哈里发时代的巴格达》(1900 年);马拉斯特(Marrast,A.):《第六世纪的拜占庭生活》,第 305 页及以下(1881 年);缪耳(Muir,W.):《哈里发国家的兴起与衰亡》(新版,1915 年);穆勒(Müller,A.):《伊斯兰教在东方与西方》,二卷(1885—1887 年);本雅明(Benjamin ben Jonah of Tudela):《游记》〔亚雪(Asher)出版的译本,1840 年〕;福特斯丘(Fortescue,A.):《东方的小型教会》(1913 年);瑟德(Shedd,W. A.):《伊斯兰教与东方教会》(1904 年)。

第十六章　十字军(1095—1291 年)

广泛的参考书目：

《剑桥中世纪史》，第 5 卷，第 867—871 页；布勒伊尔(Brehier，L.)：《中世纪时代教会与东方：十字军》，第 1—13 章及各章所附参考书目(第 4 版，1911 年)。

英文著作分类书目：

汤普逊：《中世纪史参考书》，第 2 编，第 121—132 页。

一般历史：

* 亨尼(Henne am Rhyn，O.)：《十字军和它们时代的文化》(1894 年)；* 普鲁茨(Prutz，H.)：《十字军时代的文化史》(1883 年)；布勒伊尔：《中世纪时代的教会和东方：十字军》，第 1—13 章(第 4 版，1911 年)；库格勒(Kugler，B.)：《十字军史》(第 2 版，1891 年)；亥克(Heyck，E.)：《十字军》；亚契尔和金斯福德(Archer and Kingsford)：《十字军》；刚德(Conder，C. R.)：《耶路撒冷的拉丁王国》；斯蒂芬孙(Stevenson，W.)：《十字军士在东方》；纽霍尔(Newhall，R. A.)：《十字军》。

参拜圣地：

* 比士雷：《近代地理学的曙光》，第 1 卷，第 2—4 章，第 2 卷，第 3—4 章；希司(Heath，S.)：《中世纪时代的进香生活》；琼斯：《克尔特不列颠与进香运动》〔辛罗杜立易(Y. Cymrrhodorion)会〕，第 90—107、149—228、274—275、412—417、533—538 页；李亚(Lea，H. C.)：《忏悔和赦罪券》，第 2 卷，第 123—135 页；《爱丁堡评论》，第 120 卷，第 217—249 页，第 109 卷，第 86—120 页；朱塞兰(Jusserand，J. J.)：《中世纪时代的旅行生活》，第 3 编；《评论季刊》第 93 卷，第 432 页，第 190 卷，第 217 页；雨果(Hugo，T.)：《进香标记》，载《考古学杂志》，第 38 卷(1860 年)，第 128 页。

十字军的原因与动机：

* 孟禄(Munro，D. C.)：《十字军论文集》，第 1 章(柏林敦，威尔蒙，1903 年)；李亚：《忏悔与赦罪符》，第 2 卷，第 123—135 页；* 亚契尔：《克勒芒会议和第一次十字军》，载《苏格兰评论》，第 26 卷(1895 年)，第 274—295 页；* 孟禄：《乌尔班二世在克勒芒的演说》，载《美国历史评论》，第 11 卷，第 231 页；克累(Krey，A. C.)：《第一次十字军》；李斯(Lees，Beatrich A.)：《法兰克

无名英雄的功绩》,《导论》;丹卡夫(Duncalf,F.):《农民十字军》,载《美国历史评论》,1921 年 4 月号;霍伽茨(Hogarth,D. G.):《十字军的路线》,皇家地理学会译本,第 3 卷,第 2 编,第 38—78 页;优达尔(Yewdale):《波希蒙德》;《剑桥中世纪史》,第 5 卷,第 7 章;华尔夫:《1096 年农民十字军》(杜平根,1891 年);布兰霍尔(Bramhall,E.):《十字军士的特权》,载《美国神学评论》,第 5 卷,第 279 页;孟禄和塞勒利:《中世纪文明》,第 248—256 页。

耶路撒冷王国与拉丁东方的文明:

* 多杜(Dodu,G.):《耶路撒冷王国君主政治制度史》(1894 年);* 布勒伊尔:《中世纪时代教会与东方:十字军》,第 4—9 章;* 勒伊(Rey,E. G.):《十二至十三世纪叙利亚法兰克人殖民地》(1883 年);普鲁茨:《十字军时代的文化史》(1883 年),特别注意第 1—32、39—181、314—354、396—415 页;* 孟禄:《十字军论文集》,第 1 章,《基督徒和异教徒在圣地上》(同一篇论文,发表在国际月刊,第 4 卷,第 690 和 726 页);* 士达布斯(Stubbs,W.):《案卷丛书导论》,第 325—349 页;亚契尔和金斯福:《十字军》,第 19—20 章,特别注意第 282—384 页;刚德:《耶路撒冷的拉丁王国》,载《评论季刊》,第 CCXCX (原文如此)卷,第 3 期;孟禄:《耶路撒冷王国的建立》,载《瑟瓦尼(Sewanee)评论》(1924 年 3 月号),第 16 卷,第 215 页;刚德:《诺曼巴勒斯坦》,载《巴勒斯坦开发基金会》,第 29 卷(1890 年);达姆兰(Damland,F.):《十字军时期的安提阿侯国》,载《考古学杂志》,第 15 卷,第 234 页;《英国历史评论》,第 11 卷,第 143 页(评多杜的书);优达尔:《波希蒙德》;爱塞伦(Eiselen):《西顿史》,第 2 编,第 4 章;孟禄和塞勒利:《中世纪文明》,第 257—268 页;佛雷铭:《太尔城史》,第 10 章;布岐尔:《安提阿简史》,第 10、11 章;尼斯:《经济史》,第 9 章;斯蒂芬孙:《十字军士在东方》;德·拉涅散(De Lanessan,J. M. A.):《殖民的原则》(1897 年);普勒斯吞:《耶路撒冷王国的农村情况》(《宾夕法尼亚大学毕业论文集》,1903 年);丹卡夫:《环境对耶路撒冷王国的影响》,载《美国历史学会年报》(1914 年),第 1 卷,第 137 页;密勒(Miller,W.):《耶路撒冷的拉丁王国》,载《评论季刊》第 230 卷,第 3 期。

商业与十字军(参看上面一节和十字军时期意大利一章的参考书目):

* 亥德:《利凡得商业史》,第 1 卷,第 129—476 页;* 萧布(Shaube,A.):《从地中海地区罗马人时期到十字军末期的商业史》(1906 年);* 普鲁茨:《十字军时代的文化史》,特别注意第 377 页及以下;凯勒(Keller,A. G.):《殖民运动》,第 60—73 页;特威斯(Twiss,Sir Travers):《海军部的黑皮

书》,第4卷,《导论》(《案卷丛书》);普鲁茨的论文,见孟禄编:《十字军论文集》,第2章,第45页〔同一篇论文,见《国际月刊》,第4卷(1902年),第251页〕。

拜占庭皇帝和十字军:

*察兰登(Chalandon,F.):《康尼南朝(Comnines):十一至十二世纪拜占庭帝国的研究》,二卷(1900—1913年);《剑桥中世纪史》,第4卷,第11、12章;孟禄:《十字军论文集》,第3章〔同一篇论文,见《国际月刊》第5卷(1902年)〕。

威尼斯与第四次十字军:

*皮阿斯(Pears,E.):《第四次十字军》;《君士坦丁堡的拉丁王国》;*密勒:《拉丁人在利凡得》,第1—2章;《剑桥中世纪史》,第4卷,第14、15章;布勒伊尔:《中世纪时代教会与东方:十字军》,第7章,附有参考书目;微勒哈度因(Villehardouin):《君士坦丁堡的征服》(《人人丛书》);福得麟罕(Fotheringham,J. K.):《热那亚和第四次十字军》,载《英国历史评论》,第25卷,第26页;雪微尔:《巴尔干半岛史》,第11章;洛德:《阿奇亚的王公》;托塞:《法兰克人与伯罗奔尼撒》,载《希腊文艺研究杂志》,第4卷,第165页;柏立:《伦巴人与威尼斯人在优卑亚(Eubaea)》,载同上杂志,第9卷,第91页;伽德纳(Gardner,A.):《尼西的拉斯卡立·狄奥多》。

塞浦路斯:

斯提华特(Stewart,B.):《塞浦路斯岛上的人民、中世纪城市、城堡、古物和它的历史》(伦敦,1908年);士达布斯:《中世纪塞浦路斯和亚美尼亚王国》,载《十七次讲演集》,第8章;科布罕(Cobham,C. D.):《塞浦路斯历史资料选辑》(剑桥,1908年)。

十字军的结果:

就情势来说,十字军同十二与十三世纪欧洲的转变,如此错综联结着,以致难于作出参考书目。可参阅第十七、十八、十九、二十八各章的参考书目。下列各书,也可供参考:

普鲁茨的论文,见孟禄编:《十字军论文集》,第45—87页,同一篇文章,见《国际月刊》,第4卷,第251页;克宁汉:《西方文明,古代与中世纪》,第103—104节;克宁汉:《英国工商业史》,第1卷,第89、143、186、196、198、205、212、475页,特别注意,第68节;契纳(Cheyney,E. P.):《美国历史的欧洲背景》,第1、2章;布朗:《威尼斯》,第114—115、116—134、152、190—192、

211、218、237—238、251—256、318、324—326 页。关于威尼斯和热那亚的冲突，参阅同书，第 141—148、158—161、190—203、222—234 页；孟禄和塞勒利：《中世纪文明》，第 212—223、248—268 页；凯勒：《殖民运动》，第 60—73 页；赫钦孙(Hutchinson)：《东方贸易和伦巴公社的兴起》，载《经济季刊》，第 16 卷，第 413 页；赫尔姆霍特(Helmholt, H.)：《世界史》，第 7 卷，第 1—137 页；尼斯：《经济史》，第 4 章；布浪葵(Blanqui, J. A.)：《政治经济学史》，第 14 章；柏纳(Byrne, E.)：《热那亚人在叙利亚贸易中的商业契约》，载《经济季刊》，第 31 卷，第 132 页；柏纳：《十二世纪热那亚人在叙利亚的贸易》，载《美国历史评论》，第 25 卷，第 191 页；柏纳：《热那亚的东方人》，载《美国东方学会杂志》，第 38 卷，第 176 页；伊立亚特(Yriarte, C.)：《威尼斯》，第 3 章；亚当斯：《新帝国》，第 69—85 页；德伊(Day, Clive)：《商业史》，第 97—99 节；摩尔孟蒂(Molmenti)：《威尼斯史》；黑兹力特(Hazlitt, W. C.)：《威尼斯共和国》，第 1 卷，第 141—187、362—384、442 页；霍治孙(Hodgson, F.)：《早期威尼斯史》，第 4 章；霍治孙：《十三到十四世纪的威尼斯》；帕尔格累甫(Palgrave, F.)：《英国与诺曼底史》，第 4 卷，第 455—468、522—540 页；萧乌(Shaw, W. A.)：《货币史》，第 1—6、9—13 页；布朗：《威尼斯史》，第 142—146、158—161 页；阿利丝·罗(Law, Alice, M.)：《若干著名的商人大王》，载《经济学评论》第 12 卷，第 309 页；第 12 卷，第 411 页；塞治尉克(Sedgwick, H. D.)：《十三世纪的意大利》，第 1 卷，第 2 章；比士雷：《近代地理学的曙光》，第 2 卷，第 394—411 页；芬雷(Finley)：《希腊史》，第 4 卷，第 3 章，第一节；微厄纳(Wiener, L.)：《经济史与语言学》，载《经济学季刊》(1911 年)，第 239 页；丹弗兹(Danvers)：《波斯湾路》，载《亚洲评论季刊》(1888 年 4 月号)；优尔(Yule)版，《马哥波罗游记》(哈克琉特会，1903 年)，《导论》，第 9—12 节(第 41—45 页)。

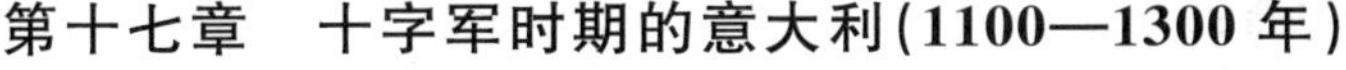

第十七章 十字军时期的意大利(1100—1300 年)

很多关于霍亨斯陶芬时代的德意志的著作，也是讲到意大利的。

普勒微特(Previte Orton)所编广泛而出色的参考书目：

《剑桥中世纪史》，第 5 卷，第 875—877 页。

英文著作分类书目：

汤普逊：《中世纪史参考书》第 2 编，第 114—116、154—155 页。

一般著作：

＊萧布（Schaube，A.）：《从地中海地区罗马人时期到十字军末期的商业史》（1906 年）；＊哈特曼：《中世纪时代意大利史》，第 3—4 卷（1915 年）；＊伊维尔（Yver）：《十三至十四世纪南意大利的商业和商人》（1903 年）；＊马斯（Mas Latrie）：《中世纪时代和平与通商条约以及有关基督徒和北非阿拉伯人关系的各种文献（1866 年）》，续编，1872 年；＊《剑桥中世纪史》，第 4 卷，第 4、5、11、13 章；＊亥德：《利凡得商业史》，第 1 卷，第 129—426 页；马法罗尼（Manfroni，C.）：《意大利海军史》（400—1261 年）〔勒格洪（Leghorn），1899 年〕；塞治尉克：《十三世纪意大利》，二卷；库尔吞（Coulton，G. G.）：《从圣法兰西斯到但丁》〔根据法拉·撒冷本（Fra Salimbene）的《自传》〕；泰罗（Taylor，H. O.）：《中世纪的心理》，第 1 卷，第 21 章，《撒冷本的世界》。

伦巴城市：

＊赫钦孙：《东方贸易与伦巴公社的兴起》，载《经济学季刊》杂志，第 16 卷，第 413 页；＊司乃得（Schneider，F.）：《意大利城市与乡村教区的起源》（1924 年）（杰作）；蒲特勒：《伦巴城市公社》；特斯塔（Testa，G.）：《腓特烈一世对伦巴公社战争史》（1877 年）；兰萨尼（Lanzani，F.）：《意大利城市公社史》（1882 年）；霍勒微尔（Haulleville，P. de）：《伦巴公社从它们的开始到十三世纪末期的历史》（二卷 1857 年）；黑格尔（Hegel，C.）：《意大利城市宪法史》（二卷，1847 年）；霍斯拉茨（Hausrath，A.）：《亚诺尔·冯·布里西亚传》（1891 年）；斐雪：《中世纪帝国》，第 2 卷，第 11 章；塞治尉克：《十三世纪的意大利城市》，第 1 卷，第 13—15、18 章，海涅曼（Heinemann，L.）：《意大利城市宪法的起源（1896 年）》；基尼尼（Gianini，F.）：《意大利城市公社（1000—1300 年）》；微拉里（Villari，P.）：《中世纪意大利》，第 2 卷，第 4、9、10 章；孟谷西（Mengozzi，G.）：《中世纪时代意大利城市》（1914 年）。

阿尔卑斯山路：

＊霍夫曼（Hoffman，J. W.）：《中世纪德意志阿尔卑斯山路》，载《政治经济杂志》，第 31 卷，第 826 页；克拉尔（Clare，C. L.）：《勃伦纳山路》；柯立芝（Coolidge，W. B.）：《自然界和历史上的阿尔卑斯山路》；柯立芝：《阿尔卑斯山研究》（历史的和描写性的论文）；安劳夫特（Umlauft，F.）：《阿尔卑斯山的风土、地质和历史》（1889 年）；普勒微德-奥吞（Previte-Orton. C. W. ）：《萨伏衣王室史》（利用山路名称的索引）；贝得刻（Baedeker，K.）：《瑞士手册》（关

于东阿尔卑斯山，中阿尔卑斯山）。

罗马城和教廷：

* 巴尔萨尼(Balzani，U.)：《教皇和霍亨斯陶芬朝》；格列高洛味斯(Gregorovius，F.)：《中世纪时代的罗马城》，第 4 卷；鲁梦特(Reumont，A. Von)：《罗马城市》，三卷(1867—1870 年)；哈尔芬：《中世纪时代(751—1252 年)罗马城行政制度的研究》。

威尼斯：

* 西门斯斐尔德(Simonsfeld，H.)：《威尼斯的德意志商站和德意志威尼斯的商业关系》(二卷，1887 年)；* 列尼尔(Lenel，W.)：《威尼斯亚得里亚海上霸权的起源》(1897 年)；《剑桥中世纪史》，第 4 卷，第 13—14 章；克勒采迈尔(Kretschmayr，H.)：《威尼斯史》，第 1 卷；摩尔门蒂：《中世纪时代的威尼斯》，第 2 卷；哈士力特(Hazlitt，W. C.)：《威尼斯共和国》；布朗：《威尼斯》；布朗：《威尼斯的国家文件日历》，第 1 卷，《导论》，第 51—113、135—141 页；霍治孙：《威尼斯早期历史》。

热那亚：

* 柏纳(Byrne. E. H.)：《热那亚和叙利亚的贸易》，载《美国历史评论》，第 25 卷，第 191 页；* 柏纳：《热那亚人在叙利亚贸易中的商业契约》，载《经济季刊》杂志，第 31 卷，第 128 页；柏纳：《热那亚的东方人》，载《美国东方学会杂志》，第 38 卷，第 176 页；本特(Bent，J. T.)：《热那亚》；坎纳斯特力尼(Canestrini，G.)：《黑海与中世纪意大利人殖民地》，载《意大利史文库》，新集，第 4 卷，第 1 编(佛罗伦萨，1857 年)；卡罗(Caro)：《热那亚与地中海上的权力》，二卷(1895—1899 年)；圣安极乐(St. Angelo)：《卡发洛(Caffaro)和他的时代》(1894 年)。

佛罗伦萨，塞亚那，比萨：

* 达维德孙(Davidson，R.)：《佛罗伦萨史》，第 1 卷(1896 年)，意大利文译本：《佛罗伦萨史，它的起源》(1907—1912 年)；卡岐斯(Caggese，R.)：《佛罗伦萨史》，三卷(1912—1921 年)；达・吉诺(Da Gino Aria)：《佛罗伦萨共和国的商业条约》(1901 年)；司乃得：《多斯加纳的国家行政制度(568—1268 年)》；雪微尔：《塞亚那》；道格拉斯(Douglas，Langdon)：《塞亚那史》；亥乌德：《比萨史(十一至十二世纪)》。

诺曼意大利和西西里(在罗哲尔二世和腓特烈二世统治时代)：

* 刻替斯(Curtis，E.)：《西西里王罗哲尔和下意大利的诺曼人(1016—

1154 年)》;*察兰登(Chalandon,F.):《诺曼人统治意大利和西西里的历史》(二卷,1907 年);哈斯金斯(Haskins,C. H.):《诺曼人在欧洲》,第 7、8 章及参考书目,第 248—249 页;*哈斯金斯:《十二世纪英国与西西里》,载《英国历史评论》,第 26 卷,第 433—447、641—645 页;卡斯帕(Casper,E.):《罗哲尔二世和诺曼-西西里王国的基础》(1904 年);哈斯金斯和洛克乌德(Haskings and Lockwood):《君主国论的西西里翻译家》,载《哈佛古典语言学研究》,第 23 卷,第 155—166 页,第 25 卷,第 87—105 页;马维尔:《外侵团》,第 11—12 章;尼斯:《经济学史》,第 2 章;弗利曼:《巴勒摩的诺曼人》,论文集,第 3 集,第 437 页;弗利曼:《腓特烈豪华者》,论文集,第 1 集,第 283 页;阿马里:《西西里的穆斯林史》,三卷。

安吉文意大利和西西里(1268—1282 年):

*乔柏特(Joubert,A.):《那不勒斯王国内安如王族的得势》(1887 年);约丹(Jordan,E.):《安吉文族统治意大利的起源》;杜黎(Durrieu,P.):《查理·安如统治下那不勒斯王国内的法国人》(1887 年);麦基尔:《查理·安如在皮德蒙特和伦巴城的统治》(1891 年);斯腾斐尔德(Sternfeld,R.):《查理·安如》(1888 年);斯尉夫特(Swift,F. Darwin):《阿拉贡王詹姆士一世》,第 9—12 章。

第十八章　十字军时期的法国(1095—1270 年)

广泛的参考书目:

《剑桥中世纪史》,第 5 卷,第 901—902 页(只到 1280 年为止);赖维斯:《法国史》,第 2 卷,第 2 章,第 203、227、283、311、334 页;第 3 卷,第 1 章,第 1、28、83、122、203、297、364、390 页;蓝波德(Rambaud,A.):《法国文化史》,第 117、135、150、160、177、206、239 页。

英文著作分类书目:

汤普逊:《中世纪史参考书》,第 2 编,第 97—100 页。

一般著作:

*卢察尔(Luchaire,A.):《法国在早期卡佩特朝的政治制度史》,二卷(第 2 版,1891 年);卢察尔:《法国制度手册》(1892 年);*卢察尔:《腓力·奥古斯都时代的法国社会》〔第 2 版,1909 年,克勒比尔(Krehbiel)的英译本:《腓力·奥古斯都时代社会的法国》,1912 年〕;布亚索那德(Boissonade,P.):

《中世纪时代基督教欧洲的成就》，第 1 卷，第 7、8、9、10 章；第 2 卷（全部）；＊加卢（Garreau，L.）：《十字军时代法国的社会状况》；塞厄：《中世纪时代法国的…农村阶级》；赖维斯：《法国史》，第 2 卷，第 2 编，第 2 册；第 3 卷，第 1 编（全卷）；《剑桥中世纪史》第 5 卷，第 17、19 章（只到 1200 年为止）；提雷（Tiley，A.）（主编）：《中世纪法国》，第 48—78、179—192、201—206 页；蓝波德：《法国文化史》，第 1 卷，第 8—13 章；勒伐索（Levasseur，E.）：《法国商业史》；勒伐索：《法国工人阶级》，第 1 卷；勒夸（Lecoy de la marche）：《圣路易时代的法国》；倍格诺特（Beugnot，A.）：《圣路易时代的制度》；得利尔（Delisle，L.）：《中世纪时代诺曼底农民阶级地位和农业状况的研究》（第 2 版，1903 年）；柏格尔（Berger，E.）：《布浪希·得·卡斯提尔传》；季喜尔摩兹（Guilhiermoz，P.）：《中世纪时代法国贵族的起源》；隆格蜡（Langlois，Ch. V.）：《腓力大胆人的统治》；勒斯平那斯（Lespinasse，R. de）：《亚田·布亚罗（Etienne Boileau）的手工业志》；毕伽达：《水上商人》（1901 年）；芬克-布伦塔诺（Funck-Brentano，F.）：《中世纪法国》，第 2—14 章。

第十九章　霍亨斯陶芬朝德意志（1125—1273 年），法兰德斯和低原国家

有极好而简要的说明，并附完备的参考书目：

库采克（Kotzschke）：《德意志经济史》，第 84—92 页；革布哈特（Gebhardt）：《德意志史手册》，第 1 卷（第 4 版，1909 年）。

参考书目：

蓝普勒赫：《德意志史》，第 12 卷，第 117—125 页；《剑桥中世纪史》，第 5 卷，第 850—854、872—874、878—884 页。

英文著作分类书目（不完备的）：

汤普逊：《中世纪史参考书》，第 2 编，第 114—116、154—155 页。

上面第十一章内所引的很多著作，也讲到霍亨斯陶芬朝时代的。但还应加：

＊革德斯（Gerdes，H.）：《霍亨斯陶芬朝历史和他们的时代》，1908 年；＊印那马：《德意志经济史》，第 2 卷，1891 年；巴哈托尔德（Bachtold，H.）：《十二至十三世纪初期北德意志商业史》，1910 年；普鲁茨：《皇帝腓特烈一世》，三卷，1871—1874 年；皮洛（Below，G. von）：《中世纪德意志国家》，第 1 卷；蓝普勒赫：《中世纪德意志经济生活》；尼采：《宗教事务与市民》，1859 年；

策尔特(Schulte,A.):《中世纪时代贵族与教会》,1910 年;斯图茨(Stutz,U.):《本地教会作为中世纪德意志教会法的要素》,1859 年;腓力普孙(Phillipson,M.):《亨利狮子》,1918 年;浦尔(Poole,A. L.):《亨利狮子》;劳麦(Raumer,F. Von):《霍亨斯陶芬朝史》,六卷(第 5 版,1878 年);克勒采麦(Kretschmer,K.):《中欧历史地理》,第 5、7 章;迈克尔(Michael,E.):《十三世纪德意志人民的文化地位》,第 1 卷,第 1—85,129—204 页(1897 年);惠芝:《德意志宪法史》,第 5 卷,第 185—442 页(《人民和他们的地位》);汤普逊:《封建的德意志》,第 8—11 章;加斯纳(Gasner,E.):《德意志公路状况》(1889 年)。

第二十章 日耳曼人向东扩展和殖民

参考书目:

库采克:《德意志经济史》,第 85 页;蓝普勒赫:《德国史》,第 12 卷,第 126—128 页(第 1 版和第 2 版);帕都(Paetow):《研究中世纪史的指导书》,第 220 页。

* 蓝普勒赫:《德意志史》,第 3 卷,第 10 编,第 2 章,第 343—388 页(第 3 版,1906 年);* 叔尔茨:《扎勒河与易北河间地区的殖民地与德意志化》,1896 年;汤普逊:《封建的德意志》,第 11、13—17 章;图特尔(Tuttle,H.):《普鲁士史》,第 1 卷,第 1—2 章;库采克:《东德意志殖民史资料》(1912 年);革德斯(Gerdes,H.):《霍亨斯陶芬朝和他们的时代史》,第 428—440 页;赖维斯:《在阿斯揆尼安(Ascaniens)时代的勃兰登堡,"马克"》(巴黎,1875 年);印那马:《德意志经济史》,第 3 卷,第 1 章。

第二十一章 斯干的那维亚

丹麦:

* 比士雷:《近代地理学的曙光》,第 2 卷,第 514—548 页;李奇(Leach,H. G.):《安吉文不列颠和斯干的那维亚》,见《剑桥中世纪史》,第三卷,第 309 页及以下;鲁滨逊(Robinson,G. H.):《欧洲的转变》,第 16 章;阿伦(Allen,C. F.):《丹麦史》,二卷,哥本哈根,1878 年;丹尔曼(Dahlmann,F. S.):《丹麦史》,第 1—3 卷(1840—);尼尔森(Nielsen,O.):《哥本哈根的历史与

现状》(哥本哈根,1877 年)。

挪威:

格泽塞特(Gjerset):《挪威人民史》,第 1 卷,第 174—483 页;威尔逊(Willson,T. B.):《挪威的教会和国家》;鲁滨逊:《欧洲的转变》,第 17 章。

瑞典:

格泽(Geijer,E. J.):《瑞典史》,第 1—3 卷〔伦布拉德(Lundblad)的法文译本〕;蒙特琉斯(Montelius,O.):《从古代到近代的瑞典史》,第 1—2 卷(斯德哥尔摩,1877—1881 年)。

第二十二章 伊斯兰教和基督教西班牙(711—1284 年)

参考书目:

布亚索那德(Boissonade,P.):《西班牙经济史的研究》,载《历史综合评论》,第 23 卷(1911 年),第 75—97 页;卡洛林(Carolin):《社会经济季刊》,1913 年,第 2 期;阿尔塔密拉(Altamira,R.):《西班牙史》,第 4 卷,第 587—672 页(1914 年);赖维斯和蓝波德:《通史》,第 2 卷,第 719 页;察普曼(Chapman,C. E.):《西班牙史》,第 527—540 页;帕都:《指导书》,第 149 页(穆罕默德教),第 317—320 页(基督教);汤普逊:《中世纪参考书》第 2 编,第 135—138 页。下面只引述英文著作。

穆罕默德教西班牙:

多则(Dozy,R.):《西班牙伊斯兰教》,斯托克斯(Stokes)译本,1913 年;察普曼(Chapman,C. F.):《西班牙史》,第 5、6、8、9 章;柏克(Burke,U.):《西班牙史》,第 1 卷,第 11、16、19、36 章;辉萧(Whishaw,E. M.):《阿拉伯人西班牙》(1912 年);亚诺尔:《伊斯兰教的传布》,第 5 章;蓝浦尔:《摩尔人在西班牙》;伯金斯(Perkins,C.):《西班牙的缔造者》,第 1 卷,第 1—3 章;里阿诺(Riano):《西班牙的工业技术》;科佩(Coppee,F.):《阿拉伯摩尔人对西班牙的征服》,第 2 卷,第 10 册(文明史);《评论季刊》,第 189 卷(蓝浦尔的书评);阿米尔(Ameer Ali):《萨拉森统治下的西班牙》,载《十九世纪杂志》,第 34 卷,第 498 页;孟禄和塞勒利:《中世纪文明史》,第 224—239 页。

基督教西班牙:

* 麦立曼(Merriman,R. B.):《西班牙帝国的兴起》,第 1 卷,第 1—7

章，柏克：《西班牙史》，第 1 卷，第 13、17、18、20、21、24、25 章；斯尉夫特(Swift，F. Darwin)：《阿拉贡王詹姆士一世》；比士雷：《阿拉贡王詹姆士一世》；克来因(Klein，J.)：《米西达》(“Mesta”)，载《哈佛经济研究》，第 21 期。

第二十三章　中世纪的商人旅行、市场和市集、香宾市集、贸易经营

参看《十字军时期意大利》(第十七章)和《十字军》(第十六章)所列出的参考书目。

牛顿(Newton，A. P.)等：《中世纪时代旅行和旅行家》(一系列论文)；其中包括有：主编者：《中世纪时代的世界观》；雷斯特纳教授(M. L. W. Laistner)：《地理学知识的衰落》；贞琴兹教授(Claude Jenkins)：《基督徒的进香》；马维尔教授(Alan Mawer)：《外侵团时代》；亚诺尔教授：《阿拉伯旅行家和商人》；迈恩道夫男爵(A. F. Meyendorff)：《东欧贸易》；鲍威尔(Eileen Power)：《通中国的陆路》；主编者：《旅行家的故事》；罗斯勋爵(Sir E. Denison Ross)：《祭司约翰(Prester John)》；普勒斯塔奇教授(E. Prestage)：《通印度的海路》。

* 比士雷：《近代地理学的曙光》，三卷；* 布奎洛特(Bourquelot，F.)：《香宾市集的研究》，二卷，《艺术学院丛书》(1865 年)；* 比伦纳：《城市和市集》，载《历史评论》，1898 年；基尔福德(Guilfold，E. L.)：《中世纪时代旅行家和旅行》；赫微林(Huvelin)：《市集和市场法史》；瓦尔福德(Walford，O.)：《过去和现在的市集》。

第二十四章　新寺院团—克伦尼派、息斯脱西安派、普勒孟斯特派、法兰西斯派、多米尼克派

广泛的参考书目：

《剑桥中世纪史》，第 5 卷，第 909—920 页。

英文著作分类书目：

汤普逊：《中世纪史参考书》，第 2 编，第 110—113、166—169 页(法兰西斯派与多米尼克派)。

一般著作：

《剑桥中世纪史》，第 5 卷，第 20 章；* 卢察尔（Luchaire，A.）：《腓力·奥古斯都时代的法国社会》，第 2 章；* 卢察尔：《法国制度手册》，第 1 卷（附有参考书目）；加卢（Garreau，L.）：《十字军时代法国社会的状况》，第 427—462 页；柏利厄尔（Dom Berliere）：《寺院团》，《从开始到十三世纪》，二卷（1924 年）；真涅斯塔尔（Genestal，R.）：《寺院在建立信贷制度中的作用》（1901 年）。

十一至十二世纪的宗教复兴运动：

亚当斯（Adams，Henry）：《圣米雪尔山和特许状》（杰作）；泰罗：《中世纪的心理》，第 1 卷，第 3 册；普赖厄（Prior，E. S.）：《哥特式建筑术史》；李亚：《教士的独身制》。

克伦尼：

* 萨科尔（Sackur）：《克伦尼教派》，二卷（关于书评，见《英国历史评论》，第 10 卷，第 293 页，第 23 卷，第 762 页，第 24 卷，第 123 页）；《天主教百科全书》；孟禄和塞勒利：《中世纪文明》，第 137—152 页；格累姆（Graham，Rose）：《十一世纪克伦尼寺院生活》，载《神学研究杂志》，第 16 卷（1916 年）；格累姆：《克伦尼对其他寺院运动的关系》，载《神学研究杂志》，第 15 卷（1915 年）；汤普逊：《封建的德意志》，第 2—3 章。

息斯脱西安派：

* 阿布亚（Arbois de Jubainville）：《息斯脱西安派寺院》（1868 年）；霍夫曼（Hoffman，E.）：《息斯脱西安派寺院团的经济原则的发展》，载《哥勒学会的历史年鉴》，第 31 卷（1910 年）；多尔堡（Dolberg）：《息斯脱西安派僧侣和他们的转变为农夫与工人》，见《本尼狄克派与息斯脱西安派的研究与资料》，第 13 卷（1892 年）；《天主教百科全书》；马孙（Mason，W. A. P.）：《息斯脱西安派的开端》，译文，皇家历史学会，新编，第 19 卷，第 169 页；格累姆：《未兹雷的一个住持》；文特（Winter，F.）：《北德意志的息斯脱西安派》，二卷。

寺院制度下的妇女：

* 厄坎斯坦因：《寺院制度下的妇女》；莱特（Wright，T.）：《妇女界》，第 5 章；帕特南（Putnam，E. J.）：《女士》（女住持）。

圣法兰西斯的先驱：

达维德孙（Davidson，E. S.）：《圣法兰西斯的先驱》（1927 年）；塞治尉克：《十三世纪的意大利》，第 1 卷，第 4、7 章。

法兰西斯派：

* 塞治尉克：《十三世纪的意大利》，第 1 卷，第 7、25 章；第 2 卷，第 7 章；

＊库尔吞:《从圣法兰西斯到但丁》;＊ 约根孙(Jorgensen,J.):＊《阿西栖·圣法兰西斯传》(1912 年);＊ 布鲁厄(Brewer,J. S.):《法兰西斯派的古文献》,第 2 卷,《导论》和第 7—9 章;泰罗:《中世纪的心理》,第 1 卷,第 18、21 章;哈那克:《教条史》,第 6 卷,第 84—117 页;爱麦吞(Emerton,E.):《法拉·撒冷本(Fra Salimbene)和法兰西斯派理想》,载《哈佛神学评论》(1915 年);库尔吞:《托钵僧的失败》,载《希柏特(Hibbert)杂志》(1907 年 1 月号);库尔吞:《法兰西斯派的侧面观》,载《中世纪研究》,第 3 期;泽索普(Jessopp,A.):《托钵僧的出现》;杜布亚(Dubois,L. L.):《社会改革家圣法兰西斯》(华盛顿,1904 年);休勒特(Hewlett,M.):《一个中世纪著名的传道师》,载《十九世纪杂志》,第 28 卷,第 171 页;休勒特:《一个流浪托钵僧的自传》(撒冷本),载《十九世纪杂志》(1905 年),第 1009 页;立特尔(Little,A. G.):《讨饭的托钵僧》,载《英国历史评论》,第 9 卷,第 121 页;赖维斯:《法国史》,第 3 卷,第 1 编,第 246—263 页。

多米尼克派:

卡尔布勒茨(Galbraith,G. R.):《多米尼克寺院团的规程》;巴刻(Barker,E.):《多米尼克寺院团与教士会议》。

第二十五章　教会和封建社会

本题的性质非常复杂;所以几乎不可能作出一张完备的参考书目表。下面只列出大量著作中的一小部分。

广泛的参考书目:

《剑桥中世纪史》,第 3 卷,第 636—638 页;第 5 卷,第 846—854 页。

英文著作分类书目:

汤普逊:《中世纪史参考书》,第 2 编,第 102、142—150 页。

上帝和平运动:

赫伯蒂(Huberti):《上帝和平与公共安全的法律史研究》(1892 年);麦特兰(Maitland,F. W.):《选辑》,第 2 卷,第 290—297 页;鲍威克(Powicke,F. W.):《诺曼底的丧失》,第 93—98 页。

教会的封建化过程:

卢察尔:《法国制度手册》,第 1 卷;＊革德斯:《德意志人民在萨克森国王时代(651—709 年)的历史》; * 革德斯:《萨克森皇帝的历史和他们的时代,449—564 年》; * 革德斯:《霍亨斯陶芬朝史和他们的时代,567—643 年》; * 斯图茨(Stutz,U.):《本地教会作为中世纪德意志教会法的要素》(1895 年); * 汤普逊:《封建的德意志》,第 1—3 章; * 卢察尔:《腓力 · 奥古斯都时代的法国社会》,第 1、2、4、5、6、7 章;孟禄和塞勒利:《中世纪文明》,第 188—201 页;惠芝:《德国宪法史》,第 7 卷,第 183—301 页;加卢(Garreau,L.):《十字军时代法国的社会状况》,第 365—426 页;印巴特:《古代法国乡村教区》(1900 年);印巴特:《法国教会的主教选举》(1890 年);库尼革(Koeniger,M.):《窝姆斯的柏查德(Burchard von Worms)和他时代的德意志教会》(1905 年);霍克(Hauck,A.):《德国教会史》,第 3 卷;斯图茨:《教会恩赐地制度史,从它的开始到教皇亚历山大三世时代止》,第 1 卷,第 1 编(1905 年);托马斯(Thomas,P.):《中世纪时代俗人对教会财产的产权和俗人的庇护权》(1906 年);司乃得:《十二世纪的教廷与寺院》,二卷(1910 年);李亚:《迷信与力量》;李亚:《教会史的研究》,第 346—391、524—574 页;布拉茨福德(Blatchford,A. N.):《教会会议和它们的命令》(1909 年);斯密司(Smith,A. L.):《中世纪时代的教会与国家》;维奥雷特(Viollet,P.):《法国的政治制度》,第 2 卷,第 2 章(附有有价值的参考书目);帕卡德(Packard,S. R.):《英诺森三世时代的欧洲与教会》。

教会的地主地位:

很多上引著作,也是有关本题的。参看本章和二十七章的书目:

* 库采克(Kotzschke,R.):《罗尔河畔威尔登大庄园管理史的研究》(1901 年); * 库普兰(Coopland,G. W.):《圣柏腾寺院》,见《牛津社会法律史研究》,第 4 卷;纳尔逊(Nelson,N.):《拉姆塞寺院的经济情况》(1898 年);阿第(Ady,S. O.):《教会与庄园》;洛奇(Lodge,E.):《波尔多圣安德勒大主教与僧会的庄园》,载《牛津社会法律史的研究》,第 3 卷;黑尔(Hale,W. H.):《圣保罗教会的土地调查录》,《导论》(坎登学会,1858 年);泽索普(Jessopp,A.):《一个出家人的研究》,第 143 页(《过去时代的土地和它的所有人》);史蒂芬孙:《阿平顿寺院的编年史》(《案卷丛书》,第二集),《导论》,第 78—88 节;《布罗克兰的佐塞兰寺院的编年史》(《皇家古典著作丛书》);莱利(Riley,H. T.):《圣阿尔班寺院的簿册》(《案卷丛书》,第 28 集),第 3 卷,《导论》,第 29、37 页;赖雪尔(Reichel,O. J.):《十一世纪教会和教会的基金》,译文,得文州协会,1907 年,第 360—363 页。

教士与民众：

＊泰罗：《中世纪的心理》，第 1 卷，第 20 章；＊斯密司：《中世纪时代的通俗传教》，《英国历史评论》，第 7 卷，第 25 页；哈斯金斯：《十三世纪巴黎大学的布道》，载《美国历史评论》，第 10 卷，第 1 页；迈立克（Myric，John）：《给教区教士的训令》〔皮科克（Peacock）主编，英国古文献协会，1902 年〕；刻兹（Cutts，E. L.）：《教区教士和他们的群众》；哈那克：《教条史》，第 6 卷，第 108—115 页；加斯奎特（Gasquet，Cardinal F. A.）：《中世纪英国的教区生活》；理查孙（Richardson，H. G.）：《十三至十四世纪的教区僧侣》，译文，皇家历史学会，第 3 集，第 6 卷，第 89—128 页；泽索普：《英国宗教改革前的教区教士》，载《十九世纪杂志》，第 36 卷，第 46—88 页（也见于他的《一个出家人的研究》）；库尔吞：《宗教改革运动前的教士与民众》，载《现代评论》，第 91 卷，第 795 页，第 92 卷，第 71 页；休勒特：《中世纪时代的一个通俗传教师》，载《十九世纪杂志》，第 28 卷，第 471 页；斯密司：《十三世纪的法国传教师》，载《爱丁堡评论》，第 179 卷，第 537 页；斯密司：《十三世纪的僧侣生活》，载《都柏林评论》，第 4 集，第 7 卷，第 1 期；库尔吞：《六百年前的一个复兴主义者》〔累根斯堡的柏托尔德（Berthold）〕，载《中世纪研究》，第 1 集，第 2 期；西蒙（Symonds，J. A. ）：《专制者的时代》，附录 IV；勒夸（Lecoy de la Marche，A.）：《中世纪时代法国的主教座》；洛息厄尔（Rosieres，R.）：《法国宗教史的批判研究》；窝尔（Wall，J. C.）：《一个古老的英国教区》。

关于十字军的宣传：

＊勒夸：《十三世纪十字军的宣传》，载《历史问题评论》，第 48 卷（1890 年），第 5—28 页；＊罗立赫特（Roehricht，R.）：《反对伊斯兰教的十字军宣传》，载《教会史杂志》，第 6 卷（1884 年），第 550—572 页。

教会与救济事业；医院：

《天主教百科全书》，第 3 卷，第 594 页；《军事服务制度杂志》，第 12 卷，第 734 页（关于医院）；《评论季刊》，第 197 卷，第 384—394 页；马开（Mackay）：《巴黎的医院与慈善事业》（1923 年）；克雷（Clay，R. M.）：《老英格兰的中世纪医院》；斯比克曼：《中世纪医院》，载《都柏林评论》，新编，第 40 卷（1903 年），第 8 页；蓝柏特：《中世纪时代的麻风病》，《十九世纪杂志》，第 16 卷，第 467—489 页；柯斯格罗夫（Cosgrove，J. J.）：《卫生史》；勒・格兰德（Le Grand，L.）：《城市主要医院的地位和麻风病医院》（1901 年）。

教会的腐化：

* 泰罗:《中世纪的心理》,第 1 卷,第 20 章; * 卢察尔:《腓力 · 奥古斯都时代的法国社会》,第 2、4、7 章; * 李亚:《忏悔与赦罪符》,第 1 卷,第 240—249 页(略读); * 李亚:《宗教裁判所史》(略读); * 李亚:《秘密忏悔史》(略读);李亚:《教士独身制》(略读)(参阅《评论季刊》,第 117 卷的书评,第 514 页);塞治尉克:《十三世纪的意大利》,第 1 卷,第 7 章;布鲁厄(Brewer,J. S.):《吉拉蒂 · 坎布伦塞斯(Giraldi Cambrensis)的著作》,第 2 卷,《导论》,第 54 页及以下(《案卷丛书》);库尔吞:《托钵僧的失败》,载《喜帕特杂志》(1907 年)。

异端运动,可看作社会经济不靖状态的表现。关于这方面,没有专门论著。但可从一般读物里找出资料。

一般参考书:

孟禄:《中世纪时代》,第 30 章;阿克吞勋爵(Acton,Lord)的论文:《英国历史评论》,第 3 卷,第 773 页(评李亚的《宗教裁判所史》一书);李亚:《教士独身制》,第 23 章;李亚:《宗教裁判所史》,第 1 卷,第 2 章;李亚:《异端财产的没收》,载《英国历史评论》,第 2 卷,第 235 页;吐柏微尔(Turberville):《中世纪异端和宗教裁判所》;卢察尔:《英诺森三世》,第 2 卷(第 2 版,1906 年);发坎达德(Vacandard,E.):《宗教裁判所》(巴黎,1909 年)〔康威(P. L. Conway)英译本,第一版,纽约,1908 年〕;杜林革(Doellinger,J. J. I. von):《对中世纪时代教派史的贡献》,二卷(1890 年);柏立:《思想自由史》;特伦岐(Trench,R. C.):《教会史讲演集》,第 15 章;牛曼(Newman,A. H.):《关于中世纪教会派的最近研究》,载《美国教会史学会议事纪录》,第 4 卷,第 167 页(1892 年);伊尔斯(Eales,S. J.):《圣伯尔拿全集》,第 1 卷,《导论》,第 51—82 节;发坎达德:《圣伯尔拿传》;《天主教百科全书》,查阅"异端"、"亚诺尔派"、"发尔多派"、"卡塔里派"等词目。

卡塔里派或亚尔比派:

* 摩利涅厄(Molinier,A.):《教会和卡塔里会》,〔法国〕载《历史评论》,第 94 卷,第 225—248 页,第 95 卷,第 1—22、263—291 页; * 杜亚斯(Douais,C.):《亚尔比教派》(巴黎,1879 年); * 李亚:《宗教裁判所史》,第 1 卷,第 3—4、7—14 章,第 2 卷,第 1 章; * 卢察尔:《英诺森三世,对亚尔比教派十字军》(1905 年);卢察尔:《腓力 · 奥古斯都时代法国社会》(查阅"异端"和亚尔比教派词目索引);得 · 科松(De Cauzons,T.):《亚尔比教派与宗教裁判所》

(第2版,巴黎,1908年);杜亚斯:《亚尔比教派与十三世纪那旁的传教弟兄会》(巴黎,1894年);贝拉特(Peyrat,N.):《亚尔比教派史》,三卷(巴黎,1870—1872年);孟禄和塞勒利:《中世纪文明》,第432—457页(摘自卢察尔);哈那克:《教条史》,第3卷,第316—336页;发坎达德:《宗教裁判所》第3—5章;斯密特:《卡塔里教派的历史与教义》,二卷(1849年)。

发尔多派或里昂穷人会:

*得·科松:《发特人(Vaudois)与宗教裁判所》,第3版(巴黎,1908年);*穆勒(Müller,K.):《十四世纪开始前发尔多派和他们的个别集团》,臯塔(1886年);*普勒革(Preger,W.):《对中世纪发尔多派历史的贡献》,巴伐利亚皇家科学院,语言历史组,第13卷(1877年),第181—250页;还应参阅《古代法国发尔多派的组织》,同上,第19卷(1891年),第639—711页;狄克霍夫(Dieckhoff,A.):《中世纪时代发尔多派》(格丁根,1851年);孔巴(Comba,E.):《发尔多派的历史》;斯密特:《卡塔里派的历史与教义》,二卷(1849年),第95章,第1—22、263—291页;威得(Vedder,H. C.):《美国神学杂志》,第4卷,第465页;李亚:《宗教裁判所史》(利用索引);麦特兰:《事实与文献》,说明亚尔比派和发尔多派的历史(1832年);美利亚(Melia,O.):《发尔多派的起源、迫害和教义》(1870年)。

教会和教皇财政:

*李亚:《忏悔与赦罪符》,第1卷,第275页及以下,第404—411页,第4卷,第4章;*伦特(Lunt,W. E.):《中世纪教廷的财政制度》,《经济学季刊》,第23卷,第313页;*微阿德(Viard,P.):《十二至十三世纪法国教会的什一税史》(2卷,1909,1912年);伦特:《征收僧官的第一年进款》,载《美国历史评论》,第18卷,第48页;伦特:《早期教廷的征税估价》,载《美国历史学会年报》(1917年),第265页;伦特:《爱德华一世时代的教廷税》,载《英国历史评论》,第30卷,第398页;《1304年英国教廷征税吏的账册》,载《英国历史评论》,第28卷,第313页;格累姆(Graham):《尼古拉四世的征税》,同上,第23卷,第434页;格累姆:《瓦尔吞修道院的财政》,译文,皇家历史学会,新编,第18卷;真森(Jensen):《神圣彼得便士》,同上,新编,第18卷;尼斯(Nys,E.):《经济学史研究》,第9章;斯密司:《中世纪时代的教会与国家》(论英诺森四世);得利尔(Delisle,L.):《神庙骑士团的财政管理》(《文艺学院论文集》,第33卷)。

第二十六章 封建制度和封建阶级

关于本题，不可能企求作出一个参考书目录，因为它涉及中世纪经济社会史的每一角落。关于德意志、法国、意大利、教会、寺院制度、庄园、城市所引的大量著作，也是有关本章的。为了避免重复起见，下面只列出一张简表。卢察尔(Luchaire)的《法国制度手册》，第 2 编，是有关本题的最好作品。书中有大批参考书目。

* 道乌和塞诺博斯(Dow and Seignobos)：《封建制度》，纽约，1902 年；费诺格拉道夫：《十一世纪的英国社会》；维奥雷特(Viollet，P.)：《法国的政治制度》，第 1 卷，第 237 页；卢察尔：《腓力·奥古斯都时代的法国社会》，第 8、9、10、11 章；亚当斯：《中世纪时代的文明》，第 9 章；孟禄和塞勒利：《中世纪文明》，第 159—211 页(封建制度的真实性)，第 240—247 页(骑士制)；布里苏德(Brissaud，J.)：《法国的公法》；爱斯迈(Esmein，A.)：《法国法律史初阶》(第 6 版，1905 年)；哈斯金斯：《诺曼底的骑士服务》，载《英国历史评论》，第 22 卷，第 636 页；爱斯迈：《大陆上的刑事程序史》；李亚：《迷信与力量》；亚当斯：《中世纪德意志的法律》，载《北美评论》，第 113 卷，第 198 页；厄普科特(Upcott)：《有关十一至十二世纪礼节的文件汇编》(关于这本杰作的书评，见《评论季刊》第 63 卷，第 414—454 页)；霍尔(Hall，H.)：《金雀花朝的宫廷生活》；巴特孙(Bateson，Mary)：《中世纪英国》，特别注意第 2、8 章；马克尼尔(Macneal，E. H.)：《封建贵族与教会》，《美国历史学会年报》，1914 年，第 1 卷，第 149 页；《剑桥中世纪史》，第 3 卷，第 18 章；伊文斯(Evans，Joan)：《中世纪法国》；大卫斯(Davis，W. S.)：《中世纪男爵阶层的生活》；巴拉德(Ballard，A.)：《城堡卫士和男爵住宅》，载《英国历史评论》，1910 年 10 月；克拉克(Clark，G. T.)：《中世纪军事工程》；维奥雷特：《一座炮垒史》(1876 年)；维奥雷特：《一个家族的历史》(1874 年)；奥曼：《中世纪时代的战术》，特别注意第 6 卷；泰罗：《中世纪心理》，第 1 卷，第 521—613 页；库尔吞：《不列颠的社会生活，从诺曼征服到宗教改革运动止》；赖维斯：《法国史》，第 3 卷，第 1 编，第 364—389 页；蓝波德：《法国文化史》，第 1 卷，第 2 编，第 117—238 页。

中世纪时代的犹太人：

1. 一般参考书：

纽巴厄尔和斯腾(Neubauer and Stern)：《中世纪犹太编年史》，四卷(参阅《英国历史评论》，第 11 卷，第 558 页）；阿伯拉罕斯（Abrahams，I.）：《中世纪时代犹太人的生活》（1896 年）；腓力普逊：《老欧洲的犹太族》（1894 年）；格拉茨（Graetz，H.）：《犹太人史》，第 3 卷；李亚：《忏悔与赦罪符》，第 2 卷，第 123 页及以下；尼斯：《经济学史》，第 7 章；帕尔格累甫（Palgrave，R. H. I.）：《政治经济词典》，《犹太人》；赫黎斯（Harris）：《中世纪犹太人的历史（711—1492 年）》；《犹太百科全书》，"英国"、"法国"、"德意志"、"意大利"、"西班牙"各词目；比士雷：《近代地理学的曙光》，第 2 卷，第 15 章；沙夫（Schaff，P.）：《教会史》，第 5 卷，第 77 节；布浪葵（Blanqui）：《政治经济学史》，第 15 章；得令革（Dollinger，J. von）：《欧洲历史研究》，《欧洲的犹太人》；斯比尔斯（Spiers）：《中世纪时代犹太人与基督徒的争论》，载《犹太评论季刊》，第 3 卷，1912—1913 年，第 512—537 页；高夫曼（Kaufman）：《中世纪时代犹太告密者》，载《犹太评论季刊》，第 8 卷，第 217 页及以下，第 572 页及以下，第 709 页及以下；康德尔（Conder，C. R.）：《东方犹太人》，载《苏格兰评论》，第 35 期；沙夫：《中世纪犹太人》，载《宗教书目提要》，第 60 卷，第 547 页；《英国历史评论》，第 7 卷，第 543 页（一篇书评）。

2. 英国的犹太人：

格勒茨（Graetz）：《犹太人史》，第 3 卷，第 12、14、16、17 章；密尔曼（Milman，H. H.）：《犹太人史》，第 3 卷，第 25 编；立格（Rigg，J. M.）：《十三世纪英国的犹太人》，载《犹太评论季刊》（1903 年 10 月号，参阅《英国历史评论》，第 18 卷，第 206 页）；立格：《英国逐出犹太人》，载《犹太评论季刊》，第 7 卷（1894—1895 年），第 75—100、235—258、428—458 页，第 8 卷，第 360 页；立格：《度支部案卷中关于犹太人的辩诉及其他纪录选编》（1220—1284 年），塞尔登学会（参阅《雅典杂志》，1902 年 3 月 22 日，第 364 页）；雅科布斯（Jacobs，J.）：《安吉文英国的犹太人》；雷奥那德（Leonard）：《1290 年爱德华一世驱逐犹太人》，载《皇家历史学会报告》，新编，第 5 卷，第 103 页；科科斯（Coccos）：《1290 年密封案卷中关于犹太人的摘要》，载《犹太学会报告》第 4 卷（1903 年）；《英国历史评论》，第 2 卷，第 161、363—365 页，第 8 卷，第 543—544 页，第 10 卷，第 788—789 页，第 17 卷，第 551—554 页，第 18 卷，第 206 页，第 21 卷，第 369 页，第 25 卷，第 322 页，第 26 卷，第 380—383 页；雅姆孙（Hyamson）：《英国犹太人史》（参阅《雅典杂志》，第 1 卷，1908 年，第 228、442 页）；麦特兰：《教会管事与犹太妇女：或习惯法上的背教》，《法律评论季刊》，第 2 卷，第 153—165 页；哥德士密特：《英国的犹太人》；格罗斯（Gross，C.）：

《中世纪时代英国犹太人度支部》，二卷；纽波尔：《关于牛津犹太人笔记》，《牛津历史学会》，第 2 卷，1890 年；克宁汉：《英国工业与商业》，第 1 卷，第 93 章；鲍威克：《诺曼底的丧失》，第 354—356 页；阿伯拉罕斯：《犹太历史学会报告》，第 2 卷，1894—1895 年，第 76—105 页；阿伯拉罕斯：《1290 年犹太人的被逐》，载《犹太评论季刊》第 7 卷，1894 年，第 75—100、428—458 页；雅科布斯：《关于安吉文国王时代英国犹太人笔记》，载《犹太历史学会报告》，第 3 卷，1896—1898 年，第 126—143 页。

3. 法国的犹太人：

格拉茨：《犹太人史》，第 3 卷，第 11—17 章，第 4 卷，第 1—5 章；达美斯特脱（Darmesteter）：《十四世纪法国的犹太人》，载《双周评论》，1892 年 3 月号；《英国历史评论》，第 8 卷，第 543 页。

4. 西班牙的犹太人：

格拉茨：《犹太人史》，第 3 卷，第 7—11、14—17 章；第 4 卷，第 2—11 章；阿德勒：《宗教裁判所和犹太人》（参阅《英国历史评论》，第 24 卷），第 345 页；微拉密尔（Villamil）：《早期西班牙历史上的犹太人》，载《天主教世界杂志》，第 54 卷，第 86、360 页，第 55 卷，第 649 页；微拉密尔：《西班牙驱逐犹太人》，载《天主教世界杂志》，第 58 卷，第 49 页；斯尉夫特：《阿拉贡王詹姆士一世》，第 115、170—177、221—224、233、245—252 页；柏克（Burke，U.）：《西班牙史》，第 2 卷，第 68、119—128 页；林度（Lindo）：《西班牙和葡萄牙犹太人史》；斯科特（Scott，S.）：《欧洲的摩尔帝国》，第 3 卷，第 24 章；阿德勒：《君士坦丁堡的西班牙助手》，载《犹太评论季刊》，第 11 卷，1899 年，第 526—529 页；雅科布斯：《西班牙犹太人史》，载《犹太评论季刊》，第 8 卷，1896 年；雅科布斯：《西班牙犹太人历史资料》，载《犹太评论季刊》，第 6 卷，1894 年，第 597—632 页。

5. 意大利的犹太人：

格拉茨（Graetz）：《犹太人史》，第 3 卷，第 14、16 章，第 4 卷，第 2、4、6、8、10 章；《南意大利犹太人早期殖民地》，载《犹太评论季刊》，1892 年 7 月和 10 月号；《犹太评论季刊》，第 2 卷，1890 年 4 月号；摩尔孟蒂：《威尼斯：中世纪时代》，第 1 卷，第 7 章；《犹太百科全书》，第 7 卷，第 1—10 页。

6. 德意志的犹太人：

纽波尔和斯腾（Neubauer and Stern）：《五种犹太编年史的希伯来语原文和德语译文》；《犹太百科全书》，查阅“德意志”词目；格拉茨：《犹太人史》，第 3 卷，第 8—9、16—17 章，第 4 卷，第 3—5、7—9 章；卫布纳：《德意志私法史》,第 83—86 页。

第二十七章　庄园:中世纪时代的农民状况

关于庄园的著作,汗牛充栋,其中很多是带有争论性与技术性的。可惜,大部英文著作是讲述英国的,而英国的情况常和大陆上的情况有着很大的不同。在摩尔(Moore,M. F.)的两种研究中世纪史参考书目选辑里,第 71—167 页(1912 年),可找出一张长的参考书目表。关于本题的入门书,列举如下:

* 拉普斯雷(Lapsley,G. T.):《土地产权的起源》,载《美国历史评论》,第 8 卷;厄尔吞(Elton):《土地占有的早期形式》,载《英国历史评论》,第 1 卷,第 427 页;* 佛斯特尔(Fustel de Coulanges):《土地产权的起源》,阿士力(Ashley)夫人的译本(第 2 版,1892 年);* 迈曾(Meitzen):《殖民和农业》,三卷(附有很多地图,1895 年);* 科伐辽夫斯基(Kovalevsky,M.):《欧洲的经济发展》(六卷,柏林,1901 年),第 1—4 卷;* 费诺格拉道夫:《庄园的起源》;* 费诺格拉道夫:《英国贱农制》;* 格拉斯(Gras,N. S. B.):《农业史》,第 4 章;* 格拉斯:《经济史导论》,第 3 章;* 阿士力:《英国经济史》,第 1 卷,第 1、5、6 章,阿士力的论文载《经济杂志》,1913 年 6 月号;阿士力:《贱农租地》,载《美国社会政治科学院年鉴》,第 1 卷,第 412—425 页;阿士力:《历史和经济概论》;麦特兰:《末日审判册及其他》(Domesday and Beyond),特别注意:第 2 章;《古代社会的残余》,载《法律评论季刊》,第 9 卷,第 36、211 页;《敞开田制的继续》,载《经济学季刊杂志》,第 20 卷,第 62 页;《农业服务》,载《经济杂志》,第 10 卷,第 308 页;《英国百科全书》(11 版)查阅词目:"末日审判册"由朗德(J. H. Round)作;塞波姆(Seebohm,F.):《英国农村社会》(第 4 版,1890 年);塞波姆:《习惯喃》;利普孙(Lipson,J. E):《英国经济导论》,第 1 卷,第 1—3 章;契纳(Cheyney,E. P.):《中世纪庄园》,载《美国社会和政治科学院年鉴》,第 101 期;格累(Gray,H. L.):《英国田地制度》;克宁汉:《英国工商业史》,第 1 卷,第 79—82 节。

中世纪耕种方法和农民生活:

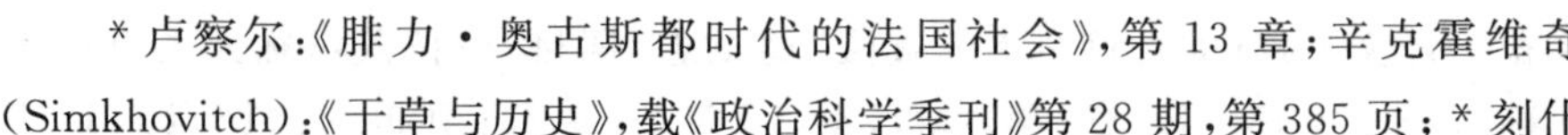

* 卢察尔:《腓力・奥古斯都时代的法国社会》,第 13 章;辛克霍维奇(Simkhovitch):《干草与历史》,载《政治科学季刊》第 28 期,第 385 页;* 刻什

曼(Curschmann,F.):《中世纪时代的饥荒》(1900 年);霍纳(Hone,N. J.):《庄园和庄园纪录》(1906 年);厄瑟(Usher,A. P.):《土质肥沃和土壤枯竭以及它们的历史意义》,载《经济学季刊杂志》,第 27 卷(1923 年),第 385—411 页;达文波尔特(Davenport,F. G.):《一所厄塞克斯庄园上的农奴制》,载《英国历史评论》,第 20 卷,第 479 页;得利尔:《中世纪时代……农民阶级情况的研究》;亚甫涅尔:《七百年来的农民与工人》(1890 年);蓝普勒赫:《十一世纪法国的经济状况》(马立南译本);* 亨雷的窝尔脱(Walter of Henley):《农业》,拉蒙(E. Lamond)出版(1890 年);克宁汉:《亨雷的窝尔脱农业书》,皇家历史学会译本,新编,第 9 卷;* 汉森(Hanssen,G.):《农业史论文集》,第 2 卷,特别注意第 179—329 页;* 塞波姆:《英国农村社会》,第 1、4、10 章(附有有价值的地图);蓝普勒赫:《中世纪时代德意志的经济生活》,第 1 卷,第 1 编,第 331—385、532—584 页;费诺格拉道夫:《十一世纪英国社会》,第 279—304 页;库普兰:《圣柏腾寺院》,见《牛津社会法律史研究》,第 4 卷,第 8 章;斯密司:《中世纪英国农业》,载《评论季刊》,第 159 卷,第 323 页;斯密司:《英国庄园》,载《评论季刊》,第 207 卷,第 129 页;福勒(Fowler):《一所典型的中世纪村庄》,载《经济学季刊杂志》,第 9 卷,第 151 页;哈斯巴赫(Hasbach,W.):《英国农业劳动者史》(1908 年);李丹(Leadam,I. S.):《英国的贱农》,载《政治科学季刊》,第 8 卷,第 653 页;泽索普(Jessopp,A.):《过去时代的土地和它的所有人》,第 143—183 页(对一个出家人的研究);泽索普:《托钵僧的出现》,第 2 章;斯尼尔(Snell,F. J.):《老英格兰的习惯法》,第 18 章;洛泽斯(Rogers,J. E. T.):《农业和物价史》,第 1 卷,第 1—2 章;洛泽斯:《工作和工资》,第 2 章;卡弗尔(Carver,T. N.):《农村经济读本》,第 151—162 页;朱德温(Jeudwine,J. W.):《社会基础和土地》(1918 年);刻特勒(Curtler,W. H. R.):《英国农业简史》(1909 年);加内(Garnier,R.):《英国土地利益史》;库尔吞:《中世纪村庄》(1926 年)。

中世纪时代的奴隶制:

* 比吉拍(Pijper)的论文,载《美国历史评论》,第 14 卷,第 675 页;* 威泽兰(Wergeland,A. M.):《中世纪时代德意志社会的奴隶制》,载《政治经济学杂志》,第 9 卷,第 98 和 398 页;李亚:《教会史的研究》,第 524—574 页,同一篇论文,见《北美评论》,第 100 卷,第 21 页;瓦士本(Washburn)的论文,载《北美评论》,第 41 卷,第 174 页;印格兰(Ingram,J. K.):《奴隶制史》;涅波尔(Nieboer):《作为一种工业制度的奴隶制》,第 4 章;克宁汉:《英国工商业

史》,第 1 卷(利用索引);《剑桥中世纪史》,第 2 卷,第 62—66、149—150 页。
物价与工资：

格拉斯:《英国谷物市场的演变》,第 11—17、261—270 页;洛泽斯(Rogers,N. S. B.):《农业和价格史》,第 1—4 卷;亚文涅尔(Avenel):《财产、工资、商品以及一般物价的经济史》,第 2—4 卷。

第二十八章　城市的兴起和行会的形成

一般运动：

* 阿士力:《中世纪时代城市生活的开端》,载《经济季刊杂志》,第 10 卷,第 359 页;* 比伦纳:《中世纪城市,它们的起源和贸易复兴》;* 刻特根(Keutgen,F. W.):《中世纪城市公社》,载《英国百科全书》,第 11 版,第 6 卷,第 784 页;厄斯皮那斯(Espinas,G.):《中世纪时代杜亚的城市生活》(四卷,1913 年)(杰作);《剑桥中世纪史》,第 5 卷,第 19 章;吉利和勒维尔(Giry and Reville):《城市的解放》〔杜乌(Dow)的英译本〕;孟禄:《中世纪史》,第 29 章;亚当斯:《中世纪时代的文明》,第 12 章;泰罗:《中世纪心理》,第 2 版,补充章;克宁汉:《中世纪和近代的西方文明》,第 86—88、94 节;赫因萧(Hearnshaw,F. J. C.):《中世纪对近代文明的贡献》,第 8、9 章;印格兰:《奴隶制史》,第 4—5 章;尼斯:《经济学史研究》,第 3 章;赖维斯和蓝波德:《通史》,第 2 卷,第 44—76 页;西摩勒耳(Schmoller,G.):《商业制度》,第 6—13 页(1884 年);布岐尔(Bucher,K.),《工业演化》(卫克特译文),第 114—133 页;皮洛:《经济史上的问题》,第 202—257 页(1920 年);斯蒂芬孙:《人丁税的起源》,载《比利时语言和历史评论》,第 5 卷,第 801—870 页。

城市起源说：

* 比伦纳:《中世纪时代的城市宪法》,载《历史评论》,第 53 卷(1893 年),第 52—83 页,第 57 卷(1895 年),第 57—98、293—327 页;* 布琴(Bourgin,G.):《城市的起源》,载《历史综合评论》,第 7 卷(1903 年);* 阿士力:《历史与经济概论》,第 167—226 页;黑格尔(Hegel,C.):《中世纪时代德意志人民的城市与行会》(二卷,1891 年)(反对城市起源于行会说;比较刻特根的评论,见《英国历史评论》,第 8 卷,第 120 页及以下和《经济评论》,第 3 卷,第 784 页);黑格尔:《德意志市政的起源》(1898 年);瓦治斯(Varges,W.):《德

意志城市宪法的起源》，载《全国经济和统计年鉴》，第 61 卷(1893 年)，第 195 页及以下；斯蒂芬孙:《英国城市的起源》，载《美国历史评论》，第 30 卷，第 10 页。意大利(参阅第十七章《十字军时期的意大利》的参考书)。

法国:

参考书目，见《剑桥中世纪史》，第 5 卷，第 906—908 页；* 巴特孙(Bateson, Mary):《布勒特厄(Breteuil)的法律》，载《英国历史评论》，第 15 卷，第 73—78、302—318、496—523、754—757 页，第 16 卷，第 92—110、332—345 页；卢察尔:《法国城市公社》(第 2 版，哈尔芬，1911 年)；杜乌:《若干法国城市公社》，载《美国历史评论》，第 8 卷(1903 年)，第 641—656 页；法拉岐(Flach, J.):《古代法国的起源》，第 2 卷；法拉岐:《法国居住区的起源》(1899 年)(关于农村公社)；得雷特:《法国城市公社》(1900 年)；吉利(Giry, A.):《卢昂城的建立》，二卷(1883 年)；吉利:《圣奥麦的市政制度》；勒法朗(Le Franc, A.):《纳永城市史》。

法兰德斯:

比伦纳:《比利时民主政治》〔散得兹(J. V. Saunders)的英译本，曼彻斯特，1915 年〕；比伦纳:《比利时史》，第 1 卷；克宁汉:《入境的外人》；阿士力:《历史和经济的概论》，第 240 页及以下；布洛克(Blok, P.):《尼德兰人民史》，第 1 卷，第 7、14—15 章；凡得 · 林登(Vander Linden, H.):《卢芳城市宪法史》(1892 年)；雷涅克(Reinecke, W.):《喀姆布莱城市史》(1896 年)；哈普克(Hapke, R.):《布鲁日发展为中世纪世界市场》(1908 年)；萧布(Schaube, R.):《1273 年英国的羊毛出口》，载《社会经济史季刊》，1908 年。

德意志:

* 黑格尔(Hegel, C.):《德意志人民的城市和行会》，二卷(1891 年)；* 黑格尔:《德意志市政的起源》(1898 年)；蓝普勒赫:《德意志史》，第 4 卷，第 211—252 页(部分译文，见孟禄和塞勒利:《中世纪文明》，第 358—365 页)；* 西摩勒耳:《斯特拉斯堡的繁荣状态》(1875 年)；* 腓力比(Phillippi):《威斯特发里亚主教城市的宪法史》(1894 年)；皮洛:《德意志最早的市政制度》(1898 年)；《德意志城市宪法的起源》(1892 年)；索姆(Sohm, R.):《德意志市政的起源》(1890 年)；芬森(Vincent, J. W.):《十二世纪的城市生活》，载《美国历史学会年报》(1898 年)，第 415 页。

行会和工业:

* 厄柏斯塔特(Eberstadt, R.):《行会制度的起源和中世纪早期手工业

行会》(1900 年)；* 刻特根：《营业和行会》；* 多伦(Doren，A.)：《对中世纪商人公会的研究》(1893 年)；布亚索那德：《中世纪时代基督教欧洲的工艺》，第2、3 卷；* 伊文斯：《中世纪工业的管理问题》，载《政治科学季刊》(1921 年)；克宁汉：《英国工商业史》，第 1 卷(利用索引)；圣雷翁(Saint-Leon，M.)：《手工业团体史》(第 2 版，1909 年)；勒伐索(Levasseur，E.)：《工人阶级史》，第 1 卷；瓦脱斯(Wauters，A.)：《教区行会》(1874 年)；吉里：《圣奥麦的市政制度》(1877 年)；格罗斯(Gross，C.)：《行会商人》(二卷，1890 年)；萨尔士曼(Salzmann，L.)：《中世纪时代英国工业》(第 2 版，1923 年)；累那德(Renard，Georges)：《中世纪时代行会》；密勒特：《十三世纪巴黎手工业行会》，载《历史、政治、经济学报告》，皇后大学，第 17 期(1915 年)；狄克孙(Dixon，E.)：《手工业志里的手工业妇女》，载《经济杂志》，第 5 卷(1895 年)。

译名对照表

（上册表内已见的译名，不列入。）

三　画

干得斯亥谟	Gandersheim
干地亚	Gandia
马卓维亚	Mazovia
马格努孙	Magnusson
马利尼拉斯	Marinellus
马歇尔	Marshal
马葛利特	Marguerite
马都湖	Madu See
马息罗得	Mascherode
马萨尔	Marsal
马克息明	Maximin
马斯特立喜	Maestricht
马立赖	Marillais
马洛斯	Maros
马萨拉	Mazzara
马拿西	Manasseh
马替尔达	Matilda
马科尔第	Marcoaldi
马里威德	Marienwerder
马那塞斯	Manasses
勺蓝	Shoreham
士鲁兹巴立	Shrewsbury
卫尔夫派	Guelf
飞厄索勒	Fiesole
女谷神	Ceres
才茨	Zeitz

四　画

巴得利	Badri
巴斯噶	Pascal
巴度	Badow
巴佐	Borzow
巴纳塔	Barnuta
巴明	Barmin
巴塞洛缪	Bartholomew
巴佛勒	Barfleur
巴耳·绪·奥布	Bar sur Aube
巴息涅	Basigny
巴耳	Bar
巴尔第	Bardi
巴塔格里亚	Battaglia
巴本堡	Babenberg
巴多威克	Bardowick
巴叶	Bayeux
巴拉尔利	Barardi
巴撒	Baza
巴尔的摩	Baltimore
巴勒摩	Palermo
巴布威尔	Babwell
巴坡谟	Bapaume
贝拉	Bela
贝郎	Belleme

贝云	Bayonne
贝棱加里阿	Berengaria
贝尼得多	Benedetto
贝臧松	Besançon
贝柏斯塔特	Beberstadt
贝列科西	Bellicozzi
贝拉度·马基	Berardo Maggi
贝稷亚	Beziers
贝加摩	Bergamo
比士雷	Beazley
比哥洛提	Pegolotti
比力斯	Pilis
比卡	Bucca
比沙普斯堡	Bishopsburg
比伦革	Billunger
比萨	Pisa
比斯开	Biscayan
比伊苏	Puiseaux
厄尔士山脉	Erzgebirge
厄尔多拉多	El Dorado
厄尔丙	Elbing
厄波	Ebbo
厄波罗	Ebro
厄格勒西	Egresch
厄美力克	Emeric
厄斯特	Erst
厄赫勒本	Echleben
厄尔柏夫	Elboeuf
厄克塞特	Exeter
厄士里诺	Ezzelino
厄坦普	Etampes
厄甫勒	Evreau
厄帕内	Epernay
厄革	Eger
厄特纳山	Mount Etna
夫垒德蒙	Froidmond
夫罗杜阿	Flodoard
夫勒美西谟	Fremersheim
夫勒斯科巴第	Frescobaldi
瓦格	Waag
瓦伦	Walloon
瓦连西亚	Valencia
瓦兹河	Oise
瓦格列	Wagri
瓦根	Vaagen
瓦洛涅	Valognes
乌耳赫尔	Urgel
乌尔立喜	Ulrich
乌斯特比克	Oosterbeek
乌斯特河	Oust
乌巴尔第尼人	Ubaldini
冈功	Guingamp
扎威拉	Zawilah
扎拉	Zara
扎卡利亚	Zaccaria
日内佛尔山	Mount Genevre
日德兰	Jutland
不拉奔	Brabant
内华达	Nevada
孔拉丁	Conradin
木尔西亚	Murcia
丰兴	Funsing
文特巴赫	Wintirbach
切斯特	Chester

五　画

布耳各斯	Burgos
布里西亚	Brescia
布腊	Blois
布勒得厄	Breteuil
布勒斯劳	Breslau
布律肯	Brucken

布罗温塞尔	Provençal	卡雷	Calais
布达佩斯	Buda Pesth	卡塔里派	Catharist
布朗	Brown	卡塔尔人	Catalans
布林的西	Brindisi	卡佩	Capet
布文	Bouvines	卡尔维利	Calverie
布吉亚	Bougia	卡尼鄂拉	Carniola
布雍	Bouillon	弗赖辛	Freising
布赫	Buch	弗赖斯达	Freistadt
布亚罗	Boileau	弗赖微涅	Flavigny
布伦尼都·拉提尼	Brunetto Latini	弗利阿里	Friali
布里萨克	Brissac	圣伊维斯	St. Ives
布里斯多	Bristol	圣波托尔夫	St. Botolph
布里	Brie	圣马洛	St. Malo
布拉提斯拉夫	Bratislav	圣米雪尔	St. Michel
布鲁那波尔	Brunabor	圣得尼斯	St. Denis
布柯	Bukow	圣提兰	Santillan
布鲁希提	Bruschetti	圣保罗	St. Paul
布拉克伦	Brakelonde	圣勒米	St. Remy
布浪希	Blanche	圣昆廷	St. Quentin
发兰河	Valaine	圣柏讷	St. Benoit
发伦布洛萨	Vallombrosa	圣米内阿多	San Miniato
发尔多教派	Waldensians	圣布雷兴	St. Blasien
发特	Warthe	圣提阿哥	San Tiago
瓜的牙纳河	Guadiana	圣腾永	St. Aignan
瓜尔柏塔斯	Gualbertus	圣阿乌尔	St. Ayoul
瓜达拉微阿	Guadalavir	圣安布洛乔	San Ambrogio
瓜达拉马山脉	Guadarrama	圣摩里左	San Maurizio
瓜尔夫勒第	Gualfredi	圣勒穆	San Remo
卡里尔	Carlile	加斯科尼	Gascony
卡次尼伦波根	Katzenellenbogen	加雅	Gaillard
卡那华	Kanawha	加拉达	Galata
卡拉特·阿那佐	Calat Anazor	加伦坦	Carentan
卡卡逊	Carcassonne	加奥尔	Cahors
卡斯提里	Castelli	加厄大	Gaeta
卡德西安派	Carthusians	加塞尔	Cassel
卡塔伦	Catalan	加西阿	Garcia

加尔达湖	Lago di Garda
加达尔几维	Guadalquivir
尼德拉斯	Nideras
尼达洛斯	Nidaros
尼古拉	Nicholas
尼谟威根	Nimwegen
尼利次	Nelitz
尼奥尔	Niort
古斯特劳	Gustrow
古汶	Guvien
兰杜尔福	Landolfo
兰普勒赫	Lamprecht
兰美尔斯堡	Rammelsberg
兰杜尔夫	Landulph
兰布罗	Lambro
本诺	Benno
本尼狄克柏伦	Benedictbeuren
皮尔·得·策勒	Pierre de la Celle
皮斯托雅	Pistoia
皮恩河	Peene
印那马·斯特涅格	Inama Sternegg
印革尔柏	Ingelbert
申喃多亚	Shenandoah
汉撒同盟	Hanseatic Leaguə
左留尔	Soleure
台斯	Theiss
卢察尔	Luchaire
卢奇塞	Lucchesi
卢芬	Louvain
卢佛尔	Louvre
史梯芬	Stephen
丙根	Bingen
立士	Lys
冉·敦格里	Jean d'Angely
宁禄	Nimrod
东涅尔	Tounerre
艾伯特	Albert
冯·柏洛	Von Below

六　画

毕赫尔	Bucher
毕加第	Picardy
那慕尔	Namur
那瓦	Navarre
朴洛克	Pollock
亚尔美里亚	Almeria
亚摩拉维德	Almoravid
亚布·犹塞夫·耶库布	Abu-Yusuf-Yakub
亚勒	Aller
亚丹	Adam
亚眠	Amiens
亚多亚	Artois
亚格得	Agde
亚马厄斯	Amadeus
亚达	Adda
亚第达	Addetta
亚尔萨斯	Alsace
亚尔诺弗	Arnulf
亚罗斯特	Alost
亚克塞尔	Axel
亚丰斯·得·波亚叠	Alphonse de Poitiers
亚田·麦纽尔	Etienne Manduel
亚维拉	Avila
亚贝威勒	Abbeville
亚奇洛斐革	Agilofinger
亚诺尔	Arnold
亚塔尔	Arthur
亚德勒斯	Ardres
亚胡斯	Aarhaus
亚尔比教派	Albigenseo

亚格·摩特	Aigues-Mortes
亚平敦	Abingdom
亚克城	Acre
亚柏斯堡族	Ebersberger
亚格德尼斯	Agdeness
亚尔美里克	Almerick
亚尔加尔威	Algarve
亚格兰	Aigrain
亚仁	Agen
亚俄斯塔	Aosta
伊拉伯尼	Irapani
伊尔杜布兰的尼	Ildobrandini
伊撒克	Issac
伊西多	Isidore
伊萨	Isar
伊罗	Ilow
伊塞尔河	Yssel
伊摩拉	Imola
伊力稷安	Elysian
伊甫累阿	Ivrea
伊斯伦庭斯	Islaendings
伊斯特发里亚	Eastphalia
安德鲁	Andrew
安吉利列·索拉斐卡	Angelieri Solafica
安妮	Anne
安亨	Arnhem
安得那赫	Andernach
安德勒	Andre
安极乐斯	Angelos
安吉文	Angevin
安德累雅斯	Andreas
安兰	Andlan
安瑟伦	Anselm
安斯坦	Arnstein
安斯	Anse
安达露稷亚	Andalusia
西门·得·巴尔第	Simon de Bardi
西门·得·蒙特福	Simon de Montfort
西摩勒	Schmoller
西乌达·洛德里哥	Ciudad Rodrigo
西格夫里	Siegfried
西普塞	Zipser
西普斯	Zips
西薇士德	Sylvester
西利西亚	Silesia
西兰	Zeeland
西敏寺	Westminster
西波姆	Seebohm
吉拉尔达	Giraldus
吉拉尔德	Gerald
吉洛	Gero
吉尔恩豪逊	Gelnhausen
吉拉德·奥力维	Gerard Oliver
吉斯塔特	Gernstadt
吉罗纳	Gerona
吉伦特	Gironde
米第亚	Mehdia
米登	Metten
米拉	Mella
米恩	Meung
米约	Millau
米雪尔	Michel
多特蒙德	Dortmund
多斯加纳	Tuscany
多米尼克派	Dominicans
多宾	Dobbin
多柴姆	Doetchem
多尔顿	Dordogne
托利多	Toledo
托东那	Tortona
托托萨	Tortosa
伏尔肯罗得	Wolkenrode

伏赫尼茨	Wochnitz
色佛尔	Sèvre
色刻伽	Suttkerka
乔吉亚	Georgia
乔伊维尔	Joinville
乔根塔尔	Georgenthal
休柏特	Hubert
优尔	Yull
亥斯脱巴赫	Heisterbach
亥力根克垒次	Heiligenkreuz
朱登堡	Judenburg
因尼河	Inn
考芬顿	Kauffington
芝尼亚	Zenia
华斯	Wace
扫桑普敦	Southampton
达干	Dargun
达缅尼	Damieni
达维孙	Davison
达拉姆	Durham
达米那斯	Damianus
达克士	Dax
迈曾	Meitzen
迈尔	Mayer
伟恩	Vienne
伦卡里亚	Roncaglia
伦德	Lund
伦涅堡	Lüneburg
吕贞堡	Lutjenburg
廷廷那诺	Tintinnano
约纳斯	Jonas
约阿喜谟教派	Joachimists
约翰逊	Johnson
约内河	Yonne
约瑟	Joseph
约尼	Jeanne
刚吉赫尔	Kongehelle
许威林	Schwerin

七　画

阿微纳	Avenay
阿西栖	Assisi
阿克塞尔曼斯坦	Achselmannstein
阿尔台赫	Altaich
阿达尔贝伦	Adalberon
阿伦巴赫	Allenbach
阿勒散德里亚	Alessandria
阿多英	Ardoin
阿斯提	Asti
阿甫龙士	Avranches
阿格涅	Agnes
阿利根尼	Allegheny
阿达尔柏特	Adalbert
阿尔特曼	Altmann
阿尔腾则尔	Altenzelle
阿尔柏特	Alpert
阿伦逊	Alencon
阿尔摩黑德	Almohad
阿耳凡索	Alfonso
阿拉贡	Aragon
阿尔加布	Algarbe
阿尔发·富尼士	Alvar Funez
阿斯都里亚	Asturias
阿苏夫	Arsuf
阿帕米亚	Apamea
阿摩里	Amaury
阿米尔哥斯特威茨	Amelgostewitz
阿拉谟	Ahlum
阿堪	Acay
阿味萨	Aversa
阿贝第尼	Albertini
阿尔比西	Albizzi

阿的西奥尼	Ardiccioni	利提哈逊	Riddigshausen
阿奎勒里	Acquerelli	利邦加	Ribbungar
阿布的拉曼	Abd－er－Rahman	利多夫	Riethof
阿布·撒加利亚	Abu Zacaria	利西阿第	Ricciardi
阿尔-曼苏	Al－Mansur	利普斯大特	Lippstadt
阿登	Artern	利普多	Liptau
阿多夫	Adolph	利凡革	Levanger
阿米伦斯旁	Amelongsborn	利坦尼	Litany
阿布沙龙	Absalom	利林斐尔德	Lilienfeld
阿尔杜布兰得奇	Aldobrandeschi	利堡	Libau
阿细乔利	Acciajuoli	利伯	Ribe
阿伯哈特	Eberhard	闵登	Munden
阿岐尔	Archille	闵斯德	Munster
阿瑟林	Ascelin	沙托·第·罗亚尔	Chateau du Loire
阿奎那	Aquinas	沙拉堡族	Schalaburghausen
阿尔夫立克	Aelfric	沙拉利	Solari
阿替尼	Attigny	沙尼贝克	Scharnebeck
阿波	Abbo	沙鲁	Charroux
阿那雅	Anaya	沙提永	Chatillon
阿尔伐	Alava	克洛斯脱纽堡	Klosterneuburg
阿尔坎达拉	Alcantara	克伦尼派	Cluniacs
阿哥巴德	Agobord	克鲁多	Kruto
阿德马尔	Adhemar	克勒比-恩-瓦罗亚	Crepy-en-Valoio
阿杜尔河	Adour	克力都	Clito
阿堪姆波德	Archambaud	克伦地亚	Carinthia
阿利尔德	Ariald	克拉科	Cracow
阿柏拉德	Abelard	克力斯兴	Christian
阿卡	Arga	克力斯平	Crispin
阿尔特那	Altena	克立斯坦尼亚	Christiania
阿拉伯化的基督徒	Mozarabs	克雷尔服	Clairvaux
佛利德堡	Friedburg	克雷因	Clain
佛利犹	Frejus	杜德拉	Tudela
佛亚	Foix	杜平根	Tubingen
佛斯布林	Veszprem	杜柏伦	Dobberan
佛开亚	Phokaia	杜易斯堡	Duisburg
利欧波尔得	Leopold	杜孔日	Ducange

杜罗	Douro
杜厄	Douai
里伊	Rye
里维耶拉	Riviera
里瑟维那斯	Richervinus
里窝尼亚	Livonia
里曼	Le Mans
里摩日	Limoges
里加	Riga
里本	Ripen
里帕	Rippa
里士满	Richmond
里奥尼	Leoni
麦地那·得·坎坡	Medina del Campo
麦特拉赫	Metlach
麦尔克	Melk
麦纽尔	Manuel
麦斯敏	Mesmin
麦特兰	Maitland
坎比杜尔首领	Cid Campeador
坎托	Cantor
坎布棱息	Cambrensis
伯斯	Perth
伯讷斯特	Benoist
狄特马士	Ditmarsch
狄奥尼索	Dionysius
狄克摩德	Dixmude
苏格提	Scotti
苏哲尔	Suger
苏尔德	Soord
苏萨山峡	Val di Suse
苏萨	Susa
佐塞林	Jocelin
佐帕	Joppa
芬替里亚	Vintimglia
芬宁	Funen
库斯	Koos
库腾堡	Kuttenberg
库斯特林	Kustrin
库坦斯	Coutances
库普兰	Coopland
库栖·勒·沙托	Coucy-le-Chateau
库尔顿	Coulton
库尼根德	Kunigunde
库第	Coutie
库耳特累	Caurtrai
库尔	Kyrre
库曼人	Kumans
纽喀斯尔	Newcastle
纽斯	Neuss
纽恩坎奔	Neuencampen
纽斯达	Neustadt
谷耳维尔	Gourville
亨莱	Henley
辰西厄斯	Cencius
伽鲁斯	Gallus
条拉拉	Teulala
劳英堡	Lauenburg
劳马立克	Raumarike
劳狄栖亚	Laodicea
判普罗那	Pamplona
罕斯旁	Hundsborn
底河	Dee
庇里尼斯	Pyrenees
孚尔培	Fulbert
陆力亚	Loria
纳里	Neri
纳泽拉	Najera
玛基伦	Maguelonne
玛拉加	Malaga
玛第亚	Mahdia
玛约喀	Majorca

玛恩	Marne

八　画

法兰西琴路	Via Francigena
法拉·萨冷本	Fra. Salimbene
法兰西斯派	Franciscan
法兰西岛	Ile de France
法马古斯达	Famagusta
法兰西斯科·达库沙	Francesco d'Accorso
法兰垦哈逊	Frankenhausen
法勒姆	Falem
法林斯堡	Flensborg
法拉多利	Valladolid
法克斯坦族	Falksteiner
法兰西根纳	Francigena
波涅族	Bogner
波默森林	Bohmerwald
波登罗得	Bodernrode
波森道夫	Borsendorf
波塞诺立	Buonsignori
波揆耳	Beaucaire
波尔斯拉夫	Boleslav
波鲁克	Plock
波亚图	Poitou
波普罗	Beaupreau
波拍林厄	Poperinghe
波佛雷	Beauvray
波堡	Bourbourg
波伦亚	Bologna
波米达	Bormida
波那	Bona
波提尔	Baudier
波柏	Poper
波森	Posen
波瓦锡	Poissy
波基洛特	Bourquelot
波哥	Borgo
罗斯托克	Rostock
罗斯基尔德	Rosckilde
罗道福	Ludolf
罗基亚·摩萨运河	Roggia Muzza canal
罗基奥	Roggio
罗萨勒本	Rosaleben
罗登堡	Rothenburg
罗比特	Lobith
罗道福·冯·苏刻	Ludolph von Suchem
罗柏斯吞	Robertstone
罗德斯	Rodez
罗恩格麟	Lohengrin
罗地	Lodi
罗特	Lot
罗耳士	Lorsch
罗格罗诺	Logrono
罗里斯	Lorris
罗马纳省	Romagna
罗易·玛达涅岐	Ibn-Mardanich
易宾·罗永	Ibn Loyon
易宾·卡尔顿	Ibn Khaldun
易苏尔特	Isolde
易格劳	Iglau
拉姆塞	Ramsay
拉特	Rather
拉涅发德·查尔	Ragnvald Jarl
拉尼·绪·玛恩	Lagny sur Marne
拉古萨	Ragusa
拉·雷奥尔	La Reole
拉美斯霍姆	Ramesholm
拉·斐得·绪·奥布	La-Ferte-sur-Aube
拉策堡	Ratzeburg
拉特蓝	Lateran

拉第斯劳	Ladislaus
拉·罗瑟尔	La Rochelle
拉希达尔	Rashdall
帕塔立尼	Patarini
帕得波纶	Paderborn
帕拉泰因	Palatine
帕波	Pabo
帕苏	Passau
帕喜谟	Parchim
佩里革	Perigueux
佩伦	Peronne
佩拉	Pera
佩鲁齐	Peruzzi
林兹	Linz
林尼	Lynn
林伯的尼	Rimbertini
林台谟	Remtheim
图耳圣扎克	Tour St. Jacques
图鲁特	Thourout
图棱	Touraine
图纳	Turner
英诺森	Innocent
英基兰·得·库栖	Enguerrand de Coucy
服庭堡	Vordingborg
服林	Wollin
昆斯多克矿脉	Comstock Lode
昆波斯特拉	Compostella
昆布兰	Cumberland
昆尼诺斯	Comnenos
拍克涅格人	Pechenegs
彼得拉斯·得·提力科	Petrus de Teri o
坡恩河	Poene
欣麦尔斯福特	Himmelspforte
帖克塞耳	Texel
苴特芬	Zutphen
参孙	Samson
明韶	Mincio
坦克姆	Tanchelm
孟都亚	Mantua
宝承	Bautzen
金斯林	King's Lynn
松利斯	Senlis
阜姆	Fiumo
耶姆特兰	Jemteland
迦尔登哈逊	Kaldenhausen
卑尔根	Bergen
郎基多克	Languedoc
弥列	Millet
俄亥俄	Ohio
契斯威尔	Chiswell
绍图	Schaudau
凯撒威茨	Kaiserwerth
凯撒利厄	Caesarius
刻兹	Kerz
刻特根	Keutgen
泽拉斯	Geras
泽霍	Gerhoh
泽利昂	Gereon
泽尔	Zell

九　画

哈罗德	Harold
哈尔德拉德	Haardraade
哈德比	Haddeby
哈布斯堡	Habsburg
哈伯斯塔特	Halberstadt
哈尔斯塔	Hallstadt
哈斐尔	Havel
哈斯金斯	Haskins
哈康	Haakon
哈特普尔	Hartlepool

哈得孙	Hudson
科德柏克	Caudebec
科瓦辽夫斯基	Kovalevsky
科通腾	Cotentin
科美里	Cormeliae
科维	Corvey
科默利	Cormery
科柏利奥	Coparion
科蓝那·得·康德	Coruna del Conde
科罗曼	Koloman
科比尔	Corbeil
科琉麦拉	Columella
科比	Corbie
科尼汪	Conuoion
科文	Corwin
柏尼根	Bernigen
柏克斯太尔	Burchstall
柏诺	Berno
柏特蓝	Bertram
柏纳	Bernay
柏卡	Birka
柏刻特	Becket
威士劳	Wizlaw
威海谟	Weinheim
威利巴尔德	Wilibald
威斯马	Wismar
威森堡	Weissenburg
威塞尔	Weser
威廉	William
革因稷	Guernsey
革默	Germer
革特鲁德	Gertrude
洛昆	Lokkum
洛泽斯	Rogers
洛德里谷	Rodrigo
珀皮尼安	Perpignan
契斯威尔	Chiswell
勃兰登堡	Brandenburg
美多克	Medoc
美里	Meri
带尔河	Dyle
柯尔秋契	Colechurch
冒必逊	Maubuisson
屋大维安	Octavian
柳文斯基	Lewinski
查理斯敦	Charlestown
查塞兰	Jusserand
垦塔启	Kentucky
茨维特尔	Zwettl
茨维发尔登	Zwifalten
茨温提波尔得	Zwentibold
须德海	Zuyder Zee
费堡	Faaborg
费诺格拉道夫	Vinogradoff

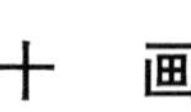

十 画

衮萨尔服	Gonsalvo
郭刻桑	Quarquessone
海鲁普	Haingrupe
格棱维尔	Granville
格尼荪	Gnesen
格来福森林	Greifswald
格拉齐	Graz
格累西安	Gratian
格洛塞特斯特	Grosseteste
格麟武德	Greenwood
格林斯比	Grimsby
格里马	Grema
格勒诺布尔	Grenoble
格龙梦特	Grandmont
格拉巴	Graba
格拉那达	Granada

格丁根	Gottingen	恩斯佛利德	Ensfrid
格列高里	Gregory	恩米兰	Emmeran
格伦	Guerin	恩布伦	Embrun
格柏特	Gerbert	涅旁	Nerbone
格伏登	Gevaudan	涅策	Netze
格尔德	Guelders	涅卡	Neckar
格罗内河	Garonne	高弗梨	Godfrey
格拉勃	Glaber	高德利	Gaudri
特拉巴尼	Trapani	夏龙·绪·梭恩	Chalon-sur-Saone
特拉尼	Trani	索睦耳	Saumur
特啦	Troyes	索尔兹巴立	Salisbury
特鲁杜	Trudo	索本兰	Sorbenland
特棱特	Trent	索斯特	Soest
特勒基尔	Treguier	索尔	Thore
特力格维森	Trygversen	索恩	Thorn
特里次密斯	Trithemius	翁布隆	Ombrone
特累维索	Treviso	翁提布	Antibes
特利斯坦	Tristan	息革德	Sigurd
特伦肯	Tlemcen	息德	Cid
特洛斯里	Trosly	酒神	Bacchus
特伦卡维尔	Trencavel	埃培勒克	Eperlecques
特根西	Tegernsee	桑科	Sancho
爱德立塞	Edrisi	宰登斯得敦	Seitenstetten
爱尔萨	Elsa	翁热	Angers
爱斯坦	Eystein	盎古伦	Angouleme
爱尔登	Elden	留埃斯	Lewes
爱蒙	Aimon	哲那普	Genappe
爱因柏克	Einbeck	哲佛	Gorvais
爱尔福特	Erfurt	莱塔	Leitha
爱乐华	Eloi	都纳	Duna
哥尼斯堡	Konigsberg	都纳孟德	Dunamunde
哥腾堡	Gothenburg	都铎	Tudor
哥斯拉尔	Goslar	俾阿特立斯	Beatrice
哥德多尔	Cote d'Or	俾安日	Bierge
哥斯巴赫	Gorsbach	俾安岐	Bianch
恩斯	Enns	通斯堡	Tonsberg

铁特马尔	Thietmar
诺德豪森	Nordhausen
诺里	Noli
诺达尔宾吉亚	Nordalbingia
诺柏特	Norbert
诺瓦拉	Novara
诺伐勒西	Novalesea
诺定罕	Nottingham
诺伦多夫	Nollendorf

十一画

鄂列伦	Oleron
鄂多	Odo
鄂托卡尔	Ottokar
琉巴斯	Leubus
琉帕斯	Lupus
琉特波德	Liutpold
琉泰	Leutard
基姆卑尔	Quimperle
基安斐格利西	Gianfigliazzi
基洛提厄尔	Guillotiere
基斯卡	Guiscard
基斯兰	Ghislain
基浦司科阿	Guipuzcoa
基阿拉瓦尔	Chiaravalle
基柏林派	Ghibelline
基布哈德	Gebhard
基尔	Kiel
基恩	Guienne
基斯纳	Guisnes
第奥米狄提	Deomidiedi
第厄普	Dieppe
第戎	Dijon
第斯特	Diest
第特立喜	Dietrich
第南特	Dinant
第尼尔	Daenell
累根	Regen
累吉诺	Regino
累蒙・贝伦伽	Ramon Berenger
累士兹	Razes
康判尔第诺	Campaldino
康奇斯	Conchis
康华尔	Cornwall
康边	Compiegne
曼夫勒德	Manfred
曼兹柏立	Malmesbury
曼斯巴赫	Mensbach
勒斯特	Leicester
勒谟堡	Lemberg
勒梨达	Lerida
勒内	Rennes
勒赫斐尔德	Lechfeld
勒克	Leck
密勒	Miller
密士失必	Mississippi
萨摩斯	Samos
萨哲	Suger
萨维宜	Savigny
萨克逊堡	Sachsenburg
萨尔维安	Salvian
萨罗尼卡	Salonika
萨特	Sarthe
萨尔佐赫	Zalzoch
萨纽多	Sanudo
萨拉哥撒	Saragossa
萨普斯堡	Sarpsburg
萨窝那	Savona
萨尔斯巴赫族	Sulzbacher
萨尔斯威德尔	Salzwedel
萨卢达	Saluda
梵得京特尔	Vanderkindere

培托·得·帕查斯	Puerto de Pajares
培龙	Peronne
理查	Richard
菲力克斯·法布里	Felix Fabri
得利尔	Delisle
盖萨	Geisa
设特兰	Shetland
须德海	Zuyder Zee
梅格棱堡	Mecklenburg
隆第特	Lendit
维特里	Vitry
维肯	Viken
维哥尔	Vigor
维晋萨	Vicenza
维登	Werden
维蒙答	Vermandois
维涅尔	Venere
维涅基罗得	Wernigerode
维格尔	Verger
维支特	Vecht
维开奥	Vecchio
维兹雷	Vezeley
维斯比	Wisby
维塞拉德	Vysehrad
维吉尼亚	Virginia
维斯杜拉	Vistula
维也纳森林	Wienerwald

十二画

奥斯那布律克	Osnabräck
奥西尼	Orsini
奥狄洛	Odilo
奥波德人	Obodrites
奥罗夫	Olof
奥拉夫	Olaf
奥斯陆	Oslo
奥得立克	Orderic
奥维亚多	Oviedo
奥微尔那	Ovierna
奥卡	Oca
奥坡托	Oporto
奥尔康	Orcon
奥尔巴	Orba
奥尔德斯洛	Oldesloe
奥德斯罗得	Odesrode
奥第洛	Odilo
奥得立克·维退力斯	Ordericus Vitalis
奥里腊克	Aurillac
奥尔得威坎	Alderwicum
奥基斯	Orchies
奥平·顿热	Aubin d'angers
奥斯特拉西亚	Austrasia
奥克尔	Ocker
奥伦	Oran
奥尼斯	Aunis
奥尔登坎朋	Altencampen
奥德牟桥	Pent-Audemer
奥登	Audun
奥舍耳	Auxerre
奥尔堡	Aalborg
奥本海	Oppenheim
奥登瓦尔得	Odenwald
琊城	Laon
黑武德	Heywood
斯坦尔马克	Steiermark
斯马拉格达斯	Smaragdus
斯瓦松	Soisson
斯卡诺尔	Skanor
斯卡巴洛	Scarborough
斯汾	Sven
斯加基拉克	Skaggerak

斯德哥尔摩	Stockholm
斯塔得	Stade
斯特拉尔松得	Stralsund
斯塞尔	Schesel
斯塔凡革	Stavanger
斯腾基佛	Stenkiver
斯干的那维亚	Scandinavia
斯干尼亚	Scania
斯退普尔吞	Stapleton
斯匹格里提	Spigliati
斯达伏伦	Stavoren
斯拜尔	Speyer
斯塔勒	Stara
斯坦福	Stamford
斯维多波克	Swietopolk
斯达拉卡德	Staragard
斯腾达尔	Stendhal
斯普累	Spree
斯图尔桥	Stourbridge
斯德廷革	Stedinger
斯尼格鲁-哈勒	Sneglu-Halle
普洛	Plau
普隆河	Plone
普福塔	Pforta
普勒丁	Pretin
普罗文斯	Provins
普鲁士	Prussia
普勒斯堡	Pressourg
普雷恩-普来斯坦族	Plaien-Pleisteiner
普麟斯·乔治	Prince George
普利谟堡	Priemberg
普卢斯卡特	Plouescat
普鲁茨	Prutz
普里比斯拉夫	Pribislav
普鲁姆	Prum
普勒孟斯特派	Premonstratensians
塔那洛河	Tanaro
塔拉斯空	Tarascon
塔巴卡	Tabarca
塔和河	Tagus
塔特拉	Tatra
塔拉哥纳	Tarragona
塔尔海谟	Thalheim
喀西诺·斯卡那西奥	Cascino Scanasio
喀拉特勒瓦	Calatrava
喀拉布里亚	Calabria
喀姆布莱	Cambrai
喀尔巴阡山	Carpathians
喀因	Caen
腓力·奥古斯都	Philip Augustus
腓力伯特	Philibert
腓特烈斯塔德	Frederickstadt
腓力匹	Filippi
喜苏尔	Hirsauer
喜尔得布兰	Hildebrandine
喜尔达	Hilda
喜苏	Hirsau
斐拉腊	Ferrara
斐沙	Fischa
斐拉力契	Fellarich
提波特	Thibaut
提尔	Tiel
提斯诺	Ticino
黑德马垦	Hedenmarken
黑累斯	Xerez
散得维齿	Sandwich
犀农	Chinon
筏仑西恩	Valenciennes
蒂伦	Tiron
葛拉德士吞柏立	Gladstonbury
堪明	Kammin
舒尔特	Schulte

腊伯 Raab
彭霍维德 Bornhoeved
彭托尔孙 Pontorson
彭替安 Ponthien
温德尔哈逊 Windelhausen
温提族 Venti
温斯特鲁 Unstrut
温彻斯特 Winchester
窝尔特·马普 Walter Map
窝尔堡 Walburge
窝尔特 Walter
窝姆斯 Worms
窝赫孙塞治 Wachszinsige
窝尔肯立德 Walkenried
窝得马尔 Waldemar
鲁佛斯 Rufus
鲁伊 Roye
鲁米林根 Rumelingen
鲁芬斯坦 Rufenstein
鲁尔 Rhur
鲁根 Rugen
缅因 Maine

十三画

塞哥维亚 Segovia
塞勒斯泰因 Celestine
塞岐 Secchia
塞尔奇 Cerchi
塞伏夫 Saewulf
塞西帕尼 Circipani
塞尔比 Selby
塞尔维亚 Servia
塞芬 Cevennes
塞比尔维达 Sepulveda
塞厄 Sée
蒙马特耳 Montmartre
蒙蒂伦·德尔 Montieren-Der
蒙托班 Montauban
蒙雷里 Montlhery
蒙马丁·绪·米尔 Montmartin-sur-Mer
蒙德里马 Montelimar
蒙特 Mantes
蒙科纳特 Montcornet
蒙特柏提 Monteperti
蒙利尔 Monreale
微特波 Viterbo
微司开雅 Vizcaya
微马雷 Vimarais
微克 Vick
微拉尼 Villani
微塔比亚 Vettabia
微拉赫 Villach
微达尔 Vidal
微勒诺斯 Villenoce
雷德尔 Ladre
雷扎尔 Lazare
雷门 Raymond
瑟力 Shirley
瑟宁 Schonen
新堡 Newburgh
楞雅诺 Legnano
路德斯村 Rudersdorf
路德福 Rudolph
魁因卡 Guenca
福尔斯特博 Falsterbo
福赫海谟 Forchheim
福尔沙·坡提纳里 Folso Portinari
福礼门 Freeman
蓬他兹 Pontoise
满佛里多尼亚 Manfredonia
谬登 Meuthen

赖赫瑙	Reichenau
赖痕哈尔	Reichenhall
赖帕斯堡	Reipersberg
鲍尔文	Baldwin
鲍威克	Powicke

十四画

赫波德斯	Herbordus
赫尔姆	Helme
赫尔米利特	Helmerieth
赫尔曼	Hermann
赫尔曼斯塔	Hermannstadt
赫尔德克尼	Heradcany
赫微力安人	Hevellians
赫尔摩德	Helmold
赫奇道夫	Hecherdorf
赫布里底	Hebrides
赫米里提	Humiliati
赫尔	Hull
赫力南	Helinand
裴德福	Bedford
豪特维尔	Hauteville

十五画

摩德拿	Modena
摩坦	Mortain
摩力蒙	Morimond
摩拉维亚	Moravia
摩纳哥	Monaco
摩那尔第	Monaldi
摩萨	Muzza
摩立尼	Morigny
摩里内斯	Malines
摩豪克	Mohawk
摩城	Meaux
摩耳道	Moldau
摩利尔	Molieres
德的摩尔	Detmold
德雷斯登	Dresden
德隆亥姆	Drontheim
德提	Dedi
德微兹	Devizes
德根	Thegan
德勒	Dreux
德达尔第	Tedaldi
德比	Derby
德兰斯瓦尼亚	Transylvania
撒加利	Zachary
撒母耳·哈·勒维	Samuel ha Levi
撒列诺	Salerno
撒尔微密尼	Salvemini
墨西拿	Messina

十六画

霍耳斯顿	Holstein
穆尔得	Mulde
默麦尔	Memel
赞木纳	Jumna

二十一画

露西	Rocci

图书在版编目(CIP)数据

中世纪经济社会史:300—1300年.下册/(美)汤普逊著;耿淡如译.—北京:商务印书馆,2017
(汉译世界学术名著丛书:120年纪念版:珍藏本)
ISBN 978-7-100-14149-9

Ⅰ.①中… Ⅱ.①汤… ②耿… Ⅲ.①经济史—欧洲—中世纪 Ⅳ.①F150.93

中国版本图书馆CIP数据核字(2017)第137862号

汉译世界学术名著丛书
(120年纪念版·珍藏本)
中世纪经济社会史
(300—1300年)
下 册
〔美〕汤普逊 著
耿淡如 译

商 务 印 书 馆 出 版
(北京王府井大街36号 邮政编码100710)
商 务 印 书 馆 发 行
南京爱德印刷有限公司印刷
ISBN 978-7-100-14149-9

2017年12月第1版　　开本710×1000 1/16
2017年12月第1次印刷　　印张38¼ 插页2

定价:190.00元